Coletâneas
Mulheres
no Processo
Civil Brasileiro

Negócios Processuais

v. 1

abdr
Respeite o direito autoral

Coletâneas
Mulheres
no Processo
Civil Brasileiro

Negócios Processuais

v. 1

Coordenadores
Ana Marcato
Beatriz Galindo
Gisele Fernandes Góes
Paula Sarno Braga
Ricardo Aprigliano
Rita Dias Nolasco

Amanda Souza Barbosa • Arlete Inês Aurelli • Bárbara Seccato Ruis Chagas • Caroline Pomjé • Cristina Reindolff da Motta • Daniela Santos Bomfim • Fernanda Medina Pantoja • Fredie Didier Jr. • Gabriela Expósito • Gabriela Samrsla Möller • Gisele Fernandes Góes • Júlia Lipiani • Juliana Melazzi Andrade • Juliane Dias Facó • Juliene de Souza Peixoto • Lara Rafaelle Pinho Soares • Leonardo Carneiro da Cunha • Lorena Miranda Santos Barreiros • Lúcio Grassi de Gouveia • Marcela Kohlbach de Faria • Marcia Cristina Xavier de Souza • Mariana Ferradeira • Marília Siqueira • Marina Motta Benevides Gadelha • Paula Deda Catarino Gordilho • Paula Sarno Braga • Priscilla de Jesus • Renata Cortez Vieira Peixoto • Rodrigo Mazzei • Rogéria Dotti • Sabrina Dourado • Sofia Temer • Trícia Navarro Xavier Cabral • Valquíria Maria Novaes Menezes • Victória Hoffmann Moreira

2017

EDITORA
*jus*PODIVM

www.editorajuspodivm.com.br

EDITORA JusPODIVM
www.editorajuspodivm.com.br

Rua Mato Grosso, 164, Ed. Marfina, 1º Andar – Pituba, CEP: 41830-151 – Salvador – Bahia
Tel: (71) 3045.9051
• Contato: https://www.editorajuspodivm.com.br/sac

Copyright: Edições *JusPODIVM*

Conselho Editorial: Eduardo Viana Portela Neves, Dirley da Cunha Jr., Leonardo de Medeiros Garcia, Fredie Didier Jr., José Henrique Mouta, José Marcelo Vigliar, Marcos Ehrhardt Júnior, Nestor Távora, Robério Nunes Filho, Roberval Rocha Ferreira Filho, Rodolfo Pamplona Filho, Rodrigo Reis Mazzei e Rogério Sanches Cunha.

Diagramação: Marcelo S. Brandão *(santibrando@gmail.com)*

Capa: Ana Caquetti

N384   Negócios processuais / coordenadores Ana Marcato, Beatriz Galindo, Gisele Fernandes Góes, Paula Sarno Braga, Ricardo Aprigliano e Rita Dias Nolasco – Salvador: Ed. JusPodivm, 2017.
        688 p. (Coletâneas Mulheres no Processo Civil Brasileiro, v.1)

        Vários autores.
        Bibliografia.
        ISBN 978-85-442-1564-7

        1. Direito processual. Direito processual civil. 2. Negócios processuais. I. Marcato, Ana. II. Galindo, Beatriz. III. Góes, Gisele Fernandes. IV. Braga, Paula Sarno. V. Aprigliano, Ricardo. VI. Nolasco, Rita Dias. VII. Título.

        CDD 341.4

Todos os direitos desta edição reservados à Edições *JusPODIVM*.

É terminantemente proibida a reprodução total ou parcial desta obra, por qualquer meio ou processo, sem a expressa autorização do autor e da Edições *JusPODIVM*. A violação dos direitos autorais caracteriza crime descrito na legislação em vigor, sem prejuízo das sanções civis cabíveis.

Dedicamos este volume a todas as mulheres que compõem as carreiras jurídicas como uma forma de homenageá-las e demonstrar a sua força no Direito, especialmente o processual. O estado é de ebulição, revelando entre as palavras e páginas que a mulher ocupa esse espaço e constrói a História do Direito Processual brasileiro!

APRESENTAÇÃO DA COLETÂNEA

Em 07.06.2016, foi apresentada a proposta de implementação do Projeto Mulheres no Processo Civil Brasileiro aos dirigentes do IBDP – Instituto Brasileiro de Direito Processual, tendo como principal objetivo evidenciar a mulher brasileira como pensadora, pesquisadora e produtora de conhecimento no âmbito do direito processual.

A inspiração maior foi o acesso a um "post" da Cristiane Brasileiro, Doutora pela PUC-RJ, que revelou uma lamentável estatística. Em que pese as mulheres sejam maioria dentre os estudantes das universidades brasileiras, sua presença fica cada vez mais escassa na medida em que avança a vida acadêmica. Não se sabe a verdadeira razão disso, mas algo é certo: despertou-nos para a necessidade de repensar e transformar essa realidade.

O Presidente do IBDP, Prof. Paulo Lucon, não hesitou em abraçar a ideia e envidar esforços para sua implementação, com apoio de todos os diretores do Instituto, e dedicação integral do Secretário Geral Ricardo Aprigliano (membro dessa comissão).

Assim, o IBDP reuniu essa Comissão de Coordenação do Projeto Mulheres no Processo Civil Brasileiro, composta por Ana Marcato, Beatriz Galindo, Gisele Fernandes Góes, Paula Sarno Braga, Ricardo Aprigliano e Rita Nolasco, que se uniu ao Projeto "Processualistas", e desenvolveu e estruturou as diferentes linhas de atuação propostas para o projeto, resultando:

1. na manutenção de uma fanpage nas redes sociais e um canal no Youtube para divulgação de eventos locais (Congressos "Mulheres no Processo Civil Brasileiro"), de vídeos gravados e de colunas

escritas, semanalmente, por mulheres estudiosas do direito processual;

2. na realização de ciclo de eventos locais, em diversos estados da Federação, com exposições e diferentes formas de participação de mulheres processualistas (ou de outras áreas com temas que apresentem interface com o processo);

3. em cada um desses eventos, a instituição de um comitê de seleção e avaliação de trabalhos de estudantes que são apresentados e discutidos ao final do dia, com a presença de debatedores convidados. O melhor trabalho é premiado e sua autora recebe um certificado, livros e outros prêmios;

4. na publicação de diversos volumes da coletânea ("Mulheres no Processo Civil Brasileiro") com trabalhos das expositoras, de estudantes selecionadas e outros convidados.

O I Congresso Mulheres no Processo Civil Brasileiro foi realizado no dia 25.11.2016, em Salvador, Bahia, em homenagem à Professora Marília Muricy, a primeira professora da Faculdade de Direito da UFBA.

Foi um dos primeiros grandes passos no cumprimento das metas do projeto. As palestrantes, debatedoras, presidentes de mesa (papel também assumido por Fredie Didier, Eduardo Talamini e Ricardo Aprigliano) e organizadoras demonstraram isso, assim como congressistas que nos brindaram com sua presença e deram contribuições valiosas ao debate. Lorena Miranda, Daniela Bonfim, Susana Costa, Marcela Kohlbach (Beatriz Galindo, de coração), Gisele Fernandes Góes, Ana Marcato, Rita Nolasco, Juliane Facó, Daniela Borges, Kaline Ferreira, Júlia Lipiani, Diana Perez, Gabriela Exposito, Sabrina Dourado, Maricí Giannico, Adriana Brasil, Cynthia Lopes, Renata Cortez, Priscilla de Jesus, Thais Mendonça, Amanda Barbosa, Cláudia Albagli, Ana Thereza Meirelles, Layanna Piau, Talita Lima, Marina Freitas, Ana Paula Didier, Paula Deda, Liana Cirne Lins, Gabrielle Bardou, Victória Moreira. Fredie Didier Junior foi um incentivador e apoiador constante.

Foi um trabalho conjunto de muita dedicação e afeto.

Agora, enfim, o primeiro volume da Coletânea Mulheres no Processo Civil Brasileiro (também em homenagem à Professora Marília Muricy), sobre negócios processuais, mais um dos produtos do projeto.

Trata-se de outro passo significativo rumo à concretização de nossos propósitos: a publicação de uma obra coletiva que destaca a presença e a qualidade da produção científica feminina, permitindo homenagear acadêmica de destaque local e premiar trabalhos científicos de estudantes de direito processual.

No nosso Prêmio IBDP – Marília Muricy (I Edição), anunciado no I Congresso Mulheres no Processo Civil Brasileiro, tivemos 27 inscritas, de diversas localidades do país, com trabalhos de qualidade. Foram três as pré-selecionadas para apresentação de seu trabalho no evento, e, ao final, classificadas pela Comissão Julgadora do IBDP (Rogéria Dotti, Juliana Cordeiro, Welder Queiroz dos Santos, Pedro Henrique Nogueira, Gisele Santos Fernandes Góes e Rodrigo Mazzei):

1.º lugar: Caroline Pomjé (graduanda da UFRGS), a ganhadora do prêmio;

2.º lugar: Valquíria Maria Novaes Menezes (graduanda da UFPE); e

3.º lugar: Jessica Bonotto Scalassara (Bacharel em Direito pela PUCSP).

A Comissão Julgadora do IBDP deliberou recomendar a publicação na Coletânea Mulheres no Processo Civil brasileiro, v. 1., dos trabalhos de autoria de Caroline Pomjé e Valquíria Maria Novaes Menezes, que integram esta obra.

Contamos, ainda, com artigos científicos de processualistas brasileiras, de diferentes regiões do país, com perfis e propostas variadas, em torno dos negócios processuais. São trabalhos que perpassam pela análise de aspectos gerais dos negócios processuais, abordando-os no contexto pré-processual e processual e, mais especificamente, na esfera recursal, executiva, probatória, decisória, da mediação e conciliação, dos juizados, chegando, até mesmo, a uma abordagem na esfera trabalhista, penal e da competência para legislar sobre a matéria.

E a caminhada continua. Em 2017, realizaremos o II Congresso Mulheres no Processo Civil Brasileiro, em Porto Alegre, no Salão Nobre da Universidade Federal do Rio Grande do Sul (UFRGS), e o III Congresso, em Belém, PA. Nossas colunas e vídeos continuam sendo publicados semanalmente, nas segundas e quartas-feiras, respectivamente, na fanpage do Processualistas e do Projeto Mulheres no Processo Civil Brasileiro e no canal do Youtube. Os volumes 2 e 3 da Coletânea Mulheres no Processo

Civil Brasileiro sobre precedentes e execução, respectivamente, já estão em andamento.

Mas a estrada é longa e ainda há muito por fazer. E a participação, diálogo e apoio de todos é essencial.

Contamos com você.

Salvador, São Paulo, Rio de Janeiro e Belém, 06 de fevereiro de 2017.

COMISSÃO DE COORDENAÇÃO GERAL DO PROJETO MULHERES NO PROCESSO CIVIL BRASILEIRO

Ana Marcato
(anamarcato@marcatoadv.com.br)

Beatriz Galindo
(biagalindo@gmail.com)

Gisele Fernandes Góes
(gisagoes@hotmail.com)

Paula Sarno Braga
(paulasarnobraga@lagoesarno.com.br)

Ricardo Aprigliano
(ricardo@aprigliano.com.br)

Rita Dias Nolasco
(ritadiasnolasco@uol.com.br)

SOBRE A COORDENAÇÃO E AUTORIA

COORDENADORES

ANA MARCATO

Advogada. Sócia de Marcato Advogados. Mestre em Direito Processual pela USP. Especialista em Arbitragem pela FGV. Educação Executiva em Mediação pela Harvard University. Secretária Adjunta para São Paulo do IBDP; Membro da Diretoria do CEAPRO. Professora convidada de Cursos de Pós-Graduação. Autora do Livro *O Princípio do Duplo Grau de Jurisdição e a Reforma do Código de Processo Civil*, pela Atlas, além da participação em diversas obras coletivas. Membro da Comissão de Coordenação e Cofundadora do Projeto Mulheres no Processo Civil do IBDP.

BEATRIZ GALINDO

Mestranda em Ciências Jurídico-Forense pela Universidade de Lisboa. Pós-graduada em Direito Processual Civil pela PUC-Rio. Graduada em Direito pela Universidade Federal Fluminense. Advogada. Membro da Comissão de Coordenação do Projeto "Mulheres no Processo Civil Brasileiro" do IBDP.

GISELE FERNANDES GÓES

Doutora (PUC/SP). Mestre (UFPA). Professora de Direito Processual Civil (UFPA). Procuradora Regional do Trabalho da 8ª Região. Secretária Titular da Região Norte (IBDP – Instituto Brasileiro de Direito Processual). Membro do Instituto Ibero-americano de derecho procesal. Membro da Associação Norte e Nordeste de Professores de Processo – ANNEP. Membro da Associação Brasileira de Direito Processual – ABDPro. Membro da Comissão de Coordenação e Cofundadora do Projeto Mulheres no Processo Civil do IBDP. Cofundadora do Fórum Permanente de Processualistas do Trabalho.

PAULA SARNO BRAGA

Doutora e Mestre pela UFBA. Professora Adjunta da Faculdade de Direito da Universidade Federal da Bahia – UFBA. Professora da Faculdade Baiana de Direito. Advogada e consultora jurídica. Membro da ANNEP e ABDPRO. Secretária Adjunta do IBDP no Estado da Bahia. Membro da Comissão de Coordenação e Cofundadora do Projeto Mulheres no Processo Civil do IBDP.

RICARDO APRIGLIANO

Mestre e Doutor em Direito pela USP; Secretário-Geral do IBDP; Secretário-Geral da Revista Brasileira de Arbitragem – RBA; Conselheiro da Associação dos Advogados de São Paulo – AASP. Membro da Comissão de Coordenação e Cofundador do Projeto Mulheres no Processo Civil do IBDP.

RITA DIAS NOLASCO

Doutora em Direito pela PUC/SP. Procuradora da Fazenda Nacional na 3ª Região em São Paulo. Diretora do CEAE/SP – Centro de Altos Estudos da Procuradoria Regional da Fazenda Nacional da 3ª Região – São Paulo. Membro do Conselho Executivo da Escola da AGU-SP. Professora do COGEAE/PUC-SP na Especialização de Direito Processual Civil. Professora do Curso de Especialização em Direto Processual Civil da Escola Superior da Procuradoria Geral do Estado de São Paulo e Escola da Advocacia-Geral da União. Membro do IBDP (Instituto Brasileiro de Direito Processual). Secretária-Geral Adjunta do IBDP no Estado de São Paulo. Membro da Comissão de Coordenação e Cofundadora do Projeto Mulheres no Processo Civil do IBDP. Membro do CEAPRO (Centro de Estudos Avançados de Processo).

AUTORES

AMANDA SOUZA BARBOSA

Doutoranda em Relações Sociais e Novos Direitos (UFBA) e Mestre em Direito Público (UNISINOS). Especialista em Direito Processual Civil (LFG/Universidade Anhanguera-Uniderp). Pós-Graduanda em Direito Médico (UCSAL). Integrante dos Grupos de Pesquisa Teoria Contemporânea da Relação Jurídica Processual: fato, sujeitos e objeto (UFBA), Vida (UFBA) e Clínica de Direitos Humanos (UFPR). Professora de Direito Civil na Faculdade Ruy Barbosa. Advogada em Direito Médico e da Saúde – Camila Vasconcelos Advocacia e Consultoria. Contato: amanda@cvadv.com.br

ARLETE INÊS AURELLI

Mestre e doutora em Direito Processual Civil pela PUC/SP. Professora de Direito Processual Civil nos cursos de graduação e pós-graduação *stricto sensu* da PUC/SP. Professora nos cursos ESA/SP. Membro do IBDP e CEAPRO. Advogada em São Paulo.

BÁRBARA SECCATO RUIS CHAGAS

Mestranda pela Universidade Federal do Espírito Santo (PPGDIR-UFES). Membro do Núcleo de Estudos em Arbitragem e Processo Internacional (NEAPI-UFES). Diretora temática da Escola Superior da Advocacia (OAB/ES): Métodos adequados de resolução de conflitos.

CAROLINE POMJÉ

Graduanda do nono semestre do curso de Ciências Jurídicas e Sociais/Direito Diurno, na Universidade Federal do Rio Grande do Sul/UFRGS.

CRISTINA REINDOLFF DA MOTTA

Doutora em direito pela Unisinos. Mestre e Especialista em Direito Processual Civil pela PUC-RS. Advogada. Professora de Direito Processual Civil na Unisinos.

DANIELA SANTOS BOMFIM

Doutoranda em Direito Civil pela Universidade de São Paulo (USP). Mestre em Direito Público (Processo Civil) pela Universidade Federal da Bahia (UFBA). Especialista em Direito Processual Civil pelo Jus Podivm. Membro da Associação Norte e Nordeste de Professores de Processo. Advogada e consultora jurídica.

FERNANDA MEDINA PANTOJA

Doutora e Mestre em Direito Processual pela Universidade do Estado do Rio de Janeiro. Pesquisadora Visitante na Universidade de Cambridge (Inglaterra). Professora do Departamento de Direito Processual Civil da PUC-Rio. Sócia do Escritório de Advocacia Sergio Bermudes.

FREDIE DIDIER JR.

Livre-docente (USP), Pós-doutorado (Universidade de Lisboa), Doutor (PUC/SP) e Mestre (UFBA). Professor-associado de Direito Processual Civil da Universidade Federal da Bahia. Advogado e consultor jurídico.

GABRIELA EXPÓSITO

Especialista em Direito Processual Civil. Bacharel em Direito pela Universidade Católica de Pernambuco – UNICAP. Membro da Associação Norte Nordeste de Professores de Processo – ANNEP. Membro da Associação Brasileira de Direito Processual – ABDPRro. Professora de Direito Processual. Advogada.

GABRIELA SAMRSLA MÖLLER

Graduanda em Direito pela UNISINOS. Bolsista Capes de Iniciação Científica.

GISELE FERNANDES GÓES

Doutora (PUC/SP). Mestre (UFPA). Professora de Direito Processual Civil (UFPA). Procuradora Regional do Trabalho da 8ª Região. Secretária Titular da Região Norte (IBDP – Instituto Brasileiro de Direito Processual). Membro do Instituto Ibero-americano de derecho procesal. Membro da Associação Norte e Nordeste de Professores de Processo – ANNEP. Membro da Associação Brasileira de Direito Processual – ABDPro. Membro da Comissão de Coordenação e Co-fundadora do Projeto Mulheres no Processo Civil do IBDP. Cofundadora do Fórum Permanente de Processualistas do Trabalho.

JÚLIA LIPIANI

Especialista em Direito Processual Civil pela Faculdade Baiana de Direito. Graduada em Direito pela Universidade Federal da Bahia. Membro da Associação Norte Nordeste de Professores de Processo – ANNEP. Advogada em Salvador/BA.

JULIANA MELAZZI ANDRADE

Graduanda em Direito na Universidade do Estado do Rio de Janeiro (UERJ). julianamelazzi.a@gmail.com

JULIANE DIAS FACÓ

Mestre em Direito Público pela Universidade Federal da Bahia (UFBA). Especialista em Direito e Processo do Trabalho pela Faculdade Baiana de Direito. Professora de Direito e Processo do Trabalho da Faculdade Baiana de Direito. Professora convidada da Escola Judicial do TRT 5, TRT 7, EMATRA 5 e da Escola Superior de Advocacia da OAB/BA. Professora convidada da Pós-Graduação da Faculdade Baiana de Direito, Universidade Católica (UCSAL), UNIFACS, UNIFEOB (São Paulo). Membro do Instituto Brasileiro de Direito Processual (IBDP). Cofundadora do Fórum Permanente de Processualistas do Trabalho (FPPT). Presidente da Associação Brasileira de Processualistas do Trabalho (ABPT). Advogada.

JULIENE DE SOUZA PEIXOTO

Mestre em Direito Processual Civil pela Universidade de Coimbra. Advogada. Contato: julienepeixoto@gmail.com

LARA RAFAELLE PINHO SOARES

Mestra em Direito Público, na linha de Processo Civil, pela Universidade Federal Bahia - UFBA. Especialista em Direito. Graduada em Direito pela Universidade Salvador (Unifacs). Professora de Direito Processual Civil e Direito Civil (sucessões) da Faculdade Baiana de Direito. Professora de Pós-Graduação, da EMAB e da ESA/Ba. Conselheira Seccional da OAB/BA. Advogada. lara@soares.adv.br

LEONARDO CARNEIRO DA CUNHA

Mestre em Direito pela UFPE. Doutor em Direito pela PUC/SP, com pós-doutorado pela Universidade de Lisboa. Professor adjunto da Faculdade de Direito do Recife (UFPE), nos cursos de graduação, mestrado e doutorado.

LORENA MIRANDA SANTOS BARREIROS

Doutora em Direito Público pela Universidade Federal da Bahia. Procuradora do Estado da Bahia. Membro do Instituto Brasileiro de Direito Processual - IBDP e da Associação Norte-Nordeste de Professores de Processo - ANNEP. E-mail: lorena-miranda@uol.com.br.

LÚCIO GRASSI DE GOUVEIA

Professor Adjunto II da Universidade Católica de Pernambuco (Graduação, Mestrado e Doutorado). Doutor em Direito pela Universidade Clássica de Lisboa. Mestre em Direito pela UFPE. Pesquisador do Grupo de Pesquisa Processo e Hermenêutica da Unicap. Conselheiro Fiscal da Associação Brasileira de Direito Processual. Secretário Adjunto do Instituto Brasileiro de Direito Processual. Membro da Associação Norte e Nordeste dos Professores de Processo. Juiz de Direito em Recife-PE.

MARCELA KOHLBACH DE FARIA

Mestre e Doutoranda em Direito pela Universidade do Estado do Rio de Janeiro (UERJ). Autora do livro *Ação anulatória da sentença arbitral: aspectos e limites* (Gazeta Jurídica, 2014). Coautora dos livros *Processo Constitucional* (Forense, 2013), *Negócios Processuais* (JusPodivm, 2015), *Convenciones procesales: estudios sobre negocios jurídicos y proceso* (Raguel ediciones, 2015) e *Honorários Advocatícios* (JusPodivm, 2015). Membro da Comissão de Arbitragem da OAB/RJ. Membro do Instituto Brasileiro de Direito Processual (IBDP). Membro do Instituto Carioca de Processo Civil (ICPC). Analista Jurídica na Leste.

MARCIA CRISTINA XAVIER DE SOUZA

Mestre e Doutora em Direito pela Universidade Gama Filho-RJ. Professora de Direito Processual Civil da Faculdade Nacional de Direito da UFRJ e do PPGD da Faculdade de Guanambi-BA. Coordenadora do LEMAJ/UFRJ – Laboratório de Estudos de Meios Adequados de Justiça.

MARIANA FERRADEIRA

Mestranda em Direito Processual pela UERJ. Pós-graduada em Direito Processual Civil e em Direito Privado Patrimonial, pela PUC/RJ. Graduada pela UFF. Advogada.

MARÍLIA SIQUEIRA

Mestranda em Direito Processual Civil pela Universidade de São Paulo. Pós-graduanda em Direito Empresarial pela Fundação Getúlio Vargas (GvLaw). Graduada em Direito pela Universidade Federal da Bahia. Advogada em São Paulo/SP.

MARINA MOTTA BENEVIDES GADELHA

Doutoranda em Direito, Processo e Cidadania pela Universidade Católica de Pernambuco. Mestre em Ciências Jurídico-Políticas II pela Faculdade de Direito da Universidade de Coimbra. Especialista em Ciências Jurídico-Políticas II pela Faculdade de Direito da Universidade de Coimbra. Especialista em Gestão Ambiental pela Fundação Mineira de Educação e Cultura. Advogada e professora universitária. Pesquisadora do Grupo de Pesquisa Processo e Hermenêutica da Unicap.

PAULA DEDA CATARINO GORDILHO

Especialista em Direito Processual Civil (LFG/Universidade Anhanguera-Uniderp). Pós-Graduanda em Direito Imobiliário pela Faculdade Baiana de Direito e Gestão. Integrante do Grupo de Pesquisa Teoria Contemporânea da Relação Jurídica Processual: fato, sujeitos e objeto (UFBA). Advogada Sócia do Ventim & Gordilho Advogados Associados. Contato: pdg@deysegordilho.adv.br

PAULA SARNO BRAGA

Doutora e Mestre (UFBA). Professora Adjunta da Universidade Federal da Bahia. Professora da Faculdade Baiana de Direito. Membro do Instituto Brasileiro Direito Processual, da Associação Brasileira de Direito Processual e da Associação Norte e Nordeste de Professores de Processo. Cofundadora do Projeto Mulheres no Processo Civil Brasileiro (IBDP) e Membro da Comissão de Coordenação desse mesmo Projeto. Advogada e consultora jurídica.

PRISCILLA DE JESUS

Mestre pela UFBA. Professora da Faculdade Baiana de Direito. Advogada.

RENATA CORTEZ VIEIRA PEIXOTO

Mestre em Direito pela Universidade Católica de Pernambuco - UNICAP e Especialista em Direito Processual Civil (2005) pela mesma Universidade. Membro do Instituto Brasileiro de Direito Processual - IBDP. Membro da Associação Norte e Nordeste de Professores de Processo - ANNEP. Membro da Associação Brasileira de Direito Processual - ABDPro. Professora de Direito Processual Civil da Graduação do Centro Universitário Maurício de Nassau - UNINASSAU e das Pós-Graduações da UNINASSAU, Faculdade Estácio do Recife, Facesf e Espaço Jurídico. Professora da Escola Superior de Advocacia de Pernambuco - ESA-PE. Assessora Técnica Judiciária de Desembargador do Tribunal de Justiça de Pernambuco - TJPE. Idealizadora do site inteiroteor.com.br.

RODRIGO MAZZEI

Pós-doutorado (UFES), Doutor (FADISP) e Mestre (PUC/SPC). Professor da UFES (graduação e mestrado). Diretor Geral da Escola Superior da Advocacia (OAB/ES). Vice-Presidente do Instituto dos Advogados do Espírito Santo (IAEES). Professor coordenador do Núcleo de Estudos em Arbitragem e Processo Internacional (NEAPI-UFES).

ROGÉRIA DOTTI

Doutoranda e mestre pela Universidade Federal do Paraná, Secretária Geral Adjunta do Instituto Brasileiro de Direito Processual no Paraná, Advogada.

SABRINA DOURADO

Mestre em Direito Público pela UFBA. Especialista em Direito Processual Civil. Professora de cursos preparatórios e Pós-graduação de Direito Processual Civil do CERS, Escola de Magistratura do Estado da Bahia, Escola Paulista de Direito-SP e outros cursos. Advogada e consultora Jurídica. Membro do CEAPRO, ABDPRO, IBDP, ANNEP, palestrante. Autora de várias obras Jurídicas.

SOFIA TEMER

Doutoranda e Mestre em Direito Processual pela Universidade do Estado do Rio de Janeiro (UERJ). Advogada. sotemer@gmail.com.

TRÍCIA NAVARRO XAVIER CABRAL

Doutora em Direito Processual pela UERJ. Mestre em Direito Processual pela UFES. Juíza de Direito no Estado do Espírito Santo. Foi Coordenadora do CEJUSC – TJES. Membro efetivo do IBDP. tricianavarro@hotmail.com.

VALQUÍRIA MARIA NOVAES MENEZES

Graduada em Direito pela Universidade Federal de Pernambuco. Monitora da disciplina de Direito Processual Civil III no semestre 2014.2.

VICTÓRIA HOFFMANN MOREIRA

Mestre em Direito Processual Civil pela Universidade de Coimbra. Advogada. Contato: victoriahmoreira@hotmail.com

APRESENTAÇÃO

Com muita alegria, fui convidada pela Comissão de Coordenação Geral do Projeto Mulheres no Processo Civil Brasileiro do Instituto Brasileiro de Direito Processual – IBDP para realizar a apresentação do primeiro volume da coletânea "Mulheres do Processo Civil Brasileiro". Agradeço à Paula Braga Sarno e à Ana Marcato pelo convite que me deu a oportunidade de participar desta publicação histórica!

É reiterado o discurso na academia de que as mulheres não devem ser convidadas a participar de eventos ou obras jurídicas pelo simples fato de serem mulheres, mas sim pela sua competência. Essa fala esconde em si a ideia misógina de que, se não há grande presença feminina em publicações em direito processual, é porque as processualistas não são boas o suficiente para delas participar. Nada mais falacioso!

Eu tenho 40 anos e iniciei minha vida acadêmica aos 17 anos. Durante essas mais de duas décadas, pude observar a realização de um sem-número de projetos acadêmicos sem a participação de nenhuma mulher ou com a participação de uma ou duas mulheres, quase sempre as mesmas. Esse "estado de coisas" foi sempre constante, apesar de eu sempre conviver com inúmeras colegas de graduação, mestrado e doutorado simplesmente brilhantes.

Durante essas duas décadas, ainda, eu pude perceber como o caminho é mais difícil para as mulheres. No decorrer das suas carreiras, seja em função do desestímulo pela falta de espaço, seja por conta de escolhas da vida pessoal que na nossa sociedade oneram desigualmente as mães, várias processualistas de destaque tombaram pelo caminho. As que não tombaram, pagaram preços bem mais altos que seus colegas do gênero masculino. Essa dinâmica perversa não é somente fruto de uma observação subjetiva, ela se reflete em números.

A representatividade feminina cai na medida em que a carreira acadêmica avança. Em pesquisa divulgada pela imprensa nos últimos anos, constatou-se que as mulheres eram 60% dos estudantes universitários brasileiros, 53% dos mestres e 47% dos doutores. Não é leviano supor que em direito, uma área sempre muito dominada pela presença masculina, essas proporções decresçam em percentual ainda mais significativos.

Diante deste cenário, a publicação desta obra é extremamente simbólica. Primeiro, ela serve como um grito de denúncia da triste realidade de que, SIM, falta espaço para as mulheres na vida acadêmica. Esse espaço TEM que ser criado a fórceps e tem que ser mantido.

Segundo, esta obra permite que as mulheres do processo civil comecem a conhecer suas pesquisas e a trocar suas reflexões sobre um tema tão novo e interessante como o dos negócios jurídicos processuais.

Por fim, esta obra dá às acadêmicas do processo civil a oportunidade de comprovar que têm, SIM, algo a dizer! Afinal, nós processualistas mulheres não somos nem melhores, nem piores que os processualistas homens. Somos tão boas quanto e por esse motivo temos o DIREITO de ser ouvidas, direito este que finalmente o IBDP nos garante.

Nesse sentido, gostaria de parabenizar e agradecer o IBDP. Eu sou mãe recente de uma filha de seis meses de idade. Desde que ela nasceu, eu me pergunto constantemente quais as condições e oportunidades que o mundo lhe dará. São iniciativas como esta que me dão a esperança de que ela venha a ter maiores e melhores oportunidades do que eu.

Dito tudo isso, vamos à leitura, pois A LUTA CONTINUA!

São Paulo, 13 de fevereiro de 2017

Susana Henriques da Costa

Professora Doutora de Direito Processual
da Faculdade de Direito da Universidade
de São Paulo – FADUSP

PREFÁCIO

Realizar o prefácio de uma obra é sempre uma tarefa difícil. É preciso, a um só tempo, ser conciso e profundo, de modo a revelar a essência de um livro, tornando-o atrativo ao leitor. Tal dificuldade, no entanto, é recompensada pela honra de trazer ao conhecimento da comunidade acadêmica e dos profissionais do direito o resultado da pesquisa e do estudo dos autores. Prefaciar esta obra em particular, além disso, é para mim motivo de grande honra por outras razões.

Para um estudioso do processo civil é entusiasmante testemunhar a evolução da ciência e, em particular, a atenção destinada a temas dotados de transversalidade disciplinar como os negócios jurídicos processuais que, a um só tempo, privilegiam a autonomia da vontade das partes, essencial a um processo democrático e à adequação do processo às especificidades de cada causa, tornando-o, assim, um instrumento realmente efetivo à tutela dos direitos. Neste volume, pois, o leitor encontrará escritos que exploram diversas implicações do regime instituído pelo Código de Processo Civil de 2015 para essa temática.

Ao lado de nomes já consagrados do direito processual, este livro traz a lume novos autores que certamente em muito contribuirão para o desenvolvimento do direito processual e a administração da justiça em nosso país. Para um professor, não há recompensa maior do que presenciar o surgimento e amadurecimento de novos estudiosos de sua matéria.

Por último, mas não menos importante, na condição de Presidente do Instituto Brasileiro de Direito Processual, não posso deixar de registrar que este livro é fruto do trabalho brilhante e pioneiro do Projeto Mulheres no Processo Civil Brasileiro que objetiva fomentar a participação feminina na vida acadêmica. O Instituto Brasileiro de Direito Processual, que neste ano completa 59 anos de fundação, abraça e estimula projetos como esse. Na academia, assim como em qualquer outro campo social, não deve haver espaço para discriminações. É dever do Instituto, portanto, assegurar igualdade de oportunidades para que todos possam expressar suas ideias e divulgar seus trabalhos. Se a academia – campo, por excelência, para a livre expressão de ideias, sem preconceitos – não for democrática, dificilmente outros campos da sociedade o serão.

Arcadas, verão de 2017

Paulo Henrique dos Santos Lucon
Professor Associado da Faculdade de Direito
do Largo de São Francisco – USP
Presidente do Instituto Brasileiro
de Direito Processual IBDP

SUMÁRIO

**HOMENAGEM À PROFª. DRª. MARÍLIA MURICY –
MARÍLIA MURICY MACHADO PINTO, UMA
TRAJETÓRIA DE PIONEIRISMO E CONVICÇÃO**

Paula Sarno Braga e Priscilla de Jesus 37

**ANÁLISE E LIMITES DA CELEBRAÇÃO DE NEGÓCIOS
JURÍDICOS PROCESSUAIS NA EXECUÇÃO POR TÍTULO
EXTRAJUDICIAL E/OU CUMPRIMENTO DE SENTENÇA**

Arlete Inês Aurelli 45

1. Introdução 45
2. Noções gerais 46
    2.1. Negócios jurídicos processuais 46
    2.2. Princípios processuais inerentes à execução 52
3. Aplicabilidade dos negócios jurídicos processuais na execução 54
4. Conclusão 62
5. Referências 63

**A MITIGAÇÃO DA INCIDÊNCIA DO ADÁGIO *IURA NOVIT
CURIA* EM VIRTUDE DAS CONVENÇÕES PROCESSUAIS: BREVE
ANÁLISE DO ART. 357, § 2º, DO NOVO CÓDIGO DE PROCESSO CIVIL**

Caroline Pomjé 65

1. Considerações introdutórias 65
2. Da incidência do adágio *iura novit curia* no processo civil brasileiro 67

3. Mitigação ao brocardo: as convenções processuais 73
   3.1. Breve análise conceitual 73
   3.2. Art. 357, § 2º, do CPC/2015: a delimitação do objeto litigioso via convenção processual 76
4. Considerações finais: da mitigação da incidência do adágio *iura novit curia* 79
5. Referências 80

A ABERTURA HERMENÊUTICA DAS CONVENÇÕES PROCESSUAIS À EXECUÇÃO: PELA BUSCA DA SATISFATIVIDADE DA TUTELA DO DIREITO MATERIAL

Cristina Reindolff da Motta e Gabriela Samrsla Möller 83

1. Introdução 83
2. A Nova Interpretação da Lei Processual: o diálogo inevitável entre o público e o privado (e seus limites) 87
   2.1. O Processo de Execução pelo CPC/15 92
3. Da Busca pela Satisfatividade: o negócio jurídico processual como efetivação da tutela executiva 95
   3.1. Os Negócios Jurídicos Processuais e a Classificação Doutrinária: breve resumo 95
   3.2. Negócios Jurídicos Processuais e o Processo de Execução: possibilidade 100
4. A Leitura da Atividade Jurisdicional (art. 139, IV) junto ao Negócio Jurídico Processual 108
5. Conclusão 112
6. Referências 114

A LEGITIMIDADE EXTRAORDINÁRIA DE ORIGEM NEGOCIAL

Daniela Santos Bomfim 117

1. A teoria do fato jurídico como uma teoria parcial do direito 117
2. O conceito de negócio jurídico 120
3. O negócio jurídico processual e a cláusula geral prevista no CPC/2015 126
4. A legitimidade extraordinária no contexto do CPC/2015: a sua contextualização com a cláusula geral dos negócios jurídicos processuais 127
5. Peculiaridades sobre a legitimação extraordinária de origem negocial 133
6. Conclusões 136
7. Referências 137

CONVENÇÕES PRÉ-PROCESSUAIS PARA A CONCEPÇÃO DE PROCEDIMENTOS PRELIMINARES EXTRAJUDICIAIS

Fernanda Medina Pantoja 139

1. O incremento dos poderes das partes no novo processo civil brasileiro 139
2. Ampliação do universo de negócios processuais 142
3. Negócios prévios à instauração do processo 143
4. Convenções pré-processuais para a consecução de procedimentos preliminares 144
   - 4.1. Razão-de-ser dos procedimentos preliminares 144
   - 4.2. Natureza dos procedimentos preliminares 145
   - 4.3. Vantagens das convenções pré-processuais como fonte dos procedimentos prévios 147
     - 4.3.1. Convenções individuais e coletivas 148
   - 4.4. Gestão do procedimento 151
   - 4.5. Algumas espécies de providências cabíveis nos procedimentos preliminares convencionais 153
5. Referências 157

NEGÓCIOS JURÍDICOS PROCESSUAIS ATÍPICOS NO CPC-2015

Fredie Didier Jr. 161

1. Negócios jurídicos processuais: noções gerais, espécies e classificação 161
2. Negócios jurídicos processuais atípicos 166
   - 2.1. A cláusula geral de negociação sobre o processo. O princípio da atipicidade da negociação sobre o processo 166
   - 2.2. Regras gerais da negociação processual 169
   - 2.3. Negócios processuais celebrados pelas partes com o juiz 169
   - 2.4. Momento de celebração 170
   - 2.5. Requisitos de validade 170
     - 2.5.1. Generalidades 170
     - 2.5.2. Capacidade 171
     - 2.5.3. Objeto 174
     - 2.5.4. Forma 177
   - 2.6. Anulabilidade 178
   - 2.7. Eficácia e revogabilidade 178
   - 2.8. Onerosidade excessiva, resolução e revisão 179

2.9. Inadimplemento e ônus da alegação 180
2.10. Efetivação 180
2.11. Princípio da boa-fé e negociação processual 181
2.12. Interpretação 181
2.13. Negócios processuais coletivos e negócios processuais que dizem respeito a processos indeterminados 182
2.14. Direito intertemporal 183
3. Referências 184

NATUREZA NEGOCIAL DOS PROVIMENTOS JUDICIAIS

Gabriela Expósito 187

1. Introdução 187
2. Negócios jurídicos 188
3. Classificações dos negócios jurídicos que produzem efeitos no processo judicial 190
   3.1. Classificação dos negócios jurídicos quanto ao momento de celebração 190
   3.2. Classificação dos negócios quanto ao objeto 192
      3.2.1. Negócios sobre o direito material 193
      3.2.2. Negócios jurídicos pré-processuais 193
      3.2.3. Negócios jurídicos processuais 194
      3.2.4. Negócios jurídicos pós-processuais 195
4. Decisão judicial: um negócio jurídico propriamente processual 195
5. Negócios jurídicos do magistrado com as partes 198
6. Conclusões 200
7. Referências 201

DISTRIBUIÇÃO CONVENCIONAL DO ÔNUS DE PROVA

Gisele Fernandes Góes 203

1. Introdução: o novo modelo de gestão probatória processual 203
2. Teoria geral do ônus de prova 205
3. Negócios jurídicos processuais 208
   3.1. Fundamento das convenções processuais 209
   3.2. Distribuição convencional dos ônus de prova 212

	3.2.1. Elementos de existência, validade e eficácia da distribuição convencional do ônus de prova 213
4.	Conclusão 217
5.	Referências 217

NEGÓCIOS JURÍDICOS PROCESSUAIS SOBRE MEDIAÇÃO E CONCILIAÇÃO

Júlia Lipiani e Marília Siqueira 219

1.	Considerações introdutórias 219
2.	Negócio jurídico processual 222
	2.1. Conceito 222
	2.2. A cláusula geral de negócio processual no código de processo civil 225
3.	Os negócios jurídicos processuais acerca da mediação e da conciliação 228
	3.1. Negócios jurídicos processuais sobre o mediador ou conciliador e sobre a câmara privada de mediação ou conciliação 228
	3.2. Negócios jurídicos processuais sobre o procedimento de mediação ou conciliação 230
	3.3. Negócios jurídicos processuais sobre as situações jurídicas dos sujeitos envolvidos na mediação ou conciliação 234
4.	Síntese conclusiva 243
5.	Referências 245

A APLICAÇÃO DO ART. 190 DO CPC/2015 AO PROCESSO DO TRABALHO: COMPATIBILIDADE DOS NEGÓCIOS PROCESSUAIS ATÍPICOS COM O ORDENAMENTO TRABAHISTA

Juliane Dias Facó 249

1.	Modelo cooperativo de processo e princípio do respeito ao autorregramento da vontade no CPC/2015 250
2.	Negócio jurídico processual no CPC/2015 251
	2.1. Negócios processuais típicos 253
	2.2. Negócios processuais atípicos 254
3.	Requisitos de validade dos negócios processuais atípicos 256
4.	Eficácia dos negócios processuais 259
5.	Negócios processuais atípicos e sua aplicação ao processo do trabalho 260

5.1.	Aplicação supletiva e subsidiária do CPC/2015	260
5.2.	O art. 190 do CPC/15 se aplica ao processo do trabalho? Entendimento do TST – art. 2º, II, da IN 39	263
5.3.	Conflitos submetidos à jurisdição trabalhista e os negócios processuais atípicos	264
5.4.	Relações de emprego e manifesta situação de vulnerabilidade	267
6.	Conclusão	273
7.	Referências	274

A VULNERABILIDADE NA NEGOCIAÇÃO PROCESSUAL ATÍPICA

Lara Rafaelle Pinho Soares 277

1.	Introdução	277
2.	Negócio jurídico processual	278
	2.1. Conceito: tipicidade e atipicidade	278
	2.2. Cláusula geral de negócio jurídico processual: art. 190 da Lei 13.105/2015	281
3.	Os vulneráveis do parágrafo único do art. 190 do CPC/2015	285
	3.1. Presunção de vulnerabilidade (?)	286
	3.2. Ausência de vulnerabilidade como requisito autônomo de validade do negócio jurídico processual	291
4.	(In)validade de negócio processual atípico celebrado por vulnerável	293
5.	Conclusão	295
6.	Referências	296

CALENDÁRIO PROCESSUAL: NEGÓCIO TÍPICO PREVISTO NO ART. 191 DO CPC

Leonardo Carneiro da Cunha 299

1.	Negócios jurídicos processuais	299
2.	Calendário processual	301
3.	Finalidade do calendário processual	302
4.	Calendário processual e duração razoável do processo	303
5.	Calendário processual e princípio da eficiência	304
6.	Atos sujeitos ao calendário processual	306
7.	Momento de definição do calendário	307
8.	Impossibilidade de imposição do calendário	307
9.	Dispensa de intimação	308

10.	Calendário processual e ordem cronológica de julgamento	308
11.	Calendário na prova pericial (CPC, art. 357, § 8º)	309
12.	Referências	310

(I)NEGOCIABILIDADE DE PRERROGATIVAS PROCESSUAIS DA FAZENDA PÚBLICA: TENTATIVA DE SISTEMATIZAÇÃO

Lorena Miranda Santos Barreiros 313

1.	Introdução	313
2.	Breve análise das prerrogativas processuais da Fazenda Pública sob a ótica dos fundamentos lastreadores de seu estabelecimento	315
3.	Negociabilidade das prerrogativas processuais relacionadas ao regime jurídico de direito material a que se sujeitam as pessoas jurídicas de direito público ou à própria natureza dessas	318
4.	Negociabilidade das prerrogativas processuais da Fazenda Pública relacionadas ao funcionamento da estrutura administrativa	323
5.	Conclusão	327
6.	Referências	328

NEGÓCIOS JURÍDICOS PROCESSUAIS: *"LIBERTAS QUÆ SERA TAMEN"*

Lúcio Grassi de Gouveia e Marina Motta Benevides Gadelha 331

1.	Introdução	331
2.	Aspectos comparativos dos negócios Jurídicos Processuais no Código de Processo Civil de 1973 e no Código de Processo Civil de 2015	333
3.	Negócios Jurídicos Processuais no Código de Processo Civil de 2015	337
4.	O papel do juiz nos negócios jurídicos processuais	341
5.	A decisão que nega eficácia ao negócio jurídico processual	344
6.	Conclusões	349
7.	Referências	350

LICITUDE DO OBJETO DAS CONVENÇÕES PROCESSUAIS

Marcela Kohlbach de Faria 353

1.	Introdução	353
2.	Licitude do objeto dos negócios processuais: quais parâmetros não devemos adotar?	356

3. Parâmetros que se extraem do artigo 190 do Código de Processo Civil 358
   - 3.1. Direitos que admitam autocomposição 358
   - 3.2. Mudanças no procedimento 360
   - 3.3. Limites impostos pelo parágrafo único do artigo 190 361
4. Outros parâmetros que podem ser usados para a limitação da validade do negócio processual 362
5. Autonomia da cláusula de negócio processual com relação às demais cláusulas contratuais 363
6. Conclusão 364
7. Referências 364

BREVES CONSIDERAÇÕES ACERCA DAS CONVENÇÕES PROCESSUAIS NOS JUIZADOS ESPECIAIS CÍVEIS

Marcia Cristina Xavier de Souza 367

1. Introdução 367
2. Classificação das convenções processuais 368
   - 2.1. Contratos processuais 369
   - 2.2. Acordos processuais 370
   - 2.3. Negócios jurídicos processuais 372
3. Requisitos das convenções processuais 373
   - 3.1. Limites 374
     - 3.1.1. Disponibilidade dos direitos e capacidade dos sujeitos atuantes 375
     - 3.1.2. Equilíbrio entre as partes 377
     - 3.1.3. Requisitos genéricos de admissibilidade 378
   - 3.2. Momento de eficácia 381
   - 3.3. Revogabilidade 382
4. Conclusão 384
5. Referências 384

A PROVA EMPRESTADA COMO OBJETO DE NEGÓCIO JURÍDICO PROCESSUAL

Mariana Ferradeira 387

1. A (velha) prova emprestada, agora prevista no CPC/15 387
2. Algumas reflexões sobre os negócios jurídicos processuais 390

3.	Iniciativa probatória do juiz: autônoma ou subsidiária?	397
4.	Conclusão: Os limites das convenções processuais. A prova emprestada pode ser objeto de convenção processual?	401
5.	Referências	406

ANÁLISE SOBRE AS IMPLICAÇÕES DO CALENDÁRIO PROCESSUAL

Paula Deda Catarino Gordilho e Amanda Souza Barbosa 409

1.	Introdução	409
2.	Calendário processual	410
	2.1. Princípio da Razoável Duração do Processo	413
	2.2. Princípio da Cooperação	416
3.	Flexibilização do processo civil: acordo de calendarização *vs.* acordo de procedimento	418
4.	Momento de pactuação do calendário processual	420
5.	Concordância do acordo de calendarização pelas partes	424
6.	Descumprimento do calendário e alteração das partes, juiz e terceiros	426
7.	Considerações finais	428
8.	Referências	428

COMPETÊNCIA LEGISLATIVA DOS ESTADOS-MEMBROS EM TORNO DOS NEGÓCIOS PROCESSUAIS

Paula Sarno Braga 431

1.	Introdução	431
2.	Processo e procedimento	432
3.	Norma de processo e norma de procedimento	440
4.	Negócios processuais como matéria processual e procedimental	444
5.	Competência legislativa em matéria processual. Arts. 22, I, e 24, XI, CF/1988	448
6.	Competência legislativa dos Estados e Distrito Federal e normas suplementares sobre negócios processuais	452
7.	Competência legislativa dos Estados e do Distrito Federal e normas supletivas sobre negócios processuais	455
8.	Referências	457

NEGÓCIOS JURÍDICOS PROCESSUAIS PENAIS ATÍPICOS: UMA ANÁLISE DA APLICABILIDADE DO ART. 190 CÓDIGO DE PROCESSO CIVIL DE 2015 AOS PROCESSOS CRIMINAIS

Renata Cortez Vieira Peixoto 461

1. Introdução 461
2. Da aplicação supletiva e subsidiária das normas do Processo Civil ao Processo Penal 462
3. Os negócios jurídicos processuais atípicos e a possibilidade de sua realização nos processos criminais 468
4. Conclusão 478
5. Referências 479

BREVE ENSAIO SOBRE A POSTURA DOS ATORES PROCESSUAIS EM RELAÇÃO AOS MÉTODOS ADEQUADOS DE RESOLUÇÃO DE CONFLITOS

Rodrigo Mazzei e Bárbara Seccato Ruis Chagas 481

1. Introdução 481
2. As partes 484
3. Os auxiliares da justiça: conciliadores e mediadores 490
   - 3.1. Outros auxiliares da Justiça: o Oficial de Justiça 494
4. Advogados, Defensores Públicos e Ministério Público 495
5. O juiz 501
6. Breve fechamento 503
7. Referências 504

TUTELA PROVISÓRIA E EVIDÊNCIA NEGOCIADA: TEMOS NOSSO PRÓPRIO TEMPO?

Rogéria Dotti 507

1. Tutela provisória e tutela da evidência no Código de Processo Civil de 2015: a dispensa do requisito da urgência e a razoável duração do processo 508
2. Ônus da prova e o tempo necessário para a instrução 513
3. A tutela da evidência como forma de distribuição do ônus do tempo no processo 516
4. Convenções processuais e evidência negociada: quem deve suportar a demora da prova? 520
5. Conclusões 526
6. Referências 527

NEGÓCIOS PROCESSUAIS NA ESFERA RECURSAL

Sabrina Dourado 531

1. Introdução 531
2. Meios de impugnação das decisões judiciais: noções basilares 533
3. As novidades do sistema recursal implementadas através do CPC/15 .. 535
4. Os negócios jurídicos processuais 542
5. As convenções processuais na esfera recursal 544
6. Conclusão 547
7. Referências 548

CONVENÇÕES PROCESSUAIS NA EXECUÇÃO: MODIFICAÇÃO CONSENSUAL DAS REGRAS RELATIVAS À PENHORA, AVALIAÇÃO E EXPROPRIAÇÃO DE BENS

Sofia Temer e Juliana Melazzi Andrade 551

1. Introdução 551
2. Convenções processuais no CPC/2015: brevíssimo panorama 553
3. Execução e as técnicas de expropriação 556
4. Convenções processuais relativas à penhora, avaliação e expropriação 557
    4.1. Convenções quanto à penhora 558
    4.2. Convenções quanto à avaliação de bens 562
    4.3. Convenções sobre a adjudicação e a alienação 563
5. Conclusão 565
6. Referências 566

O PODER DE AUTORREGRAMENTO DA VONTADE NO CONTEXTO DA MEDIAÇÃO E DA CONCILIAÇÃO

Trícia Navarro Xavier Cabral 569

1. O incremento da autonomia privada no CPC/15 569
2. Conciliação e mediação no CPC/15 572
3. Autonomia privada no contexto da conciliação e da mediação 577
4. Considerações finais 585
5. Referências 586

DO NEGÓCIO JURÍDICO PROCESSUAL E O CONSUMIDOR: INTERPRETAÇÃO DA VULNERABILIDADE COMO LIMITE AOS NEGÓCIOS PROCESSUAIS

Valquíria Maria Novaes Menezes 589

1. A ampliação do negócio processual no Direito brasileiro e a limitação em virtude da parte vulnerável 589
2. Compreensão da vulnerabilidade como limite ao autorregramento da vontade no processo civil: negócio processual e normas constitucionais fundamentais 591
3. Do sistema de invalidades no Código de Processo Civil e a celebração de negócios processuais na relação consumerista 596
4. Referências 606

NEGÓCIOS JURÍDICOS PROCESSUAIS E OS PODERES INSTRUTÓRIOS DO JUIZ

Victória Hoffmann Moreira e Juliene de Souza Peixoto 609

1. Introdução 609
2. Das provas 611
   - 2.1. As provas no modelo cooperativo de processo 613
   - 2.2. O papel do juiz e das partes na produção de provas 615
3. As convenções processuais e o direito probatório 617
   - 3.1. A cláusula geral de atipicidade das convenções processuais e o autorregramento da vontade das partes 618
   - 3.2. As convenções processuais em matéria de prova 621
4. Os poderes instrutórios do juiz e os negócios processuais sobre provas 622
5. Conclusões 626
6. Referências 628

ANEXO

Artigos da professora homenageada – Marília Muricy

ÉTICA PÚBLICA: UMA PRÁTICA REPUBLICANA

Marília Muricy 633

O PENSAMENTO FILOSÓFICO DE A.L. MACHADO NETO E A NOVA HERMENÊUTICA JURÍDICA

Marília Muricy 637

1. NOTA INTRODUTÓRIA 637
2. O MODELO DA APLICAÇÃO SILOGÍSTICA E A TESE DA DISCRICIONARIEDADE JUDICIAL 639
3. A BUSCA DA RACIONALIDADE JURÍDICA CONTRA O POSITIVISMO – O PENSAMENTO DE DWORKIN 641
4. A INTERPRETAÇÃO E PRUDÊNCIA – TEORIA DA ARGUMENTAÇÃO ... 643
5. O PENSAMENTO DE MACHADO NETO: UM DIÁLOGO COM O FUTURO 647
6. CONCLUSÃO 655

RACIONALIDADE DO DIREITO, JUSTIÇA E INTERPRETAÇÃO. DIÁLOGO ENTRE A TEORIA PURA E A CONCEPÇÃO LUHMANNIANA DO DIREITO COMO SISTEMA AUTOPIOÉTICO

Marília Muricy 661

Introdução 661

1. A noção de sistema jurídico na teoria pura e no direito autopoiético. Contextualização histórica e fundamentos epistemológicos 664
   - 1.1. Racionalidade e sistema em Kelsen 664
   - 1.2. O direito como sistema autopoiético. Pós-modernidade e "racionalidade sistêmica" no pensamento de Luhmann 666
2. Justiça e interpretação 672
   - 2.1. O ceticismo valorativo da Teoria Pura e o problema da interpretação 672
   - 2.2. Justiça e Interpretação na teoria do direito como sistema autopoiético. Justiça como "fórmula de contingência" e interpretação como operação do sistema. 674

   Bibliografia 678

HOMENAGEM
À PROFª. DRª. MARÍLIA MURICY

MARÍLIA MURICY MACHADO PINTO, UMA TRAJETÓRIA DE PIONEIRISMO E CONVICÇÃO

Paula Sarno Braga[1]
Priscilla de Jesus[2]

> "Marília Muricy Machado Pinto sempre teve uma trajetória retilínea e com uma característica de personalidade. Uma mulher inflexível que nunca cedeu em face de absolutamente nada se isso significasse trair suas convicções pessoais e se isso significasse de algum modo tergiversar na luta pelos direitos humanos. É essa a ideia que tenho da pessoa, da mulher, da cidadã Marília Muricy".
>
> **Fernando Santana.**

Quando ainda era estudante da Faculdade de Direito da Universidade Federal da Bahia (UFBA), entre 1963 e 1967, Marília Muricy Machado Pinto já se destacava pelo seu perfil acadêmico singular. Atuante no Patronato de

---

1. Doutora e Mestre pela UFBA. Professora Adjunta da Faculdade de Direito da Universidade Federal da Bahia – UFBA. Professora da Faculdade Baiana de Direito. Advogada e consultora jurídica. Membro da ANNEP e ABDPRO. Secretária Adjunta do IBDP no Estado da Bahia. Membro da Comissão de Coordenação e Cofundadora do Projeto Mulheres no Processo Civil do IBDP.
2. Mestre pela UFBA. Professora da Faculdade Baiana de Direito. Advogada.

Presos e Egressos, órgão anexo ao Conselho Penitenciário[3], a discente já se dedicava à produção científica diferenciada. O artigo científico "O declínio das prisões" foi escrito durante seu segundo ano de graduação (em 1964), e inscrito no Prêmio Cesare Beccaria, sagrando-se como trabalho vencedor.

Nessa época, em que a relação entre docentes e discentes era marcada por um tom especialmente reverencial, professores como Raul Chaves, Machado Neto, e outros já exaltavam o desempenho da sua aluna e monitora[4].

E assim foram dados os primeiros passos da trajetória acadêmica de uma jovem que em pouco tempo se revelaria uma ardorosa defensora dos direitos humanos[5].

Em 1967, Marília Muricy tornou-se Bacharel em Direito pela Universidade Federal da Bahia (UFBA). Seis anos depois já finalizava o seu mestrado em Direito pela UFBA, sob a orientação de seu mestre, Zaidhê Machado Neto, com a apresentação da dissertação intitulada *Criminalidade Feminina do Século XIX*[6].

Essa foi a fase em que seus contemporâneos já começavam a ouvir e reproduzir comentários habituais sobre suas qualidades acadêmicas, que abrangiam: sua reconhecida habilidade intelectual; sua facilidade e desenvoltura na apreensão do conhecimento decorrente de leituras densas; e seu discurso claro, eloquente, impactante e sempre, sempre, pautado na mais pura fidelidade com suas próprias ideias, valores e convicções[7].

Uma professora e acadêmica completa, que acessa e absorve o conhecimento em sua extensão e profundidade; que processa, desconstrói e reconstrói o que fora apreendido; e, por fim, reproduz e compartilha com seus ouvintes e leitores o resultado desse processo cognitivo com toda sua destreza.

---

3. Cf. informação extraída de entrevista realizada com Fernando Santana.
4. MINAHIM, Maria Auxiliadora. Sobre a homenageada: Marília Muricy Machado Neto. *Revista do Programa de Pós-Graduação em Direito da Universidade Federal da Bahia*, n. 24, Salvador, 2012, p. 9.
5. Informação extraída de entrevista realizada com Fernando Santana.
6. BRASIL, Conselho Nacional de Desenvolvimento Científico e Tecnológico. Currículo Lattes Marília Muricy Machado Neto. Disponível em http://buscatextual.cnpq.br/buscatextual/visualizacv.do?id=K4788349H6. Acesso em 15/11/2016.
7. Em cuja defesa se empenhava, com o escudo de uma personalidade forte e imponente (Cf. MINAHIM, Maria Auxiliadora. Sobre a homenageada: Marília Muricy Machado Neto. *Revista do Programa de Pós-Graduação em Direito da Universidade Federal da Bahia*, n. 24, Salvador, 2012, p. 9 e 10).

O ensino sempre foi uma de suas maiores paixões, tornando-a presente, desde muito cedo, nas salas de aula.

Marília Muricy Machado Pinto foi a primeira professora da Faculdade de Direito da Universidade Federal da Bahia, mediante aprovação: i) no Concurso Público para Professora Auxiliar de Ensino do Departamento III, realizado em 18 de Abril de 1973; ii) na seleção para Professora Auxiliar de Ensino do Departamento de Sociologia, em Junho de 1974; e, enfim, iii) no Concurso de Provas e Títulos, para Professora Assistente da disciplina Introdução ao Estudo do Direito, do Departamento II da Faculdade de Direito da UFBA, no ano de 1977. Ainda leciona, atualmente, na UFBA, como professora colaboradora das disciplinas Teoria Geral do Direito e Filosofia do Direito, nos cursos de mestrado e doutorado[8].

Desde seus primeiros momentos no exercício do cargo de Professora da Faculdade de Direito da UFBA, Marília Muricy pôde vivenciar duas experiências pioneiras. A primeira delas decorreu do fato de ser a primeira mulher a integrar o corpo docente da Faculdade, até então inteiramente masculino – o que não resultou, saliente-se, em nenhuma forma ostensiva de discriminação, agressão ou violência por parte de seus pares. A segunda delas advém da circunstância de ser professora de matéria eminentemente filosófica num momento em que não se compreendia bem o bastante a importância de se realizar uma reflexão filosófica do Direito[9].

Mas não ficou por aí. Deixou a marca do seu magistério em outras instituições. Foi professora visitante da Universidade Federal do Espírito Santo (UFES) e do Centro Universitário de Brasília, e professora titular da Universidade Católica do Salvador (UCSAL) e da Universidade Salvador (UNIFACS).

Por onde lecionou, conquistou admiradores que reverenciam[10], até hoje, a sua trajetória de engajamento e respeitabilidade na academia, incentivada, embrionariamente, por Machado Neto. A Profa. Marília Muricy foi tirocinis-

---

8. BRASIL, Conselho Nacional de Desenvolvimento Científico e Tecnológico. Currículo lattes Marília Muricy Machado Neto. Disponível em http://buscatextual.cnpq.br/buscatextual/visualizacv.do?id=K4788349H6. Acesso em 15/11/2016.
9. Informação extraída de entrevista realizada com Marília Muricy Machado Pinto.
10. Claudia Albagli, por exemplo, que teve a oportunidade de ser sua orientanda e discípula, registra: "Embora a professora Marília Muricy tenha uma trajetória muito longa na sala de aula, tem uma vivacidade muito grande em dar as aulas, transmitir conhecimento e despertar no aluno a capacidade crítica, sem se descuidar dos conceitos fundamentais. O que mais me impressiona em professora Marília é a facilidade com que ela transita do direito para as humanidades, que advém, espontaneamente, de sua capacidade acumulada de leitura, de vivência e de estudo. Além disso, é pessoa

ta do Prof. Machado Neto no Mestrado em Direito da UFBA, tornando-se discípula e seguidora de sua linha de pensamento (o culturalismo, mais especificamente, a Teoria Egológica), e sucedendo-o na cadeira de Teoria Geral do Direito do Curso de Direito da UFBA. Manteve viva, na Bahia e no Brasil, essa corrente filosófica, bem como o laço e contato com Carlos Cossio, na Argentina, com quem pôde dialogar[11].

Outros passos ainda seriam dados na construção de sua carreira acadêmica.

Antes mesmo de assumir o desafio do doutoramento, entre 1982 e 1984, Marília Muricy desempenhou a função de assessora externa da área jurídica do Conselho Nacional de Desenvolvimento Científico e Tecnológico (CNPQ), oportunidade em que desenvolveu pesquisa na área de saúde comunitária.

Na época em que esteve vinculada ao Conselho Nacional de Desenvolvimento Científico e Tecnológico (CNPQ), foi integrante de Comissão destinada à avaliação de pedidos de bolsas para exterior.

Atuou, ainda, vinculada à Coordenação de Aperfeiçoamento de Pessoal de Nível Superior (CAPES), como membro da Comissão de Avaliação de Cursos de Pós-graduação, juntamente com Roberto Lyra Filho, a exemplo do Curso de Doutorado em Filosofia da Universidade de São Paulo (USP) e da Pós-Graduação da Universidade Federal de Santa Catarina[12].

Para nossa felicidade e contento, enquanto estudiosos do Direito Processual, em 1985, a Profa. Marília Muricy demonstrou interesse por nossa área, especializando-se em Direito Processual pela Universidade Federal da Bahia (UFBA).

Foi nesse ano que conheceu pessoalmente o saudosíssimo Prof. José Joaquim Calmon de Passos. Tornaram-se muito próximos, estabelecendo a partir dali uma parceria de longa data, marcada por um vínculo recíproco de admiração e respeito[13]. Marília Muricy assumiu, então, as aulas de Teoria Geral do Direito e Hermenêutica no Curso de Especialização em Direito Processual da UFBA, garantindo que fosse transmitida para o alunado uma

---

espirituosa, humana, carinhosa, uma pessoa muito querida. Ficou como lição fiel da professora o compromisso ético de manutenção da coerência com a nossa própria história".

11. Informação extraída de entrevista realizada com Fernando Santana e com Claudia Albagli.
12. Informação extraída de conversa presencial com Marília Muricy Machado Pinto.
13. Informação extraída de entrevista realizada com Marília Muricy Machado Pinto.

perspectiva sociológica do estudo do direito processual, enriquecendo a base teórica do curso.

Pouco mais de uma década atrás, no ano de 2006, a Profa. Marília Muricy se sagrou Doutora em Filosofia pela Pontifícia Universidade Católica (PUC) de São Paulo[14], sob a orientação de Tércio Sampaio Ferraz, quando escreveu sua tese sobre "Interpretação e Senso Comum", aprovada com nota dez por unanimidade[15].

Ocorre que a Profa. Marília Muricy não ficou restrita ao mundo da teoria, do discurso e da academia. Adentrou e atuou, também, no âmbito da administração e da realização da justiça.

Foi aprovada, em 1986, em concurso público para a Procuradoria Geral do Estado da Bahia, tendo permanecido no cargo até 1996[16].

Nesse período, várias de suas entrevistas foram publicadas em jornais baianos, entrevistas estas em que se ressaltava a intensa preocupação em garantir a subsistência de espaços públicos de convivência harmônica entre livres e iguais. Sobressaíram-se, dentre todos, importantes artigos sobre o papel da mulher na política e na advocacia, tais como: "Planalto quer a mulher de volta à fiscalização"; "Lugar de mulher é nas praças"; "Advogadas mobilizam-se para defender direitos da mulher"[17].

Foi, ainda, membro do Conselho Estadual da Ordem dos Advogados do Brasil, quando presidiu a Comissão de Direitos Humanos, bem como do Conselho Federal da Ordem dos Advogados do Brasil. No Conselho Federal da Ordem dos Advogados do Brasil, integrou a Comissão para Acompanhamento de Trabalhos da Pró-Constituinte, a Comissão para Acompanhamento da Constituinte, a Comissão de Revisão Constitucional, as Comissões de

---

14. BRASIL, Conselho Nacional de Desenvolvimento Científico e Tecnológico. Currículo Lattes Marília Muricy Machado Neto. Disponível em http://buscatextual.cnpq.br/buscatextual/visualizacv.do?id=K4788349H6. Acesso em 15/11/2016.
15. MINAHIM, Maria Auxiliadora. Sobre a homenageada: Marília Muricy Machado Neto. *Revista do Programa de Pós-Graduação em Direito da Universidade Federal da Bahia*, n. 24, Salvador, 2012, p. 10.
16. MINAHIM, Maria Auxiliadora. Sobre a homenageada: Marília Muricy Machado Neto. *Revista do Programa de Pós-Graduação em Direito da Universidade Federal da Bahia*, n. 24, Salvador, 2012, p. 11.
17. MINAHIM, Maria Auxiliadora. Sobre a homenageada: Marília Muricy Machado Neto. *Revista do Programa de Pós-Graduação em Direito da Universidade Federal da Bahia*, n. 24, Salvador, 2012, p. 11.

Temários para organização de Congressos Internacionais e a Comissão Permanente de Ensinos Jurídicos[18], tendo participado, outrossim, da Comissão de *Impeachment* de Fernando Collor, em 1992, juntamente com Fabio Konder Comparato, José Paulo Cavalcanti Filho e José Afonso da Silva[19].

Entre 2007 e 2009, a Professora Marília Muricy foi Secretária de Justiça, Cidadania e Direitos Humanos do Estado da Bahia, oportunidade em que colocou em prática anos de discurso em defesa da dignidade da pessoa humana, trabalhando no sentido de humanizar o ambiente de presídios[20]. Foi a responsável pela aplicação de recursos voltados para a implantação de serviços essenciais (como saúde, educação e trabalho), visando tornar o dia-a-dia de encarceramento mais digno, e contribuindo para a superação dos conflitos pessoais e sociais vividos pelos internos. Garantiu, ainda, que fossem realizados importantes investimentos na criação de um sistema que servisse de sustentação à execução das penas alternativas[21]. Enfim, Marília Muricy Machado Pinto empreendeu seus melhores esforços para provocar mudanças no tratamento dos reclusos do sistema penitenciário do Estado da Bahia[22].

Logo em seguida, de 2009 a 2012, passa a integrar a Comissão de Ética Pública da Presidência da República, quando, inclusive, trabalhou juntamente com o Ministro Sepúlveda Pertence na análise de denúncias envolvendo o Ministro Lupi[23].

Ao longo de sua carreira, a Professora Marília Muricy foi agraciada com prêmios e homenagens, por sua atuação acadêmica e em defesa de direitos humanos, tais como: Moção de Louvor, Faculdade de Direito da UFBA – Salvador – Bahia (2012); Medalha de Mérito da Magistratura, Tribunal de Justiça do Estado da Bahia (2009); Homenagem pelo trabalho desenvolvido na área dos direitos da mulher, Assembleia Legislativa do Estado da Bahia (1998); Prêmio Paulo Almeida, Conselho Superior da Procuradoria Geral do Estado

---

18. Informação extraída de entrevista realizada com Fernando Santana e com Marília Muricy Machado Pinto.
19. Informação extraída de entrevista realizada com Marília Muricy Machado Pinto.
20. Informação extraída de entrevista realizada com Fernando Santana.
21. MINAHIM, Maria Auxiliadora. Sobre a homenageada: Marília Muricy Machado Neto. *Revista do Programa de Pós-Graduação em Direito da Universidade Federal da Bahia*, n. 24, Salvador, 2012, p. 12.
22. Informação extraída de entrevista realizada com Fernando Santana.
23. MINAHIM, Maria Auxiliadora. Sobre a homenageada: Marília Muricy Machado Neto. *Revista do Programa de Pós-Graduação em Direito da Universidade Federal da Bahia*, n. 24, Salvador, 2012, p. 12 e 13.

(1997); Comenda Maria Quitéria – concedida pela Câmara de Vereadores do Município de Salvador, Câmara Municipal de Salvador (1996); Congratulação pela iniciativa ao propor urgência na criação da delegacia da Mulher cf. Of. nº 3.035/85 da Comissão de Direitos Humanos da OAB, OAB (1985); Prêmio Cesare Beccaria, Faculdade de Direito da UFBA (1964)[24].

Além do seu livro "Senso Comum e Direito", que é a versão comercial de sua tese de doutoramento (Atlas, 2015), publicou, ainda, artigos e capítulos de livros, a exemplo do "Machado Neto em dois tempos" (*In*: Os nomes das salas, Jus Podivm, 2016); "Freud e Ricoeur: uma discussão hermenêutica" (Direito Unifacs, 2013); "Racionalidade do Direito, Justiça e Interpretação: Diálogo entre a Teoria Pura e a Concepção Luhmanniana do Direito como Sistema autopoiético" (*In*: Hermenêutica Plural, Martins Fontes, 2002); "A crise da universidade pública e o ensino jurídico" (Revista da Ordem dos Advogados do Brasil, 2000); "O pensamento filosófico de A.L. Machado Neto e a nova hermenêutica jurídica" (Revista da Faculdade de Direito da UFBA, v. XXXVII, 1999); "Cidadania, participação e controle do Estado: novos instrumentos constitucionais" (Revista de Direito Público, v. 88, 1988); "A distinção proposições jurídicas/normas de direito na nova teoria pura" (Revista Brasileira de Filosofia, v. 27, n.105, 1977)[25].

---

24. BRASIL, Conselho Nacional de Desenvolvimento Científico e Tecnológico. Currículo Lattes Marília Muricy Machado Neto. Disponível em http://buscatextual.cnpq.br/buscatextual/visualizacv.do?id=K4788349H6. Acesso em 15/11/2016.

25. Além dos inúmeros artigos publicados em jornais e periódicos, a ex. de: A hora do medo e da tolerância. Jornal ATARDE, Salvador, 2009; Direitos Humanos e Psicanálise. Direito Global, Brasília,17 mar. 2009; Onde quer que estejam. Jornal Tribuna da Bahia, Salvador, 2009; Onde quer que estejam. Jornal A TARDE, Salvador, 2009; Construção democrática e relações institucionais. Terra Magazine, Porto Alegre, 2009; Direitos humanos e a mídia. Jornal ATARDE, Salvador, 2009; O bom exemplo dos penas alternativas. Jornal ATARDE, Salvador, 2008; O que restou de 1968. Jornal A TARDE, Salvador, 2008; Legalidade e administração. Jornal ATARDE, Salvador, 2007; Pronasci: Tropa de elite da cidadania. Jornal A TARDE, Salvador, 2007; Impeachment e cidadania. Tribuna da Bahia, Salvador, 1992; O crime pelo avesso. Tribuna da Bahia, Salvador, 1989; Direitos Humanos e Segurança Pública. A Tarde, Salvador, 1989; O direito à segurança. Tribuna da Bahia, Salvador, 1985; Violência contra amulher. Tribuna da Bahia, 1985; A construção social da inferioridade feminina. Tribuna da Bahia, Salvador, 1985; Descriminalização do aborto: erro ou acerto? Tribuna da Bahia, Salvador, 1985; Problemas do Ensino Jurídico. Tribuna da Bahia, 1985; A transição brasileira: para onde? Tribuna da Bahia, Salvador, 1985; Direitos Humanos: segurança para todos. Tribuna da Bahia, Salvador, 1985; Eficácia da Constituição e cidadania. Tribuna da Bahia, Salvador, 1985; O lugar do autoritarismo. Tribuna da Bahia, Salvador, 1981; O poder nosso de cada dia. Tribuna da Bahia, Salvador, 1981; Imagem do Jurista. Tribuna da Bahia, Salvador, 1981; A prática da liberdade. Tribuna da Bahia, Salvador, 1981; Ideologia, crime e doença mental. Tribuna da Bahia, Salvador, 1981.

Considera-se, inclusive, que um de seus trabalhos de maior evidência foi aquele intitulado "Normas jurídicas e proposições jurídicas na Nova Teoria Pura" que, em 1976, foi considerado, por Carlos Cossio, o melhor trabalho sobre a teoria egológica, em carta dirigida a Machado Neto, nunca publicada[26].

Fica, assim, registrado, um breve perfil acadêmico e profissional da nossa Professora homenageada. É a primeira Professora da Faculdade de Direito da UFBA! Uma pioneira no universo acadêmico baiano, um exemplo de ética e atitude. Que fique com essa humilde demonstração de admiração e afeto.

---

26. MINAHIM, Maria Auxiliadora. Sobre a homenageada: Marília Muricy Machado Neto. *Revista do Programa de Pós-Graduação em Direito da Universidade Federal da Bahia*, n. 24, Salvador, 2012, p. 13; informação extraída de entrevista realizada com Marília Muricy Machado Pinto.

ANÁLISE E LIMITES DA CELEBRAÇÃO DE NEGÓCIOS JURÍDICOS PROCESSUAIS NA EXECUÇÃO POR TÍTULO EXTRAJUDICIAL E/OU CUMPRIMENTO DE SENTENÇA

Arlete Inês Aurelli[1]

Sumário: 1. Introdução – 2. Noções gerais – 2.1. Negócios jurídicos processuais – 2.2 Princípios processuais da execução – 3. Possibilidade de celebração de negócios jurídicos processuais na execução – 4. Conclusão – Referências.

1. INTRODUÇÃO

Inicialmente gostaria de registrar aqui minha alegria pela oportunidade de poder participar, junto com outras competentes mulheres processualistas, desse importante e indispensável projeto que visa discutir intrincadas questões relativas aos negócios jurídicos processuais, mas também abrir espaço para a participação feminina no meio acadêmico.

O tema que me coube, nesse projeto, foi o de discutir a possibilidade de celebração de negócios jurídicos processuais no cumprimento de sentença e também na execução por título extrajudicial.

---

1. Mestre e doutora em Direito Processual Civil pela PUC/SP Professora de Direito Processual Civil nos cursos de graduação e pós-graduação stricto sensu da PUC/SP. Professora nos cursos ESA/SP. Membro do IBDP e CEAPRO. Advogada em São Paulo.

Assim, no presente artigo, inicialmente trataremos das noções gerais sobre negócios jurídicos processuais, como uma interessante novidade trazida pelo novo CPC. Depois, partiremos para a análise dos princípios ligados à execução bem como sua finalidade, para, com base nesse alicerce passarmos a verificar a possibilidade de celebração dos negócios jurídicos processuais na execução e seus limites.

2. NOÇÕES GERAIS

2.1. Negócios jurídicos processuais

Os negócios jurídicos processuais se constituem em uma das grandes novidades trazidas pelo novo diploma processual. De fato, a previsão da possibilidade de se celebrar negócios jurídicos processuais, bem como os limites em que uma tal avença pode ocorrer, consta do teor dos arts 190 e 191. Do exame da normatização, verifica-se o firme propósito do legislador de deixar clara essa possibilidade e de propiciar uma partição ativa dos sujeitos processuais na condução do procedimento.[2]

Para firmar um entendimento do que seriam os ditos negócios jurídicos processuais, pode-se partir da definição que é tirada da doutrina civilista, como vemos em Fábio Ulhoa Coelho para quem negócio jurídico é ato jurídico em que o sujeito quer produzir a consequência prevista na norma, ou seja, o negócio jurídico é sempre voluntário. É algo que o sujeito de direito faz por sua vontade.[3] No mesmo diapasão, Miguel Reale, afirma que " negócio jurídico é aquela espécie de ato jurídico que, além de se originar de um ato de vontade, implica a declaração expressa da vontade, instauradora de uma relação entre dois ou mais sujeitos tendo em vista um objetivo protegido pelo ordenamento jurídico".[4]

---

2. Leonardo Carneiro da Cunha afirma, nesse sentido, que "a efetiva participação dos sujeitos processuais é medida que consagra o princípio democrático inspirador da constituição de 1988, cujos fundamentos são vetores hermenêuticos para a aplicação das normas jurídicas" Negócios jurídicos processuais no processo civil brasileiro. In *Negócios processuais*, Juspodivm, 2015, p. 45, coord Cabral, Antonio do Passo; Nogueira, Pedro Henrique.

3. Coelho, Fábio Ulhoa. *Curso de direito civil*. Parte geral, 7ª. Ed. São Paulo: Saraiva, 2014, p. 303. Este também é o entendimento de Washington de Barros Monteiro e Ana Cristina de Barros Monteiro França. *Curso de direito civil*, vol. 1, 44 ed. São Paulo: Saraiva, 2012, p. 228.

4. Reale, Miguel. *Lições preliminares de direito*. 27ª Ed. São Paulo: Saraiva, 2004, p. 208-209

Essa definição é perfeitamente possível de ser transposta para se obter o conceito de negócio jurídico no direito processual. De fato, conforme esclarecem Mirna Cianci e Bruno Lopes Megna não há diferença ontológica entre os negócios jurídicos que versam sobre direitos processuais e àqueles que versam sobre direitos materiais.[5]

Em consequência pode-se afirmar que os negócios jurídicos processuais guardam as mesmas características, elementos, condições, submetendo-se aos mesmos planos de existência, validade e eficácia dos negócios jurídicos de direito material, mas são limitados pela normatização do art. 190 do novo CPC.

Justamente por isso, podemos afirmar que, embora os negócios jurídicos processuais tenham sabor de novidade, é certo que já eram realizados na vigência do CPC/73, havendo, inclusive, previsão para algumas hipóteses, chamadas típicas. É o caso da eleição de foro, das convenções sobre ônus da prova (parágrafo único do art. 303 CPC/73) e da suspensão do processo por acordo das partes. Assim, a novidade fica por conta de, pela primeira vez, ter sido trazida previsão geral para a celebração de negócios jurídicos processuais atípicos, os quais devem observar condições e limites impostos pela norma inserta no art. 190.

Os negócios jurídicos processuais podem ser classificados em: a) típicos ou atípicos, conforme estejam, ou não, previstos em lei; b) solenes ou não solenes, conforme a forma escolhida; c) extrajudicial ou incidental, conforme o momento escolhido para sua celebração; d) processual ou procedimental, conforme o objeto; e) unilateral, bilateral ou plurilateral, conforme os sujeitos participantes.

Assim, os negócios jurídicos processuais podem ser classificados em típicos ou atípicos. Os típicos estão previstos expressamente na lei processual. No dizer de Leonardo Carneiro da Cunha, nesse caso, "tem-se um tipo prevista na lei, estando nela regulado. É o chamado negócio jurídico típico, sendo dispensável o esforço das partes na sua regulação. A regulação já está estabelecida em lei."[6]

---

5. Cianci, Mirna e Megna, Bruno Lopes. Fazenda Pública e negócios jurídicos processuais no novo CPC: pontos de partida para o estudo. In *Negócios processuais*, Juspodivm, 2015, p. 487, coord Cabral, Antonio do Passo; Nogueira, Pedro Henrique.
6. Negócios jurídicos processuais no processo civil brasileiro. In *Negócios processuais*, Juspodivm, 2015, p. 43, coord Cabral, Antonio do Passo; Nogueira, Pedro Henrique.

No novo CPC, temos a previsão dos seguintes negócios jurídicos processuais típicos: eleição convencional de foro (art. 63):sucessão do adquirente ou cessionário em juízo (art. 108,§ 1- fase de conhecimento e art. 778, § 1 – execução); redução de prazos peremptórios (art. 222, § 1); suspensão do processo (art. 313, II); Aditamento ou alteração do pedido e da causa de pedir (art. 329, II); convenções sobre ônus da prova (art. 373, § 3º.); escolha consensual de perito (art. 471); parcelamento de débito pelo executado (art. 916)

Quanto aos negócios jurídicos processuais atípicos, que são regulados pelos arts 190 e 191 do CPC/15, vislumbra-se que a norma está amparada no princípio da cooperação, permitindo que as partes tenham uma maior participação, inclusive no tocante ao estabelecimento do procedimento e das relações travadas no seio do processo. Com efeito, o art. 6º do CPC/15 determina que "todos os sujeitos do processo devem cooperar entre si para que se obtenha, em tempo razoável, decisão de mérito justa e efetiva". Colaboração entre as partes não significa que uma ajudará a outra no sentido de produzir as provas, cujo ônus caberia a cada qual. Longe disso, o que se quer é que cada parte contribua o máximo possível, produzindo as provas de suas alegações. Exige-se que as partes tenham comportamento ético, que não falseiem a verdade, que não pratiquem atitudes procrastinatórias e temerárias, que ajam com boa fé, deixando de praticar atos contraditórios, como o *venire contra factum proprium*. Assim, o princípio da cooperação/colaboração tem por base a junção dos princípios do devido processo legal, da boa-fé processual e do contraditório e da ampla defesa, além de se relacionar com todas as demais normas fundamentais, previstas no CPC/15. Na verdade, o princípio da cooperação está intimamente ligado com todos esses princípios, garantindo às partes um maior protagonismo na realização do processo, proporcionando a elas oportunidades e participação ativa na solução dos conflitos e efetividade da tutela. Assim, fundado no princípio da cooperação, verifica-se que o art. 190 se caracteriza por ser norma geral de autorização dos negócios jurídicos processuais, mas sempre dentro dos parâmetros descritos pela própria norma.

É de essencial importância falar sobre os limites estabelecidos pelo art. 190. Realmente, pelo sabor de novidade, a doutrina tende a enaltecer e ser permissiva com os negócios jurídicos processuais, muitas vezes pregando que seria possível sua aplicação em hipóteses que atentam contra as próprias normas fundamentais, contra os direitos e garantias constitucionais, o que não se pode admitir. Em nossa opinião, por exemplo, é um rematado absurdo o entendimento de que seria possível estabelecer negócio jurídico processual para permitir a escolha de juízes, no processo. Esse entendimento, em nosso sentir, viola os princípios do devido processo legal e do juiz natural.

Do exame do art. 190, verifica-se que o primeiro limite à celebração de negócios jurídicos processuais, é que os direitos envolvidos devem admitir autocomposição. Conforme Teresa Arruda Alvim, Maria Lúcia Lins Conceição, Leonardo Ferres da Silva Ribeiro e Rogério Licastro Torres de Mello, direitos que admitem autocomposição perfazem categoria mais ampla que a de direitos disponíveis. Segundo eles, "A autocomposição deve ser entendida como o conjunto de técnicas por intermédio das quais as partes podem atingir a solução das controvérsias entre si estabelecidas sem que exista a prolação de uma decisão judicial de acertamento de direitos. Em outras palavras, as partes, por intermédio da autocomposição, chegam à solução do problema que mantêm entre si em virtude de consenso que estabelecem a respeito, fazendo-o por intermédio da conciliação, da mediação ou mesmo da negociação direta."[7]

Em segundo lugar, para a realização do negócio jurídico processual é necessário que as partes sejam plenamente capazes. Uma dúvida que poderia surgir seria se o Estatuto do deficiente traria alguma alteração com relação ao conceito de capacidade para esse efeito. É que a Lei 13.146/15 estabelece a possibilidade de os deficientes celebrarem negócios jurídicos de compra e venda. Se é assim também poderiam celebrar negócios jurídicos processuais. No entanto, esse entendimento poderia conduzir a uma desigualdade processual, já que os deficientes seriam relegados ao desamparo e poderiam renunciar a garantias processuais que os colocaria em séria desvantagem no processo. Assim, entendo que seria uma temeridade admitir que os deficientes mentais tenham capacidade para celebrar negócios jurídicos processuais.

Além disso, entendemos que os negócios jurídicos processuais também devem ter por limites o modelo constitucional do processo. Ora, a própria Carta Magna estabelece os limites dos direitos fundamentais e garantias processuais, constantes da cláusula do devido processo legal, princípio que é linha mestra e do qual decorrem todos os demais princípios processuais, que devem ser seguidos à risca no processo. Portanto, em nosso sentir, o modelo constitucional do processo não pode ser relativizado em detrimento dos negócios jurídicos processuais.

Ademais, também é preciso asseverar que todas as condições de validade estabelecidas para os negócios jurídicos em geral, também devem estar aqui presentes. De fato, as condições previstas no art. 104 do CC, quais sejam,

---

7. *Primeiros comentários ao novo código de processo civil*, RT, 2015, p. 353.

agente capaz, objeto lícito e forma prescrita e não defesa em lei, também devem ser observadas nos negócios jurídicos processuais.

Por outro lado, o parágrafo único do art. 190 determina que o juiz, a requerimento ou de ofício, deve controlar a validade dos negócios jurídicos processuais, recusando-lhes aplicação somente nos casos de nulidade ou de inserção abusiva em contrato de adesão ou em que alguma parte se encontre em manifesta situação de vulnerabilidade.

Alguns autores entendem que a eficácia do negócio jurídico processual depende da homologação pelo juiz[8] enquanto outros entendem que a homologação pelo juiz não é condição de validade ou eficácia.[9]

Nesse ponto, concordamos com a opinião de Fredie Didier, que esclarece pontualmente que: "Há negócios processuais que dependem de homologação (desistência da demanda, art. 200, parágrafo único; organização consensual do processo, art. 357, § 2º.). Nesses casos, somente produzirão efeitos após a homologação. A necessidade de homologação de um negócio processual deve vir expressamente prevista em lei. Quando isso acontece, a homologação judicial é uma condição legal de eficácia do negócio jurídico processual – nesse sentido, Enunciado n.260 do Fórum Permanente de processualistas civis. O negócio processual atípico baseado no art. 190 segue, porém, a regra geral do caput do art. 200 do CPC: produzem efeitos imediatamente, salvo se as partes, expressamente, houverem modulado a eficácia do negócio, com a inserção de uma condição ou de um termo." [10]

A primeira questão que surge seria saber se a palavra somente, na redação do art. 190, seria limitadora da atividade judicial, no que tange ao controle de validade dos negócios jurídicos. Em nosso sentir, as hipóteses retratadas na norma, em que o juiz somente poderia exercer o controle de validade, na verdade, são bastante amplas e abrangem todos os casos em que os negócios jurídicos poderiam ser considerados invalidados, inclusive, hipóteses de violação da soberania nacional ou que infrinjam os direitos e garantias constitucionais. Assim, a atividade judicial aqui não deve ser considerada limitada

---

8. Conforme Nelson Nery Jr e Rosa M. de Andrade Nery, "a eficácia do negócio jurídico processual somente ocorrerá quando o juiz o homologar. A homologação do juiz, portanto, é condição de eficácia endoprocessual do negócio, isto é, da produção de efeitos dentro do processo. *Comentários ao Código de Processo Civil*. São Paulo: Revista dos Tribunais, 2015, p. 761.
9. Conforme Antonio do Passo Cabral, *Convenções processuais*. Salvador: juspodivm, 2016, p. 247
10. Didier Jr, Fredie; Nogueira, Pedro Henrique Pedrosa, *Teoria dos fatos jurídicos processuais*, 2ª. Ed, Salvador, Juspodivm, 2012, p. 151-152.

pela norma. Ao contrário, a norma é bastante abrangente. Além dos casos de nulidade dos negócios jurídicos previstas em lei, a norma em comento também prevê a hipótese de invalidação por se tratar de cláusula constante em contratos de adesão ou em que se uma das partes esteja em manifesta situação de vulnerabilidade. Ressalte-se que, aqui, não se trata de pessoas hipossuficientes economicamente, apenas, mas também tecnicamente. [11]

Caso as partes, interessados ou MP venham a impugnar o negócio jurídico processual, deve ser aberto um incidente processual, ou seja, correrá em apenso aos autos principais.

Por fim, o art. 190 deixa patente que a permissão para celebrar negócios jurídicos processuais deve ser entendida de forma ampla, englobando tanto matéria procedimental como processual. Essa é a conclusão a que se chega quando se verifica que a norma estabelece que as partes podem tanto estabelecer mudanças no procedimento como convencionar sobre ônus, poderes, faculdades e deveres processuais. Ora, ao se ter em mente que processo envolve uma relação jurídica processual entre todos os sujeitos, a permissão para negociar sobre ônus, poderes, faculdades e deveres processuais, nada mais é que convencionar sobre matéria processual.

É importante ressalvar ainda, que, em nosso sentir, os negócios jurídicos processuais não podem envolver alteração do que está determinado por normas cogentes. Em consequência, entendemos que não pode ser admitido negócio jurídico processual que tenha por objeto deveres processuais. De fato, os arts. 77 e 78 do CPC/15 estabelecem uma série de condutas que devem ser seguidas pelas partes e não são capazes de ser alteradas por negócios entabulados entre elas. Uma tal pactuação deveria ser considerada nula, por conter objeto ilícito.[12]

A parte final do art. 190 também estabelece a permissão para que os negócios jurídicos sejam realizados antes e durante o processo, o que nos leva

---

11. Nesse sentido, Teresa Arruda Alvim, Maria Lúcia Lins Conceição, Leonardo Ferres da Silva Ribeiro e Rogério Licastro Torres de Mello entendem que a vulnerabilidade aqui deve ser analisada sob dois enfoques: "será inaplicável o negócio jurídico processual que tenha sido celebrado em cenário de antecedente hipossuficiência de uma parte relativamente à outra (vulnerabilidade prévia ao negócio jurídico processual) ou que torne uma das partes vulnerável relativamente a outra em virtude do negócio jurídico processual (vulnerabilidade derivada do negócio jurídico processual)", *Primeiros comentários ao novo código de processo civil*, RT, 2015, p. 356

12. Nesse sentido, Teresa Arruda Alvim, Maria Lúcia Lins Conceição, Leonardo Ferres da Silva Ribeiro e Rogério Licastro Torres de Mello, *Primeiros comentários ao novo código de processo civil*, RT, 2015, p. 356

a concluir que, inclusive, na fase de cumprimento de sentença seria possível a celebração de negócios jurídicos processuais.

Por fim, a lei não estabeleceu que a presença de advogado seja essencial para validade dos negócios jurídicos processuais. No entanto, reputamos que o acompanhamento técnico é necessário para que as partes possam ter seus direitos preservados.

Enfim, podemos concluir com Pedro Henrique Pedrosa Nogueira no sentido de que negócio jurídico processual é o "fato jurídico voluntário em cujo suporte fático esteja conferido ao respectivo sujeito o poder de escolher a categoria jurídica ou estabelecer, dentro dos limites fixados no próprio ordenamento jurídico, certas situações jurídicas processuais"[13].

2.2. Princípios processuais inerentes à execução

Como se sabe, execução é o processo pelo qual o Estado, por intermédio do órgão jurisdicional e tendo por base um título executivo judicial ou extrajudicial, empregando medidas coercitivas, visa alcançar a satisfação do direito do credor. O processo de execução se caracteriza por atos judiciais agressores da esfera jurídica do executado. Na execução, o Estado usa de meios executórios, ou seja, reunião de atos executivos que visam a obtenção do bem pretendido pelo exequente.

Para avaliar a aplicabilidade dos negócios jurídicos processuais na execução, é preciso relembrar quais os princípios que a embasam eis que os mesmos se constituem na linha mestra de interpretação das normas que regem o processo de execução. Vejamos pois.

a) Princípio da máxima utilidade na execução: esse princípio, que está fundamentado no princípio constitucional da inafastabilidade do controle jurisdicional (art. 5º, XXXV, CF), determina que o juiz, no processo de execução, deve proporcionar meios para que se consiga, ao máximo, a efetividade da tutela, com a satisfação do credor. São exemplos: Medidas: previsão de multa; execução provisória, antecipação de tutela, sanção ao devedor que age deslealmente, arresto de bens do devedor não localizado.

b) Princípio do menor sacrifício do executado (art 805): esse princípio determina que, o Juiz deve procurar meios de satisfação do credor que sejam menos onerosos para o executado. Assim, se existirem dois modos igualmente satisfatórios do crédito, deve-se

---

13. Nogueira, Pedro Henrique Pedrosa. Sobre os acordos de procedimento no processo civil brasileiro. In *Negócios processuais*, Juspodivm, 2015, p. 487, coord Cabral, Antonio do Passo; Nogueira, Pedro Henrique .

determinar aquele menos gravoso ao executado. A regra do novo CPC determina que o devedor que fizer essa alegação deve indicar os meios menos gravosos. São exemplos: ordem de penhora, que não é rígida (art. 835); proibição de arrematação dos bens do devedor por preço vil (aquele fixado pelo juiz ou 50% do valor da avaliação (art. 891); impenhorabilidade de certos bens do devedor (art. 832/833 – Lei 8009/90).

c) Princípio do título: a ação executória prevista no Livro II do Código sempre se baseará no título executivo. ("nulla executio sine titulo") (art. 783). Exige-se a existência de um título que demonstre a existência do crédito executado. Sem o título, a execução será nula (art. 803). Em nosso sentir, trata-se de condição da ação específica para essa forma de tutela.

d) Princípio da Lealdade e boa-fé: esse princípio, que determina o comportamento ético, também deve ser respeitado no processo de execução. De fato, conforme o artigo 774 (combinado art. 772) do CPC, considera-se atentatório à dignidade da Justiça o ato do executado que:

I- fraudа a execução (art 792);

II – se opõe maliciosamente à execução, empregando ardis e meios artificiosos;

III – dificulta ou embaraça a realização da penhora;

IV – resiste injustificadamente às ordens judiciais;

V – intimado, não indica ao juiz quais são e onde estão os bens sujeitos à penhora e os respectivos valores, nem exibe prova de sua propriedade e, se for o caso, certidão negativa de ônus.

O executado que age assim estará sujeito ao pagamento de multa no importe não superior a 20% do valor atualizado do débito em execução, sem prejuízo de outras sanções de natureza processual ou material, multa essa que reverterá em proveito do credor, exigível nos próprios autos da execução (art. 774, parágrafo único, combinado com o art. 777).

Além disso, o art. 903 § 6º determina que considera-se ato atentatório à dignidade da justiça a suscitação infundada de vício com o objetivo de ensejar a desistência do arrematante, devendo o suscitante ser condenado, sem prejuízo da responsabilidade por perdas e danos, ao pagamento de multa, a ser fixada pelo juiz e devida ao exequente, em montante não superior a vinte por cento do valor atualizado do bem. Já o parágrafo único do art. 918 dispõe que se considera conduta atentatória à dignidade da justiça o oferecimento de embargos manifestamente protelatórios. Por fim, o art. 772, II determina que o juiz poderá, a qualquer momento advertir o executado de que seu procedimento constitui ato atentatório à dignidade da justiça;

e) Princípio da patrimonialidade: efetivamente o princípio deriva do art. 789 que assenta o princípio da responsabilidade patrimonial do executado. O devedor responde pelo cumprimento da obrigação através de seus bens presentes e futuros;

f) Princípio do resultado: a expropriação se realiza em proveito do credor. Assim, o conjunto dos meios executórios, de que faz parte a expropriação, tem o único objetivo de satisfazer o credor. Um exemplo seria o disposto no art. 772 III, que prevê que o juiz poderá determinar que sujeitos indicados pelo exequente forneçam informações em geral relacionadas ao objeto da execução, tais como documentos e dados que tenham em seu poder, assinando-lhes prazo razoável. Da mesma forma, o art. 782, § 3º, prevê que, na execução definitiva (§ 5), a requerimento da parte, o juiz pode determinar a inclusão do nome do executado em cadastros de inadimplentes. O princípio do resultado, paralelamente tutela o executado, pois nenhum ato inútil, como a penhora de bens – de valor insignificante e incapazes de satisfazer o crédito – poderá ser consumado;

g) Princípio da disponibilidade: partindo do pressuposto de que o processo executivo se funda na ideia de satisfação plena do credor, parece lógico que ele, ao seu exclusivo critério, poderá dispor da ação executiva, conforme art. 775 que dispõe que o exequente tem o direito de desistir de toda a execução ou de apenas alguma medida executiva. Conforme o parágrafo único, na desistência da execução, observar-se-á o seguinte:

I – serão extintos a impugnação e os embargos que versarem apenas sobre questões processuais, pagando o exequente às custas processuais e os honorários advocatícios;

II – nos demais casos, a extinção dependerá da concordância do impugnante ou do embargante.

Os art. 787 e 788 também são manifestações do princípio da disponibilidade. Aplica-se a regra do art. 801 para comprovação do adimplemento prévio da contraprestação pelo credor, na forma do que prevê o art. 787.

h) Princípio da adequação: a espécie de execução escolhida deve se harmonizar com o objeto da prestação pretendida. Sem meio hábil, o bem nunca será alcançado pelo credor. O conjunto de atos, que caracteriza a espécie de execução deve ser adequado ao objeto da prestação reclamada.

i) Princípio do contraditório: existe na execução apenas para garantir os princípios acima e para alegar questões de ordem pública, que o juiz pode conhecer de ofício ou que independam de prova. A chamada exceção de pré-executividade, sem forma e figura de juízo, eis que não prevista em lei, muito utilizada na prática para a defesa do executado, nos próprios autos da execução, com o objetivo de evitar a penhora perdeu em muito sua utilidade tanto na execução por título extrajudicial como no cumprimento de sentença. É que os artigos 914 e 525 do CPC dispõem que o executado poderá opor-se à execução, independentemente de penhora, caução ou depósito. No entanto, embora não tenha nomeado, o legislador parece tê-la previsto na hipótese do art. 803, parágrafo único. Entendemos que, também, após o decurso dos prazos de embargos ou de impugnação, há espaço para oferta de exceção de pré-executividade.

j) Por fim, é preciso ressaltar que todos os demais princípios tanto constitucionais como infraconstitucionais devem ser observados no âmbito da execução.

3. APLICABILIDADE DOS NEGÓCIOS JURÍDICOS PROCESSUAIS NA EXECUÇÃO

Tendo em vista que um dos princípios basilares da execução é o da disponibilidade, é evidente a possibilidade de realização de negócios jurídicos processuais na execução. Os princípios da máxima utilidade da execução e menor sacrifício do executado, que devem andar sempre de mãos dadas, também autorizam a realização de negócios jurídicos processuais que estabeleçam atitudes e meios executórios que tenham por finalidade render ensejo a esses princípios.

Conforme expusemos acima, há negócios jurídicos processuais típicos e atípicos. Com relação aos típicos não resta dúvidas sobre sua aplicação na execução, eis que a própria norma prevê essa possibilidade. É o caso do parcelamento, previsto no art. 916 do CPC/15. Tal parcelamento deve ser realizado no prazo dos embargos (15 dias – art. 915), reconhecendo o crédito do exequente e pleiteado nas seguintes condições:

a) efetuar o depósito do valor correspondente a 30% do valor da execução, inclusive custas e honorários de advogado;

b) pleitear que o restante da dívida seja paga em seis parcelas mensais, acrescidas de correção monetária e juros de 1% ao mês;

c) o juiz deverá determinar a manifestação do exequente sobre a proposta. (§ 1º);

d) Enquanto não apreciado o requerimento, o executado terá de depositar as parcelas vincendas, facultado ao exequente o seu levantamento (§ 2º.);

e) Se a proposta for deferida pelo juiz, o exequente levantará a quantia depositada e serão suspensos os atos executivos (§ 3.º);

Se a proposta for indeferida, a execução seguirá seu curso normal, com a penhora de bens, mantido o depósito efetuado, que será convertido em penhora (§ 4º);

o não pagamento de quaisquer das prestações do parcelamento implicará:

I – o vencimento das prestações subsequentes e o prosseguimento do processo, com o imediato reinício dos atos executivos;

II – a imposição ao executado de multa de dez por cento sobre o valor das prestações não pagas;

h) O § 6º prevê que a opção pelo parcelamento importa renúncia ao direito de opor embargos.

O § 7º determina que o parcelamento não se aplica ao cumprimento da sentença. Então, a primeira questão que surge é saber se poderia ser celebrado negócio jurídico processual para aplicá-lo ao cumprimento de sentença. A resposta dever ser positiva. Não há, no sistema, nada que impeça a avença, entre as partes, de possibilitar o parcelamento no âmbito do cumprimento de sentença.

Por outro lado, entendemos que pode ser celebrado negócio jurídico processual, entre as partes, a fim de alterar as determinações legais a respeito do modo de se realizar o parcelamento. Por exemplo, pode-se alterar o número de prestações, ou estabelecer que a entrada seja de valor superior ou inferior a 30%.

A desistência da execução ou de medidas executivas, conforme prevê o art. 775 também pode ser considerado um negócio jurídico processual típico, embora muitas vezes possa ser realizado de forma unilateral. Nesse caso de desistência, os embargos à execução ou impugnação que versem sobre questões processuais apenas também serão extintos. Nos demais casos, haverá a necessidade de concordância do executado. Então, essa norma deve ser observada na realização dos negócios jurídicos processuais. Em qualquer caso, o credor deverá arcar com honorários advocatícios e custas processuais, mas também esse ônus poderá ser objeto de negociação entre as partes.

Da mesma forma, a norma constante do art. 800, no sentido de que, nas obrigações alternativas, quando a escolha couber ao devedor, deverá ele ser citado para exercer a opção e realizar a prestação, dentro de dez dias, se outro prazo não lhe houver sido determinado em lei ou contrato, é claramente uma previsão de negócio jurídico processual típico. Inclusive, o § 1 traz previsão de que a opção será devolvida ao credor, no caso de o devedor não exercitá-la no prazo marcado.

O art. 781 também é exemplo de negócio jurídico processual típico na execução, eis que trata da possibilidade de escolha do foro competente para a execução. A norma estabelece, inclusive, a possibilidade de previsão de foro de eleição em contrato. Da mesma forma, a opção pelo exequente pelas perdas e danos na execução de obrigação de fazer e não fazer (art. 816) é negócio processual típico unilateral.

Quanto à responsabilidade patrimonial, podemos entrever exemplo de negócio jurídico processual típico nas hipóteses de renúncia do benefício de ordem, pelo fiador (art. 779, IV). Sabe-se que é inerente ao contrato de fiança, a obrigação do fiador de cumprir a obrigação, caso o devedor não a cumpra. O fiador é mero garante subsidiário do devedor. Assim, o fiador, na execução, poderá utilizar o chamado benefício de ordem, o qual lhe concede o direito de exigir que primeiro sejam penhorados os bens do devedor principal, indicando-os pormenorizadamente à penhora, exceto se: a) ele haja expressamente renunciado a esse benefício. Esse é um exemplo de negócio jurídico processual. Além disso, a renúncia ao benefício de ordem pode se dar nos casos em que o fiador tenha se obrigado como principal pagador ou se o devedor se tornar insolvente ou falido. (arts. 827 e 828 CC).

Há também ocorrência de negócio jurídico processual típico nos casos em que a parte aliena no curso do processo, o imóvel que é objeto da lide, o adquirente pode requerer possa assumir o polo passivo. Nesse caso, o juiz mandará o autor se manifestar. Se concordar, ocorrerá o instituto da sucessão. O executado sai do processo e o novo adquirente assume a posição. Se o autor discordar, o terceiro não poderá assumir o polo passivo, mas responderá pela entrega do imóvel, no caso de procedência. Nesse caso, o executado continua no polo passivo e passa a se substituto processual. (execução direito real – art. 790, I).

Outras hipóteses de negócio jurídico processual típico podem ser vislumbrados como em relação à execução como a cessão ou sub-rogação do crédito constante do título executivo (art. 778, § 1.º, III) ou na desistência da penhora pelo exequente (art. 851, III). O devedor também pode renunciar a impenhorabilidade de bens.

E assim, muitas outras hipóteses podem ser vislumbradas na execução, como a dispensa da avaliação se uma das partes aceitar a estimativa da outra (art. 871, I), a substituição de bens penhorados (art. 849/853); o ajuste da forma de administração e escolha do depositário, pelas partes, quando a penhora recair sobre estabelecimento comercial, industrial ou agrícola, semoventes, plantações ou edifícios em construção. (art. 862, § 2.º) e a locação do bem penhorado realizada pelo exequente ou administrador do bem, com a concordância do executado.

No caso da substituição da penhora também pode ser celebrado negócio jurídico para que o bem penhorado seja substituído por fiança bancária ou seguro garantia judicial, em valor não inferior ao do débito constante na inicial, mais 30%. E mais, se for hipótese de penhora sobre bem imóvel, entendemos que o negócio jurídico não pode prever que não seja necessária a expressa anuência do cônjuge (§ 3º, do art. 656).

Vejamos agora, a possibilidade de celebração de negócios jurídicos processuais atípicos na execução. Como salientado acima, tendo em vista que na execução vigora o princípio da disponibilidade, é perfeitamente cabível a celebração de negócios jurídicos processuais atípicos.

No entanto, os mesmos limites impostos pelo art. 190 devem ser observados. Não se pode limitar os deveres poderes do juiz, na execução e nem mesmo ferir o modelo constitucional do processo. O princípio do devido processo legal deve ser respeitado. Assim, não será possível, em nosso sentir, celebrar negócio jurídico processual para estabelecer que o bem dado em garantia num contrato, passará a propriedade do credor, no caso de não pagamento da divida, independentemente de realização do processo executivo. Na verdade, isso causaria, inclusive, a nulidade do contrato pela caracterização do pacto comissório.

Contudo, pode ser celebrado negócio jurídico processual para estabelecer quais bens, entre os que compõem o patrimônio do devedor, poderão ser objeto de penhora e de que forma a expropriação será realizada. Pode-se, inclusive, avençar sobre a alienação antecipada dos bens penhorados (art. 852).

No tocante às medidas de apoio previstas no art. 139, VI, entendemos que as partes podem avençar sobre a sua aplicabilidade, ou não, no procedimento em que são partes. Se concordarem em que há possibilidade de deferimento de medidas de apoio, podem especificar quais seriam as medidas possíveis naquela dada hipótese e como seria realizada a sua efetivação.

Por outro lado, conforme dispõe o art. 793, se o credor se encontrar na posse dos bens do devedor, deverá primeiro excutir esses bens, para somente depois executar outros bens do devedor (*exceptio excussionis realis*). A questão que surge é a de saber se poderia ser celebrado negócio jurídico processual alterando o teor da norma. A resposta é afirmativa, eis que o devedor pode renunciar a esse direito, face ao princípio da disponibilidade.

Da mesma forma, pode-se celebrar negócio jurídico processual em relação aos bens impenhoráveis – arts. 832, 833 e 834 do CPC e Lei 8009/90 e art. 100 da CF. De fato, o devedor sempre pode renunciar a impenhorabilidade de bens, inclusive quando se tratar de bem de família.

O sócio pode, através de um negócio jurídico processual abrir mão do benefício de ordem e aceitar a responsabilidade patrimonial na execução, aceitando que primeiro sejam excutidos bens de seu patrimônio e não os da empresa do qual é sócio (art. 795, §§ 1º e 2º. CPC e 1023 CC). Conforme o § 3.º do art. 795, do negócio jurídico processual pode constar ainda que o sócio que pagar a dívida poderá executar a sociedade nos autos do mesmo processo.

Quanto aos bens do cônjuge ou companheiro (art. 790, IV) entendemos que pode ser realizado negócio jurídico processual tanto para afastar a penhora sobre a meação, como para prever que a penhora poderá recair sobre ela, seja a dívida constituída em benefício da família ou não.

Com relação à ocorrência de fraude à execução, entendemos que pode ser realizado negócio jurídico processual tanto para avençar hipóteses em que a ocorrência caracterizará a fraude, fora das hipóteses legais, bem como para afastar o teor da súmula 375 do STJ, ou seja, pode-se avençar tanto que o reconhecimento da fraude à execução independe do registro da penhora do bem alienado, como carrear o ônus da prova da boa-fé ao terceiro adquirente.

Outra questão que surge seria saber se poderia haver negócio jurídico processual alterando o procedimento da execução, inclusive de sentença, para determinar a nomeação de bens à penhora pelo devedor, sob pena de ficar impedido de apresentar embargos à execução ou impugnação até que a segurança do juízo seja efetivada.

Pode estabelecer em negócio jurídico processual a possibilidade de expedição de requisição à autoridade supervisora do sistema bancário, de informações sobre a existência de numerário em nome do executado (art. 854), independentemente de autorização do juiz para tanto. Isso eliminaria a constante falta de efetividade da execução, causada pelo indeferimento desse tipo de requerimento feito pelo exequente, quando se depara com a não localização de bens.

Pode ser avençado, em negócio jurídico processual, também que não haverá intimação pessoal do executado com relação à penhora, ainda que o advogado constituído nos autos tenha sido destituído pelo executado ou tenha renunciado e o executado não promova a substituição do patrono em tempo razoável. (art. 841, parágrafos).

Com relação à certidão prevista no art. 828, entendemos ser possível avençar qual bem do patrimônio do devedor poderá ser objeto da averbação, bem como que não haverá ocorrência de fraude a execução, no caso de alienação. Também poderá haver a previsão de não pagamento de indenização no caso de registro feito pelo exequente, em execução infundada ou no caso de não cancelamento no prazo devido.

Pode-se alterar através do negócio jurídico processual, o procedimento para o arresto do art. 830.

Outra dúvida, seria se poderia ser alterado o procedimento da execução bem como alterar prazos para pagamento e de impugnação ou embargos. O procedimento pode sim ser alterado. Quanto à modificação dos prazos, essa questão pode ser analisada ao lado da calendarização, prevista no art. 191 do CPC/15. Conforme explana Cláudia Elisabete Schwerz Cahali, "a calendarização é a elaboração de um cronograma no qual o juiz planeja e agenda os prazos processuais preferencialmente com a elaboração das partes, para a realização dos próximos atos processuais.[14]

Em nosso sentir, poderiam as partes, no cumprimento de sentença, ou no processo de execução, celebrar negócio jurídico para estabelecer um calendário de prática de atos no processo executivo, inclusive de forma diferenciada

---

14. Cahali, Cláudia Elisabete Schwerz. Gerenciamento de processos judiciais: em busca da efetividade da prestação jurisdicional. Brasília: gazeta jurídica, 2013, p. 50

do quanto estabelecido em lei? Em nosso sentir, a resposta é positiva. Sim, é perfeitamente possível a calendarização no processo executivo. No entanto, deve passar pelo crivo do juiz[15], sendo que, se for homologado o negócio jurídico, nesse sentido, haverá vinculação das partes e do juiz (art. 191, § 2º).

O negócio jurídico processual que estabelecer a calendarização, na execução, dispensará a intimação das partes para prática de atos convencionados e vinculará os sujeitos processuais, inclusive o juiz, ao negócio entabulado. Segundo Leonardo Carneiro da Cunha, os prazos previstos no negócio jurídico somente podem ser alterados em casos excepcionais, devidamente justificados.[16]

Entendemos que é possível estabelecer que os honorários sejam integrais, ainda que ocorra o pagamento no prazo avençado § 1º do art. 827).

Quanto ao direito de preferência, entendemos que pode ser realizado negócio jurídico processual entre os vários credores, a fim de regular o procedimento para o concurso, bem como quem terá o direito de preferência (poderá inclusive haver renúncia a ordem de preferência, desde que todos estejam participando do negócio jurídico), os critérios para solucionar a preferência entre credores que estejam em pé de igualdade e o modo de pagamento aos credores. (art. 709 e 908).

No entanto, entendemos que, no caso de concurso de credores, com créditos de natureza diversa, aqueles que não participaram do negócio manterão o direito de preferência.

Entendemos que poderá haver formulação de negócio jurídico para regular a possibilidade de satisfação integral do crédito, com levantamento de valores depositados ou de outros frutos e rendimentos de coisas ou empresas penhoradas, inclusive faturamento (art. 905), independentemente de qualquer termo ou condição.

---

15. Nelson Nery Jr. e Rosa M. de Andrade Nery entendem que "o atual cpc admite negociação de prazos peremptórios (CPC 222, § 1.º) desde que o juiz e as partes estejam envolvidos, como no caso da fixação do acordo de procedimento e do calendário processual." E complementam: "vinculatividade. As partes e o juiz estarão vinculados ao calendário processual mas a alteração dos prazos ali previstos é possível desde que justificada e excepcionalmente. O juiz deverá ter o cuidado de velar pelo eventual abuso dessa possibilidade de alteração, de forma que o calendário, que deveria servir como uma forma de tornar o procedimento mais lógico no tempo, não funcione como uma tentativa de procrastinação e manipulação por uma das partes." Código de Processo Civil Comentado, 16ª. Ed, 2016, p.768.

16. Cunha, Leonardo Carneiro. Negócios jurídicos processuais no processo civil brasileiro. in *Negócios processuais*, Juspodivm, 2015, p. 487, coord Cabral, Antonio do Passo; Nogueira, Pedro Henrique.

O princípio da proibição da penhora excessiva (art. 831) pode ser relativizado por um negócio jurídico processual, podendo ficar avençado que mesmo que existam outros bens no patrimônio do devedor, um bem determinado, de valor superior ao do crédito, poderá ser penhorado e leiloado.

Quanto ao princípio da proibição da penhora inútil, (art. 836) entendemos que, por interferir com o regular exercício da jurisdição não poderá ser relativizado por um negócio entabulado pelas partes. De fato, não há hipótese de se levar a efeito a penhora quando o produto da execução dos bens for suficiente apenas para pagamento das custas da própria execução.

A ordem de penhora prevista no art. 835 não é rígida e poderá ser alterada por um negócio jurídico processual.

Por outro lado, não poderão as partes, por meio de negócio jurídico processual, modificar as determinações constantes do art. 861, o qual prevê que penhoradas as quotas ou as ações de sócio em sociedade simples ou empresária, o juiz assinará prazo razoável, não superior a 3 (três) meses, para que a sociedade: I – apresente balanço especial, na forma da lei; II – ofereça as quotas ou as ações aos demais sócios, observado o direito de preferência legal ou contratual; III – não havendo interesse dos sócios na aquisição das ações, proceda à liquidação das quotas ou das ações, depositando em juízo o valor apurado, em dinheiro.

No entanto, as determinações constantes dos parágrafos do art. 861 podem ser objeto de avença pelas partes. Assim, as partes podem estabelecer em negócio jurídico processual como será o procedimento para que a sociedade venha a adquirir quotas ou ações, sem redução do capital social e com utilização de reservas, para manutenção em tesouraria, bem como para nomear administrador, que deverá submeter à aprovação judicial a forma de liquidação. O prazo de 3 (três) dias previsto na norma também poderá ser alterado pelas partes.

No tocante a penhora de edifícios em construção sob o regime de incorporação imobiliária, a penhora somente poderá recair sobre as unidades imobiliárias ainda não comercializadas pelo incorporador, pelo que não poderá haver celebração de negócio jurídico processual para estabelecer o contrário. No entanto, sendo necessário afastar o incorporador da administração, conforme prevê o § 4, as partes podem avençar sobre as condições em que será ela exercida pela comissão de representantes dos adquirentes ou, se se tratar de construção financiada, por empresa ou profissional indicado pela instituição fornecedora dos recursos para a obra.

Com relação à penhora de navio ou de aeronave as partes poderão avençar que o navio ou aeronave continuem navegando e operando até a alienação, ou não (art. 864).

Quanto à penhora on line (art. 854), as partes não podem celebrar negócio jurídico processual para estabelecer o procedimento para a efetivação da mesma, eis que se deve observar rigorosamente o quanto estabelecido na lei processual, inclusive quanto a responsabilização da instituição financeira. No entanto, as partes podem celebrar avença em que a conta bancária a ser objeto de penhora on line seja indicada, bem como estabelecer o percentual a ser penhorado.

Entendemos, por fim, que não poderá ser celebrado negócio jurídico processual para criar título executivo, judicial ou extrajudicial. Isto porque, apenas a lei poderá fazê-lo.

Por fim, é importante asseverar que nenhum dever poder de execução, conferido à jurisdição estatal poderá ser subtraído pelas partes. O juiz tem o poder de controlar as avenças trazidas pelas partes, conforme prevê o art. 191, sendo que sempre que houver alguma violação ao princípio do devido processo legal e limitação à atividade judicial de império, o negócio jurídico processual deverá ser invalidado.

4. CONCLUSÃO

Do estudo empreendido, podemos concluir que, embora o processo executivo seja monopólio do Estado, as partes têm liberdade de negociar mudanças no procedimento para ajustá-lo às especificidades da causa. Também poderão negociar sobre seus ônus, faculdades, poderes processuais. Os deveres poderes do juiz não poderão ser objeto de negociação pelas partes. Assim, é perfeitamente possível a elaboração de negócios jurídicos processuais em relação ao processo de execução. No entanto, os limites impostos pelo art. 190 devem ser observados.

Além disso, os negócios jurídicos processuais atípicos relacionados ao processo executivo não podem interferir com o exercício da jurisdição, com a soberania nacional, nem violar direitos e garantias constitucionais.

5. REFERÊNCIAS

CABRAL, Antonio do Passo, *Convenções processuais*. Salvador: Juspodivm, 2016

CAHALI, Cláudia Elisabete Schwerz. *Gerenciamento de processos judiciais: em busca da efetividade da prestação jurisdicional*. Brasília: gazeta jurídica, 2013.

CIANCI, Mirna e MEGNA, Bruno Lopes. Fazenda Pública e negócios jurídicos processuais no novo CPC: pontos de partida para o estudo. In *Negócios processuais,* Juspodivm, 2015, coord Cabral, Antonio do Passo; Nogueira, Pedro Henrique.

CUNHA, Leonardo Carneiro da. Negócios jurídicos processuais no processo civil brasileiro. In *Negócios processuais*, Juspodivm, 2015, coord Cabral, Antonio do Passo; Nogueira, Pedro Henrique.

COELHO, Fábio Ulhoa. *Curso de direito civil*. Parte geral, 7ª. Ed. São Paulo: Saraiva, 2014

DIDIER JR, Fredie; Nogueira, Pedro Henrique Pedrosa, *Teoria dos fatos jurídicos processuais*, 2ª. Ed, Salvador: Juspodivm, 2012

NERY JR. Nelson e ANDRADE NERY, Rosa Maria de. *Comentários ao Código de Processo Civil*. São Paulo: Revista dos Tribunais, 2015.

NOGUEIRA, Pedro Henrique Pedrosa. Sobre os acordos de procedimento no processo civil brasileiro. In *Negócios processuais*, Juspodivm, 2015, coord Cabral, Antonio do Passo; Nogueira, Pedro Henrique

REALE, Miguel. *Lições preliminares de direito*. 27ª Ed. São Paulo: Saraiva, 2004

WAMBIER. Teresa Arruda Alvim; CONCEIÇÃO. Maria Lúcia Lins; TORRES DE MELLO. Rogerio Licastro e SILVA RIBEIRO. Leonardo Ferres da. *Primeiros Comentários ao Novo código de Processo Civil, artigo por artigo*. São Paulo: Revista dos Tribunais, 2015

MONTEIRO, Washington de Barros e MONTEIRO FRANÇA, Ana Cristina de Barros. *Curso de direito civil*, vol. 1, 44 ed., São Paulo: Saraiva, 2012.

A MITIGAÇÃO DA INCIDÊNCIA DO ADÁGIO *IURA NOVIT CURIA* EM VIRTUDE DAS CONVENÇÕES PROCESSUAIS: BREVE ANÁLISE DO ART. 357, § 2º, DO NOVO CÓDIGO DE PROCESSO CIVIL

Caroline Pomjé[1]

> **Sumário:** 1. Considerações introdutórias – 2. Da incidência do adágio *iura novit curia* no processo civil brasileiro – 3. Mitigação ao brocardo: as convenções processuais – 3.1. Breve análise conceitual – 3.2. Art. 357, § 2º, do CPC/2015: a delimitação do objeto litigioso via convenção processual – 4. Considerações finais: da mitigação da incidência do adágio *iura novit curia* – 5. Referências bibliográficas.

1. CONSIDERAÇÕES INTRODUTÓRIAS

A quantidade de poderes corriqueiramente atribuída aos Magistrados, no processo civil brasileiro, representa situação conhecida por todos os operadores do direito. O publicismo processual, nesse contexto, durante muito tempo ocupou um papel de destaque, com a vedação, como regra, à alteração procedimental realizada pelas partes litigantes. Interessante destacar, entretanto, que as modificações introduzidas pelo advento do novo Código de Processo Civil

---

1. Graduanda do nono semestre do curso de Ciências Jurídicas e Sociais/Direito Diurno, na Universidade Federal do Rio Grande do Sul/UFRGS.

ensejaram uma mudança paradigmática, mormente considerando os pilares publicistas do processo civil e a inserção cabal de normas que possibilitam a realização de alterações procedimentais pelos litigantes.

Destaca-se que a cláusula geral de atipicidade dos negócios jurídicos processuais, prevista no art. 190, do novo diploma processual civil, passou a influenciar de maneira significativa a doutrina processualística, recrudescendo as afirmações no sentido da redução da incidência de um publicismo rígido no processo civil, haja vista a possibilidade de adaptação do procedimento pelas partes:

> [...] as convenções processuais não significam um retorno impensado ao privatismo romano, ou uma guinada ao formato anglo-americano do processo adversarial, mas um tratamento mais balanceado da tensão entre publicismo e privatismo, com a redução (não eliminação!) dos poderes do juiz em razão da atuação legítima das partes.[2]

Com efeito, como restará verificado adiante, a possibilidade de alteração do procedimento pelas partes, em cooperação com o Magistrado, acaba influenciando os poderes atribuídos ao juiz, dentre eles a incidência da dicção *iura novit curia*, de acordo com a qual ao julgador caberia o conhecimento acerca do direito aplicável ao caso concreto, enquanto que a exposição dos fatos em juízo seria atribuição do demandante e do demandado (no mesmo sentido do brocardo *narra mihi factum, narro tibi ius*).

Realizado o breve panorama acerca do problema que restará analisado por intermédio do presente estudo, destaca-se que, a fim de possibilitar a análise pretendida, partir-se-á do estudo acerca da incidência do adágio *iura novit curia* no processo civil brasileiro. Subsequentemente, analisar-se-á a mitigação de tal brocardo em virtude da possibilidade de realização de convenções processuais pelas partes, com uma breve revisão conceitual acerca dos negócios jurídicos processuais e, por fim, da hipótese de saneamento processual consensual prevista no art. 357, § 2º, do novo Código de Processo Civil. Finalmente, uma breve conclusão restará apresentada, sendo que, desde logo, frisa-se que todas as constatações presentes no artigo ora em comento devem ser observadas primordialmente sob a luz da colaboração que deve reger as relações entre o juiz e as partes.

---

2.   CABRAL, Antonio do Passo. *Convenções processuais*. Salvador: Ed. JusPodivm, 2016. p. 137.

2. DA INCIDÊNCIA DO ADÁGIO *IURA NOVIT CURIA* NO PROCESSO CIVIL BRASILEIRO

A iniciativa da demanda cabe às partes, consistindo em um direito subjetivo daquelas, de modo que *"ao titular do direito caberá decidir livremente se o exercerá ou deixará de exercê-lo"*[3]; o princípio da demanda, nessa seara, determina o alcance da atividade jurisdicional, relacionando-se ao objeto do processo e indicando quando a atuação do Poder Judiciário será necessária e, em sendo o caso, sobre o que aquela deverá incidir[4], isto é, qual o objeto que terá de ser exercido. Objeto, aqui, entendido enquanto objeto litigioso do processo, composto pela causa de pedir e pelo pedido postos à exordial e contestados no momento oportuno.[5] Com efeito, o conceito de objeto litigioso do processo apresenta-se como menor que o conceito de objeto do processo: enquanto tudo aquilo que é determinante para a intelecção judicial configura-se como objeto do processo, apenas o mérito apresenta-se como objeto litigioso do processo.[6]

Interessante considerar, desde logo, que, consoante lição de Mitidiero, *"a formação do objeto litigioso do processo, isto é, do mérito da causa, e a sua estabilização ao longo do procedimento constituem temas de inegável importância na construção de um processo civil pautado pela colaboração"*.[7] O objeto litigioso, nesse contexto, como já mencionado, pode ser encarado como formado pelo pedido e pela causa de pedir (*causa petendi*), refletindo aquilo

---

3. SILVA, Ovídio Araújo Baptista da. *Curso de Processo Civil:* processo de conhecimento, volume 1. 6. ed. rev. e atual. com as Leis 10.352, 10.358/2001 e 10.444/2002. São Paulo: Editora Revista dos Tribunais, 2002. p. 64.
4. ARENHART, Sergio Cruz. Reflexões sobre o princípio da demanda. *Processo e Constituição:* estudos em homenagem ao Professor José Carlos Barbosa Moreira. Coordenação Luiz Fux, Nelson Nery Jr. e Teresa Arruda Alvim Wambier. São Paulo: Editora Revista dos Tribunais, 2006. p. 587-603. p. 590.
5. Importa destacar, aqui, a possibilidade de ampliação do objeto litigioso quando do oferecimento da resposta do réu ou em outras situações doutrinariamente listadas no trecho que segue: "Só uma parte do objeto do processo constitui o objeto litigioso do processo: é o mérito, assim entendido o pedido do autor formulado na inicial ou nas oportunidades em que o ordenamento jurídico lhe permita ampliação ou modificação; o pedido do réu na reconvenção; o pedido do réu, formulado na contestação, nas chamadas ações dúplices; o pedido do autor ou do réu nas ações declaratórias incidentais (sobre questões prejudiciais); o pedido do autor ou do réu contra terceiro na denunciação da lide; o pedido do réu no chamamento ao processo; o pedido do terceiro contra autor e réu, formulado na oposição". *Vide* SANCHES, Sydney. Objeto do processo e objeto litigioso do processo. *In Revista da AJURIS.* Ano VI – 1979, julho. p. 133-156. p. 156.
6. SANCHES, Sydney. Objeto do processo e objeto litigioso do processo. *Revista da AJURIS.* Ano VI – 1979, julho. p. 133-156. p. 151-156.
7. MITIDIERO, Daniel. *Colaboração no processo civil:* pressupostos sociais, lógicos e éticos. 3. ed. rev. atual. e ampl. de acordo com o novo código de processo civil. São Paulo: Editora Revista dos Tribunais, 2015. p. 108.

que as partes trouxeram ao processo para apreciação e julgamento.[8] Ocorre que a causa de pedir, enquanto um dos elementos componentes do objeto litigioso do processo, representa um dos institutos mais controvertidos do direito processual civil, como restará explanado a seguir.

Inicialmente, cumpre salientar a impossibilidade hodierna de se conceituar de maneira unívoca e abrangente a causa de pedir.[9] A fim de facilitar tal conceituação e, também, a delimitação do que seria a *causa petendi*, desenvolveram-se ao longo dos séculos duas teorias que buscaram identificar os elementos que acabam por constituir a causa de pedir: a teoria da substanciação e a teoria da individualização, desenvolvidas pela processualística alemã com fulcro na investigação acerca do conteúdo do objeto litigioso do processo.[10] Resumidamente, para a teoria da substanciação (*Substantiierungstheorie*), a causa de pedir consistiria no *"fato ou complexo de fatos aptos a suportarem a pretensão do autor"*, de modo que prevaleceriam os fatos sobre a relação jurídica.[11] Convém destacar que, no âmbito de tal teorização, a coisa julgada abrangeria apenas os fatos constitutivos do direito do autor indicados ao longo da demanda, de modo que *"outros fatos não alegados pelo autor poderão ser introduzidos por ele em demanda diversa, até mesmo com pedido idêntico"*[12], uma vez que *"a alteração do quadro fático do qual decorre a consequência perseguida pelo autor, conceituado desta forma como situação elementar da causa de pedir, importa na mudança de ação"*.[13] Enquanto isso, a teoria da individualização (*Individualisierungstheorie*) deposita importância na indicação da relação jurídica constitutiva do direito, enquanto fundamento jurídico, de modo que a indicação do fato constitutivo do direito afirmado em juízo mostrar-se-ia desnecessária[14] – dessa forma, a alteração dos fatos

---

8. CABRAL, Antonio do Passo. *Convenções processuais*. Salvador: Ed. JusPodivm, 2016. p. 89.
9. TUCCI, José Rogério Cruz e. *A causa petendi no processo civil*. São Paulo: Editora Revista dos Tribunais, 2001. p. 24.
10. TUCCI, José Rogério Cruz e. A denominada "situação substancial" como objeto do processo na obra de Fazzalari. *Revista de Processo*. vol. 68/1992, p. 271-281, out-dez, 1992. p. 272.
11. PINTO, Junior Alexandre Moreira. *A causa petendi e o contraditório*. São Paulo: Editora Revista dos Tribunais, 2007. p. 35.
12. PINTO, Junior Alexandre Moreira. *A causa petendi e o contraditório*. São Paulo: Editora Revista dos Tribunais, 2007. p. 37.
13. HOFFMANN JÚNIOR, Lírio. A teoria da substanciação e seus reflexos sobre a coisa julgada. *Panorama atual do novo CPC*. Pedro Miranda de Oliveira...[et al]; Coordenador: Paulo Henrique dos Santos Lucon e Pedro Miranda de Oliveira. Florianópolis: Empório do Direito, 2016. p. 251-270. p. 267.
14. PINTO, Junior Alexandre Moreira. *A causa petendi e o contraditório*. São Paulo: Editora Revista dos Tribunais, 2007. p. 43.

constitutivos, no curso do processo, não ensejaria alteração da demanda.[15] Destaca-se, assim, que parte da processualística alemã, com fulcro em tal teoria, *"tende a extirpar do objeto do processo a causa de pedir, ensejando verdadeira cisão entre direito substancial e processo"*.[16]

A similitude prática existente entre ambas as teorias acima brevemente descritas foi destacada, de maneira pioneira, por Elio Fazzalari, o qual asseverava que *"escolher entre 'a alegação dos fatos constitutivos'* [substanciação] *ou 'a afirmação da relação jurídica'* [individualização], *significa pôr-se, respectivamente, do ponto de vista da* fattispecie *(substancial) e daquele dos efeitos que dela derivam"*[17], sendo que, para referido processualista, o ingresso do direito subjetivo no processo dar-se-ia por intermédio da alegação da causa de pedir.[18] Salienta-se, no ponto, que Fazzalari, embora tenha frisado a relevância das alegações fáticas e jurídicas para a determinação da causa de pedir, ressaltou que o *nomen juris* atribuído pelo demandante à situação jurídica substancial deduzida não vincularia o Magistrado[19], sendo que aquele, de acordo com a opinião geral da doutrina, sequer comporia a causa de pedir.[20]

Emergem, por conseguinte, as noções atinentes à fundamentação jurídica e à fundamentação legal (*nomen juris* atribuído pelo autor) que, logo mais, culminarão na análise do brocardo *iura novit curia*. No ponto, de salutar importância a diferenciação trazida por Junior Alexandre Moreira Pinto, de acordo com o qual:

> Boa parte da doutrina equivoca-se ao confundir qualificação legal com qualificação jurídica. Enquanto a primeira traduz a mera indicação do dispositivo legal invocado pela parte, a segunda representa a denominada causa de pedir próxima, traduzida como

---

15. MESQUITA, José Ignácio Botelho de. *A coisa julgada*. Rio de Janeiro: Forense, 2006. p. 48.
16. TUCCI, José Rogério Cruz e. A denominada "situação substancial" como objeto do processo na obra de Fazzalari. *Revista de Processo*. vol. 68/1992, p. 271-281, out-dez, 1992. p. 03.
17. TUCCI, José Rogério Cruz e. A denominada "situação substancial" como objeto do processo na obra de Fazzalari. *Revista de Processo*. vol. 68/1992, p. 271-281, out-dez, 1992. p. 04.
18. DOMIT, Otávio Augusto Dal Molin. *Iura novit curia e causa de pedir*: o juiz e a qualificação jurídica dos fatos no processo civil brasileiro. Coleção o novo processo civil. Coordenadores: Luiz Guilherme Marinoni, Sérgio Cruz Arenhart, Daniel Mitidiero. São Paulo: Editora Revista dos Tribunais, 2016. p. 165.
19. DOMIT, Otávio Augusto Dal Molin. *Iura novit curia e causa de pedir*: o juiz e a qualificação jurídica dos fatos no processo civil brasileiro. Coleção o novo processo civil. Coordenadores: Luiz Guilherme Marinoni, Sérgio Cruz Arenhart, Daniel Mitidiero. São Paulo: Editora Revista dos Tribunais, 2016. p. 165.
20. *Vide* PINTO, Junior Alexandre Moreira. *A causa petendi e o contraditório*. São Paulo: Editora Revista dos Tribunais, 2007. p. 20.

o enquadramento dos fatos no ordenamento jurídico, isto é, a subsunção daqueles fatos constitutivos (causa remota) à violação ocorrida no plano material.[21]

Cabal, portanto, a diferenciação existente entre os institutos. A fundamentação jurídica, requisito exigido pelo art. 319, inciso III, do Código de Processo Civil/2015, como pressuposto para a petição inicial, consistiria em um enquadramento dos fatos a determinada moldura jurídica, *"correspondendo, em síntese, à demonstração da repercussão jurídica que os fatos (jurídicos) têm para que se considere fundada a pretensão delineada pelo autor"*.[22] Por outro lado, a fundamentação legal representaria, unicamente, qualificação legal dos fatos trazidos à lume pelo demandante, de maneira que a norma de lei eventualmente invocada à exordial não comporia a *causa petendi*.[23] O entendimento doutrinário pacífico é no sentido da possibilidade de alteração da fundamentação legal da demanda pelo juiz, isto é, do *nomen juris* atribuído pelo autor, dada a incidência do adágio *iura novit curia*:

> Embora o *nomen iuris* e/ou o fundamento legal porventura invocado pelo autor possa influenciar o raciocínio do julgador, não há qualquer impedimento, dada a incidência do aforismo *iura novit curia*, a que este requalifique juridicamente a demanda, emoldurando-a em outro dispositivo de lei: o juiz goza de absoluta liberdade, dentro dos limites fáticos aportados no processo, na aplicação do direito, sob o enquadramento jurídico que entender pertinente [...]. E isto, certamente, ainda que ambos os litigantes estejam concordes com a tipificação legal deduzida na peça vestibular.[24]

O adágio *iura novit curia*, cuja aplicação é secular, teve evolução lenta e extensa[25]: foi na fase da *extraordinaria cognitio* romana (período em que o processo romano adquiriu um viés publicista e em que o papel atribuído aos

---

21. PINTO, Junior Alexandre Moreira. *A causa petendi e o contraditório*. São Paulo: Editora Revista dos Tribunais, 2007. p. 82.
22. DOMIT, Otávio Augusto Dal Molin. *Iura novit curia e causa de pedir:* o juiz e a qualificação jurídica dos fatos no processo civil brasileiro. Coleção o novo processo civil. Coordenadores: Luiz Guilherme Marinoni, Sérgio Cruz Arenhart, Daniel Mitidiero. São Paulo: Editora Revista dos Tribunais, 2016. p. 272.
23. PINTO, Junior Alexandre Moreira. *A causa petendi e o contraditório*. São Paulo: Editora Revista dos Tribunais, 2007. p. 79-80;
24. TUCCI, José Rogério Cruz e. *A causa petendi no processo civil*. São Paulo: Editora Revista dos Tribunais, 2001. p. 160-161.
25. MELENDO, Santiago Sentis. *El juez y el derecho:* iura novit curia. Buenos Aires: Ediciones Juridicas Europa-America, 1957. Tradução livre. p. 15

litigantes arrefeceu[26]) que se verificou a edição da primeira regra similar à máxima *iura novit curia*:

> Tal regra permitia expressamente o juiz do processo da extraordinaria cognitio, do alto da posição assimétrica que ocupava, a suprir as carências argumentativas das partes e pronunciar sentença segundo lhe parecesse mais adequado sob a ótica da ordem jurídica do império.[27]

Com efeito, em referido período o Magistrado estava autorizado a suprir as eventuais omissões das partes, de modo que não era necessária a indicação de um *nomen iuris* à ação proposta.[28] Ocorre que, como bem pontuado por Otávio Domit, a máxima *iura novit curia*, tal como chegou aos dias de hoje, remonta a período posterior: a passagem do *ius commune* para o direito moderno, na Europa, no lapso entre os séculos XVI e XVII.[29] Santiago Sentis Melendo, com efeito, defende que o brocardo teve seu surgimento na Idade Média; de acordo com tal autor, *"na França, já no século XIII se afirmava que a lei e o costume deveriam ser conhecidos pelo juiz"*.[30] Contudo, para a formação da máxima com sua conotação atual, a regra de origem romana aliou-se ao brocardo *iura novit curia* na época moderna.[31]

Em sua tradicional concepção, o adágio *iura novit curia "não só impõe ao juiz conhecer o direito e investiga-lo de ofício, caso não o conheça, mas*

---

26. DOMIT, Otávio Augusto Dal Molin. *Iura novit curia e causa de pedir:* o juiz e a qualificação jurídica dos fatos no processo civil brasileiro. Coleção o novo processo civil. Coordenadores: Luiz Guilherme Marinoni, Sérgio Cruz Arenhart, Daniel Mitidiero. São Paulo: Editora Revista dos Tribunais, 2016. p. 50-58.

27. DOMIT, Otávio Augusto Dal Molin. *Iura novit curia e causa de pedir:* o juiz e a qualificação jurídica dos fatos no processo civil brasileiro. Coleção o novo processo civil. Coordenadores: Luiz Guilherme Marinoni, Sérgio Cruz Arenhart, Daniel Mitidiero. São Paulo: Editora Revista dos Tribunais, 2016. p. 55.

28. TUCCI, José Rogério Cruz e; AZEVEDO, Luiz Carlos de. *Lições de história do processo civil romano*. São Paulo: Editora Revista dos Tribunais, 1996. p. 145.

29. DOMIT, Otávio Augusto Dal Molin. *Iura novit curia e causa de pedir:* o juiz e a qualificação jurídica dos fatos no processo civil brasileiro. Coleção o novo processo civil. Coordenadores: Luiz Guilherme Marinoni, Sérgio Cruz Arenhart, Daniel Mitidiero. São Paulo: Editora Revista dos Tribunais, 2016. p. 68-69.

30. MELENDO, Santiago Sentis. *El juez y el derecho:* iura novit curia. Buenos Aires: Ediciones Juridicas Europa-America, 1957. Tradução livre. p. 15-16.

31. DOMIT, Otávio Augusto Dal Molin. *Iura novit curia e causa de pedir:* o juiz e a qualificação jurídica dos fatos no processo civil brasileiro. Coleção o novo processo civil. Coordenadores: Luiz Guilherme Marinoni, Sérgio Cruz Arenhart, Daniel Mitidiero. São Paulo: Editora Revista dos Tribunais, 2016. p. 68-69.

torna também o órgão judicial totalmente independente na sua aplicação, desvinculando-o dos pedidos e alegações das partes a respeito".[32] No mesmo sentido é a lição de Fritz Baur, de acordo com o qual a subsunção dos fatos invocados pelas partes às normas jurídicas não consistiria em tarefa atribuível aos demandantes – indo tal entendimento ao encontro da máxima *narra mihi factum, narro tibi ius.*[33] Tem-se, nesse contexto, interessante tese doutrinária, qual seja: *"a opinião concordante das partes a respeito de um elemento isolado de uma pretensão não vincula o juiz"*.[34]

Ocorre que o sistema processual civil brasileiro traz evidentes exceções à aplicabilidade do adágio *iura novit curia* – o qual, quando aplicado em nosso ordenamento, deverá ser sob a luz das diretrizes de um processo colaborativo, com necessidade de diálogo entre os demandantes e o Magistrado acerca dos rumos que o feito está tomando, a fim de que decisões surpresas, decorrentes de um novo enquadramento atribuído pelo julgador aos fatos narrados no processo, sejam evitadas, como se verá adiante.[35] Dentre referidas hipóteses de limitação à incidência do adágio ora em comento, encontra-se a previsão do art. 357, § 2º, do Código de Processo Civil/2015, segundo a qual *"as partes podem apresentar ao juiz, para homologação, delimitação consensual das questões de fato e de direito a que se referem os incisos II e IV, a qual, se homologada, vincula as partes e o juiz"*. A delimitação consensual do objeto litigioso do processo, prevista no dispositivo retrotranscrito, poderá atingir, portanto, as questões fáticas sobre as quais recairá a atividade probatória (art. 357, inciso II, CPC/2015) e as questões de direito relevantes para a decisão do mérito (art. 357, inciso IV, CPC/2015). Trata-se, evidentemente, de uma convenção processual que tem o condão de mitigar a incidência do adágio *iura novit curia* no ordenamento processual civil brasileiro vigente.

---

32. OLIVEIRA, Carlos Alberto Alvaro de. *Do formalismo no processo civil:* proposta de um formalismo-valorativo. 4. ed. rev. atual. e aumentada. São Paulo: Saraiva, 2010. p. 222.
33. BAUR, Fritz. Da importância da dicção "iura novit curia". *Revista de Processo*, n. 03, jul./set., 1976, p. 169/177. Tradução de José Manoel Arruda Alvim. p. 169.
34. BAUR, Fritz. Da importância da dicção "iura novit curia". *Revista de Processo*, n. 03, jul./set., 1976, p. 169/177. Tradução de José Manoel Arruda Alvim. p. 169.
35. MITIDIERO, Daniel. *Colaboração no processo civil:* pressupostos sociais, lógicos e éticos. 3. ed. rev. atual. e ampl. de acordo com o novo código de processo civil. São Paulo: Editora Revista dos Tribunais, 2015.

3. MITIGAÇÃO AO BROCARDO: AS CONVENÇÕES PROCESSUAIS

3.1. Breve análise conceitual

O procedimento previsto pela legislação processual brasileira foi encarado, durante muito tempo, como composto por regras majoritariamente cogentes, o que significa dizer que as regras procedimentais não poderiam ser alteradas pelos litigantes nem pelo Magistrado.[36] Nessa seara, o Código de Processo Civil de 1973 limitava de maneira contundente a autonomia privada dos litigantes, os quais deveriam se submeter a um modelo eminentemente publicista em termos de processo[37]:

> Devido à contundência do protagonismo do juiz na relação processual, a autonomia da vontade das partes (para convencionarem sobre suas situações processuais) encontrou, como regra geral, espaço bastante limitado sob a égide do Código de 1973. Dito diploma estabeleceu número reduzido de convenções processuais típicas, regulando apenas determinadas situações processuais.[38]

Contudo, como bem pontuado por Fredie Didier Jr., "*o Direito Processual Civil, embora ramo do Direito Público, ou talvez exatamente por isso, também é regido pela dimensão da liberdade*"[39], sendo relevante destacar que, embora no âmbito processual as regras tenham sido tradicionalmente concebidas como cogentes, como visto acima, no âmbito do direito material as partes gozavam de absoluta liberdade para transacionarem o fim da controvérsia, mesmo que esta já tivesse sido judicializada.[40] Seguindo tal linha, e recrudescendo os poderes dos demandantes na celebração de convenções processuais, o novo

---

36. TUCCI, José Rogério Cruz e. Natureza e objeto das convenções processuais. *Negócios Processuais*. Coordenadores: Antonio do Passo Cabral, Pedro Henrique Nogueira. 2. ed. rev. atual. e ampl. Salvador: Ed. JusPodivm, 2016. p. 23-29. p. 23.

37. REDONDO, Bruno Garcia. Negócios jurídicos processuais: existência, validade e eficácia. *Panorama atual do novo CPC*. Pedro Miranda de Oliveira...[et al]; Coordenador: Paulo Henrique dos Santos Lucon e Pedro Miranda de Oliveira. Florianópolis: Empório do Direito, 2016. p. 27-32. p. 27.

38. REDONDO, Bruno Garcia. Negócios processuais: necessidade de rompimento radical com o sistema do CPC/1973 para a adequada compreensão da inovação do CPC/2015. *Negócios Processuais*. Coordenadores: Antonio do Passo Cabral, Pedro Henrique Nogueira. 2. ed. rev. atual. e ampl. Salvador: Ed. JusPodivm, 2016. p. 357-366. p. 359.

39. DIDIER JR., Fredie. Princípio do respeito ao autorregramento da vontade no processo civil. *Negócios Processuais*. Coordenadores: Antonio do Passo Cabral, Pedro Henrique Nogueira. 2. ed. rev. atual. e ampl. Salvador: Ed. JusPodivm, 2016. p. 31-37. p. 32.

40. TUCCI, José Rogério Cruz e. Natureza e objeto das convenções processuais. *Negócios Processuais*. Coordenadores: Antonio do Passo Cabral, Pedro Henrique Nogueira. 2. ed. rev. atual. e ampl. Salvador: Ed. JusPodivm, 2016. p. 23-29. p. 23-24.

Código de Processo Civil sugere a autocomposição como medida de solução de conflitos em diversos dispositivos[41], rompendo, portanto, com premissas que estavam há muito cristalizadas em nosso ordenamento jurídico.

Com efeito, o novo diploma processual civil prevê um número significativo de negócios processuais típicos, para além da cláusula geral de atipicidade constante no art. 190, do Código de Processo Civil/2015.[42] Tem-se, assim, que as convenções processuais passaram a ostentar *"natureza e conteúdo estritamente processual"*[43], aumentando a liberdade de conformação do procedimento pelas próprias partes ligantes:

> Diz-se que a presença do Estado-juiz no processo impediria as convenções processuais porque estas sempre interfeririam nos poderes judiciais. Pensamos ser equivocada essa compreensão porque parte da premissa de que todas as situações processuais ativas são pertencentes ou titularizadas pelo juiz ou por ele exercidas. Mas o processo civil é pautado pela atividade das partes em equilíbrio com os poderes judiciais. [...] Em havendo margem de liberdade para conformação do procedimento pelas partes, e em se verificando efetiva atuação voluntária dos litigantes, o Estado não pode sobre elas se sobrepor.[44]

O Código de Processo Civil de 2015 funda-se no princípio da adequação e traz à tona um modelo de processo cooperativo (art. 6º)[45], consagrando três novidades significativas, de acordo com Bruno Garcia Redondo: *(i) princípio da adequação procedimental; (ii) cláusula geral de atipicidade de negócios processuais; e (iii) princípio do respeito ao autorregramento da von-*

---

41. TUCCI, José Rogério Cruz e. Natureza e objeto das convenções processuais. *Negócios Processuais*. Coordenadores: Antonio do Passo Cabral, Pedro Henrique Nogueira. 2. ed. rev. atual. e ampl. Salvador: Ed. JusPodivm, 2016. p. 23-29. p. 24.

42. Art. 190, Código de Processo Civil/2015. Versando o processo sobre direitos que admitam autocomposição, é lícito às partes plenamente capazes estipular mudanças no procedimento para ajustá-lo às especificidades da causa e convencionar sobre os seus ônus, poderes, faculdades e deveres processuais, antes ou durante o processo.

    Parágrafo único. De ofício ou a requerimento, o juiz controlará a validade das convenções previstas neste artigo, recusando-lhes aplicação somente nos casos de nulidade ou de inserção abusiva em contrato de adesão ou em que alguma parte se encontre em manifesta situação de vulnerabilidade.

43. TUCCI, José Rogério Cruz e. Natureza e objeto das convenções processuais. *Negócios Processuais*. Coordenadores: Antonio do Passo Cabral, Pedro Henrique Nogueira. 2. ed. rev. atual. e ampl. Salvador: Ed. JusPodivm, 2016. p. 23-29. p. 28.

44. CABRAL, Antonio do Passo. *Convenções processuais*. Salvador: Ed. JusPodivm, 2016. p. 144-145.

45. REDONDO, Bruno Garcia. Negócios jurídicos processuais: existência, validade e eficácia. *Panorama atual do novo CPC*. Pedro Miranda de Oliveira...[et al]; Coordenador: Paulo Henrique dos Santos Lucon e Pedro Miranda de Oliveira. Florianópolis: Empório do Direito, 2016. p. 27-32. p. 27-28.

tade das partes.⁴⁶ Evidentemente, o novo sistema processual civil deve ser entendido a partir de novas premissas, prezando-se pelo reconhecimento de que a titularidade sobre determinadas situações jurídicas cabe às próprias partes, as quais são as titulares de determinado direito material cuja tutela é objetivada por intermédio do processo.⁴⁷ Destaca-se, ainda, a possibilidade de realização de negócios processuais atípicos, desde que normas cogentes não restem contrariadas, haja vista a cláusula geral insculpida no art. 190, do novo Código de Processo Civil; desse modo, tem-se que *"sempre que o direito material permitir autocomposição, é lícito as partes disporem livremente sobre o mesmo, inclusive para o próprio 'prejuízo'"*.⁴⁸

Emerge, por conseguinte, a necessidade de análise, ainda que breve, acerca dos requisitos de existência, validade e eficácia dos negócios jurídicos processuais:

> São 05 (cinco) os pressupostos de existência dos negócios processuais: (i) agente (capacidade de ser parte); (ii) vontade; (iii) autorregramento da vontade; (iv) objeto; e (v) forma. Por seu turno, são 07 (sete) os requisitos de validade dos negócios: (i) capacidade processual (e postulatória, quando o negócio for judicial); (ii) liberdade (da vontade); (iii) equilíbrio (inexistência de vulnerabilidade ou hipossuficiência); (iv) precisão, determinabilidade, previsibilidade, possibilidade e licitude do objeto; (v) direito substancial (*res in iudicium dedecta*) passível de autocomposição; (vi) adequação (da forma); e (vii) proporcionalidade/razoabilidade do conteúdo convencionado (ato, instituto ou medida).⁴⁹

No que tange especificamente à eficácia dos negócios jurídicos processuais, estes possuem, via de regra, eficácia imediata, salvo quando houver necessidade, expressamente prevista, de homologação judicial – sendo tal

---

46. REDONDO, Bruno Garcia. Negócios processuais: necessidade de rompimento radical com o sistema do CPC/1973 para a adequada compreensão da inovação do CPC/2015. *Negócios Processuais*. Coordenadores: Antonio do Passo Cabral, Pedro Henrique Nogueira. 2. ed. rev. atual. e ampl. Salvador: Ed. JusPodivm, 2016. p. 357-366. p. 362-363.

47. REDONDO, Bruno Garcia. Negócios processuais: necessidade de rompimento radical com o sistema do CPC/1973 para a adequada compreensão da inovação do CPC/2015. *Negócios Processuais*. Coordenadores: Antonio do Passo Cabral, Pedro Henrique Nogueira. 2. ed. rev. atual. e ampl. Salvador: Ed. JusPodivm, 2016. p. 357-366. p. 363.

48. REDONDO, Bruno Garcia. Negócios processuais: necessidade de rompimento radical com o sistema do CPC/1973 para a adequada compreensão da inovação do CPC/2015. *Negócios Processuais*. Coordenadores: Antonio do Passo Cabral, Pedro Henrique Nogueira. 2. ed. rev. atual. e ampl. Salvador: Ed. JusPodivm, 2016. p. 357-366. p. 363.

49. REDONDO, Bruno Garcia. Negócios jurídicos processuais: existência, validade e eficácia. *Panorama atual do novo CPC*. Pedro Miranda de Oliveira...[et al]; Coordenador: Paulo Henrique dos Santos Lucon e Pedro Miranda de Oliveira. Florianópolis: Empório do Direito, 2016. p. 27-32. p. 28-29.

hipótese imbuída de natureza excepcional.[50] Com efeito, o próprio parágrafo único do art. 190 prevê que *"de ofício ou a requerimento, o juiz controlará a validade das convenções previstas neste artigo, recusando-lhes aplicação somente nos casos de nulidade ou de inserção abusiva em contrato de adesão ou em que alguma parte se encontre em manifesta situação de vulnerabilidade"*, o que evidencia que *"o controle das convenções processuais pelo juiz é sempre a posteriori e limitado aos vícios de inexistência ou de invalidade".*[51]

Dito isso, a diferenciação existente entre os negócios jurídicos processuais que influenciam a situação jurídica titularizada pelo julgador e aqueles que não a influenciam deve ser mencionada. Nas hipóteses em que o juiz não é sujeito do negócio jurídico processual, sua atuação limitar-se-á à mera verificação da validade do negócio processual realizado pelas partes ou, quando for o caso, à sua homologação (situação em que deverá analisar se o negócio jurídico processual encontra-se em conformidade com o ordenamento jurídico).[52] Por outro lado, diferentes são as hipóteses em que a atuação do Magistrado é necessária para que o ato preencha seus requisitos de validade. Nesses casos, tem-se verdadeiros *"negócios processuais plurilaterais, ou seja, que exigem a manifestação de vontade válida das partes e do magistrado"*[53]; o juiz passa a atuar como um sujeito do ato que está sendo praticado, sendo que um exemplo de tal situação é o previsto no art. 357, § 2º, do novo Código de Processo Civil: o saneamento consensual do processo.

3.2. Art. 357, § 2º, do CPC/2015: a delimitação do objeto litigioso via convenção processual

Dispõe o parágrafo segundo do art. 357 que *"as partes podem apresentar ao juiz, para homologação, delimitação consensual das questões de fato e de direito*

---

50. REDONDO, Bruno Garcia. Negócios jurídicos processuais: existência, validade e eficácia. *Panorama atual do novo CPC.* Pedro Miranda de Oliveira...[et al]; Coordenador: Paulo Henrique dos Santos Lucon e Pedro Miranda de Oliveira. Florianópolis: Empório do Direito, 2016. p. 27-32. p. 31.
51. REDONDO, Bruno Garcia. Negócios jurídicos processuais: existência, validade e eficácia. *Panorama atual do novo CPC.* Pedro Miranda de Oliveira...[et al]; Coordenador: Paulo Henrique dos Santos Lucon e Pedro Miranda de Oliveira. Florianópolis: Empório do Direito, 2016. p. 27-32. p. 32.
52. AVELINO, Murilo Teixeira. A posição do magistrado em face dos negócios jurídicos processuais – já uma releitura. *Negócios Processuais.* Coordenadores: Antonio do Passo Cabral, Pedro Henrique Nogueira. 2. ed. rev. atual. e ampl. Salvador: Ed. JusPodivm, 2016. p. 367-390. p. 378.
53. AVELINO, Murilo Teixeira. A posição do magistrado em face dos negócios jurídicos processuais – já uma releitura. *Negócios Processuais.* Coordenadores: Antonio do Passo Cabral, Pedro Henrique Nogueira. 2. ed. rev. atual. e ampl. Salvador: Ed. JusPodivm, 2016. p. 367-390. p. 382.

a que se referem os incisos II e IV, a qual, se homologada, vincula as partes e o juiz". Encontram-se abrangidas em tal delimitação consensual, portanto, as disposições dos incisos II e IV, do artigo retromencionado, quais sejam: as questões de fatos sobre as quais recairá a atividade probatória e as questões de direito relevantes para a decisão de mérito.

Evidentemente, tem-se a previsão, no art. 357, § 2º, de um negócio processual típico por intermédio do qual as partes têm a oportunidade de delimitar as questões de direito e de fato objeto do processo, isto é, têm a oportunidade de delimitar o objeto litigioso via convenção processual (limitando, por conseguinte, a causa de pedir: os fatos e os fundamentos jurídicos). A questão que se coloca doutrinariamente, nesse contexto, diz respeito à natureza do ato do Magistrado diante de uma convenção processual que vise a realizar o saneamento consensual do feito: a atuação do juiz seria de fato uma homologação do acordo já realizado pelos litigantes (sendo, desta maneira, uma mera condição para que o ato possa produzir seus efeitos) ou se trata de uma situação na qual a vontade do julgador é relevante?[54]

Acerca de tal discussão, o entendimento de Murilo Teixeira Avelino é esclarecedor:

> [...] não se trata apenas de *homologação* do negócio jurídico. As partes, em verdade, propõem ao magistrado o saneamento consensual, devendo aquele consentir com os termos apresentados. Veja-se, no saneamento consensual há a disposição a respeito das questões de fato que serão objeto de prova e de direito relevantes para a decisão, elementos que obviamente influenciam na atuação do juiz no processo. Cabe ao juiz apreciar as provas constantes dos autos e aplicar o direito ao caso. Daí decorre para o magistrado uma situação jurídica no processo caracterizada pelo poder-dever de julgar. Ele titulariza uma situação que tem como elemento necessário toda a matéria de fato e de direito necessárias ao seu convencimento e tomada de decisão. As partes não podem a respeito disso dispor sem que o juiz participe ativamente do negócio processual. Assim, para que o negócio seja plenamente válido, é necessário o encontro de vontades das partes e do magistrado, em típico ato negocial plurilateral, mormente porque, para que o juiz seja legitimamente "vinculado" ao saneamento consensual, é necessário que participe do saneamento consensual como sujeito do negócio.[55]

---

54. AVELINO, Murilo Teixeira. A posição do magistrado em face dos negócios jurídicos processuais – já uma releitura. *Negócios Processuais*. Coordenadores: Antonio do Passo Cabral, Pedro Henrique Nogueira. 2. ed. rev. atual. e ampl. Salvador: Ed. JusPodivm, 2016. p. 367-390. p. 385.

55. AVELINO, Murilo Teixeira. A posição do magistrado em face dos negócios jurídicos processuais – já uma releitura. *Negócios Processuais*. Coordenadores: Antonio do Passo Cabral, Pedro Henrique Nogueira. 2. ed. rev. atual. e ampl. Salvador: Ed. JusPodivm, 2016. p. 367-390. p. 385-386.

O despacho de saneamento e organização processual consiste em momento no qual deve ocorrer a delimitação daquilo que deverá ser objeto de prova ao longo da instrução e, mais do que isto, deve ocorrer a delimitação das questões de direito relevantes para a resolução do mérito. Findo o prazo de cinco dias para solicitação de ajustes ou esclarecimentos pelas partes, a decisão se torna estável, passando a vincular a atividade jurisdicional a partir de então.[56] Tal vinculação estará igualmente presente no caso de "homologação" judicial do negócio jurídico processual de saneamento do processo.

Esgotado o prazo de cinco dias legalmente estabelecido, o conteúdo da decisão de saneamento somente poderá discutido novamente em sede de segundo grau, desde que a questão reste devidamente impugnada por intermédio de preliminar de apelação ou em sede de contrarrazões à apelação (conforme art. 1.009, § 1º, do novo Código de Processo Civil).[57]

Retornando à possibilidade de realização de negócio jurídico processual para delimitação daquilo que virá a ser objeto de prova e também para delimitação das questões de direito relevantes para a solução do mérito, urge destacar, derradeiramente, o entendimento segundo o qual tal possibilidade somente seria aplicável nas hipóteses de direitos materiais disponíveis, e somente dentro dos limites de referida disponibilidade:

> Não seria cogitável, por conseguinte, a sua incidência sobre casos que versem sobre direitos materiais marcados pela indisponibilidade. Aceita, no âmbito ora indicado, a possibilidade da supracitada delimitação consensual, e uma vez homologada, com a vinculação das partes e do juiz, cremos que este, tal qual ocorre nas formas autocompositivas de resolução do litígio, queda verdadeiramente *privado do poder de investigar e declarar a(s) norma(s) jurídica(s) incidente(s) sobre a situação controvertida fora daquela(s) invocada(s) pelos litigantes*. Erige-se, portanto, mais uma *exceção ao iura novit curia*, decorrente do acordo de vontades dos sujeitos interessados no processo. Em outras palavras, institui-se um limite *absolutamente impeditivo* da utilização do *iura novit curia*, que envolve *a retirada do poder do julgador de agir diversamente do pactuado pelas partes*, guardando por isso uma *feição processual*.[58]

---

56. DIDIER JR., Fredie. *Curso de direito processual civil*. Introdução ao direito processual civil, parte geral e processo de conhecimento. v. 01. 17. ed. rev., ampl. e atual. Salvador: Ed. Jus Podivm, 2015. p. 693.
57. MARINONI, Luiz Guilherme; ARENHART, Sérgio Cruz; MITIDIERO, Daniel. *O novo processo civil*. São Paulo Editora Revista dos Tribunais, 2015. p. 252.
58. LIMA, Thadeu Augimeri de Goes. Iura novit curia no processo civil brasileiro: dos primórdios ao novo CPC. *Revista de Processo*, vol. 251/2016, p. 127-158. Jan/2016. p. 13.

4. CONSIDERAÇÕES FINAIS: DA MITIGAÇÃO DA INCIDÊNCIA DO ADÁGIO *IURA NOVIT CURIA*

Verifica-se cabalmente, portanto, que a homologação do negócio jurídico por meio do qual se procede ao saneamento consensual do processo vincula a atividade subsequente dos litigantes e do Magistrado, de modo que este, consequentemente, não poderá, quando da prolação da sentença, invocar fundamento jurídico diverso daqueles constantes da decisão de saneamento estabilizada, a qual, como já mencionado, passou a vincular a atividade das partes e a atividade jurisdicional. Tem-se, pois, a delimitação consensual do objeto litigioso por intermédio da realização de tal negócio jurídico processual, compreendido aquele como a junção entre causa de pedir (fatos e fundamentos jurídicos do pedido) e pedido.[59]

Ao prolatar a sentença, o julgador encontrar-se-á vinculado àqueles fundamentos jurídicos constantes da decisão de saneamento estabilizada, de modo que não poderá proceder à invocação de algum fundamento diverso daqueles sobre os quais as partes já tiveram oportunidade de se manifestarem – e que, inclusive, foram objeto de negócio jurídico processual vinculante. O adágio *iura novit curia*, nesse diapasão, terá sua margem de aplicabilidade visivelmente reduzida, de modo que o direito aplicável ao caso concreto deverá respeitar aqueles limites previamente estabelecidos pelas partes litigantes, no momento processual oportuno.

Convém mencionar, contudo, que a redução da aplicabilidade do adágio em virtude da previsão de saneamento processual consensual não significa a impossibilidade de o juiz vir a invocar novo fundamento jurídico antes prolação da sentença, desde que, obviamente, reste respeitado o dever de colaboração que cumpre tanto às partes quanto ao julgador, com necessidade de intimação dos litigantes a fim de possibilitar que estes se manifestem acerca do eventual novo fundamento jurídico trazido à lume pelo Magistrado. Tal colaboração invariavelmente beneficiará o andamento processual e impedirá que sejam prolatadas decisões surpresas, assim consideradas aquelas em que, exemplificativamente, o juiz passa a adotar um fundamento jurídico novo, sobre o qual as partes em nenhum momento se manifestaram ou sequer tiveram a oportunidade de fazê-lo – mormente considerando a justa expectativa criada em decorrência da homologação do negócio jurídico processual de saneamento consensual.

---

59. SANCHES, Sydney. Objeto do processo e objeto litigioso do processo. *Revista da AJURIS*. Ano VI – 1979, julho. p. 133-156. p. 155.

5. REFERÊNCIAS

ARENHART, Sergio Cruz. Reflexões sobre o princípio da demanda. *Processo e Constituição*: estudos em homenagem ao Professor José Carlos Barbosa Moreira. Coordenação Luiz Fux, Nelson Nery Jr. e Teresa Arruda Alvim Wambier. São Paulo: Editora Revista dos Tribunais, 2006. p. 587-603.

AVELINO, Murilo Teixeira. A posição do magistrado em face dos negócios jurídicos processuais – já uma releitura. *Negócios Processuais*. Coordenadores: Antonio do Passo Cabral, Pedro Henrique Nogueira. 2. ed. rev. atual. e ampl. Salvador: Ed. JusPodivm, 2016. p. 367-390.

BAUR, Fritz. Da importância da dicção "iura novit curia". *Revista de Processo*, n. 03, jul./set., 1976, p. 169/177. Tradução de José Manoel Arruda Alvim.

CABRAL, Antonio do Passo. *Convenções processuais*. Salvador: Ed. JusPodivm, 2016.

DIDIER JR., Fredie. *Curso de direito processual civil*. Introdução ao direito processual civil, parte geral e processo de conhecimento. v. 01. 17. ed. rev., ampl. e atual. Salvador: Ed. Jus Podivm, 2015.

DIDIER JR., Fredie. Princípio do respeito ao autorregramento da vontade no processo civil. *Negócios Processuais*. Coordenadores: Antonio do Passo Cabral, Pedro Henrique Nogueira. 2. ed. rev. atual. e ampl. Salvador: Ed. JusPodivm, 2016. p. 31-37.

DOMIT, Otávio Augusto Dal Molin. *Iura novit curia e causa de pedir*: o juiz e a qualificação jurídica dos fatos no processo civil brasileiro. Coleção o novo processo civil. Coordenadores: Luiz Guilherme Marinoni, Sérgio Cruz Arenhart, Daniel Mitidiero. São Paulo: Editora Revista dos Tribunais, 2016.

HOFFMANN JÚNIOR, Lírio. A teoria da substanciação e seus reflexos sobre a coisa julgada. *Panorama atual do novo CPC*. Pedro Miranda de Oliveira...[et al]; Coordenador: Paulo Henrique dos Santos Lucon e Pedro Miranda de Oliveira. Florianópolis: Empório do Direito, 2016. p. 251-270.

LIMA, Thadeu Augimeri de Goes. Iura novit curia no processo civil brasileiro: dos primórdios ao novo CPC. *Revista de Processo*, vol. 251/2016, p. 127-158. Jan/2016.

MARINONI, Luiz Guilherme; ARENHART, Sérgio Cruz; MITIDIERO, Daniel. *O novo processo civil*. São Paulo Editora Revista dos Tribunais, 2015.

MELENDO, Santiago Sentis. *El juez y el derecho*: iura novit curia. Buenos Aires: Ediciones Juridicas Europa-America, 1957. Tradução livre.

MESQUITA, José Ignácio Botelho de. *A coisa julgada*. Rio de Janeiro: Forense, 2006.

MITIDIERO, Daniel. *Colaboração no processo civil*: pressupostos sociais, lógicos e éticos. 3. ed. rev. atual. e ampl. de acordo com o novo código de processo civil. São Paulo: Editora Revista dos Tribunais, 2015.

PINTO, Junior Alexandre Moreira. *A causa petendi e o contraditório*. São Paulo: Editora Revista dos Tribunais, 2007.

REDONDO, Bruno Garcia. Negócios jurídicos processuais: existência, validade e eficácia. *Panorama atual do novo CPC*. Pedro Miranda de Oliveira...[et al]; Coordenador: Paulo Henrique dos Santos Lucon e Pedro Miranda de Oliveira. Florianópolis: Empório do Direito, 2016. p. 27-32.

REDONDO, Bruno Garcia. Negócios processuais: necessidade de rompimento radical com o sistema do CPC/1973 para a adequada compreensão da inovação do CPC/2015. *Negócios*

Processuais. Coordenadores: Antonio do Passo Cabral, Pedro Henrique Nogueira. 2. ed. rev. atual. e ampl. Salvador: Ed. JusPodivm, 2016. p. 357-366.

SANCHES, Sydney. Objeto do processo e objeto litigioso do processo. *Revista da AJURIS*. Ano VI – 1979, julho. p. 133-156.

SILVA, Ovídio Araújo Baptista da. *Curso de Processo Civil*: processo de conhecimento, volume 1. 6. ed. rev. e atual. com as Leis 10.352, 10.358/2001 e 10.444/2002. São Paulo: Editora Revista dos Tribunais, 2002.

TUCCI, José Rogério Cruz e. *A causa petendi no processo civil*. São Paulo: Editora Revista dos Tribunais, 2001.

TUCCI, José Rogério Cruz e. A denominada "situação substancial" como objeto do processo na obra de Fazzalari. *Revista de Processo*. vol. 68/1992, p. 271-281, out-dez, 1992.

TUCCI, José Rogério Cruz e. Natureza e objeto das convenções processuais. *Negócios Processuais*. Coordenadores: Antonio do Passo Cabral, Pedro Henrique Nogueira. 2. ed. rev. atual. e ampl. Salvador: Ed. JusPodivm, 2016. p. 23-29.

TUCCI, José Rogério Cruz e; AZEVEDO, Luiz Carlos de. *Lições de história do processo civil romano*. São Paulo: Editora Revista dos Tribunais, 1996.

A ABERTURA HERMENÊUTICA DAS CONVENÇÕES PROCESSUAIS À EXECUÇÃO: PELA BUSCA DA SATISFATIVIDADE DA TUTELA DO DIREITO MATERIAL

Cristina Reindolff da Motta[1]
Gabriela Samrsla Möller[2]

Sumário: 1. Introdução – 2. A Nova Interpretação da Lei Processual: o diálogo inevitável entre o público e o privado (e seus limites) – 2.1. O Processo de Execução pelo CPC/15 – 3. Da Busca pela Satisfatividade: o negócio jurídico processual como efetivação da tutela executiva – 3.1. Os Negócios Jurídicos Processuais e a Classificação Doutrinária: breve resumo – 3.2. Negócios jurídicos processuais e o Processo de Execução: possibilidade – 4. A Leitura da Atividade Jurisdicional (art. 139, IV) Junto ao Negócio Jurídico Processual – 5. Conclusão – 6. Referências.

1. INTRODUÇÃO

O direito processual traduz um método racional, imposto e pré-ordenado por lei com o fim de se obter uma sentença justa e coerente, tendo como

---

1. Doutora em direito pela Unisinos. Mestre e Especialista em Direito Processual Civil pela PUC-RS. Advogada. Professora de Direito Processual Civil na Unisinos.
2. Graduanda em Direito pela UNISINOS. Bolsista Capes de Iniciação Científica.

finalidade a satisfação na entrega do bem da vida àquele reconhecido como detentor do direito posto em causa junto a exposição da causa *petendi*: esse conceito reconhece a superação do sentido de jurisdição como atuação concreta do direito subjetivo – que sedimentou uma visão positivista acrítica – reconhecendo a aplicação da norma legal, voltada aos princípios constitucionais e aos direitos fundamentais a efetiva tutela do direito material, cujo resultado prático é a satisfação do exequente para com uma obrigação.

Posto o cenário moderno[3] que deve orientar o direito processual, o CPC/15, de início, reconhece já em seu art.4º que "As partes têm o direito de obter em prazo razoável a solução integral do mérito, incluída a atividade satisfativa.", inserindo assim as direções que o novo processo brasileiro deve se balizar, criando um novo espectro normativo para a interpretação da lei processual: busca-se a satisfatividade do direito material e uma jurisdição eficaz e eficiente[4].

Com especial atenção ao direito constitucional da razoável duração do processo[5] (art. 5º, LXXVIII), o processo brasileiro exprime uma nova filo-

---

3. Cada vez más, entonces, lo procesal sale de su secular encierro en lo formal para dar cabida a un análisis más humano; análisis que exige um arsenal de herramientas jurídicas conceptuales dotado de más riqueza y sofisticación que el proporcionado por el procesalismo clásico. (PEYRANO, Jorge. *Teoria y Práctica de los Negocios Juridicos Procesales*. Disponível em: <http://elateneo.org/documents/trabajosBajar/Teoria_y_Practica.pdf>. Acessado em 01/10/2016)

4. *Qué significa ser "eficiente" y 'eficaz"? A primera vista, definir lo que es eficiencia y eficacia parece sencillo: la eeficiencia es el mejor uso de los recursos, la eficacia el logro de metas. Al introducirlos en la arena juridica, esto significa que los tribunales deben resolver las controversiasde manera "justa, pronta y barata", según reza una conocida fórmula. Sin embargo, los problemas impiezan cuando pretendemos definir de manera más precisa términos rales como "resolución de controversias", "justa", "pronta", y "barata". Y las cosas se complican más al damos cuenta de que el cumplimiento simultáneo de estos valores requiere compromisos y compensaciones: la prontitud puede lograrse, pero expensas de la justicia (por ejemplo, si la rapidez beneficia a uma de las partes y perjudica a la otra); el acceso ilimitado a los tribunales puede requerir la posibilitada de uma apelación larga y costosa, mientras que el procedimiento del tribunal puede resultar incapaz de resolver el conflito en lo absoluto. Evidentemente, aquí están en juego decisiones sociales complejas.* (FIX-FIERRO, Héctor. *Tribunales, Justicia y Eficiencia*: estudio sociojuridicio sobre la racionalidad económica en la función judicial. México: Universidad Nacional Autónoma de México, 2006. P. 12)

5. De fato, o acesso à justiça só por si já inclui uma prestação jurisdicional em tempo hábil para garantir o gozodo direito pleireado – mas crônica morosidade do aparelho judiciário o ffrustava; daí cria-se mais essa garantia constitucional, com mesmo risco de gerar novas frustrações pela sua ineficácia, porque não basta uma declaração formal de um direito ou de uma garantia individual para que num passe de mágica, tudo se realize com declarado. Demais, a nroma acena para a regra da razoabilidade cuja textura aberta deixa amplas margens de apreciação, sempre em função de situações concretas. (...) É nesse contexto que entram outros aspectos da norma em analise, qual seja: a organização dos meios que garantem a celeridade da tramitação dos processos. A garantia de celeridade de tramitação dos processos constitui um modo de impor limites à textura aberta

sofia, voltada à *solução consensual dos conflitos* (Art. 3º, § 2º do CPC/15), o que manifesta a tendência a uma maior participação dos sujeitos processuais para com a composição da lide. A autocomposição denota uma ampliação da abertura do diálogo e da manifestação subjetiva dos litigantes, expressão da ampliação do princípio dispositivo, transformando-o em um princípio dispositivo amplamente negocial devido ao objeto litigioso negociável pelo processo. O apoio ao meio alternativo de resolução de conflitos perfaz uma forma de desconcentração da justiça. Já o princípio dispositivo tem nos negócios jurídicos processuais – uma espécie de ato jurídico – sua principal ampliação que lhe dá ressignificação. O reconhecimento de ambas as situações demonstra que o processo civil do CPC/15 enxerga no diálogo preciosa forma de resolver o litígio e satisfazer o direito material, bem como uma alternativa possível para resolver a morosidade que prejudica a quem utiliza o poder judiciário.

O núcleo normativo reside nos princípios processuais as grandes diretrizes que expressam o modelo pelo qual o procedimento processual deverá operar. "*Um principio es simplemente um punto de partida*"(...) *debe ser vista en función de lo que se pretende hallar o lograr a llegar*"[6]. Para se chegar aos fins práticos que desejam os princípios é realizar o desvelar a essência de sua carga valorativa para metodizá-los adequadamente junto ao ordenamento que servirá de guia.

Com essa reorientação de sentido do procedimento, pela modernização da lei processual, o processo brasileiro acerta, pois se equipara às tendências de diversos países que admitiram um processo mais flexível a partir da desformalização de procedimentos e também através do apoio a solução dos conflitos como forma de combater os percalços da justiça.

A ampliação das possibilidades de atuação dos litigantes e do juiz é sistematizada pelo art. 6º, que prevê a cooperação entre as partes do processo, unido este às previsões do art.190 e do art.139, IV do CPC. Dessa forma, entende-se que a novidade inserida pelo art.190 deve ser aplicada subsidiariamente no procedimento processual de execução, reconhecendo o negócio jurídico bilateral, por representar a expressão da vontade daqueles que contrataram. Destaca-se que se utilizará de "cláusula aberta negocial" para se referir aos negócios jurídicos bilaterais atípicos introduzidos pelo art.190 do CPC/15, a fim de diferencia-lo dos tradicionais (típicos) negócios jurídicos processuais.

---

da razoabilidade.(SILVA, José Afonso da. Curso de Direito Constitucional Positivo. 25º edição. São Paulo: Editora Malheiros, 2005. P. 430.)

6. VELLOSO, Adolfo Alvorado. *El Garantismo Procesal*. Peru: 2010, Adrus. P. 27.

A atipicidade da cláusula aberta negocial e a adesão de contratos de procedimento em momento pré e "intra-processual", denotam contornos inéditos do processo civil brasileiro e a necessidade da (re)discussão do papel dos negócios jurídicos processuais no processo, inclusive na fase executiva.[7]

A nova filosofia acostada ao processo civil horizontaliza a ampliação dos interesses dos litigantes, estruturando um processo moderno que também sustenta que as relações intersubjetivas. Os acordos avençados podem servir de orientação de direito – por serem manifestação dos interesses particulares – reconhecida nesse interim os limites formais que o direito protege em prol dos princípios resguardadores da sistemática processual.

A nova lei processual, no âmbito da execução, traz consigo a réplica de grande parte do texto previsto na lei antiga; entretanto, a existência dos textos idênticos não caracteriza se tratar da mesma norma, pois a sua interpretação parte de contextos que não são os mesmos para cada Lei. Em vista dos novos estratagemas aderidos e dos novos objetivos fundacionais da lei processual, o CPC/15 amplia novos sentidos as regras. Os negócios jurídicos processuais já manifestavam em situações pontuais no processo civil, previstos em forma, conotando situações do princípio dispositivo; porém, a sua ampliação pela cláusula geral negocial denota uma considerável novidade, geradora de uma gama de possibilidades que merece digressão.

Os negócios jurídicos processuais atípicos junto ao processo de execução, fora dos limites da jurisdição, já eram realizados antes do advento do CPC/15. No que toca aos títulos extrajudiciais, por exemplo, pelas avenças realizadas em contratos particulares. A partir da nova Lei, pela maior potência que ganham os acordos processuais a partir do art.190, incide em um maior respeito pelo acordo realizado pelos (já ou ainda não) litigantes, ganhando assim uma maior força de cumprimento e respeito pelo Estado-Juiz ao tocar a jurisdição (diferente do caso do cumprimento de sentença, onde o direito material já está reconhecido juridicamente e onde não subsiste amplo espaço dialogal para as partes avençarem previamente acerca de negócios jurídicos processuais que expressem seus interesses).

Pelo reformular da Lei Processual, o Direito caminha para a manifesta atenção às dinâmicas sociais que tomam formas complexas, assim como

---

7. A presente análise será direcionada para os negócios jurídicos bilaterais provenientes de acordos *endo* ou *exo* processuais junto ao processo de execução, realizados em momento que antecede a juridicização da execução, bem como antes do início da fase de cumprimento da sentença; ou durante o processo de execução.

acompanha as tendências das ciências modernas que caminham para a visão do processo como fim.[8] Assim, por se mostrar possível a aplicação da negociação do procedimento executório, baseado este no acordo avençado entre os litigantes, pode-se "desarmar" o sentido de "guerra" do processo.

Tendo em vista que a satisfatividade da tutela jurisdicional é o objetivo do Processo Civil, importa seja desvelado[9] os negócios jurídicos processuais a partir de sua aplicação no processo de execução, com o fim de ampliar a aplicação prática do aludido instituto, para que assim sejam vistas novas formas de alcançar a satisfatividade e outorgar maior consonância ao processo de execução como instrumento democrático – no sentido de superar o estigma da construção de um processo privatista, bem como da visão unívoca ao publicismo, o qual por vezes pode acarretar no ineficientismo.[10]

2. A NOVA INTERPRETAÇÃO DA LEI PROCESSUAL: O DIÁLOGO INEVITÁVEL ENTRE O PÚBLICO E O PRIVADO (E SEUS LIMITES)

O respeito da vontade do ser expressa pode ser nova forma de eficientizar a justiça pública, sem que com isso seja negado o caráter público inerente

---

8. Ao primar por um caminho que vai no sentido de uma Constituição reveladora de uma compreensão ontológica fundamental do ser baseada na hermenêutica fenomenológica, importa interpretar ("*a interpretação só aparece quando um sentido estranhou ou percebido como estranho, deve ser tornado compreensível. Desta forma, o interpretar é um modo de tornar compreensível, ou um modo de traduzir um sentido estranho em algo compreensível (...) é com esse processo de interpretação que se ocupa a teoria hermenêutica*" (GRONDIN, Jean. *Introdução à hermenêutica filosófica*. São Leopoldo: Editora Unisinos, 1999. P.49) a normativa da lei processual para assegurar que a nova principiologia processual respeite a constituição existencial do ser, bem como as potências reveladoras de carga sublime que impulsionem o estar-aí.

9. *La libertad gobierna lo libre en el sentido de lo iluminado, esto es, de lo desocultado. El acontecimiento del desocultar, esto es, de la verdad, es lo que está en el más próximo e íntimo parentesco con la libertad. Todo desocultar pertenece a un albergar y velar. Pero velado está y siempre velándose, lo que liberta, el misterio. Todo desocultar viene de lo libre, va a lo libre y lleva a lo libre. La libertad de lo libre no consiste ni en lo disoluto de la arbitrariedad, ni en la sujeción a simples leyes. La libertad es lo iluminante velante, en cuya luz se corre aquel velo que emboza lo esencial de toda verdad y deja aparecer al velo como lo que emboza. La libertad es el ámbito del destino; lo que lleva, en cada caso, a un desocultamiento a su camino.* (HEIDEGGER, Martin. *Filosofía, Ciencia y Técnica*. 1997. Santiago de Chile: Editorial Universitario. P. 135)

10. Quando o problema perde sua condição de ser resolvida dentro de uma determinada racionalidade; quando ele conflita com os eixos fundamentais que dão unidade a determinada concepção de mundo; quando, enfim, as respostas possíveis dentro de um determinado logos sequer tangenciam alguma solução ao problema estabelecido, emergem então as crises. É nesses momentos que a filosofia mostra a sua maior importância e desafia o intelecto humano de forma muito mais exigente. (ABDALLA, Maurício. *O Princípio da Cooperação*: em busca de uma nova racionalidade. 2ª edição. São Palo: Editora Paulus, 2004. P.25)

ao processo brasileiro *"ce droit dispensé par le juge deviendrait le nouvel organiseur de nos sociétés acéphales et les juges, anciens greffiers du pouvoir se reconvertiraient en grammairiens des rapports sociaux"* [11]. Essa sistemática denota consonância com a democracia em sua forma moderna.

A sistemática negocial e subjetiva apoia-se na utilização da autocomposição, baseada no diálogo, como maneira de satisfazer o direito material e pôr termo ao litígio, o que denota uma nova técnica processual eficiente, legitimada pela configuração Constitucional e perfaz uma reconfiguração do direito como adaptação social.

Esse acentuado apoio à participação dos sujeitos no procedimento processual constitui uma manifestação do contraditório constitucionalizado por via de uma participação ativa no desenrolar do procedimento processual para que o objeto litigioso corresponda a materialidade dos fatos.[12] Dessa forma, as partes passam a realizar maior influência na formação do direito material através da construção de uma dialética dialogal, que se alia com princípios tal como a duração[13] razoável do processo, a fim de garantir maior eficiência e efetividade ao processo.

O direito à duração razoável do processo, não implica ou constitui direito a processo rápido ou célere. As expressões não são sinônimas. A própria concepção de processo já afasta a instantaneidade e remete ao tempo como elemento inerente à fisiologia processual.[14] O que a o Novo Código e a Constituição é a eliminação do "tempo patológico" – a desproporcionalidade entre

---

11. CADIET, Loïc. L'hypothése de L'américanisation de la Justice Française. *Archives de Pilosophie du Droit*. França, nº45, p. 89-115, 2001.

12. A interpretação dos princípios constitucionais juntos ao processo canaliza sua potência de ação na abertura do instituto do contraditório; o qual, constitucionalizado, adere ao Processo um espaço para que seja desvelado o fenômeno conflitológico de interesse, possibilitando aos litigantes a ampliação da dialética processual plena e da subjetividade processual, fato que possibilita ao juiz exaurir juízo reflexionante acerca do que foi colhido na instrução; subjetividade esta na qual o juiz, depois daquela ser manifestada dentro dos parâmetros legais, aderirá.

13. Importante ressaltar que a preocupação quanto à eficiência do processo não se trata de um problema enfrentado apenas no cenário processual brasileiro, de maneira que a nova jurisdição brasileira planifica as tendências advindas do Direito comparado para lidar com a crise do judiciário, que também se apoia em processos autocompositivos como forma eficiente de lidar com a juridicização. O Brasil demonstra uma abertura para uma nova forma de jurisdição, que acompanha o cenário contemporâneo mundial de resolução consensual dos conflitos em detrimento de um processo clássico, cujas formalidades não se adequam ao fático.

14. A natureza necessariamente temporal do processo constitui imposição democrática, oriunda do direito das partes de nele participarem de forma adequada, lugar em que o direito ao contraditório e aos demais direitos que confluem para organização do processo justo retiram qualquer possibili-

duração do processo e a complexidade do debate da causa que nele tem lugar. O direito ao processo justo alude direito ao processo sem dilações indevidas, que se desenvolva dentro de um tempo justo. [15-16]

O processo de execução tem lugar nesse novo cenário a partir da releitura de seus institutos pelas normativas do CPC/15; principalmente a partir do art.4º, o qual prima pela busca da satisfatividade do direito material, objetivo o qual só é efetivamente atingido em sua grande parte por meio da via executiva.

Ao realinhar suas diretrizes processuais, o CPC/15 acomoda duas linhas ideológicas classicamente opostas: Não abdica da concentração de poderes do órgão judicial[17], retirando o poder de instrução (art. 370 do NCPC), mas

---

dade de compreensão do direito ao processo com duração razoável simplesmente como direito a um processo célere.

15. MARINONI, Luiz Guilherme; ARENHART, Sérgio Cruz; MITIDIERO, Daniel. *Novo Código de Processo Civil Comentado*. São Paulo: Editora Revista dos Tribunais. P. 97.

16. Todas essas conquistas foram mantidas, e outras tantas acrescentadas, no novo Codigo de Processo Civil com vias a alcancar um tempo razoavel de processo. Neste sentido: a defesa foi toda concentrada numa unica peca, eliminadas aquelas realizadas atraves de excecoes (art. 336); a conciliacao e a mediacao, como examinado anteriormente, passaram a ter um tratamento digno e prioritario (arts. 165 a 175 e art. 334); a previsao de realizacao de uma serie de atos processuais atraves de meios eletronicos (arts. 170; 171; 183, § 1.º; 194, 205, § 3.º; 228, § 2.º, 232, 235, § 1.º; 246, V; 263; 270; 334, § 7.º, 513, § 2.º, III; 837; 854; 854, §§ 6.º e 9.º; 876, § 1.º, III; 879, II; 880, § 3.º; 892; 915, § 4.º; 945; 979; 1.019, III; 1.038, § 1.º); o capitulo sobre a cooperacao entre juizes praticamente eliminou oformalismo das cartas precatorias (arts. 67 a 69); o novo instituto da tutela da evidencia, pautado em prova documental inequivoca a que o reu nao oponha contraprova adequada, permite o imediato julgamento do processo, independentemente da urgencia (art. 311); a insercao de dispositivos pontuando a forca da jurisprudencia e, portanto, a necessidade de observancia dos precedentes, com vias a solidificar e privilegiar as decisoes dos tribunais superiores (arts. 926 e 927); a criacao do incidente de resolucao de demandas repetitivas, capaz de eliminar a repeticao de processos com a mesma questao de direito em curto espaco de tempo (arts. 976 a 987); o recurso de agravo de instrumento ficou restrito a um determinado numero de hipoteses (art. 1.015), com a eliminacao da preclusao das questoes decididas no curso do processo, que deverao ser impugnadas por ocasiao da apelacao (arts. 1.009, § 1.º); cumprimento de sentenca e o processo de execucao foram agraciados com importantes preceitos para conferir maior efetividade ao processo. (v.g., a regulamentacao da penhora *on-line* – art. 854; limitacao da impenhorabilidade de depositos em contas bancarias, correspondentes a salarios em geral, pensoes, peculios e outros, ate o valor de cinquenta salarios minimos – art. 833, § 2.º; a possibilidade da decisao judicial ser levada a protesto – art. 517, entre outras). (WAMBIER, Teresa Arruda Alvim; DIDIER, Fredie; TALAMINI, Eduardo; DANTAS, Bruno. *Breves Comentários ao Novo Código de Processo Civil*. 1ª ed. São Paulo: Revista dos Tribunais, 2015. P.18-19)

17. Modelo inquisitorial ou autoritário vincado ao Estado Social de Direito com as correntes processuais sócio-publicistas.

resgata o domínio das partes[18] em diversas situações[19], [20] Através do artigo 2º do CPC/15 *"a lei brasileira harmonizou dois princípios antagónicos: o principio dispositivo e o principio inquisitório"*[21]. As possibilidades de as partes disporem do objeto processual "constituem manifestação do principio dispositivo" [22].

O âmbito de autorregulação, entretanto, no direito processual civil, se diferencia do permitido no direito privado, diante da estrutura tríplice da relação processual e da participação do Estado-juiz, que presta serviço essencial.[21] A intermediação do Estado-juiz na relação processual apresenta características próprias, que precisam ser delineadas com cuidado, mas estas não podem servir de percalço para a elaboração de novas ideias e de superação do que já não se apresenta interessante para a jurisdição. Isto porque *"O interesse individual e o público não podem ser considerados, no processo, como duas forças em oposição, mas como duas aspirações aliadas e convergentes, cada uma das quais, longe de buscar benefício com dano para a outra, considera a satisfação da outra como satisfação própria."*[23-24]

Reconhece-se no processo civil a versatilidade do princípio da boa fé, que pode se traduzir na tendência da gestão bilateral do processo de negociação, a ser considerado digno, destaca-se, pois contribui para uma melhor realização do devido processo.[25] Caminha-se assim para o rompimento com o antigo paradigma estigmatizado ao processo pela visão clássica que se tem do princípio dispositivo, moldado por um processo limitado a um contrato

---

18. Modelo liberal que nasce por consequência no Estado Liberal de Direito.
19. Por exemplo: a escolha consensual do perito, prevista no art. 471 do NCPC.
20. ASSIS, Araken de. *Processo Civil Brasileiro*. Volume I. Parte Geral. São Paulo: Revista dos Tribunais, 2015. P. 235.
21. ASSIS, Araken de. *Processo Civil brasileiro:* parte geral. Volume II. Tomo I. São Paulo: Revista dos Tribunais, 2015. P.891.
22. ASSIS, Araken de. *Processo Civil brasileiro:* parte geral. Volume II. Tomo I. São Paulo: Revista dos Tribunais, 2015. P.891.
23. CALAMANDREI, Piero. *Direito Processual Civil*. Campinas: Bookseller, 1999. P.197-198.
24. Por apresentar uma composição de Direito Civil que ganha vínculos de Processualidade e com especial atenção às correntes ideológicas processuais que se antagonizam e confluem – como em um embate eterno- traduz uma categoria de ato mediante ao qual é concedida autonomia privada para a configuração da relação processual, uma vez que a natureza pública da jurisdição não se coloca, em si, contrária ao funcionamento do dispositivo.
25. Representa exatamente isso o que construiu-se quanto ao negocio jurídico processual toco capítulo "ANGIONI, Enrica. *Negozio Giuridico Processuale e Categoria Generale di Contratto Nella Scienza Giuridica Europea*. Cagliari: Università degli Studi di Cagliari, 2014-2015.265 f. Tese Dottorato di Ricerca Diritto dei Contratti. P. 89.

(denotando assim a natureza jurídica do processo o seu núcleo privado as correntes contratuais e do quase-contrato), que nasce com o Estado Moderno de Direito. Pela antiga percepção, o princípio dispositivo tem como lógica central a cisão do direito material com o Processo, primando pela autonomia de vontade sobre o direito público. O princípio dispositivo em sua concepção clássica não abarca a dinamicidadade da vida.

A jurisdição voltada aos moldes clássicos deve ser reconfigurada frente aos impactos da vida em sociedade, o que faz com que as teorias impulsionadas pela por práticas sociais dinâmicas venham a abrindo espaço a uma justiça dialogal pela redução tangencial dos poderes instrutórios do juiz nesses contratos, mas dele fazendo parte na busca de alcançar a sua satisfação.[26-27]

Essa nova realidade requer um Estado e um Direito que reconheça no sujeito capacidade de autodeterminar-se "*Una modernización con el contenido social de ta que lia sido descrita, requiere a su vez un Estado y um Derecho que faciliten el libre desenvolvimiento de la racionalidad individual*"[28], para que as técnicas não sejam o reflexo de um formalismo ineficientista e sim para que exasperem em espaços atribuídos pela forma, a manifestação do sujeito: não para que se caminhe para uma lógica processual que vê na eficiência e na compactação do processo uma lógica perversa utilitarista; mas sim que

---

26. Por este novo olhar do Direito Processual, o princípio dispositivo tem seus paradigmas conceituais clássicos superados no tocante a heterocomposiçao e, da leitura da normatividade da solução consensual dos conflitos pela autocomposição e de uma participação mais ativa dos litigantes postas ao Estado Democrático de Direito; assim ganha o princípio em questão ressignificação, ganhando uma nova tonalidade realizada junto ao direito público. Essa delimitação, observado os poderes que dispõe o Estado-Juiz, seria uma forma de primar pela eficiência estatal e pela flexibilidade procedimental, como se funcionasse em um sentido progressivo do gerenciamento processual, que pudesse tomar formas diferenciadas, em razão de cláusula aberta e extensão interpretativa, para adequar os contratos em prol do principio negocial – espíritos do CPC/15.

27. A positivação do princípio da demanda, contudo, não implica positivação do *princípio dispositivo*. Enquanto o princípio da demanda e o princípio inquisitório em sentido material concernem ao problema da iniciativa para "o processo e ao da formação do mérito da causa, o princípio dispositivo diz respeito à *condução do processo*. São problemas obviamente distintos. Pelo princípio dispositivo próprio ao processo civil do Estado liberal clássico, a condução do processo deve se dar pelas partes. O novo CPC não positivou o princípio dispositivo e nem a sua antítese, o princípio inquisitório em sentido processual, no que tange ao problema da condução do processo. Em um esforço de síntese, o novo CPC adotou o *princípio da colaboração* do juiz para com as partes como sendo o mais apropriado para disciplina da direção do processo no processo civil do Estado Constitucional (art. 6.). MARINONI, Guilherme; ARENHART, Sérgio Cruz; MITIDIERO, Daniel. Curso de Processo Civil: Teoria do Processo Civil. Volume I. São Paulo: Revista dos Tribunais, 2015. P. 271. Apud: CAPPELLETTI, Mauro. La Testimonianza della Parte nel Sistema dell'Oralità. Vol I. Milano: Giuffre, 1962. P. 303..

28. GRANDA, Fernando de Trazegnies. *Postmodernidad y Derecho*. Peru: Editorial Themis, 1993. P.16.

possibilite que os sujeitos disponham dos seus direitos sem que isso implique alguma forma de alienação do processo no seu sentido público.

Os negócios jurídicos processuais são espaços importantes que demarcam a possibilidade de garantir a liberdade de ação do sujeito *"el Derecho de la modemidad contribuye a abrir oportunidades individuales y libera capacidades."* [29], pois manifestam medida de reestruturação administrativa do Estado, que tem na desconcentração/descentralização dos atos jurisdicionais formas de *desburocratizar* o processo (retirar o formalismo exarcebado, sem negar a forma). As consequências sentidas são o repensar da função dos litigantes e do Estado-Juiz (dando caráter dual às suas funções jurisdicionais, por ora sendo ativo, por ora sendo gestor), uma miscelânea do princípio inquisitorial (*Civil Law*) com o adversarial (*Common Law*) e a ampliação do princípio dispositivo.

A cláusula aberta negocial, dessa forma, perfaz aqueles *"espaços que a lei deixa à disposição podem ser compreendidos e aproveitados com grande precisão e consciência teórica, além da abordagem hermenêutica, com técnicas interpretativas relativamente recentes como a interpretação orientada às consequências, referida, isto é, às implicações práticas que a interpretação conjecturada presumivelmente produziria no exterior do sistema jurídico, na realidade social."* [30].

2.1. O Processo de Execução pelo CPC/15

É no Processo que a lei material – que regula o direito da vida – ganha cores – de modo que o procedimento, se não for efetivo e eficiente, tem potência de causar grandes distorções. Em razão disso, para além da garantia da tutela do direito material pelo processo de conhecimento, o direito garante a busca da satisfação da tutela por meio da via executiva, utilizando para tal, meios[31] capazes de efetivação e satisfatividade por meio do sincretismo

---

29. GRANDA, Fernando de Trazegnies. *Postmodernidad y Derecho*. Peru: Editorial Themis, 1993. P.18-19.
30. CAPONI, Remo. Autonomia privada e processo civil: os acordos processuais. *Revista Eletrônica de Direito Processual – REDP*. Volume XIII. Periódico da Pós-Graduação *Stricto Sensu* em Direito Processual da UERJ. Patrono: José Carlos Barbosa Moreira www.redp.com.br ISSN 1982-7636.
31. (...) provimento executivo é o termo que corresponde no processo de execução ao provimento de jurisdicional no processo de conhecimento: exercício do poder por meio do qual o órgão judicial da provimento à composição do litígio de pretensão insatisfeita. Para isto, o provimento executivo, da mesma forma que o jurisdicional, se distingue em provimento instrutório, no qual opera imediatamente sobre o litígio e não apenas mediante através do processo. Dada a diferença entre o litígio da pretensão discutida e o da pretensão insatisfeita, essa ação sobre o litígio acontece por meio de uma modificação do estado jurídico preexistente, de tal natureza que dela resulte insatisfação do interesse lesionado. Por isso, dei a resultado do processo executivo o nome de provimento

processual. A via executiva pode ser enfrentada por dois critérios distintos: a autonomia, que ocorre por via de um processo autônomo de execução e fase procedimental executiva. Em ambos os casos, o executado poderá enfrentá-la direta ou indiretamente.

O direito brasileiro se vale da execução por sub-rogação, onde o Estado consegue a satisfação do direito do exequente invadindo a esfera do executado[32], por meio de procedimentos como a penhora/expropriação e o depósito/entrega da coisa (arts. 824 e 825 CPC/15) ou pela coerção psicológica – ou execução indireta – quando o Estado atua de forma a "convencer" o executado a cumprir a obrigação sem a invasão na esfera patrimonial do executado, mas estabelecendo, através de meios psicológicos de pressão que leve ao cumprimento da obrigação.[33]

Reconhecendo que as partes já detinham, segundo o CPC/ 73[34], aberturas procedimentais típicas durante a demanda processual, com espaço para a

---

satisfaciente,e da mesma forma, o provimento executivo típico é a entrega da coisa devida ao credor. (CARNELUTTI, Franceso. *Sistema de Direito Processual Civil*. Volume II. São Paulo: Classic Book, 2001. P. 247-248)

32. Para Araken de Assis haverá invasão da esfera jurídica do jurisdicionado em toda a execução. ASSIS, Araken de. *Manual de Execução*. 18 ed. São Paulo: Revista dos Tribunais, 2016. P.

33. Dentro do conceito de execução indireta, Daniel Amorim Assumpção cria uma "sub classificação" defendendo que a coerção pode se estabelecer através da "ameaça" através da do estabelecimento de uma *astreinte* (art.536, 537 CPC/15); ou através "de uma melhora na situação do executado" no caso do cumprimento espontâneo, como ocorre no § 1º do art. 827 do CPC/15, que prevê um desconto de 50% no valor dos honorários advocatícios no caso de pagamento do valor exequendo no prazo de três dias da citação. (ASSUMPÇÃO, Daniel Amorim. *Manual de Direito Processual Civil*.7ª edição. São Paulo: Editora Método, 2015. P.1049). Acreditamos que a técnica utilizada pelo legislador nesta hipótese não seja a da coerção, mas sim do incentivo econômico.

34. Não são tão raras, entretanto, as disposições legais que aludem a atos dessa natureza; e pelo menos a algumas delas é impossível deixar de reconhecer importância prática. Vejam-se, por exemplo, o art. 111, que trata da eleição convencional de foro; os arts. 265, II, e 792, referentes a convenções de suspensão do processo; do art. 333, parágrafo único, relativo a convenção sobre distribuição do ônus da prova; o art. 453, I, que prevê o adiamento da audiência por convenção das partes; o art. 606, I, *fine*, atinente a escolha convencional do arbitramento como forma de liquidação da sentença. Mas há outros casos: sem pretensão de exaustividade, lembraremos os dos arts. 181 (convenção para reduzir ou prorrogar prazo dilatório), 454, § 1º, fine (convenção sobre divisão do prazo entre litisconsortes para falar na audiência), 677, § 2º (convenção sobre a administração de estabelecimento comercial, industrial ou agrícola, semoventes, plantações ou edifício em construção penhorados), 824, I (convenção sobre indicação de depositário de bens seqüestrados), 1.031 (adoção convencional da forma do arrolamento para realizar partilha amigável), 1.113, § 3º (convenção sobre alie-nação de bens em depósito judicial). À lista deve acrescentar-se o compromisso, pelo qual as partes acordam submeter o litígio a juízo arbitral (arts 1.072 e ss.). (MOREIRA, José Carlos Barbosa. Convenções das Partes sobre Matéria Processual. *Revista de Processo*. Vol. 33/1984. Janeiro – Março de 1984)

manifestação do autorregramento de vontade do sujeito ou a conjugação de autonomias para ser perfeito um ato, houve *ampliação* dessas manifestações pela inédita via atípica – cláusula aberta negocial – antes mesmo da proposituragem e da angularização da demanda. É inquestionável, dessa maneira, a existência de espaço deixado pelo legislador aos sujeitos processuais para que estes possam participar e influir na construção da atividade procedimental.

Ao CPC/15, foram aderidas as atualizações concernentes às Leis 11.232/2005 e 11.382/2006. Essas duas grandes reformas do procedimento de execução ocorreram, pela Lei 11.232/2005 – que tratou apenas da execução dos títulos judiciais – inaugurando no direito brasileiro o princípio do sincretismo entre cognição e execução, de modo que trouxe a fase do cumprimento de sentença para dentro do Processo; e pela Lei 11.382/2006, que manteve a autonomia do Processo de Execução para os títulos extrajudiciais e trouxe novos meios para efetivar a tutela.

No NCPC, o processo de execução teve inserido alguns dispositivos que alteram o procedimento, ou que tutelam praticas já reconhecidas, mas não em texto legal, como: a) possibilidade de inclusão do nome do executado em cadastro de inadimplentes (art.782, § 3º); b) fixação dos honorários advocatícios liminares em dez por cento na execução por quantia certa; c) afastamento da impenhorabilidade relativamente aos rendimentos superiores a cinquenta salários mínimos mensais. (de alto valor, desde que preservada a metade dos ganhos líquidos; d) possibilidade de penhora de veículo por termo nos autos; e) detalhamento da disciplina da penhora de dinheiro entre outras.

Por ser o processo de execução dirigido precipuamente pelo Estado--Juiz, a discussão sobre o aperfeiçoamento das novas técnicas procedimentais encontra certa barreira, por tais medidas não admitirem amplo espaço para interpretação.

De uma exegese do art.190 junto aos princípios processuais aderidos e submersos à epistemologia imposta pela constitucionalização do processo civil em uma ampla democratização de seus institutos, bem como com a normatividade que carrega o processo na atualidade, faz com que se possa considerar que unido ao art. 4, as convenções processuais ali disciplinadas podem e devem ser reconhecidas e aplicadas na via executiva.

Analisar outras formas eficientes e que respeitem a normatividade processual a partir das aberturas possibilitadas pela Lei é tarefa da Ciência. As convenções processuais, sobretudo, devem ser aplicadas a fase executória do processo civil pois a satisfatividade do ato se dá pelo adimplemento, de modo que o negócio jurídico processual tem condão de potencializar a busca desse fim. A satisfatividade processual se dá de forma plena, junto ao cientificismo processual acentuando a construção de um processo sincrético, deixando seus procedimentos maleáveis.

3. DA BUSCA PELA SATISFATIVIDADE: O NEGÓCIO JURÍDICO PROCESSUAL COMO EFETIVAÇÃO DA TUTELA EXECUTIVA

3.1. Os Negócios Jurídicos Processuais e a Classificação Doutrinária: breve resumo

O CPC/15 não se limita à previsão de procedimentos clássicos para o alcance da tutela do direito.[35] Dentre tais técnicas, a cláusula geral negociação do art.190, vem como novidade peculiar, pois insere no ordenamento nova possibilidade de flexibilizar o procedimento processual a partir do interesse privado dos litigantes.

Caracterizar o negócio jurídico processual dentro da estrutura da teoria do fato jurídico supera considera-lo como mero "fato" para o processo, ainda mais no que toca aos negócios realizados fora do processo.[36] Isso porque, consider como negócio jurídico a convenção ou contrato em que as partes avençam sobre o procedimento tem como consequência a adesão de significações acerca da negociação, cujas consequências, principalmente no campo obrigacional, aproximar-se-á dos aspectos do negócio jurídico[37].

Os atos dispositivos processuais são os atos que se perfazem pela manifestação do sujeito no sentido de abrir mão de algum direito, de alguma faculdade, ou de alguma situação jurídica do próprio: a manifestação de vontade é o gênero, e o negócio jurídico uma das espécies. Isto porque há vontades que visam realizar uma finalidade jurídica, e outras não: somente

---

35. MARINONI, Luiz Guilherme; ARENHART, Sérgio Cruz; MITIDIERO, Daniel. *Novo Código de Processo Civil Comentado*. São Paulo: Revista dos Tribunais, 2015. P. 244..
36. NOGUEIRA, Pedro Henrique. *Negócios Jurídicos Processuais*. Bahia: Editora Juspodivm, 2015. P.156.
37. A pessoa manifesta ou declara a vontade; a lei incide sobre a manifestação ou a declaração, ou as manifestações ou declarações de vontade; o negócio jurídico está criado: a declaração qu declaração, a manifestação ou manifestações de vontade fazem-se jurídicas; entram no mundo jurídico, o mundo jurídico recebe-as e apropria-se delas. (MIRANDA, Pontes de. *Tratado de Direito Privado*. Tomo I. Parte Geral. Campinas: Editora Bookseller, 2000. P. 141)

as primeiras compõem o extremo do negócio jurídico.[38] Todo ato jurídico advém de vontade, que pode ou não constituir o negócio jurídico – a depender da intenção do agente com o ato. O negócio jurídico concede às partes a liberdade de "*escolha da categoria jurídica e da estruturação dos fatores de eficácia*" [39], o que ocorre da mesma forma com o negócio processualizado, tanto típico como atípico.

James Goldschmidt[40] foi o primeiro a tratar dos atos processuais com conotações de negócio jurídico e essa elaboração serviu de base para a teoria de vários processualistas clássicos. Utiliza-se o conceito por ele elaborado para explicar os negócios jurídicos processuais por se acreditar ser a teoria que melhor conota o que se entende por "convenções processuais" conforme o art.190 prevê – denominando-a "cláusula aberta negocial".

Os atos jurídicos que ganham, ou futuramente ganharão, textura processual são aqueles praticados pelos futuros ou já litigantes, e tais atos podem ser classificados em duas classes: Atos de Obtenção e Atos de Causação. Atos de Obtenção compreendem a classe dos atos *stricto sensu* e consistem nas petições, nas afirmações e nas provas. Seu objetivo junto ao processo é resolver determinado conteúdo e realizar influxos psíquicos na resolução do processo pelo juiz. São atos e não podem ser tidos como negócios jurídicos, pois seu efeito é predeterminado pela lei e independe da vontade daquele que pratica. Atos de Causação compreendem a segunda classe dos atos processuais das partes no processo. São todos aqueles que não são Atos de Obtenção e, por isso, se encontram mais na "periferia do processo", uma vez que são previstos em menor escala quando comparados ao primeiro grupo. Dentro dessa classe, pertencem os Convênios Processuais – acordos de vontade para regular uma situação processual – e as declarações unilaterais de vontade. Esses dois subgrupos compõe os chamados Negócios Jurídicos Processuais: corresponde a eles característica de Negócios Jurídicos – ou seja, que o efeito produzido por eles se apresenta como realização da vontade manifestada no ato – mas essa característica perde sua transcendência na medida em que a lei atribui o desaproveitamento de outras possibilidades, como forma de sanção. Esses atos não produzem somente relações, mas situações jurídicas; se distinguem

---

38. AQUINO, Wilson. *Negócio Jurídico*. Doutrinas Essenciais Obrigações e Contratos. Vol. 01/2002. Junho de 2002. P. 01-02.
39. ASSIS, Araken de. *Processo Civil brasileiro: parte geral*. Volume II. Tomo I. São Paulo: Revista dos Tribunais, 2015. P.1272.
40. GOLDSCHMIDT, James. *Principios Generales del Proceso*. Buenos Aires: Ediciones Juridicas Euroa--America, 1961.

dos atos de obtenção da medida em que não possuem o fim de resolver o conteúdo do processo mediante influxos psíquicos ao juiz. O efeito jurídico dos atos de causação não dependem, como ocorre nos atos de obtenção, de sua idoneidade (forma) para ter seus efeitos manifestados, de modo que se aplicam as estimações de validez e eficácia dos atos jurídicos privados. [41]

No Brasil, Pontes de Miranda compreendia o negócio jurídico[42] em sentido *lato*, não importando qual a classificação que nele se insere (contrato, convenção, pacto), de maneira que o que importa é como o suporte fático é expresso, ou seja, como a autonomia de vontade é realizada.[43-44] Para ele só existe[45] negócio jurídico processual com o Processo, ou seja, antes da formação do mesmo ocorre o negócio jurídico, pois ambos nascem em momentos distintos, mas devem seguir o regramento que lhes é comum no tocante ao suporte fático que se dá pela autonomia da vontade. Assim, os negócios jurídicos pactuados antes da existência do litígio, expressam a forma de negócio jurídico em sentido amplo, pois para que haja a eficácia desse contrato, ou

---

41. GOLDSCHMIDT, James. *Principios Generales del Proceso*. Buenos Aires: Ediciones Juridicas Euroa--America, 1961.

42. *A Expressao Negocio Jurídico*. O direito romano nao alcançava usar o conceito unitário de negocio jurídico. Continuo no pluralismo empírico, a que correspondiam as expressões negotium, gestum, factum, actus, actum, contractum (Pernice, Marcus Antistius Labeo, I, 1873, 403 s.). Foi a linguagem jurídica alemã que adotou (Rechtsgeschaft), seguida pela critica histórica e doutrinal (Gradenwitz, Die Ungiligkeit obligatorischer Rechtsgeschafte, 297) vem do século XVIII; século XIX, Hugo escrevia-o, em alemão, numa só palavra: Rechtsgeschaft, e generalizou-se o seu emprego (Schlossmann, Der Vertrag, 131). Nas línguas latinas, temos de conservar a expressão negocio jurídico é utilíssimo na técnica jurídica, tanto quanto na ciência. Foram baldas as investidas de Schlomann (Zur Lehre von Zwange, 11; Der Vertag, 139), que o reputava escilástico e sem valor científico. Muito já possui de ciência quem sabe distinguir ato-fato jurídico, ato jurídico stricto sensu e negocio. (MIRANDA, Pontes. *Tratado de Direito Privado*. Parte Geral. Tomo I. 3ª ed, Rio de Janeiro: Editor Borsoi, 1970. P. 90)

43. Quando A joga, ou aposta, as manifestações de vontade fazerm o suporte fático do negocio jurídico do jogo, ou de aposta, não são nulas: nulidade de fatos não teria sentido. Nulo é o negócio jurídico de jogo, se é por exemplo, proibido, sem se lhe vedar a entrada do mundo jurídico. (MIRANDA, Pontes. *Tratado de Direito Privado*. Parte Geral. Tomo III. 3ª ed, Rio de Janeiro: Editor Borsoi, 1970. P. 03.)

44. O que os interessados estabelecem não é mais do que eficácia do negocio jurídico; não é, sequer, vontade que permanece, nem se há de confundir vontade, que traçou a conduta futura e o futuro do próprio negocio jurídico, com a eficácia do negocio jurídico que aponta essa conduta e faz preestabelecido o futuro do negocio jurídico. (MIRANDA, Pontes. *Tratado de Direito Privado*. Parte Geral. Tomo III. 3ª ed, Rio de Janeiro: Editor Borsoi, 1970. P. 8-9)

45. Plano da existência, plano da validade e plano da eficácia são os três planos nos quais a mente humana deve sucessivamente examinar o negócio jurídico, a fim de verificar se ele obtém plena realização (AZEVEDO, Antônio Junqueira de. *Negócio Jurídico*. Existência, Validade e Eficácia. 4 a ed. São Paulo: Saraiva, 2012. P. 23-24.)

seja, a formação de um negócio jurídico de caráter processual, é necessário que ocorra o estabelecimento da relação jurídica processual.

Os negócios jurídicos processuais, assim, antes de tocarem o processo, são negócios jurídicos; a processualização pode ocorrer tanto ao ser trazido o acordo realizado antes do processo e que tem condão de delimitar este, bem como aqueles atos negociais que nascem processualizados por serem realizados já a partir de uma relação processual. No primeiro caso, não há relação processual, ela nasce posteriormente ao negócio jurídico, de modo que antes existe o negócio jurídico que com o processo torna-se processual pelo poder de influência que exerce no procedimento (cerceando-o, expandindo--o), pois *"Há atos que vêm de fora, do direito material pré-processual, ou do direito material da in iudicium deducta, e entram no processo, revestindo-se de processualidade."*[46-47]

Adotada a concepção dos negócios jurídicos processuais, diferentemente do ato jurídico *stricto sensu*[48] no negócio jurídico a vontade é manifestada

---

46. MIRANDA, Pontes de. *Comentários ao Código de Processo Civil*. Tomo III. 2ª ed. Rio de Janeiro: Forense, 1979. P. 23.

47. Embora existam opiniões contrárias, não interessa se o fato em questão é de direito substancial, porque o fato de ser contemplado pelo direito material não impede de sê-lo também por normas processuais. O mesmo fato do mundo, caso interesse ao direito, pode corresponder a dois ou mais fatos jurídicos, uma vez que "o fato do mundo continua lá, com a sua determinação no espaço e no tempo, a despeito da sua entrada ou das suas entradas no mundo jurídico". É dizer, muito embora o fato seja único, a incidência de diferentes normas jurídicas pode gerar, a partir dele, mais de um fato jurídico, cada um com suas respectivas eficácias. O *conceito* de negócio jurídico pertence à Teoria do Direito, e, por isso mesmo, é plenamente aplicável ao direito processual civil, como o é a qualquer outro ramo especializado do Direito.

    NERY, Rosa Maria de Andrade. Fatos Processuais. Atos Jurídicos Processuais Simples. Negócio Jurídico Processual (Unilateral e Bilateral). Transação. *Revista de Direito Privado*. Vol. 64/2015. Outubro--Dezembro de 2015.

48. Situacoes de facto juridicamente relevantes sao, muitas vezes, aquelas que constam de uma ou mais declaracoes, que estao dirigidas ao surgimento de consequencias juridicas (negócios juridicos). Estas declaracoes, como todas as manifestacoes de opinião e vontade, carecem de esclarecimento. Mas as declarações juridico-negociais nao sao so situacoes de facto a cuja presença *a lei* ligue determinadas consequencias juridicas, mas indicam, *segundo o seu próprio conteúdo,* que deve ter lugar esta ou aquela consequencia juridica. (...) A declaração de vontade juridico-negocial nao contem somente a manifestação de uma determinada opiniao ou intencao; e, nos termos do seu sentido, declaracao de vigencia, quer dizer, um acto que tem como objectivo por em vigor determinada consequencia juridica. Os negocios juridicos sao situacoes de facto que implicam ja as consequencias juridicas que a eles estao primariamente coordenadas. Com isto, distinguem-se, de modo fundamental, de todas as outras situacoes de facto juridicamente relevantes. Ja se fez acima (no cap. II, em 2a) referencia a que as partes, no caso de um contrato obrigacional juridicamente valido, estao obrigadas as prestacoes contratuais principais, porque a isso se obrigaram pelo proprio contrato. A sua obrigacao nao resulta, portanto, de que a lei a ligue a uma determinada previsao,

para compor o suporte fático de certa categoria jurídica, à sua escolha, visando à obtenção de efeitos jurídicos que tanto podem ser predeterminados pelo sistema, como deixados, livremente, a cada um. Assim, por exemplo, nos contratos – que são a mais importante espécie de negócio jurídico – em geral os figurantes podem ter a liberdade de estruturar o conteúdo de eficácia da relação jurídica resultante, aumentando ou diminuindo-lhe a intensidade, criando condições e termos, pactuando estipulações diversas que dão, ao negócio, sentido próprio que pretendem.[49]

Já a eficácia dos negócios jurídicos processuais pode ser diferenciada pela maneira que se expressará no processo; ou seja, se sua eficácia será mediata ou imediata frente à lide. Uma segunda classificação é relativa àqueles negócios formados anteriormente ao conflito, durante o conflito e após o conflito. O primeiro terá eficácia eventual, o segundo terá eficácia imediata e direta ou diferida no tempo, ordem que obedecerá também ao terceiro caso. São legitimados para convencionar Autor e Réu, dentro dos limites legais estabelecidos pelo negócio jurídico. Da análise da regra do art.190, compulsa-se que a convenção processual entra no mundo jurídico quando o suporte fático incide a regra juridicizavel que contenha: a) partes plenamente capazes[50]; b) objeto que admita autocomposição; c) convenção sobre faculdades ou deveres processuais ou ônus.[51]

---

  como consequencia juridica, mas — sob o pressuposto de que o ordenamento jurídico em causa reconhece em geral contratos desse genero, portanto sob o pressuposto e adentro dos limites em cada caso da ⍰autonomia privada — do proprio tipo legal ⍰contrato obrigacional juridicamente valido. (LARENZ, Karl. *Metodologia da Ciência do Dirieto*. 3ª ed.. Lisboa: Fundação Calouste Gulbenkian, 1997. P. 419-420.)

49. MELLO, Marcos Bernardes de. *Teoria do Fato Jurídico*. Plano da Existência. 14ª ed. São Paulo: Saraiva, 2007. P. 166.

50. O sujeito pode ser incapaz civil e capaz processual, como, por exemplo, o menor com dezesseis anos que tem capacidade processual para a ação popular, embora não tenha plena capacidade civi. Embora normalmente quem tenha capacidade civil tenha capacidade processual, isso pode não acontecer. Como se trata de negócios jurídicos processuais, nada mais jussto que se exija capacidade processual para celebra-los. (DIDIER, Fredie. Negócios Jurídicos Processuais Atípicos no CPC-2015. *Revista Brasileira de Advocacia*. Ano 1. Vol.1. abril-junho 2016. P. 60-84)

51. É evidente que a possibilidade de as partes convencionarem sobre ônus, deveres e faculdades deve limitar-se aos seus poderes processuais, sobre os quais têm disponibilidade, jamais podendo atingir aqueles conferidos ao juiz. Assim, não é dado às partes, por exemplo, vetar a iniciativa de prova do juiz, ou o controle dos pressupostos processuais e das condições da ação, e nem qualquer outra atribuição que envolva matéria de ordem pública inerente à função judicante. Tampouco é de admitir-se que se afastem negocialmente os deveres cuja inobservância represente litigância de má-fé. Entre as hipóteses de útil aplicação do negócio jurídico processual, arrola-se o caso das intervenções atípicas de terceiro, como, por exemplo, a ampliação das hipóteses de assistência e da permissão para denunciação da lide, sucessiva e *per saltum*, que, embora não autorizadas pelo

O CPC/15, ampliou consideravelmente situações de flexibilização do procedimento, autorizando as partes disporem[52] do procedimento. Nesse sentido, o juiz[53] somente poderá recusar a validade desses acordos quando se defrontar com nulidade, de inserção abusiva em contrato de adesão ou quando verificar situação de vulnerabilidade de uma das partes.

3.2. Negócios Jurídicos Processuais e o Processo de Execução: possibilidade

O negócio jurídico somente ganhará a qualidade de processual ao tocar a jurisdição, ou seja, mesmo que avençado antes, somente será considerado processual quando o avençado tiver efeitos no processo impondo a razão da vontade expressa pela convenção. Negócio jurídico processual não precisa somente versar sobre matéria processual, uma vez que a cláusula negocial do art.190 deixa aberta para interpretações a partir do interesse das partes. Assim, o negócio jurídico resta processualizado a partir do momento que o convencionado gera efeitos no processo e que não contraria a ordem jurídica.

Uma das características do processo de execução é a subsidiariedade: admite-se a aplicação subsidiária das regras do processo de conhecimento à execução como processo autônomo ou como segunda etapa, na forma do

---

Código, podem ser negociadas entre as partes, maiores e capazes, quando litiguem sobre direitos disponíveis. Afinal, as restrições que nessa matéria existem decorrem da preocupação de não embaraçar o encaminhamento do processo para atingir a solução da demanda formulada pelo autor. Se este, no entanto, negocia livremente com o réu, permitindo que outros sujeitos venham a participar do debate e dos efeitos da prestação jurisdicional, não há razão para impedir essa ampliação subjetiva e objetiva do processo. (HUMBERTO, Theodoro Junior. Curso de Direito Processual Civil. V. I. 56ª Ed. Rio de Janeiro: Forense, 2013. P. 486-488.)

52. Assim, observa-se que o conceito de *flexibilização procedimental*, tange àqueles casos onde a Lei não alcança ou não prevê uma forma cerrada para a realização de determinado procedimento. Nesse ponto, acredita-se que as disposições do art.190 tem o condão de *flexibilizar o processo*, pois permitem que um tipo de procedimentalização processual seja criado e adequado ao futuro ou presente processo.

53. O juiz se vincula aos acordos celebrados pelas partes, seja os relacionados ao procedimento, seja os relacionados a ônus, poderes e deveres processuais, devendo promover a implementação dos meios necessários ao cumprimento do que foi avençado entre as partes. Não ha, outrossim, necessidade de homologação judicial para que a convenção produza seus efeitos, já que o art. 200 do novo CPC, as declarações bilaterais de vontade produzem imediatamente a constituição, modificação ou extinção de direitos processuais, dispensando-se qualquer ato homologatório do juiz para a sua eficácia seja produzida (WAMBIER, Teresa Arruda Alvim; DIDIER, Fredie; TALAMINI, Eduardo; DANTAS, Bruno. *Breves Comentários ao Novo Código de Processo Civil*. 1ª ed. São Paulo: Revista dos Tribunais, 2015. P. 546-547)

art.771, parágrafo único, do NCPC, no que for compatível. [54] Unido ao princípio da satisfatividade, ao princípio da economia da execução[55] e ao princípio da utilidade da execução[56], e, principalmente, o princípio da disponibilidade da execução[57]; tem-se que o negócio jurídico processual é possível de ser aplicado não somente a fase de conhecimento, sendo ampliada sua aplicação também a fase de execução. Isso porque a execução deve se utilizar dos meios técnicos processuais na busca do previsto no art.4, ou seja, a satisfatividade plena da tutela em tempo razoável.

A execução judicial é procedimento que denota o poder do Estado para ver concretizado o direito material em prol daquele que o possui, utilizando-se para tal de seu poder sub-rogatório e coercitivo. Entretanto, observar esse procedimento unicamente pela ótica pública enseja na criação de um procedimento marcado pelo formalismo que pode se mostrar ineficiente. Em razão disso, emerge a possibilidade de serem discutidas novas maneiras de se utilizar as medidas executórias a partir do princípio dispositivo, que ganha contorno com a inserção da cláusula geral de negociação posta pela exegese do art.190.

A ausência do contato entre as partes no momento processual acarreta um distanciamento de ambas. Esse afastamento pode incidir no agravamento da situação de prejuízo do exequente, pois o contato, conforme reconhece o CPC/15 através da dialética processual constitucionalizada, é uma (senão a mais) forma efetiva de resolução dos conflitos. No caso do cumprimento de

---

54. PINHO, Humberto Dalla Bernardina de. **Direito Processual Civil Contemporâneio:** processo de conhecimento, cautelar, execução e procedimentos especiais. 3ª edição. São Paulo: Saraiva, 2016. P.596.

55. Princípio da economia da execução ou de que toda execução deve ser econômica. Desse modo, a execução deve ser desenvolvida de modo a satisfazer o crédito do exequente no meio menos gravoso possível ao executado. (PINHO, Humberto Dalla Bernardina de. *Direito Processual Contemporâneio:* processo de conhecimento, cautelar, execução e procedimentos especiais. 3ª edição. São Paulo: Saraiva, 2016. P.596)

56. Princípio da utilidade no sentido de que a execução deve ser útil ao credor. Portanto, os instrumentos do processo executivo devem ser manejados de forma útil ao exequente, não devendo ser usado apenas para provocar prejuízos ao executado. (PINHO, Humberto Dalla Bernardina de. *Direito Processual Civil Contemporâneio:* processo de conhecimento, cautelar, execução e procedimentos especiais. 3ª edição. São Paulo: Saraiva, 2016. P.596)

57. Princípio da disponibilidade da execução: o credor tem a livre disponibilidade do processo de execução, podendo escolher se vai ajuizar a ação, o momento em que o fará e, se o ajuizar, não estará obrigado a prosseguir nela. (PINHO, Humberto Dalla Bernardina de. *Direito Processual Civil Contemporâneio:* processo de conhecimento, cautelar, execução e procedimentos especiais. 3ª edição. São Paulo: Saraiva, 2016. P.597)

sentença, o procedimento se desenvolve praticamente com a supressão do contraditório, subsistindo a possibilidade de impugnação; e, no caso de título extrajudicial, o contraditório subsiste caso haja a propositura de embargos. Em ambos os casos pode-se dizer que o contato entre as partes é muito reduzido quando comparado às outras fases processuais, principalmente em razão do procedimento resolver-se, atendo-se a satisfação do procedimento judicial, por figuras públicas. [58]

Por esta razão, a possibilidade do exequente e do executado convencionarem e esta convenção ser reconhecida processualmente se trata de importante evolução no processo executivo, pois acompanha as novas tendências processuais a partir do CPC/15.

Na prática, os negócios jurídicos processuais atípicos, fora dos limites da jurisdição já eram realizados antes do advento do CPC/15, no que toca aos títulos extrajudiciais através das avenças realizadas na formação do título, os quais os quais delimitavam, por exemplo, o bem que poderia ser executado (atuação direta do sub-princípio da impenhorabilidade, o da disponibilidade, frente a um bem reconhecido legalmente como impenhorável). Pela maior potência que ganham os acordos processuais a partir do art.190, tais avenças passam assim a possuir uma maior força de cumprimento e respeito pelo Estado-Juiz ao tocar a jurisdição.

Nesse sentido, acredita-se que o procedimento de execução de título extrajudicial é aonde haverá a maior possibilidade de utilização dos negócios jurídicos processuais; pois se trata de título que toca a jurisdição sem que antecedida de reconhecimento jurisdicional de sua força executiva e sem que haja o envolvimento da jurisdição – muito diferente do caso do cumprimento

---

58. Como processo ordinário se coloca a par do processo de cognição, mas difere profundamente pela função e estrutura. Enquanto, com efeito, no processo de cognição se trata de firmar uma normativa (do caso concreto), no de execução se ajusta em o adequar à realidade de uma normativa já estabelecida, substituindo a vontade do devedor. Ou mais em geral, do obrigado ao cumprimento de um ato. Por esse termo figurado de substituição se quer dar a entender que a vontade do devedor não conta com mais nada, eis que a sua esfera jurídica não o protege mais; que o que devia ele cumprir se cumpre, mas ao mesmo tempo sendo própria aquela vontade realiza segunda a normativa da própria ação, não mais se a poderá subtrair. A índole não contraditória do processo de execução tem nisto a sua razão, e não se trata de índole meramente formal, mas substancial, eis que o contraditório é resultante da combinação entre ação e exceção, e esta exprime a absoluta liberdade do réu defronte à postulação do autor, razão não se pode falar no processo de execução de instrução (prova), que é típica e exclusiva da formação da normativa, porem, como já salientamos, de alterações no patrimônio do devedor, ou melhor, de cumprimento de atos que tem o valor substancial, de preparação e predisposição do ato final que é o adimplemento (satisfação executiva). (SATTA, Salvatore. *Direito Processual Civil*. 7ªedição.Rio de Janeiro: Editora Borsoi, 1973.P.532)

de sentença – surgindo um espaço mais dialogal para as partes avençarem previamente acerca de negócios jurídicos processuais que expressem seus interesses.

Os atos executivos tem semelhança com os atos processuais, entretanto sua carga eficacial é muito diferente. O ato executivo busca a alteração no mundo natural pelo emprego da coerção Estatal para que se alcance a satisfatividade plena da jurisdição pela via Processual.

O legislador não possui condições de regular e prever todas as situações fáticas bem como se adequar de forma a eficientizar o processo em cada situação concreta assim frente a juridicização e necessário deixar uma margem de abertura no sistema.

Desse modo, questão gira em torno de se pensar se as medidas impostas por meio do Juiz-Estado são eficientes e se a possibilidade de um diálogo através da *aceitação* dos negócios jurídicos processuais não seria mais eficaz e efetivo no tocante a duração razoável do processo. [59]

Eduardo José da Fonseca Costa sustenta a aplicação de cronogramas negociados de cumprimento voluntário – acordos processuais firmados entre as partes, nos quais se regulam: as etapas para a implantação; o tempo necessário à implantação dessas etapas e a forma de supervisá-las – quando se tratar de execução de judicial das políticas públicas eis que s meios coercitivos não tem se mostrado eficientes.[60].

Não em se tratando de ente público, a inflexibilidade da Lei muitas vezes pode causar um afastamento do executado do processo, por saber as medidas a serem aplicadas em tempo que, frente a sua situação financeiro-fática, não se mostra uma possibilidade de adimplemento. Por exemplo, somente na execução extrajudicial o executado tem a possibilidade de parcelar a dívida

---

59. O princípio da duração razoável do processo, consagrada no art. 5.º, LXXVIII, da CF, encontrasse previsto no art. 4.º do Novo CPC Segundo o dispositivo legal, as partes têm direito de obter em prazo razoável a solução integral do processo, incluída a atividadesatisfativa. A novidade com relação ao dispositivo constitucional é a inclusão expressa da atividade executiva entre aquelas a merecerem a duração razoável. Reza o ditado popular que aquilo que abunda não prejudica, mas é extremamente duvidável que, mesmo diante da omissão legal, a execução não seja incluída no ideal de duração razoável do processo. (ASSUMPÇÃO, Daniel Amorim. *Manual de Direito Processual Civil*. 7ª edição. São Paulo: Editora Método, 2015. P.170)
60. COSTA, Eduardo José da Fonseca. *A execução negociada de políticas públicas em juízo*. Disponível em <http://www.bvr.com.br/abdpro/wp-content/uploads/2016/03/Execucao-negociada-de-politicas--publicas.pdf>. Acessada em:23/12//2026.

(art.916 CPC/15). Mostra-se mais conveniente ao exequente que o executado adira a um parcelamento do que ele nada receba, mas o § 7º do 916 prevê expressamente[61] que não há a possibilidade do parcelamento no cumprimento da sentença.

O art. 139, IV tem mostrado a expansão dos poderes do juiz, com aplicações impensáveis a um primeiro momento, uma vez que tem muitas vezes transbordado a razoabilidade da sua aplicação, sem que sequer haja reconhecimento de efetividade da medida determinada, no caso concreto.

Trata-se de equívoco pensar o procedimento limitado a forma; deve-se pensar no Processo de Execução como união sincrética de atos processuais com o fim de alcançar a satisfatividade do crédito. A tutela do direito material, dar-se-á pela abertura da possibilidade de o juiz se manifestar junto ao Processo de Execução com o fim de concretizar o procedimento adequado (art.139, IV) bem como se dá pela participação do exequente e do executado por meio dos negócios jurídicos processuais bilaterais.

Ainda que não haja previsão expressa, as convenções processuais podem ser aplicadas ao procedimento e processo de execução[62]. Quanto à disponibilidade do objeto do processo, a convenção processual deverá respeitar os limites gerais da autonomia privada.

Segundo Enunciado do Fórum Permanente de Processualistas Civis[63], ao versar sobre as Convenções Processuais, foi acordado que seriam admissíveis no âmbito do processo de execução os negócios jurídicos processuais que versassem sobre: pacto de impenhorabilidade, acordo de ampliação de prazos das partes de qualquer natureza, acordo de rateio de despesas processuais, acordo para retirar o efeito suspensivo de recurso, acordo para não promover execução provisória; pacto de mediação ou conciliação extrajudicial prévia obrigatória bem como a previsão de que "A convenção processual é autônoma em relação ao negócio em que estiver inserta, de tal sorte que a invalidade deste não implica necessariamente a invalidade da convenção processual". Salienta-se que essa última coaduna com o fato de que o acordo entre as partes se trata de um negócio jurídico que somente com o processo

---

61. § 7º O disposto neste artigo não se aplica ao cumprimento da sentença. (BRASIL. Lei 13.105/15)
62. O próprio artigo 915, caput preve a possibilidade.
63. *Enunciados do Fórum Permanente de Processualistas Civis*. Vitória, 01º,02 e 03 de maio de 2015. Disponível em: <http://portalprocessual.com/wp-content/uploads/2015/06/Carta-de-Vit%C3%B3ria.pdf>. Acessado em: 23/12/2016. P. 57.

é processualizado, de forma que subsiste mesmo que ele apresente um caráter modificativo, extintivo ou adquirente de efeitos.

Pouco se falou até então na doutrina sobre os negócios jurídicos processuais voltados ao processo de execução. Araken de Assis se manifestou no sentido de serem os negócios jurídicos processuais atípicos inovação cuja admissão pelo órgão judicial dependerá da "boa vontade" do juiz, pois conforme ressalta não costume no processo brasileiro abdicar de seus poder de direção em proveito das partes. Quanto ao processo de execução *"não se pode excluir, a priori, o emprego de convenção das partes para disciplinar o procedimento in executivis. Ao nosso ver, impõe-se uma ressalva: a necessidade de respeitar o meio executório, em nome da sua tipicidade, simples reflexo do indisponível direito processual fundamental do art. 5.º. LIV, da CF/1988."* [64].

Por outra visão, Remo Caponi destaca a possibilidade da supressão da fase processual por convenção, por meio da criação de *"uma base normativa sólida a figuras de acordos processuais, como o pactum de non petendo, ou o pactum de non exequendo, que têm uma tipicidade histórica e social, mas não legal"*[65], ou seja, a renúncia ao próprio direito ao processo de execução, o que não é possível no campo de aplicação do direito processual brasileiro – a princípio.

É possível, para além das hipóteses acima delineadas, convenção sobre o valor da caução a ser depositada em caso de pedido de suspensão; formas pré-formuladas de satisfação do crédito – que elidiriam outras formas a serem efetivadas pelo juiz; convenção sobre o valor da caução a ser depositada em caso de pedido de suspensão; acordo para a indicação do bem penhora (Substitui-se, deste modo, a alienação coativa pela alienação consensual do bem); acordo para escolha do meio expropriatório; acordo para a indicação do leiloeiro e acordo para a extinção total ou parcial da execução (já prevista no art.826 do CPC/15, configurando forma de negócio jurídico processual típico); convenção sobre o local de propositura da demanda (a execução pode ser proposta no foro de domicílio do executado, no foro de eleição prevista no título, bem como no foro da situação dos bens executados (art.781,I).)

Quanto à alteração da penhora pode-se destacar que a redução e a ampliação são gêneros de modificação quantitativo da penhora, assim como a

---

64. ASSIS, Araken de. *Manual de Execução*. 18 ed. São Paulo: Revista dos Tribunais, 2016. P.78
65. CAPONI, Remo. Autonomia Privada e Processo Civil: os acordos processuais. *Revista Eletrônica de Direito Processual – REDP*. Volume XIII. Periódico da Pós-Graduação *Stricto Sensu* em Direito Processual da UERJ. Patrono: José Carlos Barbosa Moreira www.redp.com.br ISSN 1982-7636.

substituição do bem penhorado por outro bem ou dinheiro, incidindo na alteração qualitativa da penhora, hipótese em que a tutela executiva resta agilizada. Assim, a penhora pode sofrer modificação ou alteração qualitativa ou quantitativa. No primeiro caso, ocorrerá por meio de acordo convencional realizado pelas partes, de comum acordo entre o exequente e o executado. A segunda, ocorre da insuficiência ou excesso de penhora.[66]

Adesão do calendário processual, negócio jurídico processual típico, é outra possibilidade de flexibilização dos prazos processuais através de um *cronograma de cumprimento voluntário da obrigação,* cuja negociação pode ser realizada pelas partes ou em audiência se assim requisitado pelo executado. É possível ainda a convenção de multa para o caso de inadimplemento, multa esta que não estaria vinculada as imposições da *astreinte* – tais como a necessidade de intimação pessoal, em razão da própria forma como foi estabelecida.

Se, de um lado, confere-se maior poder ao juiz, autorizando-o a dilatar os prazos processuais e alterar a ordem de produção dos meios de prova, adequando-os às necessidades do conflito de modo a conferir maior efetividade à tutela do direito (art. 139, IV), de outro lado, prevê o art. 190 a cláusula geral de negociação[67]. Nessa sequência, estabelece o art. 191 que o juiz e as partes, de comum acordo, podem fixar calendário para a prática dos atos processuais. As três diferentes manifestações denotam que o procedimento processual passa a ser repensado e reconfigurado, imperando nessa nova repaginação uma verdadeira construção do procedimento ao caso concreto, pela vontade manifesta da parte e através do equilíbrio que concede o juiz sobre as convenções.[68]

---

66. Princípio da utilidade no sentido de que a execução deve ser útil ao credor. Portanto, os instrumentos do processo executivo devem ser manejados de forma útil ao exequente, não devendo ser usado apenas para provocar prejuízos ao executado. (PINHO, Humberto Dalla Bernardina de. *Direito Processual Civil Contemporâneo:* processo de conhecimento, cautelar, execução e procedimentos especiais. 3ª edição. São Paulo: Saraiva, 2016. P.690)

67. As normas processuais abertas, além de aplicáveis a qualquer situação de direito material, trabalham em duas perspectivas. Contêm termos indeterminados ou expressamente conferem à parte e ao juiz o poder de converter a tutela específica na tutela pelo equivalente ou optar pela técnica processual adequada ao caso concreto. (MARINONI, Guilherme; ARENHART, Sérgio Cruz; MITIDIERO, Daniel. *Curso de Processo Civil:* Teoria do Processo Civil. Volume I. São Paulo: Revista dos Tribunais, 2015. P. 403)

68. Assim, rompe-se com a estrutura rígida dos procedimentos especiais antigos e da pretensão ao procedimento único liberal, para entregar aos protagonistas do processo a possibilidade de adequar o procedimento ao caso concreto. (MARINONI, Guilherme; ARNHART, Sérgio Cruz; MITIDIERO, Daniel. *Curso de Processo Civil:* Tutela do Direito Mediante Procedimentos Diferenciados. 2ª edição. São Paulo: Revista dos Tribunais, 2016. P. 28)

Por fim, quanto à revogabilidade dos negócios jurídicos processuais no processo de cognição e execução, parte da doutrina delineia uma diferença atinente aos casos que os negócios jurídicos processuais são estabelecidos anteriormente ao procedimento e aqueles em que ocorrem durante o procedimento. No primeiro caso, não existe o litígio, de maneira que se desconhece a dimensão do objeto processual, assim como as pretensões e controvérsias ainda não foram postas no jogo processual. Há uma maior distância do negócio jurídico processual com relação ao processo – o qual inclusive poderá sequer ocorrer. No segundo caso, os litigantes já sabem o alcance do objeto do litígio, bem como tem conhecimento das pretensões e controvérsias postas no jogo processual.

Os negócios jurídicos pactuados antes da propositura da ação devem estar envoltos por força de execução independente do momento que forem realizados.[69] Caso não haja essa garantia para a parte, a utilização do instituto pelo art.190 perderá força e tornar-se-á inseguro. No caso de acordos que tratem de interesses das partes, sem dispor sobre a atividade jurisdicional, a validade do acordo deve sujeitar-se aos requisitos de qualquer negócio jurídico comum, pois tais acordos comprometem posição jurídica das partes, e não do Estado.[70] Assim, deve o juiz respeitar o acordo, se este estiver dentre os parâmetros legais. O mesmo negócio jurídico pode ser reutilizado não estando limitado a processo determinado, por isso que sua não aplicação não faz sentido pela lógica do distanciamento da demanda.

O negócio processual atípico segue a regra geral do *caput* do art. 200, de modo que produz efeitos imediatos a eficácia do negócio, a não ser que tenha

---

69. Em sentido contrário Diogo Assumpção Rezende de Almeida. ALMEIDA, Diogo Assumpção Rezende de. *Das convenções processuais no processo civil*. 2014. 238 f. Tese (Doutorado em Direito) – Universidade do Estado do Rio de Janeiro, Faculdade de Direito.

Dioniversidade do Estado do Rio de Janeiro Centro de Ciências Sociais Faculdade de Direito. Diogo Assumpção Rezende de Almeida. Das convenções processuais no processo civil.

70. O preenchimento dos requisitos tradicionais dos atos jurídicos, todavia, pode não ser suficiente para a validade do negócio processual. E preciso observar que o processo possui objetivos próprios, perseguidos com base em direitos fundamentais, de modo que permitir acordos processuais indistintamente pode paradoxalmente implicar perda de liberdade para as próprias partes nele envolvidas. Isso quer dizer que o acordo sobre posições processuais não pode ser realizado à custa de renúncias a direitos fundamentais processuais em atenção *apenas* à vontade das partes. Isso Assim, sempre que um desses acordos- mesmo que implique apenas restrição aos interesses das partes-violar um direito fundamental, eles devem ser desconsiderados. E o que ocorre, por exemplo, quando o acordo firmado entre as partes afrontar o direito ao contraditório ou direito à isonomia. (MARINONI, Guilherme; ARENHART, Sérgio Cruz; MITIDIERO, Daniel. *Curso de Processo Civil:* Teoria do Processo Civil. Volume I. São Paulo: Revista dos Tribunais, 2015. P.529)

ele condição ou termo. A regra geral, assim, é que não possuindo defeitos o juiz não poderá recusar aplicação do negócio processual. [71]

O contrato – que supera o sentido clássico pela reformulação da Teoria do Fato Jurídico proposta – mais do que nunca assume função *parajurisdicional*[72], tem no objeto litigioso processual-negocial a reestruturação do direito material (lide presente ou futura). As convenções que dispuserem sobre ônus, deveres e faculdades processuais das partes, poderão ser celebradas antes da propositura da demanda, durante podendo ser dentro ou de maneira extrajudicial e trazidas ao processo *"hipótese em que se configuram autênticos negócios jurídicos processuais"* [73]. Há espaço para a celebração dos negócios jurídicos processuais típicos e atípicos, sendo os atípicos aqueles negócios que concedem nova flexibilização procedimental por não estarem previstos em nenhuma forma da legislação.

Com isso, por uma execução cujo fim, é a *satisfatividade,* supera-se o sentido tradicional da semântica. Diferente do sentido tradicional da execução que está embasada na boa fé e na colaboração entre os litigantes, a partir de uma ampliação da normativa processual pela cláusula geral negocial, transcende-se esta concepção na busca de satisfatividade. Não se descarta que para esse tipo de procedimento que o juiz se reúna com os litigantes para assegurar sobre os interesses, entretanto deve este agir ser excepcional, uma vez que os negócios processuais são editados a partir dos interesses particulares daqueles postos na execução.

4. A LEITURA DA ATIVIDADE JURISDICIONAL (ART. 139, IV) JUNTO AO NEGÓCIO JURÍDICO PROCESSUAL

Haja vista que de um lado se tem ampla discussão da inserção do negócio jurídico processual, que dá poderes as partes para que construam e delimitem a lide, e de outro lado se tem o juiz como garante do conjunto normativo constitucional, civil e processual, necessita-se de um meio para

---

71. DIDIER, Fredie. Negócios Jurídicos Processuais Atípicos no CPC-2015. *Revista Brasileira de Advocacia.* Ano 1. Vol.1. abril-junho 2016. P. 60-84.
72. MEKKI, Mustapha. Les Incidences du Mouvement de Contractualisation sur les Fonctions du Contrat. In: CHASSAGNARD-PINETA, Sandrine (org); HIEZ, David(org). *Les Incidences du Mouvement de Contractualisation sur les Fonctions du Contrat.* Lille: Dalloz, 2008. P. 240-241.
73. WAMBIER, Teresa Arruda Alvim; DIDIER, Fredie; TALAMINI, Eduardo; DANTAS, Bruno. *Breves Comentários ao Novo Código de Processo Civil.* 1ª ed.. São Paulo: Revista dos Tribunais, 2015. P.547.

harmonizar essas vias aparentemente conflituantes. Os negócios jurídicos processuais não podem tolher os poderes do juiz no processo de execução. A avença realizada pelos litigantes antes ou durante o processo a partir da cláusula geral negocial tem potência de fazer imperar no processo a vontade dos litigantes, mas respeitando a atuação do Estado Juiz pela fiscalização de tais negócios e também pelo poder instrutório junto ao procedimento; sem que um invada a esfera do outro.

A adesão a um processo de execução negocial denota que o juiz deve continuar a exercer papel de regulador processual. Ao mesmo tempo, que processo ganha com a possibilidade de ser particularizado e flexibilizado, são: o balanceio entre esses dois limites (das partes e dos poderes do juiz) o ponto de inflexão. O juiz, como não faz parte do negócio, limita-se a produção da eficácia negocial, cujas cláusulas ressemantizam o procedimento.

Os negócios jurídicos processuais (art.190) são admitidos no procedimento processual independente da anuência do órgão judicial e, concomitantemente, "*num passo ousado*"[74] foi reconhecida uma série de prerrogativas ao órgão judicial a partir da ampliação de possibilidades de intervir no processo através do artigo 139. "*Claramente, ao lançar mão dessa cláusula geral executiva, o objetivo do legislador infraconstitucional foi o de municiar o magistrado para que possa dar efetividade às suas decisões.*"[75]

Determina o art. 139 que quem dirigirá o processo é o juiz. Com isso percebe-se que o juiz deixa de ser simples espectador, subordinado ao ânimo das partes para imprimir impulso ao processo. O processo e a própria função jurisdicional não interessam somente às partes, devendo o processo cumprir sua função social de resolver a lide e aplicar o direito objetivo imparcial e autoritariamente. Por outro lado, a qualidade de diretor repele a de ditador arbitrário e prepotente, que submete as partes, incondicionalmente, às suas vontades.[76]

Nessa visão, o juiz não pode ser considerado parte do negócio jurídico processual, pois para ser parte de um negócio jurídico, necessita exprimir

---

74. ASSIS, Araken de. *Processo Civil Brasileiro*. Volume I. Parte Geral. São Paulo: Revista dos Tribunais, 2015. P. 7.
75. DIDIER, Fredie Jr; NOGUEIRA, Pedro Henrique Pedrosa. *A Promessa de Recompensa Judicial e o Novo CPC*. Disponível em: < https://www.academia.edu/9247598/Promessa_de_recompensa_judicial> . Acessado em 19/12/2016.
76. ASSIS, Araken de. *Processo Civil brasileiro:* parte geral**.** Volume II. Tomo I. São Paulo: Revista dos Tribunais, 2015. P.904.

autonomia de vontade dirigida para determinado fim. Como o juiz não possui essa autonomia no negócio jurídico processual manifestado pelas partes, diante de suas prerrogativas funcionais, ao juiz caberá o controle da validade levando em consideração a forma, nos casos típicos, e o *p.u* do art.190 nos casos atípicos, o que manifesta, concomitantemente, a jurisdição privada e a pública em uma espécie de conversação.

No parágrafo único do art.190 o legislador conotou a preocupação do ajuste dos direitos fundamentais com o acordo das partes. Tal previsão coaduna com o princípio da isonomia processual, levando-se em consideração que a parte prejudicada pode ocupar posição de hipossuficiência em relação ao outro. O juiz poderá de ofício ou a requerimento do interessado, controlar a validade do negócio jurídico processual em situação de nulidade, inserção abusiva em contrato de adesão e manifesta situação de vulnerabilidade de uma das partes.[77]

Para denotar a tendência de o legislador balancear o poder de atuação dos sujeitos processuais, no caso de prazos processuais, por exemplo, admite-se tanto a convenção processual das partes (art. 190) como a dilatação pelo órgão judicial (art. 139 IV, e parágrafo único).

Em que pese o art.139 conceder ao juiz amplo poder de agir de ofício, o art.200 impõe respeito aos atos das partes, mormente quando realizar a interpretação dos contratos atípicos (art.190).[78] Inadmissível que o juiz tome a iniciativa, a pretexto de interpretar o contrato, atribuindo a ele forma que resulte em determinação não partilhada pelos litigantes[79]. Assim, o princípio expresso no art.139 deve ser sobrepesado quanto às pretensões das partes naquele contrato, não devendo o juiz, por exemplo, determinar a alteração

---

77. ASSIS, Araken de. *Processo Civil Brasileiro*. Volume I. Parte Geral. São Paulo: Revista dos Tribunais, 2015. P. 238.
78. A interpretação subjetiva dos contratos, significa *"a interpretação destinada a fixar a «comum intenção das partes» sobre a base de declarações e comportamentos imediatamente referidos às próprias partes"* · de maneira que o interprete deve reconstruir a significação da comum intenção, sob pena de responsabilização. Para tal, deve o juiz recorrer a outros cânones interpretativos, os quais buscarão suprir os modos deficientes do exercício da autonomia da vontade. ROPPO, Enzo. *O Contrato*. Coimbra: Almedina, 2009. P. 170-174.
79. *"A actividade judicial ide interpretação do contrato, na verdade, não faz parte dos instrumentos destinados a realizar e fazer valer o interesse público quando este esteja em contraste com as escolhas contratuais dos sujeitos privados"*. ROPPO, Enzo. *O Contrato*. Coimbra: Almedina, 2009. P. 170-174.

de um prazo sem antes possibilitar o contraditório; assim como não deverá retirar determinadas cláusulas de ofício[80].

Não haverá mácula nem à neutralidade do juiz, nem a liberdade dos litigantes, mas sim uma necessidade constante de uma leitura renovada sobre os institutos, pois as posições das partes processuais representam a essência do processo. A transformação da concepção de ordenamento público e privado gera a necessidade de uma leitura da normativa processual.[81] O princípio dispositivo, a partir da perspectiva das partes e do juiz no litigio, revela que este se perfaz como garantia do processo justo, pois protege o objeto do litígio da imparcialidade do juiz. A liberdade procedimental e a liberdade contratual marcam o limite de atuação do juiz. Na contemporaneidade, a emissão dos atos procedimentais e a negociação são potencializadas frente a respeito às exigências de Direito ao julgamento em um prazo razoável e na busca pela satisfatividade plena do direito. Ao permitir que os litigantes negociem sobre a disposição de determinados procedimentos, a jurisdição ganha uma nova eficiência. [82]

---

80. A cláusula do artigo 139, IV, somada à cláusula geral de negociação processual (artigo 190),[1] pode gerar uma quebra racional do discurso de protagonismo judicial hábil a uma proposta comparticipativa de implementação de direitos. Afinal, a teoria da jurisdição desde o Segundo pós-guerra no exterior e desde a Constituição de 1988, no Brasil, clama por uma revisitação que coloque à prova suas bases em face dos novos desafios decorrentes do aumento das espécies e complexidade das litigiosidades e dos ganhos da teoria do direito.A cláusula do artigo 139, IV, somada à cláusula geral de negociação processual (artigo 190), pode gerar uma quebra racional do discurso de protagonismo judicial hábil a uma proposta comparticipativa de implementação de direitos. STRECK, Lenio; NUNES,Dierle. *Como interpretar o artigo 139, IV, do CPC? Carta branca para o arbítrio?*. Disponível em: http://www.conjur.com.br/2016-ago-25/senso-incomum-interpretar-art-139-iv-cpc--carta-branca-arbitrio Acessado em: 18/12/2016

81. *"La liberté contractuelle est un principe fondamental qui permet de mettre en relief toute la fondamentalité de la liberté procédurale."* BRUS, Florence. *Le Principe Dispositif eu le proces civil.* 2014. Tese (Doutorado em Direito) – Université de Pau et des Pays de L'adour- Faculté de droit, d'économie et de gestion École doctorale Sciences sociales et humanités. P. 295-296.

82. *Sin embargo, no puede negarse que, no obstante estar establecido el Derecho Procesal em función del orden público algunas de suas normas miran al exclusivo interés privado de las partes litigantes sin que su transgresion vulnere el orden social. Por tal motivo, dihas normas pueden ser modificadas e incluso renunciada por los interesados. Debido a ello sostenemos nuevamente que no a todas las actuaicones o actos que concurren a formal el proceso la ley lês atribuye igual valor. Solamente a a quellos que comprometen el orden úblico considera como absolutamente necesarios para la estructura de un litígio.(...) En lo que respecta a los demás actos de proceso, están establecidos en beneficio de los intereses individuales de los litigantes y solamente miran a su defensa, de manera que si se ejecutan em forma incorrecta, los efectos que de ello se originen menoscabarán únicamente sus derechos particulares, sin comprometer el orden social. Su ineficácia sólo puede ser declarada a requerimento del perjudicado, quedando ello fuera de la órbita oficiosa del tribunal, que no puede transformarse em cautelador del uso que las partes mismas hagan de cada trámite legal que atañe a sus proprias defensas.*(VIVALDI, Julio E. Salas. *Los Incidentes:* y en especial el de nulidad en el proceso civil, penal y laborar. 7º Ed. Santiago: Editorial Juridica de Chile, 1994. P.118-119)

As tendências hodiernas evidenciam maior amplitude do princípio dispositivo e sua relação com o processo e os atos processuais, uma vez que estes dependem da vontade dos interessados. Os poderes do juiz, assim, resultam da correção, celeridade e tramitação do processo através da fiscalização dos atos realizados pelos litigantes, sustando-os quando necessário. As faculdades do juiz serão maiores quanto maior o comprometimento do litígio com o interesse social e geral, sendo reduzidas quando o interesse somente dizer respeito aos interesses individuais-patrimoniais, primando-se assim, nesses casos, o principio dispositivo e a vontade dos litigantes. [83]

5. CONCLUSÃO

A rigidez processual já não mais atende às ondulações sociais pós-modernas[84] do psicofísico social: as necessidades da contemporaneidade têm como marco a revisão constante dos variados ramos do direito e postulam deles, simultaneamente, normas de direito público e normas de direito privado; ou, ainda, normas de direito estadual e não-estadual, ou normas de direito internacional e de direito nacional.[85]

A ampliação do negócio jurídico processual pela cláusula geral de negociação do art.190 possibilita que o Processo de Execução se utilize dessa previsão com vistas a satisfação da tutela de direito. Assim deve o Processo Moderno atingir a satisfatividade plena da demanda negocial para que se atinja a realização do Direito pelo Processo em meio suas tutelas e seu sincretismo que vem a apurar aguçadamente a satisfação de um interesse com objeto litigioso negocial.[86] Observado que os negócios jurídicos processuais

---

83. VIVALDI, Julio E. Salas. *Los Incidentes:* y en especial el de nulidad en el proceso civil, penal y laborar. 7º Ed. Santiago: Editorial Juridica de Chile, 1994. P. 130

84. *Creo que esta transformación de la civilización se explica por la conjunción simultánea de cinco fenómenos [...] En ninguna otra ocasión se produjo una conjunción semejante, a saber: - una larguísima maduración o incubación técnica, sin sacudidas decisivas, antes de su completo desarrollo; - el aumento demográfico; - la situación del medio económico; - una plasticidad casi perfecta de la sociedad, maleable y abierta a la propagación de la técnica; - una intención técnica clara, que une todas las fuerzas para la consecución del objetivo técnico.* (ELLUL, Jacques. *La edad de la técnica.* Barcelona: Ediciones Octaedro, 2003. P. 35-36.)

85. AMARAL, Diogo Freitas. *Manual de Introdução ao Direito.* V. I. Coimbra: Almedina, 2004. P. 331.

86. Na renovação do direito processual, tem de diminuir o caráter pleiteantes, guerreiro, fa ação posta em juízo, porque não se compadece mais com o estado atual, iniciado, mas já expressivo, de solidariedade social e de solução sociológica dos problemas humanos. Deve perder o processo a feição de cotenda, que até aqui apresenta, para se tornar a obra comum, consciente e leal, de juz e partes, para a pesquisa da verdade e da mais exata solução jurídica: com atendimento das razões

são decorrência da natural disponibilidade do direito material, o art.190 adere ao sistema processual um novo horizonte de possibilidades que favorecem a busca da satisfatividade do direito também na via executiva. Agiu bem o legislador ao deixar aberta as possibilidades de utilização do art.190, pois reconheceu a incapacidade de prever todas as situações nas quais a convenção seria útil ao interesse juridicamente protegido dos litigantes.

O novo espírito de resolução dos conflitos por autocomposição, apoia e multiplica os meios de convenções processuais que se expressam pelos contratos pré-formulados ou contratos processuais, aqueles que são convencionados no andamento do processo. Levando-se em consideração o art.139 e fazendo uma leitura com o art.190, observa-se que na medida que a atividade dos litigantes ganha maior espaço junto à jurisdição, ao juiz também são concedidas maneiras de gerenciar o processo para que seja realizada a efetiva tutela do direito material posta em causa, cujo resultado, para além de atingir os litigantes, atinge à sociedade. O princípio dispositivo dos sujeitos processuais, quando postos no plano processual, constroem um processo que é voltado para os litigantes, no sentido de disposição de seus direitos e da ampliação ou compactação do direito material da causa, assim como exigem do juiz que exerça com cautela sua função, que consistirá em validar esses atos provenientes da autonomia de vontade e fazer uma leitura deles a partir dos princípios processuais e da Constituição.

Pensar os negócios jurídicos processuais é reconhecer que na atualidade a rigidez formal perde espaço para formas outras, baseadas em um diálogo e consenso, traduzem uma maior efetividade do processo. O Estado, descentralizando suas funções, traduz uma abertura a essa nova realidade na busca de uma eficiência dos procedimentos executivos, prezando assim pela satisfação do direito material. A negociação realizada antes ou durante o procedimento denota a face de uma nova jurisdição e um horizonte que deverá ser explorado sistematicamente com a absorção da nova Lei ao cotidiano.

---

e interesses de ambos, como a procurar a linha intermédia, mas sem descambar na justiça slomonica. Finalmente, é preciso que a civilização se corrija e se recomponha de modo que não fiquem fora dela, afastados dos seus benefícios, qualquer quantidade de homens e quaisquer povos; e tão urgente e necessária é esta reforma, reclamada pelos fatos, com a ameaça de recuos históricos assaz lametáveis, quanto insportável a injusta situação atual que da civilização e dos benefícios dela separa, com barreiras de sujeição e grilhões da ordem econômico-jurídica, a maioria dos homens. Repitamos a expressão e pesemos-lhe a importância: a maioria dos homens! (MIRANDA, Pontes de. *Sistema de Ciência Positiva do Direito*. Tomo IV. Introdução à Ciência do Direito. 2ª Ed.. Rio de Janeiro: Editor Borsoi, 1972. P. 188)

6. REFERÊNCIAS

ABDALLA, Maurício. *O Princípio da Cooperação:* em busca de uma nova racionalidade. 2ª edição. São Palo: Editora Paulus, 2000.

ALMEIDA, Diogo Assumpção Rezende de. *Das convenções processuais no processo civil.* 2014. 238 f. Tese (Doutorado em Direito) – Universidade do Estado do Rio de Janeiro, Faculdade de Direito.

ALVIM, J.E. Carreira. *Teoria Geral do Processo.* 17ªedição. Rio de Janeiro: Editora Forense, 2015.

AMARAL, Diogo Freitas. *Manual de Introdução ao Direito.* V. I. Coimbra: Almedina, 2004.

ANGIONI, Enrica. *Negozio Giuridico Processuale e Categoria Generale di Contratto Nella Scienza Giuridica Europea.* Cagliari: Universitá degli Studi di Cagliari, 2014-2015.265 f. Tese (Dottorato di Ricerca Diritto dei Contratti.

AQUINO, Wilson. *Negócio Jurídico.* Doutrinas Essenciais Obrigações e Contratos. Vol. 01/2002. Junho de 2002.

ASSIS, Araken de. *Manual de Execução.* 18 ed. São Paulo: Revista dos Tribunais, 2016.

ASSIS, Araken de. *Processo Civil Brasileiro.* Volume I. Parte Geral. São Paulo: Revista dos Tribunais, 2015.

ASSIS, Araken de. *Processo Civil brasileiro:* parte geral**.** Volume II. Tomo I. São Paulo: Revista dos Tribunais, 2015.

ASSUMPÇÃO, Daniel Amorim. *Manual de Direito Processual Civil.* 7ª edição. São Paulo: Editora Método, 2015.

AZEVEDO, Antônio Junqueira de. *Negócio Jurídico.* Existência, Validade e Eficácia. 4 a ed. São Paulo: Saraiva, 2012.

BRUS, Florence. *Le Principe Dispositif eu le proces civil.* 2014. Tese (Doutorado em Direito) – Université de Pau et des Pays de L'adour – Faculté de droit, d'économie et de gestion École doctorale Sciences sociales et humanités

CADIET, Loïc. L'hypothése de L'américanisation de la Justice Française. *Archives de Pilosophie du Droit.* França, nº45, p. 89-115, 2001. P. 109-110. Ciclo XXVIII.

CALAMANDREI, Piero. *Direito Processual Civil.* Campinas: Bookseller, 1999.

CAPONI, Remo. Autonomia Privada e o Processo Civil: os acordos processuais. *Revista Eletrônica de Direito Processual – REDP.* Volume XIII. Periódico da Pós-Graduação *Stricto Sensu* em Direito Processual da UERJ. Patrono: José Carlos Barbosa Moreira www.redp.com.br ISSN 1982-7636.

CARNELUTTI, Franceso. *Sistema de Direito Processual Civil.* Volume II. São Paulo: Classic Book, 2001.

COSTA, Eduardo José da Fonseca. *A execução negociada de políticas públicas em juízo.* Disponível em <http://www.bvr.com.br/abdpro/wp-content/uploads/2016/03/Execucao--negociada-de-politicas-publicas.pdf>.

DIDIER, Fredie Jr; NOGUEIRA, Pedro Henrique Pedrosa. *A Promessa de Recompensa Judicial e o Novo CPC.* Disponível em: <https://www.academia.edu/9247598/Promessa _de_recompensa_judicial>

DIDIER, Fredie. Negócios Jurídicos Processuais Atípicos no CPC-2015. *Revista Brasileira de Advocacia.* Ano 1. Vol.1. abril-junho 2016.

ELLUL, Jacques. *La edad de la técnica.* Barcelona: Ediciones Octaedro, 2003. P. 35-36.

Enunciados do Fórum Permanente de Processualistas Civis. Vitória, 01º,02 e 03 de maio de 2015. Disponível em: <http://portalprocessual.com/wp-content/uploads/2015/06/Carta-de-Vit%C3%B3ria.pdf>

FIX-FIERRO, Héctor. *Tribunales, Justicia y Eficiencia:* estudio sociojuridicio sobre la racionalidad económica en la función judicial. México: Universidad Nacional Autónoma de México, 2006.

GRANDA, Fernando de Trazegnies. *Postmodernidad y Derecho.* Peru: Editorial Themis, 1993.

GRONDIN, Jean. *Introdução à hermenêutica filosófica.* São Leopoldo: Editora Unisinos, 1999.

HEIDEGGER, Martin. *Filosofía, Ciencia y Técnica.* 1997. Santiago de Chile: Editorial Universitario.

HUMBERTO, Theodoro Junior. *Curso de Direito Processual Civil.* V. I. 56ª Ed. Rio de Janeiro: Forense, 2013.

PEYRANO, Jorge. *Teoria y Práctica de los Negocios Juridicos Procesales.* Disponível em: http://elateneo.org/documents/trabajosBajar/Teoria_y_Practica.pdf>.

LARENZ, Karl. *Metodologia da Ciência do Direito.* 3ª ed. Lisboa: Fundação Calouste Gulbenkian, 1997.

MARINONI, Guilherme; ARENHART, Sérgio Cruz; MITIDIERO, Daniel. *Curso de Processo Civil:* Teoria do Processo Civil. Volume I. São Paulo: Revista dos Tribunais, 2015.

MARINONI, Luiz Guilherme; ARENHART, Sérgio Cruz; MITIDIERO, Daniel. *Novo Código de Processo Civil Comentado.* São Paulo: Editora Revista dos Tribunais, 2016.

MEKKI, Mustapha. Les Incidences du Mouvement de Contractualisation sur les Fonctions du Contrat. In: CHASSAGNARD-PINETA, Sandrine (org); HIEZ, David (org). *Les Incidences du Mouvement de Contractualisation sur les Fonctions du Contrat.* Lille: Dalloz, 2008.

MELLO, Marcos Bernardes de. *Teoria do Fato Jurídico.* Plano da Existência. 14ª ed. São Paulo: Saraiva, 2007.

MIRANDA, Pontes de. *Comentários ao Código de Processo Civil.* Tomo III. 2ª ed. Rio de Janeiro: Forense, 1979.

MIRANDA, Pontes de. *Sistema de Ciência Positiva do Direito.* Tomo IV. Introdução à Ciência do Direito. 2ª Ed. Rio de Janeiro: Editor Borsoi, 1972.

MIRANDA, Pontes de. *Tratado de Direito Privado.* Tomo I. Parte Geral. Campinas: Editora Bookseller, 2000.

MIRANDA, Pontes. *Tratado de Direito Privado.* Parte Geral. Tomo I. 3ª ed, Rio de Janeiro: Editor Borsoi, 1970.

MIRANDA, Pontes. *Tratado de Direito Privado.* Parte Geral. Tomo III. 3ª ed, Rio de Janeiro: Editor Borsoi, 1970.

MOREIRA, José Carlos Barbosa. Convenções das Partes sobre Matéria Processual. *Revista de Processo.* Vol. 33/1984. Janeiro – Março de 1984.

NERY, Rosa Maria de Andrade. Fatos Processuais. Atos Jurídicos Processuais Simples. Negócio Jurídico Processual (Unilateral e Bilateral). Transação. *Revista de Direito Privado.* Vol. 64/2015. Outubro-Dezembro de 2015.

NOGUEIRA, Pedro Henrique. *Negócios Jurídicos Processuais.* Bahia: Editora Juspodivm, 2015.

PINHO, Humberto Dalla Bernardina de. *Direito Processual Civil Contemporâneio:* processo de conhecimento, cautelar, execução e procedimentos especiais. 3ª edição. São Paulo: Saraiva, 2016.

ROPPO, Enzo. *O Contrato.* Coimbra: Almedina, 2009.

SATTA, Salvatore. *Direito Processual Civil.* 7ªedição. Rio de Janeiro: Editora Borsoi, 1973.

SILVA, José Afonso da. *Curso de Direito Constitucional Positivo.* 25º edição. São Paulo: Editora Malheiros, 2005.

STRECK, Lenio; NUNES,Dierle. *Como interpretar o artigo 139, IV, do CPC? Carta branca para o arbítrio?* <http://www.conjur.com.br/2016-ago-25/senso-incomum-interpretar-art-139--iv-cpc-carta-branca-arbitrio>.

VELLOSO, Adolfo Alvorado. *El Garantismo Procesal.* Peru: 2010, Adrus.

VIVALDI, Julio E. Salas. *Los Incidentes:* y en especial el de nulidad en el proceso civil, penal y laborar. 7º Ed. Santiago: Editorial Juridica de Chile, 1994.

WAMBIER, Teresa Arruda Alvim; DIDIER, Fredie; TALAMINI, Eduardo; DANTAS, Bruno. *Breves Comentários ao Novo Código de Processo Civil.* 1ª ed. São Paulo: Revista dos Tribunais, 2015.

A LEGITIMIDADE EXTRAORDINÁRIA DE ORIGEM NEGOCIAL

Daniela Santos Bomfim[1]

Sumário: 1. A teoria do fato jurídico como uma teoria parcial do direito – 2. O conceito de negócio jurídico – 3. O negócio jurídico processual e a cláusula geral prevista no CPC de 2015 – 4. A legitimidade extraordinária no contexto do CPC/2015: a sua contextualização com a cláusula geral dos negócios jurídicos processuais – 5. Peculiaridades sobre a legitimação extraordinária de origem negocial – 6. Conclusões – 7. Referências.

1. A TEORIA DO FATO JURÍDICO COMO UMA TEORIA PARCIAL DO DIREITO

Pode-se conceituar teoria como um conjunto de conceitos e enunciados ditos fundamentais acerca de um dado objeto, materialmente e formalmente interligados.[2]

Lourival Vilanova noticia que as teorias sociais, a depender do seu grau de abstração, podem ser gerais, individuais e particulares. Seriam gerais aque-

---

1. Doutoranda em Direito Civil pela Universidade de São Paulo (USP). Mestre em Direito Público (Processo Civil) pela Universidade Federal da Bahia (UFBA). Especialista em Direito Processual Civil pelo Jus Podivm. Membro da Associação Norte e Nordeste de Professores de Processo. Advogada e consultora jurídica.
2. Sobre o conceito de teoria, cf. VILANOVA, Lourival. *Escritos jurídicos e filosóficos*. São Paulo: Axis Mundi: IBET, 2003, p. 80/88; LARENZ, Karl. *Metodologia da Ciência do Direito*. 3 ed. Fundação Calouste. Gulbenkian: Lisboa, p. 640/644.

las com pretensão de universalidade.[3] Caracterizam-se pela generalidade e universalidade dos chamados conceitos fundamentais, grandezas lógicas que não se referem ao particular, nem ao especial.

As teorias individuais caracterizam-se pela singularidade do seu objeto; não há, aqui, pretensão de universalidade. Haveria, assim, a teoria do estado brasileiro e a teoria geral do estado.[4] Já as teorias particulares estariam em um grau de abstração intermediário entre as teorias gerais (com pretensão de universalidade) e individuais (caracterizadas pela singularidade). Cuida-se de um objeto formado por elementos comuns dos objetos singulares, mas que ainda não são marcados pela pretensão de universalidade. Seria o caso de uma teoria do estado na tradição jurídica da *civil law*.[5]

No presente trabalho, será adotada a mencionada classificação.

Há, ainda, as chamadas teorias parciais. Segundo Fredie Didier Jr., "um objeto de investigação científica pode ser objeto de várias teorias, que o decompõem abstratamente. É parcial a teoria que cuida de cada um dos resultados dessa decomposição."[6] Assim, a teoria geral do direito seria composta pelas teorias parciais do fato jurídico, da norma jurídica, do ordenamento jurídico etc.

A teoria geral do direito é conjunto de conceitos e enunciados interligados que possuem pretensão de servir à análise do fenômeno jurídico independentemente do sistema jurídico observado e do seu conteúdo. Cuida-se de conceitos com pretensão de universalidade. Daí por que se trata de uma teoria geral. Os conceitos gerais do direito – também chamados conceitos lógico-jurídicos[7] – não pertencem a um dado sistema jurídico positivo, nem a determinados ramos do direito. Distinguem-se, pois, dos conceitos jurídico-positivos.

---

3. VILANOVA, Lourival. *Escritos jurídicos e filosóficos,* cit., p. 93/95. Fredie Didier Jr. segue a divisão proposta por Lourival Vilanova. (cf. DIDIER JR., Fredie. *Sobre a teoria geral do processo*. São Paulo: Faculdade de Direito da Universidade de São Paulo, 2011, p. 24.)

4. VILANOVA, Lourival. *Escritos jurídicos e filosóficos,* cit., p. 90; DIDIER JR., Fredie. *Sobre a teoria geral do processo*, cit, p. 24.

5. VILANOVA, Lourival. *Escritos jurídicos e filosóficos,* cit., p. 91; DIDIER JR., Fredie. *Sobre a teoria geral do processo*, cit, p. 24.

6. DIDIER JR., Fredie. *Sobre a teoria geral do processo,* cit, p. 25.

7. KAUFMANN, Arthur. *Filosofia do direito*. António Ulisses Cortês (trad.). 2ª ed. Lisboa: Fundação Calouste Gulbenkian, 2007, p. 146.

A teoria do direito não é formada por conceitos relativos aos diferentes sistemas jurídico positivos, que são o conjunto de regras jurídicas em vigor em um determinado momento em uma determinada sociedade.[8] Esses são os chamados conceitos jurídico-positivos.[9]

Diferentemente, os conceitos lógico-jurídicos são decorrentes dos elementos constantes destes sistemas, que, em sua plataforma comum, são compostos por um certo número de constantes, como os conceitos de poder e sanção, e de uma certa estrutura do pensamento jurídico. Segundo Jean-Louis Bergel, a teoria do direito é uma construção intelectual metódica e organizada baseada na observação e explicação de diversos sistemas jurídicos e destinada a definir os enunciados da construção e aplicação do direito.[10]

Na estrutura do fenômeno jurídico, não há apenas as normas jurídicas, mas os fatos – e os fatos qualificados como jurídicos – e as situações jurídicas (sentido lato). Assim, os conceitos de fato jurídico (em sentido lato), direitos subjetivos, relações jurídicas, invalidade, dentre outros, são conceitos gerais sobre o fenômeno jurídico. Vale dizer: cuida-se de conceitos que não são relativos aos direitos positivos brasileiro e/ou francês, nem tampouco que pertencem ao ramo do direito processual, do direito civil ou do direito administrativo. São conceitos que compõem a teoria geral do direito.

A teoria do fato jurídico é um sistema de enunciados e conceitos acerca da estrutura do fenômeno jurídico, que servem à análise de qualquer direito positivo e qualquer ramo do direito. Cuida-se de teoria composta por conceitos lógicos-jurídicos (daí ser uma teoria com pretensão de universalidade) relativos ao fenômeno jurídico. É uma teoria parcial que compõe a teoria geral do direito, já que objeto desta teoria parcial é decorrente da decomposição abstrata do objeto desta última.

A teoria do fato jurídico é uma teoria que não concerne a um direito positivo dado. As teorias parciais – também elas – podem ser classificadas em gerais, particulares e individuais.[11] A teoria do fato jurídico é uma teoria parcial geral. Os conceitos de fato jurídico, relação jurídica, direito subjetivo, por exemplo, são comuns a todos os sistemas jurídicos.

---

8. BERGEL, Jean-Louis. *Théorie Générale du Droit*. 4 éd. Paris: Dalloz, 2003, p. 02.
9. Cf. TERÁN, Juan Manuel. Filosofía del derecho. 18ª ed. Cidade do México: Porrúa, 2005, p. 81.
10. BERGEL, Jean-Louis. *Théorie Générale du Droit*, cit, p. 04.
11. DIDIER JR., Fredie. *Sobre a teoria geral do processo*, cit., 25.

Ademais, trata-se de conceitos que não pertencem aos ramos do direito público ou do direito privado. O conceito de fato jurídico é referente ao direito administrativo (os fatos jurídicos administrativos em sentido amplo), ao direito civil, ao direito penal (o crime é um fato jurídico), ao direito tributário (fato gerador é um fato jurídico), ao direito processual (os fatos jurídicos processuais em sentido amplo).

Em síntese, a teoria do fato jurídico é parte da teoria geral do direito e, assim, precede os diversos ordenamentos jurídicos e os diversos ramos do direito.

2. O CONCEITO DE NEGÓCIO JURÍDICO

Os fatos jurídicos são os fatos (da vida) que são capturados pelas normas jurídicas e, assim, qualificados como jurídicos. Vale dizer: eles são inseridos no mundo do direito para serem idôneos a irradiar efeitos jurídicos (situações jurídicas em sentido lato). Como afirma Pontes de Miranda: "para que os fatos sejam jurídicos, é preciso que regras jurídicas – isto é, normas abstratas – incidam sôbre eles, desçam e encontrem os fatos, colorindo-os, fazendo-os 'jurídicos.'"[12] O conceito de fato jurídico é lógico-jurídico, que serve para a análise de qualquer direito positivo.

Os fatos jurídicos existem no mundo jurídico, que é componente do mundo (conjunto de fatos da vida). Todo fato jurídico é fato da vida (juridicizado), mas nem todo fato da vida é jurídico. É preciso que haja a incidência normativa.[13] Dos fatos jurídicos – e apenas deles – decorrem os efeitos jurídicos. Relações jurídicas estruturadas por direitos, deveres, estados de sujeição são efeitos jurídicos decorrentes de fatos jurídicos, não apenas de fatos da vida, não apenas de norma jurídica.[14]

O fenômeno jurídico pode ser decomposto em fenômenos componentes, como o fenômeno de apreensão do fato pela norma (ou de incidência da nor-

---

12. MIRANDA, Francisco Cavalcanti Pontes de. *Tratado de direito privado*, t. I, 4ed. São Paulo: Editora Revista dos Tribunais, 1983, p. 06. Nas palavras de Marcos Bernardes de Mello: "a incidência é, assim, o efeito da norma jurídica de transformar em fato jurídico a parte do seu suporte fático que o direito considerou relevante para ingressar no mundo jurídico." (MELLO, Marcos Bernardes de. *Teoria do fato jurídico. Plano da existência.* 12 ed. São Paulo: Saraiva, 2003, p. 71)
13. MIRANDA, Francisco Cavalcanti Pontes de. *Tratado de direito privado*, t. I, cit., p. 05; MELLO, Marcos Bernarde de. *Teoria do fato jurídico. Plano da existência*, cit., p. 09/10.
14. MIRANDA, Francisco Cavalcanti Pontes de. *Tratado de direito privado*, t. I, cit., p. 07 e 17.

ma) e o fenômeno de irradiação dos efeitos jurídicos. No primeiro, estamos no plano da existência do mundo jurídico; no segundo, no plano da eficácia.

Os negócios jurídicos são espécies de fatos jurídicos (em sentido amplo).

Os fatos jurídicos (em sentido lato) podem ser classificados em razão do elemento cerne (nuclear) do suporte fático, assim entendido como o aquele "que determina a configuração final do suporte fático e fixa, no tempo, a sua concreção"[15]. Os elementos nucleares do suporte fático influem diretamente na existência do fato jurídico.

Pontes de Miranda explica que o ato humano é fato produzido pelo homem, às vezes, mas não sempre, pela vontade do homem. Se é relevante para o direito a relação fato, vontade e homem, é a vontade exteriorizada que é cerne do suporte fático juridicizado. Cuida-se de ato jurídico em sentido amplo. Se, entretanto, o ato é recebido pelo direito como fato do homem (há a relação apenas entre fato e homem, excluindo-se a vontade), é o fato do homem que entra no mundo jurídico por força da juridicização, como ato-fato jurídico.[16]

Os atos jurídicos em sentido lato são aqueles cujo suporte fático tenha como elemento nuclear a exteriorização consciente da vontade humana, que tenha por objeto a obtenção de um resultado juridicamente protegido ou não proibido e possível"[17]. Aqui, "o ato humano entra no mundo jurídico como ato"[18], e não como fato do homem. A vontade exteriorizada é cerne do suporte fático.

Dessa forma, o ato jurídico em sentido amplo seria caracterizado por três elementos: *(i)* um ato humano volitivo, vale dizer, uma conduta que represente a exteriorização de uma vontade, juridicamente relevante, razão por que figura como cerne do suporte fático de dada norma jurídica (suporte fático abstrato); *(ii)* a consciência da exteriorização da vontade (vale dizer: o intuito de realizar a conduta); *(iii)* que o ato se dirija à obtenção de um resultado (o ato jurídico há de ser, ao menos, potencialmente eficaz).[19] Ressalte-se que apenas os atos jurídicos em sentido lato são submetidos ao plano da validade (não o são os fatos jurídicos em sentido estrito, os ato-fatos jurídicos e os atos ilícitos).

---

15. MELLO, Marcos Bernardes. *Teoria do fato jurídico*. Plano da existência, cit., p. 49.
16. MIRANDA, Francisco Cavalcanti Pontes de. *Tratado de direito privado*. Rio de Janeiro: Borsoi, 1970, p. 372/373, t. II.
17. MELLO, Marcos Bernardes de. *Teoria do fato jurídico*. Plano da existência, cit., p. 138.
18. MIRANDA, Francisco Cavalcanti Pontes de. *Tratado de direito privado*, t. II, cit., p. 395.
19. MELLO, Marcos Bernardes de. *Teoria do fato jurídico*. Plano da existência, cit., p. 139 e seq.

O ato jurídico em sentido lato é gênero do qual são espécies o ato jurídico em sentido estrito e o negócio jurídico.

Em se tratando de ato jurídico em sentido estrito, a vontade humana é elemento do suporte fático, mas ela não atua, em nenhuma medida, quanto aos efeitos decorrentes do ato jurídico. Cuida-se de efeitos pré-estabelecidos pela norma que não podem ser objeto de escolha pelo figurante, ou seja, efeitos necessários. Segundo Pontes de Miranda, "a vontade é sem escolha de categoria jurídica, donde certa relação de antecedente e consequente."[20]

Em se tratando de negócios jurídicos, a vontade é elemento relevante quanto à existência e à eficácia do ato jurídico. A exteriorização da vontade não apenas é elemento cerne do núcleo do suporte fático, como ela também atua em ato de escolha, em maior ou menor medida, a depender dos limites estabelecidos pelo sistema jurídico, no âmbito da eficácia jurídica.[21]

Negócio jurídico, portanto, não é conceito coincidente ao de exteriorização da vontade. Negócio jurídico é fato jurídico, fato qualificado pela incidência normativa. A vontade exteriorizada é elemento do seu suporte fático; é fato da vida.[22] Nem toda vontade exteriorizada será apreendida pelo direito – terá relevância jurídica; nem toda vontade exteriorizada que tenha relevância jurídica será apreendida como suporte fático de negócio jurídico.[23]

"Tão-pouco, precisa ela, para produzir negócio jurídico, ser "clara" (=declarada)".[24] É possível que a exteriorização da vontade seja decorrente da interpretação das circunstâncias, dos sinais, do caso concreto. Nesta hipótese, haveria "atuação de vontade", que Pontes de Miranda também chama de manifestação de vontade.[25]

---

20. MIRANDA, Francisco Cavalcanti Pontes de. *Tratado de direito privado*, t. II, cit., p. 447.
21. Nas palavras de Marcos Bernardes de Mello: "[...]o direito não recebe a vontade manifestada somente como elemento nuclear do suporte fático da categoria que for escolhida pelas pessoas, mas lhe reconhece, dentro de certos parâmetros o poder de regular a amplitude, o surgimento, a permanência e a intensidade dos efeitos que constituam a conteúdo eficacial das relações jurídicas que nascem do ato jurídico." (MELLO, Marcos Bernardes de. *Teoria do fato jurídico*. Plano da existência, cit., p. 148/149.)
22. MIRANDA, Francisco Cavalcanti Pontes de. *Tratado de direito privado*. 4 ed. São Paulo: Editora Revista dos Tribunais, 1983, p. 03, t. III.
23. MIRANDA, Francisco Cavalcanti Pontes de. *Tratado de direito privado*, t. III, cit., p. 04.
24. MIRANDA, Francisco Cavalcanti Pontes de. *Tratado de direito privado*, t. III, cit., p. 04.
25. Sobre as formas de exteriorização de vontade que podem ser juridicizadas como pressupostos de negócios jurídicos, Pontes de Miranda afirma que podem abranger a manifestação da vontade (atos de vontade adeclarativos) e a declaração de vontade, que poderia ser, por sua vez, expressa

A (exteriorização da) vontade não atua apenas como pressuposto de existência do negócio jurídico, mas ela atua também, em alguma medida, na escolha da eficácia que lhe será decorrente. É preciso deixar claro: os efeitos não decorrem da vontade, quer seja esta considerada em sua concepção subjetiva, como elemento psíquico, quer seja ela considerada em sua concepção objetiva, como exteriorização da vontade.

Por isso, como destaca Marcos Bernardes de Mello, a clássica controvérsia entre os adeptos da teoria da vontade (teoria subjetiva) e da teoria da declaração (teoria objetiva) esvazia-se diante da distinção entre a exteriorização de vontade, pressuposto fático, e o negócio jurídico, conjunto de fatos juridicizado. Ambas as teorias – subjetiva e objetiva – são marcas do voluntarismo e do seu contexto ideológico liberal.[26]

Os efeitos jurídicos, como visto, decorrem dos fatos jurídicos, e não dos fatos apenas, e não das normas apenas. Os efeitos jurídicos negociais decorrem dos negócios jurídicos, e não de um dos seus pressupostos fáticos. Isso não torna irrelevantes os fatos da vida e a previsão normativa. Ao contrário, sem os fatos da vida, não há incidência normativa, não há fato jurídico; sem a previsão normativa que possibilite a irradiação da eficácia, ainda que se dê algum poder de escolha ao sujeito, não há tal irradiação.

---

ou tática. Nas declarações de vontade, tem-se "clara" a vontade (e o seu conteúdo), ou porque ela foi expressamente declarada ou porque a lei ou as circunstâncias haviam preestebelecido o significado do silêncio. Nas manifestações de vontade, "o ato é indício de vontade". (MIRANDA, Francisco Cavalcanti Pontes de. *Tratado de direito privado*, t. III, cit., p. 04/07). Marcos Bernardes de Mello identifica as declarações tácitas como "manifestações de vontade". Exteriorizações poderiam ser manifestações (exteriorizações tácitas) e declarações (exteriorizações expressas). (MELLO, Marcos Bernardes. *Teoria do fato jurídico*. Plano da existência, cit., p. 141/142.) Paulo Mota Pinto vale-se da dicotomia declaração tácita/declaração expressa no sentido que costuma ser atribuído à dicotomia manifestação/declaração, ressaltando que a diferença, nesse particular, seria apenas terminológica. Nega o autor a doutrina dos negócios sem declaração (os chamados negócios de vontade), mas, como ressalta, adota um conceito amplo de declaração. Adotando a concepção ampla de declaração, o autor distingue as suas modalidades (expressa ou tácita) em razão da configuração de relação entre manifestante e manifestado, contrapondo a manifestação por símbolo e por sinais. A distinção também se baseia na preexistência de uma relação semântica entre o significante e significado. (PINTO, Paulo Mota. *Declaração tácita e comportamento concludente no negócio jurídico*. Lisboa: Almedina, 1995, p. 543 e seq.) A controvérsia reside, portanto, em questões terminológicas, em razão de adotar-se um conceito restrito ou amplo de declaração. Não se deve, aqui, permanecer nela. O que se deve atentar é o seguinte: compõem os substratos fáticos dos negócios jurídicos não apenas as chamadas declarações expressas de vontade, mas também as declarações tácitas/manifestações de vontade (e isso não mais se questiona, atualmente).

26. MELLO, Marcos Bernardes. *Teoria do fato jurídico*. Plano da existência, cit., p. 161/164.

A irradiação dos efeitos jurídicos negociais depende, assim, do sistema jurídico e das normas que o compõem. O autorregramento da vontade apenas pode atuar onde o sistema lhe deixa espaço para tanto.

Como ensina Pontes de Miranda, o sistema jurídico apenas põe no seu mundo (jurídico) parte da teia de relações fáticas interhumanas e interesses a elas relacionados. Ainda quando faz entrar no mundo jurídico a atividade humana ou parte dela, "não a prendem de todo; e deixam campo de ação, em que a *relevância jurídica* não implique disciplinação rígida da vida em comum"[27].

Conclui o autor ser o autorregramento da vontade, expressão que, segundo ele, deve prevalecer às expressões "autonomia da vontade" e "autonomia privada", este "espaço deixado às vontades sem se repelirem do jurídico tais vontade".[28] Tal espaço deixado pelo sistema jurídico à vontade humana caracteriza-se por *(i)* ser relevante ao direito e *(ii)* por ser interior às linhas traçadas pelas normas jurídicas cogentes.[29] É o próprio sistema jurídico que concede, em caráter geral, o poder de o sujeito regular os seus próprios interesses, quando lhe é permitido pelo sistema e dentro dos limites por ele previstos.

A vontade humana não é ilimitada, e não depende dela o que entra ou não no mundo jurídico. É o sistema que "limita a classe dos atos humanos que podem ser juridicizados".[30] É também o sistema jurídico que limita os efeitos ou as categorias de efeitos jurídicos que podem ser criados. Só há poder de escolha de eficácia jurídica quando o sistema jurídico deixou espaço para tanto.

Pontes de Miranda, no que concerne à amplitude da atuação da escolha do sujeito no âmbito da eficácia jurídica, trabalha com os conceitos de cogência absoluta e cogência relativa. Há cogência absoluta, quando o sistema jurídico preestabelece, de modo claro e irremovível, as relações jurídicas que serão irradiadas quando incidir a norma jurídica e configurar-se o fato jurídico. Há cogência relativa, quando o sistema cria tipos, categorias, de efeitos jurídicos, de relações jurídicas, dentre as quais se pode escolher o que convém. "Aqui, a escolha entre os tipos de relações jurídicas deixa às vontades preferir uma outra, respeitados os limites", os limites que o próprio sistema impõe.[31]

---

27. MIRANDA, Francisco Cavalcanti Pontes de. *Tratado de direito privado*, t. III, cit., p. 54.
28. MIRANDA, Francisco Cavalcanti Pontes de. *Tratado de direito privado*, t. III, cit., p. 54.
29. MIRANDA, Francisco Cavalcanti Pontes de. *Tratado de direito privado*, t. III, cit., p. 55.
30. MIRANDA, Francisco Cavalcanti Pontes de. *Tratado de direito privado*, t. III, cit., p. 55/56.
31. MIRANDA, Francisco Cavalcanti Pontes de. *Tratado de direito privado*, t. III, cit., p. 56.

Marcos Bernardes de Mello acrescenta, ainda, a ideia da maior ou menor indeterminação normativa para regular a amplitude do poder de autorregramento da vontade. Quanto maior a indeterminação normativa, porque menos específica, maior seria o âmbito de atuação do autorregramento dos interesses pelo sujeito, sempre respeitados os limites impostos sistematicamente.[32]

O conceito, portanto, de negócio jurídico pode ser decomposto da seguinte forma: *(i)* cuida-se de espécie de ato jurídico em sentido lato, já que a exteriorização da vontade é cerne do núcleo do seu suporte fático; *(ii)* a vontade exteriorizada atua também no exercício do poder de escolha no âmbito da eficácia jurídica, nos limites predeterminados pelo sistema jurídico e de amplitude variada. Há, no mínimo, poder de escolha de categoria jurídica eficacial; pode haver escolha do conteúdo e estruturação do conteúdo eficacial das relações jurídicas.[33]

O conceito de negócio jurídico não é restrito ao âmbito do direito privado. Como visto, os conceitos da teoria do fato jurídico são conceitos lógico-jurídicos e são aplicáveis em todos os âmbitos do direito. O contrato administrativo nada mais é do que um negócio jurídico de direito administrativo; a delação premiada é um negócio jurídico celebrado no âmbito do direito penal; a desistência da demanda é um negócio jurídico processual.

É, neste sentido, inclusive, que Pontes de Miranda critica o termo "autonomia privada". Diz: "Evite-se, outrossim, chamá-la autonomia privada, no sentido de auto-regramento de direito privado, porque, com isso, se elidiria, desde a base, qualquer auto-regramento da vontade em direito público, – o que seria falsíssimo."[34]

O autorregramento da vontade e o seu exercício têm seu fundamento no direito fundamental de liberdade. O conteúdo do direito fundamental de liberdade é complexo. Há, por exemplo, a liberdade de locomoção, de crença, de pensamento etc. Há a liberdade de autorregramento, a liberdade do sujeito de exteriorizar a sua vontade com o fim de criar direitos e obrigações dos quais seja titular. O autorregramento da vontade compõe o conteúdo do direito de liberdade.

---

32. MELLO, Marcos Bernardes. *Teoria do fato jurídico*. Plano da existência, cit., p. 179.
33. MELLO, Marcos Bernardes. *Teoria do fato jurídico*. Plano da existência, cit., p. 184.
34. MIRANDA, Francisco Cavalcanti Pontes de. *Tratado de direito privado*, t. III, cit., p. 56.

No âmbito do direito processual, há também o dever de respeito ao exercício do autorregramento da vontade, como manifestação do direito de liberdade.[35]

3. O NEGÓCIO JURÍDICO PROCESSUAL E A CLÁUSULA GERAL PREVISTA NO CPC/2015

A partir do conceito de negócio jurídico, tem-se que o negócio jurídico processual é fato jurídico processual cujo suporte fático tem como elemento nuclear exteriorização de vontade do sujeito, mediante exercício de autorregramento da vontade, dentro dos limites preestabelecidos pelo sistema, para escolher entre categorias jurídicas processuais e, no que for possível, escolher o conteúdo e estruturação das relações jurídicas processuais.[36] A exteriorização de vontade do sujeito que implica no exercício de um poder de regular, em maior ou menor medida, o conteúdo de situações jurídicas processuais significa a existência de um negócio jurídico processual.

O CPC/1973 já prevê alguns negócios jurídicos processuais (negócios jurídicos processuais típicos), como é o caso da desistência (art. 267, VIII, do CPC), negócio jurídico processual. Barbosa Moreira, em seu trabalho "Convenções das partes sobre matéria processual", já reconhecia a referência legal a convenções processuais (expressão utilizada pelo autor), como da cláusula de eleição de foro, convenções sobre suspensão do processo, adiamento da audiência por convenção das partes etc.[37]

O CPC/2015 vem consagrar um contexto de transformação do direito processual civil brasileiro.[38] O novo CPC será, essencialmente, novo; ele consagrará uma nova ideologia do processo civil, em que a figura do juiz

---

35. A ideia é de Fredie Didier Jr., em trabalho ainda não publicado.
36. Nesse sentido, DIDIER JR., Fredie; NOGUEIRA, Pedro. *Teoria dos fatos jurídicos processuais*. Salvador: Editora Jus Podivm, 2009, p. 54/66; BRAGA, Paula Sarno. *Primeiras reflexões sobre uma teoria do fato jurídico processual:* plano de existência. Revista de processo, ano 32, n. 148, jun./2007, p. 312.
37. MOREIRA, José Carlos Barbosa. *Convenções das partes sobre matéria processual*. In: Temas de direito processual civil. Terceira Série. São Paulo: Saraiva, 1984, p. 87.
38. Barbosa Moreira, no início da primeira década do século XXI, já alertava sobre a transformação ideológica decorrente da crise do modelo publicista do processo (cf. MOREIRA, José Carlos Barbosa. *O processo, as partes e a sociedade*. In: Temas de direito processual civil. Oitava série. São Paulo: Saraiva, 2004, p. 37/39). Sobre o histórico dos modelos ideológicos, sob a perspectiva da força da vontade das partes no processo, cf. ALMEIDA, Diogo Assumpção Rezende de. *Das convenções processuais no processo civil*. Rio de Janeiro: Tese de Doutorado da UERJ, 2014, p. 55 e seq.)

perderá espaço para a figura das partes. É possível que seja chamado de Código das Partes[39].

O CPC/2015 contém previsão expressa da atipicidade do negócio jurídico processual – art. 190. Cuida-se de uma cláusula geral, cláusula geral do negócio jurídico processual.[40]

Cláusula geral é espécie de texto normativo caracterizado pela abertura quanto à hipótese fática e quanto à consequência jurídica. Segundo Judith Martins Costa, "a cláusula geral constitui, portanto, uma disposição normativa que utiliza, no seu enunciado, uma linguagem de tessitura intencionalmente 'aberta', 'fluida'ou 'vaga', caracterizando-se pela ampla extensão em seu campo semântico [...][41] Trata-se de técnica legislativa que permite uma maior abertura do sistema jurídico, compatível com a noção de ductilidade dos sistemas jurídicos contemporâneos para a apreensão dos dados plurais e multifacetados da sociedade[42].

É nesse contexto que se questiona sobre a possibilidade de a legitimidade extraordinária ser objeto de negócio jurídico processual, a partir da abertura semântica da cláusula geral do negócio processual, prevista no art. 190 do CPC/2015, e da previsão do art. 18, segundo a qual "ninguém poderá pleitear direito alheio em nome próprio, salvo quando autorizado pelo ordenamento jurídico".

4. A LEGITIMIDADE EXTRAORDINÁRIA NO CONTEXTO DO CPC/2015: A SUA CONTEXTUALIZAÇÃO COM A CLÁUSULA GERAL DOS NEGÓCIOS JURÍDICOS PROCESSUAIS

É por meio da demanda que o fenômeno jurídico substancial é inserido no processo, como afirmação, como hipótese, como conjectura inicial de sentido, para, no decorrer da relação jurídica processual, assumir suas demais vestes, como ser objeto de contraditório e de cognição judicial.

---

39. A expressão é do Prof. Fredie Didier Jr., que a utiliza em suas palestras e aulas sobre o novo CPC.
40. No CPC/2015, além da previsão da atipicidade do negócio processual, há também negócios processuais típicos – muitos dos quais já estavam previstos no CPC/1973. É justamente o caso do negócio previsto no parágrafo único do art. 432.
41. MARINS-COSTA, Judith. *A boa-fé no direito privado:* sistema e tópica no processo obrigacional. São Paulo: RT, 1999, p. 58.
42. Sobre a ductilidade dos sistemas jurídicos contemporâneos, cf. ZAGREBELSKY, Gustavo. *El derecho dúctil.* Ley, derechos, justicia. Tradución de Marina Gascón. 8ed. Editorial Trotta: Madri, 2008.

Toda demanda pressupõe a afirmação do fenômeno jurídico substancial, que é composto pela *(i)* formação do fato jurídico (por meio da relação entre a incidência normativa e a apreensão do fato) e *(ii)* irradiação da consequência jurídica. O fenômeno jurídico substancial é afirmado como causa de pedir da demanda.

O autor deve afirmar a existência do fato jurídico (fundamento fático) e da situação jurídica (em sentido lato) que lhe é decorrente (fundamento jurídico) – art. 282, II, do CPC/1973 e art. 319, III, do CPC/2015.

Situação jurídica em sentido lato é gênero que tem como mais relevante espécie a relação jurídica, estruturada pela correspectividade entre direitos (situação ativa) e deveres/estados de sujeição (situação passiva).[43] Fala-se, aqui, em correspectividade entre situações jurídicas ativas e passivas, e não apenas direitos e deveres. Isso porque são situações jurídicas ativas que estruturam as relações jurídicas tantos os direitos a uma prestação (aos quais são correspectivos os deveres), como os direitos potestativos (aos quais são correspectivos os estados de sujeição).[44] Toda demanda pressupõe a afirmação de uma situação jurídica em sentido lato, normalmente, uma relação jurídica, afirmação que se decompõe na afirmação de um direito subjetivo (direito de ser indenizado, direito de invalidar um contrato, direito ao reconhecimento de um outro direito, direito à cautela de um outro direito, direito à efetivação de um outro direito etc.) e na afirmação da correspectiva situação passiva (dever de indenizar, sujeição à invalidação do contrato, dever de reconhecimento de uma situação jurídica, dever de cautela, dever de satisfação do direito etc.).

Os sujeitos que titularizam a relação jurídica material afirmada na demanda são as partes da relação, partes materiais ou partes do litígio. As partes que figuram no fenômeno jurídico substancial discutido em juízo podem não corresponder com as partes do processo. Daí se têm os conceitos de legitimidade *ad causam* ordinária e extraordinária.

A legitimidade *ad causam* é, em si, uma situação jurídica. Garante-se a todos o direito constitucional de provocar a atividade jurisdicional, mas não se autoriza

---

43. Sobre a correspectividade estrutural das relações jurídicas, cf. MELLO, Marcos Bernardes de. *Teoria do fato jurídico. Plano da eficácia*, cit, p. 170 e seq.
44. No mesmo sentido, Manuel A. Domingues de Andrade: "Relação jurídica – stricto sensu – vem a ser unicamente a relação da vida social disciplinada pelo Direito, mediante a atribuição a uma pessoa (em sentido jurídico) de um direito subjective a correspondente imposição a outra pessoa de um dever ou de uma sujeição" (ANDRADE, Manuel A. Domingues de. *Teoria geral da relação jurídica*. Vol. I. Coimbra: Livraria Almedina, 2003, p. 02.)

que o sujeito leve a juízo qualquer pretensão relacionada a qualquer objeto litigioso. É preciso que haja "um vínculo entre os sujeitos da demanda e a situação jurídica afirmada, que lhes autorize a gerir o processo em que será discutida"[45].

A legitimidade *ad causam* é a situação jurídica que expressa o poder do sujeito de figurar no polo processual, ativo ou passivo, para discutir determinada relação jurídica material. A legitimidade é conceito que se relaciona ao elemento subjetivo da demanda; ela representa a relação de pertinência entre os sujeitos da demanda e o seu conteúdo.

Em regra, são legitimados para atuar em juízo os titulares das situações jurídicas materiais (ativa e passiva) inseridas no processo como causa de pedir da demanda. Cuida-se da chamada legitimação ordinária. Há coincidência, neste caso, entre os sujeitos processuais e os sujeitos materiais. O legitimado ordinário defende, em nome próprio, interesse próprio. Esta é a regra.

Há legitimação extraordinária, quando não existe coincidência entre as partes da demanda e as partes da relação jurídica material. O legitimado extraordinário defende, em nome próprio, interesse alheio. É possível que um sujeito seja, ao mesmo tempo, legitimado ordinário com relação a parte do objeto litigioso e legitimado extraordinário com relação a outra parte.[46]

A legitimidade *ad causam*, ordinária ou extraordinária, há de ser atribuída. Situação jurídica que é, cuida-se de consequência jurídica prevista em norma que se irradia quando configurado o fato jurídico que lhe é antecedente.

Vale dizer: a legitimidade ordinária, também ela, está prevista abstratamente em norma do sistema jurídico e irradia-se concretamente quando alguém ajuíza uma demanda dizendo-se titular de uma situação jurídica material. Pode-se dizer, então, que a legitimação ordinária também está prevista em "lei", entendido este significante como norma do sistema jurídico.

O art. 6º do CPC de 1973 dispõe que "ninguém poderá pleitear, em nome próprio, direito alheio, salvo quando autorizado por lei". Com base neste texto normativo, restou lugar comum em face da sistemática processual então vigente que a legitimação extraordinária decorre sempre de "lei".[47]

---

45. DIDIER JR., Fredie. *Curso de direito processual civil*. Teoria do processo e processo de conhecimento. Salvador: Editora Jus Podivm, 2014, p. 185.
46. ARMELIN, Donaldo. *Legitimidade para agir no direito processual civil brasileiro*. São Paul: Editora Revista dos Tribunais, 1979, p. 119/120.
47. Renato Resende Beneduzi defende a possibilidade de legitimidade extraordinária de origem negocial sob a perspectiva do CPC/1973 (BENEDUZI, Renato Resende. *Legitimidade extraordinária convencional*. Revista Brasileira de Direito Processual. Ano 22, n. 86/abril/junho – 2014, p. 127/142).

Dizer que a legitimação extraordinária "decorre de lei" merece algumas ponderações. *Primeira*, "lei" deve ser compreendida como norma jurídica, ou seja, norma do sistema jurídico. *Segunda*, a previsão normativa não é característica própria da legitimação extraordinária, pois, como visto, também a legitimação ordinária está prevista em norma jurídica. *Terceira*, a legitimidade extraordinária, assim como a ordinária, não tem na norma jurídica a sua fonte imediata. Toda consequência jurídica decorre de um fato jurídico, mais do que fato apenas, mais do que norma apenas. A legitimação extraordinária, que é consequência jurídica, deve estar prevista normativamente (e não há nada de novo nisso) e será irradiada no mundo jurídico quando configurado o seu fato jurídico correspondente.

O art. 18 do CPC/2015 assim está redigido: "Ninguém poderá pleitear direito alheio em nome próprio, salvo quando autorizado pelo ordenamento jurídico." O termo "lei" foi, corretamente, substituído por "ordenamento jurídico", justamente para dizer que a legitimação extraordinária deve estar autorizado em norma do ordenamento jurídico.[48]

A novidade legislativa não se resume apenas à substituição do termo "lei". O que há de mais novo, neste aspecto, é o contexto em que o texto está inserido, que traduz os valores e a ideologia subjacente à nova sistemática processual. O texto do art. 18 deve ser interpretado em consonância com as reconstruções das demais normas do CPC/2015.

A legitimação extraordinária deve ser pensada e reconstruída a partir dos valores subjacentes ao CPC/2015, e não como uma repetição de texto do CPC antigo. O texto do art. 18 deve ser interpretado no contexto de um Código que consagra a atipicidade do negócio jurídico, por meio de uma cláusula geral.

Como visto, o conceito de negócio jurídico, que se aplica ao âmbito do direito processual, está relacionado com o exercício do autorregramento da vontade, que, por sua vez, não é ilimitado. O espaço do autorregramento da vontade é aquele deixado pelo sistema jurídico, que confere aos sujeitos o poder de escolha, em menor ou maior medida, das categorias eficaciais e, no que for possível, de estrutura e conteúdo das relações jurídicas, sempre dentro dos limites estabelecidos pelo sistema. Em nenhum âmbito do direito, pode-

---

48. Já se defendia, mesmo diante da sistemática do CPC/1973, que "lei" deve significar norma do ordenamento jurídico, ainda que não expressamente prevista, mas que pudesse ser possível reconstruí-la/identifica-la no sistema. Cf. ALVIM, Arruda. Código de Processo Civil Comentado. São Paulo: RT, 1975, v. 1, p. 426; MOREIRA, Barbosa. "Notas sobre o problema da efetividade do processo". Temas de Direito Processual Civil – terceira série. São Paulo: Saraiva, 1984, p. 33, nota 7.

-se falar em autorregramento sem limites; ao contrário, o autorregramento pressupõe um espaço atribuído e limitado pelo sistema.

O CPC/2015 deixou, expressamente, um espaço para o exercício do autorregramento na escolha de categorias eficaciais processuais e, se possível, na estruturação do seu conteúdo. E mais, o sistema o fez por meio da previsão de uma cláusula geral, texto normativo caracterizado por sua abertura semântica, quer quanto ao seu antecedente (a previsão fática abstrata), quer quanto ao consequente (a previsão abstrata da consequência jurídica).

Há, assim, no nosso ordenamento jurídico, o permissivo geral e constitucional para o exercício do autorregramento da vontade, que é conteúdo do direito de liberdade. Há, agora, permissivo expresso ao exercício deste autorregramento, de forma atípica, para a escolha de categorias eficaciais processuais. Há, portanto, além do fundamento normativo geral, fundamento normativo específico que atribui o poder negocial atípico quanto a situações jurídicas processuais.

Por outro lado, inexiste qualquer norma cogente no sistema decorrente do CPC/2015 que proíba o exercício do autorregramento para escolha relativa à *legitimidade ad causam* extraordinária, que, como visto, é uma situação jurídica. O art. 18 não preestabelece a situação jurídica da legitimidade extraordinária "de modo claro e irremovível"[49]. Ao contrário, o texto do art. 18 expressamente faz a ressalva de a legitimidade extraordinária ser autorizada pelo ordenamento jurídico. Ou seja, o próprio art. 18 diz que a legitimidade pode ser atribuída (é removível, portanto), desde que exista autorização do sistema jurídico. Vale dizer: o sistema criou as categorias de legitimidade – que vai depender de o sujeito legitimado coincidir ou não com o sujeito da relação material –; disse que a regra é a legitimidade ordinária (o sujeito defender em nome próprio interesse próprio); e deixou que a legitimidade extraordinária fosse irradiada, desde que autorizada pelo ordenamento jurídico.

O significante "autorizado pelo ordenamento jurídico" revela a sua relevância para a interpretação do texto normativo, em seus critérios literal, sistemático e finalístico.

Autorizado significa permitido; não significa imposto, não significa proibido, não significa expressamente previsto. A legitimidade extraordinária

---

49. Expressão utilizada por Pontes de Miranda para definir a cogência absoluta das normas que não admitem o exercício de autorregramento da vontade. (MIRANDA, Francisco Cavalcanti Pontes de. *Tratado de direito privado*, t. III, cit., p. 56.)

irradiada não pode ser contrária a norma do ordenamento jurídico, deve ser por ele permitida. Não se exige previsão expressa em texto normativo. Ao contrário, esta foi justamente a razão de se prever "ordenamento jurídico"[50].

O art. 190 contém, justamente, a autorização específica para a celebração atípica de negócios jurídicos processuais. A cláusula geral prevista, em sua abertura semântica, apreende a legitimidade extraordinária negocial, que não é vedada em nenhuma norma do sistema. Ora, se o art. 18 possibilita a irradiação da legitimidade extraordinária, desde que autorizada pelo sistema jurídico, se o art. 190 é justamente a autorização do sistema, o espaço deixado ao autorregramento, e se não há qualquer norma do sistema que proíba o exercício do autorregramento autorizado, a conclusão é lógica: o sistema jurídico autoriza o exercício do autorregramento para a escolha da categoria eficacial no que concerne à legitimidade *ad causam*.

E mais. Como visto, a legitimidade *ad causam*, situação jurídica que é, é consequência jurídica que decorre da incidência normativa. Isso não muda com o fato de poder ser ela objeto de negócio jurídico processual. Negócio jurídico é fato jurídico, decorrente da incidência normativa. A vontade atua, em maior ou menor medida, no exercício de escolha cujo espaço é atribuído ao sujeito.

É atécnico falar, quanto a qualquer negócio jurídico, que a vontade cria efeito jurídico, assim como é atécnico falar que efeito jurídico decorre de lei. Efeito jurídico decorre de fato jurídico, que se forma com a incidência normativa. A consequência jurídica irradiada deve estar prevista ou, ao menos, admitida pelo sistema.

Como ensina Marcos Bernardes de Mello, "a norma jurídica, entretanto, embora não seja a fonte dos efeitos jurídicos, é que define qual a eficácia que terá o fato jurídico"[51]. E, na sequência, sobre a amplitude do poder de autorregramento da vontade, "o que, porém, não nos parece possível é a criação voluntária de efeitos que não estejam previstos ou, ao menos, admitidos pelo sistema"[52]. O exercício de autorregramento não cria nova categoria de efeitos

---

50. Nesse sentido, sobre a inspiração legislativa no uso do termo, cf. DIDIER JR., Fredie. *Fonte normativa da legitimação extraordinária no novo Código de Processo Civil*: a legitimação extraordinária de origem negocial. Revista de Processo: vol. 232; junho/2014, p. 71. Fredie Didier Jr. acrescenta, ainda, ao interpretar o termo "ordenamento jurídico", que negócio jurídico é fonte de norma jurídica e, por isso, compõe o ordenamento jurídico. É com base neste fundamento que conclui ser possível negócio jurídico ser fonte normativa da legitimação extraordinária.
51. MELLO, Marcos Bernardes de. *Teoria do fato jurídico*. Plano da existência, cit, p. 167.
52. MELLO, Marcos Bernardes de. *Teoria do fato jurídico*. Plano da existência, cit, p. 176.

jurídicos; cuida-se de poder de escolha, que pode atuar também quanto à estruturação e o conteúdo, mas sempre de situações jurídicas admitidas pelo sistema.

Do art. 18 do CPC/2015, decorre a norma que admite a legitimação extraordinária. Esta é uma *ratio* da norma, que é plenamente compatível com o poder de autorregramento da vontade. Cuida-se de efeito jurídico previsto e admitido pelo sistema jurídico. O negócio jurídico que tenha como objeto a legitimação extraordinária não vai criar consequência jurídica estranha ao sistema. O art. 18 prevê e admite a consequência jurídica da legitimação extraordinária; as normas decorrentes do art. 18 e do art. 190 deixam o espaço para a escolha da legitimidade de determinado sujeito para discutir em juízo relação jurídica material que não titulariza.

Logo, a partir do texto do art. 18, em consonância com o contexto do CPC/2015 e com a finalidade e valores que lhe são subjacentes, a conclusão a que se chega é que o sistema jurídico processual decorrente do novo Código deixou aos sujeitos o espaço para o autorregramento da vontade no que concerne à legitimidade *ad causam*. É possível, assim, haver negócio jurídico processual que tenha como objeto a atribuição de legitimidade extraordinária a um determinado sujeito que, em princípio, não a teria.[53]

Uma coisa é a possibilidade (genérica) do negócio processual que tenha como fim a irradiação de legitimação extraordinária, aqui já defendida, outra coisa são as peculiaridades relativas ao objeto e à eficácia do negócio.

5. PECULIARIDADES SOBRE A LEGITIMAÇÃO EXTRAORDINÁRIA DE ORIGEM NEGOCIAL

Para Fredie Didier Jr., após defender a possibilidade genérica da legitimação extraordinária de origem negocial, "a solução do problema é diversa, se se tratar extraordinária ativa ou passiva".[54]

---

53. Neste sentido, Fredie Didier Jr.: "Não há, assim, qualquer obstáculo, a priori, para a legitimação extraordinária de origem negocial. E, assim sendo, o direito processual civil brasileiro passará a permitir a legitimação extraordinária atípica, de origem negocial." (DIDIER JR., Fredie. *Fonte normativa da legitimação extraordinária no novo Código de Processo Civil*: a legitimação extraordinária de origem negocial, cit., p. 72.)

54. DIDIER JR., Fredie. *Fonte normativa da legitimação extraordinária no novo Código de Processo Civil*: a legitimação extraordinária de origem negocial, cit., p. 72.

A legitimação extraordinária negocial ativa seria mais simples, pois o negócio processual não exigiria qualquer outro requisito, além dos já exigidos para os negócios processuais em geral. Por meio de negócio jurídico, a parte poderia transferir ou estender para outrem a legitimidade para defender direito titularizado por aquele que transfere ou estende.[55]

Nada impede que a parte material transfira para um terceiro a legitimidade para afirmar e defender em juízo a relação jurídica. Neste caso, por meio de um negócio processual, estar-se-á irradiando uma legitimidade extraordinária exclusiva; só o terceiro pode propor a demanda. A parte material deixa de ter legitimidade *ad causam*.[56] Não se transfere o direito material, situação jurídica diversa da legitimidade para agir. O que se transfere é apenas o poder de defender aquela relação material em juízo, situação jurídica processual, portanto. Cuida-se de negócio jurídico processual, e não material.

É possível também que a parte material estenda a legitimidade ativa: ela continua sendo legitimada (ordinária) para afirmar em juízo a relação, mas o terceiro também será legitimado (extraordinário). Neste caso, ter-se-á legitimação extraordinária concorrente.[57]

Em qualquer das duas hipóteses acima, o terceiro que passa a ser legitimado (extraordinário) é terceiro apenas quanto à relação jurídica material que será afirmada na demanda, mas ele é parte no negócio processual. A irradiação da legitimidade extraordinária negocial depende não apenas da exteriorização de vontade daquele que a transfere ou estende, mas também da exteriorização de vontade de quem a recebe. Cuida-se de negócio jurídico bilateral, portanto.

Em qualquer das duas hipóteses acima, apenas o legitimado ordinário pode transferir ou estender a outrem a situação jurídica da legitimidade. Um legitimado que já é extraordinário não pode transferir a outrem a situação jurídica que já lhe foi atribuída por incidência normativa. Neste aspecto, não há espaço para a atuação negocial.

Pode-se questionar se um sujeito com legitimidade extraordinária com origem negocial pode transferir para outrem a situação jurídica que já lhe foi

---

55. DIDIER JR., Fredie. *Fonte normativa da legitimação extraordinária no novo Código de Processo Civil*: a legitimação extraordinária de origem negocial, cit., p. 72.
56. DIDIER JR., Fredie. *Fonte normativa da legitimação extraordinária no novo Código de Processo Civil*: a legitimação extraordinária de origem negocial, cit., p. 72.
57. DIDIER JR., Fredie. *Fonte normativa da legitimação extraordinária no novo Código de Processo Civil*: a legitimação extraordinária de origem negocial, cit., p. 72.

transferida. A resposta só pode ser positiva, caso se exija a participação da parte material, que primeiro transferiu a legitimidade. Dessa forma, exige-se nova exteriorização de vontade da parte material, que terá de participar, necessariamente, do segundo negócio.

Em qualquer das duas hipóteses – frise-se, mais uma vez –, não há cessão do direito subjetivo material, mas apenas da situação jurídica processual de poder defendê-lo em juízo.

Sobre a necessidade de participação ou de conhecimento do réu, que, em princípio, será o titular da situação passiva material em estado de afirmação, é preciso que o negócio processual lhe seja eficaz. A legitimidade *ad causam* é bilateral: o autor é legitimado para propor uma ação em face de um determinado demandado[58]; o réu é legitimado para figurar no polo passivo da demanda em face de um determinado autor. Ao demandado, portanto, tem de ser oponível a transferência ou extensão da legitimidade ativa.

Em se tratando de legitimidade para defender direito tido como relativo, é adequada a solução proposta por Fredie Didier Jr.: pode-se aplicar, por analogia, a norma decorrente do art. 290 do Código Civil. O negócio por meio do qual se transfere ou se estende legitimidade *ad causam* ativa é eficaz ao devedor (que será o legitimado ordinário passivo), desde que tenha sido cientificado.[59]

Em se tratando de legitimidade para defender direito tido como absoluto, como, em regra, sequer se conhece o futuro e eventual réu, já que todos são titulares do dever de abstenção, a medida de "notificar o devedor" revela-se inadequada.[60] Neste caso, para que a transferência ou extensão da legitimidade tenha também oponibilidade a todos os possíveis violadores do direito, é indicado que seja dada eficácia real ao negócio, o que poderá ser feito por meio do registro do instrumento. A ausência do registro poderá ser desconsiderada no caso concreto, caso se demonstre que o demandado tinha ou deveria ter conhecimento sobre a existência do negócio processual.

---

58. DIDIER JR., Fredie. *Curso de direito processual civil*. Teoria do processo e processo de conhecimento, cit., p. 187.
59. DIDIER JR., Fredie. *Fonte normativa da legitimação extraordinária no novo Código de Processo Civil*: a legitimação extraordinária de origem negocial, cit, p. 73.
60. Fredie Didier Jr. defende que, no caso de legitimidade extraordinária para direitos absolutos, "o réu não faz parte do negócio e nem precisa de ele tomar ciência". (DIDIER JR., Fredie. *Fonte normativa da legitimação extraordinária no novo Código de Processo Civil*: a legitimação extraordinária de origem negocial, cit., p. 73.)

Por fim, a legitimidade extraordinária passiva também pode ser objeto de negócio jurídico processual. Para que a legitimidade passiva seja transferida a outrem, e não apenas estendida, o autor – que, em princípio, será titular ativo da situação material – tem de ser parte no negócio processual. Nada impede que um sujeito acorde, por exemplo, que as demandas que busquem discutir situações jurídicas dele decorrentes de um contrato sejam ajuizadas não em face do devedor contratual, mas em face de um terceiro. Neste caso também, obviamente, o terceiro deve participar do negócio processual; ele só é terceiro com relação à relação jurídica material. O que não se pode admitir é a transferência da legitimidade passiva sem a concordância do titular ativo.[61]

Em se tratando de negócio processual para estender, ampliar, a legitimação passiva, não seria necessária a participação do autor, nem o seu conhecimento prévio. Isso porque não há, para ele, qualquer prejuízo. Estar-se-á irradiando legitimação extraordinária passiva concorrente, e poderá o autor demandar em face de qualquer um dos dois.[62] Note-se que não se trata de hipótese de irradiação de obrigação solidária, o que se estende é a legitimidade passiva, e não a obrigação material. Cuida-se de negócio jurídico processual, e não material.

Em qualquer das duas hipóteses, de transferência ou extensão da legitimidade passiva, o novo legitimado tem de ser parte no negócio processual. Em qualquer delas, aquele que transfere ou amplia a legitimidade deve ser titular de legitimidade ordinária, como já se disse com relação ao negócio processual envolvendo a legitimidade ativa.

6. CONCLUSÕES

São as principais conclusões do presente artigo:

(i) O conceito de negócio jurídico, que se aplica ao âmbito do direito processual, está relacionado com o exercício do autorregramento da vontade, que, por sua vez, não é ilimitado.

---

61. Nesse sentido, DIDIER JR., Fredie. *Fonte normativa da legitimação extraordinária no novo Código de Processo Civil:* a legitimação extraordinária de origem negocial, cit., p. 74. O autor defende, corretamente, a aplicação analógica da norma decorrente do art. 299 do Código Civil.
62. DIDIER JR., Fredie. *Fonte normativa da legitimação extraordinária no novo Código de Processo Civil:* a legitimação extraordinária de origem negocial. Revista de Processo: vol. 232; junho/2014, p. 74. E acrescenta o autor que a notificação do autor é, na verdade, um ônus do primeiro réu (ordinário), já que é do seu interesse que o autor saiba que pode demandar em face do legitimado extraordinário negocial.

(ii) O espaço do autorregramento da vontade é aquele deixado pelo sistema jurídico, que confere aos sujeitos o poder de escolha, em menor ou maior medida, das categorias eficaciais e, no que for possível, de estrutura e conteúdo das relações jurídicas, sempre dentro dos limites estabelecidos pelo sistema jurídico.

(iii) A partir do texto do art. 18, em consonância com o contexto do CPC/2015 e com a finalidade e valores que lhe são subjacentes, chega-se à conclusão de que o sistema jurídico processual decorrente do novo Código deixou aos sujeitos o espaço para o autorregramento da vontade no que concerne à legitimidade *ad causam*. É possível, assim, haver negócio jurídico processual que tenha como objeto a atribuição de legitimidade extraordinária a um determinado sujeito que, em princípio, não a teria.

7. REFERÊNCIAS

ALMEIDA, Diogo Assumpção Rezende de. *Das convenções processuais no processo civil.* Rio de Janeiro: Tese de Doutorado da UERJ, 2014.

ALVIM, Arruda. Código de Processo Civil Comentado. São Paulo: RT, 1975, v. 1, p. 426; MOREIRA, Barbosa. "Notas sobre o problema da efetividade do processo". Temas de Direito Processual Civil – terceira série. São Paulo: Saraiva, 1984.

ANDRADE, Manuel A. Domingues de. *Teoria geral da relação jurídica.* Vol. I. Coimbra: Livraria Almedina, 2003.

ARMELIN, Donaldo. *Legitimidade para agir no direito processual civil brasileiro.* São Paulo: Editora Revista dos Tribunais, 1979.

BENEDUZI, Renato Resende. *Legitimidade extraordinária convencional.* Revista Brasileira de Direito Processual. Ano 22, n. 86/abril/junho – 2014, p. 127/142.

BERGEL, Jean-Louis. *Théorie Générale du Droit.* 4 éd. Paris: Dalloz, 2003.

BRAGA, Paula Sarno. *Primeiras reflexões sobre uma teoria do fato jurídico processual:* plano de existência. Revista de processo, ano 32, n. 148, jun./2007.

DIDIER JR., Fredie. *Curso de direito processual civil.* Teoria do processo e processo de conhecimento. Salvador: Editora Jus Podivm, 2014.

DIDIER JR., Fredie. *Fonte normativa da legitimação extraordinária no novo Código de Processo Civil:* a legitimação extraordinária de origem negocial. Revista de Processo: vol. 232; junho/2014.

DIDIER JR., Fredie. *Sobre a teoria geral do processo.* São Paulo: Faculdade de Direito da Universidade de São Paulo, 2011.

DIDIER JR., Fredie; NOGUEIRA, Pedro. *Teoria dos fatos jurídicos processuais.* Salvador: Editora Jus Podivm, 2009.

KAUFMANN, Arthur. *Filosofia do direito.* António Ulisses Cortês (trad.). 2ª ed. Lisboa: Fundação Calouste Gulbenkian, 2007.

LARENZ, Karl. *Metodologia da Ciência do Direito.* Tradução de José Lamego. 3 ed. Fundação Calouste. Gulbenkian: Lisboa, 1997.

MARINS-COSTA, Judith. *A boa-fé no direito privado:* sistema e tópica no processo obrigacional. São Paulo: RT, 1999.

MELLO, Marcos Bernardes de. *Teoria do fato jurídico. Plano da existência.* 12 ed. São Paulo: Saraiva, 2003.

MIRANDA, Francisco Cavalcanti Pontes de. *Tratado de direito privado*, t. I, 4ed. São Paulo: Editora Revista dos Tribunais, 1983.

MIRANDA, Francisco Cavalcanti Pontes de. *Tratado de direito privado.* Rio de Janeiro: Borsoi, 1970, p. 372/373, t. II.

MIRANDA, Francisco Cavalcanti Pontes de. *Tratado de direito privado.* 4 ed. São Paulo: Editora Revista dos Tribunais, 1983, p. 03, t. III.

MOREIRA, José Carlos Barbosa. *Convenções das partes sobre matéria processual.* In: Temas de direito processual civil. Terceira Série. São Paulo: Saraiva, 1984.

MOREIRA, José Carlos Barbosa. *O processo, as partes e a sociedade.* In: Temas de direito processual civil. Oitava série. São Paulo: Saraiva, 2004.

PINTO, Paulo Mota. Declaração tácita e comportamento concludente no negócio jurídico. Lisboa: Almedina, 1995.

TERÁN, Juan Manuel. Filosofía del derecho. 18ª ed. Cidade do México: Porrúa, 2005, p. 81.

VILANOVA, Lourival. *Escritos jurídicos e filosóficos.* São Paulo: Axis Mundi: IBET, 2003.

ZAGREBELSKY, Gustavo. *El derecho dúctil.* Ley, derechos, justicia. Traducción de Marina Gascón. 8ed. Editorial Trotta: Madri, 2008.

CONVENÇÕES PRÉ-PROCESSUAIS PARA A CONCEPÇÃO DE PROCEDIMENTOS PRELIMINARES EXTRAJUDICIAIS

Fernanda Medina Pantoja[1]

Sumário: 1. O incremento dos poderes das partes no novo processo civil brasileiro – 2. Ampliação do universo dos negócios processuais – 3. Negócios prévios à instauração do processo – 4. Convenções pré-processuais para a consecução de procedimentos preliminares – 4.1 Razão-de-ser dos procedimentos preliminares – 4.2 Natureza dos procedimentos preliminares – 4.3 Vantagens das convenções pré-processuais como fonte dos procedimentos prévios – 4.3.1 Convenções pré-processuais individuais e coletivas – 4.4 Gestão do procedimento – 4.5 Algumas espécies de providências cabíveis nos procedimentos preliminares convencionais – 5. Referências.

1. O INCREMENTO DOS PODERES DAS PARTES NO NOVO PROCESSO CIVIL BRASILEIRO

O modelo processual contemporâneo foi construído a partir da confluência das ideologias social e liberal e da recomposição dos sistemas da *civil*

---

1. Doutora e Mestre em Direito Processual pela Universidade do Estado do Rio de Janeiro. Pesquisadora Visitante na Universidade de Cambridge (Inglaterra). Professora do Departamento de Direito Processual Civil da PUC-Rio. Sócia do Escritório de Advocacia Sergio Bermudes.

law e da *common law*, que sofreram, conhecidamente, um influxo recíproco nas últimas décadas.

O Código de Processo Civil de 2015 (CPC/2015) ilustra claramente essa síntese. De forma diversa de seu antecessor, que perfilhou um modelo publicista, conferindo ao juiz um papel dominante e pouca liberdade às partes, o novo Código atenua a antinomia público-privado, privilegiando o equilíbrio entre os sujeitos processuais.

É verdade que o processo civil brasileiro continua a dispor de relevantes feições públicas, e nem poderia ser diferente, porquanto o Estado, ao avocar para si a atividade jurisdicional, realiza os objetivos políticos de assegurar a paz social e atuar a vontade da lei. Todavia, a pacificação social, a formação de precedentes e a educação da sociedade apresentam-se como fins remotos da jurisdição; e a atuação do direito objetivo é antes um instrumento para o exercício dessa função do que propriamente um fundamento para a sua existência. Como pondera Leonardo Greco, se o propósito da jurisdição fosse o de assegurar a eficácia da lei, "ela deveria ser exercida de ofício, para que todas as violações daquelas normas fossem devidamente coibidas e reparadas pelos juízes". A subordinação da sua prestação à iniciativa de algum interessado, conclui o autor, "deixa claro que a sua finalidade não é a tutela do direito objetivo, mas que essa é apenas o meio através do qual os juízes tutelam direitos e interesses subjetivos".[2]

Há de se reconhecer, assim, que o principal escopo da jurisdição é o de promover a justa tutela dos direitos dos jurisdicionados, o que empresta também ao processo um caráter fortemente privado. Jaime Guasp já asseverava que, ainda que ao Estado interesse eliminar os conflitos, dar efetividade aos direitos subjetivos que a lei reconhece e, em maior grau, realizar praticamente as normas que pôs em vigor, a função jurisdicional visa preponderantemente à "satisfação das pretensões levadas a juízo".[3]

---

2. GRECO, Leonardo. *Instituições de processo civil*, Rio de Janeiro: Forense, 2009. v. I,, p. 72-73.

3. "Así, aunque al Estado interesa indudablemente eliminar los conflictos sociales y dar efectividad a los derechos subjetivos que la ley reconoce, o, aún en mayor grado, realizar prácticamente las normas que él mismo ha puesto en vigor, ninguna de las funciones que inmediatamente se dirigen a este fin se basa en supuestos de estricto carácter jurisdiccional. Por el contrario, el fundamento de la Jurisdicción se halla en la idea de que, por el peligro que supone para la paz y la justicia de la comunidad una abstención en este punto, se ha de concebir como función del Estado la de la satisfacción de las pretensiones que las partes pueden formular ante él" (GUASP, Jaime. *Derecho procesal civil*. 2. ed. Madrid: Instituto de Estudios Políticos, 1962. v. I, p. 106-107).

Essa visão de que são as partes as "destinatárias da tutela jurisdicional", na expressão de Greco,[4] é corroborada pela soberana proteção constitucional outorgada às garantias processuais individuais.[5]

A superação da *summa divisio* entre o privatismo e o publicismo decorreu, como expõe Robson Godinho, da adoção de um processo efetivamente democrático. Segundo o autor, o reconhecimento da autonomia das partes do processo não significa propriamente privatizá-lo, mas apenas conformá-lo à Constituição; e a mesma perspectiva constitucional impõe, de outra ponta, certas limitações à autonomia privada.[6] Trata-se da nova forma "comparticipativa"[7] de organização do processo, baseada na cooperação e na divisão equânime da atividade processual entre os litigantes e o juiz.

Nesse contexto, a par de incumbir o julgador de importantes poderes de direção e instrução do processo[8], o CPC/2015 também dispôs sobre as garantias processuais dos litigantes e concedeu às partes significativa liberdade, o que levou Fredie Didier a enunciar a existência de um verdadeiro "princípio do respeito ao autorregramento da vontade".[9]

---

4. GRECO, Leonardo. Os atos de disposição processual: primeiras reflexões. In: MEDINA, José Miguel Garcia et al. *Os poderes do juiz e o controle das decisões judiciais*: estudos em homenagem à Professora Teresa Arruda Alvim Wambier. São Paulo: RT, 2008. p. 2.
5. À luz dessas garantias, alcança-se uma harmonização entre o caráter privado do objeto litigioso e a natureza indisponível do processo, segundo PICÓ I JUNOY, Joan. El derecho procesal entre garantismo y la eficacia: un debate mal planteado. In: AROCA, Juan Montero (Coord.). *Proceso civil e ideología*: un prefacio, una sentencia, dos cartas y quince ensayos. Valencia: Tirant lo Blanch, 2006, p. 125.
6. GODINHO, Robson Renault. A autonomia das partes e os poderes do juiz entre o privatismo e o publicismo do processo civil brasileiro. In: DIDIER JR., Fredie et al. (Coord.). *Ativismo judicial e garantismo processual*. Salvador: JusPodivm, 2013. p. 3, 11 e 36.
7. "O sistema processual não trabalha mais com um único centro, um único protagonista. Em verdade, far-se-á necessária a percepção do policentrismo processual e da necessária comparticipação de todos os sujeitos processuais." (NUNES, Dierle José Coelho. *Processo jurisdicional democrático*, 1. ed. 4.ª reimpressão. Curitiba: Juruá, 2012, p. 258). Ainda sobre a repercussão das características do Estado Constitucional no processo, MITIDIERO, Daniel. Colaboração no processo civil. Pressupostos sociais, lógicos e éticos. In MARINONI, Luiz Guilherme; BEDAQUE, José Roberto dos Santos. *Coleção Temas atuais de direito processual civil*. São Paulo: RT, 2009. v. 14, p. 72.
8. Arts. 139, 385 e 396 do CPC/2015.
9. DIDIER JR., Fredie (Coord. Geral). Princípio do respeito ao autorregramento da vontade no processo civil. In: CABRAL, Antonio do Passo; NOGUEIRA, Pedro Henrique (Coord.). *Negócios processuais*. Salvador: JusPodivm, 2015. p. 22.

2. AMPLIAÇÃO DO UNIVERSO DE NEGÓCIOS PROCESSUAIS

No que concerne ao exercício dessa liberdade dentro do ambiente processual, o Código anterior já permitia que as partes dispusessem sobre o processo e o procedimento mediantes formas típicas, como a cláusula de eleição de foro ou o acordo de suspensão do processo.

Nada obstante, além de dedicar-se à previsão de novos negócios típicos – por exemplo, a elaboração de um calendário processual,[10] a realização do saneamento consensual[11] e a eleição conjunta de um perito pelas partes[12] – o CPC/2015 teve também o mérito de introduzir no art. 190 uma cláusula geral autorizadora da realização de negócios jurídicos processuais atípicos, com inspiração nas iniciativas congêneres do Direito estrangeiro.[13]

Por meio de uma convenção sobre o processo, podem os litigantes estipular mudanças no procedimento, ajustando-o às especificidades da causa, e convencionar sobre seus ônus, poderes, faculdades e deveres processuais, antes ou durante o seu curso.[14] Desse modo, as partes podem talhar o processo e o procedimento para atender às conveniências e necessidades do direito material em litígio. Ao juiz incumbe tão somente o controle da validade do negócio, cuja aplicação pode ser recusada em caso de nulidade, inserção abusiva em contrato de adesão ou manifesta situação de vulnerabilidade de uma das partes.[15]

O art. 190 encarta uma das grandes novidades do novo Código, por refletir a mudança ideológica e cultural do processo, a que se referiu anteriormente. Aos advogados e litigantes, cuja autonomia foi reforçada, impõe-se agora o desafio de conceber negócios capazes de contribuir de forma eficaz para a racionalização dos processos e para a resolução justa e efetiva das disputas.

---

10. Art. 191 do CPC/2015.
11. Art. 357, § 2.º, do CPC/2015.
12. Art. 471 do CPC/2015.
13. Na França, por exemplo, as partes podem firmar negócios jurídicos para modular processos futuros ou já instaurados (CADIET, Loïc. Les conventions relatives au procès em droit français sur la contractualisation du règlement des litiges. Accordi di parte e processo. *Quaderni della Rivista Trimestrale di Diritto e Procedura Civile*, Milano: Giuffrè, p. 28, 2008, p. 73).
14. Art. 190 do CPC/2015.
15. Art. 190, parágrafo único, do CPC/2015.

3. NEGÓCIOS PRÉVIOS À INSTAURAÇÃO DO PROCESSO

Dentro do gênero dos negócios processuais, inserem-se as convenções "pré-processuais". São ditas "prévias" porque anteriores à propositura da ação e, portanto, à própria existência do processo. No entanto, têm inequívoca natureza processual, diante da potencialidade ou da aptidão de gerarem efeitos no processo, caso este venha a ser instaurado.[16] Constituem negócios pré-processuais, por exemplo, aqueles inseridos em um contrato com o fim de eleger determinado foro judicial ou de reduzir prazos processuais, na hipótese de eventual ajuizamento de uma demanda.

Por outro lado, pode-se cogitar de convenções prévias que não sejam destinadas especificamente a regulamentar o processo jurisdicional, mas à normatização de atividades extrajudiciais – voltadas, por exemplo, à instrução preliminar ou à tentativa de acordo, independentemente da existência de um futuro processo. Essa possibilidade se extrai do próprio art. 190, ao dispor que a convenção pode abranger posições das partes "antes ou durante o processo". Tais convenções, na medida em que envolvem negócios jurídicos em sentido amplo, dispõem de eficácia imediata[17], desde que observem a capacidade das partes, a licitude do objeto e a validade de forma.[18]

---

16. Fredie Didier Jr. e Pedro Henrique Nogueira, em substancioso estudo sobre a teoria dos fatos jurídicos processuais, reconhecem que o desígnio de ato processual abarca aquele que tenha sido praticado fora do processo ou do procedimento, desde que interfira de algum modo no desenvolvimento da relação jurídica processual. (DIDIER JR., Fredie; NOGUEIRA, Pedro Henrique. *Teoria dos fatos jurídicos processuais*. Salvador: JusPodivm, 2011. p. 33-34).

17. Nesse sentido, NOGUEIRA, Pedro Henrique. É possível a resilição unilateral em negócios jurídicos bilaterais processuais?. *Revista Brasileira de Direito Processual – RBDPro*, Belo Horizonte: Fórum, n. 921, p. 260, out.-dez. 2015; e CABRAL, Antonio do Passo. *Convenções processuais*. Salvador: JusPodivm, 2016. p. 231. Em sentido contrário, Calmon de Passos já escreveu que a eficácia do negócio jurídico processual estaria condicionada ao pronunciamento judicial (CALMON DE PASSOS, José Joaquim. *Esboço de uma teoria das nulidades aplicada às nulidades processuais*. Rio de Janeiro: Forense, 2002. p. 70). Não se pode concordar com essa posição, sob pena de reputar ineficaz um negócio sobre condutas pré-processuais, sem a intervenção judicial. Os negócios são regidos, em última análise, pelo princípio da livre autonomia de vontade das partes.

18. ALMEIDA, Diogo Rezende de. *A contratualização do processo*. Das convenções processuais no processo civil. São Paulo: LTr, 2015. p. 224-225.

4. CONVENÇÕES PRÉ-PROCESSUAIS PARA A CONSECUÇÃO DE PROCEDIMENTOS PRELIMINARES

4.1. Razão-de-ser dos procedimentos preliminares

A utilização dos negócios pré-processuais para a construção de procedimentos minimamente estruturados, destinados à resolução extrajudicial de litígios, serve à premente necessidade de enfrentamento da lide em estágio anterior ao ingresso em juízo, promovendo-se um acesso mais racional à justiça.

Mais do que uma preocupação meramente econômica, de conter o crescente volume de processos que chegam às cortes[19], atende-se ao desiderato de assegurar uma prestação satisfatória da jurisdição, com decisões proferidas e executadas em tempo razoável.[20]

No entanto, a criação de procedimentos prévios não se justifica apenas por razões de disfuncionalidade da justiça estatal. A adoção dos meios consensuais como métodos preferenciais de solução de conflitos e a previsão do direito genérico à investigação dos fatos (independentemente da demonstração de urgência)[21] evidenciam a superação do dogma de que o acesso à justiça estaria ligado estritamente ao julgamento estatal.

Por consequência, sob pena de utilização descomedida e irresponsável do direito de ação, não se pode admitir que as partes recorram ao Judiciário antes de haver sequer buscado resolver o litígio por outras vias, igualmente legítimas.

Uma interpretação teleológica das condições da ação[22], entendidas como filtro para as demandas viáveis e que realmente reclamam atuação judicial,

---

19. Tratando-se de um sistema com recursos relativamente inelásticos, é evidente que qualquer crescimento da busca pelo Judiciário "pode significar o bloqueamento da oferta e, em última instância, redundar em denegação de justiça" (SANTOS, Boaventura de Souza; MARQUES, Maria Manuel Leitão; PEDROSO, João. *Os Tribunais nas Sociedades Contemporâneas,* Coimbra: Centro de Estudos Sociais, n. 65, p. 5, nov. 1995).

20. Há algumas décadas, Barbosa Moreira já afirmava que o descongestionamento do Judiciário é fator essencial para a concretização do direito fundamental de acesso à justiça (BARBOSA MOREIRA, José Carlos. Os novos rumos do processo civil brasileiro. *Revista da Academia Brasileira de Letras Jurídicas,* n. 6, v. 8, p. 200, 1994).

21. Art. 381 do CPC/2015.

22. Rodolfo de Camargo Mancuso propõe a "densificação" do interesse de agir, no sentido de impor o esgotamento de outros meios auto e heterocompositivos como *prius* à judicialização da demanda (MANCUSO, Rodolfo de Camargo. *Acesso à justiça*: condicionantes legítimas e ilegítimas, São Paulo:

exige que a jurisdição seja buscada somente após o fracasso inequívoco da tentativa de resolução extrajudicial. Daí a importância de se projetarem procedimentos preliminares capazes de viabilizar a autocomposição e impedir a movimentação despicienda do Judiciário.

É certo, ainda, que os procedimentos prévios, mesmo que não sejam capazes de evitar o ajuizamento da ação, possibilitam o rendimento dos atos postulatórios iniciais, isto é, uma inicial mais bem fundamentada, com a indicação precisa dos fatos, dos fundamentos e dos respectivos meios de prova, de onde também exsurge a conveniência de sua concepção.

Pode-se, assim, fazer com que as partes, no momento mais primitivo da controvérsia, estabeleçam uma interlocução para expor as suas reivindicações e produzir eventuais provas, cogitando da possibilidade de compor amigavelmente o conflito. Caso reste frustrada a tentativa de acordo e seja ajuizada uma demanda por uma das partes, as diligências daquela fase preparatória hão de permitir ao autor e ao réu definir com maior precisão o objeto da controvérsia, elaborar peças mais objetivas e robustas e otimizar a produção probatória, contribuindo para um processo mais eficiente.

4.2. Natureza dos procedimentos preliminares

Os procedimentos prévios extrajudiciais criados por convenções pré-processuais estão revestidos de natureza processual *lato sensu*, eis que atuam como um mecanismo voltado à satisfação das pretensões das partes – cujo intento se pode obter não apenas por meio de uma decisão impositiva, como também mediante a autocomposição.

De acordo com essa acepção, que justifica a existência do processo pelos escopos que ele visa a alcançar, é inegável que também o procedimento prévio

---

RT, 2012 p. 223). Humberto Dalla Bernardina de Pinho defende igualmente a ampliação dessa condição da ação para que as partes demonstrem que tentaram de alguma forma buscar uma solução antes de ingressar no Judiciário. (PINHO, Humberto Dalla Bernardina de. A mediação e a necessidade de sua sistematização. *Revista Eletrônica de Direito Processual – REDP*, Rio de Janeiro, ano 4, v. V, p. 83, jan.-jul. 2010). Do mesmo modo, Luiz Fux, presidente da Comissão de Juristas que elaborou o Anteprojeto do CPC/2015, pugna por uma maior rigidez na análise da presença das condições da ação, em especial da necessidade da tutela jurisdicional, ante o reconhecido "caráter secundário da jurisdição" FUX, Luiz. Propostas do Presidente da comissão de Elaboração do Anteprojeto do Novo CPC. Disponível em: <www.cenajus.org.br>. Acesso em: 30 jan. 2016).

pode se destinar à "eliminação da crise de direito material".[23] Por outro lado, mesmo que não seja capaz de impedir a propositura de uma ação judicial, é possível que tenha repercussão nas situações subjetivas das partes dentro do processo, o que também justifica o seu estudo sob essa perspectiva.

Embora os procedimentos preliminares extrajudiciais encaixem-se em uma concepção abrangente de "processo", as providências que o compõem não têm típica essência processual e, portanto, não lhes é aplicável a fórmula do processo justo, sintetizadora de todas as garantias processuais.[24]. Nada obstante, mesmo tratando-se de relação privada, sobre eles incidem inequivocamente, por força da teoria da eficácia horizontal dos direitos fundamentais[25], os princípios do devido processo legal, do contraditório, da boa-fé e da cooperação.[26]

---

23. Eduardo Lamy define processo como o "ato jurídico complexo resultante da operação de um núcleo de direitos fundamentais – tais como contraditório, ampla defesa e devido processo legal – que atuam sobre uma base procedimental, não apenas com o objetivo de declarar, mas principalmente o fim de satisfazer os direitos no mundo dos fatos, na vida dos litigantes" (LAMY, Eduardo. Condições da ação na perspectiva dos direitos fundamentais. *Revista de Processo*, São Paulo, v. 173, p. 101, jul. 2009). Daí afirmar a existência de processo externamente à jurisdição, como no caso do processo administrativo. Diga-se, aliás, que a doutrina chega a enxergar como "processo" até mesmo a relação obrigacional, dinamicamente composta por um "conjunto de atividades necessárias à satisfação do interesse do credor" (COUTO E SILVA, Clóvis V. do. *A obrigação como processo*. Rio de Janeiro: Ed. FGV, 2006. p. 10).

24. "O justo processo é uma fórmula típica do processo jurisdicional, não se confunde com o justo procedimento que se refere ao processo administrativo e não está coberto por proteção constitucional direta. O justo processo compreende os princípios constitucionais relativos aos direitos de ação e defesa; e a imparcialidade do juiz. Também inclui a efetividade da tutela jurisdicional e a duração razoável do processo. Enfim, o processo justo é uma fórmula que sintetiza todas as garantias e princípios processuais" (COMOGLIO, Luigi Paolo. Garanzie costituzionali e "giusto processo" (modelli a confronto). *Revista de Processo*, São Paulo: RT, ano 23, n. 90, p. 125-126, abr.-jun. 1998).

25. SARMENTO, Daniel. *Direitos fundamentais e relações privadas*. Rio de Janeiro: Lumen Juris, 2004. p. 290-294.

26. "A autonomia privada, que encontra claras limitações de ordem jurídica, não pode ser exercida em detrimento ou com desrespeito aos direitos e garantias de terceiros, especialmente aqueles positivados em sede constitucional, pois a autonomia da vontade não confere aos particulares, no domínio de sua incidência e atuação, o poder de transgredir ou de ignorar as restrições postas e definidas pela própria Constituição, cuja eficácia e força normativa também se impõem, aos particulares, no âmbito de suas relações privadas, em tema de liberdades fundamentais" (STF, 2.ª Turma, RE 201.819/RJ, Rel. Min. Ellen Gracie, Rel. p/ acórdão Min. Gilmar Mendes, *DJe* 27.10.2006. V., ainda, STF, 2.ª Turma, RE 158.215-4/RS, Rel. Min. Marco Aurélio, *DJ* 07.06.1996; STJ, 4.ª Turma, REsp 1.365.279/SP, Rel. Min. Luis Felipe Salomão, *DJe* 29.09.2015).

4.3. Vantagens das convenções pré-processuais como fonte dos procedimentos prévios

Embora se possa cogitar de diversos instrumentos para projetar procedimentos prévios – por meio de lei[27], de decisão judicial[28] ou de protocolos institucionais[29] –, as convenções têm algumas vantagens em relação aos demais mecanismos.

A primeira grande vantagem do negócio pré-processual é a de preservar a legitimidade e a autonomia das partes. Explica-se: são os próprios litigantes, orientados por sua livre manifestação de vontade, que definem as regras de conduta prévia.[30]

Outro benefício decorrente dessa mesma autonomia é o de permitir a estruturação de um procedimento abrangente, com normas variadas, conforme o interesse das partes. É possível, assim, desenhar disposições ajustadas à especificidade do conflito, em observância ao princípio da adequação, segundo o qual a construção de cada procedimento deve ter necessariamente em vista a natureza e as idiossincrasias do direito material em litígio.[31]

---

27. O legislador poderia instituir um procedimento sistematizado e pragmático, obrigatório ao ajuizamento de qualquer ação judicial, como o existente na Inglaterra, por exemplo (ANDREWS, Neil. *The Modern Civil Process*. Judicial and Alternative Forms of Dispute Resolution in England. Germany: Mohr Siebeck, 2008, p. 90 e ss.). Poderia o legislador, ainda, reservar para si a competência para o regramento básico desses procedimentos, transferindo a competência para a sua regulamentação técnica, mediante parâmetros previamente enunciados em lei, aos protocolos institucionais, a serem celebrados por órgãos públicos e privados.

28. É possível que uma decisão judicial crie normas de conduta prévia, fixando medidas anteriores ao ajuizamento da ação em determinadas situações, com base no enrobustecimento do interesse de agir. É o caso das decisões dos Tribunais Superiores que voltaram a impor ao interessado a comprovação de prévio requerimento administrativo nas demandas destinadas à obtenção de benefício previdenciário (STF, Plenário, RE 631.240, Rel. Min. Roberto Barroso, j. 03.09.2014). Trata-se, porém, de uma espécie de fonte meramente acidental de procedimentos preliminares.

29. Os atos preliminares podem ser também dispostos em protocolos institucionais não impositivos, originários de convênios entre duas ou mais instituições, como existe na Itália (VELI, Giovanni Berti [Ed.]. *Gli Osservatori sulla Giustizia Civile e i Protocolli d'Udienza*. Bologna: Il Mulino, 2011).

30. Resguardados os limites da ordem pública processual, que corresponde aos "interesses públicos inafastáveis, seja pela vontade do juiz, seja pela vontade das partes", tais como o contraditório e a ampla defesa, o devido processo legal, o princípio do juiz natural, a independência e a imparcialidade do julgador, a fundamentação das decisões judiciais, a busca da verdade, a celeridade e a coisa julgada material (ALMEIDA, Diogo Rezende de. *A contratualização do processo*, cit., p. 226).

31. DIDIER JR., Fredie. Sobre dois importantes (e esquecidos) princípios do processo: adequação e adaptabilidade do procedimento. Revista Diálogo Jurídico, v. I, n. 7, out. 2001.

4.3.1. Convenções individuais e coletivas

Não há grandes controvérsias acerca da possibilidade de realização do negócio quando estejam envolvidos tão somente os legitimados ordinários. Pode-se pensar, por exemplo, sob inspiração do referido Projeto do novo Código Comercial[32], na previsão contratual de um procedimento prévio a litígios comerciais, que inclua a notificação do oponente, a medida de permuta de documentos e a tentativa de autocomposição, dentro de um prazo máximo de tempo.

Em um contrato de construção, por sua vez, pode convir às partes fixar as normas de um procedimento voltado à realização de uma perícia extrajudicial, no qual disponham também sobre a sua futura utilização em caso de processo judicial e estabeleçam sanções em caso de desatendimento aos preceitos entabulados.

Especificamente no âmbito dos conflitos de construção, vale destacar a existência do método do "dispute resolution board" (DRB), cuja utilização é cada vez mais frequente para fins de monitoramento e prevenção de demandas judiciais em alguns países.[33] O DRB consiste em um conselho de três revisores experientes e imparciais, sendo um escolhido por cada parte e o terceiro indicado por aqueles dois membros, aos quais são previamente fornecidos todos os documentos relacionados ao contrato e os quais são informados *pari passu* do progresso das obras. Caso haja alguma controvérsia que as partes não consigam resolver, podem remetê-la ao conselho, que após uma audiência para ouvir os argumentos de ambas as partes emitirá uma recomendação escrita, fundamentada e não vinculante para solucionar a questão. Dessa forma, esclarecem-se pequenas questões antes de os problemas escalonarem e se tornarem uma grande disputa. As partes em geral aceitam a recomendação por sua confiança nos *experts*, por seu conhecimento sobre o projeto e pelo fato de terem a oportunidade de serem ouvidas. Embora não seja vinculante, o procedimento normalmente é previsto em contratos, de forma prévia ao processo judicial e à arbitragem.

---

32. Projeto de Lei n.º 1.572, de 2011, Rel. Dep. Paes Landim.
33. O DRB já foi utilizado em grandes obras na Inglaterra (Channel Tunnel Rail Link, UK), Dinamarca (City and County of Copenhagen), França (Eurotunnel) e EUA (Los Angeles Co. Metro Transit Auth., Lesotho Highlands Development Auth., Massachusetts Highway Dept.Port of Seattle, University of Washington). Informações disponíveis na página da Dispute Resolution Board Foundation, em: <www.drb.org>. Acesso em: 30 jan. 2016.

É de se pontuar que, em certos casos, a própria lei exige que os contratos prevejam regras de solução extrajudicial de controvérsias relacionadas à avença e à sua execução, como nas hipóteses dos contratos de concessão celebrados pela Agência Nacional de Telecomunicações (Anatel),[34] Agência Nacional de Transportes Terrestres (ANTT) e Agência Nacional de Transportes Aquaviários (Antaq).[35] Assim, por meio de tais cláusulas, as partes podem engendrar um procedimento organizado e coeso, prevendo, ainda, a necessidade de seu cumprimento previamente ao ajuizamento de ação.

É também admissível a realização de convenções coletivas celebradas por órgãos públicos com legitimação extraordinária.[36] Por exemplo, o Ministério Público, representando os consumidores de um determinado segmento, pode firmar um negócio pré-processual coletivo com uma ou mais empresas daquele ramo, definindo normas de conduta prévia. A legitimidade do Ministério Público para celebrar tais convenções decorre da sua própria legitimidade para negociar sobre direito material, por exemplo, nos termos de ajustamento de conduta nas ações coletivas[37] e nas ações de improbidade administrativa. Se há possibilidade de convencionar sobre matéria substancial, mais ainda há sobre matéria processual.[38] Justamente nesse cenário, aliás, foi editada a Resolução n.º 118/2014 do Conselho Nacional do Ministério Público, que incrementa os instrumentos de atuação do *Parquet*, ao incumbi-lo de "implementar e adotar mecanismos de autocomposição" (art. 1.º) e autorizá-lo

---

34. Art. 93 da Lei n.º 9.472, de 16.07.1997.
35. Arts. 35. XIV, e 39, XI, da Lei n.º 10.233, de 05.06.2001.
36. No mesmo sentido, Fredie Didier Jr.: "Para que tais convenções processuais coletivas sejam celebradas, é preciso que haja legitimação negocial coletiva por parte do ente que a celebre. Aplica-se, aqui, por analogia, o regramento das convenções coletivas de trabalho e convenções coletivas de consumo (art. 107, CDC)" (DIDIER JR., Fredie. *Curso de direito processual civil*: introdução ao direito processual civil, parte geral e processo de conhecimento. Salvador: JusPodivm, 2015. p. 393).
37. Embora uma parte da doutrina insista em defender que tais compromissos não têm natureza de transação, mas de simples "ato administrativo negocial", por não haver concessão do Poder Público, e sim a submissão do responsável pela lesão ao cumprimento de certas normas para proteção dos direitos e interesses coletivos (MANCUSO, Rodolfo de Camargo. *Ação civil pública em defesa do meio ambiente, do patrimônio cultural e dos consumidores*. 10. ed. São Paulo: RT, 2007, p. 246). De forma diversa, entendemos que, apesar de não ser titular do direito alegado, o legitimado extraordinário tem disponibilidade sobre o direito material e por isso pode negociá-lo.
38. Já dizia Carnelutti que "il potere di disposizione dele parti nel processo si coordina al potere di disposizione delle parti sulla lite, poichè e finchè è concesso alle parti di comporsi da sè la loro lite con una transazione, non può essere a loro negato di regolare con i loro accordi i risultati del processo. Il vantaggio, che ne deriva, è sempre quello, in ultima analisi, di eliminare o di agevolare il processo" (CARNELUTTI, Francesco. *Sistema di diritto processuale civile*, Padova: Cedam, 1936. v. 1, p. 753).

expressamente a celebrar acordos de natureza processual (art. 16), prévia ou incidentalmente ao processo.[39]

Também é possível a participação de outros legitimados extraordinários, embora essa alternativa possa afigurar-se, a princípio, um pouco mais controversa. As associações, por exemplo, não estão indicadas dentre os entes com capacidade para firmar termo de ajustamento, no rol da Lei n.º 7.347 de 24.07.1985 ("Lei da Ação Civil Pública"). Com efeito, a legislação refere-se apenas aos "órgãos públicos legitimados" e, quando se trata especificamente de matéria de consumo, às "entidades e órgãos da Administração Pública destinados à defesa dos interesses e direitos protegidos pelo Código de Defesa do Consumidor", exposto no art. 6.º do Decreto Federal n.º 2.181, de 20.03.1997.

Não obstante, parte da doutrina já defende, de forma fundamentada, a possibilidade de as associações celebrarem o compromisso – e bem assim fundações e sindicatos –, desde que a matéria em questão seja pertinente ao ente.[40] Esse parece ser o entendimento mais adequado, na medida em que as entidades associativas, mediante autorização expressa, têm legitimidade para representar os seus filiados também na esfera extrajudicial (art. 5.º, XXI, da Constituição Federal). A validade dos compromissos celebrados por entes que não configuram propriamente órgãos públicos pode ser também extraída a partir de uma interpretação sistemática do art. 107 do Código de Defesa do Consumidor (CDC), que prevê a possibilidade de realização de acordo coletivo entre entidades consumeristas e associações de fornecedores ou sindicatos de categoria econômica, para regular "relações de consumo que tenham por objeto estabelecer condições relativas ao preço, à qualidade, à quantidade, à garantia e características de produtos e serviços, bem como à reclamação e composição do conflito de consumo".[41]

---

39. Segundo Antonio Cabral, o Ministério Público pode, por exemplo, firmar convenção para fixar foro competente que seja mais eficiente para a colheita da prova. Há hipóteses possíveis mesmo em processos que envolvam direitos com alguma indisponibilidade, conforme Enunciado 135 do FPPC ("a indisponibilidade do direito material não impede, por si só, a celebração de negócio processual"). (CABRAL, Antonio do Passo. A Resolução n.º 118 do Conselho Nacional do Ministério Público e as Convenções Processuais. In: _____; NOGUEIRA, Pedro Henrique (Coord.). Negócios processuais. Salvador: JusPodivm, 2015. p. 551-553).

40. VIEIRA, Fernando Grella. A transação na esfera da tutela dos interesses difusos e coletivos: compromisso de ajustamento de conduta. In: MILLARÉ, Édis (Coord.). Ação civil pública. Lei 7.347/1985 – 15 anos. 2. ed. São Paulo: RT, 2002. p. 270-271.

41. Rodolfo de Camargo Mancuso reconhece que o art. 107 do CDC "ameniza a vedação à celebração de compromissos de ajustamento de conduta por parte de entidades que não configuram propriamente órgãos públicos", como associações civis, fundações privadas e sindicatos, apesar de serem

É preciso reconhecer que os procedimentos prévios criados por convenção individual, firmados exclusivamente pelos titulares do direito material, terão alcance restrito, por dizerem respeito a partes e causas de pedir específicas. Já os procedimentos concebidos por meio de convenção coletiva, celebrados por legitimados extraordinários, são capazes de dispor de maior eficácia subjetiva, principalmente se avençados com um grupo ou classe de litigantes, e não apenas com uma empresa em particular.

4.4. Gestão do procedimento

Os procedimentos preliminares podem desenvolver-se perante algum órgão incumbido de conduzi-los, como os Centros Judiciários de Solução Consensual de Conflitos (Cejuscs), as autarquias estaduais de proteção e defesa do consumidor (Procon) ou as agências reguladoras.

As agências reguladoras são autarquias em regime especial, cuja autonomia é ampliada para viabilizar o cumprimento adequado de suas finalidades e garantir a sua imparcialidade. Podem constituir, assim, um espaço fértil para a resolução de conflitos, na medida em que a sua intervenção regulatória não tem o mesmo caráter autoritário que caracteriza a atividade estatal e seus objetivos identificam-se mais com os interesses da sociedade do que com os do Estado.[42]

Além de serem competentes para dirimirem litígios com a Administração Pública, as agências destinam-se também, em geral, a solucionar disputas entre os particulares, acerca da matéria de sua alçada.[43] Em diversos setores,

---

colegitimados à propositura de ação civil pública (MANCUSO, Rodolfo de Camargo. *Ação civil pública em defesa do meio ambiente, do patrimônio cultural e dos consumidores*, cit., p. 244).

42. "[...] a intervenção regulatória é muito mais pautada pelo caráter de mediação do que pela imposição de objetivos e comportamentos ditada pela autoridade do Estado, de modo que este exerce sua autoridade não de forma impositiva, mas arbitrando interesses e tutelando hipossuficiências; [...] contrariamente ao que ocorre na intervenção estatal direta, os objetivos se deslocam dos interesses do Estado-nação e passam a se identificar mais com os interesses da sociedade (tanto os interesses dos cidadãos – consumidores efetivos ou potenciais de bens econômicos – quanto os interesses subjacentes às relações econômicas); difere nos instrumentos porque a regulação vai demandar a construção de mecanismos de intervenção estatal que permitam efetivar essa nova forma de relacionamento com os agentes econômicos. Os espaços de exercício da regulação deverão ser aptos ao exercício da mediação e da interlocução com os agentes econômicos envolvidos no setor regulado" (MARQUES NETO, Floriano de Azevedo. Agências reguladoras – Instrumentos de fortalecimento do Estado. Disponível em: <http://www.abar.org.br>. Acesso em: 30 jan. 2016).

43. A Agência Nacional de Energia Elétrica (Aneel), por exemplo, tem a função de "dirimir no âmbito administrativo as divergências entre concessionárias, permissionárias, autorizadas, produtores

a legislação prevê procedimentos extrajudiciais de resolução de conflitos.[44] É possível, ainda, por expressa previsão legal,[45] a delegação das funções das agências reguladoras nacionais a agências estaduais, por meio de convênio de cooperação que especifique as atividades repassadas, as metas a serem atingidas e os recursos para tais fins.[46]

A outorga da gestão do procedimento a entes neutros decerto impele as partes ao cumprimento das normas prévias, bem como contribui para assegurar a isonomia entre elas. Não obstante, tendo em vista a necessidade de desoneração da estrutura estatal, de um lado, e a importância da participação e do empoderamento das partes para os fins de assimilação da mudança cultural, de outro, mostra-se claramente preferível que o procedimento prévio prescinda de órgãos para geri-lo, sendo capaz de transcorrer em sede eminentemente privada, sem intermediação e sob controle exclusivo das próprias partes (salvo, é claro, os casos em que algum ente público figure como litigante, quando cabível procedimento administrativo). Está-se, aqui, diante do enorme desafio de se romper com o paternalismo, a hierarquiza-

---

independentes e autoprodutores, bem como entre esses agentes e seus consumidores" (art. 3.º, V, da Lei n.º 9.427, de 26.12.1996).

44. O Regimento Interno da Agência Nacional de Telecomunicações (Anatel), aprovado pela Resolução n.º 612, de 29.04.2013, prevê a mediação e a arbitragem para solucionar conflitos entre prestadoras de serviços de telecomunicações; e a reclamação administrativa, a ser decidida pela Anatel, que pode ser movida por aquele que tiver seu direito violado, nos casos relativos a legislação de telecomunicações, inclusive consumidor. Há ainda outros procedimentos de resolução de conflitos, previstos em atos normativos diversos, tais como: (i) a resolução de conflitos das Agências Reguladoras dos Setores de Energia Elétrica, Telecomunicações e Petróleo – previsto na Resolução Conjunta n.º 2, de 27.03.2001 (Aneel, Anatel e ANP); (ii) o Procedimento de Arbitragem em Interconexão, previsto no Regulamento Geral de Interconexão (RGI), aprovado pela Resolução n.º 410, de 11.07.2005; (iii) o Procedimento de Resolução de Conflitos quanto à Oferta de EILD, previsto no Regulamento de Exploração Industrial de Linhas Dedicadas (EILD), aprovado pela Resolução n.º 590, de 15.05.2012; e (iv) o Procedimento de Composição de Conflitos do PGMC, previsto no Plano Geral de Metas de Competição, aprovado pela Resolução nº 600, de 08.11.2012.

45. Por exemplo, art. 20 da Lei n.º 9.427, de 26.12.1996.

46. Por exemplo, a Arce é a Agência Reguladora de Serviços Públicos Delegados do Estado do Ceará, que atua na regulação dos setores de distribuição de energia elétrica, saneamento básico no interior do Estado, gás canalizado e transporte intermunicipal de passageiros. A partir de 2004, realiza audiências de mediação entre usuários do serviço público de distribuição de energia elétrica e a concessionária encarregada do serviço, integrante de fase preliminar do procedimento de resolução do conflito (RABELO, Cilana de Morais Soares. *Meios democráticos de solução de conflitos no âmbito das Agências Reguladoras – Arce*: um estudo de caso. 2008. Dissertação (Mestrado) – Universidade de Fortaleza). No Rio de Janeiro, a Agência Reguladora de Energia e Saneamento Básico do Estado (Agenersa), criada pela Lei Estadual n.º 4.556, de 06.06.2005, e regulamentada pelo Decreto Estadual n.º 38.618, de 08.12.2005, dispõe de um procedimento de conciliação (Resolução n.º 005, de 27.09.2011) realizado na sede da agência.

ção e o acanhamento no exercício da autonomia individual, caracterizadores marcantes da sociedade brasileira.

4.5. Algumas espécies de providências cabíveis nos procedimentos preliminares convencionais

Quanto ao formato do procedimento prévio e aos atos passíveis de serem previstos em seu bojo, são vastíssimas as possibilidades – e, por isso, infelizmente, incapazes de serem abordadas de modo mais profundo e abrangente no apertado espaço deste estudo.[47]

Em sua forma mais básica, as partes podem inserir em um contrato uma cláusula dispondo que, em caso de eventual divergência, um litigante deverá notificar o outro acerca de sua pretensão, devendo este responder-lhe dentro de um determinado prazo. A essa obrigação fundamental podem ser acrescidas outras, como a de exibição de documentos, variando conforme o tipo de litígio – como a demonstração dos prontuários médicos em conflitos de saúde, relatórios de obra e boletins de medição em litígios de construção, livros e atas de reuniões em conflitos societários etc.

Os limites para a requisição de documentos e as consequências na hipótese de recusa ilegítima à exibição (como a presunção relativa de veracidade), dispostos na lei processual[48], são perfeitamente extensíveis à seara extrajudicial. Não se deve, porém, perder de vista as lições das experiências inglesa e norte-americana, que ao longo do tempo limitaram a amplitude do dever de disponibilização de documentos (*disclosure*) diante de seus custos e do pernicioso risco da "pesca" de informações (*fishing expedition*).[49]

---

47. Alguns dos pontos aqui abordados foram discutidos no Grupo de Pesquisa "Observatório das Reformas Processuais", coordenado pelo Prof. Leonardo Greco, da Faculdade de Direito da Universidade do Estado do Rio de Janeiro (UERJ), do qual a autora teve a oportunidade de participar por um período, e de cujo trabalho resultou um Anteprojeto de Lei voltado para "A reforma do direito probatório no processo civil brasileiro". Nele se sugere a concepção de um "procedimento probatório extrajudicial", dirigido pelas partes e seus advogados, com os declarados objetivos de solucionar conflitos fora da esfera do Judiciário, propiciar conhecimento mais célere das alegações e provas detidas pelas partes e permitir melhor preparação do processo, caso venha a ser instaurado. GRECO, Leonardo (coord). A Reforma do Direito Probatório no Processo Civil Brasileiro – Anteprojeto do Grupo de Pesquisa "Observatório das Reformas Processuais" da Faculdade de Direito da Universidade do Estado do Rio de Janeiro. *Revista Eletrônica de Direito Processual – REDP*, Rio de Janeiro, v. 13, n. 13, 2014).
48. Arts. 397 e ss. do CPC/2015.
49. Sobre o tema, DODSON, Scott. *New pleading, new discovery. Michigan Law Review*, v. 109, p. 53, Oct. 2010.

Pode-se prever também a formulação de perguntas a serem respondidas pelo oponente[50]; a reunião das partes para que tentem um acordo, com ou sem a intervenção de terceiro imparcial[51]; e a exigência de produção de provas específicas, como a tomada de depoimentos de testemunhas perante o tabelião[52] ou no escritório dos advogados de uma das partes, ou a realização de prova pericial por *experts* designados segundo os termos do negócio processual.

Seria interessante, por exemplo, que as convenções de condomínio dispusessem sobre os procedimentos a serem seguidos em caso de litígio entre vizinhos, estimulando uma solução consensual em casos de vazamentos ou barulho excessivo, a partir de laudos ou vistorias realizados por peritos aceitos por ambas as partes.

Em situações como essas, ainda que os litigantes acabem por ingressar em juízo, a prova produzida não terá sido jamais despicienda: lembre-se que, de acordo com o art. 464 do CPC/2015, o juiz indeferirá a perícia requerida no processo, quando as partes apresentarem, na inicial ou na contestação, pareceres técnicos que entenda suficientes.

É possível cogitar também de outros tipos de regras, como a da interrupção da prescrição a partir da notificação do oponente (o que daria às partes a segurança necessária para prosseguir na tentativa de um acordo), desde que se estabeleça um prazo máximo para o procedimento prévio, de forma análoga ao que prevê a nova Lei de Mediação[53]; a inserção, no negócio, de uma fórmula de preclusão, dispondo-se que as partes que não produzirem as provas cabíveis extrajudicialmente não poderão fazê-lo posteriormente em juízo; e, ainda, a interessante atribuição de efeitos vinculativos a eventual proposta de acordo, cominando algum tipo de repercussão financeira, como

---

50. À semelhança do que prevê o procedimento de investigação pré-processual do art. 132-2 do CPC japonês (GOODMAN, Carl F. *Justice and Civil Procedure in Japan*. New York: Ocean Publications, 2004. p. 200).

51. Nesse sentido, os protocolos pré-processuais ingleses exigem que as partes especifiquem o método extrajudicial de resolução de conflitos a que estejam dispostas a se submeter, entre os quais a negociação, a mediação, a avaliação neutra de terceiro e a arbitragem. Por exemplo, *Practice Direction for Personal Injury*, regras 2.16-2.19; da *Practice Protocol for Clinical Disputes*, regras 5.1-5.4; e da *Practice Direction for Professional Negligence*, regra B6.1-6.4. Disponível em: <www.justice.gov.uk>. Acesso em: 30 jan. 2017.

52. Em conformidade com o que já prevê o art. 384 do CPC/2015.

53. Art. 17, parágrafo único, e art. 34, § 1º, da Lei n.º 13.140, de 26.06.2015.

agravamento da condenação ou imposição de multa, em função da diferença entre a oferta não aceita e a decisão judicial final.[54]

Obviamente, é também imprescindível haver um sistema eficaz de sanções e incentivos. Segundo a abalizada teoria do "condicionamento operante", desenvolvida por Frederic Skinner,[55] o aprendizado acontece a partir da interação com o ambiente: a recompensa incita a repetição do ato, e a sanção desestimula a sua prática.[56] Assim, a previsão de uma conduta que se pretende seja internalizada pelos cidadãos requer, para a sua eficácia, a fixação de um de prêmios e punições – isto é, de consequências vantajosas e desvantajosas – seja para reforçar o comportamento adequado, tornando-o mais frequente, seja para inibir atitudes inapropriadas.

Constatado o descumprimento significativo das normas protocolares, o que revela a ofensa ao dever geral de boa-fé, caberá o emprego das ferramentas jurídico-processuais para a sua penalização, dentro do processo judicial que venha a ser instaurado para resolução da lide.[57] O descumprimento das normas negociadas não deve determinar implacavelmente a extinção do processo sem julgamento de mérito por falta de interesse de agir, ante o principio de prevalência do julgamento de mérito[58], mas pode determinar a suspensão do processo pelo juiz para que as partes o cumpram[59]; acarretar imposição de

---

54. O efeito da preclusão, nesses casos, será a inadmissibilidade do ato processual. Afinal, "a inadmissibilidade é efeito da preclusão, seja em que modalidade for" (SICA, Heitor Vitor Mendonça. *Preclusão processual civil*. 2. ed. São Paulo: Atlas, 2008. p. 159).

55. O condicionamento operante promove a associação entre um estímulo e a sua consequência, enquanto o condicionamento clássico (concebida por Ivan Pavlov) implica a correlação entre um estímulo e outro. Em seu experimento inicial, Pavlov tocava uma campainha quando mostrava um pedaço de carne a um cachorro; logo o cachorro passou a associar a carne com a campainha, salivando sempre que esta era tocada. O condicionamento clássico independe das ações do sujeito, enquanto o operante depende; e influi na mudança de opiniões, ao passo que o condicionamento operante influi nas mudanças de comportamento. Sobre a matéria, SKINNER, Frederic B. *Ciência e comportamento humano*. Brasília: Ed. UnB/Funbec, 1970.

56. MARTIN, Neil M. *Psychology*. A beginner's guide. Oxford: Oneworld Publications, 2008. p. 70.

57. Há que ressalvar, aqui, obviamente, a possibilidade a parte ingressar diretamente na justiça, sem atender às exigências protocolares, quando necessária a concessão de medida de urgência ou quando o procedimento legal for imprescindível à obtenção da tutela pretendida.

58. Art. 4º do CPC/2015.

59. Essa alternativa não vilipendia o ordenamento processual brasileiro: basta lembrar que, de forma análoga, o art. 23 da Lei de Mediação prevê a possibilidade de as partes se comprometerem a não iniciar procedimento judicial ou arbitral por determinado prazo ou até o implemento de determinada condição, hipótese em que, instaurado o processo por uma das partes, o juiz ou o árbitro (conforme o caso) suspenderá o seu curso pelo prazo previamente acordado ou até o implemento da condição acordada.

multa por litigância de má-fé, com base no art. 80 do CPC/2015; ou levar à transferência do ônus de arcar com os custos do processo.

O valor das despesas processuais poderia também ser reduzido quando as partes comprovassem o pleno atendimento ao procedimento pré-processual. Incentivos financeiros como esse são plenamente aceitáveis no ordenamento pátrio, haja vista, por exemplo, aquele previsto no art. 29 da Lei de Mediação. O desconto seria justificável porque, realizada a fase prévia e cumpridos os seus objetivos, o trabalho judicial de identificar o objeto litigioso e de definir as questões controvertidas e os meios probatórios ficaria evidentemente facilitado. Em contrapartida, se as partes deixam de obedecer às regras da fase pré-processual, o trabalho do juiz fatalmente aumenta, fundamentando o aumento de despesa.

Além de sancionar o exercício abusivo de direito com pena pecuniária, a lei processual civil brasileira admite também, de forma análoga ao que já previa o art. 273, II, CPC/1973, a concessão da tutela provisória de evidência, que independe da demonstração do perigo de dano ou de risco ao resultado útil do processo, e é cabível quando "caracterizado o abuso do direito de defesa ou o manifesto propósito protelatório da parte" (art. 311, I, do CPC/2015).[60] Trata-se, portanto, de uma tutela de natureza claramente punitiva,[61] que atua como sanção à litigância de má-fé do réu, de cuja conduta exsurge a probabilidade ou a evidência do direito.[62]

Parece-nos que tanto a ideia do abuso de direito de defesa, esta entendida em uma concepção mais genérica, quanto a fórmula do manifesto propósito

---

60. A solução do Direito brasileiro, de atribuir à tutela da evidência a natureza de uma sanção contra atitude ilícita do réu, surpreendeu Paula Costa e Silva, por ser inédita nos ordenamentos estrangeiros e por ter a peculiaridade de pressupor um juízo de mérito, não definitivo e sujeito à modificação e revogação quando da realização da cognição exauriente (COSTA E SILVA, Paula. *Litigância de má fé*. Coimbra: Coimbra Ed., 2008. p. 316-317).

61. De acordo com José Roberto dos Santos Bedaque, a postura incorreta do autor autoriza essa solução provisória, que tem o fim de punir ilícito processual (BEDAQUE, José Roberto dos Santos. *Tutela cautelar e tutela antecipada*: tutelas sumárias e de urgência. 3. ed. São Paulo: Malheiros, 2003. p. 326). Bedaque, porém, limita a utilização dessa modalidade de antecipação de tutela, ao asseverar que, na prática, seria "normalmente concedida na sentença, apenas para retirar o efeito suspensivo de eventual apelação" (p. 330).

62. "É pura ou punitiva a antecipação que visa a reprimir o uso do processo de forma maliciosa pelo réu, que abusa de seu direito de defesa ou pratica atos nitidamente protelatórios. A tutela pura é a que protege o direito evidente, e quanto mais evidente mais nítido o abuso do direito de defesa perpetrado pelo réu (BERTOLDI, Marcelo M. Tutela antecipada, abuso do direito e propósito protelatório do réu. In: WAMBIER, Teresa Arruda Alvim (Coord.). *Aspectos polêmicos da antecipação da tutela*. São Paulo: RT, 1997. p. 312-313).

protelatório são capazes de abarcar a conduta pré-processual do réu, para fins de concessão da tutela de evidência.[63] Se o réu, quando notificado em um procedimento prévio, deixar de cumprir as obrigações que lhe incumbem, ficará sujeito à outorga da tutela da evidência em favor do autor. Há de ser feita a ressalva de que, nesses casos, não se admite concessão liminar da tutela *inaudita altera parte,* de modo que se reserva ao réu a relevante oportunidade de demonstrar que cumpriu as normas do procedimento, ao contrário do afirmado pelo autor, ou que deixou de fazê-lo por razão justificada. Nesses moldes, a tutela da evidência opera não apenas como uma consequência negativa à parte desobediente, mas também como uma verdadeira recompensa àquele que atendeu às prescrições prévias antes de acudir ao Judiciário.

Afiguram-se múltiplas, portanto, as formas factíveis para moldar os procedimentos prévios por meio das convenções pré-processuais. Não se pode negar que os princípios sobre os quais está fundamentado o novo modelo de processo civil, que valoriza o papel das partes e prioriza as vias não judiciais para a resolução dos conflitos, legitimam mecanismos como o que ora se aventa. E, mesmo que os litigantes não sejam capazes de harmonizar os seus interesses a partir do intercâmbio de informações na via extrajudicial, é certo que ao cabo do procedimento preliminar já se terão identificado as questões relevantes e controversas de fato e de direito, e as provas já produzidas poderão ser úteis, tornando o processo definitivamente mais eficiente, mais célere e menos custoso.

5. REFERÊNCIAS

ALMEIDA, Diogo Rezende de. *A contratualização do processo*. Das convenções processuais no processo civil. São Paulo: LTr, 2015.

ANDREWS, Neil. *The Modern Civil Process*. Judicial and Alternative Forms of Dispute Resolution in England. Germany: Mohr Siebeck, 2008

BARBOSA MOREIRA, José Carlos. Os novos rumos do processo civil brasileiro. *Revista da Academia Brasileira de Letras Jurídicas*, n. 6, v. 8, 1994.

---

63. Bruno Vasconcelos Carrilho Lopes afirma que a hipótese pode ocorrer "quando a conduta extraprocessual do demandado, pretérita à instauração do processo ou concomitante a ele, evidencie o intuito de protelar a satisfação de um direito claramente existente". Exemplifica o autor: "Caso, anteriormente à instauração do processo, o demandado recuse-se de forma injustificada a cumprir sua obrigação, circunstância devidamente constatada por correspondências ou notificações trocadas entre as partes é plenamente possível pedir desde a propositura da demanda a concessão de tutela antecipada sancionatória, fundada no manifesto propósito protelatório do réu" (LOPES, Bruno Vasconcelos Carrilho. *Tutela antecipada sancionatória*. São Paulo: Malheiros, 2006. p. 124-126).

BEDAQUE, José Roberto dos Santos. *Tutela cautelar e tutela antecipada*: tutelas sumárias e de urgência. 3. ed. São Paulo: Malheiros, 2003.

BERTOLDI, Marcelo M. Tutela antecipada, abuso do direito e propósito protelatório do réu. In: WAMBIER, Teresa Arruda Alvim (Coord.). *Aspectos polêmicos da antecipação da tutela*. São Paulo: RT, 1997.

CABRAL, Antonio do Passo. *Convenções processuais*. Salvador: JusPodivm, 2016.

_____. A Resolução n.º 118 do Conselho Nacional do Ministério Público e as Convenções Processuais. In: _____; NOGUEIRA, Pedro Henrique (Coord.). *Negócios processuais*. Salvador: JusPodivm, 2015.

CADIET, Loïc. Les conventions relatives au procès em droit français sur la contractualisation du règlement des litiges. Accordi di parte e processo. *Quaderni della Rivista Trimestrale di Diritto e Procedura Civile*, Milano: Giuffrè, 2008.

CALMON DE PASSOS, José Joaquim. *Esboço de uma teoria das nulidades aplicada às nulidades processuais*. Rio de Janeiro: Forense, 2002.

CARNELUTTI, Francesco. *Sistema di diritto processuale civile*, Padova: Cedam, 1936. v. 1, p. 753).

COMOGLIO, Luigi Paolo. Garanzie costituzionali e "giusto processo" (modelli a confronto). *Revista de Processo*, São Paulo: RT, ano 23, n. 90, abr.-jun. 1998.

COSTA E SILVA, Paula. *Litigância de má fé*. Coimbra: Coimbra Ed., 2008.

COUTO E SILVA, Clóvis V. do. *A obrigação como processo*. Rio de Janeiro: Ed. FGV, 2006.

DIDIER JR., Fredie. *Curso de direito processual civil*: introdução ao direito processual civil, parte geral e processo de conhecimento. Salvador: JusPodivm, 2015.

_____, (Coord. Geral). Princípio do respeito ao autorregramento da vontade no processo civil. In: CABRAL, Antonio do Passo; NOGUEIRA, Pedro Henrique (Coord.). *Negócios processuais*. Salvador: JusPodivm, 2015.

_____. Sobre dois importantes (e esquecidos) princípios do processo: adequação e adaptabilidade do procedimento. Revista Diálogo Jurídico, v. I, n. 7, out. 2001.

_____; NOGUEIRA, Pedro Henrique. *Teoria dos fatos jurídicos processuais*. Salvador: JusPodivm, 2011.

DODSON, Scott. New pleading, new discovery. Michigan Law Review, v. 109, *Oct. 2010*.

FUX, Luiz. Propostas do Presidente da comissão de Elaboração do Anteprojeto do Novo CPC. Disponível em: <www.cenajus.org.br>. Acesso em: 30 jan. 2016.

GODINHO, Robson Renault. A autonomia das partes e os poderes do juiz entre o privatismo e o publicismo do processo civil brasileiro. In: DIDIER JR., Fredie et al. (Coord.). *Ativismo judicial e garantismo processual*. Salvador: JusPodivm, 2013.

GOODMAN, Carl F. *Justice and Civil Procedure in Japan*. New York: Ocean Publications, 2004.

GRECO, Leonardo. Os atos de disposição processual: primeiras reflexões. In: MEDINA, José Miguel Garcia et al. *Os poderes do juiz e o controle das decisões judiciais*: estudos em homenagem à Professora Teresa Arruda Alvim Wambier. São Paulo: RT, 2008.

_____. *Instituições de processo civil*, Rio de Janeiro: Forense, 2009. v. I.

_____. A Reforma do Direito Probatório no Processo Civil Brasileiro – Anteprojeto do Grupo de Pesquisa "Observatório das Reformas Processuais" da Faculdade de Direito da Universidade do Estado do Rio de Janeiro. *Revista Eletrônica de Direito Processual – REDP*, Rio de Janeiro, v. 13, n. 13, 2014.

GUASP, Jaime. *Derecho procesal civil*. 2. ed. Madrid: Instituto de Estudios Políticos, 1962. v. I.

PICÓ I JUNOY, Joan. El derecho procesal entre garantismo y la eficacia: un debate mal planteado. In: AROCA, Juan Montero (Coord.). *Proceso civil e ideología*: un prefacio, una sentencia, dos cartas y quince ensayos. Valencia: Tirant lo Blanch, 2006.

LAMY, Eduardo. Condições da ação na perspectiva dos direitos fundamentais. *Revista de Processo*, São Paulo, v. 173, jul. 2009.

LOPES, Bruno Vasconcelos Carrilho. *Tutela antecipada sancionatória*. São Paulo: Malheiros, 2006.

MANCUSO, Rodolfo de Camargo. *Acesso à justiça*: condicionantes legítimas e ilegítimas, São Paulo: RT, 2012.

_____. *Ação civil pública em defesa do meio ambiente, do patrimônio cultural e dos consumidores*. 10. ed. São Paulo: RT, 2007.

MARQUES NETO, Floriano de Azevedo. Agências reguladoras – Instrumentos de fortalecimento do Estado. Disponível em: <http://www.abar.org.br>. Acesso em: 30 jan. 2016.

MARTIN, Neil M. *Psychology*. A beginner's guide. Oxford: Oneworld Publications, 2008.

MITIDIERO, Daniel. Colaboração no processo civil. Pressupostos sociais, lógicos e éticos. In MARINONI, Luiz Guilherme; BEDAQUE, José Roberto dos Santos. *Coleção Temas atuais de direito processual civil*. São Paulo: RT, 2009. v. 14.

NOGUEIRA, Pedro Henrique. É possível a resilição unilateral em negócios jurídicos bilaterais processuais?. *Revista Brasileira de Direito Processual – RBDPro*, Belo Horizonte: Fórum, n. 921, out.-dez. 2015.

NUNES, Dierle José Coelho. *Processo jurisdicional democrático*, 1. ed. 4.ª reimpressão. Curitiba: Juruá, 2012.

PINHO, Humberto Dalla Bernardina de. A mediação e a necessidade de sua sistematização. *Revista Eletrônica de Direito Processual – REDP*, Rio de Janeiro, ano 4, v. V, jan.-jul. 2010

RABELO, Cilana de Morais Soares. *Meios democráticos de solução de conflitos no âmbito das Agências Reguladoras – Arce*: um estudo de caso. 2008. Dissertação (Mestrado) – Universidade de Fortaleza.

SANTOS, Boaventura de Souza; MARQUES, Maria Manuel Leitão; PEDROSO, João. *Os Tribunais nas Sociedades Contemporâneas*, Coimbra: Centro de Estudos Sociais, n. 65, nov. 1995.

SARMENTO, Daniel. *Direitos fundamentais e relações privadas*. Rio de Janeiro: Lumen Juris, 2004.

SKINNER, Frederic B. *Ciência e comportamento humano*. Brasília: Ed. UnB/Funbec, 1970.

SICA, Heitor Vitor Mendonça. *Preclusão processual civil*. 2. ed. São Paulo: Atlas, 2008.

VELI, Giovanni Berti (Ed.). *Gli Osservatori sulla Giustizia Civile e i Protocolli d'Udienza*. Bologna: Il Mulino, 2011.

VIEIRA, Fernando Grella. A transação na esfera da tutela dos interesses difusos e coletivos: compromisso de ajustamento de conduta. In: MILLARÉ, Édis (Coord.). *Ação civil pública*. Lei 7.347/1985 – 15 anos. 2. ed. São Paulo: RT, 2002.

NEGÓCIOS JURÍDICOS PROCESSUAIS ATÍPICOS NO CPC-2015

Fredie Didier Jr.[1]

Sumário: 1. Negócios jurídicos processuais: noções gerais, espécies e classificação – 2. Negócios jurídicos processuais atípicos – 2.1. A cláusula geral de negociação sobre o processo. O princípio da atipicidade da negociação sobre o processo – 2.2. Regras gerais da negociação processual – 2.3. Negócios processuais celebrados pelas partes com o juiz – 2.4. Momento de celebração – 2.5. Requisitos de validade – 2.5.1. Generalidades – 2.5.2. Capacidade – 2.5.3. Objeto – 2.5.4. Forma – 2.6 Anulabilidade – 2.7. Eficácia e revogabilidade – 2.8. Onerosidade excessiva, resolução e revisão – 2.9. Inadimplemento e ônus da alegação – 2.10. Efetivação – 2.11. Princípio da boa-fé e negociação processual – 2.12. Interpretação – 2.13. Negócios processuais coletivos e negócios processuais que dizem respeito a processos indeterminados – 2.14. Direito intertemporal – 3. Referências.

1. NEGÓCIOS JURÍDICOS PROCESSUAIS: NOÇÕES GERAIS, ESPÉCIES E CLASSIFICAÇÃO

Negócio processual é o fato jurídico voluntário, em cujo suporte fático se confere ao sujeito o poder de regular, dentro dos limites fixados no próprio

---

[1]. Livre-docente (USP), Pós-doutorado (Universidade de Lisboa), Doutor (PUC/SP) e Mestre (UFBA). Professor-associado de Direito Processual Civil da Universidade Federal da Bahia. Advogado e consultor jurídico.

ordenamento jurídico, certas situações jurídicas processuais[2] ou alterar o procedimento.

Sob esse ponto de vista, o negócio jurídico é fonte de norma jurídica processual e, assim, vincula o órgão julgador, que, em um Estado de Direito, deve observar e fazer cumprir as normas jurídicas *válidas*, inclusive as convencionais[3]. O estudo das *fontes da norma jurídica processual* não será completo, caso ignore o negócio jurídico processual.

Há diversos exemplos de negócios processuais: a eleição negocial do foro (art. 63, CPC), o negócio tácito de que a causa tramite em juízo relativamente incompetente (art. 65, CPC), o calendário processual (art. 191, §§ 1º e 2º, CPC), a renúncia ao prazo (art. 225, CPC), o acordo para a suspensão do processo (art. 313, II, CPC), organização consensual do processo (art. 357, § 2º), o adiamento negociado da audiência (art. 362, I, CPC), a convenção sobre ônus da prova (art. 373, §§ 3º e 4º, CPC), a escolha consensual do perito (art. 471, CPC), o acordo de escolha do arbitramento como técnica de liquidação (art. 509, I, CPC), a desistência do recurso (art. 999, CPC), o pacto de mediação prévia obrigatória (art. 2º, § 1º, Lei n. 13.140/2015) etc. Todos são negócios processuais *típicos*.

Bem pensadas as coisas, na própria petição inicial há pelo menos o negócio jurídico processual[4] de *escolha do procedimento* a ser seguido, visualizado com mais facilidade quando o autor pode optar entre diversos procedimentos, como entre o mandado de segurança e o procedimento comum.

Há negócios processuais *relativos ao objeto litigioso do processo*, como o reconhecimento da procedência do pedido, e há negócios processuais que têm por *objeto o próprio processo*, em sua estrutura, como o acordo para suspensão convencional do procedimento. O negócio que tem por objeto o próprio pro-

---

2. DIDIER JR., Fredie; NOGUEIRA, Pedro Henrique Pedrosa. *Teoria dos fatos jurídicos processuais.* 2ª ed. Salvador: Editora JusPodivm, 2012, p. 59-60.
3. CABRAL, Antonio do Passo. *Convenções processuais: entre publicismo e privatismo.* Tese de Livre--docência. São Paulo: Universidade de São Paulo, Faculdade de Direito, 2015, p. 240.
4. Vai ainda mais além Paula Costa e Silva, com argumentos muito bons, que aproxima o *acto postulativo* do ato negocial. Defende que é ato que delimita o objeto do processo e que traduz o que a parte "quer" do tribunal. Traduz manifestação de vontade, com escolha dos efeitos desejados, sendo que o tribunal fica adstrito ao que lhe foi pedido (SILVA, Paula Costa e. *Acto e Processo*, cit., p. 318 ss.). A ideia parece correta e a ela aderimos. Em *sentido diverso*, entendendo que a postulação é um ato jurídico em sentido estrito, OLIVEIRA, Bruno Silveira de. *O juízo de identificação de demandas e de recursos no processo civil.* São Paulo: Saraiva, 2011, p. 119.

cesso pode servir para a redefinição das situações jurídicas processuais (ônus, direitos, deveres processuais) ou para a reestruturação do procedimento.

Há a possibilidade de celebração de negócios processuais *atípicos*, lastreados na cláusula geral de negociação sobre o processo, prevista no art. 190, CPC, a principal concretização do princípio do respeito ao autorregramento processual. Ao art. 190 do CPC se dedica um item específico, mais à frente.

Note, ainda, que é possível visualizar negócios processuais *unilaterais* (que se perfazem pela manifestação de apenas uma vontade), como a *desistência* e a *renúncia*, e negócios *bilaterais* (que se perfazem pela manifestação de duas vontades), como é o caso da *eleição negocial do foro* e da *suspensão convencional do andamento do processo*. Não deveria haver maiores dúvidas a respeito do tema. Parece claro que, se a *renúncia* é um negócio jurídico, como reputa a doutrina de maneira generalizada[5], não atribuir a mesma natureza jurídica à *renúncia do direito de recorrer*, por exemplo, seria incoerência que não se pode admitir. O art. 200 do CPC[6] deixa clara a possibilidade de negócios unilaterais e bilaterais.

Os negócios jurídicos *bilaterais* costumam ser divididos em *contratos*, quando as vontades dizem respeito a interesses contrapostos, e *acordos* ou *convenções*, quando as vontades se unem para um interesse comum[7]. Não se nega a possibilidade teórica de um *contrato processual*[8], mas é certo que são mais abundantes os exemplos de *acordos* ou *convenções processuais*[9].

---

5. Na doutrina, por exemplo, GOMES, Orlando. *Introdução ao Direito Civil*. 17ª ed. Rio de Janeiro: Forense, 2000, p. 297 e segs.

6. Art. 200 do CPC: "Os atos das partes consistentes em declarações unilaterais ou bilaterais de vontade produzem imediatamente a constituição, modificação ou extinção de direitos processuais".

7. Por exemplo, GOMES, Orlando. *Introdução ao Direito Civil*. 17ª ed. Rio de Janeiro: Forense, 2000, p. 297 e segs.; BETTI, Emilio. *Teoria geral do negócio jurídico*. Fernando de Miranda (trad.). Coimbra: Coimbra Editora, 1969, t. 2, p. 198.

8. Um exemplo de contrato processual no Direito brasileiro é a "colaboração premiada" – vulgarmente chamada de "delação premiada" – prevista na Lei 12.850/2013, para o processo penal. Aceitamos uma colaboração premiada atípica como negócio jurídico no processo de improbidade administrativa. Sobre o tema, especificamente, DINO, Nicolao. "A colaboração premiada na improbidade administrativa: possibilidade e repercussão probatória". *A prova no enfrentamento à macrocriminalidade*. Daniel de Resende Salgado e Ronaldo Pinheiro de Queiroz (coord.). Salvador: Editora Jus Podivm, 2015, p. 439-460; CABRAL, Antonio do Passo. "A Resolução n. 118 do Conselho Nacional do Ministério Público e as convenções processuais". *Negócios processuais*. Antonio do Passo Cabral e Pedro Henrique Pedrosa Nogueira (coord.). Salvador: Editora Jus Podivm, 2015, p. 545-546.

9. Barbosa Moreira já havia percebido a circunstância, sugerindo, inclusive, a designação "convenção processual" (MOREIRA, José Carlos Barbosa. "Convenções das partes sobre matéria processual". *Temas de direito processual – terceira série*. São Paulo: Saraiva, 1984, p. 89).

Há também negócios *plurilaterais*, formados pela vontade de mais de dois sujeitos, como a sucessão processual voluntária (art. 109, CPC). É o que acontece, também, com os negócios processuais celebrados com a participação do juiz. Os negócios *plurilaterais* podem ser *típicos*, como o calendário processual (art. 191, CPC) e a organização compartilhada do processo (art. 357, § 3º, CPC), ou *atípicos*, como o acordo para realização de sustentação oral, o acordo para ampliação do tempo de sustentação oral, o julgamento antecipado do mérito convencional, as convenções sobre prova ou a redução convencional de prazos processuais[10].

Há negócios *expressos*, como o foro de eleição, e negócios *tácitos*, como o consentimento tácito do cônjuge para a propositura de ação real imobiliária, o consentimento tácito para a sucessão processual voluntária (art. 109, § 1º, CPC), a recusa tácita à proposta de autocomposição formulada pela outra parte (art. 154, par. ún., CPC), a renúncia tácita à convenção de arbitragem (art. 337, § 6º, CPC) e a aceitação tácita da decisão (art. 1.000, CPC).

Negócios tácitos tanto podem ser celebrados com comportamentos *comissivos*, como é o caso da prática de ato incompatível com a vontade de recorrer (aceitação da decisão), ou *omissivos*, como a não alegação de convenção de arbitragem. Há, então, *omissões processuais negociais*. Nem toda omissão processual é, então, um *ato-fato processual*. O silêncio da *parte* pode, em certas circunstâncias, *normalmente tipicamente previstas*, ser uma manifestação de sua vontade[11].

Há *negócios jurídicos processuais* que precisam ser homologados pelo juiz, como é o caso da *desistência do processo* (art. 200, par. ún., CPC), e outros que não precisam dessa chancela, como o negócio tácito sobre a modificação da competência relativa ou a desistência do recurso[12]. A necessidade de homologação judicial não descaracteriza o ato como *negócio*[13], assim como não

---

10. Consoante o enunciado n. 21 do Fórum Permanente de Processualistas Civis: "São admissíveis os seguintes negócios, dentre outros: acordo para realização de sustentação oral, acordo para ampliação do tempo de sustentação oral, julgamento antecipado do mérito convencional, convenção sobre prova, redução de prazos processuais".

11. Bem a propósito, o art. 111 do Código Civil, aplicável ao direito processual civil: "O silêncio importa anuência, quando as circunstâncias ou os usos o autorizarem, e não for necessária a declaração de vontade expressa". Sobre a eficácia negocial do silêncio, DIDIER JR., Fredie; BOMFIM, Daniela. "Exercício tardio de situações jurídicas ativas. O silêncio como fato jurídico extintivo: renúncia tácita e suppressio". *Pareceres*. Salvador: Editora JusPodivm, 2014, p. 266 e segs.

12. MOREIRA, José Carlos Barbosa. *Comentários ao Código de Processo Civil*. 11ª ed. Rio de Janeiro: Forense, 2005, v. 5, p. 333.

13. Percebeu o ponto, mais uma vez, MOREIRA, José Carlos Barbosa. "Convenções das partes sobre matéria processual", cit., p. 90.

deixa de ser negócio jurídico o acordo de divórcio em que há filhos incapazes, apenas porque se submete à homologação judicial. A autonomia privada pode ser mais ou menos regulada, mais ou menos submetida a controle, mas isso não desnatura o ato como negócio[14]. Todo efeito jurídico é, obviamente, consequência da incidência de uma norma sobre um fato jurídico; ora a lei confere à autonomia privada mais liberdade para a produção de eficácia jurídica, ora essa liberdade é mais restrita[15].

A regra é a dispensa da necessidade de homologação judicial do negócio processual. Negócios processuais que tenham por objeto as situações jurídicas processuais dispensam, invariavelmente, a homologação judicial. Negócios processuais que tenham por objeto mudanças no procedimento podem sujeitar-se a homologação, embora nem sempre isso ocorra; é o que acontece, por exemplo, com a desistência (art. 200, par. ún., CPC) e a organização consensual do processo (art. 357, § 2º, CPC).

O relevante para caracterizar um ato como *negócio jurídico* é a circunstância de a vontade estar direcionada não apenas à prática do ato, mas, também, à produção de um determinado efeito jurídico; no negócio jurídico, há escolha do regramento jurídico para uma determinada situação.[16]

Há quem não admita a existência de *negócios jurídicos processuais*, posicionamento que, com o CPC-2015, ao que parece, será simplesmente *contra legem*. Note que os argumentos contrários à existência foram rebatidos ao longo da exposição, além de terem sido apresentados inúmeros exemplos, espalhados por toda a legislação. A discussão sobre a existência dessa categoria processual, ao menos no direito brasileiro, parece, agora, obsoleta e inócua[17].

---

14. "Não se poderia reconhecer à autonomia da vontade, no campo processual, atuação tão ampla como a que se lhe abre o terreno privatístico". (MOREIRA, José Carlos Barbosa. "Convenções das partes sobre matéria processual", cit., p. 91.)
15. Com posicionamento semelhante, BRAGA, Paula Sarno. "Primeiras Reflexões sobre uma Teoria do Fato Jurídico Processual", cit., p. 312 ss.
16. MELLO, Marcos Bernardes de. *Teoria do Fato Jurídico (Plano da Existência)*. 10ª ed. São Paulo: Saraiva, 2000, p. 166.
17. Para registro histórico, convém mencionar alguns autores que entendiam não existir a categoria do negócio jurídico processual ao tempo do CPC-1973: DENTI, Vittorio. "Negozio processuale". *Enciclopedia del diritto*. Milano: Giuffrè Editore, v. XXVIII, p. 145; LIEBMAN, Enrico Tullio. *Manual de Direito Processual Civil*. 2ª ed. Cândido Dinamarco (trad.). Rio de Janeiro: Forense, 1985, v. 1, p. 226-227; DINAMARCO, Cândido Rangel. *Instituições de Direito Processual Civil*. São Paulo: Malheiros, 2001, v. 2, p.472; ROCHA, José Albuquerque. *Teoria Geral do Processo*. São Paulo: Atlas, 2003, p. 242; MITIDIERO, Daniel Francisco. *Comentários ao Código de Processo Civil*. São Paulo: Memória Jurídica, 2005, t. 2, p. 15-16; KOMATSU, Roque. *Da Invalidade no Processo Civil*. São Paulo: RT, 1991,

2. NEGÓCIOS JURÍDICOS PROCESSUAIS ATÍPICOS

2.1. A cláusula geral de negociação sobre o processo. O princípio da atipicidade da negociação sobre o processo

O *caput* do art. 190 do CPC[18] é uma cláusula geral, da qual se extrai o *subprincípio da atipicidade da negociação processual*. Subprincípio, porque serve à concretização do princípio de respeito ao autorregramento da vontade no processo[19].

Dessa cláusula geral podem advir diversas espécies de negócios processuais *atípicos*[20]. Embora o legislador tenha usado o verbo "convencionar" no *caput* e no parágrafo único, a cláusula geral permite *negócios processuais*, gênero de que as convenções são espécies, conforme visto.

O negócio processual *atípico* tem por objeto as situações jurídicas processuais – ônus, faculdades, deveres e poderes ("poderes", neste caso, significa qualquer situação jurídica ativa, o que inclui direitos subjetivos, direitos potestativos e poderes propriamente ditos). O negócio processual atípico também pode ter por objeto o ato processual – redefinição de sua forma ou da ordem de encadeamento dos atos, por exemplos[21].

Não se trata de negócio sobre o direito litigioso – essa é a autocomposição, já bastante conhecida. No caso, *negocia-se sobre o processo, alterando*

---

p. 141; GRECO FILHO, Vicente. *Direito Processual Civil Brasileiro*. 18ª ed. São Paulo: Saraiva, 2007, v. 2, p. 6.

18. Art. 190 do CPC: "Versando o processo sobre direitos que admitam autocomposição, é lícito às partes plenamente capazes estipular mudanças no procedimento para ajustá-lo às especificidades da causa e convencionar sobre os seus ônus, poderes, faculdades e deveres processuais, antes ou durante o processo. Parágrafo único. De ofício ou a requerimento, o juiz controlará a validade das convenções previstas neste artigo, recusando-lhes aplicação somente nos casos de nulidade ou de inserção abusiva em contrato de adesão ou em que alguma parte se encontre em manifesta situação de vulnerabilidade".

19. DIDIER Jr., Fredie. "Princípio do respeito ao autorregramento da vontade no Processo Civil". *Negócios processuais*. Antonio Cabral e Pedro Henrique Pedrosa Nogueira (coord.). Salvador: Editora Jus Podivm, 2015.

20. Não admitindo negócios processuais atípicos, com base no direito italiano, GIUSSANI, Andrea. "Autonomia privata e pressuposti processuali: note per un inventario". *Revista de Processo*. São Paulo: RT, 2012, n. 211, p. 110.

21. A propósito, os enunciados n. 257 e 258 do Fórum Permanente de Processualistas Civis: 257. "O art. 190 autoriza que as partes tanto estipulem mudanças do procedimento quanto convencionem sobre os seus ônus, poderes, faculdades e deveres processuais". 258. "As partes podem convencionar sobre seus ônus, poderes, faculdades e deveres processuais, ainda que essa convenção não importe ajustes às especificidades da causa".

suas regras,[22] *e não sobre o objeto litigioso do processo.* São negócios que derrogam normas processuais – *Normdisposition*, conforme designação de Gerhard Wagner[23].

Segue lista com alguns exemplos de negócios processuais *atípicos* permitidos pelo art. 190: acordo de impenhorabilidade, acordo de instância única[24], acordo de ampliação ou redução de prazos, acordo para superação de preclusão[25], acordo de substituição de bem penhorado, acordo de rateio de despesas processuais, dispensa consensual de assistente técnico, acordo para retirar o efeito suspensivo da apelação, acordo para não promover execução provisória[26], acordo para dispensa de caução em execução provi-

---

22. Por isso, houve quem preferisse designar o fenômeno de *flexibilização procedimental voluntária*, GAJARDONI, Fernando Fonseca. *Flexibilização procedimental*. São Paulo: Atlas, 2008, p. 215.

23. Citado por CAPONI, Remo. "Autonomia privata e processo civile: gli accordi processuali". *Civil Procedure Review*, v. 1, n. 2, 2010, p. 45. Disponível em: <http://www.civilprocedurereview.com/busca/baixa_arquivo.php?id=19m>. Acesso em: 16 abr. 2014; "Autonomia privada e processo civil: os acordos processuais". Pedro Gomes de Queiroz (trad.) *Revista de Processo*. São Paulo: RT, 2014, n. 228, p. 363.

24. O art. 681º, 1, do CPC português permite expressamente o acordo de instância única: "1- É lícito às partes renunciar aos recursos; mas a renúncia antecipada só produz efeito se provier de ambas as partes". O art. 41, par. 2, do CPC francês, também. Sobre o acordo de instância única, CADIET, Loïc. "Los acuerdos procesales en derecho francés: situación actual de la contractualización del proceso y de la justicia en Francia". *Civil Procedure Review*, v. 3, n. 3, p. 20. Disponível em: <www.civilprocedurereview.com>. Acesso em: 21 abr. 2014; NOGUEIRA, Pedro Henrique Pedrosa. "A cláusula geral do acordo de procedimento no Projeto do Novo CPC (PL 8.046/2010)". In: FREIRE, Alexandre; DANTAS, Bruno; NUNES, Dierle; DIDIER JR., Fredie; MEDINA, José Miguel Garcia; FUX, Luiz; CAMARGO, Luiz Henrique Volpe; OLIVEIRA, Pedro Miranda de (org.). *Novas Tendências do Processo Civil – estudos sobre o projeto do Novo Código de Processo Civil*. Salvador: Editora JusPodivm, 2013, p. 25.

25. CAPONI, Remo. "Autonomia privata e processo civile: gli accordi processuali". *Civil Procedure Review*, v. 1, n. 2, 2010, p. 50. Disponível em: <http://www.civilprocedurereview.com/busca/baixa_arquivo.php?id=19m>. Acesso em: 16 abr. 2014; "Autonomia privada e processo civil: os acordos processuais". Pedro Gomes de Queiroz (trad.) *Revista de Processo*. São Paulo: RT, 2014, n. 228, p. 367.

26. Consoante o enunciado n. 19 do Fórum Permanente de Processualistas Civis: "São admissíveis os seguintes negócios processuais, dentre outros: pacto de impenhorabilidade, acordo de ampliação de prazos das partes de qualquer natureza, acordo de rateio de despesas processuais, dispensa consensual de assistente técnico, acordo para retirar o efeito suspensivo de recurso, acordo para não promover execução provisória; pacto de mediação ou conciliação extrajudicial prévia obrigatória, inclusive com a correlata previsão de exclusão da audiência de conciliação ou de mediação prevista no art. 334; pacto de exclusão contratual da audiência de conciliação ou de mediação prevista no art. 334; pacto de disponibilização prévia de documentação (pacto de *disclosure*), inclusive com estipulação de sanção negocial, sem prejuízo de medidas coercitivas, mandamentais, sub-rogatórias ou indutivas; previsão de meios alternativos de comunicação das partes entre si.". Já o enunciado n. 490 do mesmo Fórum Permanente de Processualistas Civis traz outro rol de negócios atípicos admitidos com base no art. 190 do CPC: "São admissíveis os seguintes negócios processuais, entre outros: pacto de inexecução parcial ou total de multa coercitiva; pacto de alteração de ordem de penhora; pré-indicação de bem penhorável preferencial (art. 848, II); pré-fixação de indenização

sória[27], acordo para limitar número de testemunhas, acordo para autorizar intervenção de terceiro fora das hipóteses legais, acordo para decisão por equidade ou baseada em direito estrangeiro ou consuetudinário[28], acordo para tornar ilícita uma prova etc.

É possível acordo sobre pressupostos processuais. Não há incompatibilidade teórica entre negócio processual e pressuposto processual. Tudo dependerá do exame do direito positivo. Há, por exemplo, expressa permissão de acordo sobre competência relativa e acordo sobre foro de eleição internacional (art. 25, CPC). O consentimento do cônjuge para a propositura de ação real imobiliária pelo outro cônjuge é negócio processual sobre um pressuposto processual: a capacidade processual. Há possibilidade de legitimação extraordinária convencional[29]. Nada impede, também, que as partes acordem no sentido de ignorar a coisa julgada (pressuposto processual negativo) anterior e pedir nova decisão sobre o tema: se as partes são capazes e a questão admite autocomposição, não há razão para impedir – note que a parte vencedora poderia renunciar ao direito reconhecido por sentença transitada em julgado[30].

---

por dano processual prevista nos arts. 81, § 3º, 520, inc. I, 297, parágrafo único (cláusula penal processual); negócio de anuência prévia para aditamento ou alteração do pedido ou da causa de pedir até o saneamento (art. 329, inc. II)".

27. Consoante o enunciado n. 262 do Fórum Permanente de Processualistas Civis: "É admissível negócio processual para dispensar caução no cumprimento provisório de sentença".

28. Aplica-se, por analogia, o art. 2º da Lei n. 9.307/1996: "A arbitragem poderá ser de direito ou de equidade, a critério das partes. § 1º Poderão as partes escolher, livremente, as regras de direito que serão aplicadas na arbitragem, desde que não haja violação aos bons costumes e à ordem pública. § 2º Poderão, também, as partes convencionar que a arbitragem se realize com base nos princípios gerais de direito, nos usos e costumes e nas regras internacionais de comércio". Nesse sentido, GRECO, Leonardo. "Os atos de disposição processual – primeiras reflexões", cit., p. 21. Também assim, art. 114 do CPC italiano, que prevê o acordo de julgamento por equidade como um negócio típico: "Il giudice, sia in primo grado che in apelo, decide il mérito dela causa secondo equitá quando esso riguarda diritti disponibili dele parti e queste gliene fanno concorde richiesta". No CPC francês, há previsão expressa de acordo de direito aplicável ao caso (art. 12, parágrafo 3) e de decisão por equidade (art. 12, parágrafo 4; sobre o acordo de equidade no direito francês, CADIET, Loïc. "Los acuerdos procesales en derecho francés: situación actual de la contractualización del processo y de la justicia en Francia". *Civil Procedure Review*, v. 3, n. 3, p. 21-22. Disponível em: <www.civilprocedurereview.com>. Acesso em: 21 abr. 2014.

29. DIDIER Jr., Fredie. "*Fonte normativa da legitimação extraordinária no novo Código de Processo Civil: a legitimação extraordinária de origem negocial*". Revista de Processo. São Paulo: RT, 2014, v. 232.

30. Não admitindo esse acordo processual (ignorar coisa julgada anterior), GIUSSANI, Andrea. "Autonomia privata e pressuposti processuali: note per un inventario". *Revista de Processo*. São Paulo: RT, 2012, n. 211, p. 108.

2.2. Regras gerais da negociação processual

Do art. 190 do CPC decorrem as regras gerais para a negociação processual.

O negócio processual obriga os sucessores de quem o celebrou[31].

Há um conjunto de normas que disciplinam a negociação sobre o processo. Esse conjunto pode ser considerado um microssistema. O art. 190 e o art. 200 do CPC são o núcleo de microssistema e devem ser interpretados conjuntamente, pois restabelecem o modelo dogmático da negociação sobre o processo no direito processual civil brasileiro. Nesse sentido, o enunciado n. 261 do Fórum Permanente de Processualistas Civis: "O art. 200 aplica-se tanto aos negócios unilaterais quanto aos bilaterais, incluindo as convenções processuais do art.190".

Observados os pressupostos específicos dos negócios processuais *típicos*, os pressupostos gerais, neste item examinados, devem ser também preenchidos.

2.3. Negócios processuais celebrados pelas partes com o juiz

Embora o *caput* do art. 190 do CPC mencione apenas os negócios processuais atípicos celebrados pelas partes, não há razão alguma para não se permitir negociação processual atípica que inclua o órgão jurisdicional[32].

Seja porque há exemplos de negócios processuais plurilaterais típicos envolvendo o juiz, como já examinado, o que significa que não é estranha ao sistema essa figura; seja porque não há qualquer prejuízo (ao contrário, a participação do juiz significa fiscalização imediata da validade do negócio), seja porque poder negociar *sem* a interferência do juiz é mais do que poder negociar *com* a participação do juiz.

Um bom exemplo de negócio processual atípico celebrado pelas partes e pelo juiz é a execução negociada de sentença que determina a implantação de política pública[33].

---

31. Enunciado n. 115 do Fórum Permanente de Processualistas Civis: "O negócio jurídico celebrado nos termos do art. 190 obriga herdeiros e sucessores".
32. Em sentido contrário, não admitindo a possibilidade de o juiz ser considerado sujeito de uma convenção processual, CABRAL, Antonio do Passo. *Convenções processuais: entre publicismo e privatismo*. Tese de Livre-docência. São Paulo: Universidade de São Paulo, Faculdade de Direito, 2015, p. 236-239; YARSHELL, Flávio Luiz. "Convenções das partes em matéria processual: rumo a uma nova era?" In: CABRAL, Antonio do Passo; NOGUEIRA, Pedro Henrique Pedrosa (coord.). *Negócios processuais*. Salvador: Editora Jus Podivm, 2015, p. 79.
33. COSTA, Eduardo José da Fonseca. "A 'execução negociada' de políticas públicas em juízo". *Revista de Processo*. São Paulo: RT, 2012, n. 212; DIDIER JR., Fredie; ZANETI JR., Hermes. *Curso de direito processual civil*. 9ª ed. Salvador: Editora JusPodivm, 2014, v. 4, p. 367-368.

2.4. Momento de celebração

Os negócios processuais podem ser celebrados antes ou durante a litispendência. O *caput* do art. 190 é expresso ao permitir essa possibilidade. Ratifica-se, então, o que se disse acima: o negócio jurídico é processual se repercutir em processo atual ou futuro.

Assim, é possível inserir uma cláusula negocial processual num outro contrato qualquer, já regulando eventual processo futuro que diga respeito àquela negociação. O parágrafo único do art. 190, aliás, expressamente menciona a possibilidade de negócio processual inserido em contrato de adesão. Um bom exemplo de negócio processual inserido em outro negócio (de adesão ou não) é o pacto de mediação obrigatória: as partes decidem que, antes de ir ao Judiciário, devem submeter-se a uma câmara de mediação.

Enquanto houver litispendência, será possível negociar sobre o processo. Tudo vai depender do objeto da negociação. Um acordo para divisão de tempo na sustentação oral, por exemplo, pode ser celebrado um pouco antes do início da sessão de julgamento no tribunal.

Ambiente propício para a celebração de acordos processuais é a audiência de saneamento e organização do processo (art. 357, § 3º, CPC). Nesse momento, as partes podem, por exemplo, acordar para alterar ou ampliar o objeto litigioso, dispensar perito ou celebrar o negócio de organização consensual do processo (art. 357, § 2º, CPC)[34].

2.5. Requisitos de validade

2.5.1. Generalidades

Como qualquer negócio jurídico, os negócios jurídicos processuais passam pelo plano da validade dos atos jurídicos. Também como qualquer negócio jurídico, o negócio jurídico processual pode ser invalidado apenas parcialmente (enunciado n. 134 do Fórum Permanente de Processualistas Civis).

A convenção processual é autônoma em relação ao negócio principal em que estiver inserida. A invalidade do negócio principal não implicará, necessariamente, a invalidade da convenção processual. Essa regra, existente para

---

34. HOFFMAN, Paulo. *Saneamento compartilhado.* São Paulo: Quartier Latin, 2011, p. 198-199; NOGUEIRA, Pedro Henrique Pedrosa. "A cláusula geral do acordo de procedimento no Projeto do Novo CPC (PL 8.046/2010)", cit., p. 26.

a convenção de arbitragem (art. 8º, Lei n. 9.307/1996), estende-se a todas as demais convenções processuais, por analogia[35].

Assim, para serem válidos, os negócios processuais devem: *a)* ser celebrados por pessoas capazes; *b)* possuir objeto lícito; *c)* observar forma prevista ou não proibida por lei (arts. 104, 166 e 167, Código Civil). O desrespeito a qualquer desses requisitos implica *nulidade* do negócio processual, reconhecível *ex officio* nos termos do parágrafo único do art. 190. A decretação de invalidade processual deve obedecer ao sistema das invalidades processuais, o que significa dizer que não haverá nulidade sem prejuízo[36].

2.5.2. *Capacidade*

O *caput* do art. 190 do CPC exige que as partes sejam plenamente capazes para que possam celebrar os negócios processuais atípicos, mas não esclarece a que capacidade se refere.

Observe que o negócio pode ter sido celebrado antes do processo; assim, pode ter sido formado antes de as partes do negócio se tornarem partes do processo.

É a *capacidade processual* o requisito de validade exigido para a prática dos negócios processuais atípicos permitidos pelo art. 190 do CPC. No caso, exige-se a *capacidade processual negocial*,[37] que pressupõe a capacidade processual, mas não se limita a ela, pois a vulnerabilidade é caso de *incapacidade processual negocial*, como será visto adiante, que a princípio não atinge a *ca-*

---

35. Nesse sentido, enunciado n. 409 do Fórum Permanente de Processualistas Civis: "A convenção processual é autônoma em relação ao negócio em que estiver inserta, de tal sorte que a invalidade deste não implica necessariamente a invalidade da convenção processual".
36. ALMEIDA, Diogo Assumpção Rezende. *Das Convenções Processuais no Processo Civil*. Tese (Doutorado em Direito Processual) – Faculdade de Direito, Universidade do Estado do Rio de Janeiro, Rio de Janeiro, 2014, p. 124. Também assim, o Enunciado n. 16 do Fórum Permanente de Processualistas Civis: "O controle dos requisitos objetivos e subjetivos de validade da convenção de procedimento deve ser conjugado com a regra segundo a qual não há invalidade do ato sem prejuízo".
37. GRECO, Leonardo. "Os atos de disposição processual – primeiras reflexões", cit., p. 13. Diogo Rezende de Almeida vai nessa linha, com uma sutil diferença: para ele, nos negócios celebrados *antes* do processo, a capacidade exigida é a do direito material (ALMEIDA, Diogo Assumpção Rezende. *Das Convenções Processuais no Processo Civil*, cit., p. 120-121). Para nós, porque visa a produzir efeitos em um processo, ainda que futuro, a capacidade exigida é processual. Uma pessoa casada não pode regular uma futura ação real imobiliária sem a participação do seu cônjuge, por exemplo: embora *materialmente* capaz, ela sofre restrição em sua capacidade processual (art. 73, CPC; art. 1.647, Código Civil).

pacidade processual geral - um consumidor é processualmente capaz, embora possa ser um *incapaz processual negocial*.

A observação é importante, pois o sujeito pode ser incapaz civil e capaz processual, como, por exemplo, o menor com dezesseis anos, que tem capacidade processual para a ação popular, embora não tenha plena capacidade civil. Embora normalmente quem tenha capacidade civil tenha capacidade processual, isso pode não acontecer. *Como se trata de negócios jurídicos processuais, nada mais justo que se exija capacidade processual para celebrá-los.*

Incapaz não pode celebrar negócios processuais sozinho. Mas se estiver devidamente representado, não há qualquer impedimento para que o incapaz celebre um negócio processual. De fato, não há sentido em impedir negócio processual celebrado pelo espólio (incapaz processual) ou por um menor, sobretudo quando se sabe que, extrajudicialmente, suprida a incapacidade pela representação, há para esses sujeitos mínimas limitações para a negociação.

Não há qualquer impedimento na celebração de convenções processuais pelo Poder Público[38]: se pode optar pela arbitragem (art. 1º, §§ 1º e 2º, Lei n. 9.307/1996), tanto mais poderia celebrar convenções processuais. Eventual invalidade, no caso, recairia sobre o objeto, mas, não, sobre a capacidade.

O CPC prevê expressamente a possibilidade de acordo ou tratado internacional dispensar a *caução às custas* (art. 83, § 1º, I, CPC). É um claro negócio jurídico processual, celebrado pela União. O art. 75, § 4º, CPC, expressamente prevê um negócio jurídico processual celebrado entre o Estado e o Distrito Federal, para cooperação entre as procuradorias jurídicas.

É preciso também registrar que o Ministério Público pode celebrar negócios processuais, sobretudo na condição de parte – basta dar como exemplo a possibilidade de o Ministério Público inserir, em termos de ajustamento de conduta, convenções processuais[39].

---

38. Assim, enunciado n. 256 do Fórum Permanente de Processualistas Civis: "A Fazenda Pública pode celebrar negócio processual".
39. Assim, enunciado n. 253 do Fórum Permanente de Processualistas Civis: "O Ministério Público pode celebrar negócio processual quando atua como parte". O Conselho Nacional do Ministério Público regulamentou e estimulou a celebração de convenções processuais pelo Ministério Público, nos arts. 15-17 da Resolução n. 118/2014: "Art. 15. As convenções processuais são recomendadas toda vez que o procedimento deva ser adaptado ou flexibilizado para permitir a adequada e efetiva tutela jurisdicional aos interesses materiais subjacentes, bem assim para resguardar âmbito de proteção dos direitos fundamentais processuais. Art. 16. Segundo a lei processual, poderá o membro do Ministério Público, em qualquer fase da investigação ou durante o processo, celebrar acordos

O parágrafo único do art. 190 traz hipótese específica de *incapacidade processual negocial*: a incapacidade pela situação de vulnerabilidade. Há vulnerabilidade quando houver desequilíbrio entre os sujeitos na relação jurídica, fazendo com que a negociação não se aperfeiçoe em igualdades de condições[40].

O juridicamente incapaz presume-se vulnerável. Mas há quem seja juridicamente capaz *e* vulnerável. As posições jurídicas de consumidor e de trabalhador costumam ser apontadas como posições vulneráveis, nada obstante envolvam sujeitos capazes. Nesses casos, a vulnerabilidade precisa ser constatada *in concreto*: será preciso demonstrar que a vulnerabilidade atingiu a formação do negócio jurídico, desequilibrando-o. Não por acaso o parágrafo único do art. 190 diz que o órgão jurisdicional somente reputará nulo o negócio quando se constatar a "manifesta

situação de vulnerabilidade.

Um indício de vulnerabilidade é o fato de a parte não estar acompanhada de assessoramento técnico-jurídico[41]. Esse fato não autoriza, por si, que se presuma a

vulnerabilidade da parte, mas indiscutivelmente é uma pista para ela[42].

Assim, nada impede, em tese, a celebração de negócios processuais no contexto do processo consumerista ou trabalhista. Caberá ao órgão jurisdi-

---

visando constituir, modificar ou extinguir situações jurídicas processuais. Art. 17. As convenções processuais devem ser celebradas de maneira dialogal e colaborativa, com o objetivo de restaurar o convívio social e a efetiva pacificação dos relacionamentos por intermédio da harmonização entre os envolvidos, podendo ser documentadas como cláusulas de termo de ajustamento de conduta".

40. O dispositivo decorreu da influência do pensamento de Leonardo Greco sobre a paridade de armas na negociação processual (GRECO, Leonardo. "Os atos de disposição processual – primeiras reflexões". *Revista Eletrônica de Direito Processual*, 2007, v. 1, p. 11. Disponível em: <www.redp.com.br>).

41. "Como se sabe, não são raros os contratos em que não há assistência de advogado para uma ou ambas as partes contraentes. Uma cláusula que estabeleça modificação em questões técnicas do processo pode, muito bem, passar despercebida por um leigo e mesmo por empresários versados em negócios empresariais (mas não no processo e, mais ainda, nos detalhes procedimentais). Nesses casos, a não-participação de advogado quando da lavratura do negócio pode significar a incapacidade do contraente de prever as consequências da sua manifestação de vontade. A vulnerabilidade técnica, nesse caso, especificamente quanto ao processo e suas previsões, pode significar a necessidade de não-aplicação do negócio, no ponto". (ABREU, Rafael Sirangelo de. "A igualdade e os negócios processuais" In: CABRAL, Antonio do Passo; NOGUEIRA, Pedro Henrique Pedrosa (coord.). *Negócios processuais*. Salvador: Editora Jus Podivm, 2015, p. 208).

42. Enunciado n. 18 do Fórum Permanente de Processualistas Civis: "Há indício de vulnerabilidade quando a parte celebra acordo de procedimento sem assistência técnico-jurídica".

cional, em tais situações, verificar se a negociação foi feita em condições de igualdade; se não, recusará eficácia ao negócio. Note que o parágrafo único do art. 190 concretiza as disposições do art. 7º e do art. 139, I, CPC, que impõem ao juiz o dever de zelar pela igualdade das partes.

O art. 105 do CPC traz uma lista de atos para os quais o advogado necessita de poder especial; lá, há muitos atos negociais. Sempre que um negócio processual puder resultar em uma das situações previstas no art. 105 do CPC, há necessidade que o advogado tenha poder especial para praticá-lo em nome da parte.

2.5.3. Objeto

O objeto do negócio é o ponto mais sensível e indefinido na dogmática da negociação processual atípica. É preciso criar padrões dogmáticos seguros para o exame da licitude do objeto dos negócios processuais.

Seguem algumas diretrizes gerais, que não exaurem a dogmática em torno do assunto.

    a) A primeira diretriz é a adoção do critério proposto por Peter Schlosser, para avaliar o consenso das partes sobre o processo civil: *in dubio pro libertate*[43].

Ressalvada alguma regra que imponha uma interpretação restritiva (art. 114 do Código Civil, p. ex.), na dúvida deve admitir-se o negócio processual.

    b) A negociação atípica somente pode realizar-se em causas que admitam solução por autocomposição. Trata-se de requisito objetivo expresso previsto no *caput* do art. 190 do CPC.

Embora o negócio processual ora estudado não se refira ao objeto litigioso do processo, é certo que a negociação sobre as situações jurídicas processuais ou sobre a estrutura do procedimento pode acabar afetando a solução do mérito da causa. Um negócio sobre prova, por exemplo, pode dificultar as chances de êxito de uma das partes. Esse reflexo que o negócio processual

---

43. Citado por CAPONI, Remo. "Autonomia privata e processo civile: gli accordi processuali". *Civil Procedure Review*, v. 1, n. 2, 2010, p. 44. Disponível em: <http://www.civilprocedurereview.com/busca/baixa_ arquivo.php?id=19m>. Acesso em: 16 abr. 2014; "Autonomia privada e processo civil: os acordos processuais". Pedro Gomes de Queiroz (trad.) *Revista de Processo*. São Paulo: RT, 2014, n. 228, p. 362.

possa vir a causar na resolução do direito litigioso justifica a proibição de sua celebração em processos cujo objeto não admita autocomposição.

Mas é preciso que se deixe claro um ponto: o direito em litígio pode ser indisponível, mas admitir solução por autocomposição. É o que acontece com os direitos coletivos[44] e o direito aos alimentos. Assim, "a indisponibilidade do direito material não impede, por si só, a celebração de negócio jurídico processual" (Enunciado n. 135 do Fórum Permanente de Processualistas Civis). Por isso o texto legal fala em "direito que admite autocomposição" e não "direito indisponível".

c) Tudo o quanto se sabe sobre a licitude do objeto do negócio jurídico privado aplica-se ao negócio processual.

Assim, somente é possível negociar comportamentos lícitos. São nulos, por exemplo, o negócio processual em que uma parte aceite ser torturada no depoimento pessoal e o negócio em que as partes aceitem ser julgadas com base em provas de fé (carta psicografada, por exemplo). No primeiro caso, o objeto do negócio é a prática de um crime; no segundo, o objeto do negócio vincula o Estado-juiz, que é laico, a decidir com base em premissa religiosa, o que é inconstitucional (art. 19, I, CF/1988).

Não é possível negociar para não haver representação processual por advogado. Se as partes não têm capacidade postulatória, elas não podem negociar para se autoatribuir essa capacidade[45].

Também é nulo o negócio processual simulado (art. 167 do Código Civil) ou em fraude à lei (art. 166, VI, Código Civil). Aplica-se, no caso, o art. 142 do CPC, que impõe ao juiz o dever de proferir decisão que obste o propósito das partes, sempre que constatar a simulação processual ou a fraude à lei. Simulação processual não é apenas a propositura de um processo simulado ("lide simulada", no jargão forense); há simulação processual também quando se celebra negócio processual simulado; pode haver fraude à lei também em negócios processuais.

---

44. Enunciado n. 258 do Fórum Permanente de Processualistas Civis: "É admissível a celebração de convenção processual coletiva". Certamente, será muito frequente a inserção de convenções processuais em convenções coletivas de trabalho ou de consumo, por exemplo.
45. YARSHELL, Flávio Luiz. "Convenções das partes em matéria processual: rumo a uma nova era?" In: CABRAL, Antonio do Passo; NOGUEIRA, Pedro Henrique Pedrosa (coord.). *Negócios processuais*. Salvador: Editora Jus Podivm, 2015, p. 76.

O art. 142 do CPC, embora existente desde a época do CPC-1973 (art. 129), deve ter a sua importância redimensionada pela doutrina e pela jurisprudência, em razão da introdução da cláusula geral de negociação sobre o processo do art. 190[46].

d) Sempre que *regular expressamente* um negócio processual, a lei delimitará os contornos de seu objeto.

Acordo sobre competência, por exemplo, é expressamente regulado (art. 63 do CPC) e o seu objeto, claramente definido: somente a competência relativa pode ser negociada. Assim, acordo sobre competência em razão da matéria, da função e da pessoa não pode ser objeto de negócio processual. Acordo de supressão de primeira instância é exemplo de acordo sobre competência funcional: acorda-se para que a causa não tramite perante o juiz e vá direto ao tribunal, que passaria a ter competência funcional originária, e não derivada; esse acordo é proibido[47].

e) Sempre que a matéria for de reserva legal, a negociação processual em torno dela é ilícita.

Os recursos, por exemplo, observam a regra da taxatividade: somente há os recursos previstos em lei, em rol taxativo (art. 994, CPC). Assim, não se pode criar recurso por negócio processual (um recurso ordinário para o STF diretamente contra decisão de primeira instância, por exemplo) nem se pode alterar regra de cabimento de recurso (agravo de instrumento em hipótese não prevista em lei, por exemplo). Em ambos os casos, no final das contas, se estaria negociando sobre competência funcional, que é absoluta; o art. 63 do CPC somente permite acordo de competência relativa.

f) Não se admite negócio processual que tenha por objeto afastar regra processual que sirva à proteção de direito indisponível. Trata-se de negócios processuais celebrados em ambiente propício, mas com objeto ilícito, porque relativo ao afastamento de alguma regra processual cogente, criada para a proteção de alguma finalidade pública. É ilícito, por exemplo, negócio processual para afastar a

---

46. Encampando essa ideia, o enunciado n. 410 do Fórum Permanente de Processualistas Civis: "Aplica-se o Art. 142 do CPC ao controle de validade dos negócios jurídicos processuais".
47. Enunciado n. 20 do Fórum Permanente de Processualistas Civis: "Não são admissíveis os seguintes negócios bilaterais, dentre outros: acordo para modificação da competência absoluta, acordo para supressão da primeira instância, acordo para afastar motivos de impedimento do juiz, acordo para criação de novas espécies recursais, acordo para ampliação das hipóteses de cabimento de recursos".

intimação obrigatória do Ministério Público[48], nos casos em que a lei a reputa obrigatória (art. 178, CPC).

Pelo mesmo motivo, não se admite acordo de segredo de justiça[49]. Perante o *juízo estatal*, o processo é público, ressalvadas exceções constitucionais, dentre as quais não se inclui o acordo entre as partes. Trata-se de imperativo constitucional decorrente da Constituição Federal (art. 5º, LX; art. 93, IX e X). Caso desejem um processo sigiloso, as partes deverão optar pela arbitragem.

g) É possível inserir negócio processual em contrato de adesão, mas ele não pode ser abusivo. Não pode, por exemplo, onerar excessivamente uma das partes. Se abusivo, será nulo. Generaliza-se aqui o raciocínio desenvolvido para o foro de eleição e para a distribuição convencional do ônus da prova, negócios processuais típicos. É por isso que o parágrafo único do art. 190 fala em nulidade por "inserção abusiva em contrato de adesão".

h) No negócio processual atípico, as partes podem definir outros deveres e sanções, distintos do rol legal de deveres e sanções processuais, para o caso de seu descumprimento[50].

2.5.4. *Forma*

A forma do negócio processual atípico é livre[51].

A consagração da atipicidade da negociação processual liberta a forma com o que o negócio jurídico se apresenta. Assim, é possível negócio processual oral ou escrito, expresso ou tácito, apresentado por documento formado extrajudicialmente ou em mesa de audiência etc.

---

48. GRECO, Leonardo. "Os atos de disposição processual – primeiras reflexões". *Revista Eletrônica de Direito Processual,* 2007, v. 1, p. 11. Disponível em: <www.redp.com.br>. Nesse sentido, enunciado n. 254 do Fórum Permanente de Processualistas Civis: "É inválida a convenção para excluir a intervenção do Ministério Público como fiscal da ordem jurídica".

49. Diferentemente do que acontece em França, onde este acordo é permitido (art. 435, CPC francês).

50. Enunciado n. 17 do Fórum Permanente de Processualistas Civis: "As partes podem, no negócio processual, estabelecer outros deveres e sanções para o caso do descumprimento da convenção".

51. GODINHO, Robson Renault. *Convenções sobre o ônus da prova – estudo sobre a divisão de trabalho entre as partes e os juízes no processo civil brasileiro.* Tese de doutoramento. São Paulo: PUC, 2013, p. 165; ALMEIDA, Diogo Assumpção Rezende. *Das Convenções Processuais no Processo Civil,* cit., p. 123-124. Há versões comerciais de ambas as teses: GODINHO, Robson. *Negócios processuais sobre o ônus da prova no novo Código de Processo Civil.* São Paulo: RT, 2015; ALMEIDA, Diogo Assumpção Rezende. *A contratualização do processo.* São Paulo: LTr, 2015.

Há, porém, casos excepcionais (foro de eleição e convenção de arbitragem, p. ex.), em que a lei exige forma escrita.

2.6. Anulabilidade

Além de nulo, o negócio processual pode ser anulável. Vícios de vontade podem contaminar negócios processuais[52]. Convenção processual celebrada após coação ou em erro pode ser anulada, por exemplo. A anulação do negócio processual, nesses casos, depende de provocação do interessado (art. 177 do Código Civil).

2.7. Eficácia e revogabilidade

Há negócios processuais que dependem de homologação judicial (desistência da demanda, art. 200, par. ún.; organização consensual do processo, art. 357, § 2º). Nesses casos, somente produzirão efeitos após a homologação. A necessidade de homologação de um negócio processual deve vir prevista em lei[53]. Quando isso acontece, a homologação judicial é uma condição legal de eficácia do negócio jurídico processual[54].

O negócio processual atípico baseado no art. 190 segue, porém, a regra geral do *caput* do art. 200 do CPC: produzem efeitos *imediatamente*, salvo se as partes, expressamente, houverem modulado a eficácia do negócio, com a inserção de uma condição ou de um termo[55]. Leonardo Greco traz exemplo interessante: as partes dispensam a prova testemunhal, caso a perícia esclareça determinado fato[56].

---

52. Entendimento encampado no enunciado n. 132 do Fórum Permanente de Processualistas Civis: "Além dos defeitos processuais, os vícios da vontade e os vícios sociais podem dar ensejo à invalidação dos negócios jurídicos atípicos do art. 190". Assim, também, mais recentemente, YARSHELL, Flávio Luiz. "Convenções das partes em matéria processual: rumo a uma nova era?" In: CABRAL, Antonio do Passo; NOGUEIRA, Pedro Henrique Pedrosa (coord.). *Negócios processuais*. Salvador: Editora Jus Podivm, 2015, p. 77.
53. Enunciado n. 133 do Fórum Permanente de Processualistas Civis: "Salvo nos casos expressamente previstos em lei, os negócios processuais do *caput* do art. 190 não dependem de homologação judicial".
54. Enunciado n. 260 do Fórum Permanente de Processualistas Civis: "A homologação, pelo juiz, da convenção processual, quando prevista em lei, corresponde a uma condição de eficácia do negócio".
55. DIDIER JR., Fredie; NOGUEIRA, Pedro Henrique Pedrosa. *Teoria dos fatos jurídicos processuais*. 2ª ed. Salvador: Editora JusPodivm, 2012, p. 151-152.
56. GRECO, Leonardo. "Os atos de disposição processual – primeiras reflexões". *Revista Eletrônica de Direito Processual,* 2007, v. 1, p. 12. Disponível em: <www.redp.com.br>.

A regra é a seguinte: não possuindo defeito, o juiz não pode recusar aplicação ao negócio processual.

A princípio, a decisão do juiz que não homologa ou que recusa aplicação a negócio processual não pode ser impugnada por agravo de instrumento. Sucede que o inciso III do art. 1.015 prevê o cabimento de agravo de instrumento contra decisão que rejeita a alegação de convenção de arbitragem. Essa decisão pode significar recusa de aplicação de uma convenção processual, que é a convenção de arbitragem. Parece ser possível, por isso, extrair, a partir desse caso, por analogia, a recorribilidade por agravo de instrumento da decisão interlocutória que não homologue ou recuse eficácia a um negócio processual. O rol das hipóteses de agravo de instrumento, embora taxativo, pode ser interpretado por analogia. Imagine o absurdo da interpretação em sentido contrário: o juiz não homologa a desistência e o ato não pode ser recorrido imediatamente; o processo prosseguiria contra a vontade do autor.

Aplica-se aos negócios processuais *bilaterais*, ainda, a regra da irrevogabilidade da declaração de vontade[57]. Salvo previsão legal ou negocial expressa[58], o negócio processual atípico celebrado com base no art. 190 do CPC é irrevogável.

Obviamente, é possível o distrato processual, pois as mesmas vontades que geraram o negócio são aptas a desfazê-lo[59]. Mas se o negócio processual for do tipo que precisa de homologação judicial para produzir efeitos, o respectivo distrato também dependerá dessa homologação[60].

2.8. Onerosidade excessiva, resolução e revisão

A onerosidade excessiva superveniente à elaboração de um negócio jurídico de execução diferida pode servir como fundamento para a sua resolução (art. 478, Código Civil) ou revisão (art. 479, Código Civil).

---

57. ALMEIDA, Diogo Assumpção Rezende. *Das Convenções Processuais no Processo Civil*. Tese (Doutorado em Direito Processual) – Faculdade de Direito, Universidade do Estado do Rio de Janeiro, Rio de Janeiro, 2014, p. 178 e segs.
58. ALMEIDA, Diogo Assumpção Rezende. *Das Convenções Processuais no Processo Civil*, cit., p. 179.
59. Nesse sentido, enunciado n. 411 do Fórum Permanente de Processualistas Civis: "O negócio processual pode ser distratado".
60. Nesse sentido, enunciado n. 495 do Fórum Permanente de Processualistas Civis: "O distrato do negócio processual homologado por exigência legal depende de homologação".

As regras servem às convenções processuais – sobretudo àquelas celebradas antes da instauração do processo.

Rafael Abreu fornece um bom exemplo: convenção processual sobre custos do processo; sucede que, no momento de incidência da convenção, a situação econômica do convenente é bem diferente daquela do momento da celebração do negócio, tornando a convenção excessivamente onerosa[61].

2.9. Inadimplemento e ônus da alegação

O inadimplemento da prestação de um negócio processual celebrado pelas partes é fato que tem de ser alegado pela parte adversária; caso não o faça no primeiro momento que lhe couber falar, considera-se que houve novação tácita e, assim, preclusão do direito de alegar o inadimplemento. *Não pode o juiz, de ofício, conhecer do inadimplemento do negócio processual, salvo se houver expressa autorização negocial (no próprio negócio as partes aceitam o conhecimento de ofício do inadimplemento) ou legislativa nesse sentido*[62].

Essa é a regra geral que se extrai do sistema, a partir de outras regras previstas para negócios típicos: a não alegação do foro de eleição, pelo réu, que significa revogação tácita dessa cláusula contratual (art. 65, CPC); a não alegação da convenção de arbitragem implica renúncia tácita à jurisdição estatal (art. 337, § 6º, CPC).

Um exemplo, para ilustrar, com um negócio atípico.

Imagine-se o acordo de instância única: as partes negociam que ninguém recorrerá. Se, por acaso, uma das partes recorrer, o órgão jurisdicional não pode deixar de admitir o recurso por esse motivo; cabe à parte recorrida alegar e provar o inadimplemento, sob pena de preclusão. O não-cabimento do recurso em razão do negócio jurídico processual não pode ser conhecido de ofício pelo juiz.

2.10. Efetivação

O inadimplemento da prestação de um negócio processual autoriza que se peça a execução da prestação devida ou a implantação da situação jurídica

---

61. ABREU, Rafael Sirangelo de. "A igualdade e os negócios processuais" In: CABRAL, Antonio do Passo; NOGUEIRA, Pedro Henrique Pedrosa (coord.). *Negócios processuais*. Salvador: Editora Jus Podivm, 2015, p. 207.
62. A propósito, enunciado n. 252 do Fórum Permanente de Processualistas Civis: "O descumprimento de uma convenção processual válida é matéria cujo conhecimento depende de requerimento".

pactuada. Essa execução, diferentemente do que ocorre com a execução de negócios jurídicos não processuais, dá-se no bojo do próprio processo, sem necessidade de ajuizamento de uma ação executiva.

Por simples petição, a parte lesada pelo inadimplemento pede ao juiz "que exija da parte contrária o respeito ao pactuado ou simplesmente ponha em prática a nova sistemática processual firmada na convenção"[63].

É o que acontece, por exemplo, quando se requer a inadmissibilidade de um recurso interposto por parte que havia aceitado a decisão ou quando o juiz decide com base na regra de ônus da prova que foi pactuada, mesmo contra a vontade da parte[64].

2.11. Princípio da boa-fé e negociação processual

Durante toda a fase de negociação processual (tratativas, celebração e execução), vige o princípio da boa-fé processual (art. 5º, CPC; art. 422, Código Civil). Isso vale tanto para os negócios típicos quanto para os atípicos[65].

2.12. Interpretação

Os negócios processuais, típicos e atípicos, devem ser interpretados de acordo com as normas gerais de interpretação dos negócios jurídicos previstas no Código Civil – que, em verdade, são normas gerais para interpretação de qualquer negócio jurídico:

a) art. 112 do Código Civil: nas declarações de vontade se atenderá mais à intenção nelas consubstanciada do que ao sentido literal da linguagem[66];

---

63. ALMEIDA, Diogo Assumpção Rezende. *Das Convenções Processuais no Processo Civil*, cit., p. 179.
64. ALMEIDA, Diogo Assumpção Rezende. *Das Convenções Processuais no Processo Civil*, cit., p. 179.
65. Assim, enunciado n. 407 do Fórum Permanente de Processualistas Civis: "Nos negócios processuais, as partes e o juiz são obrigados a guardar nas tratativas, na conclusão e na execução do negócio o princípio da boa-fé".
66. Encampando essa ideia, defendida desde a 17ª ed. deste volume, o enunciado n. 404 do Fórum Permanente de Processualistas Civis: "Nos negócios processuais, atender-se-á mais à intenção consubstanciada na manifestação de vontade do que ao sentido literal da linguagem".

b) art. 113 do Código Civil: os negócios jurídicos devem ser interpretados conforme a boa-fé e os usos do lugar de sua celebração[67];

c) art. 114 do Código Civil: os negócios jurídicos *benéficos* (aqueles em que apenas uma das partes se obriga, enquanto a outra se beneficia) e a *renúncia* interpretam-se estritamente[68];

d) art. 423 do Código Civil: quando houver no contrato de adesão cláusulas ambíguas ou contraditórias, dever-se-á adotar a interpretação mais favorável ao aderente; a regra é importante, pois, como vimos, é permitida a inserção de negócio processual em contrato de adesão[69].

2.13. Negócios processuais coletivos e negócios processuais que dizem respeito a processos indeterminados

Admitem-se *negócios processuais coletivos*[70-71]. Basta pensar em um acordo coletivo trabalhista, em que os sindicatos disciplinem aspectos do

---

67. Encampando essa ideia, defendida desde a 17ª ed. deste volume, o enunciado n. 405 do Fórum Permanente de Processualistas Civis: "Os negócios jurídicos processuais devem ser interpretados conforme a boa-fé e os usos do lugar de sua celebração".
68. Encampando essa ideia, defendida desde a 17ª ed. deste volume, o enunciado n. 406 do Fórum Permanente de Processualistas Civis: "Os negócios jurídicos processuais benéficos e a renúncia a direitos processuais interpretam-se estritamente".
69. Encampando essa ideia, defendida desde a 17ª ed. deste volume, o enunciado n. 408 do Fórum Permanente de Processualistas Civis: "Quando houver no contrato de adesão negócio jurídico processual com previsões ambíguas ou contraditórias, dever-se-á adotar a interpretação mais favorável ao aderente".
70. Enunciado n. 255 do Fórum Permanente de Processualistas Civis: "É admissível a celebração de convenção processual coletiva". Certamente, será muito frequente a inserção de convenções processuais em convenções coletivas de trabalho ou de consumo, por exemplo. Além disso, a Resolução n. 118 do Conselho Nacional do Ministério Público regula, expressamente, as convenções processuais celebradas pelo Ministério Público em termos de ajustamento de conduta, instrumento negocial para a solução de litígios coletivos.
71. "(...) alguns exemplos interessantes que constituem objeto dos acordos coletivos processuais na França: (a) as conclusões finais das partes devem anunciar claramente as razões de fato e de direito; (b) comunicação entre tribunal e advogado por via eletrônica; (c) acordo para perícias firmado entre tribunal, ordem dos advogados e associação de peritos, para regulamentar a produção da prova e uniformizar critérios de fixação de honorários; (d) instituição de comissão mista de estudo para acompanhar processos e estudar as eventuais disfunções e apresentar propostas de alterações". (ANDRADE, Érico. "As novas perspectivas do gerenciamento e da 'contratualização' do processo", cit., p. 190.) Sobre o assunto, CADIET, Loïc. "Los acuerdos procesales en derecho francés: situação actual de la contractualización del processo y de la justicia en Francia", cit., p. 30-35. Disponível em: <www.civilprocedurereview.com>. Acesso em: 21 abr. 2014.

futuro dissídio coletivo trabalhista. Trata-se de negócio que visa disciplinar futuro processo coletivo.

Para que tais convenções processuais coletivas sejam celebradas, é preciso que haja legitimação negocial coletiva por parte do ente que a celebre. Aplica-se, aqui, por analogia, o regramento das convenções coletivas de trabalho e convenções coletivas de consumo (art. 107, CDC).

Há também negócios que dizem respeito a processos indeterminados.

Há exemplos de acordos celebrados entre órgãos do Poder Judiciário e alguns litigantes habituais (Caixa Econômica Federal, p. ex.), no sentido de regular o modo como devem ser citados (sobretudo regulando a citação por meio eletrônico) e até a quantidade de citações novas por semana. Tratados internacionais podem disciplinar regras processuais de cooperação internacional – tratados são negócios jurídicos e podem ser fonte de norma processual.

Também não parece haver impedimento para convenções processuais envolvendo a Ordem dos Advogados do Brasil e órgãos do Poder Judiciário para, por exemplo, estipular um calendário de implantação de processo eletrônico ou outros instrumentos de gestão da administração da Justiça. Na medida em que interfiram no andamento de um processo, esses negócios serão processuais.

Outro bom exemplo é a possibilidade de os Estados e o Distrito Federal ajustarem compromisso recíproco para prática de ato processual por seus procuradores em favor de outro ente federado, mediante convênio firmado pelas respectivas procuradorias (art. 75, § 4º, CPC). Parece bem razoável a interpretação elástica do dispositivo, até mesmo em razão do art. 190 do CPC, no sentido de a permissão estender-se também aos entes da administração indireta, como as autarquias e empresas estatais[72].

2.14. Direito intertemporal

Há duas dúvidas de direito intertemporal que merecem exame destacado.

---

72. Acolhendo a ideia, o enunciado n. 383 do Fórum Permanente de Processualistas Civis: "As autarquias e fundações de direito público estaduais e distritais também poderão ajustar compromisso recíproco para prática de ato processual por seus procuradores em favor de outro ente federado, mediante convênio firmado pelas respectivas procuradorias".

a) Negócio jurídico processual atípico celebrado antes do início da vigência do CPC-2015 pode produzir efeitos?

Para quem defende que negócios processuais atípicos eram permitidos nos termos do art. 158 do CPC-1973, o problema não existe: o CPC-2015 apenas ratifica o que já se permitia. Esta é a nossa posição.

Para quem defende que negócios processuais atípicos somente são permitidos a partir do CPC-2015, o problema ganha vulto. Nesse caso, o negócio atípico celebrado ao tempo do CPC-1973 pode produzir efeitos a partir do início da vigência do CPC-2015. Essa posição foi encampada pelo enunciado n. 493 do Fórum Permanente de Processualistas Civis: "O negócio processual celebrado ao tempo do CPC-1973 é aplicável após o início da vigência do CPC-2015".

b) Negócio jurídico processual típico, previsto no CPC-2015, mas celebrado antes do início da vigência do CPC-2015, pode produzir efeitos?

O CPC-2015, como visto, previu alguns negócios processuais típicos novos (escolha consensual do perito, art. 471, p. ex.). Uma escolha consensual do perito celebrada na vigência do CPC-1973 poderia produzir efeitos após o início da vigência do CPC-2015?

Novamente, para quem defende que negócios processuais atípicos eram permitidos nos termos do art. 158 do CPC-1973, o problema não existe: a escolha consensual do perito seria considerada como negócio atípico, se celebrada ao tempo do CPC-1973. Esta é a nossa posição.

Para quem entende que esse negócio somente pode ser celebrado a partir do CPC-2015, e com observância aos respectivos pressupostos, é possível aceitá-lo, reconhecendo-lhe efeitos a partir do início da vigência do CPC-2015, numa espécie de *convalidação, pela lei, do negócio jurídico*.

3. REFERÊNCIAS

CAPONI, Remo. Autonomia privada e processo civil: os acordos processuais. Pedro Gomes de Queiroz (trad.) *Revista de Processo*. São Paulo: RT, 2014, n. 228.

ABREU, Rafael Sirangelo de. "A igualdade e os negócios processuais" In: CABRAL, Antonio do Passo; NOGUEIRA, Pedro Henrique Pedrosa (coord.). *Negócios processuais*. Salvador: Editora Jus Podivm, 2015.

ALMEIDA, Diogo Assumpção Rezende. *A contratualização do processo*. São Paulo: LTr, 2015.

_____. *Das Convenções Processuais no Processo Civil*. Tese (Doutorado em Direito Processual) – Faculdade de Direito, Universidade do Estado do Rio de Janeiro, Rio de Janeiro, 2014.

ALMEIDA, Diogo Assumpção Rezende. *Das Convenções Processuais no Processo Civil*, cit., p. 123-124. Há versões comerciais de ambas as teses: GODINHO, Robson. *Negócios processuais sobre o ônus da prova no novo Código de Processo Civil*. São Paulo: RT, 2015.

ANDRADE, Érico. As novas perspectivas do gerenciamento e da "contratualização" do processo. *Revista de Processo*, São Paulo, v. 36, n. 193, p. 167-200, mar. 2011.

BETTI, Emilio. *Teoria geral do negócio jurídico*. Fernando de Miranda (trad.). Coimbra: Coimbra Editora, 1969, t. 2, p. 198.

BRAGA, Paula Sarno. "Primeiras Reflexões sobre uma Teoria do Fato Jurídico Processual". *Revista de Processo*. São Paulo: RT, jun. 2007.

CABRAL, Antonio do Passo. "A Resolução n. 118 do Conselho Nacional do Ministério Público e as convenções processuais". *Negócios processuais*. Antonio do Passo Cabral e Pedro Henrique Pedrosa Nogueira (coord.). Salvador: Editora Jus Podivm, 2015.

_____. *Convenções processuais: entre publicismo e privatismo*. Tese de Livre-docência. São Paulo: Universidade de São Paulo, Faculdade de Direito, 2015.

CADIET, Loïc. "Los acuerdos procesales en derecho francés: situación actual de la contractualización del proceso y de la justicia en Francia". *Civil Procedure Review*, v. 3, n. 3, p. 20. Disponível em: <www.civilprocedurereview.com>. Acesso em: 21 abr. 2014

CAPONI, Remo. "Autonomia privata e processo civile: gli accordi processuali". *Civil Procedure Review*, v. 1, n. 2, 2010, p. 45. Disponível em: <http://www.civil procedurereview.com/busca/baixa_arquivo.php?id=19m>. Acesso em: 16 abr. 2014

COSTA, Eduardo José da Fonseca. "A 'execução negociada' de políticas públicas em juízo". *Revista de Processo*. São Paulo: RT, 2012, n. 212; DIDIER JR., Fredie; ZANETI JR., Hermes. *Curso de direito processual civil*. 9ª ed. Salvador: Editora JusPodivm, 2014, v. 4.

DENTI, Vittorio. "Negozio processuale". *Enciclopedia del diritto*. Milano: Giuffrè Editore, v. XXVIII.

DIDIER Jr., Fredie. "*Fonte normativa da legitimação extraordinária no novo Código de Processo Civil: a legitimação extraordinária de origem negocial*". Revista de Processo. São Paulo: RT, 2014, v. 232.

_____. "Princípio do respeito ao autorregramento da vontade no Processo Civil". *Negócios processuais*. Antonio Cabral e Pedro Henrique Pedrosa Nogueira (coord.). Salvador: Editora Jus Podivm, 2015.

_____; BOMFIM, Daniela. "Exercício tardio de situações jurídicas ativas. O silêncio como fato jurídico extintivo: renúncia tácita e suppressio". *Pareceres*. Salvador: Editora JusPodivm, 2014.

_____; NOGUEIRA, Pedro Henrique Pedrosa. *Teoria dos fatos jurídicos processuais*. 2ª ed. Salvador: Editora JusPodivm, 2012.

DINAMARCO, Cândido Rangel. *Instituições de Direito Processual Civil*. São Paulo: Malheiros, 2001, v. 2.

DINO, Nicolao. "A colaboração premiada na improbidade administrativa: possibilidade e repercussão probatória". *A prova no enfrentamento à macrocriminalidade*. Daniel de Resende Salgado e Ronaldo Pinheiro de Queiroz (coord.). Salvador: Editora Jus Podivm, 2015, p. 439-460.

GAJARDONI, Fernando Fonseca. *Flexibilização procedimental*. São Paulo: Atlas, 2008.

GIUSSANI, Andrea. "Autonomia privata e pressuposti processuali: note per un inventario". *Revista de Processo*. São Paulo: RT, 2012, n. 211, p. 110.

GODINHO, Robson Renault. *Convenções sobre o ônus da prova – estudo sobre a divisão de trabalho entre as partes e os juízes no processo civil brasileiro*. Tese de doutoramento. São Paulo: PUC, 2013.

GOMES, Orlando. *Introdução ao Direito Civil*. 17ª ed. Rio de Janeiro: Forense, 2000.

GRECO FILHO, Vicente. *Direito Processual Civil Brasileiro*. 18ª ed. São Paulo: Saraiva, 2007, v. 2.

GRECO, Leonardo. "Os atos de disposição processual – primeiras reflexões". *Revista Eletrônica de Direito Processual*, 2007, v. 1, p. 11. Disponível em: <www.redp.com.br>.

HOFFMAN, Paulo. *Saneamento compartilhado*. São Paulo: Quartier Latin, 2011.

KOMATSU, Roque. *Da Invalidade no Processo Civil*. São Paulo: RT, 1991.

LIEBMAN, Enrico Tullio. *Manual de Direito Processual Civil*. 2ª ed. Cândido Dinamarco (trad.). Rio de Janeiro: Forense, 1985, v. 1.

MELLO, Marcos Bernardes de. *Teoria do Fato Jurídico (Plano da Existência)*. 10ª ed. São Paulo: Saraiva, 2000.

MITIDIERO, Daniel Francisco. *Comentários ao Código de Processo Civil*. São Paulo: Memória Jurídica, 2005, t. 2.

MOREIRA, José Carlos Barbosa. "Convenções das partes sobre matéria processual". *Temas de direito processual – terceira série*. São Paulo: Saraiva, 1984.

_____. *Comentários ao Código de Processo Civil*. 11ª ed. Rio de Janeiro: Forense, 2005, v. 5.

NOGUEIRA, Pedro Henrique Pedrosa. "A cláusula geral do acordo de procedimento no Projeto do Novo CPC (PL 8.046/2010)". In: FREIRE, Alexandre; DANTAS, Bruno; NUNES, Dierle; DIDIER JR., Fredie; MEDINA, José Miguel Garcia; FUX, Luiz; CAMARGO, Luiz Henrique Volpe; OLIVEIRA, Pedro Miranda de (org.). *Novas Tendências do Processo Civil – estudos sobre o projeto do Novo Código de Processo Civil*. Salvador: Editora JusPodivm, 2013.

ROCHA, José Albuquerque. *Teoria Geral do Processo*. São Paulo: Atlas, 2003.

SILVA, Paula Costa e. *Acto e Processo*, cit., p. 318 ss.). A ideia parece correta e a ela aderimos. Em *sentido diverso*, entendendo que a postulação é um ato jurídico em sentido estrito, OLIVEIRA, Bruno Silveira de. *O juízo de identificação de demandas e de recursos no processo civil*. São Paulo: Saraiva, 2011.

YARSHELL, Flávio Luiz. "Convenções das partes em matéria processual: rumo a uma nova era?" In: CABRAL, Antonio do Passo; NOGUEIRA, Pedro Henrique Pedrosa (coord.). *Negócios processuais*. Salvador: Editora Jus Podivm, 2015.

# NATUREZA NEGOCIAL DOS PROVIMENTOS JUDICIAIS

Gabriela Expósito[1]

Sumário: 1. Introdução – 2. Negócios jurídicos – 3. Classificações dos negócios jurídicos que produzem efeitos no processo judicial – 3.1. Classificação dos negócios jurídicos quanto ao momento de celebração – 3.2. Classificação dos negócios quanto ao objeto – 3.2.1. Negócio sobre direito material – 3.2.2. Negócio jurídico pré-processual – 3.2.3. Negócio jurídico processual – 3.2.4. Negócio jurídico pós-processual – 4. Decisão judicial: um negócio propriamente processual – 5. Negócios jurídicos do magistrado com as partes – 6. Conclusões – 7. Referências.

1. INTRODUÇÃO

O objetivo principal deste breve ensaio é investigar se as decisões judiciais têm natureza negocial, isto é, se é possível inserir os provimentos judiciais entre os negócios jurídicos processuais.

Para realizar esse estudo, portanto, é essencial explorar o que são os negócios jurídicos processuais e, por sua vez, passo antecedente, necessário ainda será abordar a classificação dos negócios jurídicos.

---

[1]. Especialista em Direito Processual Civil. Bacharel em Direito pela Universidade Católica de Pernambuco – UNICAP. Membro da Associação Norte Nordeste de Professores de Processo – ANNEP. Membro da Associação Brasileira de Direito Processual – ABDPRro. Professora de Direito Processual. Advogada.

Nesse ponto, a intenção é expor como um negócio jurídico pode ser classificado como processual. Ver-se-á que o critério classificatório varia; ora é fixado pelo momento de celebração dos negócios, ora a eficácia dos negócios aparece como critério determinante e, ainda, um terceiro critério, que tem por base o objeto do negócio.

Levando-se em consideração o objeto do negócio, seu momento de celebração e, também, sua eficácia demonstrar-se-á que as decisões judiciais são negócios jurídicos propriamente processuais.

Essa demonstração levará em consideração inclusive negócios jurídicos que tem o magistrado como parte, ao lado dos integrantes da relação jurídica de direito material.

Esse ensaio não abordará as consequências dessa classificação, apesar de ser de suma importância. Por exemplo, ao classificar as decisões judiciais como negócios jurídicos processuais, normas aplicáveis aos negócios celebrados pelas partes eventualmente podem incidir também sobre provimentos judiciais. Seria necessário, então, outro olhar e estudo sobre a normativa referente aos negócios para saber como regular a figura do magistrado como celebrante.

2. NEGÓCIOS JURÍDICOS

O negócio jurídico é uma categoria jurídica, uma das espécies de fatos jurídicos, que possui em seu suporte fático o elemento volitivo[2]. Todavia, nem toda manifestação de vontade poderá ser caracterizada como negocial, porque o direito estabelece limites para que essa manifestação seja inserida no mundo jurídico[3].

É importante lembrar que o negócio jurídico é uma fonte normativa; criam-se a partir do negócio normas jurídicas individuais[4]. As normas jurídicas, criadas a partir de um negócio, podem influir em um processo judicial existente ou que pode vir a existir, o suporte fático confere ao sujeito a possibilidade de decidir não só sobre a prática, ou não, do ato, bem como

---

2. MELLO, Marcos Bernardes. *Teoria do fato jurídico: Plano da Existência.* 17ª ed. São Paulo. Saraiva. 2011. p.204.
3. MELLO, Marcos Bernardes. *Teoria do fato jurídico: Plano da Existência.* p.218.
4. MELLO, Marcos Bernardes. *Teoria do fato jurídico: Plano da Existência.* p.218.

sobre sua eficácia, observando os limites estabelecidos pelo procedimento[5], haverá, então *"um poder de determinação e regramento da categoria jurídico e de seus resultados"*[6].

Assim, nas hipóteses em que o negócio jurídico interfere em normas processuais, o negócio será negócio jurídico processual. Por exemplo, se as partes inserem em contrato uma cláusula de eleição de foro, tal negócio interferirá no processo que vier a surgir, ou se as partes, no curso do processo, celebram um negócio que reduz o prazo para apelar, há uma clara interferência no processo judicial.

A classificação de um negócio como processual pode ter por base critérios diversos: pode-se utilizar de critérios topográficos ou até mesmo considerar processual aquele celebrado entre as partes integrantes da relação jurídica.

José Rogério Cruz e Tucci, ao classificar os negócios jurídicos processuais, afirma que negócio jurídico processual é gênero do qual são espécies: o negócio jurídico processual em sentido estrito, que tem por objeto o direito substancial, e a convenção processual, que versa sobre acordos entre as partes sobre matéria estritamente processual[7].

É de se notar, porém, que a classificação proposta pelo autor não utiliza como critério a essência do suporte fático do negócio celebrado. Segundo Roberto Pinheiro Campos Gouveia Filho, é importante, para conceituar um negócio como processual, analisar a "processualidade" do fato jurídico, isto é, analisar se em seu suporte fático existe algo da relação jurídica processual[8].

Uma ressalva é importante: este artigo se desenvolverá utilizando a classificação quanto ao momento de celebração e objeto dos negócios, e, por isso, serão trabalhados negócios de direito material, pré-processuais, processuais e pós-processuais. Para trabalhar com a eficácia dos negócios jurídicos, a premissa base é a interferência no processo: se o ato impuser efeitos sobre o processo, estar-se-á diante de negócio jurídico processual.

---

5. BARREIROS, Lorena Miranda Santos. *Convenções Processuais e poder público*. Salvador. Juspodivm. 2016, p. 140.
6. BRAGA, Paula Sarno. Primeiras reflexões sobre uma teoria do fato jurídico processual: plano da existência. *Revista de processo*, São Paulo, n. 148, jun/2007. p. 293-320.
7. CRUZ E TUCCI, José Rogério. Natureza e objeto das convenções processuais. In: CABRAL, Antônio do Passo, NOGUEIRA, Pedro Henrique. (Coords.) *Negócios Processuais*. 2ª ed. Salvador: Juspodivm, 2016, 23-29.
8. GOUVEIA FILHO, Roberto Pinheiro Campos. Publicados em <https://www.facebook.com/Professor--Roberto-P-Campos-Gouveia-Filho-138250306591574/?fref=ts>. Acesso 12.12.2016.

3. CLASSIFICAÇÕES DOS NEGÓCIOS JURÍDICOS QUE PRODUZEM EFEITOS NO PROCESSO JUDICIAL

Uma das classificações encontradas mais comumente na doutrina[9], quando o tema é negócio jurídico processual, é a que utiliza como critério os sujeitos que o celebram. O negócio poderá ser decorrente da manifestação de vontade de um sujeito, sendo, pois, unilateral; bilateral, quando houver a manifestação de vontade dos dois sujeitos da relação jurídica; plurilateral, casos em que se encontram mais de duas vontades expressamente manifestadas. Para Antônio do Passo Cabral, a unilateralidade, a bilateralidade e a plurilateralidade não envolve apenas os sujeitos atuantes na formação do negócio, mas também sobre quem recaiu a norma produzida, assim, serão unilaterais os acordos que estatuem regras para apenas uma das partes, serão bilaterais ou plurilaterais aqueles que geram obrigações para todas as partes[10].

Outra classificação bastante comum utiliza como critério a tipicidade do negócio jurídico[11]: típicos, os que se encontram descritos no sistema normativo; atípicos, os que não possuem essa descrição, mas tem base legal na cláusula geral de negociação processual, disposta no art. 190 do CPC[12].

Apesar da importância dessas categorizações, elas não serão objeto desse breve ensaio. O enfoque dado aqui será no momento de celebração e no objeto dos negócios jurídicos processuais.

Dito isto, pode-se prosseguir para as classificações propostas.

3.1. Classificação dos negócios jurídicos quanto ao momento de celebração

A classificação ora apresentada utiliza como critério o momento de celebração do negócio. Nada demasiadamente complexo, mas de suma relevância para que se entenda o próximo item da discussão. Sem essa abordagem sobre a

---

9. BARREIROS, Lorena Miranda Santos. *Convenções Processuais e poder público*. Salvador. Juspodivm. 2016, p. 141.
10. CABRAL, Antônio do Passo. *Convenções Processuais*. Salvador. Juspodivm, 2016. p. 50-51.
11. Sobre o tema: DIDIER JR. Fredie. Negócios Jurídicos Processuais atípicos no Código de Processo Civil de 2015. *Revista Brasileira de Advocacia*. Vol.1. Ano 1. p.59-84. São Paulo. RT, 2016.
12. Art. 190. Versando o processo sobre direitos que admitam autocomposição, é lícito às partes plenamente capazes estipular mudanças no procedimento para ajustá-lo às especificidades da causa e convencionar sobre os seus ônus, poderes, faculdades e deveres processuais, antes ou durante o processo.

classificação fundada no momento de celebração seria fácil confundir as classificações quanto ao momento de celebração e ao objeto. Sem essa ferramenta não se chegaria ao foco deste trabalho: demonstrar a natureza propriamente processual da negociação celebrada via decisões judiciais.

O negócio jurídico pode ser celebrando antes do processo ou no curso dele. Essas são as duas possibilidades no que se refere à sua celebração.

Rafael Singarelo Abreu, ao tratar sobre o momento de lavratura dos negócios, ressalta a existência de negócios preprocessuais[13] ou extraprocessuais e negócios processuais ou endoprocessuais[14]. Para que não haja confusão quanto às classificações não se utilizarão neste trabalho os termos "preprocessual" e "processual" para o momento de celebração. Pré-processuais e processuais aqui serão títulos para os negócios jurídicos classificados quanto ao objeto.

Outra advertência é necessária: um negócio celebrado antes do início de um processo pode ter por objeto matérias de direito material, matéria pré-processual, processual ou pós-processual. O mesmo irá ocorrer com os negócios celebrados no curso de um processo ou após o término deste.

Um exemplo ajuda a elucidar a ideia posta acima.

Uma cláusula de eleição de foro é um negócio celebrando antes do início de um processo (classificação quanto ao momento de celebração); quanto ao objeto, é um negócio pré-processual, já que envolve discussão sobre a competência do órgão julgador (matéria que antecede a formação da relação jurídica processual)[15].

Em suma, percebe-se que segundo a classificação de Rafael Singarelo de Abreu, o negócio pré-processual é aquele que é celebrando antes do processo; já o processual, no curso do processo. Mas, neste trabalho, como dito a pouco, os termos *pré-processual* e *processual* são atinentes à classificação quanto ao objeto da negociação.

---

13. Antônio do Passo Cabral define como convenções prévias ou pré-processuais aquelas *"firmadas antes da instauração do processo e comumente antes mesmo de alguma controvérsia surgir"*. CABRAL, Antônio do Passo. *Convenções Processuais*. Salvador. Juspodivm, 2016. p. 75.
14. ABREU, Rafael Singarelo. Customização processual compartilhada: O Sistema de adaptabilidade do novo CPC. *Revista de Processo*, vol. 257, 2016, p.51-76.
15. GOUVEIA FILHO, Roberto Pinheiro Campos. Publicados em <https://www.facebook.com/Professor--Roberto-P-Campos-Gouveia-Filho-138250306591574/?fref=ts>. Acesso 12.12.2016.

3.2. Classificação dos negócios quanto ao objeto

À época da vigência do CPC/73, alguns autores negavam a existência dos negócios processuais[16]. Merece destaque a justificativa utilizada: o elemento volitivo, inserido no suporte fático do negócio se limitava ao conteúdo e efeitos materiais; contudo, os efeitos processuais, nessa linha de raciocínio, seriam fixados normativamente[17], ou seja, seria impossível vislumbrar que as partes pactuassem sobre efeitos de atos no processo, já que estes efeitos estariam descritos anteriormente na lei.

A discussão acerca da existência ou não dos negócios jurídicos processuais aos poucos vem sendo superada. Passou-se, principalmente com o CPC/15, a compreender que é processual aquele negócio que produz efeitos no processo, independente do momento de sua celebração.

Os momentos da celebração dos negócios, brevemente trabalhados acima, são: antes do processo ou no curso dele. Já quanto ao objeto os negócios podem ser: de direito material, de matéria pré-processual, processual ou pós-processual.

É importante destacar, novamente, para que se possa seguir com o estudo com solidez, independentemente de ter por objeto direito material, matéria pré-processual, processual ou pós-processual, todos esses negócios acarretarão efeitos no processo sobre o qual seus efeitos se impõem, sendo, pois, segundo a sua eficácia, denominados de processual.

A classificação proposta aqui, com influência dos estudos de Roberto Pinheiro Campos Gouveia Filho, tem como base a relação jurídica. Ou seja, se o negócio tem por conteúdo algo que antecede a formação da relação jurídica processual, ter-se-á um negócio pré-processual; se a relação jurídica processual estiver formada, o que acontecerá somente no curso de uma ação processual, estar-se-á tratando de um negócio jurídico processual; se, por outro lado, o negócio versar sobre situação jurídica que surja do término da relação jurídica processual estar-se-á diante de um negócio pós-processual. Por fim, se o negócio abordar o direito material da parte, hipótese que será tratada no próximo item, fala-se em negócio jurídico sobre direito material[18].

---

16. DINAMARCO, Cândido Range. *Instituições de Direito Processual Civil*, II. 4ª ed. São Paulo: Malheiros, 2004, p.472.
17. TALAMINI, Eduardo. *Um processo para chamar de seu: nota sobre negócios jurídicos processuais.* Disponível:https://www.academia.edu/17136701/Um_processo_pra_chamar_de_seu_nota_sobre_os_neg%C3%B3cios_jur%C3%ADdicos_processuais. Acesso 10/12/2016.
18. Para compreender porque não se defende esta posição no presente texto, é importante analisar a classificação dos negócios quanto ao objeto à luz do estudo dos planos em que Pontes de Miranda

3.2.1. Negócios sobre o direito material

O direito subjetivo é um elemento da relação jurídica, tal direito acarreta um acréscimo à esfera jurídica de um dos sujeitos e, em razão disto, à limitação de outrem[19]. Assim, toda vez que o negócio tiver por objeto abdicar de parte ou de todo acréscimo à esfera jurídica do sujeito ter-se-á um negócio sobre direito material.

Uma transação celebrada no processo e homologada judicialmente é um negócio jurídico celebrado no processo, mas que tem por objeto o direito material da parte.

Outro exemplo de negócio jurídico material é o *pactum de non petendo*. Trabalhado por Paula Costa e Silva, sob a incidência do direito português, porém perfeitamente aplicável ao direito brasileiro, a cláusula atua sobre a exigibilidade (judicial ou extrajudicial) do direito de crédito. Assim, as partes de uma relação jurídica material (credor e devedor, neste caso) dispõem negocialmente acerca da impossibilidade de se exigir o crédito através de um processo judicial (ou vias extrajudiciais). Não há que se falar, segundo a autora, de disposição acerca do direito de acesso à justiça, mas apenas sobre a pretensão material[20]. Resta evidenciado pelo conteúdo da cláusula que se trata de um negócio jurídico de direito material, celebrado antes de um possível processo judicial.

3.2.2. Negócios jurídicos pré-processuais

A exigibilidade do direito material é denominada de pretensão. Ela se encontra no limiar entre o direito material e a ação material, esta última surgida da resistência à pretensão[21].

---

divide o fenômeno jurídico em planos material, pré-processual e processual. GOUVEIA FILHO, Roberto Pinheiro Campos.O Fenômeno Processual de Acordo com os Planos Material, Pré-processual e Processual do Direito: breves considerações do tema a partir (e além) de Pontes de Miranda. *Revista Brasileira de Direito Processual*. v. 89, p. 65-88, 2015.

19. NOGUEIRA, Pedro Henrique Pedrosa. *Teoria da ação e de direito material*. Salvador: JusPodivm, 2008, p.115.
20. COSTA E SILVA, Paula. Pactum de non petendo: Exclusão convencional do direito de acção e exclusão convencional da pretensão material. *In:* CABRAL, Antônio do Passo, NOGUEIRA, Pedro Henrique. (Coords.) *Negócios Processuais*. 2ª ed. Salvador: Juspodivm, 2016, 409-446.
21. ABREU, Leonardo Santana de. *Direito, Ação e Tutela Jurisdicional*. Porto Alegre: Livraria do Advogado, 2011, p. 118.

Os sujeitos da relação material têm contra o Estado o direito de instá-lo para fazer valer seus direitos, possuindo, pois, a pretensão à tutela jurídica, no plano pré-processual. O exercício dessa pretensão se dará através dos remédios jurídicos processuais, que são os instrumentos[22], os procedimentos que o ordenamento garante aos sujeitos.

Logo, se um negócio jurídico versar sobre a escolha de um procedimento, por exemplo, se a parte, detentora de direito líquido e certo, antes de impetrar mandado de segurança (remédio jurídico específico), celebra um negócio em que abre mão deste procedimento e acorda que via a ser utilizada será o rito comum, este será um negócio pré-processual.

Um negócio pré-processual, então, envolve aquilo que antecede à formação da relação jurídica processual. Não se trata de uma antecedência temporal, já que, se o fosse, estar-se-ia diante da classificação dos negócios quanto ao momento de celebração, é, neste caso, uma antecedência lógica[23].

Outro exemplo de negócio pré-processual é a cláusula de eleição de foro. Tal negócio jurídico não é celebrado no curso de uma relação jurídica processual[24]. A competência é matéria que logicamente deve ser discutida, se possível, já que existem competências absolutas, antes da formação da relação jurídica processual.

3.2.3. *Negócios jurídicos processuais*

Como já brevemente explanado, os negócios jurídicos processuais possuem matéria atinente a situações jurídicas que fazem parte da relação jurídica processual. Convenções sobre disposição de prazos processuais, sobre a recorribilidade das decisões judiciais, por exemplo, são negócios jurídicos processuais.

É importante, neste tópico, ressalvar: *negócios jurídicos processuais*, para fins deste trabalho, é uma expressão "multissemântica", utilizada para indicar ao menos duas situações distintas: os negócios jurídicos que possuem no

---

22. PONTES DE MIRANDA, Francisco Cavalcanti. *Comentários ao Código de Processo Civil*. 2. ed. Rio de Janeiro: Forense, 1958, t. 1, p. 88.
23. GOUVEIA FILHO, Roberto Pinheiro Campos. Publicados em https://www.facebook.com/Professor--Roberto-P-Campos-Gouveia-Filho-138250306591574/?fref=ts. Acesso 12.12.2016.
24. GOUVEIA FILHO, Roberto Pinheiro Campos. Ob., cit.

suporte fático situação jurídica presente na relação jurídica processual[25] e, também, os negócios jurídicos que independentemente do objeto influam em um processo.

3.2.4. Negócios jurídicos pós-processuais

A conjectura neste tópico é a de um negócio jurídico que versa sobre uma situação jurídica que tenha surgido com o término de uma relação jurídica processual[26].

Se as partes celebrarem negócio jurídico sobre a forma de cumprimento de determinado capítulo condenatório da sentença alterando o comando sentencial de pagar, por exemplo, trata-se de um negócio jurídico pós-processual.

Ou, ainda, caso seja proferida uma decisão estrutural, as normas definidas pelo juiz prospectivamente podem ser objeto de negociação pelas partes para definir a forma de cumprimento de uma obrigação. Deste modo, a relação jurídica processual resta findada, mas as partes ainda poderão celebrar negócios jurídicos.

4. DECISÃO JUDICIAL: UM NEGÓCIO JURÍDICO PROPRIAMENTE PROCESSUAL

Com base doutrinária na tese de doutoramento de Pedro Henrique Nogueira este item se desenvolverá para analisar um negócio processual, não apenas no diz respeito aos efeitos no processo, mas, também, processual quanto ao objeto: as decisões judiciais.

É sabido que o negócio jurídico é uma espécie de fato jurídico. Pontes de Miranda preconiza que existem figuras jurídicas que são suscetíveis de ingresso em mais de uma classe dos fatos jurídicos em geral[27], é o que acontece com as decisões judiciais.

As decisões judiciais a depender de seu conteúdo podem ser enquadradas como ato jurídico *stricto sensu*, ato-fato jurídico e negócio jurídico processual[28].

---

25. GOUVEIA FILHO, Roberto Pinheiro Campos. Ob., cit.
26. Idem.
27. PONTES DE MIRANDA. *Tratado de Direito Privado*. Atualizado por Ovídio Rocha Barros Sandoval. 2ª tiragem. São Paulo: Revista dos Tribunais. 2013, p. 254.
28. NOGUEIRA. Pedro Henrique. *Negócios Jurídicos Processuais*. Salvador: Juspodivm, 2016, p.199-211.

O ato-fato jurídico, juntamente com o fato jurídico *stricto sensu* e o ato jurídico *lato sensu*, são espécies do gênero fato jurídico *lato sensu* em conformidade com o direito[29]. O ato jurídico *lato sensu* subdivide-se em ato jurídico *stricto sensu* e negócio jurídico[30].

O ato-fato é recebido pela norma jurídica como "avolitivo", não importa se existe ou não vontade de praticar o ato. No ato jurídico *lato sensu* a vontade encontra-se no suporte fático do fato jurídico, não só a exteriorização, mas a consciência da vontade são elementos essenciais. As espécies de atos jurídicos *lato sensu* têm como diferença substancial a possibilidade de regular a amplitude, permanência e intensidade da eficácia do ato. Nos atos jurídicos *stricto sensu* o poder de escolha da categoria jurídica é inexistente, o que não acontece nos negócios[31].

Pedro Henrique Nogueira, ao traçar o elo entre as classificações acima e as decisões judiciais, entende que os efeitos internos ou principais da decisão estariam relacionados ao pronunciamento de ato jurídico *lato sensu*; já os efeitos secundários ou externos são frutos da decisão como ato-fato jurídico[32].

Assim, exemplifica o autor, as eficácias (persuasiva, obstativa de revisão e vinculativa) das decisões entendidas como precedentes são atos-fato jurídicos[33].

Ao identificar a sentença como ato jurídico em sentido estrito entende-se que tal pronunciamento judicial é um fato voluntário, mas tal vontade é irrelevante para a produção ou escolha dos efeitos[34], que via de regra estão descritos em lei.

Não é difícil de vislumbrar a possibilidade da sentença como ato jurídico processual em sentido estrito. As sentenças que reconhecem a improcedência do pedido e que indefere a petição inicial são exemplos claros[35].

Para visualizar a natureza negocial dos provimentos decisórios é importante delimitar seus pontos em comum: os dois traduzem exercício de um

---

29. Ressalva importante, ante a existência de atos ilícitos.
30. MELLO, Marcos Bernardes de. *Teoria do fato jurídico: Plano da Existência*. 17ª ed. São Paulo. Saraiva. 2011. p.119.
31. MELLO, Marcos Bernardes de. Op. Cit. p. 127-151.
32. NOGUEIRA. Pedro Henrique. *Negócios Jurídicos Processuais*. Salvador: Juspodivm, 2016, p.199-200.
33. NOGUEIRA. Pedro Henrique. Ob. Cit. p. 203.
34. NOGUEIRA. Pedro Henrique. Ob. Cit. p. 204-205.
35. GOUVEIA FILHO, Roberto Pinheiro Campos. Publicados em https://www.facebook.com/Professor--Roberto-P-Campos-Gouveia-Filho-138250306591574/?fref=ts. Acesso 12.12.2016.

poder jurídico. O "poder-base", em ambos, é o do autorregramento da vontade, ou melhor, em cada suporte fático pode-se encontrar manifestação de vontade e, ainda, o exercício dessa vontade de autorregulação[36].

A diferença entre essas manifestações de vontade, encontradas tanto nos negócios jurídicos celebrados pelas partes, quanto nos provimentos decisórios judiciais, é a obrigatoriedade ou não dessa manifestação.

As partes não possuem nenhuma obrigatoriedade de celebrar qualquer negócio jurídico, já o magistrado tem o dever jurídico de decidir. Mas, segundo Pedro Henrique Nogueira, este dever não integra a estrutura do ato jurídico praticado pelo juiz[37].

O Código de Processo Civil/2015 disciplina hipóteses de provimentos judiciais em que se constata o exercício do poder jurisdicional, mas também o poder de autorregramento da vontade[38]. Ao juiz foi dado poderes de direção do processo, como superação de obstáculos formais, poderes para atuar em matéria probatória podendo determinar o comparecimento das partes para interrogatório livre[39], perfazendo um cenário de liberdade e de autorregulação por parte do magistrado.

O art. 297 do CPC/15 é uma dessas possibilidades[40]. Estipula o referido dispositivo que o magistrado poderá fixar medidas que considerar adequadas para efetivação da tutela provisória. Assim, há uma discricionariedade judicial com a função de garantir a efetividade da concessão da antecipação dos efeitos da tutela.

Outra hipótese trazida pelo CPC é o prazo para citação da rescisória que, segundo dispõe o art. 970, poderá ser de 15 a 30 dias. O magistrado fixará o prazo a depender da complexidade da causa, mas tal fixação contempla o poder de autorregramento[41].

É fácil perceber que em todas as hipóteses o negócio jurídico será processual não apenas porque influirá no curso do processo, mas, no que diz

---

36. NOGUEIRA. Pedro Henrique. Ob. Cit. p.209-214.
37. Idem.
38. NOGUEIRA. Pedro Henrique. Ob. Cit. p. 210.
39. ABREU, Rafael Singarelo. Customização processual compartilhada: O Sistema de adaptabilidade do novo CPC. *Revista de Processo,* vol. 257, 2016, p.51-76.
40. NOGUEIRA. Pedro Henrique. Ob. Cit. p.210.
41. Idem.

respeito ao objeto do negócio – há de pensar na processualidade – abarca situações jurídicas que decorrem da relação processual em curso.

Percebe-se também uma postura clara do legislador de adotar uma dinâmica processual[42]. O texto possibilita às partes, entre elas, elas com o juiz, e o próprio juiz, adaptassem o procedimento, elemento estruturante do processo, para efetivar o direito material.

As decisões e sentenças condicionantes também são exemplos de provimentos de cunho negocial. Nesse tipo de pronunciamento o magistrado pratica um negócio jurídico ao inserir uma condição que poderá acarretar o surgimento ou extinção dos efeitos do ato processual. É evidente que, ao condicionar, o juiz está munido do poder de autorregulação[43]. Um exemplo desse tipo de decisão é a decisão interlocutória que defere a antecipação dos efeitos da tutela, mas condiciona seus efeitos a juntada procuração assinada.

Observa-se, então, que é possível reconhecer nos provimentos judiciais algumas categorias distintas: há provimentos que têm natureza negocial, nos casos em que é possível verificar o poder de autorregulação do magistrado; existem decisões que devem ser classificadas como ato jurídico em sentido estrito. Nessas não se verifica a vontade para a prolação dos efeitos; esses já estão descritos em lei. Por fim, há um rol de pronunciamentos que desembocam na categoria de ato-fatos jurídicos.

Classificar algumas decisões judiciais como negócios tem uma importância para analisar a postura que o magistrado deve ter ante essa celebração; porém, não há como em um primeiro contato com o tema debruçar-se sobre essas peculiaridades. Não há como também delimitar quais normas, limitações, possibilidades etc., referentes aos negócios entre as partes e das partes com o magistrado são aplicáveis às decisões. Entretanto a parte inicial, a classificação, foi proposta.

5. NEGÓCIOS JURÍDICOS DO MAGISTRADO COM AS PARTES

Como se viu a partir do quanto apresentado até o momento é latente a possibilidade de negócios não abarcados pela cláusula geral de negociação processual constante no Art. 190 do CPC-15. Assim, além das hipóteses de

---

42. ABREU, Rafael Singarelo. Customização processual compartilhada: O Sistema de adaptabilidade do novo CPC. *Revista de Processo,* vol. 257, 2016, p.51-76.
43. NOGUEIRA. Pedro Henrique. Ob. Cit. p.210.

negócios jurídicos celebrados pelas partes e pelo juiz, existem negócios que são celebrados em conjunto.

Ao trabalhar com a hipótese de negócios jurídicos celebrados entre as partes e o magistrado é importante manter atenção, num plano preliminar sobre o tema[44], a dois pontos: primeiro, o parágrafo único do Art. 190[45] insere como requisito de validade do negócio a inexistência de vulnerabilidade[46]; o segundo versa sobre os direitos possíveis de ser transacionados entre partes e juiz.

Em momento posterior a validade do negócio, outro debate é essencial: a vinculação ao negócio é do magistrado que o celebrou? Ou, caso haja substituição, haverá uma herança das obrigações referentes ao pacto celebrado?

É importante, antes de prosseguir, enfrentar estas primeiras questões.

Quanto à vulnerabilidade, é evidente que o artigo 190 não se limitou a repreender a vulnerabilidade econômica. O magistrado deve avaliar ante um negócio celebrado pelas partes se há uma vulnerabilidade técnica que possa prejudicar um dos pactuantes. Ante a possibilidade de celebração de pacto entre o próprio magistrado e as partes, aquele deve proceder observando também as possíveis vulnerabilidades. De tal modo, no processo em que se discuta a possibilidade de negociação, o magistrado só deverá celebrar o pacto caso observe que não haverá prejuízo demasiado para uma das partes, cabe ressaltar que se o prejuízo for apresentado e haja concordância pela parte pactuante, não há que se pensar em invalidade.

É importante frisar que se o desequilíbrio decorreu de uma escolha consciente sobre uma estratégia processual não há porque se desconsiderar a autonomia da vontade das partes[47].

No que se refere aos efeitos do negócio ante outro magistrado que venha a substituir o pactuante, é importante perceber que o papel do juiz diante de

---

44. Rafael Singarelo Abreu insere ainda a discussão sobre a validade a capacidade do agente pactuante. Ver ABREU, Rafael Singarelo. Customização processual compartilhada: O Sistema de adaptabilidade do novo CPC. *Revista de Processo,* vol. 257, 2016, p.51-76.

45. Parágrafo único. De ofício ou a requerimento, o juiz controlará a validade das convenções previstas neste artigo, recusando-lhes aplicação somente nos casos de nulidade ou de inserção abusiva em contrato de adesão ou em que alguma parte se encontre em manifesta situação de vulnerabilidade.

46. É importante perceber que Quanto à vulnerabilidade técnica, poder-se-ia considerar o magistrado sempre em posição de superioridade, e, assim, invalidar todo e qualquer negócio por ele celebrado.

47. ABREU, Rafael Singarelo. Customização processual compartilhada: O Sistema de adaptabilidade do novo CPC. *Revista de Processo,* vol. 257, 2016, p.51-76.

qualquer negócio é o mesmo: aplicador da norma advinda do negócio[48]. Deste modo independente de qual juiz celebrou o pacto, o juiz que eventualmente venha a sucedê-lo deve fazer valer a norma criada via pacto.

O CPC/15 disciplinou algumas hipóteses de negócios celebrados entre partes e juiz: calendarização processual (art. 191[49]), a redução de prazos peremptórios (Art. 222, parágrafo 1º[50])[51] e execução negociada de sentença que determina a implementação de política pública[52]. Mas nada impede que negócios atípicos sejam celebrados para adaptar o procedimento ao direito material.

6. CONCLUSÕES

1. Quanto ao objeto, os negócios jurídicos devem ser qualificados levando em consideração a essencial do suporte fático. Assim, existem negócios de direito material, pré-processual, processual e pós-processual.

2. As decisões judiciais traduzem o exercício de um poder jurídico. Mas o "poder-base", de ambos, é o autorregramento da vontade. Assim, é possível encontrar, no suporte fático, o exercício da manifestação de vontade de autorregulação.

3. As decisões judiciais podem ser classificadas como ato jurídico *stricto sensu*, ato-fato jurídico e negócio jurídico processual, a depender de seu conteúdo.

---

48. ATAÍDE JR. Jaldemiro Rodrigues. O papel do juiz diante dos negócios jurídicos processuais. Disponível em http://portalprocessual.com/o-papel-do-juiz-diante-dos-negocios-juridicos-processuais/ . Acesso 16/12/2016.

49. Art. 191. De comum acordo, o juiz e as partes podem fixar calendário para a prática dos atos processuais, quando for o caso.§ 1º O calendário vincula as partes e o juiz, e os prazos nele previstos somente serão modificados em casos excepcionais, devidamente justificados.§ 2º Dispensa-se a intimação das partes para a prática de ato processual ou a realização de audiência cujas datas tiverem sido designadas no calendário.

50. Art. 222. Na comarca, seção ou subseção judiciária onde for difícil o transporte, o juiz poderá prorrogar os prazos por até 2 (dois) meses.§ 1º Ao juiz é vedado reduzir prazos peremptórios sem anuência das partes.

51. ABREU, Rafael Singarelo. Customização processual compartilhada: O Sistema de adaptabilidade do novo CPC. *Revista de Processo*, vol. 257, 2016, p.51-76.

52. DIDIER JR. Fredie. Negócios Jurídicos Processuais atípicos no Código de Processo Civil de 2015. *Revista Brasileira de Advocacia*. Vol.1. Ano 1. p.59-84. São Paulo. RT, 2016.

4. Além dos negócios celebrados entre as partes e do negócio decisão judicial, em que o juiz é o protagonista, o Código de Processo Civil 2015 traz a possibilidade de negócios plurilaterais, entre as partes e o magistrado.

5. É evidente que o magistrado, além de aplicar as normas jurídicas criadas pelas partes, tem o dever de propor melhorias no procedimento celebrando negócios com as partes, e mais, tem o dever de celebrar o negócio processual com cunho regulatório e decisório.

6. A partir da conclusão de que as decisões judiciais podem ser classificadas como negócios jurídicos processuais é importante perceber se as limitações, normas de validade, deveres dos negócios jurídicos celebrados entre as partes são aplicáveis ao magistrado ao proferir uma decisão.

7. REFERÊNCIAS

ABREU, Leonardo Santana de. *Direito, Ação e Tutela Jurisdicional*. Porto Alegre: Livraria do Advogado, 2011.

ABREU, Rafael Singarelo. *Customização processual compartilhada: O Sistema de adaptabilidade do novo CPC*. Revista de Processo, vol. 257, 2016.

ATAÍDE JR. Jaldemiro Rodrigues. *O papel do juiz diante dos negócios jurídicos processuais*. Disponível em: <http://portalprocessual.com/o-papel-do-juiz-diante-dos-negocios-juridicos-processuais/>.

BARREIROS, Lorena Miranda Santos. *Convenções Processuais e poder público*. Salvador. Juspodivm. 2016.

BRAGA, Paula Sarno. Primeiras reflexões sobre uma teoria do fato jurídico processual: plano da existência. *Revista de processo*, São Paulo, n. 148, jun/2007.

CABRAL, Antônio do Passo. *Convenções Processuais*. Salvador. Juspodivm, 2016.

COSTA E SILVA, Paula. Pactum de non petendo: Exclusão convencional do direito de acção e exclusão convencional da pretensão material. In: CABRAL, Antônio do Passo, NOGUEIRA, Pedro Henrique. (Coords.) *Negócios Processuais*. 2ª ed. Salvador: Juspodivm, 2016.

CRUZ E TUCCI, José Rogério. Natureza e objeto das convenções processuais. In: CABRAL, Antônio do Passo, NOGUEIRA, Pedro Henrique. (Coords.) *Negócios Processuais*. 2ª ed. Salvador: Juspodivm, 2016.

DIDIER JR. Fredie. *Negócios Jurídicos Processuais atípicos no Código de Processo Civil de 2015*. Revista Brasileira de Advocacia. Vol.1. Ano 1. p.59-84. São Paulo. RT, 2016.

DINAMARCO, Cândido Range. *Instituições de Direito Processual Civil*, II. 4ª ed. São Paulo: Malheiros, 2004.

GODINHO, Robson. *Negócios Processuais sobre o ônus da prova no Novo Código de Processo Civil*. São Paulo: Revista dos Tribunais. 2015.

GOUVEIA FILHO, Roberto Pinheiro Campos. *O Fenômeno Processual de Acordo com os Planos Material, Pré-processual e Processual do Direito: breves considerações do tema a partir (e além) de Pontes de Miranda*. Revista Brasileira de Direito Processual. v. 89, p. 65-88, 2015.

GOUVEIA FILHO, Roberto Pinheiro Campos. Publicados em https://www.facebook.com/Professor-Roberto-P-Campos-Gouveia-Filho-138250306591574/?fref=ts.

MELLO, Marcos Bernardes. *Teoria do fato jurídico: Plano da Existência*.17ª ed. São Paulo. Saraiva. 2011.

NOGUEIRA. Pedro Henrique. *Negócios Jurídicos Processuais*. Salvador: Juspodivm, 2016.

NOGUEIRA, Pedro Henrique Pedrosa. *Teoria da ação e de direito material*. Salvador: JusPodivm, 2008.

PONTES DE MIRANDA, Francisco Cavalcanti. *Comentários ao Código de Processo Civil*. 2. ed. Rio de Janeiro: Forense, 1958, t. 1.

PONTES DE MIRANDA. *Tratado de Direito Privado*. Atualizado por Ovídio Rocha Barros Sandoval. 2ª tiragem. São Paulo: Revista dos Tribunais. 2013.

TALAMINI, Eduardo. *Um processo para chamar de seu: nota sobre negócios jurídicos processuais*.Disponível:https://www.academia.edu/17136701/Um_processo_pra_chamar_de_seu_nota_sobre_os_neg%C3%B3cios_jur%C3%ADdicos_processuais.

DISTRIBUIÇÃO CONVENCIONAL DO ÔNUS DE PROVA

Gisele Fernandes Góes[1]

Resumo: *O presente artigo tem por escopo analisar a celebração de convenções processuais*

Sumário: 1. Introdução: o novo modelo de gestão probatória processual – 2. Teoria geral do ônus de prova – 3. Negócios jurídicos processuais – 3.1. Fundamento das convenções processuais – 3.2. Distribuição convencional do ônus de prova – 3.2.1 Elementos de existência, validade e eficácia da distribuição convencional do ônus de prova – 4. Conclusão – 5. Referências.

1. INTRODUÇÃO: O NOVO MODELO DE GESTÃO PROBATÓRIA PROCESSUAL

A Constituição da República não prevê expressamente o direito à prova, contudo esse é extraído das garantias do contraditório e ampla defesa com o emprego de todos os recursos e meios a ela inerentes (art. 5º, inciso LV). O

---

1. Doutora (PUC/SP). Mestre (UFPA). Professora de Direito Processual Civil (UFPA). Procuradora Regional do Trabalho da 8ª Região. Secretária Titular da Região Norte (IBDP – Instituto Brasileiro de Direito Processual). Membro do Instituto Ibero-americano de derecho procesal. Membro da Associação Norte e Nordeste de Professores de Processo – ANNEP. Membro da Associação Brasileira de Direito Processual – ABDPro. Membro da Comissão de Coordenação e Co-fundadora do Projeto Mulheres no Processo Civil do IBDP. Co-fundadora do Fórum Permanente de Processualistas do Trabalho.

que se depreende da mensagem do texto constitucional é que apenas basta para o caminho probatório que ele seja aberto, sem a clausura de tipicidade de meios, vigorando no sistema pátrio o perfil da atipicidade probatória.

Também se deve salientar que a CRFB não se preocupou em criar um dispositivo legal que tivesse o condão de vincular a obtenção da prova só a um destinatário, ou seja, o magistrado, pois o que importa é sedimentar somente o direito à prova.

O Código de Processo Civil revogado, logicamente erigido, sob o fundamento de outra Constituição, não alcançou a plenitude do que se poderia denominar de "despersonificação ou despersonalização", quanto ao destinatário do direito à prova, porque, antes, vivenciava-se a lógica do Estado-Juiz, portanto, os atos voltados ao juízo sob uma estrutura processual triangular[2] em que o juiz estava acima das partes e equidistante delas e tudo que gravitava na órbita do processo devia ser direcionado ao juízo.

O CPC/15 se impôs o desafio da mudança e adotou imediatamente com o capítulo das normas fundamentais processuais uma nova perspectiva, com a inserção de um paradigma dialógico, de postura cooperativa (artigo 6º), sem geometrizar o processo, como outrora e, ao contrário, linearizou-se, com o propósito de igualar todos os sujeitos processuais, especialmente, como destinatários da prova.

A pluralidade dos destinatários da prova, sejam as partes, juiz ou inclusive terceiros[3], leva à conclusão de que a sua função de exercitar influência na convicção do juiz não é mais a única e o campo do processo se estende cada vez mais, em prol da democracia.

A essência dessa multifuncionalidade é estar projetada, não só ao momento da teoria da decisão, mas sim ao caráter de que a construção da *ratio decidendi* sobre aquele conjunto probatório não fica circunscrita aos limites daquele processo apenas, ela extravasa e atinge outros para a concretização do valor isonomia e, vale ressaltar, alcança não só os processos judiciais, como os administrativos, fortalecendo-se no Brasil um discurso de unidade. A gestão probatória, em sendo assim, permeia a integridade do sistema jurídico nacional.

---

2. Brasil adotou majoritariamente a visão triangular, contudo havia os que defendiam a teoria angular.

3. Enunciado 50 do Fórum Permanente de Processualistas Civis- FPPC que "os destinatários da prova são aqueles que dela poderão fazer uso, sejam juízes, partes ou demais interessados, não sendo a única função influir eficazmente na convicção do juiz"

2. TEORIA GERAL DO ÔNUS DE PROVA

O ônus de prova é a carga da prova, a pesagem necessária para que se desenvolva a teoria da decisão de modo válido, no que tange aos fundamentos determinantes do julgamento, em virtude de conceder o suporte necessário a esse momento processual[4], em função da análise dos elementos da demanda (pedidos e causa de pedir) em conformidade com o arcabouço probatório.

A distribuição dos ônus no CPC revogado sempre prevaleceu dentro de uma visão estática, configurando-se um denominado ônus de prova subjetivo, cujo atributo é das partes e, por isso, ao autor compete a prova do fato constitutivo do seu direito e ao réu a do fato impeditivo, modificativo ou extintivo do direito do autor, prestigiando-se o efeito dispositivo. O que se perguntava sempre é se era suficiente essa distribuição...

Por conseguinte, a doutrina brasileira[5] começou a investir no estudo do ônus de prova objetivo, traduzido no artigo 130 do CPC/73, constituindo-se o fenômeno do poder instrutório do juiz, de coloração inquisitiva, determinando ao magistrado a realização de provas *ex officio*, posto que ele seria o único e exclusivo destinatário da prova.

A distribuição dos ônus de prova sempre adquiriu a feição de regra de procedimento, todavia Rosa Maria de Andrade Nery e Nelson Nery Junior[6], com base no direito alemão, aprofundaram o estudo e passaram a afirmar que a regra da distribuição dos ônus de prova, nos moldes do artigo 333 do extinto CPC era uma norma de julgamento, resultando que somente deveria ser aplicada, quando ausentes as provas no processo, porque o magistrado precisaria socorrer-se de uma regra que distribuísse os ônus e ele pudesse aferir quem o deveria ter exercitado e não o fez, decidindo pela procedência ou improcedência do pedido, materializando-se, assim, a vedação do *non liquet*.

Com a dicotomia entre ônus de prova subjetivo e objetivo, ampliou-se o instituto e ainda havia a distribuição convencional entre as partes, contudo não era o primeiro foco da lei processual civil passada, tanto é que dispôs sobre quando a convenção seria nula e não acerca da sua caracterização genérica[7].

---

4. ROSENBERG, Leo. *La carga de la prueba*. 2. ed. Buenos Aires: BdeF, 2002.
5. Por todos, BEDAQUE, José Roberto dos Santos. *Poderes instrutórios do juiz*. SP: RT, 1991. *passim*.
6. *CPC comentado*. 8. ed. São Paulo: RT, 2004. p. 798.
7. Art. 333 O ônus de prova incumbe: I – *omissis*; II – *omissis*. Parágrafo único. É nula a convenção que distribui de maneira diversa o ônus da prova quando: I- recair sobre direito indisponível da parte; II- tornar excessivamente difícil a uma parte o exercício do direito.

Em 1990, adveio o Código de Defesa do Consumidor (lei 8.078) e se abordou ainda mais no Brasil a questão da distribuição dos ônus de prova, pois se inseriu no ordenamento a inversão do ônus, mas jungida à vulnerabilidade do consumidor[8] e, lamentavelmente, foi edificada uma grande celeuma doutrinária que, logicamente, tornou-se jurisprudencial a respeito do momento processual de aplicação da inversão judicial dos ônus de prova. Formaram-se duas correntes a respeito do assunto: a primeira na defesa de que não havia momento, porque não era regra de procedimento, mas de julgamento; e a segunda corrente se posicionou, no sentido de que se devia aplicar a inversão do ônus da prova no saneador[9].

Já significava um avanço, entretanto, a doutrina[10], ainda sob a égide do CPC/73, importou a teoria dinâmica de distribuição do ônus de prova, sendo que a jurisprudência passou a incorporá-la, no rumo de que o que estivesse em melhores condições de produzir a prova, é que deveria agir nesse direcionamento[11].

E o CPC atual? Lei 13.105/15?

O NCPC manteve as linhas originárias da distribuição do ônus de prova, quanto ao sentido estático, em seu art. 373[12], porém, dimensionou o instituto em tela de modo muito mais amplo, especialmente na dinamização do ônus da prova e distribuição convencional. Quanto ao ônus de prova objetivo,

---

8. Artigo 6º, inciso VIII São direitos básicos do consumidor: VIII - a facilitação da defesa de seus direitos, inclusive com a inversão do ônus da prova, a seu favor, no processo civil, quando, a critério do juiz, for verossímil a alegação ou quando for ele hipossuficiente, segundo as regras ordinárias de experiências; e Art. 51. São nulas de pleno direito, entre outras, as cláusulas contratuais relativas ao fornecimento de produtos e serviços que: VI – estabeleçam inversão do ônus de prova em prejuízo do consumidor.

9. Primeira corrente defendida por Rosa Nery e Nelson Nery Junior extraída do *CPC comentado*. 8. ed. São Paulo: RT, 2004. p. 798 e a segunda por SANTOS, Sandra Aparecida Sá dos. *A inversão do ônus da prova*. São Paulo: RT, 2002. p. 81-86

10. Em 2009, Suzana Santi Cremasco já defendia a distribuição dinâmica pelo método de interpretação sistemática e principiológica dos dispositivos do CPC e, inclusive chamava a atenção para a consagração da teoria no Anteprojeto de Código de Processos Coletivos, em seu art. 11, § 2º, que trabalhava com a inversão judicial do ônus de prova, quando verossímil a alegação ou segundo as regras ordinárias da experiência ou quando a parte fosse hipossuficiente. *A distribuição dinâmica do ônus da prova*. Rio de Janeiro: GZ, 2009. Itens 4.1, 4.2 e 4.3.

11. As raízes dessa teoria estão na Argentina, Espanha e Uruguai, liderando o jurista argentino Jorge W. Peyrano. *Las cargas probatorias dinamicas*. www.faeproc.org/wpcontent/uploads/2016/02/Rosario_34.pdf. Acesso em 06 de fevereiro de 2017.

12. Art. 373. *O ônus da prova incumbe: I - ao autor, quanto ao fato constitutivo de seu direito; II - ao réu, quanto à existência de fato impeditivo, modificativo ou extintivo do direito do autor.*

disposto no art. 370[13] do NCPC, vale destacar que ele foi reforçado no seu núcleo fundante, visto que não se trabalha mais o exercício de um poder instrutório do juiz, mas sim de um dever instrutório do magistrado.

Nessa seara, o fenômeno processual do ônus probatório deixa de ser centralizado, sob o argumento de uma regra fixa, rotulada para todos os procedimentos, sem visualizar as especificidades de cada um no caso concreto. Desloca-se essa circunstância para a abertura do sistema processual via dinamização do ônus, rompendo-se a lógica formal, trabalhando-se o casuísmo, à medida em que são avaliados os casos concretos, nas suas particularidades, em uma nítida postura de incorrência da prática da proporcionalidade.

A dinamização do ônus da prova pode ser: legal, judicial ou convencional.

A distribuição dinâmica legal é a que decorre *ope legis*, ocasionando presunções de existência ou veracidade, cujo eixo de inversão legal se embasa nos termos do artigo 374, IV[14], do NCPC. À guisa de ilustração, tem-se o art. 232[15] do Código Civil que prescreve a presunção relativa, quanto à recusa de submissão à perícia médica.

No que pertine à distribuição judicial, a lei consumerista inaugurou a inversão como uma faculdade judicial e localizada nos parâmetros dos pressupostos indicados.

Com propriedade, o NCPC, em seu § 1º do art. 373[16], inovou nessa senda da dinamização judicial, em virtude de que ela se propagou para toda e qualquer causa.

Certamente, a circunstância da generalização da dinamização judicial se consolida em determinados requisitos peculiares alternativos, como: impossí-

---

13. Art. 370. Caberá ao juiz, de ofício ou a requerimento da parte, determinar as provas necessárias ao julgamento do mérito. Parágrafo único. O juiz indeferirá, em decisão fundamentada, as diligências inúteis ou meramente protelatórias.
14. Art. 374. Não dependem de prova os fatos: IV - em cujo favor milita presunção legal de existência ou de veracidade.
15. Art. 232. A recusa à perícia médica ordenada pelo juiz poderá suprir a prova que se pretendia obter com o exame.
16. Art. 373, § 1º. Nos casos previstos em lei ou diante de peculiaridades da causa relacionadas à impossibilidade ou à excessiva dificuldade de cumprir o encargo nos termos do caput ou à maior facilidade de obtenção da prova do fato contrário, poderá o juiz atribuir o ônus da prova de modo diverso, desde que o faça por decisão fundamentada, caso em que deverá dar à parte a oportunidade de se desincumbir do ônus que lhe foi atribuído.

vel ou excessivamente difícil cumprir o encargo na forma estática; ou maior facilidade de obtenção da prova do fato contrário.

Além dos requisitos específicos, a decisão judicial de dinamização deve apresentar os requisitos genéricos concomitantes: fundamentação e garantia prévia de contraditório.

Na rota final, a dinamização judicial não pode ter lugar, caso crie encargo para parte impossível ou excessivamente difícil, consoante estatuído no art. 373, § 2º[17] do NCPC.

Deve ser ressaltado que, no CDC, não se tinha a solução quanto ao momento de inversão, como se redigiu acima e havia discrepância doutrinária e jurisprudencial, todavia, agora, o art. 357, inciso III[18], do NCPC exige que o juiz, na fase de saneamento, manifeste-se acerca da dinamização da distribuição da prova, evitando-se a decisão-surpresa.

3. NEGÓCIOS JURÍDICOS PROCESSUAIS

Antes de se ingressar no tema propriamente dito da distribuição convencional dos ônus de prova, faz-se necessária a análise do tema do negócio jurídico e sua introdução no âmbito processual.

Marcos Bernardes de Mello é referência na teoria do fato jurídico e conceitua negócio jurídico como "o fato jurídico, cujo elemento nuclear do suporte fáctico consiste em manifestação ou declaração consciente de vontade, em relação à qual o sistema jurídico faculta às pessoas, dentro de limites pré-determinados e de amplitude vária, o poder de escolha de categoria jurídica e de estruturação do conteúdo eficacial das relações jurídicas respectivas, quanto ao surgimento, permanência e intensidade no mundo jurídico[19]."

Já o fato processual é o "fato jurídico que adquire o qualificativo de processual quando é tomado como *fattispecie* (suporte fático) de uma norma jurídica processual e se refira a algum procedimento, atual ou futuro[20]."

---

17. § 2º A decisão prevista no § 1º deste artigo não pode gerar situação em que a desincumbência do encargo pela parte seja impossível ou excessivamente difícil.
18. Art. 357. Não ocorrendo nenhuma das hipóteses deste Capítulo, deverá o juiz, em decisão de saneamento e de organização do processo: III- definir a distribuição do ônus da prova.
19. *Teoria do fato jurídico: plano da existência*. 20. Ed. 2ª tiragem. São Paulo: Saraiva, 2014. p. 245.
20. DIDIER Jr., Fredie e NOGUEIRA, Pedro Henrique. *Teoria dos Fatos Jurídicos Processuais*. Salvador: JusPodivm, 2011. p. 31 e também DIDIER Jr, Fredie. *Curso de Direito Processual Civil*. 18. Ed. Salvador:

Dessa feita, todos os fatos jurídicos processuais estão para o processo, entretanto nem todos estão para o curso regular do procedimento, sendo importante frisar que podem vir a incidir no procedimento pendente ou futuro, como a opção convencional do foro[21] [22].

Para Antonio do Passo Cabral, o negócio jurídico processual é "o ato que produz ou pode produzir efeitos no processo escolhidos em função da vontade do sujeito que o pratica. São, em geral, declarações de vontade unilaterais ou plurilaterais admitidas no ordenamento jurídico como capazes de constituir, modificar e extinguir situações jurídicas processuais ou alterar o procedimento"[23].

Unindo as pontas do negócio jurídico ao fato jurídico processual, o negócio jurídico processual é o fato jurídico de projeção de efeitos para o processo com exercício de manifestação de vontade, traduzida no binômio da escolha da categoria jurídica associada ao plano da eficácia da relação jurídica.

3.1. Fundamento das convenções processuais

O legislador do NCPC tinha duas opções de ideologização do paradigma processual: adoção de uma conduta ativista, com prevalência do campo publicístico ou uma garantista de tendência privatística.

O "terreno" processual foi atermado sob a vertente da autovinculação, autodeterminação e autonomia da vontade, por conseguinte, na trilha do mundo privado, do respeito à escolha das partes.

Vivenciou-se por muito tempo o domínio do público sobre o privado, cujos fatores foram de diversas sortes como, por exemplo, em razão da questão pedagógica, com o isolamento do Direito Processual como ramo do Direito Público[24]

JusPodivm, 2016. p. 377-378.

21. Nesse rumo, DIDIER Jr, Fredie. *Idem ibdem*.
22. Arts. 25 (cláusula de eleição de foro exclusivo estrangeiro em contrato internacional) e 63 (eleição de foro pelas partes na competência em razão do valor e do território) do CPC. O Brasil aperfeiçoou a questão da eleição de foro, porque é uma tendência no direito internacional, citando os EUA com as cláusulas de *forum selection clause*.
23. *Convenções processuais*. Salvador: JusPodivm, 2016. p. 48-49.
24. Vale recordar a Escola de Direito Processual que predominou no Brasil liderada por Oskar Bülow, no rumo de que o processo é relação jurídica de direito público e a autoridade central, única e exclusiva é do Estado-Juiz. *La teoria de las excepciones procesales y los presupuestos procesales*. Trad. Miguel Rosas Lichtshein. Lima: Aara, 2008.

ou uma outra razão, no seio da perspectiva político-econômica, com a era do Estado Providência, o Estado Social, onde as suas linhas foram assentadas sob a lógica de uma conduta intervencionista, de gerenciamento de programas, direitos sociais, econômicos, engessando o autorregramento das partes.

A insuficiência desse modelo era questão de tempo... O sistema processual não se faz como sistema processual, porque detém caracteres, como indisponibilidade, inderrogabilidade, irrenunciabilidade de direitos e atuação *ex officio* por parte do magistrado!

O magistrado está para o processo, representa o Estado, mas o espaço é das partes, os direitos e deveres em análise são delas.

Como expõe Antonio do Passo Cabral, com esteio no direito alemão, o juiz atua nos espaços somente que as partes não tenham atuado[25].

No Brasil, a situação sempre foi muito tímida[26], por alguns dos fatores citados anteriormente, primordialmente do Estado Intervencionista e o rótulo de que o processo não é o local apropriado para um exercício amplo de autocomposição de direitos. Por isso, tanto o CPC/39, quanto o de CPC/73 dispuseram residualmente as hipóteses de negociação processual, de porte taxativo, como as de convenção de prazos dilatórios, suspensão processual, ônus de prova e eleição de foro. Quanto a esta última, inclusive inserida nos contratos, extrajudicialmente e de natureza privada, apesar de ser a *ratio* de um instituto de viés público, qual seja a competência.

Com o NCPC[27], resolveu o legislador alargar o argumento da negociação e caminhar para o do convencionalismo atípico, estatuindo só algumas diretrizes gerais, deixando a criatividade para o *locus* das partes e/ou terceiros da relação jurídica[28].

---

25. Cabral. op. cit. *passim*. Sobre o assunto, especialmente o capítulo 2.
26. Com a maestria de sempre, José Carlos Barbosa Moreira já na década de 1980 refletia sobre o tema, apesar do hiato doutrinário. Convenções das Partes sobre Matéria Processual. *In Temas de Direito Processual*. 3ª série. SP: Saraiva, 1984.
27. Art. 190. Versando o processo sobre direitos que admitam autocomposição, é lícito às partes plenamente capazes estipular mudanças no procedimento para ajustá-lo às especificidades da causa e convencionar sobre os seus ônus, poderes, faculdades e deveres processuais, antes ou durante o processo. Parágrafo único. De ofício ou a requerimento, o juiz controlará a validade das convenções previstas neste artigo, recusando-lhes aplicação somente nos casos de nulidade ou de inserção abusiva em contrato de adesão ou em que alguma parte se encontre em manifesta situação de vulnerabilidade.
28. Por exemplo, nos EUA, tem-se negócio jurídico processual até para escolha contratual do direito aplicável (*choice of law*).

As diretrizes da cláusula geral de negociação atípica estão vinculadas a direitos que admitam autocomposição, ou seja, versando sobre direito material ou acordos de procedimento que podem ser antes ou durante o processo, daí a classificação em negócios processuais ou pré-processuais e também em típicos ou atípicos.

Cada vez mais se firma no ordenamento jurídico pátrio a extensão da força do privado sobre o público no tratamento da gestão processual, sejam cláusulas dispostas já em contrato ou no interior do processo. A própria lei da mediação[29] expõe a necessidade do próprio Erário agir assim, inclusive em áreas de interesse público.

A falência do padrão público exclusivo está associada à ruptura de uma falsa premissa de que o processo somente pode ser de carga inquisitiva e que não cabe convenção processual que altere norma procedimental e, como consequência, o magistrado é quem exerce essa autoridade acerca do espaço do processo.

O dogma foi rompido, pois um sistema jurídico que funcione harmonicamente e de modo íntegro precisa abonar os dois elos – o dispositivo e inquisitivo – o público e privado, sem promover uma cisão sem justificativa.

O papel do juiz não se "apequena" ou se esvazia com o modelo convencional das partes, ao contrário, fortifica uma gestão processual compartilhada, dialogada e de conciliação entre os espaços sem se estabelecer qualquer parâmetro de desigualdade, como já foi uma marca registrada de décadas, sob o perfil publicista.

A negociação processual ou extrajudicial facilita a administração judiciária, reunindo técnicas, possibilitando medidas de acesso à justiça. A rigidez procedi-

---

29. Lei 13.140. Art. 32. A União, os Estados, o Distrito Federal e os Municípios poderão criar câmaras de prevenção e resolução administrativa de conflitos, no âmbito dos respectivos órgãos da Advocacia Pública, onde houver, com competência para: I- dirimir conflitos entre órgãos e entidades da administração pública; II- avaliar a admissibilidade dos pedidos de resolução de conflitos, por meio de composição, no caso de controvérsia entre particular e pessoa jurídica de direito público; III- promover, quando couber, a celebração de termo de ajustamento de conduta. § 1º O modo de composição e funcionamento das câmaras de que trata o caput será estabelecido em regulamento de cada ente federado. § 2º A submissão do conflito às câmaras de que trata o caput é facultativa e será cabível apenas nos casos previstos no regulamento do respectivo ente federado. § 3º Se houver consenso entre as partes, o acordo será reduzido a termo e constituirá título executivo extrajudicial. § 4º Não se incluem na competência dos órgãos mencionados no caput deste artigo as controvérsias que somente possam ser resolvidas por atos ou concessão de direitos sujeitos a autorização do Poder Legislativo. § 5º Compreendem-se na competência das câmaras de que trata o caput a prevenção e a resolução de conflitos que envolvam equilíbrio econômico-financeiro de contratos celebrados pela administração com particulares.

mental aliena, insula, quebra a união de esforços comuns em torno da primazia do mérito e repele qualquer tentativa de auxílio das partes em uma co-gestão processual, deixando o magistrado sozinho na difícil tarefa de julgar sem alocação confortável de recursos no Poder Judiciário e, portanto, de caos estrutural.

O juiz se torna mais forte, respeita o espaço da convenção processual, desde que ela seja válida e admissível, por conseguinte, o magistrado continua com seu poder de controle, participando.

3.2. Distribuição convencional dos ônus de prova

A distribuição do ônus probatório nos moldes negociais realizada pelas partes não é novidade no NCPC, posto que já era disposta no parágrafo único do art. 333[30].

Nessa toada da abertura do sistema pátrio ao convencionalismo, leia-se, o atípico, o CPC/15 robusteceu o negócio processual típico relativo à distribuição convencional do ônus de prova e foi buscar inspiração no direito italiano, sobretudo no direito civil.

O art. 2698 do CC italiano prescreve a nulidade dos pactos de inversão do ônus de prova ou de modificação, quando são indisponíveis ou tornam excessivamente difícil o exercício do direito[31].

O NCPC acompanhou a mesma lógica do direito italiano e revigorou em seu art. 373, §§ 3º e 4º[32] a distribuição dinâmica convencional, ou seja, decorrente de acerto entre as partes (negócio jurídico de natureza processual), antes ou durante o processo.

Fredie Didier Jr. antecipou essa problemática, quando escreveu acerca do assunto no Editorial 153 em 2012 e concluiu que não haveria razão alguma para impedir esse tipo de negócio jurídico processual em um procedimento atual ou futuro[33].

---

30. Vide nota de rodapé 7.
31. Art. 2698. Codice Civile Italiano. Patti relativi all'onere della prova. Sono nulli i patti con i quali è invertito ovvero è modificato l'onere della prova, quando si tratta di diritti di cui le parti non possono disporre o quando l'inversione o la modificazione ha per effetto di rendere a una delle parti eccessivamente difficile l'esercizio del diritto.
32. § 3º A distribuição diversa do ônus da prova também pode ocorrer por convenção das partes, salvo quando: I- recair sobre direito indisponível da parte; II- tornar excessivamente difícil a uma parte o exercício do direito. § 4º A convenção de que trata o § 3º pode ser celebrada antes ou durante o processo.
33. Editorial 153, de 17.09.2012. www.frediedidier.com.br (acesso em 07.02.2017).

As partes podem, no momento de celebração de um contrato, à título de exemplificação, instituir uma cláusula sobre a distribuição do ônus de prova de determinado fato, seja jurídico ou relativo a negócio jurídico ou extracontratual; seja lícito ou ilícito[34].

Seja judicial ou extrajudicial, o negócio jurídico processual instala a autonomia privada, entretanto, dentro de um panorama dialogal, em que se deve observar que o magistrado possui um papel vital, não apenas de controle ou de repressão, como compreendem determinados doutrinadores[35], mas essencialmente de estimulador à solução autocompositiva e até, eventualmente, como sujeito participante da convenção, como leciona Robson Renault Godinho[36].

Acrescenta-se ao raciocínio de Robson que é o aqui esposado que, a se crer que o juiz pratica só uma função de controle e *a posteriori* de natureza jurídica repressiva, exprime que não existe a agregação de valores, o mundo do público não casa com o privado e permanecem apartados, sendo que, em cada caso, emergirá um em detrimento do outro. Então, questiona-se: onde resta a coesão? Unidade? A relação jurídica processual perdura com a visão triangular e não linear, sem hierarquizações? E, mais grave que se afigura, há lugar para a cooperação no tipo de concatenação exteriorizada, a qual se ergueu como pilar e norma fundante do sistema processual brasileiro? Acredita-se que não e, lamentavelmente, nega-se a estrutura cooperativa.

3.2.1. *Elementos de existência, validade e eficácia da distribuição convencional do ônus de prova*

A distribuição convencional do ônus de prova é um fato jurídico processual no seio do instituto do negócio jurídico processual e tem como esteio de elemento de existência a manifestação ou declaração de vontade de uma ou ambas as partes e, por meio dela, irradiam todos os outros elementos dessa convenção, os quais são a validade e eficácia.

A convenção processual sobre ônus de prova existe, porque condensa vontade da (s) parte (s). E a vontade precisa ter dois elementos que a preen-

---

34. Nesse sentido, DIDIER Jr, Fredie. Editorial 153. *Idem ibdem*.
35. Nesse viés, CABRAL, Antonio do Passo. Op. Cit. Capítulo 4; e MACEDO, Lucas Buril de e PEIXOTO, Ravi de Medeiros. Negócio processual acerca da distribuição do ônus da prova. *Revista de Processo*, n. 241, p. 484-485. SP: RT, fevereiro/2015.
36. *Negócios processuais sobre o ônus da prova no novo Código de Processo Civil*. SP: RT, 2015. p. 228

chem: 1) a existência de um poder de determinação e regramento da categoria jurídica atinente à distribuição do ônus probatório[37]; e 2) referência a um processo[38].

Nos elementos de validade e eficácia no interior da convenção sobre ônus de prova, não se pode recusar os requisitos genéricos do art. 104 do CC pertinentes aos atos jurídicos, que são: agente capaz (capacidade de ser parte e processual); objeto lícito, possível, determinado ou determinável; e forma prescrita ou não defesa em lei[39]. Isso decorre da interpretação que já foi ventilada antes, quanto ao negócio jurídico processual como uma espécie de negócio jurídico e, logicamente, não podendo ser desvinculado da lei material. O casamento é inevitável e o negócio jurídico processual quanto à distribuição dos ônus probatórios deve ser interpretado de modo restritivo, como impõe o CC em seu art. 114[40].

Indubitavelmente, incidem os requisitos específicos de validade e eficácia da convenção do ônus probatório que vão estar vinculados ao que a norma processual prevê: convenção só pode acontecer, versando sobre direito disponível da parte e que não torne excessivamente difícil a uma parte o exercício do direito.

O primeiro limite é concernente à disponibilidade do direito. Se o direito for indisponível, veda-se a distribuição convencional do ônus.

O conceito de indisponibilidade do direito sempre foi fonte de angústias, dado o seu nível de fluidez, indeterminação e ausência de objetivação.

Em tese de doutoramento[41], essa autora asseverou que a ordem pública existe em dois graus: a absoluta e relativa. A absoluta se enquadra nos extremos da irrenunciabilidade e imperatividade, no seio de um núcleo rígido e cogente, portanto, indisponível. Por outro lado, a relativa exerce comando de

---

37. BRAGA, Paula Sarno. Primeiras reflexões sobre uma Teoria do Fato Jurídico Processual: Plano da Existência. *Revista de Processo*, n. 148. SP: RT, junho 2007. p. 312.
38. NOGUEIRA, Pedro Henrique. *Negócios Jurídicos Processuais*. Salvador: JusPodivm, 2016. p. 152-162.
39. No mesmo rumo interpretativo, o Enunciado 403 do FPPC art. 190; art. 104, Código Civil) A validade do negócio jurídico processual requer agente capaz, objeto lícito, possível, determinado ou determinável e forma prescrita ou não defesa em lei.
40. Art. 114 CC. Os negócios jurídicos benéficos e a renúncia interpretam-se estritamente. E, também, nesse sentido, o Enunciado 406 do FPPC (art. 190; art. 114, Código Civil) - Os negócios jurídicos processuais benéficos e a renúncia a direitos processuais interpretam-se estritamente.
41. GÓES, Gisele. *Proposta de sistematização das questões de ordem pública processual e substancial*. Tese. PUC-SP, 2007. p. 63-66.

imperatividade, mas afrouxa quanto à renunciabilidade do direito e, via de consequência, torna-se disponível.

Sob a óptica do CPC/73, afirmou-se que as regras de direito probatório eram predominantemente de ordem pública absoluta, porque não se tinha o contorno genérico da negociação jurídica processual, leia-se, a cláusula de convenção processual atípica, como se tem hoje no CPC/15 (art. 190). E nem se possuía o capítulo das normas fundamentais processuais e a viga mestra do paradigma cooperativo...

Amparados por essa novel moldura, desarticulou-se o eixo de pensamento de que as normas do direito probatório estão delimitadas ao emprego geral de ordem pública absoluta e, sob outra matriz, o NCPC tem-se a ordem pública relativa, cujo traço marcante é a renunciabilidade – disponibilidade.

Como se lida, então, com a face do "indisponível" no tratamento da distribuição convencional do ônus de prova? Se o processo é um terreno de diálogo, de aproximação dos sujeitos processuais, acordando direitos e procedimentos, como regra, será indisponível o que gera prejuízo aos atores dessa relação jurídica processual ou que se choque com direitos da coletividade ou trabalhados como direitos fundamentais que se esboçam como posturas subjetivas impedidas de exercício de liberdade.

Logo, a regra, diante da nova contextualização processual, é a de que as convenções processuais podem acontecer em torno do ônus de prova e somente se puder ameaçar ou lesar seja parte e/ou coletividade, excepcionalmente que se afigura sob o regime de indisponibilidade ou na hipótese de vedação explícita do próprio sistema constitucional-legal vigente.

Por isso, concorda-se com Robson Godinho, quando afirma que "conferir perenidade a um conceito essencialmente contingencial pode significar apenas estender amarras jurídicas que impeçam ou retardem uma evolução cultural. Por fim, como é intuitivo, se a convenção processual favorecer aquele que é titular do direito indisponível, ampliando sua proteção, o negócio será válido[42][43]."

Nessa mesma linha de análise, abona-se magistério de Antonio do Passo Cabral à medida em que nem a ordem pública, renunciabilidade, transmissibili-

---

42. Godinho. op. cit. p.257.
43. Em nenhum momento, em nossa tese de doutoramento, afirma-se que o conceito de ordem pública ou os critérios estabelecidos de ordem pública absoluta ou relativa são definitivos e também os caracteres da imperatividade, irrenunciabilidade ou indisponibilidade.

dade, patrimonialidade, definem a disponibilidade de situações processuais... O que o legislador conferiu é apenas o norte das garantias processuais para proibir distribuição convencional do ônus probatório, ou seja, se ferir normas fundamentais e configurado o prejuízo ou ameaça, aborta-se a negociação nesse estágio.

A cláusula geral de negociação processual atípica no NCPC introduz uma fase de reflexão sobre o sistema processual aberto às múltiplas possibilidades, desde que abonadas pelas partes, sujeitos processuais e eventuais terceiros. Excepcionalmente reprime-se esse consenso, exceto se houver desequilíbrio entre os atingidos pela convenção ou já existente a vedação constitucional ou legal. Essa é a justificativa e não a ordem pública ou outro critério que seja...[44]

O outro limite à distribuição convencional do ônus de prova ou obstáculo ao instituto em comento é a excessiva dificuldade à outra parte para o exercício do direito, em virtude de que, se existir, criará a prova diabólica reversa[45] e, com isso, impede a norma fundamental de acesso a uma defesa ampla e de isonomia entre os sujeitos processuais.

Deve-se acentuar que esse limite às convenções, como aponta Robson Godinho, "visa a evitar o efeito perverso de favorecer o litigante habitual e aumentar a desigualdade e a vulnerabilidade no processo[46]."

E, derradeiramente, com propriedade, atenta Leonardo Greco para mais um elemento de validade e eficácia da convenção probatória, além da disponibilidade do direito material e paridade entre as partes[47] que é o do adimplemento de todas as normas fundamentais processuais dispostas na CRFB[48] e, hodiernamente, inclui-se o primeiro capítulo do NCPC.

---

44. op. cit. p. 315, *passim*.
45. SILVEIRA, Bruna Braga da. A distribuição dinâmica do ônus da prova no CPC-2015. *In Direito Probatório*. Coords. Marco Félix Jobim e William Santos Ferreira. Salvador: JusPodivm, 2015. p. 182-183 e também MITIDIERO, Daniel. *Colaboração no processo civil: pressupostos sociais, lógicos e éticos.* SP: RT, 2011. p. 142-144.
46. op. cit. 259.
47. Ou ausência de manifesta situação de vulnerabilidade, como prescrito pelo parágrafo único do art. 190 do CPC. Como leciona Pedro Henrique Nogueira, "o parágrafo único do art. 190 do CPC/15 utilizou-se da expressão manifesta situação de vulnerabilidade, tornando extreme de dúvidas que o desequilíbrio subjetivo que justifique a decretação da invalidade do negócio jurídico há de ser claro, evidente, de tamanha desproporcionalidade a ponto de colidir gravemente com a exigência de equivalência" op. cit. p. 236. Também sobre o tema TARTUCE, Fernanda. *Igualdade e vulnerabilidade no processo civil.* SP: Método, 2012.
48. GRECO, Leonardo. Os atos de disposição processual: primeiras reflexões. *Os poderes do Juiz e o controle das decisões judiciais: estudos em homenagem à Professora Teresa Arruda Alvim Wambier.* José Miguel Garcia Medina e outros (coord.). SP: RT, 2008. p. 292.

4. CONCLUSÃO

A prática da cláusula de negociação jurídica processual atípica levou ao aperfeiçoamento e preponderância da redistribuição convencional do ônus probatório.

Todavia, o texto poderia estar ainda mais alinhado às normas processuais fundamentais, especialmente a cooperação processual, pois como alerta Robson Godinho, "o texto poderia apresentar avanço ao prever que, em caso de o juiz atribuir encargo probatório de modo diverso da regra geral (teoria dinâmica do ônus da prova), dever-se-ia buscar previamente uma atribuição consensual do ônus da prova.[49]"

Comungando-se dessa lógica, em um primeiro plano, instituir-se-á inquestionavelmente o modelo de gestão cooperativa em que predomina a vontade da parte e o resultado é o paradigma do consenso, buscando o valor da isonomia de tratamento.

5. REFERÊNCIAS

BEDAQUE, José Roberto dos Santos. *Poderes instrutórios do juiz*. SP: RT, 1991.

BRAGA, Paula Sarno. Primeiras reflexões sobre uma Teoria do Fato Jurídico Processual: Plano da Existência. *Revista de Processo*, n. 148. SP: RT, junho 2007.

BÜLOW, Oskar. *La teoria de las excepciones procesales y los presupuestos procesales*. Trad. Miguel Rosas Lichtshein. Lima: Aara, 2008.

CABRAL, Antonio do Passo. *Convenções processuais*. Salvador: JusPodivm, 2016.

_____; NOGUEIRA, Pedro Henrique (coords.). *Negócios Processuais*. Salvador: JusPodivm, 2016.

CREMASCO, Suzana Santi. *A distribuição dinâmica do ônus da prova*. Rio de Janeiro: GZ, 2009.

DIDIER Jr., Fredie e NOGUEIRA, Pedro Henrique. *Teoria dos Fatos Jurídicos Processuais*. Salvador: JusPodivm, 2011.

DIDIER Jr, Fredie. *Curso de Direito Processual Civil*. 18. Ed. Salvador: JusPodivm, 2016.

_____. Editorial 153, de 17.09.2012. www.frediedidier.com.br (acesso em 07.02.2017).

GODINHO, Robson. *Negócios processuais sobre o ônus da prova no novo Código de Processo Civil*. SP: RT, 2015.

GÓES, Gisele Fernandes. *Proposta de sistematização das questões de ordem pública processual e substancial*. Tese. PUC-SP, 2007.

---

49. op. cit. p. 239.

GRECO, Leonardo. Os atos de disposição processual: primeiras reflexões. *Os poderes do Juiz e o controle das decisões judiciais: estudos em homenagem à Professora Teresa Arruda Alvim Wambier.* José Miguel Garcia Medina e outros (coord.). SP: RT, 2008.

MACEDO, Lucas Buril de e PEIXOTO, Ravi de Medeiros. Negócio processual acerca da distribuição do ônus da prova. *Revista de Processo,* n. 241. SP: RT, fevereiro/2015.

MELLO, Marcos Bernardes de. *Teoria do fato jurídico: plano da existência.* 20. Ed. 2ª tiragem. São Paulo: Saraiva, 2014.

MITIDIERO, Daniel. *Colaboração no processo civil: pressupostos sociais, lógicos e éticos.* SP: RT, 2011.

MOREIRA, José Carlos Barbosa. Convenções das Partes sobre Matéria Processual. *In Temas de Direito Processual.* 3ª série. SP: Saraiva, 1984.

NERY, Rosa e NERY JR, Nelson. *CPC comentado.* 8. ed. São Paulo: RT, 2004.

NOGUEIRA, Pedro Henrique. *Negócios Jurídicos Processuais.* Salvador: JusPodivm, 2016.

PEYRANO, Jorge W. *Las cargas probatorias dinamicas.* www.faeproc.org/wpcontent/ uploads/2016/02/Rosario_34.pdf. Acesso em 06 de fevereiro de 2017.

ROSENBERG, Leo. *La carga de la prueba.* 2. ed. Buenos Aires: BdeF, 2002.

SANTOS, Sandra Aparecida Sá dos. *A inversão do ônus da prova.* São Paulo: RT, 2002.

SILVEIRA, Bruna Braga da. A distribuição dinâmica do ônus da prova no CPC-2015. *In Direito Probatório.* Coords. Marco Félix Jobim e William Santos Ferreira. Salvador: JusPodivm, 2015.

TARTUCE, Fernanda. *Igualdade e vulnerabilidade no processo civil.* SP: Método, 2012.

NEGÓCIOS JURÍDICOS PROCESSUAIS SOBRE MEDIAÇÃO E CONCILIAÇÃO

Júlia Lipiani[1]
Marília Siqueira[2]

Sumário: 1. Considerações introdutórias – 2. Negócio jurídico processual – 2.1. Conceito – 2.2. A cláusula geral de negócio processual no código de processo civil – 3. Os negócios jurídicos processuais acerca da mediação e da conciliação – 3.1. Negócios jurídicos processuais sobre o mediador ou conciliador e sobre a câmara privada de mediação ou conciliação – 3.2. Negócios jurídicos processuais sobre o procedimento de mediação ou conciliação – 3.3. Negócios jurídicos processuais sobre as situações jurídicas dos sujeitos envolvidos na mediação ou conciliação – 4. Síntese conclusiva – 5. Referências.

1. CONSIDERAÇÕES INTRODUTÓRIAS

Liberdade. Ao que nos parece, esta é a palavra de ordem do Código de Processo Civil/2015, tendo dois eixos principais de sustentação: celebração de negócios processuais típicos e atípicos pelas partes e estímulo à utilização dos

---

[1]. Especialista em Direito Processual Civil pela Faculdade Baiana de Direito. Graduada em Direito pela Universidade Federal da Bahia. Membro da Associação Norte Nordeste de Professores de Processo – ANNEP. Advogada em Salvador/BA.

[2]. Mestranda em Direito Processual Civil pela Universidade de São Paulo. Pós-graduanda em Direito Empresarial pela Fundação Getúlio Vargas (GvLaw). Graduada em Direito pela Universidade Federal da Bahia. Advogada em São Paulo/SP.

métodos alternativos de solução de controvérsias[3]. O próprio órgão julgador passa a ter, também, um espaço de liberdade mais amplo para a adequação das regras processuais ao caso concreto.

A lógica é muito simples: o procedimento estanque e inflexível a ninguém favorece; era preciso que fossem dadas ferramentas aos atores do processo para que o procedimento e, de forma mais ampla, as situações jurídicas irradiadas no processo, tivessem a tônica da relação que lhe fosse subjacente.

Os mecanismos estabelecidos no CPC/2015 acabaram por conferir dois instrumentos para adequação do processo (procedimento e situações jurídicas): (i) quando estiverem dispostas, elas, as próprias partes, poderão dar os contornos da solução ou do caminho para a solução de seu litígio, e (ii) quando assim não estiverem, caberá ao magistrado, nas hipóteses em que for pertinente, ajustar regras para alcançar a melhor solução da controvérsia.

Aqui, particularmente, interessam-nos os casos em que há uma disposição negocial entre as partes, seja antes ou durante do processo; se antes, a predisposição então existente conformará regras que poderão ser impostas quando estiver instaurado o litígio; se durante, abre-se a possibilidade não só de condução pacífica, efetivamente colaborativa e adequada do processo, mas, também, de finalização do litígio por meio de autocomposição.

O Código de Processo Civil de 2015, portanto, consagra o direito fundamental à liberdade no processo, por meio do exercício do autorregramento da vontade, o que, como bem percebeu Fredie Didier Jr., fez surgir um novo (e relevante) princípio processual: o princípio do respeito ao autorregramento da vontade no processo – expressão por ele cunhada e ora adotada –, o qual deve ser inserido no rol de normas fundamentais do processo civil[4].

Uma das grandes novidades que permite, com certa facilidade, confirmar a constatação aqui exposta, é a cláusula geral de negociação processual que decorre do artigo 190, CPC/2015. E o motivo é simples: a possibilidade de

---

3. Nesse sentido, Fredie Didier Jr sugere a existência de um microssistema de proteção do exercício livre da vontade no processo. DIDIER JR, Fredie. Princípio do respeito ao autorregramento da vontade no Processo Civil. *In*: CABRAL, Antonio do Passo; e NOGUEIRA, Pedro Henrique (Coord.). *Negócios Processuais*. Salvador: Juspodivm, 2015, p. 23.

4. DIDIER JR., Fredie. *Curso de Direito Processual Civil: civil*: introdução ao direito processual civil, parte geral e processo de conhecimento. 17 ed. Salvador: *JusPodivm*, 2015, v. 1., p 132

celebração de negócios processuais[5] não constitui inovação do CPC/2015[6], a novidade está, justamente, na possibilidade de celebração de negócios processuais *atípicos*.

Afinal, o exercício do autorregramento da vontade sempre esteve, de alguma forma, presente no processo, nunca tendo sido a vontade para ele irrelevante[7]. Tanto é assim que, com relação aos negócios típicos, a inovação não está na sua previsão, pois já eram existentes no CPC/1973, a exemplo da convenção sobre ônus da prova e o foro de eleição, mas, sim, nas novas modalidades previstas no CPC/2015, como a escolha convencional do perito, o saneamento consensual e o calendário processual.

Ao lado dos negócios processuais, dando força à consagração do direito à liberdade no processo, há o evidente estímulo à solução consensual dos conflitos, seja pela existência de um capítulo dedicado à mediação e à conciliação (artigos 165 a 175), pela estruturação do procedimento de modo a pôr a tentativa de autocomposição como ato anterior ao oferecimento de contestação (artigos 334 e 695), ou, ainda, pela permissão de homologação judicial de acordo extrajudicial de qualquer natureza (art. 515, III e 725, VIII), ou de inclusão de matéria estranha ao objeto litigioso no acordo judicial (art. 515, § 2º).[8]

Unindo-se os dois eixos, estimula-se, a um só tempo, que as partes alcancem consensualmente a solução do seu litígio, evitando a interferência estatal na pacificação social, o que confere maior estabilidade às relações, e que elas mesmas estabeleçam os contornos do procedimento e das situações

---

5. De acordo com Pedro Nogueira: "o autorregramento da vontade se define como um complexo de poderes, que podem ser exercidos pelos sujeitos de direito, em níveis de amplitude variada, de acordo com o ordenamento jurídico". NOGUEIRA, Pedro Henrique Pedrosa. *Negócios Jurídicos Processuais: Análise dos provimentos judiciais como atos negociais.* cit., p. 122. É este o conceito ora adotado.

6. A eleição convencional de foro, art. 111, o acordo sobre suspensão dos atos do procedimento, art. 265, II, convenção sobre ônus da prova, art. 333, parágrafo único, a convenção de arbitragem, art. 301, IX, a convenção sobre distribuição do ônus da prova, art. 435, I são exemplos de acordos processuais já previstos no Código de Processo Civil de 1973, a evidenciar que a possibilidade de celebração de convenções processuais em si não se trata de uma inovação do CPC/2005, muito embora se reconheça que também com relação a elas houve inovação pelo redimensionamento de sua relevância para o processo.

7. Em sentido contrário: DINAMARCO, Cândido Rangel. *Instituições de Direito Processual Civil.* 6 ed. São Paulo: Malheiros, 2009, v. II, p. 481-485.

8. DIDIER JR. Fredie. *Curso de direito processual civil*: introdução ao direito processual civil, parte geral e processo de conhecimento. Ob. cit., p. 134.

jurídicas envolvidas do processo de negociação. Celebram-se, assim, negócios sobre o procedimento de negociação e o próprio negócio final de solução do conflito, o que impõe bem compreender que "negociar" não é ganhar, mas, em verdade, satisfazer, da melhor forma, os interesses de *ambas* as partes.

O presente ensaio, fazendo uma análise conjunta destas duas manifestações negociais presentes no Código de Processo Civil de 2015, pretende analisar, tanto pela perspectiva da cláusula geral de negócio processual decorrente do art. 190, quanto a partir dos negócios típicos, previstos neste código e na Lei n. 13.140/2015, as (im)possibilidades de negócios jurídicos processuais relacionados à mediação e à conciliação, bem como os limites do exercício da liberdade na aplicação dos negócios tipicamente previstos.

2. NEGÓCIO JURÍDICO PROCESSUAL

2.1. Conceito

Na definição proposta por Pontes de Miranda[9], o negócio jurídico[10] é o ato jurídico cujo suporte fático tem como um dos elementos essenciais a manifestação da vontade, com o poder de criar, modificar ou extinguir direitos, pretensões, ações ou exceções, tendo como pressuposto deste poder o autorregramento da vontade[11].

A vontade, portanto, não cria efeitos, apenas constitui o suporte fático de incidência de regra jurídica; somente após a jurisdicização do fato, transformando-se em fato jurídico, é que se irradiarão os efeitos correspondentes. O negócio jurídico e a vontade não se confundem; a vontade não é o negócio, ela é elemento do seu suporte fático.

---

9. Na definição de Pontes de Miranda, fato jurídico é o fato ou complexo de fatos sobre o qual incidiu uma regra jurídica; é a regra jurídica que discrimina o que entra e, por omissão, o que não entra no mundo jurídico. Fato jurídico é, pois, o suporte fático que, após a incidência da norma jurídica, é jurisdicizado, entrando no mundo jurídico – plano da existência do mundo do direito. O negócio jurídico é espécie de fato jurídico. MIRANDA, Pontes de. *Tratado de direito privado*. 4 ed. São Paulo: Revista dos Tribunais, 1983, Tomo 02, p. 183-185. Na definição de Emílio Betti, fatos jurídicos são "aqueles fatos a que o direito atribui relevância jurídica, no sentido de mudar as situações anteriores a eles e de configurar novas situações, a que correspondem novas qualificações jurídicas". BETTI, Emílio. *Teoria geral do negócio jurídico*. Tomo I. Campinas: LZN, 2003, p. 12.
10. Conceitos de teoria geral como negócio jurídico, direito subjetivo, capacidade jurídica e pessoa jurídica eram estranhos ao direito romano da antiguidade. WIEACKER, Franz. História do direito privado moderno. Tradução de A. M. Botelho Hespanha. 3. ed. Lisboa: Fundação Calouste Gulbenkian, 1967, p. 254.
11. MIRANDA, Pontes de. *Tratado de direito privado*. 4 ed. São Paulo: Revista dos Tribunais, 1983, Tomo 03, p. 3.

Este conceito foi difundido por Marcos Bernardes de Mello, que formulou, a partir dele, a seguinte definição para o negócio jurídico:

> [...] é o fato jurídico cujo elemento nuclear do suporte fático consiste em manifestação ou declaração consciente de vontade, em relação à qual o sistema jurídico faculta às pessoas, dentro de limites predeterminados e de amplitude vária, o poder de escolha de categoria jurídica e de estruturação do conteúdo eficacial das relações jurídicas respectivas, quanto ao seu surgimento, permanência e intensidade no mundo jurídico.[12]

No conceito acima transcrito, concilia-se a vontade (manifestação ou declaração consciente de vontade) e a autonomia privada (poder de escolha de categoria jurídica e de estruturação do conteúdo eficacial das relações jurídicas respectivas). Em última análise, sempre haverá uma norma jurídica decorrente de texto normativo estatal para incidir no fato da vida, do que irradiarão os efeitos jurídicos nela previstos.

A diferença residirá na possibilidade de, por vontade negocial, ser escolhida a espécie de categoria eficacial, bem assim a variação referente à irradiação e intensidade de cada categoria[13], ou seja, residirá na amplitude do poder de escolha que a norma confere aos indivíduos[14].

O negócio jurídico é espécie de fato jurídico e, por isso mesmo, um conceito jurídico fundamental[15], o que permite sua aplicação nos diversos subdomínios do conhecimento jurídico[16], a exemplo do direito processual[17].

---

12. MELLO, Marcos Bernardes de. *Teoria do fato jurídico: plano da existência*. São Paulo: Saraiva, 2014, p. 245.
13. MELLO, Marcos Bernardes de. *Teoria do fato jurídico: plano da existência*. cit., p. 237.
14. Quanto à amplitude do poder de escolha, José de Oliveira Ascensão ensina que a autonomia pode se localizar em quatro zonas de atuação: de negociação, referente à fase prévia à vinculação; de criação (modelos negociais atípicos), que permite às partes criar novas figuras contratuais que melhor se adequem às suas necessidades; de estipulação, que cuida da faculdade de estabelecer o negócio jurídico; e de vinculação, que se limita à aceitação das partes a vincular-se ou não. Esta última zona seria o mínimo necessário à afirmação da autonomia da vontade e, portanto, à caracterização do negócio jurídico, ainda quando ausentes todas as outras. ASCENSÃO, José de Oliveira. *Direito Civil – Teoria geral*. V. 02. 3 ed. São Paulo: Saraiva, 2010, p. 80/81.
15. NOGUEIRA, Pedro Henrique Pedrosa. *Negócios Jurídicos Processuais: Análise dos provimentos judiciais como atos negociais*. Salvador: Tese de Doutorado da UFBA, 2001, p. 109.
16. PASSOS, José Joaquim Calmon de. *Esboço de uma teoria das nulidades aplicadas às nulidades processuais*. Rio de janeiro: Forense, 2009, p. 53.
17. NOGUEIRA, Pedro Henrique Pedrosa. *Negócios Jurídicos Processuais*. cit., p. 109. Nesse sentido, Francesco Carnelutti: "O conceito de negócio jurídico, elaborado pelos cultores do Direito privado, não podia deixar de se transplantar para o terreno do Direito público, e especialmente para o Direito processual, tão logo que neste se descobrisse a existência de direitos subjetivos, exatamente porque

Com base nas definições de negócio jurídico de Pontes de Miranda e Marcos Bernardes de Mello acima expostas, Fredie Didier Jr.[18], Paula Sarno Braga[19] e Pedro Nogueira desenvolveram os seus conceitos de negócio jurídico processual, os quais, por terem a mesma essência, serão adotados neste ensaio. Eis o conceito de negócio processual proposto por Pedro Nogueira:

> [...] fato jurídico voluntário em cujo suporte fático, descrito em norma processual, esteja conferindo ao respectivo sujeito o poder de escolher a categoria jurídica ou estabelecer, dentro dos limites fixados no próprio ordenamento jurídico, certas situações jurídicas processuais[20].

Como se percebe, entende-se que o traço distintivo dos negócios jurídicos para os demais fatos voluntários reside na noção de autorregramento da vontade, retirando-se relevância do sujeito que pratica o ato e da necessidade de a manifestação de vontade integrar ou não a cadeia típica formadora do procedimento[21].

É a partir desta noção de negócio jurídico processual, ora fixada como premissa teórica, que será desenvolvido raciocínio acerca dos negócios processuais relativos à mediação e à conciliação. A base normativa utilizada, entretanto, irá variar: em caso de negócios atípicos, o fundamento será o artigo 190 do Código de Processo Civil/2015, que veio consagrar a atipicidade da negociação processual, ao passo que, na hipótese de negócio típico, será aplicado o dispositivo correspondente. Por se tratar de uma novidade, passa-se a dispensar algumas linhas ao artigo 190; os dispositivos legais referentes aos negócios típicos serão tratados no tópico correspondente ao negócio a que ele se refere.

---

direito subjetivo e negócio jurídico são termos correlatos: o Direito privado, ou, geralmente, o Direito material, representa apenas a zona de emergência do mesmo, da qual o conceito se estendeu depois para a todo o território do Direito." CARNELUTTI, Francesco. Sistema de direito processual civil: da estrutura do processo. v. 03. São Paulo: Classic Book, 2000, p. 122.

18. Segundo Fredie Didier Jr., a caracterização de um ato como negócio jurídico deve-se observar o direcionamento da vontade não apenas à prática do ato, mas, também, à produção de um determinado efeito jurídico, visto que, "no negócio, há escolha da categoria jurídica, do regramento jurídico para uma determinada situação". DIDIER JR., Fredie. *Curso de direito processual civil: introdução ao direito processual civil e processo de conhecimento.* 16 ed. Salvador: *Juspodivm*, 2014, p. 291.

19. "Serão negócios processuais quando existir um poder de terminação e regramento da categoria jurídica e de seus resultados (com limites variados)" (BRAGA, Paula Sarno. *Primeiras reflexões sobre uma teoria do fato jurídico processual: plano de existência.* Revista de processo, ano 32, n. 148, jun./2007, p. 312).

20. NOGUEIRA, Pedro Henrique Pedrosa. *Negócios Jurídicos Processuais.* cit., p. 137.

21. NOGUEIRA, Pedro Henrique Pedrosa. *Negócios Jurídicos Processuais.* cit., p. 138

2.2. A cláusula geral de negócio processual no código de processo civil

Para além de autorizar expressamente a realização de negócio jurídico processual, pondo fim a qualquer discussão acerca de sua existência, o art. 190, *caput*, do CPC/2015 vem consagrar a atipicidade desta negociação, estabelecendo, como dito, uma cláusula geral de negócio processual; eis o seu teor:

> Art. 190. Versando o processo sobre direitos que admitam autocomposição, é lícito às partes plenamente capazes estipular mudanças no procedimento para ajustá-lo às especificidades da causa e convencionar sobre os seus ônus, poderes, faculdades e deveres processuais, antes ou durante o processo.
>
> Parágrafo único. De ofício ou a requerimento, o juiz controlará a validade das convenções previstas neste artigo, recusando-lhes aplicação somente nos casos de nulidade ou inserção abusiva em contrato de adesão ou em que alguma parte se encontre em manifesta situação de vulnerabilidade.

Note-se que o dispositivo acima transcrito tanto autoriza a negociação acerca de alterações no procedimento, quanto a convenção[22] acerca de ônus, poderes, faculdades e deveres processuais, o que poderá ser feito antes ou durante o processo[23]. É possível perceber que a última parte do *caput* cuida, justamente, de situações jurídicas processuais, ou seja, de efeitos jurídicos irradiados de fatos jurídicos processuais.

De acordo com a redação do artigo, é preciso que se verifiquem, no negócio processual, os seguintes requisitos: *(i)* a discussão deduzida em juízo deve envolver direitos passíveis de autocomposição (nesse caso, a parte já estaria autorizada pelo ordenamento jurídico a, inclusive, renunciar integralmente o direito litigioso, de modo que "quem pode o mais, pode o menos"); *(ii)* partes capazes; e *(iii)* existência de situação de equilíbrio entre as partes[24].

---

22. Os negócios bilaterais podem ser divididos em contratos e convenções ou acordos; nos contratos, os interesses são contrapostos, ao passo que, nos acordos ou convenções, as vontades convergem a um interesse comum. Entende-se, a princípio, que o legislador utilizou o termo de forma genérica, muito embora se saiba que os contratos processuais são celebrados em número bem menor.
23. Com o mesmo entendimento, há o enunciado n. 257 do Fórum Permanente de Processualistas Civis (FPPC): O art. 190 autoriza que as partes tanto estipulem mudanças do procedimento quanto convencionem sobre os seus ônus, poderes, faculdades e deveres processuais.
24. A interpretação e, consequentemente, a possibilidade de flexibilização destes requisitos ainda devem ser submetidas à efetiva crítica doutrinária, de modo que, neste ensaio, opta-se por não adotar um posicionamento restrito acerca da verificação dos requisitos acima citados para a validade do negócio. No que concerne à disponibilidade do direito objeto da demanda, por exemplo, entende-se que a sua indisponibilidade não impede a realização de negócio processual, quando o objeto do negócio não tiver o potencial de fulminar o direito objeto da demanda. Nesse sentido, é

Com isso, ao tempo em que se democratiza o procedimento, prestigiando e favorecendo as soluções de controvérsias obtidas pelos próprios litigantes[25], preocupa-se em evitar abusos de direito ou opressão de uma das partes[26]. Abre-se espaço para um maior diálogo entre partes, juiz, e, também, conciliadores e mediadores, ampliando a possibilidade de adequação às exigências específicas do litígio[27] ou à vontade das partes de convencionar sobre seus ônus, poderes, faculdades e deveres processuais.

O modelo proposto pelo Código de Processo Civil/2015 vem consagrar a possibilidade de adaptação do procedimento, de escolha da categoria jurídica, bem assim de regramento do conteúdo das situações jurídicas processuais, como resultado de uma atitude cooperativa e consensual das partes e do julgador.

A previsão legal não faculta apenas a realização de acordo de procedimento, visto que a última parte do *caput* cuida, justamente, de situações jurídicas processuais, ou seja, de efeitos jurídicos irradiados de fatos jurídicos processuais. O art. 190 do CPC/2015 constitui, portanto, a consagração do permissivo estabelecido pelo sistema jurídico de outorga às pessoas do poder de autorregramento da vontade no processo; outorga-se, pois, o poder de manifestação de vontade processual e, com ele, uma maior autonomia na condução da resolução do litígio por elas protagonizado.

No entanto, o poder de autorregramento da vontade não é absoluto, a ele são estabelecidos limites que decorrem do sistema considerado em sua

---

o posicionamento de Diogo Rezende: "A impossibilidade de disposição do direito material não afeta, em regra, a possibilidade de disposição de direito processual. [...] Mas a questão não é tão simples. Pode ocorrer de o direito material indisponível ser afetado indiretamente por uma convenção que regule direito processual.[...] A indisponibilidade do direito material, embora não acarrete na automática vedação às convenções processuais na relação jurídica em que o conflito é discutido, é capaz de motivar a invalidação ou a ineficácia de disposição de direito processual quando esta se revelar modo de disposição indireto do direito material indisponível." (ALMEIDA, Diogo Assumpção Rezende de. *Das convenções processuais no processo civil*. Rio de Janeiro: Tese de Doutorado da UERJ, 2014, p. 177/178). A respeito do tema, há, ainda, o Enunciado n. 135 do Fórum Permanente de Processualistas Civis (FPPC): A indisponibilidade do direito material não impede, por si só, a celebração de negócio jurídico processual.

25. NOGUEIRA, Pedro Henrique Pedrosa. A cláusula geral do acordo de procedimento no projeto do novo CPC (PL 8.046/2010). In: *Novas tendências do processo civil: estudos sobre o Projeto do Novo Código de Processo Civil*. v. 01. Salvador: *Juspodivm*, 2013, p. 17.
26. NOGUEIRA, Pedro Henrique Pedrosa. *A cláusula geral do acordo de procedimento no projeto do novo CPC (PL 8.046/2010)*. cit., p. 17.
27. NOGUEIRA, Pedro Henrique Pedrosa. *A cláusula geral do acordo de procedimento no projeto do novo CPC (PL 8.046/2010)*. cit., p. 18.

integralidade; tais limitações, inclusive, constituem um dos maiores desafios da doutrina. Isso porque, a abertura própria das cláusulas gerais – que se caracterizam pela dupla indeterminação, no antecedente e no consequente – demanda um maior esforço interpretativo na (re)construção de seu conteúdo[28][29].

Fixadas estas premissas, passa-se a analisar as possibilidades negociais relativas à mediação e à conciliação, sem ter, no entanto, qualquer pretensão de exaurimento; como já noticiado, serão também analisados nesse âmbito os negócios processuais tipicamente previstos e os limites ao exercício da liberdade na aplicação deles.

---

28. O intérprete atribui significado ao texto, diante do suporte fático sobre o qual incidirá a norma de direito. Isso porque, como bem salienta Humberto Ávila, o significado não é intrínseco ao conteúdo da palavra, mas algo que depende da sua aplicação e interpretação. Desse modo, o intérprete não apresenta o significado prévio do texto normativo, ele, em verdade, constrói exemplos do uso da linguagem. O intérprete também reconstrói sentidos, na medida em que existem "significados incorporados ao uso linguístico e construídos na comunidade do discurso". De fato, os signos, pela aplicação rotineira, adquirem um significado comumente difundido, muitas vezes pela repetição da situação fática de sua aplicação, impondo ao julgador, na interpretação do texto, não a construção do sentido, mas a sua reconstrução. A construção ou reconstrução de significados, no entanto, deve ser limitada, a fim de se evitar "um descompasso entre a previsão constitucional e o direito constitucional concretizado". ÁVILA, Humberto. *Teoria dos princípios: da definição à aplicação dos princípios jurídicos*. 14 ed. São Paulo: Editora Malheiros, 2013, p. 34/37.

29. Nesse contexto, Leonardo Greco afirma que a definição dos limites entre os poderes do juiz a autonomia das partes está diretamente vinculada a três fatores: a disponibilidade do direito material, o equilíbrio entre as partes e a observância dos princípios e garantias fundamentais do processo no Estado Democrático de Direito, ao que ele chama de ordem pública processual. (GRECO, Leonardo. *Os atos de disposição processual – Primeiras reflexões*. cit., p. 10). Loïc Cadiet, por sua vez, afirma que existe uma gradação na neutralização da liberdade contratual no âmbito do processo: quanto mais o tratamento do litígio estiver no poder do juízo, mais o processo será indisponível, tornando nulas as cláusulas cujo objeto seja o processo; isso porque, nos acordos cujo objeto seja a adaptação do procedimento judicial às necessidades das partes, a instituição judiciária está envolvida, na sua organização ou no seu funcionamento. (CADIET, Loïc. *Les conventions relatives au procès em droit français: sur la contractualisation du règlement des litiges*. Revista de Processo, ano 33, n. 160, jun/2008, p. 68.). Barbosa Moreira, em 1984, já chamava atenção para a ausência de estabelecimento de critérios restritivos para as convenções processuais atípicas, ponderando que, muito embora não seja certa a segurança deste caminho, o mais difundido dos critérios é o que se baseia na distinção entre normas processuais cogentes e normas processuais dispositivas, para admitir maior liberdade de convenção para aquelas e restringir para estas. (MOREIRA, José Carlos Barbosa. *Convenções das Partes Sobre Matéria Processual*. Revista de Processo, ano 9, vol. 33, jan./mar. 1984, p. 184-185).

3. OS NEGÓCIOS JURÍDICOS PROCESSUAIS ACERCA DA MEDIAÇÃO E DA CONCILIAÇÃO

3.1. Negócios jurídicos processuais sobre o mediador ou conciliador e sobre a câmara privada de mediação ou conciliação

De início, tratemos da possibilidade de as partes celebrarem negócios acerca do mediador ou do conciliador: a pessoa, alheia ao conflito, que intervém de forma imparcial, promovendo o diálogo entre as partes envolvidas, de acordo com os princípios previstos no Código de Processo Civil/2015 e na Lei n. 13.140/2015, a fim de viabilizar a solução consensual da controvérsia[30].

Conforme disposto no art. 4º da Lei de Mediação[31] e no art. 168[32] do Código de Processo Civil/2015, as partes do conflito poderão celebrar negócio processual (típico, neste caso), para escolha do profissional que atuará como mediador ou conciliação no seu caso, bem como para escolha da câmara privada de mediação e conciliação na qual a solução consensual do conflito será buscada.

Essa possibilidade coaduna-se com o princípio do respeito ao autorregramento da vontade no processo, já que promove a primazia da autonomia das partes neste aspecto[33]. Assim, coaduna-se também com o objetivo primordial da autocomposição como técnica de solução de litígios, já que, sendo uma forma de participação dos indivíduos na elaboração da norma jurídica que regulará o seu caso[34], enseja uma solução mais adequada do conflito, com maior aptidão à pacificação social.

---

30. TARTUCE, Fernanda. In: *Breves comentários ao novo Código de Processo Civil*. WAMBIER, Teresa Arruda Alvim et al; (coord). São Paulo: Editora Revista dos Tribunais, 2015, p. 520.
31. Art. 4º O mediador será designado pelo tribunal ou escolhido pelas partes.
32. Art. 168. As partes podem escolher, de comum acordo, o conciliador, o mediador ou a câmara privada de conciliação e de mediação.
33. TARTUCE, Fernanda. In: *Breves comentários ao novo Código de Processo Civil*. Ob. cit. p. 534.
34. DIDIER JR. Fredie. *Curso de direito processual civil*: introdução ao direito processual civil, parte geral e processo de conhecimento. Ob. cit., p. 280; ; CUNHA, Leonardo Carneiro da; AZEVEDO NETO, João Luiz Lessa de. Mediação e conciliação no Poder Judiciário e o Novo Código de Processo Civil. In: *Novo CPC doutrina selecionada*: parte geral. Vol. 01. MACEDO, Lucas Buril de; PEIXOTO, Ravi; FREIRE, Alexandre (org.). Salvador: Juspodivm, 2015, p. 264 e 266; WATANABE, Kazuo. Acesso á justiça e meios consensuais de solução de conflitos. In: *Tribunal Multiportas: investindo no capital social para maximizar o sistema de solução de conflitos no Brasil*. ALMEIDA, Rafael Alves de; ALMEIDA, Tânia; CRESPO, Mariana Hernandez (org). Rio de Janeiro: Editora FGV, 2012, p. 89; STÖBER, Michael. *Os meios alternativos de solução de conflitos no direito alemão e europeu: desenvolvimento e reformas*. In: Revista de Processo, vol. 244, jun/2015, p. 361-380.

De acordo com o § 1º do mencionado art. 168 do CPC/2015[35], o mediador ou conciliador escolhido poderá ou não estar cadastrado no Tribunal de Justiça (exigência constante no art. 167[36], ao lado da necessidade de inscrição em cadastro nacional). Trata-se de efetivação da liberdade de escolha dada às partes, que não estarão restritas a um universo de indivíduos quando da seleção daquele que atuará como mediador ou conciliador do conflito. As partes estarão, assim, livres para optar por um mediador ou conciliador de sua confiança, ainda que ele não esteja cadastrado no Tribunal de Justiça local.

Neste ponto, importante fazer uma observação: esta previsão, ao contrário do que pode parecer à primeira vista, não implica estar absolutamente dispensado o cadastro do indivíduo designado como mediador ou conciliador pelas partes[37-38]. Em verdade, o que se quer dizer é que as partes poderão escolher mediador ou conciliador que não esteja cadastrado no momento da escolha, no entanto, para que o escolhido possa exercer a função para a qual foi selecionado, deverá realizar o cadastro necessário, sob pena de tornar inócua a exigência do art. 167, pautada na importância do cadastro imposto (já que os mediadores e conciliadores deverão passar por curso de capacitação, com programa definido pelo CNJ em conjunto com o Mistério da Justiça, além de passarem por reciclagens periódicas)[39].

Deste modo, é preciso que o indivíduo escolhido para atuar como mediador ou conciliador esteja apto à inscrever-se no cadastro nacional e do Tribunal de Justiça, ou, ainda que não esteja apto, possa tornar-se. Ou seja, o sujeito impedido de cadastrar-se como mediador ou conciliador não poderá ser escolhido para exercer essa função pelas partes (a exemplo do juiz, ainda que fosse negociada a exceção à confidencialidade).

Contudo, essa ressalva vale apenas para as hipóteses de mediação ou conciliação judicial. Para as hipóteses de mediação extrajudicial, a Lei n.

---

35. § 1º O conciliador ou mediador escolhido pelas partes poderá ou não estar cadastrado no tribunal.
36. Art. 167. Os conciliadores, os mediadores e as câmaras privadas de conciliação e mediação serão inscritos em cadastro nacional e em cadastro de tribunal de justiça ou de tribunal regional federal, que manterá registro de profissionais habilitados, com indicação de sua área profissional.
37. DIDIER JR. Fredie. *Curso de direito processual civil*: introdução ao direito processual civil, parte geral e processo de conhecimento. Ob. cit., p. 277.
38. Em sentido oposto: TARTUCE, Fernanda. In: *Breves comentários ao novo Código de Processo Civil*. Ob. cit. p. 534.
39. DIDIER JR. Fredie. *Curso de direito processual civil*: introdução ao direito processual civil, parte geral e processo de conhecimento. Ob. cit., p. 277.

13.140/2015 prevê expressamente, em seu art. 9º[40], que a atuação do indivíduo enquanto mediador extrajudicial prescinde de sua inscrição em qualquer tipo de conselho, entidade de classe ou associação, de modo que, o profissional escolhido para atuar neste tipo de mediação não precisará estar cadastrado junto ao Tribunal local no momento da sua seleção pelas partes, bem como no momento do exercício da função.[41]

Ainda que não houvesse a previsão legal, chegaríamos a essa conclusão uma vez que não seria razoável submeter aqueles que não atuam no âmbito judicial ao controle do Poder Judiciário.

Assim, qualquer pessoa em que as partes depositem alguma confiança poderá atuar como mediador/conciliador extrajudicial.

Além do negócio processual típico mencionado, as partes poderão celebrar, ainda, negócios atípicos acerca do mediador ou conciliador e da câmara de mediação ou conciliação, por força do art. 190 do CPC/2015.

Nesse sentido, reflita-se que, se às partes é facultado escolher especificamente o mediador ou conciliador, logicamente também lhes é facultado limitar consensualmente os critérios dessa escolha futura. Assim, por exemplo, podem as partes negociar, antevendo a necessidade específica do caso que eventualmente enseje litígio, no sentido de estabelecer que o mediador ou conciliador deverá, oportunamente, ser escolhido dentre um grupo determinado de pessoas, a exemplo de sujeitos pertencentes a uma categoria profissional. O mesmo se aplica às câmaras privadas de mediação ou conciliação, que poderão ser limitadas àquelas de determinada localidade, por exemplo.

3.2. Negócios jurídicos processuais sobre o procedimento de mediação ou conciliação

A mediação ou conciliação, por serem meios de autocomposição de conflitos, pressupõe a negociação entre as partes para alcance da solução;

---

40. Art. 9º Poderá funcionar como mediador extrajudicial qualquer pessoa capaz que tenha a confiança das partes e seja capacitada para fazer mediação, independentemente de integrar qualquer tipo de conselho, entidade de classe ou associação, ou nele inscrever-se.
41. Sobre a solução do conflito normativo entre o Código de Processo Civil e a Lei de Mediação: TARTUCE, Fernanda. *Interação entre novo CPC e Lei de Mediação: Primeira reflexões*. Disponível em: <http://portalprocessual.com/interacao-entre-novo-cpc-e-lei-de-mediacao-primeiras-reflexoes/>. Acesso em: 15/09/2015; DUARTE, Zulmar. *A difícil conciliação entre o Novo CPC e a Lei de Mediação*. Disponível em: <http://jota.info/a-dificil-conciliacao-entre-o-novo-cpc-e-a-lei-de-mediacao>. Acesso em: 15/09/2015.

a negociação, por sua vez, para que mais bem atinja seu objetivo final, qual seja, satisfazer, da melhor forma possível, os interesses de ambas as partes, variará sempre de acordo com o tipo do litígio, a sua complexidade, a relação e grau de desgaste ou aproximação das partes, além de outras peculiaridades verificadas em cada caso.

Por isso mesmo, os aspectos do procedimento de negociação deverão ser adequados às exigências do caso concreto, sendo o negócio processual o instrumento existente à disposição das partes para adequarem a mediação/conciliação às nuances do seu caso. Aqui, cabe, de logo, fixar a premissa de que, necessariamente, os mediadores/conciliadores deverão se submeter ao quanto acordado pelas partes, não cabendo, por falta de competência, sequer a análise de validade do negócio, o que somente poderá ser feito pelo magistrado, na hipótese de o acordo ser a ele submetido[42].

Nesse tópico, o objetivo é apresentar, sem pretensão de exaurimento, algumas possibilidades de negócios para adequação do procedimento de mediação/conciliação, salientando que a sua aplicação dependerá sempre do caso concreto, pois são as características do conflito (subjetivas e objetivas) e a escolha do mecanismo de solução de controvérsia que será adotado que darão o tom e os contornos do procedimento.

É, no caso concreto, por exemplo, que se verá quantas reuniões serão necessárias para conclusão do procedimento de mediação, se os advogados deverão estar presentes em todas, algumas ou nenhuma das etapas, a necessidade de reuniões entre as partes sem os mediadores, ou apenas os mediadores com cada uma das partes isoladamente, se haverá, ou não, procedimento para apresentação de documentos, pois casos há em que não existem sequer documentos a serem apresentados e outros em que eles são essenciais.

Impossível, pois, seria a tarefa de exaurir todos os tipos de convenções sobre o procedimento negocial, razão por que se optou por alertar a respeito das possibilidades negociais que reputamos mais importantes nesse contexto.

(i) No que concerne à duração do procedimento de autocomposição, as partes poderão estabelecer um prazo para encerramento do procedimento de mediação ou conciliação, sem prejuízo de haver prorrogação, se entenderem conveniente.

---

42. Nesse caso, se, posteriormente, houver identificação, pelo magistrado, de vício na convenção processual, duas serão as possibilidades: invalidação do acordo ao final celebrado entre as partes ou convalidação do acordo, seja sanando o vício, seja pelo seu aproveitamento dada a ausência de prejuízo.

O art. 28 da Lei n. 13/140/2015, permite a negociação acerca do prazo para conclusão do procedimento que objetiva a autocomposição, ao determinar que o procedimento da mediação deverá ser concluído em até sessenta dias, salvo quanto as partes requererem, consensualmente, a sua prorrogação.

O estabelecimento do prazo terá duas finalidades: informar, previamente, às partes que, ao seu término, caso não haja acordo ou prorrogação, a qualquer tempo poderá ser instaurado ou continuado o procedimento contencioso; e possibilitar seu planejamento no curso das tratativas. Nada impede, entretanto, que, de comum acordo, as partes renunciem ao prazo previamente estipulado para, antes de seu fim, encerrar a tentativa de autocomposição e retomar ou iniciar procedimento judicial ou arbitral, conforme o caso.

Na hipótese de não haver previsão quanto ao prazo (na mediação/conciliação extrajudicial) ou em caso de prorrogação tácita – e, ainda, na hipótese de, no curso do procedimento de mediação/conciliação, uma das partes não mais querer dar continuidade às tratativas (considerando que as partes não são obrigadas a permanecer em procedimento de mediação ou conciliação, se assim não quiserem) –, deverá informar à outra que iniciará ou prosseguirá com o procedimento judicial/arbitral. O dever de informação é uma das concretizações do dever de cooperação, cujo alcance não se limita aos procedimentos judiciais, devendo, também, ser observados nas mediações extrajudiciais.

(ii) As partes poderão, ainda, excluir a participação dos advogados no procedimento de mediação/conciliação, mesmo que ele ocorra no curso do procedimento judicial. Essa possibilidade já é expressa quando se tratar de mediação extrajudicial, nos termos do artigo 10, Lei 13.140/2015, e, ao que nos parece, não há razão para não a aplicar à mediação judicial, afinal, a presença do advogado no processo judicial decorre de sua capacidade postulatória, da qual as partes não são dotadas.

É dizer: ele será necessário para a prática de atos em juízo, porém, não há razão para impedir que ambas as partes dispensem sua participação nos momentos em que estiverem elas e os mediadores/conciliadores, uma vez que para isso não se exige a capacidade postulatória. Previsão nesse sentido segue na linha acima pontuada de que cada caso possui suas peculiaridades, a exemplo dos litígios de família, que envolvem questões absolutamente íntimas, as quais as partes certamente podem preferir não expor aos seus advogados, pelas mais diversas razões.

Saliente-se que esta dispensa somente será possível, por exigência decorrente da isonomia, quando *ambas* as partes dispensarem a presença de seus advogados, em consonância com a previsão do parágrafo único do referido artigo 10.

(iii) Uma das inovações mais relevantes promovidas pelo Código de Processo Civil/2015 foi a previsão de produção antecipada de prova sem o requisito da urgência, colocando as partes também como destinatárias da prova. Quebra-se o paradigma até então existente de que a prova era produzida para o juiz, para assumir que o conhecimento dos fatos é (principalmente) de interesse das partes, que podem muito bem não ter plena convicção das situações jurídicas por ela titularizadas[43].

Entre as hipóteses em que é possível a produção antecipada de provas, está justamente a situação em que *"a prova a ser produzida seja suscetível de viabilizar a autocomposição ou outro meio adequado de solução de conflito"*; é o que estabelece o artigo, 381, II, CPC/2015.

Com isso, torna-se plenamente possível e, em muitos casos, aconselhável, que as partes acordem a necessidade de produção de prova antes de dar início à mediação/conciliação, ou que determinem a sua suspensão, após a primeira reunião, para que se faça uso deste instrumento processual. Veja-se que o preenchimento do requisito do inciso II acima transcrito será facilitado (e muito) se já estiver em curso o procedimento de mediação.

A respeito da produção de prova, é possível que não seja sequer necessário recorrer ao mecanismo do artigo 381, podendo as partes convencionarem, no curso do próprio procedimento de mediação/conciliação, a contratação de perito para elaboração de parecer técnico, a oitiva de testemunhas para serem ouvidas perante elas e o mediador/conciliador, a apresentação de documentos (este ponto será desenvolvido no tópico seguinte) ou outros meios de prova que sejam cabíveis. A convenção com esse objeto poderá ser feita no curso da negociação ou mesmo antes, quando forem estabelecidas regras do procedimento para mediação/conciliação futura.

(iv) Outro ponto relevante é a necessidade, em muitos casos, de adoção de medidas de urgência no curso do procedimento de mediação/conciliação.

---

43. Sobre o tema, conferir: YARSHELL, Flávio Luiz. *Antecipação da prova sem o requisito da urgência e o direito autônomo à prova*. São Paulo: Editora Malheiros, 2009.

Nessas situações, as partes deverão, primeiro, tentar estabelecer um acordo quanto a esta questão e, somente se não for possível a autocomposição, é que se deverá recorrer ao Poder Judiciário para requerimento da medida de urgência, ainda que o processo esteja suspenso, nos termos do artigo 16, § 2º, Lei 13.140/2015.

Por outras palavras, em caso de se ter iniciado um procedimento de autocomposição, até as questões urgentes deverão, primeiramente, passar pela tentativa de acordo pelas partes; nada impede que, no curso da negociação, sejam feitos pequenos acordos sobre questões urgentes ou até mesmo acessórias, o que, se for frutífero, poderá gerar bons reflexos no acordo final, pela constituição de credibilidade entre os negociantes.

Esta obrigação, portanto, deverá compor uma das cláusulas sobre o procedimento, a fim de que atuações surpresas não prejudiquem os avanços eventualmente conseguidos no curso da negociação.

(v) Por fim, nos casos de direitos disponíveis – com relação aos indisponíveis já há previsão legal –, as partes podem também estabelecer, como condição de eficácia de seu acordo, a homologação judicial; veja-se que essa não é uma exigência legal, mas pode ser que as partes a prevejam, o que tem coerência sistêmica, uma vez que o próprio Código de Processo Civil/2015, no artigo 725, VIII, possibilita a instauração de procedimento judicial para homologação de acordo extrajudicial de qualquer natureza ou valor, bem como pelo permissivo expressamente contido no artigo 20, parágrafo único, Lei 13.140/2015.

3.3. Negócios jurídicos processuais sobre as situações jurídicas dos sujeitos envolvidos na mediação ou conciliação

Além de negócios jurídicos processuais acerca do mediador ou conciliador, da câmara privada de mediação ou conciliação e do procedimento de mediação ou conciliação, as partes envolvidas na mediação ou conciliação podem celebrar acordos processuais acerca dos seus ônus, poderes, faculdades e deveres, tanto por expressa previsão legal, quanto pela aplicação da cláusula geral prevista no art. 190 do CPC/2015.

(i) Como primeiro exemplo de negócio jurídico processual acerca das situações jurídicas dos sujeitos envolvidos na autocomposição, tem-

-se a convenção sobre a confidencialidade inerente ao procedimento em questão.

O princípio da confidencialidade, conforme descrito no art. 166, § 1º, do CPC/2015, *"estende-se a todas as informações produzidas no curso do procedimento, cujo teor não poderá ser utilizado para fim diverso daquele previsto por expressa deliberação das partes"*. Há, neste dispositivo, expressa permissão para que as partes convencionem acerca das finalidades para as quais poderão ser utilizadas as informações produzidas no procedimento em questão; negócio processual típico, portanto.

A confidencialidade na mediação/conciliação tem a função de proteger e dar segurança aos sujeitos nela envolvidos, para que possam negociar com absoluta transparência e abertura, sem receio de que as informações prestadas e produzidas sejam eventualmente usadas contra si[44]. Desse modo, em atenção à autonomia da vontade das partes, nada mais lógico do que lhes possibilitar o afastamento desta proteção e segurança, caso vislumbrem alguma vantagem pessoal (que não precisa ser justificada).

Diante disso, é evidentemente lícita às partes a celebração de negócio jurídico para restringir ou afastar a confidencialidade, de modo que poderão, se assim entenderem, autorizar a divulgação de todas as informações produzidas no curso do procedimento de mediação/conciliação, inclusive nos autos do processo, ou de parte delas (apenas dos documentos apresentados, por exemplo), por algum, alguns, ou todos os sujeitos que participarem da mediação/conciliação.

Este negócio processual típico poderá ser celebrado com finalidade específica, dando ensejo a negócios processuais atípicos, a exemplo daqueles acerca da participação de terceiros no procedimento de mediação/conciliação (como assistente das partes ou de uma delas, por exemplo);; acerca da atuação do indivíduo que autuou na tentativa de autocomposição do litígio como árbitro da causa.

(ii) Como segunda hipótese de negócio jurídico processual que cuida das situações jurídicas dos sujeitos envolvidos na mediação/conciliação, pode-se cogitar do acordo para obrigatoriedade de realização de mediação/conciliação extrajudicial prévia ao ajuizamento de

---

44. TARTUCE, Fernanda. In: *Breves comentários ao novo Código de Processo Civil*. Ob. cit. p. 526; CUNHA, Leonardo Carneiro da; AZEVEDO NETO, João Luiz Lessa de. *Mediação e conciliação no Poder Judiciário e o Novo Código de Processo Civil*. Ob. cit., p. 264.

ação judicial, como uma verdadeira "cláusula de mediação"[45], nos moldes da chamada cláusula de arbitragem.

Este negócio processual constitui acordo pelo qual as partes comprometem-se a não ingressar em juízo sem antes submeter eventual litígio à tentativa de solução consensual, por meio da mediação ou da conciliação.

Preenchidos os requisitos de validade comuns a todos os negócios jurídicos processuais, conforme parágrafo único do art. 190 do CPC/2015, este acordo é plenamente possível[46].

Se o direito de ação não pode ser imposto às partes (inclusive lhes sendo facultada a escolha pelo procedimento arbitral, em renúncia à jurisdição), é lógico concluir-se que o ingresso em juízo possa ser, convencionalmente, postergado e condicionado à tentativa de solução consensual do conflito. Ou seja, considerando que as partes não estão obrigadas a pleitear a tutela jurisdicional para resolução da sua demanda, nada impede que convencionem a postergação e condicionamento do ingresso em juízo (menos, portanto, do que a renúncia à jurisdição).

Esta possibilidade é comum na Inglaterra, onde se popularizou a utilização da chamada cláusula de resolução de disputas em multicamadas, que, combinando mecanismos de ADR (*alternative dispute resolutions*), estabelece a necessidade de que a tentativa de resolução da disputa seja feita, inicialmente, por meio de negociação entre as partes, posteriormente, por meio de mediação, e, somente em não havendo sucesso nessas duas tentativas, por meio de ação judicial.[47]

Ao celebrarem este negócio jurídico, as partes podem impor alguns limites, a exemplo do tempo de duração da mediação ou conciliação anterior ao processo (conforme já se cogitou no tópico precedente, relativo ao procedimento da mediação) ou de exceções para que se possibilite a tutela jurisdicional do litígio antes da mediação/conciliação[48], bem como, estabelecer o

---

45. ANDREWS, Neil. *Mediação e arbitragem na Inglaterra*. Revista de Processo, vol. 211, set 2012, p. 281
46. GRECO, Leonardo. *Os atos de disposição processual – Primeiras reflexões*. Revista eletrônica de direito processual. 1ª Edição. Outubro/Dezembro de 2007, p. 16.
47. ANDREWS, Neil. *Mediação e arbitragem na Inglaterra*. Ob. cit.
48. "(...) as obrigações de paz não são propriamente pactos de renúncia à tutela jurisdicional, mas de postergação do ingresso em juízo, enquanto se desenrolam as negociações dentro dos órgãos representativos da comunidade. Essa postergação deve ter um limite de tempo razoável e não pode impedir o imediato ingresso em juízo sempre que qualquer das partes necessitar de alguma

procedimento da mediação/conciliação anterior, além de critérios para que essa etapa seja considerada cumprida e finalizada para fins de possibilidade de ajuizamento de ação judicial.

Conforme se discutiu no V FPPC[49], as partes poderão, quando da negociação estabelecendo a obrigatoriedade de mediação/conciliação extrajudicial prévia ao ajuizamento de ação correspondente, acordar a consequente dispensa da audiência de mediação e conciliação obrigatória, prevista no art. 334 do CPC/2015. Deste modo, contribuirão para a celeridade e otimização de eventual processo jurisdicional, uma vez que as tratativas de negociação já terão sido previamente realizadas sem sucesso.

A inobservância deste pacto de mediação/conciliação extrajudicial prévia obrigatória, se suscitada pelas partes (já que, tratando-se de contrato, não é executável de ofício[50]), deverá ensejar a extinção da ação sem resolução do mérito, por ausência de interesse processual, com base no art. 485, inciso VI, do CPC.[51-52]

(iii) As partes podem, ainda, por exemplo, celebrar contrato criando o dever mútuo de apresentação de documentos relevantes para o litígio durante o procedimento de mediação/conciliação, espelhando-se na *disclosure* (ou *discovery*) do direito anglo-saxão[53].

---

modalidade de tutela de urgência." (GRECO, Leonardo. *Os atos de disposição processual – Primeiras reflexões*. Ob. cit., p. 16.)

49. É o que ficou consignado no Enunciado n. 19 do FPPC: "(art. 190) São admissíveis os seguintes negócios processuais, dentre outros: (...) pacto de mediação ou conciliação extrajudicial prévia obrigatória, inclusive com a correlata previsão de exclusão da audiência de conciliação ou de mediação prevista no art. 334; (...). (Grupo: Negócio Processual; redação revista no III FPPC- RIO e no V FPPC-Vitória)".

50. Neste sentido, Fredie Didier Jr. explica que: "O inadimplemento de um negócio processual celebrado pelas partes é fato que tem que ser alegado pela parte adversária; caso não o faça, no primeiro momento que lhe couber falar, considera-se que houve novação tácita e, assim, preclusão do direito de alegar o inadimplemento." (DIDIER JR. Fredie. *Curso de direito processual civil*: introdução ao direito processual civil, parte geral e processo de conhecimento. Ob. cit., p. 391). A propósito, também o Enunciado n. 252 do Fórum Permanente de Processualistas Civis: "(art. 190) O descumprimento de uma convenção processual válida é matéria cujo conhecimento depende de requerimento. (Grupo: Negócios Processuais)."

51. GRECO, Leonardo. *Os atos de disposição processual – Primeiras reflexões*. Ob. cit., p. 16.

52. Na Inglaterra, por outro lado, a cláusula de mediação enseja a suspensão do litígio instaurado, pelo Tribunal, até que seja cumprida a etapa prévia necessária. (ANDREWS, Neil. *Mediação e arbitragem na Inglaterra*. Ob. cit.)

53. Também neste sentido, o Enunciado n. Enunciado n. 19 do FPPC: "(art. 190) São admissíveis os seguintes negócios processuais, dentre outros: (...) pacto de disponibilização prévia de documentação

A obrigação de *disclosure*, exigida no sistema do *common law*, tem por uma das suas finalidades[54] a facilitação do acordo, já que, conhecendo todos os documentos relevantes relativos à causa em questão, as partes terão maiores condições de avaliar a viabilidade da demanda judicial e a plausibilidade do acordo negociado, chegando a uma solução consensual potencialmente tão justa quanto aquela a se chegaria pela via jurisdicional.

Por isso é que se vislumbra a possibilidade de as partes, tanto na mediação/conciliação judicial quanto (e principalmente) na mediação/conciliação extrajudicial, concordarem em apresentar todos os documentos pertinentes ao objeto da discussão, que possam ter influência nos argumentos trazidos por ambas as partes e, consequentemente, no deslinde da questão, a fim de aumentar as chances de que a tentativa de solução consensual seja frutífera.

Para tanto, poderão, por exemplo, tomar por base o procedimento de *disclosure* adotado na Inglaterra[55] ou nos Estados Unidos[56], a respeito da forma de apresentação dos documentos, das obrigações acessórias a este dever, das limitações ao dever de apresentação e documentos e das sanções decorrentes do descumprimento das obrigações em questão. Aliás, no direito inglês, se a parte deixa de apresentar um documento relevante ou de permitir a sua apreciação pela outra parte durante a *disclosure*, este documento não poderá ser utilizado em eventual processo judicial futuro[57].

De todo modo, como se trata de negócio jurídico atípico, poderão as partes estabelecer as suas próprias regras para apresentação de documento, criando novos critérios, limitações, obrigações e sanções não previstas no direito anglo-saxão, a exemplo de critérios diversos para classificação de um

---

(pacto de disclosure), inclusive com estipulação de sanção negocial, sem prejuízo de medidas coercitivas, mandamentais, sub-rogatórias ou indutivas; (...). (Grupo: Negócio Processual; redação revista no III FPPC- RIO e no V FPPC-Vitória)".

54. "A *disclosure* (anteriormente conhecida como *discovery*) entre adversários (partes potenciais ou definidas) atende a quatro finalidades (e compilou-se uma lista semelhante de benefícios perante as CPR): pode determinar a igualdade de acesso a informações; pode facilitar acordos; evita o chamado 'julgamento de emboscada', ou seja, situação em que a parte não é capaz de reagir devidamente a uma revelação surpresa, no final da audiência; e, finalmente, auxilia o tribunal a conhecer detalhes precisos a respeito dos fatos, quando for o momento de julgar o mérito." (ANDREWS, Neil. *O moderno processo civil:* formas judiciais e alternativas de resolução de conflitos na Inglaterra. Orientação e revisão da tradução por Teresa Arruda Alvim Wambier. São Paulo: Revista dos Tribunais, 2009, p. 127.)

55. LOUGHLIN, Paula; GERLIS, Stephen. *Civil Procedure*. 2 ed. London: Cavendish Publishind Limited, 2004, p. 425-453.

56. HAZARD, Geoffrey C.; TARUFFO, Michele. *American Civil Procedure:* an introduction. London: Yale University Press, 1973, p. 114-118.

57. LOUGHLIN, Paula; GERLIS, Stephen. *Civil Procedure*. Ob. cit., p. 427.

documento como relevante, ou da criação de multas pela não apresentação de documentos assim considerados.

(iv) Ainda sobre os negócios processuais que alteram as situações jurídicas dos sujeitos envolvidos na mediação/conciliação, analisemos o acordo para dispensa da audiência de mediação ou conciliação obrigatória[58].

O Código de Processo Civil/2015, no art. 334[59], determina que o juiz designará a mencionada audiência, se a petição inicial preencher os requisitos essenciais e não for o caso de improcedência liminar do pedido, em consonância com a norma fundamental que privilegia a solução consensual de conflitos de forma geral, constante no art. 3º, §§ 2º e 3º do CPC/2015. Nos § 4º, inciso I, e § 5º do citado art. 334[60], há exceção à regra, no sentido de que a audiência não será realizada se as partes manifestarem, de forma expressa, desinteresse na solução consensual do conflito; há, portanto, previsão de negócio processual típico[61].

No entanto, alguns autores[62] têm defendido que a Lei de Mediação, especial e posterior relativamente ao CPC/2015[63], seria incompatível com o diploma processual neste ponto, afastando a possibilidade de negociação neste sentido, já que a dispensa da audiência de mediação pelas partes não foi prevista na referida lei.

---

58. Conforme Enunciado n. 19 do Fórum Permanente de Processualistas Civis: "(art. 190) São admissíveis os seguintes negócios processuais, dentre outros: (...) pacto de exclusão contratual da audiência de conciliação ou de mediação prevista no art. 334; (...). (Grupo: Negócio Processual; redação revista no III FPPC- RIO e no V FPPC-Vitória)".

59. Art. 334. Se a petição inicial preencher os requisitos essenciais e não for o caso de improcedência liminar do pedido, o juiz designará audiência de conciliação ou de mediação com antecedência mínima de 30 (trinta) dias, devendo ser citado o réu com pelo menos 20 (vinte) dias de antecedência.

60. § 4º A audiência não será realizada: I – se ambas as partes manifestarem, expressamente, desinteresse na composição consensual; II – quando não se admitir a autocomposição. § 5º O autor deverá indicar, na petição inicial, seu desinteresse na autocomposição, e o réu deverá fazê-lo, por petição, apresentada com 10 (dez) dias de antecedência, contados da data da audiência.

61. Alexandre Freitas Câmara entende que a manifestação de apenas uma das partes no sentido de inexistir interesse na solução consensual é bastante para que a audiência inicial de conciliação ou de mediação não seja realizada (CÂMARA, Alexandre Freitas. *O novo processo civil brasileiro*. São Paulo: Atlas, 2015, 199), de modo que tratar-se-ia, portanto, de negócio jurídico processual típico unilateral.

62. DUARTE, Zulmar. *A difícil conciliação entre o Novo CPC e a Lei de Mediação*. Ob. cit; RODOVALHO, Thiago. *Mediação obrigatória?*. Disponível em: <http://portalprocessual.com/mediacao-obrigatoria/>. Acessado em: 17/09/2015.

63. Sobre a solução do conflito normativo entre o Código de Processo Civil e a Lei de Mediação: TARTUCE, Fernanda. *Interação entre novo CPC e Lei de Mediação: Primeira reflexões*. Ob. cit.; DUARTE, Zulmar. *A difícil conciliação entre o Novo CPC e a Lei de Mediação*. Ob. cit.

Este não se apresenta, no entanto, como o entendimento mais adequado.

Primeiro, porque a Lei de Mediação, no seu art. 27[64], limitou-se a reproduzir parcialmente o teor do *caput* do art. 334 do CPC/2015, sem fazer qualquer outra referência à audiência obrigatória de mediação. Isso não quer dizer, entretanto, que a negociação sobre a dispensa desta audiência esteja proibida. Não existe qualquer incompatibilidade entre o CPC/2015 e a Lei de Mediação neste ponto; em verdade, o diploma processual traz previsão que não foi tratada na mencionada lei, de modo que permanece vigente tal previsão (assim como outras não tratadas diversamente na lei especial).

Segundo, porque o entendimento ora combatido vai de encontro ao autorregramento da vontade (princípio que rege o direito processual civil, além do direito privado[65]), violando o direito que todo sujeito tem de regular juridicamente os seus interesses, de poder definir o que reputa melhor e mais adequado para a sua existência[66-67].

A autonomia privada implica a possibilidade de os sujeitos definirem e regularem os seus interesses; a imposição de uma audiência de mediação/conciliação sem que se possa optar pela sua dispensa, consensualmente, limita de forma desarrazoada tal autonomia.

---

64. Art. 27. Se a petição inicial preencher os requisitos essenciais e não for o caso de improcedência liminar do pedido, o juiz designará audiência de mediação.

65. "Não há razão para minimizar o papel da liberdade no processo, sobretudo quando se pensa a liberdade como fundamento de um Estado Democrático de Direito e se encara o processo jurisidicional como método de exercício de um poder. Há, na verdade, uma tendência de ampliação dos limites da autonomia privada na regulamentação do processo civil." (DIDIER JR. Fredie. *Curso de direito processual civil*: introdução ao direito processual civil, parte geral e processo de conhecimento. Ob. cit., p. 132-133.)

66. DIDIER JR. Fredie. *Curso de direito processual civil*: introdução ao direito processual civil, parte geral e processo de conhecimento. Ob. cit., p. 132.

67. "Por isso, o caminho adotado no Novo Código de Processo Civil foi o de não estabelecer uma audiência de conciliação obrigatória, mas estimular casos que podem ser adequadamente tratados por conciliação ou mediação a seguirem essa rota, antes de prosseguir para um processo litigioso. O processo fortemente sugere uma audiência inicial de conciliação, que pode ser dispensada por ambas as partes, respeitando, assim, a sua autonomia." (CUNHA, Leonardo Carneiro da; AZEVEDO NETO, João Luiz Lessa de. *Mediação e conciliação no Poder Judiciário e o Novo Código de Processo Civil*. Ob. cit., p. 267.). Para Sérgio Luiz de Almeida Ribeiro e Carolina Uzeda, afigura-se "(...) intrigante a obrigatoriedade do comparecimento à audiência de conciliação ou mediação, sobretudo porque uma das maiores bandeiras daqueles que participaram da elaboração do texto [Novo CPC] foi a adoção de sistema democrático, de ampla liberdade e participação." (RIBEIRO, Sérgio Luiz de Almeida; LIBARDONI, Carolina Uzeda. Algumas observações sobre a obrigatoriedade da audiência de conciliação ou mediação no Novo CPC. In: *Novo CPC doutrina selecionada*: processo de conhecimento e disposições finais e transitórias. v. 02. MACEDO, Lucas Buril de; PEIXOTO, Ravi; FREIRE, Alexandre (org.). Salvador: JusPodivm, 2015, p. 148.)

Além disso, o fato de a designação de uma audiência de mediação e conciliação constituir um dever do juiz não tem aptidão para excluir a possibilidade de as partes, por meio de consenso, afastarem este dever[68]. Isso porque, o mencionado dever é imposto ao magistrado como forma de proteção do interesse das partes, para buscar a solução mais adequada do conflito, de modo que os interessados podem afastá-lo, se assim entenderem melhor.

Ainda, não há como se cogitar desta conclusão uma vez que a autonomia das partes é princípio que caracteriza a mediação, de forma essencial. Deste modo, deve ser reconhecido às partes o direito de participarem livremente do procedimento de autocomposição, bem como de se retirarem da mediação, a qualquer momento[69].

Por fim, deve-se ter em mente que a imposição da audiência de mediação e conciliação carece de utilidade prática e vai de encontro à finalidade dos institutos (a busca da solução mais adequada e a consequente pacificação social), já que, ainda que estejam obrigadas a participar da audiência, as partes jamais poderão ser obrigadas a realizar o acordo. E considerando que já manifestaram a sua intenção em não realizar este acordo, estando evidente a ausência de disposição para a negociação, é bastante provável que o mero comparecimento forçado à assentada não tenha aptidão para alterar essa situação[70-71]. Ao não se permitir o autorregramento da vontade das partes

---

68. Defendendo entendimento contrário: RODOVALHO, Thiago. *Mediação obrigatória?*. Ob. cit.
69. CALMON, Petrônio. *Fundamentos da Mediação e da Conciliação*. Rio de Janeiro: Forense, 2007, p. 122.
70. Com entendimento semelhante, Humberto Dalla Bernardina de Pinho afirma que "Por outro lado, não concordamos com a idéia de uma mediação ou conciliação obrigatória. É da essência desses procedimentos a voluntariedade. Essa característica não pode ser jamais comprometida, mesmo que sob o argumento de que se trata de uma forma de educar o povo e implementar uma nova forma de política pública. (...) Sujeitar a admissibilidade da ação a uma tentativa prévia e obrigatória de mediação, num caso de grande complexidade, acarretará uma das seguintes situações: a) as partes farão uma mediação simulada e, após duas ou três sessões dirão que o acordo é impossível, preenchendo, dessa forma, a condição legal que lhe foi imposta; b) as partes se submeterão a um procedimento superficial, e verdadeira questão subjacente aquele conflito, que funciona como motor propulsor oculto de toda aquela litigiosidade, não será sequer examinada; c) as partes se recusarão a participar do ato, por saberem que não há condições de viabilidade no acordo, e o juiz rejeitará a petição inicial, por ausência de condição de procedibilidade, o que, provavelmente, vai acirrar ainda mais os ânimos. Nenhuma dessas hipóteses parece estar de acordo com a índole pacificadora da moderna concepção da jurisdição." (PINHO, Humberto Dalla Bernardina de. O marco legal da mediação no direito brasileiro. In: GABBAY, Daniela Monteiro et al; (coord). *Justiça Federal: inovações nos mecanismos consensuais de conflitos*. Brasília: Gazeta Jurídica, 2014, p. 81 e 82.)
71. De acordo com Andrews, ao analisar a mediação na Inglaterra: "(...) a mediação não deveria ser imposta às partes se for evidente que existe insuficiente disposição compartilhada para o engajamento numa discussão construtiva. Assim, a mediação é possível apenas se ambas as partes estiverem

nesses casos, estar-se-ia prolongando desnecessariamente a litispendência e, consequentemente, adiando a busca da solução mais adequada e a pacificação social, escopo do processo.

É importante salientar que, em determinados casos, a solução consensual não será a mais adequada, seja pela inexistência de espírito amigável entre as partes, seja pela discordância relativa à existência do próprio direito discutido, ou por outros motivos aferíveis no caso concreto, de acordo com a especificidade de cada conflito, de modo que a imposição de audiência com essa finalidade, nestes casos, é absolutamente inútil, sobretudo quando as partes sinalizam a ausência de interesse na autocomposição.

(v) Se as partes podem dispensar consensualmente a audiência obrigatória de mediação e conciliação, poderão, seguindo a mesma lógica e tendo em vista a possibilidade de que sejam firmados negócios processuais atípicos, celebrar acordo para impossibilitar que a audiência não ocorra, criando, inclusive, mecanismos de coerção para o comparecimento. Tem-se o quinto exemplo de acordo processual sobre as situações jurídicas dos sujeitos processuais envolvidos na mediação.

Assim, é possível cogitar que os indivíduos, em um contrato, estabeleçam previsão de obrigatoriedade de tentativa de mediação em caso de litígio, de modo que lhes será defesa a manifestação de desinteresse na solução consensual. E, a fim de efetivar a obrigatoriedade da participação nesta audiência, além da previsão contratual neste sentido, as partes poderão, ainda, estabelecer penalidade em caso de não comparecimento à sessão, a exemplo de multa a ser revertida em favor da outra parte[72].

(vi) Nesta linha de pensamento, pode-se cogitar da criação, por meio de convenções processuais, de diversas sanções relacionadas à mediação e à conciliação.

Por exemplo, podem as partes estabelecer multa pela não-aceitação de proposta razoável de acordo, sem motivo satisfatório. Cabe explicar que a razoabilidade da proposta muito provavelmente será verificada quando

---

dispostas a discutir sua disputa, a examinar o mérito de suas posições de boa-fé e, finalmente, a considerar fazer concessões, sejam táticas ou magnânimas (contudo, um Tribunal pode, às vezes, ser justificado a sugerir a mediação mesmo se ambas as partes pareçam, inicialmente, opostas a ela). (ANDREWS, Neil. *Mediação e arbitragem na Inglaterra*. Ob. cit.)

72. Corroborando esta ideia, o enunciado n. 17 do FPPC: "(art. 190) As partes podem, no negócio processual, estabelecer outros deveres e sanções para o caso do descumprimento da convenção (Grupo: Negócio Processual; redação revista no III FPPC-Rio)."

proferida decisão final no processo, e não necessariamente quando da sua apresentação. Assim, caso a decisão se afigure idêntica ou muito semelhante à proposta apresentada e rejeitada, a parte que não a aceitou pode ser obrigada a pagar multa à outra parte, por força do negócio cogitado.

Ainda, inspirando-se em sanção existente no direito inglês[73], os adversários podem estabelecer, por meio de negócio jurídico, sanção pela não participação na mediação/conciliação requerida pela outra parte ou sugerida pelo órgão julgador, sem justificativa plausível ou demonstração de que se afastou a possibilidade de mediação por razões objetivamente satisfatórias[74]. Estas sanções podem ser, como na Inglaterra, a suspensão do processo ou a imposição ao pagamento de custas que não seriam antes devidas[75], bem como podem ser estabelecidas multas a serem revertidas para a parte adversa, por exemplo.

Outro exemplo de sanção a ser estabelecida é a multa pelo descumprimento da obrigação de sigilo, além da implicação já decorrente desta violação (a não admissibilidade das informações confidenciais como prova no procedimento judicial ou arbitral[76]), a ser revertida em favor da parte prejudicada pela divulgação indevida.

4. SÍNTESE CONCLUSIVA

Conforme exposto, o Código de Processo Civil/2015 consagrou o direito fundamental à liberdade no processo, por meio de um conjunto de normas que evidenciam a relevância da vontade das partes (constituindo um microssistema de proteção do exercício da liberdade[77]), dentre as quais, se destacaram os negócios jurídicos processuais, tanto os típicos, quanto os atípicos (permitidos pela cláusula geral de negociação processual também prevista no CPC/2015),

---

73. ANDREWS, Neil. *Mediação e arbitragem na Inglaterra.* Ob. cit.; ANDREWS, Neil. *O moderno processo civil:* formas judiciais e alternativas de resolução de conflitos na Inglaterra. Ob. cit., p. 2271-272.
74. ANDREWS, Neil. *Mediação e arbitragem na Inglaterra.* Ob. cit.
75. ANDREWS, Neil. *O moderno processo civil:* formas judiciais e alternativas de resolução de conflitos na Inglaterra. Ob. cit., p. 265, 270-275.
76. CUNHA, Leonardo Carneiro da. *Notas sobre ADR, confidencialidade em face do julgador e prova inadmissível.* Disponível em: <http://www.leonardocarneirodacunha.com.br/opiniao/opiniao-26--notas-sobre-adrconfidencialidade-em-face-do-julgador-eprova-inadmissivel/>. Acessado em: 26/09/2015.
77. DIDIER JR., Fredie. *Curso de direito processual civil:* introdução ao direito processual civil, parte geral e processo de conhecimento. Ob. cit., p. 134.

e o estímulo à solução consensual de conflitos, quando for a mais adequada. O Código permite e incentiva, então, a um só tempo, que as partes alcancem consensualmente a solução do seu litígio e que elas mesmas estabeleçam os contornos do procedimento e das situações jurídicas envolvidas no processo, inclusive durante a fase de negociação.

Diante disso, o presente ensaio, em uma análise conjunta destas duas manifestações negociais presentes no Código de Processo Civil de 2015, analisou as possibilidades de negócios jurídicos processuais atípicos relacionados à mediação e à conciliação, bem como os limites do exercício da liberdade na aplicação dos negócios tipicamente previstos, também relacionados aos meios alternativos de solução de conflitos mencionados.

Quanto aos negócios processuais envolvendo o mediador/conciliador e a câmara privada de mediação e conciliação, viu-se que o CPC/2015 e a Lei de Mediação preveem expressamente a sua possibilidade, de modo que as partes podem escolher a câmara privada a que submeterão seu conflito, bem como o mediador/conciliador, desde que, no caso de mediação/conciliação judicial, ele esteja inscrito ou apto a se inscrever no cadastro de mediadores e conciliadores previsto no art. 167. Podem as partes, ainda, realizar negócios atípicos acerca do mediador/conciliador, limitando, por exemplo, o grupo dentre o qual este terceiro será selecionado no futuro.

Quanto aos negócios processuais acerca do procedimento da mediação/conciliação, conclui-se que é lícito às partes negociarem acerca (i) do prazo para conclusão do procedimento de mediação/conciliação, sem prejuízo da possibilidade de prorrogação; (ii) da dispensa de advogado, tanto no caso de mediação/conciliação extrajudicial, quanto de mediação/conciliação judicial; (iii) da produção antecipada de provas, durante o procedimento de mediação/conciliação; (iv) da adoção de medidas de urgência no curso deste procedimento; (v) da necessidade de homologação do acordo firmado em procedimento de conciliação/mediação, quando ela não for imposta por lei.

Quanto aos negócios processuais acerca das situações jurídicas dos sujeitos envolvidos na mediação/conciliação, viu-se que, por meio destes acordos, as partes podem: (i) afastar ou restringir a confidencialidade do procedimento de mediação e conciliação; (ii) instituir a obrigatoriedade de realização de mediação/conciliação extrajudicial prévia ao ajuizamento de ação judicial, por meio de uma cláusula de mediação/conciliação; (iii) criar o dever mútuo de apresentação de documentos relevantes para o litígio durante o procedimento de mediação/conciliação, espelhando-se na *disclosure* do direito anglo-saxão; (iv) dispensar consensualmente a audiência de conciliação e mediação obrigatória no processo jurisdicional; (v) impossibilitar a dispensa da audiência de conciliação e mediação obrigatória; (vi) estabelecer sanções em razão, por exemplo, da não-aceitação de proposta razoável de acordo, sem motivo satisfatório, da não participação na mediação/conciliação requerida pela outra parte ou sugerida pelo órgão julgador, sem justificativa plausível, ou do descumprimento da obrigação de sigilo.

Essas foram as considerações que se entendeu serem mais importantes acerca dos negócios jurídicos processuais sobre e mediação e a conciliação, para tentativa de contribuição na tarefa de construir as bases para aplicação dos negócios jurídicos processuais no âmbito da solução consensual de conflitos.

5. REFERÊNCIAS

ALMEIDA, Diogo Assumpção Rezende de. *Das convenções processuais no processo civil*. Rio de Janeiro: Tese de Doutorado da UERJ, 2014.

ANDREWS, Neil. *O moderno processo civil*: formas judiciais e alternativas de resolução de conflitos na Inglaterra. Orientação e revisão da tradução por Teresa Arruda Alvim Wambier. São Paulo: Revista dos Tribunais, 2009.

_____. *Mediação e arbitragem na Inglaterra*. Revista de Processo, vol. 211, set/2012, p. 281.

ÁVILA, Humberto. *Teoria dos princípios: da definição à aplicação dos princípios jurídicos*. 14 ed. São Paulo: Editora Malheiros, 2013.

BRAGA, Paula Sarno. *Primeiras reflexões sobre uma teoria do fato jurídico processual: plano de existência*. Revista de processo, ano 32, n. 148, jun./2007.

BETTI, Emílio. *Teoria geral do negócio jurídico*. Tomo I. Campinas: LZN, 2003.

CADIET, Loïc. *Les conventions relatives au procès em droit français: sur la contractualisation du règlement des litiges*. Revista de Processo, ano 33, n. 160, jun/2008.

CALMON, Petrônio. *Fundamentos da Mediação e da Conciliação*. Rio de Janeiro: Forense, 2007.

CÂMARA, Alexandre Freitas. *O novo processo civil brasileiro*. São Paulo: Atlas, 2015.

CARNELUTTI, Francesco. Sistema de direito processual civil: da estrutura do processo. v. 03. São Paulo: Classic Book, 2000.

CUNHA, Leonardo Carneiro da. *Negócios jurídicos processuais no processo civil brasileiro*. Disponível em: <https://www.academia.edu/10270224/Negócios_jur%C3%ADdicos_processuais_no_processo_civil_brasileiro >. Acesso em: 17 de setembro de 2015

_____. *Notas sobre ADR, confidencialidade em face do julgador e prova inadmissível*. Disponível em: <http://www.leonardocarneirodacunha.com.br/opiniao/opiniao-26-notas--sobre-adrconfidencialidade-em-face-do-julgador-eprova-inadmissivel/>. Acessado em: 26/09/2015.

CUNHA, Leonardo Carneiro da; AZEVEDO NETO, João Luiz Lessa de. Mediação e conciliação no Poder Judiciário e o Novo Código de Processo Civil. In: *Novo CPC doutrina selecionada*: parte geral. Vol. 01. MACEDO, Lucas Buril de; PEIXOTO, Ravi; FREIRE, Alexandre (org.). Salvador: Juspodivm, 2015, p. 259-270.

DIDIER JR, Fredie. *Curso de direito processual civil*: introdução ao direito processual civil, parte geral e processo de conhecimento. v.01. 17. ed. Salvador: Juspodivm, 2015.

_____. Princípio do respeito ao autorregramento da vontade no Processo Civil. In: CABRAL, Antonio do Passo; e NOGUEIRA, Pedro Henrique (Coord.). *Negócios Processuais*. Salvador: *Juspodivm*, 2015.

_____. *Novo CPC. Litisconsórcio necessário por força de negócio jurídico*. Edital n. 184. Disponível em: <<www.frediedidier.com.br/editorial/editorial-184/>>. Acessado em: 30.09.2015.

_____. *Fonte normativa da legitimação extraordinária no novo Código de Processo Civil: a legitimação extraordinária de origem negocial*. Revista de processo, ano 39, vol. 232, jun./2014.

DINAMARCO, Cândido Rangel. *Instituições de Direito Processual Civil*. 6 ed. São Paulo: Malheiros, 2009, v. II.

DUARTE, Zulmar. *A difícil conciliação entre o Novo CPC e a Lei de Mediação*. Disponível em: <http://jota.info/a-dificil-conciliacao-entre-o-novo-cpc-e-a-lei-de-mediacao>. Acesso em: 15/09/2015.

FARIAS, Cristiano Chaves de; ROSENVALD, Nelson. Curso de Direito Civil: direito dos contratos. 2. ed. Salvador: *Juspodivm*, 2012.

GRECO, Leonardo. *Os atos de disposição processual – Primeiras reflexões*. Revista eletrônica de direito processual. 1ª Edição. Outubro/Dezembro de 2007.

HAZARD, Geoffrey C.; TARUFFO, Michele. *American Civil Procedure:* an introduction. London: Yale University Press, 1973.

LOUGHLIN, Paula; GERLIS, Stephen. *Civil Procedure*. 2 ed. London: Cavendish Publishind Limited, 2004.

MELLO, Marcos Bernardes de. *Teoria do fato jurídico: plano da existência*. São Paulo: Saraiva, 2014.

MIRANDA, Pontes de. *Tratado de direito privado*. 4 ed. São Paulo: Revista dos Tribunais, 1983, Tomo 03.

MOREIRA, José Carlos Barbosa. Convenções das partes sobre matéria processual. In: *Temas de direito processual civil*. Terceira Série. São Paulo: Saraiva, 1984

_____. Temas de direito processual Ensaios e Pareceres. São Paulo: Saraiva, 1977.

_____. *Convenções das Partes Sobre Matéria Processual*. Revista de Processo, ano 9, vol. 33, jan./mar. 1984.

NOGUEIRA, Pedro Henrique Pedrosa. A cláusula geral do acordo de procedimento no projeto do novo CPC (PL 8.046/2010). In: *Novas tendências do processo civil: estudos sobre o Projeto do Novo Código de Processo Civil*. v. 01. Salvador: *Juspodivm*, 2013.

_____. *Negócios Jurídicos Processuais: Análise dos provimentos judiciais como atos negociais*. Salvador: Tese de Doutorado da UFBA, 2001.

PASSOS, José Joaquim Calmon de. *Esboço de uma teoria das nulidades aplicadas às nulidades processuais*. Rio de janeiro: Forense, 2009.

PINHO, Humberto Dalla Bernardina de. O marco legal da mediação no direito brasileiro. In: GABBAY, Daniela Monteiro et al; (coord). *Justiça Federal: inovações nos mecanismos consensuais de conflitos*. Brasília: Gazeta Jurídica, 2014, p. 35/90.

RIBEIRO, Sérgio Luiz de Almeida; LIBARDONI, Carolina Uzeda. Algumas observações sobre a obrigatoriedade da audiência de conciliação ou mediação no Novo CPC. In: *Novo CPC doutrina selecionada*: processo de conhecimento e disposições finais e transitórias. v. 02. MACEDO, Lucas Buril de; PEIXOTO, Ravi; FREIRE, Alexandre (org.). Salvador: JusPodivm, 2015, p. 141-154.

RODOVALHO, Thiago. *Mediação obrigatória?*. Disponível em: <http://portalprocessual.com/mediacao-obrigatoria/>. Acessado em: 17/09/2015.

SCHREIBER, Anderson. *A proibição do comportamento contraditório: tutela da confiança e venire contra factum proprium.* Rio de Janeiro: Renovar, 2005.

STÖBER, Michael. *Os meios alternativos de solução de conflitos no direito alemão e europeu: desenvolvimento e reformas.* In: Revista de Processo, vol. 244, jun/2015, p. 361-380.

TARTUCE, Fernanda. *Interação entre novo CPC e Lei de Mediação: Primeira reflexões*. Disponível em: <http://portalprocessual.com/interacao-entre-novo-cpc-e-lei-de-mediacao-primeiras-reflexoes/>. Acesso em: 15/09/2015.

WAMBIER, Teresa Arruda Alvim et al; (coord). *Breves comentários ao novo Código de Processo Civil.* São Paulo: Editora Revista dos Tribunais, 2015.

WATANABE, Kazuo. Acesso á justiça e meios consensuais de solução de conflitos. In: *Tribunal Multiportas: investindo no capital social para maximizar o sistema de solução de conflitos no Brasil*. ALMEIDA, Rafael Alves de; ALMEIDA, Tânia; CRESPO, Mariana Hernandez (org). Rio de Janeiro: Editora FGV, 2012.

WIEACKER, Franz. História do direito privado moderno. Tradução de A. M. Botelho Hespanha. 3. ed. Lisboa: Fundação Calouste Gulbenkian, 1967.

YARSHELL, Flávio Luiz. *Antecipação da prova sem o requisito da urgência e o direito autônomo à prova*. São Paulo: Editora Malheiros, 2009.

A APLICAÇÃO DO ART. 190 DO CPC/2015 AO PROCESSO DO TRABALHO: COMPATIBILIDADE DOS NEGÓCIOS PROCESSUAIS ATÍPICOS COM O ORDENAMENTO TRABAHISTA

Juliane Dias Facó[1]

Sumário: 1. Modelo cooperativo de processo e princípio do respeito ao autorregramento da vontade no CPC/2015 – 2. Negócio Jurídico processual no CPC/2015 – 2.1 Negócios processuais típicos – 2.2. Negócios processuais atípicos – 3. Requisitos de validade dos negócios processuais atípicos – 4. Eficácia dos negócios processuais – 5. Negócios processuais atípicos e sua aplicação ao Processo do Trabalho – 5.1. Aplicação supletiva e subsidiária do CPC/2015 – 5.2. O art. 190 do CPC/15 se aplica ao Processo do Trabalho? Entendimento do TST – art. 2°, II, da IN 39 – 5.3 Conflitos submetidos à jurisdição trabalhista e os negócios processuais atípicos – 5.4. Relação de emprego e manifesta situação de vulnerabilidade – 6. Conclusão – 7. Referências.

---

1. Mestre em Direito Público pela Universidade Federal da Bahia (UFBA). Especialista em Direito e Processo do Trabalho pela Faculdade Baiana de Direito. Professora de Direito e Processo do Trabalho da Faculdade Baiana de Direito. Professora convidada da Escola Judicial do TRT 5, TRT 7, EMATRA 5 e da Escola Superior de Advocacia da OAB/BA. Professora convidada da Pós-Graduação da Faculdade Baiana de Direito, Universidade Católica (UCSAL), UNIFACS, UNIFEOB (São Paulo). Membro do Instituto Brasileiro de Direito Processual (IBDP). Cofundadora do Fórum Permanente de Processualistas do Trabalho (FPPT). Presidente da Associação Brasileira de Processualistas do Trabalho (ABPT). Advogada.

1. MODELO COOPERATIVO DE PROCESSO E PRINCÍPIO DO RESPEITO AO AUTORREGRAMENTO DA VONTADE NO CPC/2015

O Código de Processo Civil de 2015 se alicerça em um modelo cooperativo de processo, em que não há protagonismos das partes ou do juiz, e sim equilíbrio entre os sujeitos[2], cujos comportamentos devem ser pautados na boa fé com vistas a um "processo leal e cooperativo"[3].

Dessa forma, rompe-se com o modelo excessivamente publicista encampado pelo CPC/1973, prestigiando a participação dos litigantes na construção do provimento jurisdicional.

Valoriza-se o consenso com o intuito de se obter a solução do conflito, permeada pela observância do contraditório efetivo (arts. 7°. 9° e 10° do CPC) e pela colaboração dos sujeitos processuais (art. 6° do CPC)[4], sem olvidar o respeito a autonomia da vontade e o direito ao seu autorregramento no processo, que deve se tornar adequado às necessidades dos jurisdicionados.

É nesse cenário que desponta o princípio do respeito ao autorregramento da vontade no processo, como reflexo do direito fundamental à liberdade (art. 5°, *caput*, da CF). Significa que as partes possuem o direito de "regular juridicamente os seus interesses"[5] sem sofrer restrições injustificadas à sua liberdade pelo Judiciário, sob pena de violar o devido processo legal[6].

Daí porque o novo código contém diversos dispositivos que privilegiam a autonomia da vontade, seja por meio de estímulo a resolução do conflito por autocomposição (art. 3°, §§ 3° e 4° do CPC, bem como os arts. 165 a 175, que

---

2. "O modelo cooperativo propõe, assim, que todos os sujeitos processuais dirijam seus atos, no decorrer do procedimento, a uma solução mais justa e eficaz, proporcionando a verdadeira pacificação social. Propõe-se, pois, uma responsabilização de todos os participantes da relação jurídica processual no desenrolar do procedimento [...]~. BERTÃO, Rafael Calheiros. Negócios jurídicos processuais: a ampliação das hipóteses típicas pelo Novo CPC. In: *Novo CPC doutrina selecionada*: parte geral, vol. 1. Fredie Didier Jr. (coord. geral) Salvador: JusPodivm, 2016, p. 1357.
3. DIDIER JR., Fredie. *Curso de Direito Processual Civil*. Vol. 1. 17 ed. Salvador: JusPodivm, 2015, p. 127.
4. CUNHA, Leonardo Carneiro da. Negócios Jurídicos Processuais no Processo Civil Brasileiro. In: *Negócios processuais*. Antônio do Passo Cabral e Pedro Henrique Nogueira (coords.). 2 ed. Salvador: JusPodivm, 2016, p. 61.
5. DIDIER JR., Fredie. *Curso de Direito Processual Civil*. Vol. 1. 17 ed. Salvador: JusPodivm, 2015, p. 132.
6. DIDIER JR., Fredie. Idem, p. 133. Conferir também DIDIER JR., Fredie. Princípio do respeito ao autorregramento da vontade no processo civil. In: *Principiologia*: estudos em homenagem ao centenário de Luiz Pinho Pedreira Silva. Um jurista de princípios. Rodolfo Pamplona Filho e José Augusto Rodrigues Pinto (coords.). São Paulo: LTR, 2016, p. 95-98.

regulam a mediação e conciliação), ou através da autorização de que, no acordo judicial, seja incluída matéria estranha ao objeto litigioso do processo (art. 515, § 2°), além de permitir negócios jurídicos processuais típicos e atípicos.

A possibilidade de realizar atos negociais, que irão regular o conteúdo de algumas das normas aplicáveis ao processo[7], concretiza o princípio do respeito ao autorregramento da vontade e intensifica a cooperação entre os litigantes e o juiz, em prol da efetiva solução dos conflitos de acordo com as peculiaridades de cada lide e da entrega de prestação jurisdicional adequada.

O objetivo do presente artigo reside justamente na análise dos negócios processuais, sobretudo daqueles que consagram a cláusula geral de atipicidade estampada nos arts. 190 e 200 do CPC/2015, visando examinar a possibilidade de sua aplicação ao Processo do Trabalho.

Propõe-se responder aos seguintes questionamentos: o art. 190 do CPC/2015 é compatível com o ordenamento trabalhista? É necessário fazer alguma adaptação para conformá-lo ao regime adotado no Processo do Trabalho? A Instrução Normativa (IN) n° 39 do TST agiu com acerto ao vedar, no art. 2°, II, a aplicação do art. 190 às demandas trabalhistas?

São essas problemáticas que se pretende enfrentar.

Para tanto, serão delimitados os contornos gerais dos negócios processuais, com a análise dos seus requisitos de validade e eficácia, e, em seguida, o estudo se voltará para a investigação acerca da compatibilidade das convenções processuais atípicas no Processo do Trabalho.

2. NEGÓCIO JURÍDICO PROCESSUAL NO CPC/2015

Negócio jurídico, na concepção de Marcos Bernardes de Mello, é o fato jurídico que tem como elemento nuclear do suporte fático a manifestação consciente da vontade, que confere às pessoas, dentro de limites pré-determinados e da sua própria conveniência, "o poder de escolha da categoria jurídica e de estruturação do conteúdo eficacial das relações jurídicas respectivas, quanto ao seu surgimento, permanência e intensidade no mundo jurídico"[8].

---

7. TAVARES, João Paulo Lordelo Guimarães. Da admissibilidade dos negócios jurídicos processuais no Novo Código de Processo Civil: aspectos teóricos e práticos. *In: Revista de Processo*, ano 41, vol. 254, abril/2016, p. 92.

8. MELLO, Marcos Bernardes de. *Teoria do fato jurídico:* plano da existência. 14 ed. São Paulo: Saraiva, 2007, p. 153.

Isso quer dizer que as partes que celebram um negócio jurídico manifestam a sua vontade não somente ao exercitarem sua escolha em praticar ou não o ato, mas também na definição de seus efeitos/consequências[9]. Em outras palavras, há uma margem de disposição e discricionariedade sobre o *conteúdo eficacial* do negócio jurídico entabulado entre os sujeitos[10].

Ao transpor essas lições para órbita processual, tem-se que o negócio jurídico processual[11] é o negócio jurídico que sofre a incidência de uma norma de natureza processual[12] e, em decorrência da vontade do(s) sujeito(s) que o pratica, produz efeitos no processo, podendo "constituir, modificar ou extinguir situações processuais ou alterar procedimentos"[13].

Os negócios processuais podem ser unilaterais, quando o ato é praticado apenas por um agente e contém uma declaração de vontade (é o caso da desistência e da renúncia); bilaterais[14], quando duas vontades são manifestadas, a exemplo da eleição negocial de foro; ou plurilaterais, onde mais de duas vontades se exteriorizam e convergem para produção de certos efeitos.

Os negócios plurilaterais podem contar com a participação do magistrado, o que se verifica na fixação de calendário processual (art. 191 do CPC/15) ou na organização compartilhada do processo na fase de saneamento, na esteira do disposto no art. 357, § 3° do CPC/15.

A regra é que os negócios processuais não precisam ser homologados judicialmente, já que os sujeitos definem o regramento jurídico que será

---

9. Já os atos jurídicos em sentido estrito, apesar de também dependerem da manifestação de vontade do sujeito, não dispõem do poder de escolha da categoria jurídica desejada ou de seus efeitos, de modo que o agente deve anuir com as consequências legais da sua escolha.
10. CABRAL, Antonio do Passo. *Convenções processuais*. Salvador: JusPodivm, 2016, p. 49.
11. Fredie Didier Jr. define o negócio processual como "o fato jurídico voluntário, em cujo suporte fático se confere ao sujeito o poder de regular, dentro dos limites fixados no próprio ordenamento jurídico, certas situações jurídicas processuais ou alterar o procedimento". Negócios jurídicos processuais atípicos no Código de Processo Civil de 2015. In: *Revista Brasileira de Advocacia*, vol. 1, ano 1. Flávio Luiz Yarshell (coord.). São Paulo: Revista dos Tribunais, abr.-jun/2016, p. 60.
12. ATAÍDE JR., Jaldemiro Rodrigues. Cap. 5. Estudo da existência, validade e eficácia dos negócios jurídicos processuais. In: *Novo CPC doutrina selecionada:* parte geral, vol. 1. Fredie Didier Jr. (coord. geral) Salvador: JusPodivm, 2016, p. 1384-1385.
13. CABRAL, Antonio do Passo. *Convenções processuais*. Salvador: JusPodivm, 2016, p. 49.
14. "Os negócios jurídicos bilaterais costumam ser divididos em contratos, quando as vontades dizem respeito a interesses contrapostos, e acordos ou convenções, quando as vontades se unem para um interesse comum". DIDIER JR., Fredie. Negócios jurídicos processuais atípicos no Código de Processo Civil de 2015. In: *Revista Brasileira de Advocacia*, vol. 1, ano 1. Flávio Luiz Yarshell (coord.). São Paulo: Revista dos Tribunais, abr.-jun/2016, p. 61.

adotado em uma dada situação[15], exercendo a sua vontade, repita-se, não só na escolha de praticar o ato, mas na produção de efeitos.

Contudo, a necessidade de chancela do órgão judicial não desconfigura o negócio processual, pois a vontade foi direcionada à prática do ato e do seu conteúdo eficacial. Neste caso, a lei apenas opta por condicionar a produção dos efeitos do ato após a apreciação da sua higidez pelo juiz[16], como acontece na desistência da ação (art. 200, parágrafo único, do CPC/15).

Os negócios processuais se classificam, ainda, em típicos, quando existe prévia estipulação legal sobre as alterações que podem ser efetuadas no procedimento, com a identificação precisa do seu objeto, ou atípicos, quando há uma margem de liberdade para que os sujeitos convencionem as adequações necessárias para atender às peculiaridades da lide, atual ou futura.

2.1. Negócios processuais típicos

Os negócios processuais típicos já encontravam previsão no CPC/1973, materializados nas seguintes hipóteses: a) eleição de foro (art. 111); b) prorrogação da competência territorial pelo silêncio do réu (art. 114); c) desistência do recurso (art. 158 c/c art. 500, III); d) suspensão convencional do processo (art. 265, II); e) adiamento da audiência por convenção das partes (art. 453, I); f) renúncia do direito de recorrer (art. 502); dentre outras.

O CPC/2015 ampliou o rol dos negócios processuais típicos, além de aperfeiçoar alguns já existentes. Instituiu-se, por exemplo, o calendário processual (art. 191)[17], a possibilidade de reduzir os prazos peremptórios com a anuência das partes (art. 222, § 1°), a escolha consensual do perito (art. 471) e a organização compartilhada do processo (art. 357, §§ 2° e 3°).

---

15. DIDIER JR., Fredie. Idem., p. 64.
16. BERTÃO, Rafael Calheiros. Negócios jurídicos processuais: a ampliação das hipóteses típicas pelo Novo CPC. In: *Novo CPC doutrina selecionada:* parte geral, vol. 1. Fredie Didier Jr. (coord. geral) Salvador: JusPodivm, 2016, p. 1364.
17. Sobre o calendário processual, Leonardo Carneiro da Cunha assinala que: "o calendário é sempre negocial; não pode ser imposto pelo juiz. Trata-se de negócio jurídico processual plurilateral, havendo a necessidade de acordo de, pelo menos, três vontades: a do autor, a do réu e a do juiz. Se houver intervenientes, estes também devem integrar o negócio processual que fixa o calendário". CUNHA, Leonardo Carneiro da. Negócios Jurídicos Processuais no Processo Civil Brasileiro. In: *Negócios processuais*. Antônio do Passo Cabral e Pedro Henrique Nogueira (cords.). 2 ed. Salvador: JusPodivm, 2016, p. 64.

A maioria desses atos negociais, com exceção da escolha consensual do perito, incluem o juiz no negócio processual[18], que depende da convergência de vontades das partes e do órgão julgador para existir, ter validade e produzir efeitos na lide. Trata-se, mais uma vez, de concretização do princípio da cooperação (art. 6° do CPC) e da democratização do processo, além do respeito ao direito de autorregramento da vontade, proporcionando um equilíbrio entre os sujeitos processuais e o exercício, dentro de certos limites, da liberdade das partes.

Mas a grande inovação do Código de Processo Civil de 2015 foi consagrar uma cláusula geral de *atipicidade* dos negócios processuais, consubstanciada no art. 190[19]. Conferiu-se maior liberdade para os sujeitos formatarem o regramento jurídico a ser utilizado em dada situação e adaptá-lo às suas necessidades e conveniências, tema que será abordado a seguir.

2.2. Negócios processuais atípicos

Como explicitado, o art. 190 do CPC/15[20] estabeleceu uma cláusula geral de *atipicidade* dos negócios processuais, o que significa que não há detalhamento na lei sobre o modelo de negócio que pode ser engendrado pelas partes. Apenas se fixam os contornos gerais e alguns de seus limites, incumbindo ao juiz controlar a validade *a posteriori* se houver vício[21].

---

18. Antonio do Passo Cabral não admite que o juiz seja considerado sujeito de uma convenção processual, vez que inexistente a capacidade negocial diante da ausência da liberdade em manifestar a sua vontade. CABRAL, Antonio do Passo. *Convenções processuais*. Salvador: JusPodivm, 2016, p. 223-225.
19. A realização de negócios jurídicos processuais atípicos já era possível à luz do art. 158 do CPC/1973, como lembra Jaldemiro Rodrigues de Ataíde Júnior, mas não existia uma cláusula geral de negociação processual. O autor ainda pontua que o princípio da autonomia ou do respeito ao autorregramento da vontade no processo "não é propriamente uma inovação do CPC/2015", pois vários autores defenderam o referido princípio "mesmo quando não havia previsão de uma cláusula geral de negociação processual, como o art. 190 do CPC/2015". ATAÍDE JR., Jaldemiro Rodrigues. Cap. 5. Estudo da existência, validade e eficácia dos negócios jurídicos processuais. In: *Novo CPC doutrina selecionada*: parte geral, vol. 1. Fredie Didier Jr. (coord. geral) Salvador: JusPodivm, 2016, p. 1378-1379.
20. Art. 190 do CPC/15: "Versando o processo sobre direitos que admitam autocomposição, é lícito às partes plenamente capazes estipular mudanças no procedimento para ajustá-lo às especificidades da causa e convencionar sobre os seus ônus, poderes, faculdades e deveres processuais, antes ou durante o processo".
21. É o que se infere do art. 190, parágrafo único, do CPC/15: "De ofício ou a requerimento, o juiz controlará a validade das convenções previstas neste artigo, recusando-lhes aplicação somente nos casos de nulidade ou de inserção abusiva em contrato de adesão ou em que alguma parte se encontre em manifesta situação de vulnerabilidade".

Os negócios atípicos, assim, não se enquadram perfeitamente nos tipos legais[22]. A lei cinge-se a prescrever que as partes podem "estipular mudanças no procedimento" e "convencionar sobre seus ônus, poderes, faculdades e deveres processuais, antes ou durante o processo".

O preceito legal se fundamenta no *princípio da adequação*, pois autoriza às partes flexibilizarem o procedimento com vistas a torná-lo mais adequado às especificidades da lide[23]. Em síntese, "a tutela jurisdicional pleiteada pela parte autora há de ser proferida em procedimento adequado à satisfação do interesse material ou do direito subjetivo a que se visa proteger"[24].

Não se trata de negociar o objeto litigioso do processo, ou seja, o direito material discutido, o que se pode efetivar por meio da autocomposição. Nos negócios jurídicos processuais atípicos, "negocia-se sobre o processo, alterando suas regras"[25] e derrogando normas.

Algumas hipóteses de negócios processuais atípicos podem ser colhidas dos enunciados do Fórum Permanente de Processualistas Civis (FPPC), especialmente os enunciados n° 19 e 490, a saber: pacto de impenhorabilidade; acordo de ampliação ou redução de prazos, independentemente da natureza; dispensa consensual de assistente técnico; acordo para rateio de despesas processuais; acordo para retirar o efeito suspensivo de recurso; pacto de alteração da ordem de penhora; pacto de inexecução parcial ou total de multa coercitiva; entre outras.

Fredie Didier Jr. alude, ainda, para a possibilidade de acordo sobre pressupostos processuais, como a permissão de negócio processual sobre competência relativa e sobre foro de eleição internacional (art. 25 do CPC/15), além da legitimação extraordinária convencional[26].

---

22. CUNHA, Leonardo Carneiro da. Negócios Jurídicos Processuais no Processo Civil Brasileiro. *In: Negócios processuais*. Antônio do Passo Cabral e Pedro Henrique Nogueira (cords.). 2 ed. Salvador: JusPodivm, 2016, p. 56.

23. BERTÃO, Rafael Calheiros. Negócios jurídicos processuais: a ampliação das hipóteses típicas pelo Novo CPC. *In: Novo CPC doutrina selecionada:* parte geral, vol. 1. Fredie Didier Jr. (coord. geral) Salvador: JusPodivm, 2016, p. 1360-1361.

24. CUNHA, Leonardo Carneiro da. Negócios Jurídicos Processuais no Processo Civil Brasileiro. *In: Negócios processuais*. Antônio do Passo Cabral e Pedro Henrique Nogueira (cords.). 2 ed. Salvador: JusPodivm, 2016, p. 69.

25. DIDIER JR., Fredie. Negócios jurídicos processuais atípicos no Código de Processo Civil de 2015. *In: Revista Brasileira de Advocacia*, vol. 1, ano 1. Flávio Luiz Yarshell (coord.). São Paulo: Revista dos Tribunais, abr.-jun/2016, p. 65.

26. DIDIER JR., Fredie. Idem, p. 67.

Quanto ao momento da celebração, o negócio processual pode ser entabulado, nos termos da lei, antes ou durante o processo, ou seja, pode repercutir em demanda atual ou futura.

Aliás, é pressuposto para qualificar o negócio jurídico como processual que os seus efeitos sejam projetados pelas partes e sentidos, de forma potencial ou efetiva, em uma ação judicial.

Assim, os sujeitos podem inserir uma cláusula negocial processual em qualquer contrato que seja celebrado entre eles, com a previsão de que, em caso de litígio, a contenda será resolvida de acordo com o que foi convencionado, por meio de procedimento adequado para tutelar o direito material debatido e/ou regras relacionadas a ônus, poderes, deveres e faculdades.

Se o processo já foi instaurado, sem cláusula negocial prévia, nada impede que as partes convencionem de forma incidental, enquanto houver litispendência, em qualquer fase do processo.

Pode-se pactuar, por exemplo, um acordo para divisão do tempo reservado à sustentação oral, inclusive se houver *amicus curiae* ou outros interessados a contribuir com a solução da controvérsia. Nesse caso, o órgão colegiado (ou o seu Presidente) deve ser envolvido, pois se trata de negócio processual plurilateral, em que mais de duas vontades são manifestadas.

As possibilidades de negociar sobre o processo são inúmeras e, pela sua atipicidade, não se pode elencar exaustivamente todas as hipóteses que podem ser convencionadas pelas partes.

Contudo, faz-se necessário traçar alguns limites e a extensão dos efeitos dos negócios jurídicos processuais, a partir do exame dos requisitos de validade e de eficácia, adiante especificados.

3. REQUISITOS DE VALIDADE DOS NEGÓCIOS PROCESSUAIS ATÍPICOS

O mesmo regramento que se aplica aos negócios jurídicos no plano material pode ser transposto para o âmbito processual[27], de modo que, para ser

---

27. "Portanto, por óbvio, como já se expôs na seção 1.1, os negócios jurídicos processuais se sujeitam ao regime de validade e existência dos negócios jurídicos materiais, de modo que, se ausentes um dos requisitos dos negócios jurídicos (art. 104 do CC), quais sejam: i) agente capaz; ii) objeto lícito, possível e determinado ou determinável; iii) forma prescrita ou não defesa em lei, ou se revelar-se presente quaisquer das hipóteses elencadas no supramencionado art. 166 do CC, a convenção processual restará inválida e nula". HATOUM, Nida Saleh; BELLINETTI, Luiz Fernando. Aspectos

considerado válido, o negócio jurídico processual se submete aos requisitos previstos no art. 104 do Código Civil, quais sejam: a) agente capaz; b) objeto lícito, possível e determinado; c) forma prescrita ou não defesa em lei.

A capacidade que se exige do agente para celebrar um *negócio processual atípico* é a *capacidade processual,* isto é, a aptidão para estar em juízo e praticar atos processuais (art. 70 do CPC/15).

De acordo com o art. 190 do CPC/15, as partes devem ser plenamente capazes.

Logo, se houver incapacidade, absoluta ou relativa, o negócio processual será invalidado (art. 166, I c/c art. 171, I do CC). Entretanto, se o sujeito estiver assistido ou representado na forma da lei, não há óbice que impeça a celebração de convenções processuais[28].

A vulnerabilidade de um dos agentes pode comprometer a sua capacidade negocial, o que gera um "desequilíbrio entre os sujeitos na relação jurídica, fazendo com que a negociação não se aperfeiçoe em igualdade de condições"[29]. Porém, essa fragilidade deve ser aferida *in concreto* pelo juiz, que poderá exercer o seu controle e declarar nulo o negócio processual quando há *manifesta* situação de vulnerabilidade (art. 190, parágrafo único, do CPC).

No que diz respeito ao objeto, só podem ser firmados negócios jurídicos processuais quando a demanda versar sobre direitos que admitam autocomposição, isto é, litígios que podem ser solucionados por mediação ou conciliação, o que não se confunde com direitos indisponíveis.

Assim, "a indisponibilidade do direito material não impede, por si só, a celebração do negócio jurídico processual", consoante cristalizado no Enunciado n° 135 do Fórum Permanente de Processualistas Civis. Portanto, não há

---

relevantes dos negócios jurídicos processuais previstos no art. 190 do CPC/2015. In: Revista de Processo, ano 41, vol. 260, outubro/2016, p. 65.

28. Em sentido contrário, Flávio Luiz Yarshell: "o negócio processual exige sujeitos `plenamente capazes`(art. 190, caput). Isso exclui a possibilidade de que seja celebrado por absolutamente incapazes- ainda que na pessoa de seus representantes legais – e por relativamente incapazes – mesmo que regularmente assistidos". YARSHELL, Flávio Luiz. Convenção das partes em matéria processual: rumo a uma nova era? *In: Negócios processuais*. Antônio do Passo Cabral e Pedro Henrique Nogueira (cords.). 2 ed. Salvador: JusPodivm, 2016, p. 85-86

29. DIDIER JR., Fredie. Negócios jurídicos processuais atípicos no Código de Processo Civil de 2015. *In: Revista Brasileira de Advocacia*, vol. 1, ano 1. Flávio Luiz Yarshell (coord.). São Paulo: Revista dos Tribunais, abr.-jun/2016, p. 72.

impedimento, *a priori*, para que a Fazenda Pública[30] e o Ministério Público[31] celebrem acordos processuais, a depender do que foi convencionado.

O objeto deve ser lícito para que qualquer negócio processual seja considerado válido. Daí porque é nulo o acordo processual que chancele a prática de um crime (a exemplo de depoimento pessoal obtido sob tortura)[32] ou que afronte premissas (Estado laico – utilização de carta psicografada como meio de prova)[33], direitos e garantias constitucionais (fundamentação das decisões judiciais, publicidade do processo) e a própria sistemática processual[34].

Não se admite, pois, negócio processual que crie um novo tipo de recurso não previsto em lei – já que ofenderia o princípio da taxatividade e da reserva legal –, ou que altere normas de ordem publica, como a competência absoluta (material, pessoal e funcional) e a imparcialidade do juiz. Também não pode afastar regra processual criada para proteger direito indisponível, dotada de finalidade pública, a exemplo da intimação obrigatória do Ministério Público.

Em síntese, os negócios jurídicos processuais se reputam lícitos quando se situam "no espaço de disponibilidade outorgado pelo legislador, não podendo autorregular situações alcançadas por normas cogentes"[35], o que implica respeitar as garantias fundamentais do processo.

É válida a cláusula negocial inserida em contrato de adesão, desde que não seja abusiva, o que será aferido concretamente pelo juiz ao verificar o

---

30. Enunciado n° 256 do Fórum Permanente de Processualistas Civis: "A Fazenda Pública pode celebrar negócio processual".
31. Enunciado n° 253 do Fórum Permanente de Processualistas Civis: "O Ministério Público pode celebrar negócio processual quando atua como parte". O Conselho Nacional do Ministério Público recomendou a celebração de convenções processuais "toda vez que o procedimento deva ser adaptado ou flexibilizado para permitir a adequada e efetiva tutela jurisdicional aos interesses materiais subjacentes, bem assim para resguardar âmbito de proteção dos direitos fundamentais processuais" – art. 15 da Res. 118/2014. Vide também arts. 16 e 17 da citada Resolução.
32. DIDIER JR., Fredie. Negócios jurídicos processuais atípicos no Código de Processo Civil de 2015. *In: Revista Brasileira de Advocacia*, vol. 1, ano 1. Flávio Luiz Yarshell (coord.). São Paulo: Revista dos Tribunais, abr.-jun/2016, p. 74-75.
33. DIDIER JR., Fredie. Idem, p.74.
34. BERTÃO, Rafael Calheiros. Negócios jurídicos processuais: a ampliação das hipóteses típicas pelo Novo CPC. *In: Novo CPC doutrina selecionada*: parte geral, vol. 1. Fredie Didier Jr. (coord. geral) Salvador: JusPodivm, 2016, p. 1361.
35. CUNHA, Leonardo Carneiro da. Negócios Jurídicos Processuais no Processo Civil Brasileiro. *In: Negócios processuais*. Antônio do Passo Cabral e Pedro Henrique Nogueira (cords.). 2 ed. Salvador: JusPodivm, 2016, p. 71.

prejuízo causado à parte vulnerável. As partes devem, portanto, estar em situação de equilíbrio (isonomia), sob pena de nulidade[36].

Não há forma definida para o negócio processual atípico, que pode ser expresso ou tácito, oral ou escrito, judicial ou extrajudicial. É interessante, contudo, que seja exteriorizado em algum documento ou reduzido a termo para que seja inequívoco o objeto convencionado pelas partes e não haja problemas relacionados à existência ou à eficácia do negócio celebrado[37].

Por fim, é preciso que a vontade seja considerada livre de qualquer vício de consentimento (erro, dolo, coação). Caso contrário, acarretará a anulabilidade[38] do negócio processual.

4. EFICÁCIA DOS NEGÓCIOS PROCESSUAIS

Os negócios processuais, em regra, produzem efeitos imediatos, isto é, implicam na constituição, modificação ou extinção de direitos processuais (art. 200 do CPC/15), dispensando qualquer ato integrativo do juiz, seja intervenção ou homologação, que são prescindíveis[39].

Todavia, alguns negócios processuais exigem a homologação judicial como condição legal de eficácia[40], como no já citado caso de desistência da ação (art. 200, parágrafo único do CPC).

---

36. NOGUEIRA, Pedro Henrique. Sobre os acordos de procedimento no processo civil brasileiro. *In: Negócios processuais*. Antônio do Passo Cabral e Pedro Henrique Nogueira (cords.). 2 ed. Salvador: JusPodivm, 2016, p. 103.
37. Flavio Luiz Yarshell entende que a declaração de vontade que faz existir o negócio processual deve ter necessariamente a forma escrita: "ainda que ela seja manifestada oralmente em audiência – ou em alguma outra oportunidade em que isso seja possível – ela deve ser reduzida a termo; ou, quando menos, ela deve ser registrada em suporte que permita a sua oportuna reprodução, sempre que isso for necessário. A manifestação de vontade deve ser sempre expressa e não pode resultar apenas do silêncio. O que pode ocorrer é que as partes estabeleçam determinado ônus de manifestação no processo, de sorte a qualificar juridicamente eventual silêncio. Mas, isso já está no campo do conteúdo do negócio enão se confunde com a respectiva forma que, repita-se, deve ser escrita". YARSHELL, Flávio Luiz. Convenção das partes em matéria processual: rumo a uma nova era? *In: Negócios processuais*. Antônio do Passo Cabral e Pedro Henrique Nogueira (cords.). 2 ed. Salvador: JusPodivm, 2016, p. 77.
38. Art. 171, II do CC: "Além dos casos expressamente declarados na lei, é anulável o negócio jurídico: [...] II- por vício resultante de erro, dolo, coação, estado de perigo, lesão ou fraude contra credores".
39. Enunciado n° 256 do Fórum Permanente de Processualistas Civis: "Salvo nos casos excepcionais previstos em lei, os negócios processuais do *caput* do art. 190 não dependem de homologação judicial".
40. Enunciado n° 260 do Fórum Permanente de Processualistas Civis: "A homologação pelo juiz, da convenção processual, quando prevista em lei, corresponde a uma condição legal de eficácia do negócio".

É possível, ainda, que as partes convencionem a modulação dos efeitos do negócio jurídico processual, inserindo uma condição ou termo que impeça a produção de efeitos imediatos.

Com relação aos limites subjetivos, a eficácia dos negócios processuais se estende apenas aos seus participantes e não podem prejudicar terceiros, a menos que estes integrem a convenção, a exemplo do calendário processual que conta, repita-se, com a participação do juiz[41].

5. NEGÓCIOS PROCESSUAIS ATÍPICOS E SUA APLICAÇÃO AO PROCESSO DO TRABALHO

5.1. Aplicação supletiva e subsidiária do CPC/2015

A Consolidação das Leis do Trabalho (CLT) é um diploma normativo que condensa, desde 1943, o regramento de direito material e processual aplicável ao ordenamento jurídico trabalhista.

Nunca se negou que a CLT possui inúmeras lacunas (totais e parciais) que precisam ser supridas por outras leis, tanto no âmbito material (art. 8° da CLT[42]) como no processual (arts. 769[43] e 889[44] da CLT), a fim de solucionar os conflitos submetidos à sua jurisdição (art. 114 da CF[45]).

---

41. REDONDO, Bruno Garcia. Negócios jurídicos processuais: existência, validade e eficácia. In: Panorama atual do Novo CPC. Paulo Henrique de Santos Lucon e Pedro Miranda de Oliveira (coords.), 1 ed. Florianópolis: Empório do Direito, 2016, p. 32.
42. Art. 8° da CLT: "As autoridades administrativas e a Justiça do Trabalho, na falta de disposições legais ou contratuais, decidirão, conforme o caso, pela jurisprudência, por analogia, por equidade e outros princípios e normas gerais de direito, principalmente do direito do trabalho, e, ainda, de acordo com os usos e costumes, o direito comparado, mas sempre de maneira que nenhum interesse de classe ou particular prevaleça sobre o interesse público. Parágrafo único - O direito comum será fonte subsidiária do direito do trabalho, naquilo em que não for incompatível com os princípios fundamentais deste".
43. Art. 769 da CLT: "Nos casos omissos, o direito processual comum será fonte subsidiária do direito processual do trabalho, exceto naquilo em que for incompatível com as normas deste Título".
44. Art. 889 da CLT: "Aos trâmites e incidentes do processo da execução são aplicáveis, naquilo em que não contravierem ao presente Título, os preceitos que regem o processo dos executivos fiscais para a cobrança judicial da dívida ativa da Fazenda Pública Federal".
45. Art. 114 da CF: "Compete à Justiça do Trabalho processar e julgar: I. as ações oriundas da relação de trabalho, abrangidos os entes de direito público externo e da administração pública direta e indireta da União, dos Estados, do Distrito Federal e dos Municípios; II. as ações que envolvam exercício do direito de greve; III. as ações sobre representação sindical, entre sindicatos, entre sindicatos e trabalhadores, e entre sindicatos e empregadores; IV. os mandados de segurança, *habeas corpus* e *habeas data* , quando o ato questionado envolver matéria sujeita à sua jurisdição; V. os conflitos

E o Direito Processual do Trabalho sempre se valeu do Código de Processo Civil, como fonte subsidiária e supletiva, na hipótese de omissão da CLT para regular determinada situação jurídica, desde que houvesse compatibilidade com os princípios e regras trabalhistas (art. 769).

O CPC/2015, contudo, trouxe muitas novidades para o sistema jurídico, pautado em um modelo cooperativo de processo, no princípio do respeito ao autorregramento da vontade e do contraditório dinâmico, prévio e efetivo (arts. 7°, 9° e 10° do CPC), além de outras normas fundamentais que visam dar concretude aos valores e normas constitucionais (art. 1° do CPC).

O novo cenário que se descortina no Direito Processual Civil, com a mudança de paradigmas e a aproximação das normas processuais à realidade e à Constituição Federal, aliado à inserção do art. 15 no CPC[46], fez gerar um certo desconforto e insegurança na doutrina e jurisprudência trabalhistas com relação a aplicação subsidiária e supletiva do Novo Código[47].

Nesse sentido, Vitor Salino de Moura Eça, ao comentar o art. 15 do CPC, assinala que o referido preceito legal "deixou a impressão de uma norma arrogante, que tenta sobrepor-se à outra de igual hierarquia. Ademais, desnecessária, pois o art. 769, CLT já dispõe sobre o tema"[48]. Em boa hermenêutica, é a lei especial que pode definir se o direito comum se aplica ou não[49].

Por outro lado, Edilton Meireles diz que o art. 15 do CPC revogou o art. 769 da CLT, pois o Processo do Trabalho não seria autônomo com relação ao

---

de competência entre órgãos com jurisdição trabalhista, ressalvado o disposto no art. 102, I, o; VI. as ações de indenização por dano moral ou patrimonial, decorrentes da relação de trabalho; VII. as ações relativas às penalidades administrativas impostas aos empregadores pelos órgãos de fiscalização das relações de trabalho; VIII. a execução, de ofício, das contribuições sociais previstas no art. 195, I, a , e II, e seus acréscimos legais, decorrentes das sentenças que proferir; IX. outras controvérsias decorrentes da relação de trabalho, na forma da lei [...]".

46. Art. 15 do CPC/15: "Na ausência de normas que regulem processos eleitorais, trabalhistas ou administrativos, as disposições deste Código lhes serão aplicadas supletiva e subsidiariamente".

47. Mauro Schiavi pontua, a propósito, que: "a chegada do Novo Código de Processo Civil provoca, mesmo de forma inconsciente, um desconforto nos aplicadores do Processo Trabalhista, uma vez que há muitos impactos da nova legislação nos sítios do processo do trabalho, o que exigirá um esforço intenso da doutrina e jurisprudência para revisitar todos os institutos do processo do trabalho e analisar a compatibilidade, ou não, das novas regras processuais civil". SCHIAVI, Mauro. *Novo Código de Processo Civil:* a aplicação supletiva e subsidiária ao Processo do Trabalho, p. 1. Disponível em www.trt7.jus.br. Acesso em 30.12.2016.

48. EÇA, Vitor Salino de Moura. A função do magistrado na direção do processo no Novo CPC e as repercussões no Processo do Trabalho. *In: Novo CPC: repercussões no Processo do Trabalho.* Carlos Henrique Bezerra Leite. São Paulo: Saraiva, 2015, p. 43.

49. EÇA, Vitor Salino de Moura. Op. cit., p. 43.

Processo Civil[50], mas apenas um procedimento especial deste, assim como as ações que tramitam na Justiça Eleitoral e Juizados Especiais[51]. Logo, partindo dessa premissa, a lei posterior (art. 15 do CPC) teria revogado a anterior (art. 769 da CLT), com fulcro no art. 2°, § 1° da Lei de Introdução ao CC[52].

Apesar de abalizada, discorda-se da opinião do autor. Não há que se falar em revogação do art. 769 da CLT, tampouco em ausência de autonomia do Processo do Trabalho com relação ao Processo Civil. Ambos são ramos autônomos do Direito, mas que devem se complementar com o intuito de promover a unidade, integridade e coerência do ordenamento jurídico[53].

Por isso se entende que as normas cristalizadas no art. 769 da CLT c 15 do CPC/15 não são excludentes, mas plenamente compatíveis e convivem harmonicamente no sistema, consoante sedimentado pelo Tribunal Superior do Trabalho nos "considerandos" da Instrução Normativa n° 39:

> [...] considerando que as normas dos arts. 769 e 889 da CLT não foram revogadas pelo art. 15 do CPC de 2015, em face do que estatui o art. 2°, § 2° da Lei de Introdução às Normas do Direito Brasileiro, considerando a plena possibilidade de compatibilização das normas em apreço [...],

---

50. Salvador Franco de Lima Laurino afirma que a autonomia do Processo do Trabalho perante o Processo Civil está em crise, por um motivo sistemático e axiológico: "Do ponto de vista sistemático, a regra do artigo 15 do novo Código abrandou a fronteira com o processo civil, favorecendo uma aproximação pela qual o processo do trabalho beneficia-se da evolução do processo civil nas últimas décadas. Do ponto de vista axiológico, os atributos que diferenciaram o processo do trabalho foram, gradativamente, incorporados pelo processo civil, resultado da tendência de 'socialização' desencadeada pelo próprio processo do trabalho, o que diminui a distância entre um e outro". E o autor conclui dizendo que o art. 15 do CPC "reforça a convergência do processo do trabalho para um modelo de processo civil governado pelos princípios do *acesso à justiça* e do *devido processo legal*, o que exprime um ajuste no equilíbrio entre os *direitos de liberdade* e os *direitos sociais* que, no fundo, é a marca axiológica do Estado democrático de direito". LAURINO, Salvador Franco de Lima. O artigo 15 do novo Código de Processo Civil e os limites da autonomia do processo do trabalho. In: *Novo CPC: repercussões no Processo do Trabalho*. Carlos Henrique Bezerra Leite. São Paulo: Saraiva, 2015, p. 129-130.
51. MEIRELES, Edilton. O Novo CPC e sua aplicação supletiva e subsidiária no processo do trabalho. In: *Coleção repercussões do Novo CPC:* Processo do Trabalho. Vol. 4. Cláudio Brandão e Estêvão Mallet (coords.) Salvador: JusPodivm, 2015, p. 88.
52. MEIRELES, Edilton. Op. cit., p. 99.
53. O Enunciado n° 1 do Fórum Permanente de Processualistas do Trabalho (FPPT) reconheceu a importância de se interpretar o Processo do Trabalho em conjunto com as normas do Processo Civil, sobretudo as normas fundamentais dispostas nos arts. 1 a 15 do CPC/15: "(art. 15 do CPC) As regras do CPC, por força da aplicação conjunta dos seus arts. 1º e 15, devem ser aplicadas supletivamente no processo do trabalho de modo a ampliar a eficácia das regras da CLT, aumentar a democratização do processo e permitir avanços sociais". Disponível em www.fppt.com.br. Acesso em 06.01.2017.

Dessa forma, o Código de Processo Civil de 2015 aplica-se subsidiária (lacuna total) ou supletivamente (lacuna parcial) [54] à CLT sempre que houver afinidade sistêmica, isto é, compatibilidade das normas transportadas com os princípios e singularidades do processo trabalhista[55].

5.2. O art. 190 do CPC/15 se aplica ao processo do trabalho? Entendimento do TST –art. 2°, II, da IN 39

A Instrução Normativa (IN) n° 39 foi editada pelo Tribunal Superior do Trabalho em 15 de março de 2016, por meio da Resolução n° 203, três dias antes da vigência do Novo CPC (18.03.2016).

O propósito do TST foi reduzir a insegurança jurídica dos operadores do direito que atuam na Justiça do Trabalho e dos jurisdicionados, identificando questões polêmicas e "algumas das questões inovatórias relevantes para efeito de aferir a compatibilidade ou não de aplicação subsidiária ou supletiva ao Processo do Trabalho do Código de Processo Civil de 2015"[56].

Dentre as normas objeto de apreciação do TST está o art. 190 do CPC/15, considerado inaplicável ao Processo do Trabalho, nos termos do art. 2°, II da IN n° 39. Assim, para o TST, a negociação processual atípica, apesar da omissão da CLT, seria incompatível com o ordenamento trabalhista, o que afastaria a aplicação subsidiária do Código de Processo Civil.

Mas nada impede que o TST modifique o seu entendimento. A Instrução Normativa não encerra a discussão sobre a compatibilidade do instituto com o Processo do Trabalho, já que não se trata de normativo imutável e definitivo

---

54. A diferença entre a aplicação subsidiária e supletiva é explicitada por Edilton Meireles: "A aplicação subsidiária teria, assim, cabimento quando estamos diante de uma lacuna ou omissão absoluta. Ou, em outras palavras, quando omisso o sistema ou complexo normativo que regula determinada matéria (o processo do trabalho, no nosso caso). [...] a regra supletiva processual é aquela que visa a complementar uma regra principal (a regra mais especial incompleta). Aqui não se estará diante de uma lacuna absoluta do complexo normativo. Ao contrário, estar-se-á diante da presença de uma regra, contida num determinado subsistema normativo, regulando determinada situação/instituto, mas cuja disciplina não se revela completa, atraindo, assim, a aplicação supletiva de outras normas". MEIRELES, Edilton. O Novo CPC e sua aplicação supletiva e subsidiária no processo do trabalho. In: *Coleção repercussões do Novo CPC:* Processo do Trabalho. Vol. 4. Cláudio Brandão e Estêvão Mallet (coords.) Salvador: JusPodivm, 2015, p. 94.

55. Nesse sentido, o art. 1° da IN n° 39 do TST dispõe que: "Aplica-se o Código de Processo Civil, subsidiária e supletivamente, ao Processo do Trabalho, em caso de omissão e desde que haja compatibilidade com as normas e princípios do Direito Processual do Trabalho, na forma dos arts. 769 e 889 da CLT e do art. 15 da Lei no 13.105, de 17.03.2015".

56. Considerandos da IN 39 do TST. Disponível em www.tst.jus.br. Acesso em 30.12.2016.

sobre o tema, além de não dispor de caráter vinculante[57]. Serve apenas de diretriz para orientar o julgamento dos juízes trabalhistas.

Acredita-se que a análise do TST à época em que foi editada a IN n° 39 foi apressada e perfunctória. Provavelmente se pensou em proteger o hipossuficiente (reclamante-trabalhador), que estaria em situação de vulnerabilidade perante o seu empregador, e não se sentiu confortável em excluir o juiz do negócio jurídico processual atípico, que prescinde de homologação.

Será que esses supostos argumentos são suficientes para vedar a negociação processual no âmbito trabalhista? A hipossuficiência do reclamante e a não participação do juiz (na maioria dos casos) são, de fato, óbices intransponíveis para se firmar a convenção processual?

É o que se verá a seguir.

5.3. Conflitos submetidos à jurisdição trabalhista e os negócios processuais atípicos

Diversos são os conflitos que se submetem à jurisdição trabalhista, de acordo com a competência fixada no artigo 114 da Constituição Federal de 1988, modificado pela EC n° 45/2004.

---

57. Essa foi a conclusão do Ministro Corregedor-Geral da Justiça do Trabalho em resposta à consulta formulada pela ANAMATRA com relação à IN n° 39 do TST: "Sendo assim, acolho a presente Consulta, para assentar que: 1) a intepretação do Juiz do Trabalho em sentido oposto ao estabelecido na Instrução Normativa nº 39/2016 não acarreta qualquer sanção disciplinar; 2) a interpretação concreta quanto à aplicabilidade das normas do CPC (Lei nº 13.105/2015), em desconformidade com as regras da Instrução Normativa nº 39/2016 não desafia o manejo da correição parcial, por incabível à espécie, até porque a atividade hermenêutica do ordenamento jurídico exercida pelo magistrado encerra tão somente o desempenho da sua função jurisdicional, o que não implica em tumulto processual para os efeitos do caput do art. 13 do RICGJT, apto a ensejar a medida correicional; 3) como consequência lógica da resposta atribuída à segunda questão, tem se por prejudicada a terceira questão e, por conseguinte, a sua resposta. Todavia, compre salientar que a Instrução Normativa nº 39/2016 foi aprovada considerando a imperativa necessidade de o Tribunal Superior do Trabalho firmar posição acerca das normas do novo Código de Processo Civil aplicáveis e inaplicáveis ao Processo do Trabalho, e, assim, resguardar às partes a segurança jurídica exigida nas demandas judiciais, evitando-se eventual declaração de nulidade em prejuízo da celeridade processual. Ressalte-se que tal imperativo se revela ainda mais premente diante das peculiaridades do Direito Processual do Trabalho, advindas da relação material celebrada entre empregados e empregadores, na qual se verifica, a rigor, a condição de hipossuficiência do trabalhador. Por esse motivo é que se espera a colaboração e comprometimento dos órgãos da Justiça do Trabalho de primeiro e de segundo graus, a fim de que adequem os seus atos processuais aos parâmetros estabelecidos na Instrução Normativa nº 39/2016, com vistas à uniformização das normas a serem aplicadas no âmbito do Processo do Trabalho. Dê-se ciência à consulente, bem como aos Corregedores dos Tribunais Regionais do Trabalho. Publique-se. Após, arquive-se. Brasília, 01 de setembro de 2016. Firmado por assinatura digital (MP 2.200-2/2001). RENATO DE LACERDA PAIVA Ministro Corregedor-Geral da Justiça do Trabalho". Publicado em 1.9.2016, na Seção 3, do Diário Eletrônico da Justiça do Trabalho (Caderno Judiciário do TST).

Em resumo, pode-se dizer que a Justiça do trabalho é competente para processar e julgar: a) ações decorrentes da relação de trabalho, seja de emprego ou não; b) demandas envolvendo sindicato, na defesa de interesses próprios (legitimação ordinária, ex. cobrança de contribuição sindical) ou como substituto processual, na defesa dos interesses coletivos ou individuais da categoria (art. 8°, III, da CF); c) litígios em que o Ministério Público do Trabalho atua na qualidade de parte (ou *custos legis*) para defesa dos direitos e interesses coletivos, consoante estabelecido no art. 83 da LC 75/93; d) ações relativas às penalidades administrativas impostas aos empregadores pelos órgãos de fiscalização das relações de trabalho.

Do que se conclui que as causas trabalhistas não se restringem às lides decorrentes da relação de emprego, em que o reclamante-empregado se encontra em situação de vulnerabilidade.

Logo, não haveria qualquer impedimento em se celebrar negócio processual nas demandas que envolvem o sindicato, o Ministério Público do Trabalho ou a União (Fazenda Pública).

Nessas situações, as partes são plenamente capazes, pois dispõem de capacidade processual e negocial – inexistindo desigualdades entre os sujeitos da relação jurídica processual[58] – e os direitos admitem, em regra, autocomposição, mesmo se forem indisponíveis.

Note-se que, no caso do sindicato, há autorização para negociar condições de trabalho que irão reger toda uma categoria profissional e econômica, sendo obrigatória a sua participação na negociação coletiva[59], efetuada por meio de convenção ou acordo coletivo de trabalho.

Ora, se é permitido que os sindicatos negociem sem a participação do Judiciário[60] questões relacionadas ao direito *material* de uma categoria de trabalhadores, não há razão para proibir a negociação *processual* a ser cele-

---

58. Quando a demanda versa sobre direito coletivo do trabalho, as partes se encontram em situação de igualdade, pois "a presença da entidade sindical equilibra a balança, fazendo desaparecer a vulnerabilidade de quem está sozinho perante a força econômica patronal". MARTINEZ, Luciano. Curso de Direito do Trabalho. 7 ed. São Paulo: Saraiva, 2016, p. 109.
59. Art. 8°, VI, da CF: "é obrigatória a participação dos sindicatos nas negociações coletivas de trabalho"
60. Somente se frustrada a negociação coletiva ou a arbitragem é que pode se recorrer ao Judiciário através do dissídio coletivo, conforme art. 114, § 2° da CF: "Recusando-se qualquer das partes à negociação coletiva ou à arbitragem, é facultado às mesmas, de comum acordo, ajuizar dissídio coletivo de natureza econômica, podendo a Justiça do Trabalho decidir o conflito, respeitadas as disposições mínimas legais de proteção ao trabalho, bem como as convencionadas anteriormente".

brada entre sindicatos (patronal e dos trabalhadores) ou entre o sindicato dos trabalhadores e o empregador (pessoa física ou jurídica).

A cláusula negocial pode ser, inclusive, prévia ao processo, estabelecida no instrumento que exterioriza a negociação coletiva (convenção ou acordo coletivo de trabalho: CCT/ACT).

Pode-se pactuar, por exemplo, a dispensa da prova testemunhal para resolver determinado conflito, elegendo a prova documental e até o tipo de documento hábil para provar a alegação das partes; dispensar assistente técnico se houver necessidade de perícia; celebrar acordo para limitar a recorribilidade ao Tribunal Regional do Trabalho, vedando o reexame da causa pelo Tribunal Superior do Trabalho, em nome da celeridade processual ou para evitar expedientes indevidos ou procrastinatórios (quando se tenta revolver fatos e provas[61]); reduzir ou ampliar número de testemunhas; fixar termos e condições para descumprimento de obrigação (de fazer, não fazer, pagar ou entrega de coisa) estipulada entre as partes.

Enfim, inúmeras são as hipóteses viáveis e que podem ser objeto de convenção processual atípica, desde que observem os limites impostos no ordenamento (licitude do objeto, agente plenamente capaz, forma prescrita ou não defesa em lei, vontade livre – sem vício de consentimento –, equilíbrio entre os sujeitos, respeito às normas de ordem pública etc.).

Com relação ao Ministério Público, já se viu que não há óbice na realização de acordo processual, recomendado pelo Conselho Nacional do Ministério Público (Res. 118/2014, arts. 15-17).

Assim, o Ministério Público do Trabalho pode negociar com o réu/investigado a alteração no procedimento para ajustá-lo às peculiaridades da causa ou convencionar sobre ônus, poderes, faculdades e deveres processuais, antes – cláusula negocial instituída no termo de ajustamento de conduta (TAC) – ou durante a litispendência, em qualquer fase do processo.

Eventuais vícios serão apurados pelo juiz no caso concreto ao realizar o controle de validade a *posteriori* (art. 190, parágrafo único do CPC/15), quando a demanda já estiver instaurada.

Também a União pode promover execuções fiscais, para cobrança das penalidades impostas aos empregadores pelo descumprimento das obrigações

---

61. Súmula 126 do TST: "Incabível o recurso de revista ou de embargos (arts. 896 e 894, "b", da CLT) para reexame de fatos e provas".

trabalhistas, e resolver entabular um negócio jurídico processual com o réu-empregador, nos termos do art. 190 do CPC/15.

Não há, portanto, como se proibir a negociação processual atípica aprioristicamente para essas demandas, em face da compatibilidade com os princípios, valores e singularidades trabalhistas.

Já nas relações de trabalho, sobretudo as de emprego, em que se depara com um possível desequilíbrio entre os sujeitos da relação jurídica processual, o tema tende a ser mais delicado, motivo pelo qual se dedicará um item para examinar a aplicação do art. 190 do CPC/15.

5.4. Relações de emprego e manifesta situação de vulnerabilidade

As relações de trabalho contam com a presença de um tomador de serviços e de um trabalhador[62], que pode ser empregado (se preencher os requisitos do art. 3º da CLT[63]), trabalhador avulso (quando há um órgão intermediador de mão de obra[64]), eventual[65] ou autônomo[66].

---

62. "**Relação de trabalho *versus* Relação de Emprego** – A Ciência do Direito enxerga clara distinção entre relação de trabalho e relação de emprego. A primeira expressão tem caráter genérico: refere-se a todas as relações jurídicas caracterizadas por terem sua prestação essencial centrada em uma obrigação de fazer consubstanciada em *labor humano*. [...] A expressão relação de trabalho englobaria, desse modo, a relação de emprego, a relação de trabalho autônomo, a relação de trabalho eventual, de trabalho avulso e outras modalidades de pactuação de prestação de labor [...]. Traduz, portanto, gênero a que se acomodam todas as formas de pactuação de prestação de trabalho existentes no mundo jurídico atual". DELGADO, Maurício Godinho. *Curso de Direito do Trabalho*. 15 ed. São Paulo: LTR, 2016, p. 295 (destaques do original).

63. Art. 3º da CLT: "Considera-se empregado toda pessoa física que prestar serviços de natureza não eventual a empregador, sob a dependência deste e mediante salário".

64. O sindicato também pode atuar como intermediador de mão de obra, no caso do trabalhador avulso. O trabalhador avulso pode ser portuário ou não portuário. O avulso não portuário é intermediado pelo sindicato e alguns são regidos pela Lei nº 12.023/09. Já o portuário é regido pela Lei nº 8.630/93 e intermediado pelo órgão gestor de mão de obra (OGMO).

65. O trabalhador eventual é aquele que, embora reúna os principais elementos da relação empregatícia, inclusive a subordinação, não apresenta o pressuposto da "permanência" ou "duração não eventual dos serviços", prestando serviços de curta duração. DELGADO, Maurício Godinho. *Curso de Direito do Trabalho*. 15 ed. São Paulo: LTR, 2016, p. 363

66. "Autônomo é o trabalhador que explora seu ofício ou profissão com habitualidade, por conta e risco próprio. [...]. Normalmente executa seus serviços para diversos tomadores (clientela variada), sem exclusividade, com independência no ajuste, nas tratativas, no preço, no prazo e na execução do contrato. Corre o risco do negócio e não tem o vínculo de emprego". CASSAR, Vólia, Bomfim. *Direito do Trabalho*. 11 ed. São Paulo: Método, 2015, p. 276.

Os direitos dos empregados e trabalhadores avulsos[67] estão assegurados na Constituição Federal, CLT, nas legislações especiais e nos acordos, convenções ou dissídios coletivos.

Os demais trabalhadores, que não se qualificam como empregados, possuem as condições de trabalho regidas pelo contrato de prestação de serviços celebrado entre as partes e/ou por legislações esparsas (Código Civil, Lei das cooperativas, dentre outros diplomas legais).

O direito do trabalho se assenta sob uma égide de princípios que visam proteger o empregado, considerado como parte hipossuficiente em face da dependência econômica e subordinação que emana do seu empregador. Isso gera uma situação de desequilíbrio na relação jurídica que os une, demandando uma tutela diferenciada[68] para garantir a isonomia material[69].

Daí porque os direitos trabalhistas são irrenunciáveis e indisponíveis[70] durante a vigência do vínculo de emprego[71], vedada a transação ou alteração

---

67. Os trabalhadores avulsos, apesar de não ostentarem o *status* de empregados, possuem os mesmos direitos dos trabalhadores com vínculo de emprego, como assegura o art. 7°, XXXIV, da CF.

68. Os trabalhadores autônomos e os eventuais, por não preencherem os requisitos que caracterizam a figura empregado, não titularizam os mesmos direitos e não são destinatários da tutela diferenciada direcionada aos que mantém vínculo empregatício. Assim, as partes estão, em tese, em posição de igualdade quando litigam judicialmente, inexistindo hipossuficiência. No caso concreto, porém, o desequilíbrio pode existir e incumbe ao juiz se valer dos mecanismos para assegurar a paridade de armas ao vulnerável.

69. "A diretriz básica do Direito do Trabalho é a proteção do trabalhador, uma vez que o empregado não tem a mesma igualdade jurídica que o empregador, como acontece com os contratantes no Direito Civil. A finalidade do Direito do Trabalho é a de alcançar uma verdadeira igualdade substancial entre as partes e, para tanto, necessário é proteger a parte mais frágil desta relação: o empregado". CASSAR, Vólia, Bomfim. *Direito do Trabalho*. 11 ed. São Paulo: Método, 2015, p. 169.

70. "O principio da indisponibilidade dos direitos ou da irrenunciabilidade de direitos baseia-se no mandamento nuclear protetivo segundo o qual não é dado ao empregado dispor (renunciar ou transacionar) de direito trabalhista, sendo, por conta disso, nulo qualquer ato jurídico praticado contra essa disposição. Tal proteção que, em ultima análise, visa proteger o trabalhador das suas próprias fraquezas, está materializada em uma série de dispositivos da CLT, entre os quais se destaca o seu art. 9°. Esta atuação legal impede que o vulnerável, sob a miragem do que lhe seria supostamente vantajoso, disponha dos direitos mínimos que à custa de muitas lutas históricas lhe foram assegurados nos termos da lei". MARTINEZ, Luciano. Curso de Direito do Trabalho. 7 ed. São Paulo: Saraiva, 2016, p. 114.

71. Entende-se que, embora os direitos trabalhistas sejam irrenunciáveis, é possível transacionar os créditos correspondentes aos direitos, como assinala Luciano Martinez: "Chama-se atenção para essa distinção porque os créditos trabalhistas, notadamente quando finda a relação de emprego, não têm a mesma proteção jurídica conferida aos direitos trabalhistas. Isso é facilmente constatável a partir da evidência de que a própria norma trabalhista admite a possibilidade de o Juiz do Trabalho tentar a conciliação entre os litigantes (*vide* art. 831 da CLT), independentemente de a demanda

contratual que acarrete prejuízos ao empregado (art. 468 da CLT[72]). Reputam-se nulos os atos praticados com o intuito de desvirtuar, impedir ou fraudar os direitos trabalhistas, consoante preceitua o art. 9° da CLT[73].

No âmbito processual, porém, a desigualdade entre as partes não é tão evidente já que, na maioria dos casos, quando a ação é ajuizada o vínculo não mais subsiste, de modo que cessa a relação de dependência econômica e de subordinação que caracterizam o contrato de emprego.

Mas ainda se pode enxergar o desequilíbrio na relação jurídica, visto que o reclamante (ex-empregado) tem maior dificuldade na produção da prova, na contratação de um bom advogado para patrocinar seus interesses, além da dificuldade financeira para arcar com as despesas do processo (basicamente custas – em caso de improcedência – e honorários periciais).

Assim, a hipossuficiência do reclamante e a necessidade de proteção[74] pode ter lugar também na perspectiva processual, o que poderia justificar a inaplicabilidade do art. 190 do CPC/15.

Sucede que, como dito anteriormente, a situação de vulnerabilidade de uma das partes deve ser *manifesta*, a ponto de desequilibrar efetivamente a relação jurídica processual, e isso só pode ser aferido no caso concreto[75] e não de forma abstrata, como fez o TST na IN n° 39.

---

envolver acionantes desempregados ou ainda vinculados ao contrato de emprego". MARTINEZ, Luciano. Curso de Direito do Trabalho. 7 ed. São Paulo: Saraiva, 2016, p. 115-116.

72. Art. 468 da CLT: "Nos contratos individuais de trabalho só é lícita a alteração das respectivas condições por mútuo consentimento, e ainda assim desde que não resultem, direta ou indiretamente, prejuízos ao empregado, sob pena de nulidade da cláusula infringente desta garantia".

73. Art. 9º da CLT: "Serão nulos de pleno direito os atos praticados com o objetivo de desvirtuar, impedir ou fraudar a aplicação dos preceitos contidos na presente Consolidação".

74. Aqui a necessidade de proteção é no sentido de promover a paridade de armas entre as partes, ou seja, a igualdade processual *substancial,* consubstanciada no art. 7° do CPC/15: "É assegurada às partes paridade de tratamento em relação ao exercício de direitos e faculdades processuais, aos meios de defesa, aos ônus, aos deveres e à aplicação de sanções processuais, competindo ao juiz zelar pelo efetivo contraditório". Busca-se o efetivo acesso à justiça.

75. Oportuna é a lição de João Paulo Lordelo Guimarães Tavares: "Regra geral, a vulnerabilidade é fato a ser constatado de forma concreta, daí porque o parágrafo único do art. 190 alude à 'manifesta situação de vulnerabilidade'. Assim, o fato de alguém ser trabalhador ou consumidor não presume, por si só a vulnerabilidade. Rememore-se que, pelo art. 4.°, I, do CDC, o 'reconhecimento da vulnerabilidade do consumidor no mercado de consumo' consiste em um princípio, e não uma regra, a depender, portanto, das circunstâncias fáticas e jurídicas do caso concreto. Tal situação pode ser aferida de ofício pelo juiz". TAVARES, João Paulo Lordelo Guimarães. Da admissibilidade dos negócios jurídicos processuais no Novo Código de Processo Civil: aspectos teóricos e práticos. *In: Revista de Processo*, ano 41, vol. 254, abril/2016, p. 106.

O fato de o reclamante ser ex-empregado não afasta, por si só, a possibilidade de firmar um acordo processual, ainda que seja considerado vulnerável. Cabe ao juiz examinar o objeto convencionado e verificar se a cláusula é desarrazoada e onera excessivamente uma das partes. É preciso vislumbrar a abusividade do negócio firmado em detrimento de um sujeito.

Nada impede que as partes pactuem cláusula mais favorável ao hipossuficiente ou que contenha benefícios recíprocos[76], a exemplo de: a) rateio dos honorários periciais provisionais, independentemente de quem requereu a perícia (pedido que, normalmente, é formulado pelo reclamante por ser fato constitutivo do seu direito); b) aumento de prazo para manifestação de documentos, em se tratando de causa complexa; c) acordo para fixar o valor do depósito recursal[77] acima do teto estabelecido pelo TST e que corresponda, v.g., ao valor da causa arbitrado na sentença, ou 50% dele; d) dispensa de assistente técnico, pois geralmente apenas o reclamado (empregador) tem condições de arcar com o custo e contratar especialistas de referência; e) divisão de tempo para sustentação oral; f) aumento/redução no número de testemunhas; g) aumento/redução de prazos de acordo com as peculiaridades da causa; e) delimitação das matérias que serão objeto de prova, com a distribuição prévia do ônus ou a criação de fase específica para realizar o saneamento e a organização compartilhada do processo[78].

---

76. "Quando se diz, portanto, que a igualdade substancial é decisiva para a validade do negócio processual, está-se na premissa de que eventual preponderância de um dos sujeitos não deve resultar em regras a ele favoráveis e desfavoráveis ao adversário. Mas, se apesar da desigualdade no plano substancial, o negócio processual contiver regras que asseguram não apenas o contraditório, mas a igualdade real, então a validade do ato estará preservada. Em suma: pode haver negócio processual válido entre pessoas desiguais, desde que o processo assegure a igualdade real". YARSHELL, Flávio Luiz. Convenção das partes em matéria processual: rumo a uma nova era? In: *Negócios processuais*. Antônio do Passo Cabral e Pedro Henrique Nogueira (coords.). 2 ed. Salvador: JusPodivm, 2016, p. 81.

77. O depósito recursal, na esteira do art. 1° da Instrução Normativa n° 3 do TST, não tem natureza jurídica de taxa, e sim de garantia do juízo recursal, motivo pelo qual só o reclamado tem a obrigação de efetuar o depósito, observando o valor da causa e o limite estabelecido pelo TST a cada ano. Assim, poderia ser acordado entre as partes um valor que ultrapassasse o teto fixado pelo TST e atingisse o valor da causa arbitrado na sentença. Isso favoreceria o reclamante, que teria à sua disposição um montante maior para garantir o juízo. Também não desfavorece o reclamado, já que, se tiver capacidade econômica, o depósito vai funcionar como uma antecipação do débito, cuja quantia será deduzida em eventual execução e, acaso excessiva, devolvida.

78. O processo do trabalho não dispõe de uma fase específica para saneamento e organização do processo, delimitação do objeto de prova, como a prevista no art. 357 do CPC. Mas nada impede que isso seja objeto de acordo processual atípico entre as partes e o juiz.

Logo, se as partes estiverem assistidas pelos seus respectivos advogados (e não sob o manto do *jus postulandi*[79]) e respeitarem os limites legais, além de lhes ser assegurada a igualdade real[80] no processo (art. 7° do CPC/15), não se vislumbra óbice para celebrarem negócio processual atípico, mesmo que a demanda envolva relação de trabalho[81], inclusive a de emprego.

Contudo, o juiz precisará ser mais criterioso no exame de validade do negócio no caso concreto, em face da presunção de vulnerabilidade/hipossuficiência do trabalhador[82]. Mas isso não significa que o negócio processual atípico não possa ser celebrado entre os litigantes.

Não se pode olvidar ainda que existem empregados que possuem alta qualificação, discernimento, capacidade de negociação das condições de trabalho (sobretudo do salário) e da rescisão contratual, além de elevado poder aquisitivo – o que permite a contratação de excelentes advogados – e que não podem ser considerados meros hipossuficientes ou vulneráveis.

Imagine-se a situação de um renomado professor de Direito e Processo do Trabalho de uma faculdade privada, contratado sob o regime celetista, como empregado. Se houver conflito no rompimento do vínculo, poder-se-ia negar a aplicação do art. 190 do CPC, sob o argumento de que o reclamante está

---

79. O Enunciado n° 18 do Fórum Permanente de Processualistas Civis fixou a diretriz de que "há indício de vulnerabilidade quando a parte celebra acordo de procedimento sem assistência técnico-jurídica". No processo do trabalho, haveria uma presunção relativa, que pode ser elidida por prova em contrário, em face da presunção de vulnerabilidade do trabalhador.
80. Flávio Luiz Yarshell ressalta que a igualdade real das partes é essencial para a validade de qualquer disposição convencional no âmbito processual, "como forma de assegurar que existe livre manifestação dos sujeitos envolvidos. Não se pode admitir que uma das partes – por sua proeminência econômica ou de outra natureza – imponha regras processuais que lhe sejam mais vantajosas, consideradas as peculiaridades de cada caso". YARSHELL, Flávio Luiz. Convenção das partes em matéria processual: rumo a uma nova era? *In: Negócios processuais.* Antônio do Passo Cabral e Pedro Henrique Nogueira (cords.). 2 ed. Salvador: JusPodivm, 2016, p. 80-81.
81. Se a relação for de trabalho (*strictu sensu*) não há, *a priori*, vulnerabilidade de uma das partes, de modo que não haveria óbice para celebração do negócio processual, sem prejuízo do controle de validade que será exercido *a posteriori* pelo juiz.
82. Bruno Freire e Silva adverte que: "No processo do trabalho, a cláusula de convenções processuais somente poderá ser aplicada com rigoroso acompanhamento e autorização do magistrado trabalhista, diante da rotineira hipossuficiência do empregado em relação ao empregador, o que pode ser mitigado nos dissídios coletivos diante da presença dos sindicatos". SILVA, Bruno Freire e. O Novo CPC e o Processo do Trabalho: parte geral. São Paulo: Ltr, 2015, p. 152. Discorda-se do autor apenas com relação a necessidade de autorização do magistrado, já que, como visto, os negócios processuais produzem efeitos de imediato (art. 200 do CPC/15), cabendo ao juiz controlar a validade *a posteriori* (art. 190, parágrafo único do CPC/15), sob pena de desvirtuar o instituto que se ampara no princípio do respeito ao autorregramento da vontade das partes no processo.

em manifesta situação de vulnerabilidade e desequilíbrio com relação ao seu ex-empregador, não possuindo capacidade de negociar em iguais condições?

Seria correto alegar que o reclamante, professor de Direito e Processo do Trabalho, não tem conhecimento dos seus direitos ou discernimento para convencionar questões processuais?

Não há, na hipótese narrada, pelo menos *a priori*, desigualdade material entre as partes que impeça o acordo processual previsto no art. 190 ou a sua validação perante o Judiciário.

Seria o caso até mesmo de validar eventual cláusula processual previamente estipulada no contrato de trabalho, desde que chancelada por advogado e ausente vicio de consentimento ou no objeto negociado. Note-se que o empregado não estará renunciando ou transacionando o direito material, protegido pelo principio da indisponibilidade, mas questões relacionadas ao âmbito processual, em caso de eventual conflito, em nome da autonomia da vontade[83].

Até um contrato de adesão pode conter cláusula negocial processual, pois o CPC apenas nega validade quando a cláusula é abusiva, como evidencia o art. 190, parágrafo único[84].

Não existe razão, portanto, para considerar inaplicável o art. 190 do CPC/15 ao Processo do Trabalho em qualquer causa que se submete à sua jurisdição[85]. Cabe ao juiz analisar, no caso concreto, inclusive de ofício, se

---

83. Embora, em regra, o empregado comum não disponha de liberdade para negociar os termos do seu contrato de trabalho, os altos empregados (executivos, por exemplo), geralmente, possuem plena autonomia e as tratativas podem envolver advogados que auxiliam as duas partes nas questões jurídicas.

84. É preciso aferir o real poder da cláusula inserida em contrato de adesão em gerar prejuízo a uma das partes, causando-lhe iniquidade ou inferioridade de posição processual. WAMBIER, Teresa Arruda Alvim et al. Primeiros comentários ao Novo Código de Processo Civil: artigo por artigo. São Paulo: Revista dos Tribunais, 2015, p. 355. Nesse sentido, Nida Saleh Hatoum e Luiz Fernando Bellinetti destacam que; "para que seja declarada nula, não basta que determinada cláusula que disponha sobre convenção procedimental conste em contrato de adesão. É imprescindível que possua, para tanto, caráter abusivo". HATOUM, Nida Saleh; BELLINETTI, Luiz Fernando. Aspectos relevantes dos negócios jurídicos processuais previstos no art. 190 do CPC/2015. *In: Revista de Processo*, ano 41, vol. 260, outubro/2016, p. 66.

85. Essa é a conclusão obtida no Fórum Permanente de Processualistas do Trabalho, como se infere do Enunciado n° 31: "(art. 190 do CPC) A previsão da atipicidade das convenções processuais é aplicável ao processo do trabalho". O Enunciado n° 7 também consagra a aplicação do art. 190 no Processo do Trabalho: "(art. 190 do CPC) A celebração de negócio jurídico processual no curso do processo já é prática na esfera trabalhista, cabendo ao juiz verificar a sua validade, e, se for o

o negócio processual é válido[86], negando-lhe eficácia apenas se houver manifesta situação de vulnerabilidade, abusividade da cláusula negocial, vício de consentimento na manifestação da vontade e desrespeito às normas de ordem pública.

A apreciação do juiz não pode ser particular e subjetiva. Deve observar objetivamente se a convenção é lícita, proporcional e razoável, ainda que "eventualmente inconveniente ou inoportuna sob a ótica do julgador"[87]. Isso não corrompe, por si só, a validade do negócio se ele apresentou conteúdo adequado, necessário e proporcional/ razoável[88].

6. CONCLUSÃO

O negócio processual atípico, nos moldes do art. 190 do CPC/15, se aplica ao Processo do Trabalho, independentemente do conflito submetido ao Judiciário ou das partes envolvidas.

Não se pode criar, portanto, uma vedação no plano abstrato, pois apenas o exame do caso concreto será capaz de macular a validade da convenção processual firmada entre os litigantes.

Essa avaliação será realizada pelo juiz, incumbido de analisar de forma criteriosa a higidez do acordo processual, sobretudo se a vontade foi manifestada de forma livre e se os sujeitos se encontram em situação de igualdade real.

---

caso, justificar a decisão de não reconhecer o acordo feito em uma das hipóteses estabelecidas no parágrafo único do art. 190 do CPC, observado o contraditório". Disponível em www.fppt.com.br. Acesso em 06.01.2017

86. "Assim, nada impede, em tese, a celebração de negócios processuais no contexto do processo consumerista ou trabalhista. Caberá ao órgão jurisdicional, em tais situações, verificar se a negociação foi feita em condições de igualdade; se não, recusará eficácia ao negócio. Note que o parágrafo único do art. 190 do CPC/2015 concretiza as disposições dos arts. 7.º e 139, I, do CPC/2015, que impõem o juiz o dever de zelar pela igualdade das partes". DIDIER JR., Fredie. Negócios jurídicos processuais atípicos no Código de Processo Civil de 2015. In: *Revista Brasileira de Advocacia*, vol. 1, ano 1. Flávio Luiz Yarshell (coord.). São Paulo: Revista dos Tribunais, abr.-jun/2016, p. 73.

87. REDONDO, Bruno Garcia. Negócios jurídicos processuais: existência, validade e eficácia. In: Panorama atual do Novo CPC. Paulo Henrique de Santos Lucon e Pedro Miranda de Oliveira (coords.), 1 ed. Florianópolis: Empório do Direito, 2016, p. 31. Se o juiz fizer juízo de conveniência a respeito do negócio jurídico celebrado e negar-lhe validade por não ser do seu agrado haverá prevalência da vontade do magistrado sobre a das partes, o que viola o princípio do respeito ao autorregramento da vontade no processo.

88. REDONDO, Bruno Garcia. Op. cit., p. 31.

Não pode haver abusividade ou prejuízo para uma das partes, manifestamente vulnerável, a ponto de desequilibrar a relação processual.

Se todos os requisitos forem atendidos, o juiz não deve intervir e se vinculará ao que foi acordado, observando as alterações de procedimento ou das regras sobre ônus, poderes, faculdades e deveres promovidas pelas partes com o propósito de adequar às peculiaridades da lide.

Assim, se concretizam os princípios da cooperação, da adequação e do respeito ao autorregramento da vontade no processo, que se torna mais efetivo e apto para tutelar o direito material discutido e entregar, de forma qualificada, a prestação jurisdicional pretendida pelas partes.

7. REFERÊNCIAS

ATAÍDE JR., Jaldemiro Rodrigues. Cap. 5. Estudo da existência, validade e eficácia dos negócios jurídicos processuais. *In: Novo CPC doutrina selecionada:* parte geral, vol. 1. Fredie Didier Jr. (coord. geral) Salvador: JusPodivm, 2016, p. 1377-1397;

BERTÃO, Rafael Calheiros. Negócios jurídicos processuais: a ampliação das hipóteses típicas pelo Novo CPC. *In: Novo CPC doutrina selecionada:* parte geral, vol. 1. Fredie Didier Jr. (coord. geral) Salvador: JusPodivm, 2016, p. 1347-1376.

CABRAL, Antonio do Passo. *Convenções processuais.* Salvador: JusPodivm, 2016;

CASSAR, Bomfim. *Direito do Trabalho.* 11 ed. São Paulo: Método, 2015;

CUNHA, Leonardo Carneiro da. Negócios Jurídicos Processuais no Processo Civil Brasileiro. *In: Negócios processuais.* Antônio do Passo Cabral e Pedro Henrique Nogueira (coords.). 2 ed. Salvador: JusPodivm, 2016, p. 39-74;

DELGADO, Maurício Godinho. *Curso de Direito do Trabalho.* 15 ed. São Paulo: LTR, 2016;

DIDIER JR., Fredie. *Curso de Direito Processual Civil.* Vol. 1. 17 ed. Salvador: JusPodivm, 2015;

_____. Princípio do respeito ao autorregramento da vontade no processo civil. *In: Principiologia*: estudos em homenagem ao centenário de Luiz Pinho Pedreira Silva. Um jurista de princípios. Rodolfo Pamplona Filho e José Augusto Rodrigues Pinto (coords.). São Paulo: LTR, 2016, p. 95-98.

_____. Negócios jurídicos processuais atípicos no Código de Processo Civil de 2015. *In: Revista Brasileira de Advocacia*, vol. 1, ano 1. Flávio Luiz Yarshell (coord.). São Paulo: Revista dos Tribunais, abr.-jun/2016, p. 59-84;

EÇA, Vitor Salino de Moura. A função do magistrado na direção do processo no Novo CPC e as repercussões no Processo do Trabalho. *In: Novo CPC: repercussões no Processo do Trabalho.* Carlos Henrique Bezerra Leite. São Paulo: Saraiva, 2015, p. 30-57;

HATOUM, Nida Saleh; BELLINETTI, Luiz Fernando. Aspectos relevantes dos negócios jurídicos processuais previstos no art. 190 do CPC/2015. *In: Revista de Processo*, ano 41, vol. 260, outubro/2016, p. 49-71;

LAURINO, Salvador Franco de Lima. O artigo 15 do novo Código de Processo Civil e os limites da autonomia do processo do trabalho. *In: Novo CPC: repercussões no Processo do Trabalho.* Carlos Henrique Bezerra Leite. São Paulo: Saraiva, 2015, p. 111-130.

MARTINEZ, Luciano. *Curso de Direito do Trabalho.* 7 ed. São Paulo: Saraiva, 2016;

MEIRELES, Edilton. O Novo CPC e sua aplicação supletiva e subsidiária no processo do trabalho. *In: Coleção repercussões do Novo CPC:* Processo do Trabalho. Vol. 4. Cláudio Brandão e Estêvão Mallet (coords.) Salvador: JusPodivm, 2015, p. 85-109;

MELLO, Marcos Bernardes de. *Teoria do fato jurídico:* plano da existência. 14 ed. São Paulo: Saraiva, 2007;

NOGUEIRA, Pedro Henrique. Sobre os acordos de procedimento no processo civil brasileiro. *In: Negócios processuais.* Antônio do Passo Cabral e Pedro Henrique Nogueira (cords.). 2 ed. Salvador: JusPodivm, 2016, p. 93-104;

REDONDO, Bruno Garcia. Negócios jurídicos processuais: existência, validade e eficácia. In: Panorama atual do Novo CPC. Paulo Henrique de Santos Lucon e Pedro Miranda de Oliveira (cords.), 1 ed. Florianópolis: Empório do Direito, 2016, p. 27-32;

SCHIAVI, Mauro. *Novo Código de Processo Civil:* a aplicação supletiva e subsidiária ao Processo do Trabalho, p. 1. Disponível em: <www.trt7.jus.br>. Acesso em 30.12.2016.

SILVA, Bruno Freire e. *O Novo CPC e o Processo do Trabalho:* parte geral. São Paulo: Ltr, 2015;

TAVARES, João Paulo Lordelo Guimarães. Da admissibilidade dos negócios jurídicos processuais no Novo Código de Processo Civil: aspectos teóricos e práticos. *In: Revista de Processo,* ano 41, vol. 254, abrl/2016, p. 91-109;

WAMBIER, Teresa Arruda Alvim et al. Primeiros comentários ao Novo Código de Processo Civil: artigo por artigo. São Paulo: Revista dos Tribunais, 2015;

YARSHELL, Flávio Luiz. Convenção das partes em matéria processual: rumo a uma nova era? *In: Negócios processuais.* Antônio do Passo Cabral e Pedro Henrique Nogueira (cords.). 2 ed. Salvador: JusPodivm, 2016, p. 75-92.

A VULNERABILIDADE NA NEGOCIAÇÃO PROCESSUAL ATÍPICA

Lara Rafaelle Pinho Soares[1]

Sumário: 1. Introdução – 2. Negócio jurídico processual – 2.1. Conceito: tipicidade e atipicidade – 2.2. Cláusula geral de negócio jurídico processual: art. 190 da Lei 13.105/2015 – 3. Os vulneráveis do parágrafo único do art. 190 da Lei 13.105/2015 – 3.1. Presunção de vulnerabilidade (?) – 3.2. Ausência de vulnerabilidade como requisito autônomo de validade do negócio jurídico processual – 4. (In)validade de negócio processual atípico celebrado por vulnerável – Referências.

1. INTRODUÇÃO

Embora o assunto, negócio jurídico processual, por si só seja contemporâneo e arrojado, o recorte metodológico desse artigo se localiza no estudo da vulnerabilidade para celebração de negócio jurídico processual atípico.

Para tanto, será feita uma breve abordagem sobre a conceituação do negócio jurídico e, especialmente, a sua concepção no Direito processual, bem como a evolução do tema no Brasil e a expressa previsão do instituto no Código de Processo Civil de 2015 (CPC/2015), em seu art. 190.

---

1. Mestra em Direito Público, na linha de Processo Civil, pela Universidade Federal Bahia - Ufba. Especialista em Direito. Graduada em Direito pela Universidade Salvador (Unifacs). Professora de Direito Processual Civil e Direito Civil (sucessões) da Faculdade Baiana de Direito. Professora de Pós-Graduação, da EMAB e da ESA/Ba. Conselheira Seccional da OAB/BA. Advogada. lara@soares.adv.br

Ao verificar a liberdade das partes que, em comum acordo, resolvem estabelecer uma nova forma ao processo judicial, ajustando-o conforme as suas necessidades e expectativas concretas, identificar-se-á limitações estabelecidas pelo parágrafo único do mesmo artigo aos negócios jurídicos processuais atípicos. O juiz controlará, de ofício ou a requerimento, a validade das convenções previstas naquele dispositivo, recusando-lhes aplicação somente nos casos de nulidade ou de inserção abusiva em contrato de adesão ou em que alguma parte se encontre em manifesta situação de vulnerabilidade.

Diante de tais limitações impostas pela própria lei, o presente trabalho analisará a vulnerabilidade para celebrar negócios jurídicos processuais. Para tanto, será avaliada a possibilidade, ou não, de se falar em presunção de vulnerabilidade, assim como a (des) necessária vinculação do vulnerável negocial ao vulnerável material e/ou processual.

Será feita, ainda, uma análise acerca da vulnerabilidade para identificar em que medida ou em qual aspecto (objeto, forma, vontade ou capacidade) afeta a validade do negócio jurídico processual, ou se constitui um requisito autônomo. Ao final, será analisada de que forma ela se apresenta no âmbito do negócio jurídico processual, assim como a (in) existência de conexão entre a validade do negócio celebrado e o prejuízo à suposta parte vulnerável celebrante.

2. NEGÓCIO JURÍDICO PROCESSUAL

2.1. Conceito: tipicidade e atipicidade

Após longo período de evolução doutrinária acerca da (in) existência do negócio jurídico processual, é possível entender pela existência de negócios jurídicos processuais típicos e atípicos, ambos oriundos do poder de autorregramento. Os primeiros são aqueles previstos no ordenamento jurídico pátrio, cuja previsão existe no CPC/1973) e no CPC/2015. Os segundos, embora não possuam forma prevista no ordenamento jurídico, possuem previsão expressa no art. 190 do CPC/2015.

No que diz respeito ao negócio processual típico, no CPC/1973, a sua configuração poderia ocorrer apenas em situações excepcionais e determinadas[2]. Para a sua realização, portanto, seria dispensável o esforço das partes

---

2. MÜLER, Julio Guilherme. A negociação no Novo Código de Processo Civil: Novas perspectivas para a mediação e para as convenções processuais. In: DIDIER JR., Fredie (Coord.); MACÊDO, Lucas Burril de; PEIXOTO, Ravi; FREIRE, Alexandre (Org). *Coleção NOVO CPC*: Doutrina Selecionada. Parte Geral. Vol. 1. Salvador: JusPODIVM, 2015, p. 1089-1110, p. 1101.

na sua regulação, uma vez que ela já está estabelecida em lei[3]. Nesse sentido, cita-se a título exemplificativo, a eleição negocial de foro, a renúncia ao prazo, desistência do recurso, convenção sobre ônus da prova, adiamento negocial da audiência etc.

Essas previsões foram mantidas no CPC/2015 e outras foram criadas, de modo que o referido diploma também traz novas situações dessa espécie de negociação, como calendário processual (art. 191, §§ 1° e 2°), a escolha consensual do perito (art.471), entre outros[4].

Esclarece-se, ainda, que existem negócios processuais que dizem respeito ao objeto litigioso do processo (a exemplo do reconhecimento da procedência do pedido), bem como aqueles cujo objeto é o próprio processo (acordo para a suspensão convencional do procedimento), podendo estes servir para definir situações jurídicas processuais ou para reestruturar o procedimento[5].

O negócio processual atípico, por sua vez, é instituto previsto pelo art.190 do CPC/2015, norma que abrange cláusula geral de negociação sobre o processo. Há, pois, uma previsão abstrata, geral, da possibilidade de negociar sobre questões processuais, independentemente de previsões legais específicas para tanto, o que "representa uma verdadeira quebra de paradigma[6]".

Da referida cláusula, podem surgir diversas espécies de negócios processuais atípicos. Nesse sentido, observe-se que, embora o legislador tenha utilizado o verbo "convencionar", a convenção, como visto, é espécie do gênero negócio jurídico, de modo que qualquer negócio jurídico poderá ser celebrado (unilaterais, bilaterais ou plurilaterais)[7].

Percebe-se que apesar de o poder de autorregramento das partes ter sido ampliado pela cláusula geral do artigo 190 do CPC/2015, não se pode perder

---

3. CUNHA, Leonardo carneiro da. *Negócios jurídicos processuais no processo civil brasileiro*. Disponível em: <http://www.academia.edu/10270224/Neg%C3%B3cios_jur%C3%ADdicos_processuais_no_processo_civil_brasileiro.> Acesso em: 3 jan. 2016., p.14

4. DIDIER JR., Fredie. *Curso de direito processual civil*: introdução ao direito processual civil e processo de conhecimento. 17. ed. Salvador: JusPODIVM, 2015, p. 377.

5. DIDIER JR., Fredie. *Curso de direito processual civil*: introdução ao direito processual civil e processo de conhecimento. 17. ed. Salvador: JusPODIVM, 2015, p. 377.

6. SICA, Heitor Vítor de Mendonça. *Comentários aos artigos 188 a 202 do novo Código de Processo Civil*. Texto inédito gentilmente cedido pelo autor, 2015.

7. DIDIER JR., Fredie. *Curso de direito processual civil*: introdução ao direito processual civil e processo de conhecimento. 17. ed. Salvador: JusPODIVM, 2015, p. 380.

de vista que o poder de autorregramento da vontade não é absoluto, sofrendo limitações de previsões normativas e do próprio sistema jurídico.

Ademais, ampliar o poder de autorregramento das partes não implica eliminação da atividade do juiz, porquanto o paradigma do processo cooperativo está na repartição do poder na condução do processo, prevalecendo a regra do equilíbrio[8]. Ou seja, as decisões acerca dos caminhos do processo ou mesmo do seu objeto não dizem respeito ao juiz ou às partes, isoladamente, mas a ambos, mantendo-se o equilíbrio inerente ao princípio da cooperação processual.

Cumpre registrar que mesmo no CPC/1973 era possível celebrar negócios jurídicos atípicos, embora o ordenamento não abarcasse explicitamente essa possibilidade. Entretanto, negar essa existência é negar também a tutela ao autorregramento da vontade, que evoluiu junto ao conceito de liberdade em prol da proteção da dignidade da pessoa humana, da isonomia e da solidariedade inerentes ao Estado Democrático de Direito.

Nesse sentido, inclusive, Leonardo Carneiro da Cunha chama atenção para o fato de que o art. 158 do CPC/1973 autorizava os negócios jurídicos atípicos[9] ao dispor que os atos das partes, consistentes em declarações unilaterais ou bilaterais de vontade, produzem imediatamente a constituição, a modificação ou a extinção de direitos processuais.

Desse modo, tendo em vista a evolução da autonomia privada e do autorregramento da vontade, entende-se pela existência de negócios processuais atípicos no CPC/1973 como respeito ao exercício da liberdade.

É, portanto, o direito fundamental à liberdade e não exatamente o artigo 190 do CPC/2015 a base normativa do poder de autorregramento da vontade no processo (o que inclui a sua modalidade atípica), uma vez que não há que se falar em liberdade dos indivíduos sem lhes conferir o poder de se autorregrar[10].

---

8. CABRAL, Antonio do Passo. *Convenções Processuais* – entre publicismo e privatismo. Tese de Livre Docência. USP. 2015, p. 240.
9. CUNHA, Leonardo Carneiro da. *Negócios jurídicos processuais no processo civil brasileiro.* Disponível em: <http://www.academia.edu/10270224/Neg%C3%B3cios_jur%C3%ADdicos_processuais_no_processo_civil_brasileiro.> Acesso em: 3 jan. 2016., p.17.
10. DIDIER JR., Fredie. Princípio do respeito ao autorregramento da vontade no Processo Civil. in: CABRAL, Antonio do Passo; e NOGUEIRA, Pedro Henrique (Coord.). *Negócios Processuais*. Salvador: JusPODIVM, 2015, p.20.

É de se notar que os advogados, para alguns atos considerados especiais, necessitam de poderes específicos. Da mesma forma, se o negócio jurídico processual afetar uma dessas circunstâncias indicadas no art. 105 do CPC/2015, deve o profissional ter o poder especial para praticá-lo em nome da parte[11].

Diante disso, reconhece-se que a possibilidade de celebração de negócios processuais, inclusive atipicamente, já existia no Código de Processo Civil de 1973, ainda que de maneira mais restrita. Entretanto, é com o advento da Lei 13.105/2015 que há a consagração indiscutível dos negócios atípicos processuais, por meio da cláusula geral prevista pelo art. 190 do referido diploma.

A alteração trazida, portanto, é atinente ao art. 190, CPC/2015, porquanto autoriza expressamente as pessoas a utilizarem o poder de autorregramento processual, independentemente da existência de previsão legal (forma atípica), aumentando as suas esferas de atuação. Essa ampliação e, especificamente o dispositivo referido, serão tratados no tópico seguinte.

2.2. Cláusula geral de negócio jurídico processual: art. 190 da Lei 13.105/2015

A consagração definitiva dos negócios processuais atípicos deu-se com o CPC/2015, por meio da redação do art. 190. O referido dispositivo, como visto no capítulo anterior, é composto por cláusula geral, caracterizada pela amplitude do seu campo semântico.

Para melhor compreensão, observe-se a sua redação:

> Art. 190. Versando o processo sobre direitos que admitam autocomposição, é lícito às partes plenamente capazes estipular mudanças no procedimento para ajustá-lo às especificidades da causa e convencionar sobre os seus ônus, poderes, faculdades e deveres processuais, antes ou durante o processo.
>
> Parágrafo único. De ofício ou a requerimento, o juiz controlará a validade das convenções previstas neste artigo, recusando-lhes aplicação somente nos casos de nulidade ou de inserção abusiva em contrato de adesão ou em que alguma parte se encontre em manifesta situação de vulnerabilidade.

O CPC/2015, por meio da previsão transcrita, sustenta a disponibilidade das regras de procedimento. Isso porque, permite a flexibilização do proce-

---

11. DIDIER JR., Fredie. *Curso de direito processual civil*: introdução ao direito processual civil e processo de conhecimento. Vol. 01., 17. ed. Salvador: JusPODIVM, 2015, p. 386.

dimento, conferindo maior importância à vontade dos sujeitos processuais[12], conferindo maior equilíbrio na relação entre o juiz e as partes[13].

Esse artigo concede às partes a chance de convencionar a respeito de situações e condutas processuais em todas as causas e não somente naquelas cujas circunstâncias e especificidades recomendem a alteração de procedimento[14], desde que o processo trate de direitos que permitam autocomposição, que se trata de técnica de solução de conflitos – registrando-se que a indisponibilidade do direito não veda automaticamente a realização de convenção processual[15-16-17].

---

12. AVELINO, Murilo Texeira. Sobre a atipicidade dos negócios processuais e a hipótese típica de calendarização. In: DIDIER JR., Fredie (Coord.); MACÊDO, Lucas Burril de; PEIXOTO, Ravi; FREIRE, Alexandre (Org). *Coleção NOVO CPC*: Doutrina Selecionada. Parte Geral. Vol. 1. Salvador: JusPODIVM, 2015, p. 1111-1130, p. 1121.

13. SICA, Heitor Vítor de Mendonça. *Comentários aos artigos 188 a 202 do novo Código de Processo Civil*. Texto inédito gentilmente cedido pelo autor, 2015.

14. MÜLER, Julio Guilherme. A negociação no Novo Código de Processo Civil: Novas perspectivas para a mediação e para as convenções processuais. In: DIDIER JR., Fredie (Coord.); MACÊDO, Lucas Burril de; PEIXOTO, Ravi; FREIRE, Alexandre (Org). *Coleção NOVO CPC*: Doutrina Selecionada. Parte Geral. Vol. 1. Salvador: JusPODIVM, 2015, p. 1089-1110, p. 1101.

15. No mesmo sentido, Fredie Didier Jr. (DIDIER JR., Fredie. *Curso de direito processual civil*: introdução ao direito processual civil e processo de conhecimento. Vol. 01., 17. ed. Salvador: JusPODIVM, 2015, p. 387.) Explicando o assunto, Pedro Henrique Nogueira afirma que "mesmo direitos teoricamente indisponíveis, posto que irrenunciáveis (por exemplo, direito subjetivo a alimentos), comportam transação quanto ao valor, vencimento e forma de satisfação", de modo que "se há possibilidade de autocomposição, em qualquer nível ou amplitude, mesmo que mínima, sobre o direito litigioso, permite-se a negociação sobre o procedimento e sobre o ônus, poderes e deveres processuais". (NOGUEIRA, Pedro Henrique. *Negócios Jurídicos Processuais*. Salvador: JusPODIVM, 2016, p. 233) De outro lado, a indisponibilidade do direito material "é capaz de motivar a invalidação ou a ineficácia de disposição de direito processual quando esta se revelar modo de disposição indireta do direito material indisponível". O autor cita o exemplo de um contratante que renuncia, previamente, o direito de produzir determinada prova que seria a única capaz de comprovar o fato constitutivo do seu direito. (ALMEIDA, Diogo Assumpção Rezende de. *A contratualização do processo – das convenções processuais no processo civil. De acordo com o Novo CPC*. São Paulo: TLR, 2015, p. 187.)

16. Enunciado n. 135 do Fórum Permanente de Processualistas Civis: A indisponibilidade do direito material não impede, por si só, a celebração de negócio jurídico processual.

17. Heitor Vítor de Mendonça Sica explica que: "Já do ponto de vista objetivo, caberão convenções processuais em litígios que versam "direitos que admitem autocomposição". Salta aos olhos, logo de início, que a fórmula empregada pelo art. 190 é muito mais ampla que aquela utilizada pelo art. 1º da Lei nº 9.307/96 (a "Lei da Arbitragem") para definição da arbitralidade objetiva, qual seja, "direitos patrimoniais disponíveis". Dessa comparação resulta a constatação de que diversos litígios que, ao menos em princípio, não seriam arbitráveis – como, por exemplo, aqueles envolvendo direitos transindividuais – poderiam ser objeto de processo regulado por convenções processuais. Da mesma forma, pode-se dizer que a Fazenda Pública pode celebrar convenções arbitrais, desde que o processo verse sobre direitos quanto aos quais haja norma expressa admitindo a autocomposição. Isso porque os direitos da Fazenda Pública são disponíveis nos limites traçados pelo ordenamento jurídico (face

Nesse sentido, do *caput* do dispositivo supratranscrito se extrai o subprincípo da atipicidade da negociação processual[18]. Explica Fredie Didier Jr. que esse subprincípio serve para concretizar o princípio do respeito ao autorregramento da vontade processual, estabelecido como norma fundamental do processo[19].

Por sua vez, o seu parágrafo único estabelece ser papel do magistrado controlar a validade dos negócios firmados, recusando-lhes aplicação nas hipóteses de nulidade, inserção abusiva em contrato de adesão ou em circunstâncias em que alguma parte se encontre em manifesta situação de vulnerabilidade. A análise do juiz restringe-se, tão somente, à realização do exame de validade, conforme redação do próprio parágrafo único[20].

Identificam-se, portanto, limitações aos negócios processuais atípicos, sendo dever do juiz observá-las. Por interessar ao presente trabalho, em tópico específico tratar-se-á da relação entre a redação do parágrafo único e as pessoas vulneráveis.

Assim, as limitações aos negócios são mínimas, de modo que se atribui ampla liberdade às partes para, em comum acordo, estabelecerem a forma do processo judicial, ajustando-o conforme as suas necessidades e expectativas concretas[21]. Além disso, viu-se fortalecida a imagem do Estado Democrático de Direito, que exige participação dos sujeitos submetidos a decisões a serem tomadas sobre situações que lhes digam respeito[22].

à sua sujeição ao princípio da legalidade), sem que com isso se considere ferida a indisponibilidade do *interesse público*. Desse modo, é necessária norma jurídica expressa para definir como disponível direito da Fazenda Pública e atribuir competência dos agentes públicos que a representam para deles dispor, bem como os limites e condições para fazê-lo. Justamente nessa linha é que hoje abriga diversas normas que permitem que advogados públicos celebrem transação em juízo. Em todos esses casos, porquanto cabível a autocomposição, será também cabível a celebração de convenções processuais por parte da Fazenda Pública." (SICA, Heitor Vítor de Mendonça. *Comentários aos artigos 188 a 202 do novo Código de Processo Civil.* Texto inédito gentilmente cedido pelo autor, 2015.)

18. DIDIER JR., Fredie. *Curso de direito processual civil*: introdução ao direito processual civil e processo de conhecimento. 17. ed. Salvador: JusPODIVM, 2015, p. 380.
19. DIDIER JR., Fredie. *Curso de direito processual civil*: introdução ao direito processual civil e processo de conhecimento. 17. ed. Salvador: JusPODIVM, 2015, p. 380.
20. CABRAL, Antonio do Passo. *Convenções Processuais* – entre publicismo e privatismo. Tese de Livre Docência. USP. 2015, p. 242.
21. TALAMINI, Eduardo. *Um processo para chamar de seu: notas sobre o negócio jurídico processual.* Disponível em: <http://www.migalhas.com.br/dePeso/16,MI228734,61044--Um+processo+pra+chamar+de+seu+nota+sobre+os+negocios+juridicos>. Acesso em: 02 jan. 2016.
22. CUNHA, Leonardo carneiro da. *Negócios jurídicos processuais no processo civil brasileiro.* Disponível em: <http://www.academia.edu/10270224/Neg%C3%B3cios_jur%C3%ADdicos_processuais_no_processo_civil_brasileiro.> Acesso em: 03 jan. 2016, p.17.

Merecem destaque os enunciados interpretativos 257 e 258 aprovados pelo Fórum Permanente de Processualista Civis, por referirem que o artigo analisado autoriza às partes, respectivamente, a estipularem alterações do procedimento ao convencionarem sobre os seus ônus, poderes, faculdades e deveres no processo, bem como a convencionarem sobre os aspectos referidos, ainda que essa convenção não importe ajuste às especificidades da causa.

Observe-se que esse tipo de negócio processual tem como objeto as situações processuais, incluídos os direitos subjetivos, potestativos e os poderes, constituindo, portanto, acordos de situações jurídicas processuais. Nada obstante, o ato processual também pode assumir o lugar de objeto do negócio atípico, quando será possível redefinir a sua forma ou a ordem de encadeamento dos atos etc. É o que se chama de acordo de procedimento[23].

Não se trata, portanto, de negócio sobre o direito litigioso, diferenciando-se, pois, da autocomposição. Trata-se de negociação sobre o processo, alterando as suas regras. São, então, "negócios que derrogam normas processuais[24]".[25]

Paula Costa e Silva[26], por sua vez, analisando o tema, ao entender que não é possível autonomizar o procedimento – porque fato complexo –, das situações jurídicas, compreende que acordo procedimental modela o procedimento e, ao fazer isso, regula-se também o exercício das situações jurídicas processuais. De outro lado, afirma que ao ser celebrado acordo de exercício das situações jurídicas, haverá repercussão direta no próprio procedimento, uma vez que processo é conjunto de relações jurídicas.

Embora o tema seja sensível e carecedor de reflexão e aprofundamento, entende-se correto o posicionamento da autora, não sendo possível travar uma autonomia precisa entre procedimento e situação jurídica, uma vez que

---

23. DIDIER JR., Fredie. *Curso de direito processual civil: introdução ao direito processual civil e processo de conhecimento*. 17. ed. Salvador: JusPODIVM, 2015, p. 380.
24. DIDIER JR., Fredie. *Curso de direito processual civil: introdução ao direito processual civil e processo de conhecimento*. 17. ed. Salvador: JusPODIVM, 2015, p. 381.
25. Nesse sentido, Löic Cadiet afirma que "No se trata únicamente de que la convención entre las partes ya no sea sólo un instrumento de la solución del litigio, sino de que también se ha convertido en una técnica de gestión de la instancia judicial." Em tradução livre: A convenção entre as partes não é mais somente uma ferramenta para a resolução do litígio, mas também uma técnica de gestão do processo judicial. (CADIET, Loïc. Los acuerdos procesales en derecho francés: situación actual de La contractualización del proceso y de la justicia en Francia. *Civil Procedure Review*, v.3, n.3, p. 3-35, Ago-Dez., 2012, p. 3-35, p. 17.)
26. SILVA, Paula Costa e. *Pactum de non petendo*: exclusão convencional do direito de acção e exclusão convencional da pretensão material. In: CABRAL, Antonio do Passo; NOGUEIRA, Pedro Henrique (coord). *Negócios Processuais*. Salvador: JusPODIVM, 2015, p. 297-334, p. 300.

inúmeras situações e relações surgem no decorrer do processo, envolvendo, inclusive, diversos sujeitos processuais. São relações que podem ser travadas em variadas direções, portanto.

Não há dúvidas, porém, que °o CPC/2015 ampliou o espaço para negociação das situações processuais, aproximando os princípios da dignidade humana, isonomia, cooperação e autorregramento do processo.

Desse modo, resta analisar quais as limitações impostas aos negócios jurídicos processuais atípicos, bem como a sua relação com o parágrafo único do art. 190 do CPC/2015, especificamente no que diz respeito às pessoas em situação de vulnerabilidade.

3. OS VULNERÁVEIS DO PARÁGRAFO ÚNICO DO ART. 190 DO CPC/2015

Como visto, as convenções processuais permitem a realização de adaptação no procedimento e sobre situação jurídica que, além de obedecer às regras legais, podem também reger-se de acordo com o autorregramento do interesse das partes, reguladas conforme as características da causa.

A aplicação de tais acordos, porém, pode ser restringida, nos casos de nulidade ou de inserção abusiva em contrato de adesão, ou em que alguma parte se encontre em manifesta situação de vulnerabilidade (Art. 190, parágrafo único)

Verifica-se, portanto, que o magistrado tem o dever de controlar a validade dos negócios jurídicos processuais[27], incorporando as disposições contidas no art. 7º do CPC/2015, conferindo-lhe o dever de zelar, também, pela paridade de tratamento das partes. Ademais, as nulidades previstas nos arts. 276 a 283 do CPC/2015 também são aplicáveis às convenções processuais.

O dispositivo específico, como referido, somente admite negócio jurídico processual em processos que versem sobre direitos que admitam autocompo-

---

27. Pedro Henrique Nogueira elenca os requisitos dos negócios jurídicos processuais. Subjetivamente: a) capacidade processual; b) competência e imparcialidade do juiz, quando este for sujeito do negócio; c) ausência de manifesta situação de vulnerabilidade da parte celebrante; d) não inserção abusiva em contratos de adesão. Objetivamente: a) a causa deve versar sobre direitos passíveis de autocomposição; b) respeito ao formalismo processual, inclusive quanto à observância dos limites ao exercício do autorregramento da vontade no processo na existência de regra jurídica cogente em confronto com o ato que reflita o exercício do autorregramento da vontade; d) não inserção em contrato de adesão. (NOGUEIRA, Pedro Henrique. *Negócios Jurídicos Processuais*. Salvador: JusPODIVM, 2016, p. 232)

sição. E, ainda, deve ser realizado por pessoas plenamente capazes[28], devendo verificar, além desses fatores, se o negociante se encontra em situação de manifesta vulnerabilidade, o que pode causar a invalidação do ajuste de vontade.

Frise-se que é processual a capacidade prevista pelo legislador para realização de negócio jurídico processual, estabelecida no art. 190 do CPC/2015. A discussão surge quando se trata de uma convenção pré-processual, ou seja, anterior à judicialização da demanda. Em tais casos, entende-se nesse trabalho, que a capacidade exigida também deve ser a processual[29], uma vez que a convenção produzirá efeitos no processo, ainda que seja inexistente no momento da sua realização[30].

Ademais, embora seja motivo para recusar a aplicação da convenção processual também àquelas eivadas de nulidade ou cuja inserção da cláusula negocial tenha ocorrido em contrato de adesão, o foco desse trabalho é analisar em que medida se daria a situação de vulnerabilidade necessária e suficiente para impedir a aplicação do negócio jurídico processual.

3.1. Presunção de vulnerabilidade (?)

A ausência da manifesta situação de vulnerabilidade é requisito de validade do negócio jurídico processual, uma vez que sua existência causaria uma situação de desigualdade[31], de desequilíbrio na relação processual. Essa

---

28. Frise-se que a capacidade indicada no *caput* do art. 190 do NCPC é a processualmente considerada. As incapacidades processual e material são autônomas. Assim, na forma do art. 70 do NCPC, o incapaz que esteja representado pode estabelecer convenções processuais, garantindo-se inexistência de vício na manifestação da vontade. Em sentido contrário, Heitor Sica e Flávio Luiz Yarshell. (SICA, Heitor Vítor de Mendonça. *Comentários aos artigos 188 a 202 do novo Código de Processo Civil*. Texto inédito gentilmente cedido pelo autor, 2015; YARSHELL, Flávio Luiz. Convenção das partes em matéria processual: rumo a uma nova era? In: CABRAL, Antonio do Passo; NOGUEIRA, Pedro Henrique (coord). *Negócios Processuais*. Salvador: JusPODIVM, 2015, p. 63-80, p. 73.)

29. No mesmo sentido DIDIER JR., Fredie. *Curso de direito processual civil: introdução ao direito processual civil e processo de conhecimento*. Vol. 01., 17. ed. Salvador: JusPODIVM, 2015, p. 385.

30. Em sentido oposto, Diogo Assumpção Rezende de Almeida e Pedro Henrique Nogueira, para os quais, sendo a convenção anterior ao processo, a capacidade exigida deve ser a material, exatamente porque celebrada sem que haja litispendência, e, portanto, para eles, o negócio não seria propriamente processual. (ALMEIDA, Diogo Assumpção Rezende de. *A contratualização do processo – das convenções processuais no processo civil*. De acordo com o Novo CPC. São Paulo: TLR, 2015, p. 130; NOGUEIRA, Pedro Henrique. *Negócios Jurídicos Processuais*. Salvador: JusPODIVM, 2016, p. 234-235.)

31. GRECO, Leonardo. Os atos de disposição processual – primeiras reflexões. *Revista Eletrônica de Direito Processual*. Disponível em: <www.revistaprocessual.com>, 2007, v. 1, p. 11.

situação de desigualdade é rechaçada pelo sistema e a legislação impõe como mecanismo hábil para este controle a atuação do magistrado que deve exercer seu papel, inclusive, de ofício.

A vulnerabilidade – registre-se – pode ser processual ou material, sendo ambas entendidas como características. Dessa forma, conclui-se que a vulnerabilidade para celebrar negócios jurídicos processuais deve ser tratada casuisticamente.

Barbosa Moreira diferencia os indícios das presunções, entendendo que as presunções são formadas a partir dos indícios. Desse modo, "há na verdade dois fatos: o fato – indício – e o fato a cujo respeito preciso formar convicção para decidir a causa[32]".

Ou seja, enquanto o indício gera uma diretriz para nortear a análise de determinada situação, a presunção gera a solução. O primeiro é uma dúvida, uma desconfiança; a segunda, uma convicção. A presunção repercute em um novo fato, trazendo, assim, uma consequência objetiva. Já o indício, aponta uma possibilidade. São institutos que não se confundem, portanto.

Nesse sentido, no que se refere ao negócio jurídico processual, a presunção da vulnerabilidade levaria à negativa de aplicação do ato jurídico pelo magistrado. Por outro lado, o indício da vulnerabilidade deve alertar o magistrado sobre a possibilidade de sua configuração no caso concreto.

Desse modo, não é possível presumir que o vulnerável materialmente considerado é necessariamente vulnerável para celebrar negócio jurídico processual, pois "o sujeito será ou não considerado em situação de vulnerabilidade a partir da relação estabelecida entre o próprio sujeito ou o direito litigioso e a outra parte[33]".

Assim, percebe-se que a vulnerabilidade material, embora possa gerar um indício de vulnerabilidade no processo, não o gera na celebração negócios jurídicos processuais. Isso porque, em que pese a vulnerabilidade material repercuta no processo, como ocorre com a inversão do ônus da prova, prevista pelo Código de Defesa do Consumidor (CDC), ela não impede a realização do negócio.

---

32. BARBOSA MOREIRA, José Carlos. Provas atípicas. *Revista de Processo*. Vol. 76, Out-Dez, 1994, p. 114 – 126, p. 120.
33. NOGUEIRA, Pedro Henrique. *Negócios Jurídicos Processuais*. Salvador: JusPODIVM, 2016, p. 235.

Se a vulnerabilidade material não impede a realização de convenção processual, ela jamais poderá ser considerada como uma presunção de vulnerabilidade negocial, uma vez que não se configura como impedimento de celebração do negócio jurídico processual, nem gera a sua consequente negativa da aplicação.

Dessa forma, os consumidores, os trabalhadores, as pessoas com deficiência, o idoso, o índio, a criança ou o adolescente, as mulheres que sofrem agressões, os alimentandos, as pessoas submetidas a tratamentos biomédicos, dentre outros, embora sejam vulneráveis materiais e tenham maior proteção legislativa estão autorizados a negociar processualmente.

Desse modo, em uma relação de consumo, por exemplo, na qual há vulnerabilidade material presumida pelo CDC, não necessariamente haverá o reconhecimento da vulnerabilidade processual para negociar, o que, se houver, não será entendida como uma presunção, mas como um indício de vulnerabilidade.

Isso porque, enquanto na relação de direito material, o fato de ser consumidor é suficiente para a presunção da vulnerabilidade, isso não basta para presumi-la no direito processual e especificamente no âmbito do negócio jurídico. Ora, o fato de ser consumidor não torna, necessariamente, alguém vulnerável para negociar processualmente, porque não implica ausência de informação sobre o ato praticado no processo. Pode, evidentemente, ser fator indicativo da vulnerabilidade, mas, em nenhuma hipótese, fator conclusivo.

Assim, por exemplo, observa-se que a condição de consumidor em nada torna o sujeito vulnerável e tampouco influencia na negociação sobre aumento de prazo processual (negócio jurídico processual atípico), o que ratifica a ideia de que a presunção da vulnerabilidade material não implica presunção de vulnerabilidade para negociar.

A vulnerabilidade processual de negociação, por sua vez, pode ser identificada quando falta conhecimento técnico à parte. Logo, é a vulnerabilidade técnico-jurídica a que possui relevância para o negócio jurídico processual. As outras, mesmo as processuais, embora relevantes para o processo, não são importantes para a convenção, pois não representam risco para a parte celebrante que a possui.

É preciso, então, que o sujeito tenha conhecimento sobre o aspecto processual tratado no negócio jurídico para poder celebrá-lo. Não sem razão, aliás, o FPPC editou o enunciado de nº 18 que considera haver indício, e não presunção, de vulnerabilidade quando a parte celebra acordo de procedimento sem assistência técnico-jurídica.

É essa ausência de conhecimento técnico-jurídico, portanto, que pode tornar o consumidor do exemplo anterior um vulnerável para negociar, porque é o fato de não conhecer as normas processuais – e não o fato de ser consumidor – que o coloca em situação desfavorável em relação à outra parte.

Também assim acontece com as pessoas que se submetem a tratamentos biomédicos e que, embora sejam vulneráveis materialmente, por essa razão apenas, não o serão processualmente. Entretanto, se também faltar-lhes conhecimento jurídico, serão considerados vulneráveis para negociar no processo, porquanto poderão não compreender as consequências da renúncia ao direito de recorrer, outro exemplo de negociação processual atípica.

Nada obstante, o sujeito que é caracterizado pela vulnerabilidade geográfica, podendo se beneficiar de flexibilizações em determinados atos processuais, conferidas pelo próprio magistrado, não terá essa vulnerabilidade configurada no momento de celebrar o negócio jurídico processual, uma vez que os óbices geográficos em nada influenciam a compreensão do negócio.

Veja-se que o fato de uma das partes residir em um local de difícil acesso, cujo desenvolvimento tecnológico é precário, em nada impede que entre as partes se estabeleça convenção processual no sentido de não haver audiência ou de que a produção de provas ocorra documentalmente, apenas.

Ademais, na hipótese, por exemplo, de um trabalhador, vulnerável materialmente, celebrar negócio jurídico processual, prévio ou posterior ao processo, assistido de um profissional da área jurídica, entende-se não haver presunção de vulnerabilidade para negociar, vez que sua condição de vulnerável fora corrigida pela participação do advogado. Desse modo, sendo as partes capazes processualmente e o direito passível de autocomposição, não cabe ao juiz controlar a validade do negócio.

Esse é, portanto, o raciocínio que deve ser aplicado a todas as espécies de vulnerabilidade, sejam elas materiais ou processuais.

Diante disso, a vulnerabilidade técnico-jurídica – a que importa para o negócio jurídico processual – é entendida como indício de vulnerabilidade para negociar, pois a sua configuração levará o juiz a analisar a situação fática, observando-se tratar ou não de hipótese de invalidade. Não deve ser confundida com presunção. Porquanto, se assim fosse, como visto, geraria o efeito imediato de invalidade do ato, o que, definitivamente, não se defende no presente trabalho. Isso porque, para haver a invalidade do negócio, é preciso que se constate o prejuízo existente ou o risco evidente do prejuízo.

Assim, na verificação da situação de vulnerabilidade, importa analisar "se as partes contratantes dispõem do domínio das informações, se estão tecnicamente assistidas quando a natureza do negócio assim o recomendar, ou se as possibilidades de barganha estão razoavelmente equilibradas[34]".

Outro aspecto que merece reflexão é o momento da identificação da situação de vulnerabilidade, que deve ser coincidente com o tempo da elaboração do negócio, cuja realização pode ser, inclusive, pré-processual[35].

Dessa forma, esse é o momento da identificação do fator da vulnerabilidade, ou seja, o momento da celebração do negócio. Isso porque é admissível que o negócio processual gere uma situação desfavorável para o celebrante, o que é possível e precisa ser respeitado, a menos que a circunstância ensejadora da vulnerabilidade esteja presente quando da celebração da convenção processual[36].

Assim, como visto, a vulnerabilidade que importa para a finalidade de invalidação do negócio jurídico processual, portanto, é a informacional, jurídica,

---

34. NOGUEIRA, Pedro Henrique. *Negócios Jurídicos Processuais*. Salvador: JusPODIVM, 2016, p. 236.
35. As convenções processuais podem ser prévias, também denominadas preparatórias ou pré-processuais. "As convenções pré-processuais são muito úteis e tendem a ser as mais utilizadas porque, antes do processo (e muitas vezes antes do próprio conflito), os ânimos ainda não estão acirrados". (CABRAL, Antonio do Passo. *Convenções Processuais* – entre publicismo e privatismo. Tese de Livre Docência. USP. 2015, p. 65) No mesmo sentido, Loïc Cadiet (CADIET, Loïc. Los acuerdos procesales en derecho francés: situación actual de La contractualización del proceso y de la justicia en Francia. *Civil Procedure Review*, v.3, n.3, p. 3-35, Ago-Dez., 2012, p. 3-35, p. 4.) E também Flávio Luiz Yarshell (YARSHELL, Flávio Luiz. Convenção das partes em matéria processual: rumo a uma nova era? In: CABRAL, Antonio do Passo; NOGUEIRA, Pedro Henrique (coord). *Negócios Processuais*. Salvador: JusPODIVM, 2015, p. 63-80, p. 67.)
36. Nesse sentido, Rafael Sirangelo de Abreu, ao afirmar que: "A igualdade que se pretende tutelar é aquela no momento do conhecimento dos riscos inerentes ao negócio e da sua lavratura (mas não a igualdade após o insucesso da estratégia traçada). Isso significa que o controle dos negócios processuais deve levar em conta a plena capacidade das partes em exercitar o contraditório, mantendo-se como hígidas as manifestações de vontade que derivem de estratégias processuais (ainda que mal-sucedidas) nas quais se permitiu a compreensão dos riscos. O tão só fato de que tenha resultado em desequilíbrio entre sujeitos processuais em termos de desempenho futuro de suas posições processuais não significa que a manifestação de vontade seja inválida. Se as partes podem, por meio de omissões, não desempenhar certas posições processuais durante o processo, igualmente podem abdicar dessas posições por meio de negócios processuais, sem que isso signifique qualquer afronta aos direitos fundamentais processuais. Omissões conscientes não devem ser tuteladas pelo judiciário apenas porque significaram más escolhas estratégicas." (Rafael Sirangelo de. *Igualdade e processo: posições processuais equilibradas e unidade de direito*. São Paulo: Revista dos Tribunais, 2015, p. 212)

ou técnica, cuja presunção é impossível[37], ainda que a convenção processual seja celebrada por quem, materialmente, seja considerado vulnerável.

Desse modo, não é possível falar em presunção de vulnerabilidade. É possível, porém, falar-se em indício de vulnerabilidade, cuja característica deve ser investigada no caso concreto, no momento da celebração do negócio.

3.2. Ausência de vulnerabilidade como requisito autônomo de validade do negócio jurídico processual

É fato que a concepção publicística do processo dificultou a evolução e amadurecimento de uma teoria dos negócios jurídicos processuais[38]. Porém, pela leitura do parágrafo único do art. 190 do CPC/2015, é indubitável reconhecer que a vulnerabilidade pode atingir a validade do negócio jurídico processual, o que demanda uma reflexão sobre o tema.

O questionamento que ora se faz, entretanto, é em que medida ou em que aspecto do plano da validade do negócio jurídico processual (objeto lícito, possível, determinado ou determinável; forma prescrita ou não defesa em lei; vontade livre e consciente; ou capacidade do sujeito) a vulnerabilidade influencia? Ou ainda, seria a (ausência de) vulnerabilidade outro elemento do plano da validade do negócio jurídico processual?

Parece claro que a vulnerabilidade, *a priori*, não atinge o objeto, uma vez que o próprio CPC/2015 tratou de estabelecer que as convenções processuais somente podem versar sobre direitos que admitam autocomposição, assim como também não influencia na forma que o negócio será celebrado, porque embora não esteja sujeito a uma forma especial, parece indispensável que ele seja expresso e escrito, ainda que seja apresentado de forma oral e reduzido a termo em ata de audiência, por exemplo[39].

Dessa maneira, precisa-se avaliar se essa característica atinge a manifestação da vontade, a capacidade processual do sujeito para negociar ou, ainda, se configura um elemento autônomo de validade do negócio jurídico processual.

---

37. NOGUEIRA, Pedro Henrique. *Negócios Jurídicos Processuais*. Salvador: JusPODIVM, 2016, p. 235.
38. GRECO, Leonardo. Os atos de disposição processual – primeiras reflexões. *Revista Eletrônica de Direito Processual*. Disponível em: <www.revistaprocessual.com>, 2007, v. 1, p. 7.
39. No mesmo sentido Flávio Luiz Yarshell. (YARSHELL, Flávio Luiz. Convenção das partes em matéria processual: rumo a uma nova era? In: CABRAL, Antonio do Passo; NOGUEIRA, Pedro Henrique (coord). *Negócios Processuais*. Salvador: JusPODIVM, 2015, p. 63-80, p. 73.)

Flávio Luiz Yarshell, analisando os requisitos de validade relativos aos negócios jurídicos processuais, observa que a igualdade real das partes e a correspondente paridade de armas "são relevantes para a validade de qualquer disposição convencional no âmbito processual, como forma de assegurar que existe livre manifestação dos sujeitos envolvidos[40]". Afirma, ainda, que a igualdade material das partes não se confunde com sua capacidade[41].

Observe-se que a vulnerabilidade processual, por tudo o que já foi tratado nesse trabalho, é característica refletida pela desigualdade real/material/concreta que se encontra um sujeito em detrimento da outra parte litigante, o que provoca uma condição de fragilidade processual. Baseando-se nessas premissas, e de acordo com o pensamento do autor mencionado, poder-se-ia concluir que a vulnerabilidade afetaria a manifestação livre da vontade.

Por outro lado, para Fredie Didier Jr., a vulnerabilidade é causa de incapacidade processual para negociar, porquanto "o parágrafo único do art. 190 traz hipótese específica de incapacidade processual negocial: a incapacidade pela situação de vulnerabilidade[42]". Na visão do autor, "há vulnerabilidade quando houver desequilíbrio entre os sujeitos na relação jurídica, fazendo com [que] a negociação processual não se aperfeiçoe em igualdades de condições[43]".

Nesse trabalho, entretanto, compreende-se que a vulnerabilidade não se confunde com a capacidade processual[44], assim como não se confunde com a manifestação livre da vontade para negociar, configurando-se como um requisito autônomo de validade do negócio jurídico processual devidamente expressado na legislação (parágrafo único do art. 190).

---

40. YARSHELL, Flávio Luiz. Convenção das partes em matéria processual: rumo a uma nova era? In: CABRAL, Antonio do Passo; NOGUEIRA, Pedro Henrique (coord). *Negócios Processuais*. Salvador: JusPODIVM, 2015, p. 63-80, p. 68.
41. YARSHELL, Flávio Luiz. Convenção das partes em matéria processual: rumo a uma nova era? In: CABRAL, Antonio do Passo; NOGUEIRA, Pedro Henrique (coord). *Negócios Processuais*. Salvador: JusPODIVM, 2015, p. 63-80, p. 68.
42. DIDIER JR., Fredie. *Curso de Direito Processual Civil: introdução ao direito processual civil, parte geral e processo de conhecimento*. Vol. 1, 17. ed., Salvador: JusPODIVM, 2015, p. 386.
43. DIDIER JR., Fredie. *Curso de Direito Processual Civil: introdução ao direito processual civil, parte geral e processo de conhecimento*. Vol. 1, 17. ed., Salvador: JusPODIVM, 2015, p. 386.
44. "Capacidade processual é a aptidão para praticar atos processuais independentemente de assistência ou representação (pais, tutor, curador etc.), pessoalmente ou por pessoas indicadas pela lei, tais como o síndico, administrador judicial, inventariante etc." (DIDIER JR., Fredie. *Curso de Direito Processual Civil: introdução ao direito processual civil, parte geral e processo de conhecimento*. Vol. 1, 17. ed., Salvador: JusPODIVM, 2015, p. 316-317.)

Isso porque a capacidade processual, exigida para o negócio, é uma formalidade que gera uma aptidão ao sujeito para estar em juízo, causando, na forma expressa do *caput* do art. 190, a invalidade do ato. A vulnerabilidade é característica, fato, que, para negociar sobre o processo, pode ser superada, exigindo – como se verá – o prejuízo ou grande risco dele para invalidação do negócio.

Nada obstante, a vulnerabilidade também não se confunde com a livre manifestação da vontade, uma vez que esta é requisito essencial para a realização do negócio, ao passo que aquela é característica que pode ou não gerar a invalidade da convenção.

A posição adotada justifica-se, portanto, pela própria redação do dispositivo em comento. Isso porque o legislador, ao prever que é dever do juiz, de ofício ou a requerimento, controlar a validade das convenções processuais, estabelece que a aplicação do negócio será recusada nas hipóteses de nulidade – relativa ou absoluta, portanto –, o que afeta o plano da validade e os requisitos clássicos concernentes ao sujeito[45], à forma, à vontade ou ao objeto.

Ademais, além das nulidades, o juiz está autorizado a fazer o controle nas hipóteses de a convenção processual realizar-se em contrato de adesão, assim como nas situações de manifesta vulnerabilidade, de maneira que a explicita como novo requisito de validade para o negócio jurídico processual, o que ratifica a posição adotada.

4. (IN)VALIDADE DE NEGÓCIO PROCESSUAL ATÍPICO CELEBRADO POR VULNERÁVEL

Por tudo o que se analisou até o presente momento, percebe-se que a ausência da vulnerabilidade é requisito autônomo de validade para o negócio jurídico processual. O que se pretende enfrentar nesse momento é se a identificação da situação de vulnerabilidade nos negócios jurídicos processuais, sem efeitos danosos, é suficiente para a anulação da convenção processual.

Frise-se que embora o magistrado tenha o dever de fiscalizar a validade do negócio, não é seu dever analisar a conveniência da convenção proces-

---

45. Registre-se que as capacidades material, processual e para negociar são autônomas. Prova disso, aliás, é a possibilidade de os materialmente incapazes, por exemplo, celebrem negócios por meio de seus representantes processuais, como no caso da negociação da suspensão do processo enquanto um acordo é extrajudicialmente discutido, por exemplo. O que prova que a capacidade para negociar processualmente é absolutamente autônoma da capacidade material.

sual[46]. É isso que se depreende do art. 190 do CPC/2015. A regra revela um "meio termo entre a autonomia das partes e interesse público[47]", ou seja, um verdadeiro equilíbrio entre a vontade das partes e o controle judicial.

No direito material, na teoria das incapacidades, a celebração de um negócio jurídico por um incapaz gerará necessária e obrigatoriamente a nulidade do ato, pouco importando se foi extremamente vantajoso ou trouxe um enorme prejuízo[48].

De forma diversa, no âmbito processual, a prática de atos pelas partes, "sem a rigorosa observância dos requisitos estabelecidos pela lei, é fato do cotidiano forense, que não prejudica a validade da maioria dos atos assim praticados, na medida em que a sua finalidade foi atingida ou em que os requisitos inobservados não eram essenciais[49]".

Sendo assim, compreende-se que o negócio celebrado por um vulnerável que, no momento da realização, não reúna os requisitos para realizá-lo, mas que não lhe resulte prejuízo, não deve ser anulado. Nesse sentido, o enunciado de n. 16 do FPPC aponta que "o controle dos requisitos objetivos e subjetivos de validade da convenção de procedimento deve ser conjugado com a regra segundo a qual não há invalidade do ato sem prejuízo".

Desse modo, em não se concretizando o prejuízo, havendo, porém, por parte do magistrado, a suspeita da ocorrência de vulnerabilidade, entende-se que deve o juiz intimar a parte supostamente vulnerável para conferir a oportunidade de ratificar a convenção processual, com a advertência da possível anulação do ato.

---

46. CABRAL, Antonio do Passo. *Convenções Processuais* – entre publicismo e privatismo. Tese de Livre Docência. USP. 2015, p. 242.
47. CABRAL, Antonio do Passo. *Convenções Processuais* – entre publicismo e privatismo. Tese de Livre Docência. USP. 2015, p. 242.
48. SANT'ANA, Maurício Requião de. *Autonomia, incapacidade e transtorno mental: propostas pela promoção da dignidade.* Salvador: Tese de Doutorado da UFBA, 2015, p. 83.
49. Prossegue Leonardo Greco: Excluídos os casos de nulidades absolutas, se o ato praticado por uma das partes deixou de observar algum requisito essencial imposto pela lei e a outra parte não alegou a sua nulidade na primeira oportunidade que teve para falar nos autos, nem demonstrou ter sofrido algum prejuízo, a nulidade do ato estará sanada e o ato produzirá validamente, desde o momento em que foi praticado, todos os seus efeitos, sem que o juiz possa ter nesse resultado qualquer ingerência. (GRECO, Leonardo. Os atos de disposição processual – primeiras reflexões. *Revista Eletrônica de Direito Processual.* Disponível em: <www.revistaprocessual.com>, 2007, v. 1, p. 25.)

Então, ainda que se refira a uma situação de incapacidade absoluta, por exemplo, compreende-se que, cessada a situação de vulnerabilidade, deve também o magistrado, intimar o representante processual para se manifestar acerca da pretensão de permanência do negócio jurídico processual, sempre advertindo da possível anulação, pelos deveres insculpidos nos arts. 7º e 8º do CPC/2015.

Portanto, entende-se que se o negócio jurídico processual não causar prejuízo à parte celebrante, supostamente vulnerável, não deve o magistrado impedir a aplicação da convenção processual.

5. CONCLUSÃO

1. Com a novidade legislativa estabelecida no art. 190 do CPC/2015, compreende-se que as convenções processuais permitem a realização de adaptação no procedimento e sobre situação jurídica que, além de obedecer às regras legais, podem também reger-se de acordo com o autorregramento do interesse das partes.

2. No referido artigo, além de permitir o negócio jurídico processual atípico, o seu parágrafo único traz a ausência da manifesta situação de vulnerabilidade como requisito autônomo para a validade do negócio jurídico processual. Essa vulnerabilidade, entretanto, não se confunde com a vulnerabilidade material e não é por ela determinada.

3. Assim, percebeu-se que a vulnerabilidade material, embora possa gerar um indício de vulnerabilidade no processo, não o gera na celebração negócios jurídicos processuais. Esse entendimento se justifica porque, embora a vulnerabilidade material repercuta no processo, como ocorre com a inversão do ônus da prova, prevista no CDC, ela não impede a realização do negócio.

4. Compreende-se, então, que a vulnerabilidade a que se refere o parágrafo único do art. 190 é a informacional, técnica, jurídica, que não pode ser presumida, embora seja possível reconhecer os seus indícios, os seus sinais, judicialmente, como a inexistência de assessoria jurídica na celebração do negócio, mas o reconhecimento real depende de uma análise casuística.

5. As outras vulnerabilidades processuais, em que pese sejam importantes para o processo, não são relevantes para a convenção, pois

não representam risco ao celebrante especificamente para o negócio jurídico.

6. Por fim, essa situação de vulnerabilidade deve ser verificada no momento da celebração do negócio, somente devendo impedir os seus efeitos se houver o prejuízo existente ou o risco evidente do prejuízo.

6. REFERÊNCIAS

ABREU, Rafael Sirangelo de. *Igualdade e processo*: posições processuais equilibradas e unidade de direito. São Paulo: Revista dos Tribunais, 2015.

ALMEIDA, Diogo Assumpção Rezende de. *A contratualização do processo – das convenções processuais no processo civil*. De acordo com o Novo CPC. São Paulo: TLR, 2015.

AVELINO, Murilo Texeira. Sobre a atipicidade dos negócios processuais e a hipótese típica de calendarização. In: DIDIER JR., Fredie (Coord.); MACÊDO, Lucas Burril de; PEIXOTO, Ravi; FREIRE, Alexandre (Org). *Coleção NOVO CPC*: Doutrina Selecionada. Parte Geral. Vol. 1. Salvador: JusPODIVM, 2015, p. 1111-1130.

BARBOSA MOREIRA, José Carlos. Provas atípicas. *Revista de Processo*. Vol. 76, Out-Dez, 1994, p. 114 – 126.

CABRAL, Antonio do Passo. *Convenções Processuais* – entre publicismo e privatismo. Tese de Livre Docência. USP. 2015.

CADIET, Loïc. Los acuerdos procesales en derecho francés: situación actual de La contractualización del proceso y de la justicia en Francia. *Civil Procedure Review*, v.3, n.3, p. 3-35, Ago-Dez., 2012, p. 3-35.

CUNHA, Leonardo carneiro da. *Negócios jurídicos processuais no processo civil brasileiro*. Disponível em: <http://www.academia.edu/10270224/Neg%C3%B3cios_jur%C3%ADdicos_processuais_no_processo_civil_brasileiro.> Acesso em: 3 jan. 2016.

DIDIER JR., Fredie. *Curso de direito processual civil*: introdução ao direito processual civil e processo de conhecimento. 17. ed. Salvador: JusPODIVM, 2015.

DIDIER JR., Fredie. Princípio do respeito ao autorregramento da vontade no Processo Civil. in: CABRAL, Antonio do Passo; e NOGUEIRA, Pedro Henrique (Coord.). *Negócios Processuais*. Salvador: JusPODIVM, 2015.

GRECO, Leonardo. Os atos de disposição processual – primeiras reflexões. *Revista Eletrônica de Direito Processual*. Disponível em: <www.revistaprocessual.com>, 2007, v. 1.

MÜLER, Julio Guilherme. A negociação no Novo Código de Processo Civil: Novas perspectivas para a mediação e para as convenções processuais. In: DIDIER JR., Fredie (Coord.); MACÊDO, Lucas Burril de; PEIXOTO, Ravi; FREIRE, Alexandre (Org). *Coleção NOVO CPC*: Doutrina Selecionada. Parte Geral. Vol. 1. Salvador: JusPODIVM, 2015, p. 1089-1110.

NOGUEIRA, Pedro Henrique. *Negócios Jurídicos Processuais*. Salvador: JusPODIVM, 2016.

SANT´ANA, Maurício Requião de. *Autonomia, incapacidade e transtorno mental*: propostas pela promoção da dignidade. Salvador: Tese de Doutorado da UFBA, 2015.

SICA, Heitor Vítor de Mendonça. *Comentários aos artigos 188 a 202 do novo Código de Processo Civil*. Texto inédito gentilmente cedido pelo autor, 2015.

SILVA, Paula Costa e. *Pactum de non petendo*: exclusão convencional do direito de acção e exclusão convencional da pretensão material. In: CABRAL, Antonio do Passo; NOGUEIRA, Pedro Henrique (coord). *Negócios Processuais*. Salvador: JusPODIVM, 2015, p. 297-334.

TALAMINI, Eduardo. *Um processo para chamar de seu:* notas sobre o negócio jurídico processual. Disponível em: <http://www.migalhas.com.br/dePeso/16,MI228734,61044-Um+processo+pra+chamar+de+seu+nota+sobre+os+negocios+juridicos>. Acesso em: 02 jan. 2016.

YARSHELL, Flávio Luiz. Convenção das partes em matéria processual: rumo a uma nova era? In: CABRAL, Antonio do Passo; NOGUEIRA, Pedro Henrique (coord). *Negócios Processuais*. Salvador: JusPODIVM, 2015, p. 63-80.

CALENDÁRIO PROCESSUAL: NEGÓCIO TÍPICO PREVISTO NO ART. 191 DO CPC

Leonardo Carneiro da Cunha[1]

Sumário: 1. Negócios jurídicos processuais – 2. Calendário processual – 3. Finalidade do calendário processual – 4. Calendário processual e duração razoável do processo – 5. Calendário processual e princípio da eficiência – 6. Atos sujeitos ao calendário processual – 7. Momento de definição do calendário – 8. Impossibilidade de imposição do calendário – 9. Dispensa de intimação – 10. Calendário processual e ordem cronológica de julgamento – 11. Calendário na prova pericial (CPC, art. 357, § 8º) – 12. Referências.

1. NEGÓCIOS JURÍDICOS PROCESSUAIS

O art. 200 do CPC dispõe que *"os atos das partes consistentes em declarações unilaterais ou bilaterais de vontade produzem imediatamente a constituição, modificação ou extinção de direitos processuais."*

De igual modo, o CPC prevê, em seu art. 190, uma cláusula geral de acordo de procedimento[2]. O processo deve, como se sabe, ser *adequado* à

---

1. Mestre em Direito pela UFPE. Doutor em Direito pela PUC/SP, com pós-doutorado pela Universidade de Lisboa. Professor adjunto da Faculdade de Direito do Recife (UFPE), nos cursos de graduação, mestrado e doutorado.
2. NOGUEIRA, Pedro Henrique Pedrosa. A cláusula geral do acordo de procedimento no projeto do novo CPC (PL 8.046/2010). *Novas tendências do processo civil: estudos sobre o projeto do novo Código de Processo Civil.* Alexandre Freire; Bruno Dantas; Dierle Nunes; Fredie Didier Jr.; José Miguel

realidade do direito material, valendo dizer que o procedimento previsto em lei para determinado processo deve atender às finalidades e à natureza do direito tutelado. É preciso, enfim, haver uma *adequação* do processo às particularidades do caso concreto. Por essa razão, existem vários procedimentos especiais, estruturados em virtude das peculiaridades do direito material. Significa que a tutela jurisdicional pleiteada pela parte autora há de ser proferida em *procedimento adequado* à satisfação do interesse material ou do direito subjetivo a que se visa proteger[3].

Assim, caso o direito material de que a parte alegue ser titular contenha alguma nota particular ou revista o timbre de direito *especial*, a lei, via de regra, confere-lhe um procedimento igualmente *especial*. O procedimento sofre, assim, *influência* das peculiaridades do direito material[4].

Além de o legislador promover a adequação procedimental, poderá o juiz também o fazer. O art. 190 do CPC confere às partes igualmente o poder de regular ou modificar o procedimento, ajustando-o às particularidades do seu caso. Por meio de um negócio bilateral, as partes podem modificar detalhes do procedimento. É possível que o negócio seja plurilateral, celebrado entre as partes e o juiz, mas não é necessário, a não ser para se estabelecer o calendário processual previsto no art. 191 do CPC que é um negócio processual típico.

As partes podem, à evidência, negociar regras processuais. Além de poderem ajustar o procedimento para as peculiaridades de sua causa, as partes podem negociar sobre ônus, poderes, faculdades e deveres processuais, antes ou durante o processo.

Admite-se, como se percebe, que, num negócio ou contrato celebrado antes mesmo de existir o processo, as partes já estabeleçam determinadas regras processuais a serem observadas, caso sobrevenha algum litígio e seja proposta demanda judicial a esse respeito. O negócio processual pode, por outro lado, ser celebrado no próprio processo, em qualquer etapa, seja no início, ou na audiência de saneamento ou, até mesmo, no âmbito recursal.

Garcia Medina; Luiz Fux; Luiz Henrique Volpe Camargo; Pedro Miranda de Oliveira (org.). Salvador: JusPodivm, 2013, p. 15-26.

3. Galeno Lacerda denomina essa situação *instrumental* de princípio da adequação (*Comentários ao Código de Processo Civil*. 5ª ed. Rio de Janeiro: Forense, 1993, v. 8, t. 1, p. 18-20). Conferir, igualmente, SILVA, Clóvis do Couto e. *Comentários ao Código de Processo Civil*. São Paulo: RT, 1977, v. 9, t. 1, p. 1-16.

4. FABRÍCIO, Adroaldo Furtado. *Comentários ao Código de Processo Civil*. 7ª ed. Rio de Janeiro: Forense, 1995, v. 8, t. 3, p. 10.

É possível, enfim, haver negócios processuais *atípicos*. Em razão da cláusula geral prevista no art. 190 do novo CPC, as partes podem negociar regras processuais, convencionando sobre ônus, poderes, faculdades e deveres processuais, além de poderem, juntamente com o juiz, fixar o calendário processual. O CPC, fundado na concepção da democracia participativa, estrutura-se de modo a permitir maior valorização da vontade dos sujeitos processuais, a quem se confere a possibilidade de promover o autorregramento de suas situações processuais. As convenções ou os negócios processuais despontam como mais uma medida de flexibilização e de adaptação procedimental, adequando o processo à realidade do caso submetido à análise judicial. As negociações processuais constituem meios de se obter maior eficiência processual, reforçando o devido processo legal, na medida em que permitem que haja maior adequação do processo à realidade do caso.

O negócio jurídico é produto da autonomia privada ou da autorregulação de interesses, implicando liberdade de celebração e de estipulação. Isso não impede que a legislação fixe o regime de determinados negócios. Nesse caso, tem-se um *tipo* previsto em lei, estando nela regulado. É o chamado o negócio jurídico *típico*, sendo dispensável o esforço da(s) parte(s) na sua regulação. A regulação já está estabelecida em lei.

Há, no Código de Processo Civil brasileiro, vários negócios processuais típicos. Os negócios processuais típicos podem ser unilaterais, bilaterais ou plurilaterais.

Os negócios jurídicos *bilaterais* costumam ser divididos em *contratos*, quando as vontades dizem respeito a interesses contrapostos, e *acordos* ou *convenções*, quando as vontades se unem para um interesse comum. Não é comum a celebração de *contrato processual*, mas são vários os exemplos de *acordos* ou *convenções processuais*.

Entre os negócios processuais típicos, destaca-se o calendário processual, previsto no art. 191 do CPC, examinado no presente ensaio.

2. CALENDÁRIO PROCESSUAL

Inspirado nas experiências francesa e italiana, o art. 191 do CPC apresenta uma das grandes novidades a ser adotada no sistema processual brasileiro: o calendário processual.

As partes, juntamente com o juiz, podem calendarizar o procedimento, fixando datas para a realização dos atos processuais, que ficam todos agendados. Trata-se de um negócio processual plurilateral típico, celebrado entre juiz, autor e réu, bem como, se houver, intervenientes.

Para Antonio do Passo Cabral, o juiz não é parte no negócio processual, não ostentando capacidade negocial, por não ter autonomia ou liberdade negocial. Há, em alguns casos, discricionariedade, mas esta não se confunde com a autonomia ou a liberdade negocial. Enfim, os negócios processuais, para Antonio do Passo Cabral, são celebrados entre as partes, não tendo o juiz como parte dele integrante. O juiz pode homologar ou admitir um negócio, controlando-lhe a validade, mas dele não participa como sujeito do negócio[5].

Eduardo José da Fonseca Costa entende que o calendário processual é um negócio jurídico *bilateral*, celebrado pelas partes, sujeitando-se à homologação do juiz. O juiz, no caso, teria apenas o papel de homologar o negócio celebrado entre as partes[6].

O calendário, como esclarece Pedro Henrique Nogueira, é um negócio jurídico processual plurilateral. Nele, não só as partes, mas também o juiz manifestam vontade para definir, negocialmente, os momentos para a prática dos atos do processo. As partes devem concordar com o calendário, manifestando vontade concordando com a disposição temporal dos atos do procedimento. Não importa de quem foi a iniciativa da produção do cronograma; é irrelevante se a iniciativa proveio do juiz, do autor, do réu, de um terceiro ou de vários sujeitos processuais, a um só tempo. Não se pode prescindir da vontade das partes, nem da do juiz. A manifestação de vontade deste é essencial no calendário. As partes não podem ajustar o calendário, interferindo na agenda do juiz, sem que ele manifeste sua concordância[7].

Por essas razões, já se percebe que o calendário é um negócio processual plurilateral, celebrado entre autor, réu e juiz.

3. FINALIDADE DO CALENDÁRIO PROCESSUAL

O calendário permite às partes conhecer a possível duração do processo, com previsão cronológica do momento em que deve ser proferida a sentença[8]. Sua previsão no Código de Processo Civil é inspirada no critério de velocidade, evitando-se atos protelatórios[9].

---

5. CABRAL, Antonio do Passo. *Convenções processuais*. Salvador: JusPodivm, 2016, n. 4.3, p. 222-229.
6. COSTA, Eduardo José da Fonseca. "Calendarização processual". *Negócios processuais*. Antonio Cabral; Pedro Henrique Nogueira (org.). Salvador: JusPodivm, 2015, p. 361.
7. NOGUEIRA, Pedro Henrique. *Negócios jurídicos processuais*. Salvador: JusPodivm, 2016, n. 10.1, p. 243-245.
8. RICCI, Gian Franco. *La reforma del proceso civile. Legge 18 giugno 2009, n. 69*. Torino: G. Giappichelli Editore, 2009, p. 36.
9. RICCI, Gian Franco. Idem, p. 37.

Além de instrumento destinado a acelerar o processo, o calendário processual é técnica que serve à organização e à previsibilidade do processo[10]. A dispensa da intimação das partes é a principal finalidade do calendário processual. Com isso, o tempo ocioso do processo é eliminado, evitando-se a preparação, envio e recepção de intimações dirigidas às partes ou a seus advogados, com subsequente lavratura de termos de conclusão.

Celebrado o calendário, todos já têm ciência prévia de até quando os atos podem ser praticados. Há, com o calendário, uma modificação na regra do impulso oficial, pois o juiz não irá mais determinar, a cada altura, a movimentação do processo, estando o impulso já definido e orientado no momento da instituição do cronograma[11].

4. CALENDÁRIO PROCESSUAL E DURAÇÃO RAZOÁVEL DO PROCESSO

Se é certo que o processo exige dispêndio de tempo entre sua formação e seu encerramento, sendo essencialmente dinâmico, exatamente porque os atos processuais, normalmente, não se ultimam instantaneamente, não é menos evidente que a excessiva duração do processo implica verdadeira denegação de Justiça, caracterizando um dos principais motivos de crise da atividade jurisdicional.

O *devido processo legal* constitui uma garantia constitucional que assegura o direito a um processo justo e efetivo, daí se extraindo a necessidade de serem expungidas as dilações indevidas que retardam, injustificadamente, o resultado final do processo. Vale dizer que, como corolário do *devido processo legal*, todos têm direito a um processo com duração razoável, sem dilações indevidas[12].

A necessidade de se evitarem dilações indevidas impõe a remoção de obstáculos supérfluos em prol da brevidade e economia processuais.

A celebração do calendário processual contribui para concretização do princípio da duração razoável, evitando indefinição das datas para a prática dos atos sucessivos no processo. No CPC italiano, o calendário processual

---

10. PICOZZA, Elisa. "Il calendario del processo". *Rivista di Diritto Processuale*. Milano: CEDAM, 2009, LXIV, n. 6, p. 1.652.
11. COSTA, Eduardo José da Fonseca. "Calendarização processual", ob. cit., p. 356.
12. TUCCI, José Rogério Cruz e. Garantia da prestação jurisdicional sem dilações indevidas como corolário do devido processo legal. *Revista de Processo*. São Paulo: RT, v. 66, abr.- jun./1992, p. 76.

está previsto no art. 81-*bis*, introduzido pela *Legge 18 giugno 2009, n. 69*. O juiz italiano deve fixar o calendário, levando em conta a natureza, a urgência e a complexidade da causa. Tal art. 81-*bis* foi alterado pela *Legge 14 settembre 2011, n. 148*, para acrescentar que o juiz há de fixar o calendário em respeito ao princípio da duração razoável do processo.

5. CALENDÁRIO PROCESSUAL E PRINCÍPIO DA EFICIÊNCIA

O *princípio da eficiência* está previsto no artigo 37 da Constituição Federal, que se relaciona à atuação da Administração Pública. Inserido na Carta da República pela Emenda Constitucional nº 19, de 1998, o *princípio da eficiência* passou a marcar a atuação dos agentes públicos e a ditar a organização, a estrutura e a disciplina da Administração Pública.

Nos termos do art. 37 da Constituição Federal, a Administração Pública *de qualquer* dos Poderes obedecerá ao princípio da eficiência, numa evidente explicitação que o dispositivo também se dirige ao Poder Judiciário.

O *princípio da eficiência* está, de igual modo, previsto na lei que regula o procedimento administrativo federal. Nos termos do artigo 2º da Lei nº 9.784, de 29 de janeiro de 1999, a Administração Pública obedecerá, entre tantos outros, ao princípio da eficiência.

Tais disposições, como se pode perceber, referem-se à Administração Pública. No âmbito do Judiciário, referem-se mais propriamente à Administração Judiciária ou ao Judiciário como ente administrativo, exigindo que a administração dos órgãos que compõem o Poder Judiciário seja eficiente. Em tal dimensão, o princípio da eficiência constitui norma de Direito Administrativo, fundamentando as regras de gestão administrativa do Poder Judiciário[13].

É preciso observar que, ao lado dessa referida dimensão, há outra, que se aplica ao processo jurisdicional, exigindo que sua condução seja eficiente. Existe, então, o *princípio da eficiência processual*, previsto no art. 8º do CPC. É princípio que se relaciona com a *gestão do processo*.

Por ser um princípio, a eficiência possibilita o balizamento e a construção ou reconstrução de regras[14] pelo juiz que estabeleçam *meios* mais apropriados

---

13. Também nesse sentido: DIDIER JR., Fredie. *Curso de direito processual civil*. 18ª ed. Salvador: JusPodivm, 2016, v. 1, p. 100-102.

14. Segundo Marcelo Neves, "Os princípios são normas no plano reflexivo, possibilitando o balizamento e a construção ou reconstrução de regras. Estas, enquanto razões imediatas para normas de

à solução da disputa posta a seu crivo, a fim de melhor gerir o procedimento que deve conduzir[15].

O princípio da eficiência está relacionado com a *gestão do processo* e com o princípio da adequação. O juiz, para livrar-se da rigidez procedimental e para ajustar o processo às particularidades do caso, deve adaptar o procedimento, mas deve fazê-lo de modo eficiente.

A *eficiência* deve, ainda, funcionar como diretriz interpretativa: os enunciados normativos da legislação processual devem ser interpretados de maneira a observar a eficiência, permitindo-se que se adotem técnicas atípicas ou, até mesmo, que se pratiquem negócios processuais.

O calendário processual é, nesse ponto, uma medida de *gestão do processo*, destinando-se a obter mais *eficiência*, pois permite que se desonere a secretaria do juízo, evitando a confecção de mandados, sua remessa à publicação, seu acompanhamento, sua certificação, enfim, há uma melhor gestão cartorária, fazendo com que o processo tenha melhor rendimento e agilização na sua tramitação, já definindo os marcos e as datas para a prática dos respectivos atos processuais.

---

decisão, são condições da aplicação dos princípios à solução dos casos." (*Entre Hidra e Hércules: princípios e regras constitucionais*. São Paulo: Martins Fontes, 2013, p. 103) As regras, enfim, condensam expectativas normativas que se dirigem imediatamente à solução de casos (Idem, p. 120). Os princípios, por si sós, não solucionam os casos a que se pretende aplicá-los. A solução de casos jurídicos depende de regras. As regras viabilizam o fechamento da cadeia argumentativa que contorna a interpretação e aplicação concreta do direito.

15. Para Humberto Ávila, a eficiência seria um *postulado normativo aplicativo*, pois estabelece a estrutura de aplicação de outras normas, funcionando, na verdade, como uma *metanorma*. Na sua opinião, a eficiência enquadra-se na mesma categoria da razoabilidade e da proporcionalidade. Todos esses são *postulados normativos aplicativos*, situando-se em outro grau, exatamente porque estruturam a aplicação de outras normas. Com efeito, os postulados normativos, consoante esclarece Humberto Ávila, "situam-se num segundo grau e estabelecem a estrutura de aplicação de outras normas, princípios e regras. Como tais, eles permitem verificar os casos em que há violação às normas cuja aplicação estruturam. Só elipticamente é que se pode afirmar que são violados os postulados da razoabilidade, da proporcionalidade ou da eficiência, por exemplo. A rigor, violadas são as normas – princípios e regras – que deixaram de ser devidamente aplicadas" (*Teoria dos princípios: da definição à aplicação dos princípios jurídicos*. 13ª ed. São Paulo: Malheiros, 2012, n. 3.3, p. 155. No mesmo sentido: Moralidade, razoabilidade e eficiência na atividade administrativa. *Revista Eletrônica de Direito do Estado*. Salvador: Instituto de Direito Público da Bahia, nº 4, out/nov/dez 2005).

Assim, na opinião de Ávila, a eficiência estrutura a atividade administrativa para que seja adotado o meio menos custoso e seja igualmente atingida a finalidade de modo satisfatório. Para tanto, é preciso combinar a eficiência com a proporcionalidade, devendo ser escolhido o meio adequado, necessário e proporcional à realização da finalidade a ser atendida.

A *eficiência* constitui, na verdade, mais uma qualidade do *devido processo legal*. O processo devido deve, além de adequado, ser eficiente. O *due process of law* exige que o processo seja *adequado* e *eficiente*: haverá eficiência, se houver observância do juiz natural, da isonomia, da duração razoável, do contraditório, da adequação, enfim, o processo judicial deve ser *adequado* e *eficiente*.

O procedimento em contraditório deve ajustar-se, de modo eficiente, às peculiaridades da causa, do direito a ser aplicado e das partes envolvidas.

E, como dito, o calendário insere-se como uma medida de gestão, que pode revelar-se bastante eficiente, contribuindo para que o processo tramite com maior facilidade e agilidade, desonerando os servidores com a prática de diversos atos, já que tudo foi agendado e anotado, devendo os atos ser praticados dentro do cronograma previamente estabelecido entre as partes e o juiz.

6. ATOS SUJEITOS AO CALENDÁRIO PROCESSUAL

O calendário processual pode abranger todos os atos processuais. Não há, em princípio, restrição. Ressalvada a hipótese da sentença, em razão da previsão da ordem cronológica de julgamento do art. 12 do CPC, todos os atos do processo podem integrar o calendário processual.

Embora possa abranger quaisquer atos processuais, o calendário, normalmente, relaciona-se com a prática de atos instrutórios[16]. Tudo se torna mais previsível com a celebração do calendário processual. Tal previsibilidade é ainda mais evidente no caso dos atos instrutórios.

Com efeito, fixado o calendário para os atos instrutórios, tudo torna-se mais previsível; todos os atos ficam agendados. Já se sabe quando serão praticados, concretizando-se a duração razoável do processo.

Além dos atos instrutórios, é também possível estabelecer o calendário processual para a prática de atos postulatórios, a exemplo das razões finais.

De igual modo, é possível estabelecer o calendário para a prática de atos decisórios e executivos[17]. Tome-se como exemplo a execução negocia-

---

16. RICCI, Gian Franco. Ob. cit., p. 37.
17. Sobre a calendarização da execução: COSTA, Eduardo José da Fonseca. "A 'execução negociada' de políticas públicas em juízo". *Revista de Processo*. São Paulo: RT, v. 212, out. 2012.

da de políticas públicas em juízo, tal como sugerida por Eduardo José da Fonseca Costa, que permite a estipulação de regras e de um cronograma para a implantação de uma política pública imposta por sentença judicial[18]. Secundam-no Humberto Theodoro Júnior, Dierle Nunes e Alexandre Melo Franco Bahia[19].

7. MOMENTO DE DEFINIÇÃO DO CALENDÁRIO

O calendário pode ser estabelecido em qualquer etapa do procedimento, embora seja mais factível ou provável que se celebre na fase de organização e saneamento do processo (CPC, art. 357), a fim de se agendarem os atos instrutórios.

É possível, de todo modo, que o juiz designe uma audiência apenas para negociar com as partes a fixação do calendário, organizando melhor a realização dos futuros atos processuais[20].

8. IMPOSSIBILIDADE DE IMPOSIÇÃO DO CALENDÁRIO

O calendário processual é sempre negocial; não pode ser imposto pelo juiz. Trata-se de negócio jurídico processual plurilateral, havendo a necessidade de acordo de, pelo menos, três vontades: a do autor, a do réu e a do juiz. Se houver intervenientes, estes também devem integrar o negócio processual que fixa o calendário.

É bem verdade que o juiz deve zelar pela duração razoável do processo (CPC, art. 139, II), mas isso, por si só, não lhe autoriza a impor o calendário processual. É necessário que haja fixação "de comum acordo" pelo juiz e pelas partes, tal como dispõe o art. 191 do CPC. É preciso que as partes concordem com o calendário. Daí não ser possível sua imposição pelo juiz.

---

18. COSTA, Eduardo José da Fonseca. "A 'execução negociada' de políticas públicas em juízo", p. 25-56.
19. THEODORO JÚNIOR, Humberto; NUNES, Dierle; BAHIA, Alexandre Melo Franco. "Litigância de interesse público e execução comparticipada de políticas públicas". *Revista de Processo*. São Paulo: RT, v. 224, out.-2013, p. 121-153.
20. "O juiz pode designar audiência também (ou só) com objetivo de ajustar com as partes a fixação de calendário para fase de instrução e decisão". (Enunciado 299 do Fórum Permanente de Processualistas Civis)

9. DISPENSA DE INTIMAÇÃO

Estabelecido o calendário, dispensa-se a intimação das partes para a prática dos atos processuais que já foram agendados. Também não é mais necessária qualquer intimação para as audiências cujas datas tiverem sido agendadas no calendário. A propósito, a dispensa de intimação das partes é a principal finalidade do calendário processual. O calendário vincula as partes e o juiz. Os prazos nele previstos só podem ser alterados em casos excepcionais, devidamente justificados.

10. CALENDÁRIO PROCESSUAL E ORDEM CRONOLÓGICA DE JULGAMENTO

Nos termos do art. 12 do CPC, os juízes devem, preferencialmente, observar a ordem cronológica de conclusão para proferir sentenças.

A ordem cronológica prevista no dispositivo concretiza o princípio republicano da igualdade, adotando critério objetivo para o julgamento dos processos judiciais. O princípio da impessoalidade, previsto no art. 37 da CF/88, aplica-se à Administração Pública de todos os Poderes. A previsão de uma ordem cronológica de julgamento concretiza o princípio da impessoalidade na rotina administrativa dos órgãos jurisdicionais.

A previsão de ordem cronológica dos julgamentos concretiza, de igual modo, o princípio da duração razoável do processo, evitando prolongamento indefinido para julgamento de processos conclusos há muito tempo[21].

O art. 12 do CPC estabelece um modo de gestão pelo juiz. Ao juiz cabe observar, preferencialmente, a ordem cronológica de conclusão. Nada impede, porém, que o juiz valha-se de outros meios de gestão, expressa e previamente estabelecidos e anunciados. Não estabelecido, nem anunciado, expressa e previamente, outro meio de gestão, cabe-lhe, preferencialmente, decidir atendendo à ordem cronológica de conclusão.

Os juízes devem observar a ordem cronológica de conclusão apenas para proferir sentenças. A regra não se aplica a decisões interlocutórias. Desse

---

21. CABRAL, Antonio do Passo. A duração razoável do processo e a gestão do tempo no projeto de novo Código de Processo Civil. *Novas tendências do processo civil – estudos sobre o projeto do Novo Código de Processo Civil*. Alexandre Freire; Bruno Dantas; Dierle Nunes; Fredie Didier Jr.; José Miguel Garcia Medina; Luiz Fux; Luiz Henrique Volpe Camargo; Pedro Miranda de Oliveira (org.). Salvador: JusPodivm, 2013, p. 90-91.

modo, não é necessário haver ordem cronológica para apreciação de pedidos de tutela provisória, de urgência ou de evidência (CPC, art. 294), nem para a prolação de decisão parcial de mérito (CPC, art. 356), que é, na definição do art. 203, §§ 1º e 2º, uma decisão interlocutória.

O critério adotado para a ordem cronológica é a conclusão do processo para julgamento final.

Se a sentença deve ser, preferencialmente, proferida de acordo com a ordem cronológica, não havendo outro meio definido pelo juiz, como se pode fixar, no calendário processual, a data para a sua prolação?

Como, em outras palavras, compatibilizar o calendário processual fixado entre as partes e o juiz (CPC, art. 191) com o respeito à ordem cronológica de julgamento (CPC, art. 12)?

Não é possível fixar, no calendário, uma data para a prolação da sentença sem observância da ordem cronológica, pois isso atinge terceiros que aguardam, na fila formada a partir das conclusões, as sentenças de seus processos.

A compatibilização dessas regras pode operar-se de duas maneiras: (a) ou bem se entende que a sentença não é ato que possa ser inserido no calendário processual; (b) ou, no calendário, fica estabelecido que a sentença será proferida em audiência especificamente designada para tanto, com sua data já fixada no próprio calendário. É que a sentença proferida em audiência exclui-se da ordem cronológica (CPC, art. 12, § 2º, I). Esta última hipótese não parece adequada, havendo o risco de se considerar como uma fraude à lei.

Adotada a ordem cronológica como meio de gestão, não será possível incluir a sentença no calendário.

11. CALENDÁRIO NA PROVA PERICIAL (CPC, ART. 357, § 8º)

O calendário processual, fixado com fundamento no art. 191, é negócio processual plurilateral, firmado, de comum acordo, entre o juiz e as partes. Estabelecido o calendário, dispensam-se as intimações, pois todos os atos já estão agendados.

Tal calendário processual não se confunde com o calendário estabelecido pelo juiz para a prova pericial. Nos termos do § 8º do art. 357 do CPC, *"[c]aso tenha sido determinada a produção de prova pericial, o juiz deve observar o disposto no art. 465 e, se possível, estabelecer, desde logo, calendário para sua realização"*.

O calendário previsto no § 8º do art. 357 do CPC, para a prova pericial, não se confunde com o calendário processual previsto no art. 191. Enquanto este último é fixado, de comum acordo, entre o juiz e as partes para quaisquer atos processuais e, uma vez estabelecido, vincula todos, dispensando as intimações dos atos agendados, o calendário da prova pericial é imposto pelo juiz, não dispensando as intimações.

A prova pericial pode, todavia, integrar o calendário processual estabelecido, de comum acordo, entre o juiz e as partes, nos termos do art. 191 do CPC; nessa hipótese, a prova pericial seria mais um ato a integrar o calendário processual.

O § 8º do art. 357 do CPC prevê um calendário específico só para a prova pericial, quando as partes e o juiz não tenham, de comum acordo, fixado o calendário processual, ou não a tenham nele incluído. Nada impede, porém, que o juiz e as partes, de comum acordo, incluam no calendário processual a prova pericial ou estabeleçam, também de comum acordo, um calendário específico para a prova pericial. Neste caso, ficam vinculados e dispensam-se as intimações dos atos pertinentes à prova pericial.

12. REFERÊNCIAS

ÁVILA, Humberto. Moralidade, razoabilidade e eficiência na atividade administrativa. *Revista Eletrônica de Direito do Estado*. Salvador: Instituto de Direito Público da Bahia, nº 4, out/nov/dez 2005.

_____. *Teoria dos princípios: da definição à aplicação dos princípios jurídicos*. 13ª ed. São Paulo: Malheiros, 2012.

CABRAL, Antonio do Passo. A duração razoável do processo e a gestão do tempo no projeto de novo Código de Processo Civil. *Novas tendências do processo civil – estudos sobre o projeto do Novo Código de Processo Civil*. Alexandre Freire; Bruno Dantas; Dierle Nunes; Fredie Didier Jr.; José Miguel Garcia Medina; Luiz Fux; Luiz Henrique Volpe Camargo; Pedro Miranda de Oliveira (org.). Salvador: JusPodivm, 2013.

_____. *Convenções processuais*. Salvador: JusPodivm, 2016.

COSTA, Eduardo José da Fonseca. "A 'execução negociada' de políticas públicas em juízo". *Revista de Processo*. São Paulo: RT, v. 212, out. 2012.

_____. "Calendarização processual". *Negócios processuais*. Antonio Cabral; Pedro Henrique Nogueira (org.). Salvador: JusPodivm, 2015.

DIDIER JR., Fredie. *Curso de direito processual civil*. 18ª ed. Salvador: JusPodivm, 2016, v. 1.

FABRÍCIO, Adroaldo Furtado. *Comentários ao Código de Processo Civil*. 7ª ed. Rio de Janeiro: Forense, 1995, v. 8, t. 3.

LACERDA, Galeno. *Comentários ao Código de Processo Civil*. 5ª ed. Rio de Janeiro: Forense, 1993, v. 8, t. 1.

NEVES, Marcelo. *Entre Hidra e Hércules: princípios e regras constitucionais*. São Paulo: Martins Fontes, 2013.

NOGUEIRA, Pedro Henrique Pedrosa. A cláusula geral do acordo de procedimento no projeto do novo CPC (PL 8.046/2010). *Novas tendências do processo civil: estudos sobre o projeto do novo Código de Processo Civil.* Alexandre Freire; Bruno Dantas; Dierle Nunes; Fredie Didier Jr.; José Miguel Garcia Medina; Luiz Fux; Luiz Henrique Volpe Camargo; Pedro Miranda de Oliveira (org.). Salvador: JusPodivm, 2013.

_____. *Negócios jurídicos processuais*. Salvador: JusPodivm, 2016.

PICOZZA, Elisa. "Il calendario del processo". *Rivista di Diritto Processuale*. Milano: CEDAM, 2009, LXIV, n. 6.

RICCI, Gian Franco. *La reforma del processo civile. Legge 18 giugno 2009, n. 69*. Torino: G. Giappichelli Editore, 2009.

SILVA, Clóvis do Couto e. *Comentários ao Código de Processo Civil*. São Paulo: RT, 1977, v. 9, t. 1.

THEODORO JÚNIOR, Humberto; NUNES, Dierle; BAHIA, Alexandre Melo Franco. "Litigância de interesse público e execução comparticipada de políticas públicas". *Revista de Processo*. São Paulo: RT, v. 224, out.-2013.

TUCCI, José Rogério Cruz e. Garantia da prestação jurisdicional sem dilações indevidas como corolário do devido processo legal. *Revista de Processo*. São Paulo: RT, v. 66, abr.- jun./1992.

(I)NEGOCIABILIDADE DE PRERROGATIVAS PROCESSUAIS DA FAZENDA PÚBLICA: TENTATIVA DE SISTEMATIZAÇÃO

Lorena Miranda Santos Barreiros[1]

Sumário: 1. Introdução – 2. Breve análise das prerrogativas processuais da Fazenda Pública sob a ótica dos fundamentos lastreadores de seu estabelecimento – 3. Negociabilidade das prerrogativas processuais relacionadas ao regime jurídico de direito material a que se sujeitam as pessoas jurídicas de direito público ou à própria natureza dessas – 4. Negociabilidade das prerrogativas processuais da Fazenda Pública relacionadas ao funcionamento da estrutura administrativa – 5. Conclusão – 6. Referências.

1. INTRODUÇÃO

A celebração de uma convenção processual pela Administração Pública decorre, em regra, de uma decisão administrativa prévia tomada por um agente público. Essa decisão, cuja eventual invalidação poderá repercutir na validade do negócio processual ajustado, submete-se aos requisitos de validade próprios dos atos administrativos: competência, licitude, possibilidade, precisão e determinabilidade do objeto; existência do motivo e pertinência lógica deste com o ato praticado; forma prescrita ou não defesa em lei; atendimento a uma finalidade de interesse público e motivação.

---

1. Doutora em Direito Público pela Universidade Federal da Bahia. Procuradora do Estado da Bahia. Membro do Instituto Brasileiro de Direito Processual - IBDP e da Associação Norte-Nordeste de Professores de Processo - ANNEP. E-mail: lorena-miranda@uol.com.br.

Dentre os requisitos objetivos de validade das convenções processuais enquadra-se a licitude do objeto, requisito cuja observância obsta a celebração de negócios jurídicos processuais que objetivem derrogar norma jurídica cogente que vise à proteção de direito indisponível ou, ainda, que tratem de matéria sujeita à reserva de lei. Tais regras aplicam-se às convenções processuais em geral[2], inclusive, como afirmado, àquelas pactuadas pela Fazenda Pública.

O controle da licitude do objeto dos negócios processuais, além do parâmetro legalmente estabelecido (versar o processo sobre direito que admita autocomposição, conforme disposto na cláusula geral de negociação processual contida no art. 190 do CPC/2015), abrange outros, típicos (a exemplo daqueles previstos na legislação material, quando cabível a sua aplicação) e atípicos. Estes últimos podem ser fixados a partir de diretrizes a serem estabelecidas pela doutrina, para auxiliar a atuação judicial[3], bem como por meio dos precedentes

---

2. Nesse sentido, expressa-se o Enunciado nº 403 do Fórum Permanente de Processualistas Civis: "A validade do negócio jurídico processual requer agente capaz, objeto lícito, possível determinado ou determinável e forma prescrita ou não defesa em lei", em clara alusão à aplicabilidade, aos negócios processuais, do regramento estatuído no art. 104 do Código Civil.

3. A doutrina não tem se limitado a apresentar diretrizes para a aferição da validade dos negócios jurídicos processuais, sobretudo quanto à licitude de seu objeto. Ocupa-se, ainda, de apresentar rol de negócios processuais abstratamente tidos como admissíveis ou inadmissíveis, realizando uma espécie de ponderação preventiva ou abstrata, a servir de parâmetro para a futura atuação judicial, conferindo ao julgador *standards* nos quais se pautar ao decidir (sobre a ponderação preventiva ou abstrata, feita pela doutrina, em comparação com a ponderação concreta ou real, feita pelo juiz ao decidir, consultar: BARCELLOS, Ana Paula de. *Ponderação, racionalidade e atividade jurisdicional*. Rio de Janeiro: Renovar, 2005, p. 146-155). Nesse sentido, vejam-se, por exemplo, os enunciados seguintes do FPPC: "19. São admissíveis os seguintes negócios processuais, dentre outros: pacto de impenhorabilidade, acordo de ampliação de prazos das partes de qualquer natureza, acordo de rateio de despesas processuais, dispensa consensual de assistente técnico, acordo para retirar o efeito suspensivo de recurso, acordo para não promover execução provisória; pacto de mediação ou conciliação extrajudicial prévia obrigatória, inclusive com a correlata previsão de exclusão da audiência de conciliação ou de mediação prevista no art. 334; pacto de exclusão contratual da audiência de conciliação ou de mediação prevista no art. 334; pacto de disponibilização prévia de documentação (pacto de *disclosure*), inclusive com estipulação de sanção negocial, sem prejuízo de medidas coercitivas, mandamentais, sub-rogatórias ou indutivas; previsão de meios alternativos de comunicação das partes entre si; acordo de produção antecipada de prova; a escolha consensual de depositário-administrador no caso do art. 866; convenção que permita a presença da parte contrária no decorrer da colheita de depoimento pessoal"; "20. Não são admissíveis os seguintes negócios bilaterais, dentre outros: acordo para modificação da competência absoluta, acordo para supressão da primeira instância, acordo para afastar motivos de impedimento do juiz, acordo para criação de novas espécies recursais, acordo para ampliação das hipóteses de cabimento de recursos"; "21. São admissíveis os seguintes negócios, dentre outros: acordo para realização de sustentação oral, acordo para ampliação do tempo de sustentação oral, julgamento antecipado do mérito convencional, convenção sobre prova, redução de prazos processuais"; "254. É inválida a convenção para excluir a intervenção do Ministério Público como fiscal da ordem jurídica"; "262. É admissível negócio processual para dispensar caução no cumprimento provisório de sentença"; "392. As partes

judiciais, como resultado de atividades de interpretação/aplicação de normas e como fruto de ponderações entre direitos fundamentais processuais em conflito.

Nesse cenário, questão a ser enfrentada diz respeito à possibilidade de figurar como objeto de convenção processual celebrada pelo Poder Público uma prerrogativa processual a ele outorgada. Em outras palavras, a investigação cinge-se à perquirição sobre a negociabilidade das prerrogativas processuais. A resposta negativa eventualmente alcançada conduzirá à conclusão lógica de que o negócio jurídico processual que as tenha por objeto é passível de invalidação por ilicitude de seu objeto.

O artigo examina a questão proposta à luz da identificação dos fundamentos lastreadores do estabelecimento de determinadas prerrogativas processuais à Fazenda Pública, utilizando-os como critérios de sistematização do tratamento da negociabilidade dessas prerrogativas.

O estudo empreendido, embora apresente um delineamento de parâmetros gerais para enfrentamento do tema, pauta-se, precipuamente, por um exame analítico da questão, analisando as principais prerrogativas processuais da Fazenda Pública e buscando identificar seu caráter (i)negociável, conforme o caso, e os limites da negociabilidade, quando presente esta.

Nesse sentido, o presente artigo objetiva, valendo-se da técnica da ponderação preventiva ou abstrata, apresentar uma contribuição ao estudo do tema.

2. BREVE ANÁLISE DAS PRERROGATIVAS PROCESSUAIS DA FAZENDA PÚBLICA SOB A ÓTICA DOS FUNDAMENTOS LASTREADORES DE SEU ESTABELECIMENTO

A controvérsia doutrinária atinente às prerrogativas processuais da Fazenda Pública possui amplitude que abarca, inclusive, a discussão acerca da sua constitucionalidade. Há quem defenda que tais prerrogativas, em verdade, consistiriam em privilégios atribuídos ao Poder Público em afronta à Constituição[4], defendendo a necessidade de sua extinção. O termo privilégio, nesse

---

não podem estabelecer, em convenção processual, a vedação da participação do *amicus curiae*"; "490. São admissíveis os seguintes negócios processuais, entre outros: pacto de inexecução parcial ou total de multa coercitiva; pacto de alteração de ordem de penhora; pré-indicação de bem penhorável preferencial (art. 848, II); pré-fixação de indenização por dano processual prevista nos arts. 81, § 3º, 520, inc. I, 297, parágrafo único (cláusula penal processual); negócio de anuência prévia para aditamento ou alteração do pedido ou da causa de pedir até o saneamento (art. 329, inc. II)".

4. Assim se posiciona, quanto à prerrogativa de concessão de prazos diferenciados para a Fazenda Pública (art. 183 do CPC/2015), por exemplo: MEDINA, José Miguel Garcia. *Novo Código de Processo Civil comentado*. 4. ed. São Paulo: RT, 2016, p. 315.

contexto, é concebido como uma situação de vantagem conferida a alguém e desprovida de fundamento[5].

Além disso, a supressão de prerrogativas processuais da Fazenda Pública é temática debatida sempre que se buscam soluções para a morosidade do processo judicial[6].

Outros doutrinadores, porém, reconhecem que as prerrogativas processuais da Fazenda Pública objetivam, em grande medida, justamente concretizar o princípio constitucional da igualdade, que, assim, lhes conferiria fundamento[7-8].

---

5. MIRANDA, Jorge. *Manual de direito constitucional.* 3. ed. Coimbra: Coimbra Editora, 2000, t. 4, p. 238. O autor diferencia o privilégio da discriminação, ressaltando que esta corresponde a uma situação de desvantagem. Por outro lado, ao se fazer uso da expressão discriminação positiva, põe--se em evidência situações de vantagem atribuídas a alguém de modo fundado.

6. Regina Helena Costa, por exemplo, defende que devam ser repensadas as prerrogativas da Fazenda, as quais são por ela apontadas como uma das causas da morosidade da Justiça. (COSTA, Regina Helena. As prerrogativas e o interesse da justiça. *In:* SUNDFELD, Carlos Ari; BUENO, Cássio Scarpinella (coord.). *Direito processual público:* a Fazenda Pública em juízo. São Paulo: Malheiros, 2000, p. 84).

7. Nesse sentido: CUNHA, Leonardo Carneiro da. *A Fazenda Pública em juízo.* 13. ed. Rio de Janeiro: Forense, 2016, p. 33-36; VIANA, Juvêncio Vasconcelos. *Efetividade do processo em face da Fazenda Pública.* São Paulo: Dialética, 2003, p. 39; CORDEIRO, Carlos José; GOMES, Josiane Araújo. Da inexistência das prerrogativas processuais de benefício de prazo e de remessa obrigatória em favor da fazenda Pública nos Juizados Especiais. *Revista Forense*, Rio de Janeiro, v. 418, jul.-dez./2013, p. 10. Flávio Luiz Yarshell destaca que o regime diferenciado atribuído ao Poder Público no plano material (em âmbitos constitucional e infraconstitucional) repercute na esfera processual. Para o autor, o tratamento processual peculiar conferido pelo ordenamento jurídico à Fazenda Pública pauta-se na distinção real existente entre ela e o particular. A questão a ser aferida reside não na possibilidade de diferenciação, mas, sim, nos limites aos quais ela deve estar submetida (YARSHELL, Flávio Luiz. A execução e a efetividade do processo. *In:* SUNDFELD, Carlos Ari; BUENO, Cássio Scarpinella (coord.). *Direito processual público:* a Fazenda Pública em juízo. São Paulo: Malheiros, 2000, p. 212-214). Examinando as prerrogativas processuais da Fazenda Pública sob a ótica do então Código de Processo Civil projetado, Monalisa Gualberto Scalioni reconhece que as alterações empreendidas no reexame necessário (por exemplo, com o aumento do limite para seu cabimento de sessenta para mil salários mínimos), no cômputo diferenciado de prazos para a Fazenda (com o afastamento do prazo em quádruplo para contestar e sua contagem em dobro para todas as manifestações processuais) e nas regras de intimação do advogado público (passando a prever a necessidade de intimação pessoal dos membros da Advocacia Pública em geral) são medidas que tentam compatibilizar, por um lado, a isonomia entre as partes (considerando-se as dificuldades burocráticas ainda persistentes na estrutura administrativa, mesmo após a reforma gerencial) e, por outro, a busca por uma prestação jurisdicional mais efetiva e célere (SCALIONI, Monalisa Gualberto. As prerrogativas processuais da Fazenda Pública: uma análise de sua compatibilização com a nova ordem jurídico-processual. *In:* CASTRO, João Antônio Lima (coord.). *Direito processual.* Belo Horizonte: PUC Minas, Instituto de Educação Continuada, 2012, p. 887). Sobre o tema, com a apresentação de confronto de posicionamentos doutrinários favoráveis e contrários à existência de prerrogativas processuais em favor dos entes públicos, inclusive no direito comparado, ver, por todos: ALVES, Rogério Pacheco. *As prerrogativas da administração pública nas ações coletivas.* Rio de Janeiro: Lumen Juris, 2007, p. 59-84.

8. Adere-se, no particular, ao posicionamento sufragado por Wesley Corrêa Carvalho, que refuta o argumento doutrinário segundo o qual as prerrogativas processuais fazendárias teriam como funda-

Embora as prerrogativas processuais da Fazenda Pública destinem-se a equilibrar as posições processuais das partes em juízo e levem em consideração a circunstância de que aquela deve atuar em juízo para defender o interesse público, as desigualações empreendidas pela legislação, conferindo trato diferenciado ao Poder Público, têm razões diversas.

Algumas prerrogativas decorrem do regime jurídico de direito material a que se sujeitam as pessoas jurídicas de direito público ou da própria natureza dessas; outras são conferidas à Fazenda Pública em razão da sua complexa estrutura burocrática, das dificuldades operacionais daí advindas (acesso às informações concernentes à demanda junto aos órgãos administrativos para viabilizar a elaboração da defesa, por exemplo) e do volume de trabalho suportado pelos advogados públicos[9-10].

No primeiro caso, tem-se, no sistema jurídico brasileiro, o regime de pagamento, por precatório, de débitos judiciais da Fazenda Pública reconhecidos por sentença transitada em julgado, que é decorrência direta da conjugação do atributo de inalienabilidade (e, por conseguinte, impenhorabilidade), como regra, dos bens públicos[11] e da necessidade de respeito à impessoalidade e à moralidade no pagamento desses débitos[12].

No segundo caso, enquadra-se, por exemplo, a prerrogativa de cômputo diferenciado de prazos para a Fazenda Pública[13], que os tem contados em

---

mento os princípios da supremacia do interesse público sobre o particular e da indisponibilidade do interesse público, apontando o autor como verdadeiro fundamento a isonomia (CARVALHO, Wesley Corrêa. Prerrogativas da Fazenda Pública em juízo. Por que elas simplesmente não acabam. *Revista dialética de direito processual,* São Paulo, n. 121, abr./2013, p. 156-159).

9. CUNHA, Leonardo Carneiro da. *A Fazenda Pública em juízo.* 13. ed. Rio de Janeiro: Forense, 2016, p. 33.
10. Rogério Pacheco Alves critica a concessão de prerrogativas à Fazenda Pública com base nesse segundo fundamento (funcionamento da estrutura administrativa), sobretudo ante a necessidade de observância, pelo agente público, do princípio da eficiência, que pressupõe otimização do uso de meios para alcance de finalidades. O autor aponta a necessidade de reavaliação dessas prerrogativas à luz do paradigma constitucional de tutela dos direitos fundamentais e entende que a existência de prerrogativas processuais afetas à Fazenda Pública viola a duração razoável do processo e os princípios da igualdade, da razoabilidade e da dignidade da pessoa humana, além de ir de encontro ao senso comum a ideia de ser o Poder Público tratado como parte frágil em uma relação processual. Excepciona, apenas, a prerrogativa fazendária que veda a constrição de bens públicos, quando afetados à prestação de serviços de relevância pública (ALVES, Rogério Pacheco. *As prerrogativas da administração pública nas ações coletivas*. Rio de Janeiro: Lumen Juris, 2007, p. 80-84).
11. Exceção feita aos bens dominicais, como enfatiza o art. 101 do Código Civil.
12. LEMOS, Bruno Espiñeira. *Precatório*: trajetória e desvirtuamento de um instituto. Necessidade de novos paradigmas. Porto Alegre: S.A. Fabris, 2004, p. 47-54.
13. José Carlos Barbosa Moreira, ao examinar a regra de previsão de prazo diferenciado para a Fazenda Pública prevista no atualmente revogado art. 188 do CPC/1973, explicita a dificuldade de obtenção

dobro em todas as suas manifestações, salvo quando previsto em lei prazo próprio para o Poder Público (art. 183 do CPC/2015). As justificativas atribuídas à diferenciação legal em exame atinem à circunstância de o advogado público defender o erário, não lhe sendo lícito, nessa condição, recusar causas (eventual recusa pontual por impedimento, por exemplo, implica, como regra, a necessária compensação de distribuição). Além disso, a estrutura burocrática e complexa da Administração Pública dificulta o acesso à informação necessária à elaboração da defesa, buscada pelo advogado público. A prerrogativa, nesse sentido, concretiza a isonomia no processo[14].

Essa diferença de fundamento para o estabelecimento das prerrogativas da Fazenda Pública é fator capaz de influenciar a sua negociabilidade.

3. NEGOCIABILIDADE DAS PRERROGATIVAS PROCESSUAIS RELACIONADAS AO REGIME JURÍDICO DE DIREITO MATERIAL A QUE SE SUJEITAM AS PESSOAS JURÍDICAS DE DIREITO PÚBLICO OU À PRÓPRIA NATUREZA DESSAS

Há prerrogativas processuais outorgadas à Fazenda Pública que são decorrentes de sua natureza de pessoa jurídica de direito público ou do regime de direito material a que, em virtude dessa natureza, se sujeita. Tais prerrogativas são estruturadas com vistas a resguardar, precipuamente, o interesse público e/ou o patrimônio público.

Exemplo dessa categoria de prerrogativa processual da Fazenda Pública concerne ao regime de pagamento de seus débitos pela via do precatório, conforme previsão constitucional estatuída no art. 100 da CF/1988. Já se afirmou que essa prerrogativa lastreia-se, por um lado, na prerrogativa material de inalienabilidade, como regra, dos bens públicos, e, por outro, no dever de respeito à impessoalidade e à moralidade no pagamento de débitos judiciais.

---

de subsídios para elaboração de sua manifestação processual (defesa ou recurso, no caso do Código revogado) como fator justificativo para o estabelecimento dessa prerrogativa (MOREIRA, José Carlos Barbosa. O benefício da dilatação de prazo para a Fazenda Pública: âmbito de incidência do art. 188 do novo Código de Processo Civil. *Revista de processo,* São Paulo, ano 01, n. 01, jan.-mar./1976, p. 58).

14. MORAES, José Roberto de. As prerrogativas e o interesse da Fazenda Pública. *In*: SUNDFELD, Carlos Ari; BUENO, Cássio Scarpinella (coord.). *Direito processual público:* a Fazenda Pública em juízo. São Paulo: Malheiros, 2000, p . 69-72.

O instituto do precatório busca conferir tutela ao patrimônio público[15], evitando-se a sua dilapidação por penhoras decorrentes de condenações judiciais, inclusive com o risco de solução de continuidade de serviços públicos prestados pelo ente estatal. Além disso, referido instituto vocaciona-se a garantir que o pagamento de débitos judiciais seja feito mediante a prévia e necessária inserção do valor devido em orçamento, bem como que o seu pagamento respeite os princípios da impessoalidade e da moralidade administrativas.

O sistema de pagamento por precatório é prerrogativa processual do Poder Público que busca concretizar princípios constitucionais do regime administrativo que resguardam o particular contra a atuação estatal arbitrária ou discriminatória.

Nesse sentido e tanto mais porque se trata de exigência constitucional, as hipóteses em que cabível o pagamento por precatório não podem ser objeto de negociação processual pelas partes, tratando-se de norma cogente não passível de exceção negocial. Será ilícito o objeto de negócio processual ajustado para afastar a utilização de pagamento por precatório, quando exigível, ainda que por via transversa (parcelamento do crédito).

Do mesmo modo, a prerrogativa de submissão de determinadas sentenças ao duplo grau de jurisdição obrigatório (remessa necessária), prevista no art. 496 do CPC/2015 e em leis esparsas (art. 28, § 1º, do Decreto-Lei nº 3.365/1941, art. 19 da Lei nº 4.717/1965 e art. 14, § 1º, da Lei nº 12.016/2009), não pode validamente ser objeto de negócio processual. A remessa necessária é fruto de ponderação em abstrato feita pelo sistema processual entre os escopos jurídico e social do processo, conferindo-se primazia ao primeiro em detrimento do segundo[16].

O ordenamento jurídico condiciona, em determinadas circunstâncias, o trânsito em julgado de sentenças desfavoráveis ao ente público ao duplo

---

15. Relacionando o instituto do precatório aos atributos materiais de inalienabilidade e impenhorabilidade do patrimônio público: THEODORO JUNIOR, Humberto. Aspectos processuais do precatório na execução contra a Fazenda Pública. *Revista Dialética de Direito Processual*, São Paulo, Dialética, n. 22, jan./2005, p. 73.

16. Enquanto o escopo jurídico é mais bem atendido quanto mais aprimorado for o exame da causa (o que inclui a revisão, em segundo grau, de julgamento realizado singularmente), o escopo social de pacificação conclama pela rápida solução do conflito. Flávio Luiz Yarshell trata dessa confrontação de escopos processuais, sem referência específica à remessa necessária (YARSHELL, Flávio Luiz. A execução e a efetividade do processo. *In*: SUNDFELD, Carlos Ari; BUENO, Cássio Scarpinella (coord.). *Direito processual público*: a Fazenda Pública em juízo. São Paulo: Malheiros, 2000, p. 216).

grau de jurisdição obrigatório[17]. Como regra, condiciona, ainda, a eficácia dessa sentença à concretização daquele reexame necessário da sentença pelo Tribunal competente, apesar de haver situações nas quais a remessa necessária não impede essa produção de efeitos[18].

Objetiva-se, pela previsão da remessa necessária, a proteção do patrimônio público, embora, no mandado de segurança, a razão de sua previsão esteja também associada à presunção de legitimidade dos atos administrativos, afastada pelo reconhecimento de prática de ato ilegal ou abusivo de poder por autoridade pública.

A disciplina legal da remessa necessária é rígida, reservando-se à lei a previsão das hipóteses em que cabível a utilização do instituto e de suas exceções. Em razão desse tratamento legislativo conferido à remessa necessária, entende-se que as partes não podem, por negócio processual, criar novas hipóteses de remessa necessária ou excluir alguma das hipóteses existentes sem autorização legal[19]. Assim agindo, a convenção processual celebrada conteria vício de ilicitude de objeto, devendo ser decretada a sua invalidade.

---

17. Na ação popular, a sentença que conclui pela carência de ação ou pela improcedência da demanda sujeita-se ao duplo grau de jurisdição obrigatório, nos termos do art. 19 da Lei 4717/1965. Muito embora não se trate de sentença proferida contra o Poder Público (no sentido de figurar ele no processo como parte sucumbente), trata-se de julgado que deixou de acolher pretensão de combate a ato supostamente lesivo ao patrimônio público, justificando-se, em defesa desse, a previsão da remessa necessária.

18. A remessa necessária não impedirá a produção de efeitos pela sentença, por exemplo, quando proferida em mandado de segurança, por força do que disciplina o art. 14, § 3º, da Lei nº 12.016/2009. Do mesmo modo, se confirmada ou concedida tutela provisória contra a Fazenda Pública na sentença, esta produzirá efeitos a despeito de estar sujeita ao duplo grau obrigatório. Fredie Didier Junior e Leonardo Carneiro da Cunha, defendendo a natureza jurídica recursal da remessa necessária (recurso de ofício), sustentam, com amparo no pensamento esposado por Pedro Batista Martins à luz do CPC/1939, que à remessa necessária haverão de ser atribuídos os mesmos efeitos que seriam destinados à apelação interposta contra a sentença (DIDIER JUNIOR, Fredie; CUNHA, Leonardo Carneiro da. *Curso de direito processual civil*. 13. ed. Salvador: Juspodivm, 2016, v.3, p. 403-404). Os autores apresentam, às p. 401-404, uma resenha acerca da discussão doutrinária quanto à natureza jurídica do instituto (se recurso, sucedâneo recursal, condição de eficácia da sentença ou condição de eficácia para o trânsito em julgado da sentença). A questão demanda considerações que extrapolam os limites objetivos deste artigo e, portanto, não será aqui tratada. No entanto, cumpre destacar que se adere ao entendimento de que a remessa necessária *pode* gerar como efeito a suspensão da eficácia da sentença e sempre obsta o trânsito em julgado daquela decisão; trata-se de efeitos seus que, portanto, não podem definir a sua natureza.

19. Nesse sentido: DIDIER JUNIOR, Fredie; CUNHA, Leonardo Carneiro da. Remessa necessária no novo CPC. *In*: ARAÚJO, José Henrique Mouta; CUNHA, Leonardo Carneiro da (coord.). *Advocacia pública*. Salvador: Juspodivm, 2015, p. 140.

Além das acima referidas, outras prerrogativas também se relacionam ao regime jurídico de direito material a que se sujeitam as pessoas jurídicas de direito público ou à própria natureza dessas. Nesse grupo de prerrogativas podem ser enquadradas, por exemplo: **a)** as dispensas de adiantamento de despesas processuais em processo judicial (art. 91 do CPC/2015)[20], de preparo de recursos (art. 1007, § 1º, do CPC/2015) e de depósito prévio para propositura de ação rescisória (art. 968, § 1º, do CPC/2015); **b)** o juízo privativo outorgado aos entes públicos por leis estaduais de organização judiciária (com a criação de varas da Fazenda Pública); **c)** a previsão de regras especiais para fixação de honorários de sucumbência em processos nos quais a Fazenda Pública figure como parte (art. 85, §§ 3º a 7º, do CPC/2015); **d)** a proibição legal de deferimento de medidas liminares em determinadas hipóteses, especialmente quando implique pagamento de qualquer natureza (art. 7º, §§ 2º e 5º, da Lei nº 12.016/2009), a necessidade de ouvida dos entes públicos antes da concessão de tutela provisória em mandado de segurança coletivo e em ação civil pública (art. 2º da Lei nº 8.437/1992 e art. 22, § 2º, da Lei nº 12.016/2009) e a restrição à execução provisória de sentenças ou acórdãos (art. 14 da Lei nº 12.016/2009 e art. 2º-B da Lei nº 9.494/1997).

Essas prerrogativas não podem ser objeto de disposição pela Fazenda Pública em sede de negócio jurídico processual. O Poder Público não pode, por exemplo, comprometer-se a antecipar custas processuais em processo judicial, subordinar a admissibilidade de eventual recurso por si interposto a prévio preparo ou comprometer-se a somente ajuizar ação rescisória contra determinada decisão judicial efetuando o prévio depósito previsto em lei de que é dispensada. Tratam-se de negócios processuais inválidos por ilicitude de seus objetos, podendo caracterizar, inclusive, a prática de ato de improbidade administrativa pelo agente público que os celebrar (art. 10 da Lei nº 8.429/1992).

O juízo privativo outorgado aos entes públicos, nas Comarcas em que existente, é prerrogativa que também não pode ser objeto de negociação. Trata-se de competência absoluta fixada em razão da pessoa e, portanto, cuida-se de norma cogente, inderrogável pela vontade das partes, nos termos previstos pelo art. 62 do CPC/2015. Será ilícito o objeto de convenção processual que pretenda afastar a competência desse juízo.

---

20. Excepcionadas as despesas relacionadas com a produção de prova pericial (art. 91, §§ 1º e 2º, do CPC/2015). Há de se considerar, ainda, que essa prerrogativa não se aplica à arbitragem, em que as despesas processuais poderão ser antecipadas pelo Poder Público, nos termos do art. 13, § 7º, da Lei nº 9.307/1996.

Não haverá, entretanto, ilicitude na celebração de convenção processual pelo Poder Público com cláusula de eleição de foro, deslocando-se a demanda de Comarca onde exista juízo privativo para outra que não o possua. A modificação da competência territorial por acordo entre as partes pode afastar, indiretamente, a atuação de juízo privativo, se escolhido foro onde ele não exista[21].

Além da hipótese da convenção de escolha de foro, já mencionada, que poderá acarretar, indiretamente, a não submissão de uma demanda envolvendo a Fazenda Pública a um juízo privativo, tome-se, por exemplo, ainda e na mesma linha, a celebração de uma convenção de arbitragem, que, ao excluir a apreciação do processo por órgão judicial, afasta, como consequência, a prerrogativa da remessa necessária, inaplicável no âmbito arbitral[22].

A prerrogativa concernente à previsão de regras especiais para fixação de honorários de sucumbência em processos nos quais a Fazenda Pública figure como parte somente poderá ser objeto de convenção processual se destinada a ampliar a proteção a que se destina, não a reduzi-la. O intuito de seu estabelecimento é o de resguardar o erário, conferindo limites razoáveis para a fixação da verba honorária sucumbencial a ser suportada pelo Poder Público. E, em atenção ao princípio da isonomia, também os advogados públicos estarão sujeitos à percepção de honorários seguindo-se o mesmo parâmetro, quando sagrar-se vitoriosa a Fazenda Pública.

Não poderá haver negócio jurídico processual que estabeleça elevação do valor percentual máximo de cada faixa estabelecida no art. 85, § 3º, do CPC/2015 ou que amplie o valor limite de incidência dos percentuais de cada faixa, ou, ainda, que estabeleça qualquer outro critério de que resulte possível majoração da condenação em honorários a ser sofrida pela Fazenda Pública.

---

21. Súmula nº 206 do Superior Tribunal de Justiça: "A existência de vara privativa, instituída por lei estadual, não altera a competência territorial resultante das leis do processo". Salomão Viana, examinando o art. 51 do CPC/2015, conclui que as regras de competência territorial dele extraíveis têm natureza absoluta, tendo em vista possuírem alicerce constitucional. O dispositivo inserto no art. 51 do CPC/2015 é reprodução do art. 109, §§ 1º e 2º, da Constituição Federal (VIANA, Salomão. Comentário ao art. 51. In: WAMBIER, Teresa Arruda Alvim; DIDIER JUNIOR, Fredie; TALAMINI, Eduardo; DANTAS, Bruno (coord.). Breves comentários ao novo Código de Processo Civil. São Paulo: RT, 2015, p.200.). Desse modo, não seria possível para a União, seguindo-se o raciocínio do autor, celebrar negócio jurídico de eleição de foro, salvo quando a escolha recaísse em um dos foros que integram o que denominou de "competência absoluta concorrente" (art. 51, parágrafo único, do CPC/2015).

22. Enunciado nº 164 do FPPC: "A sentença arbitral contra a Fazenda Pública não está sujeita à remessa necessária".

Por outro lado, é possível convenção processual que estabeleça, por exemplo, a redução dos limites percentuais mínimo e máximo de honorários previstos em cada faixa ou outro acordo que não implique possível majoração da condenação em honorários a ser sofrida pela Fazenda Pública.

As prerrogativas que objetivam garantir a sujeição de determinados temas à possibilidade de contraditório prévio (proibição de deferimento de medidas liminares) ou ao esgotamento do contraditório (restrição à execução provisória) não podem ser objeto de negócios jurídicos processuais que as restrinjam ou afastem aprioristicamente, porquanto se entende que essa submissão ao contraditório ou ao seu esgotamento é medida especialmente necessária à tutela do interesse público e/ou do patrimônio público.

Tem-se, portanto, que, como regra, as prerrogativas relacionadas ao regime jurídico de direito material a que se sujeitam as pessoas jurídicas de direito público ou à própria natureza dessas não podem ser restringidas ou afastadas por negócios jurídicos processuais, sob pena de se caracterizar a ilicitude de objeto de acordo que assim disponha. No entanto, essas prerrogativas não são absolutas e estão sujeitas a limites, sendo possível que uma convenção processual lícita indiretamente as afete, sem qualquer comprometimento à validade do pacto celebrado.

4. NEGOCIABILIDADE DAS PRERROGATIVAS PROCESSUAIS DA FAZENDA PÚBLICA RELACIONADAS AO FUNCIONAMENTO DA ESTRUTURA ADMINISTRATIVA

No que diz respeito às prerrogativas relacionadas ao funcionamento da estrutura administrativa, destinam-se elas a garantir a concretização do princípio da igualdade material, buscando minimizar as dificuldades operacionais decorrentes da complexa estrutura burocrática a que se submete o Poder Público, bem como a viabilizar a atuação dos advogados públicos a despeito do volume de trabalho que lhes é imposto.

Quanto a essas prerrogativas, revela-se maior a possibilidade de celebração de negócios jurídicos processuais sem que se extrapole o âmbito de licitude do objeto convencionado.

Não se exclui a possibilidade, por exemplo, de celebração, pelo Poder Público, de negócio jurídico processual com vistas à diminuição de seus prazos processuais, em limites razoáveis, desde que essa redução não afete o núcleo essencial do seu direito ao contraditório e à ampla defesa[23]. Tomem-se alguns exemplos.

Segundo disciplina o art. 3º da Lei nº 10.259/2001, ao Juizado Especial Federal compete processar, conciliar e julgar demandas de competência da Justiça Federal até o valor de sessenta salários mínimos, salvo exceções mencionadas no § 1º do mesmo artigo. Adiante, o § 3º do mesmo art. 3º esclarece que a competência do Juizado Especial Federal será absoluta no foro onde houver sido instalada Vara daquele Juizado.

Assim, inexistente Vara do Juizado Federal em determinada localidade, a parte poderá demandar na Vara Federal comum ou, a depender da circunstância, até mesmo em Vara da Justiça Estadual (art. 109, § 3º, da CF/1988). Acresça-se, ainda, a informação de que, no rito dos Juizados, à Fazenda Pública não se confere prazo diferenciado para a prática de qualquer ato processual (art. 9º da Lei nº 10.259/2001).

Diante do contexto fático acima delineado, concluir-se-á que uma demanda que se enquadre na regra de competência do art. 3º da Lei nº 10.259/2001 seguirá, se proposta em local que seja sede de Vara do Juizado Especial Federal, o rito previsto na Lei nº 10.259/2001, enquanto que, se ajuizada em lugar onde não haja Vara do Juizado Especial Federal, atenderá, como regra, ao proce-

---

23. José Roberto Fernandes Teixeira defende que cada Procuradoria contemple regras que disciplinem a atividade de seus Procuradores, delimitando o âmbito de negociabilidade admitido, este que poderá abranger, inclusive, segundo o autor, a redução de prerrogativas fazendárias (ex.: diminuição de prazos processuais), desde que concretamente desnecessárias (TEIXEIRA, José Roberto Fernandes. Negócios jurídicos processuais e Fazenda Pública. *In*: ARAÚJO, José Henrique Mouta; CUNHA, Leonardo Carneiro da (coord.). *Advocacia pública*. Salvador: Juspodivm, 2015, p. 180). Rogério Pacheco Alves defende a submissão das prerrogativas fazendárias ao princípio da proporcionalidade, de modo que a utilização dessas prerrogativas se dê apenas quando estritamente necessária (ALVES, Rogério Pacheco. *As prerrogativas da administração pública nas ações coletivas*. Rio de Janeiro: Lumen Juris, 2007, p. 67). Willis Santiago Guerra Filho, embora não vislumbre inconstitucionalidade na atribuição, à Fazenda Pública, do benefício de cômputo diferenciado de prazos processuais, sugere, *de lege ferenda* (à vista do Código de Processo Civil de 1973, mas em lição ainda aplicável à realidade atual), a adoção do "prazo judicial", existente em alguns Códigos de Processo Civil estaduais anteriores ao CPC/1939, que atribui ao juiz a decisão de fixar, mediante requerimento fundamentado do ente público, prazo dilatado para a prática de atos processuais (GUERRA FILHO, Willis Santiago. Princípios da isonomia e da proporcionalidade e privilégios processuais da Fazenda Pública. *Revista de processo*, São Paulo, ano 21, n. 82, abr.-jun./1996, p. 87). Ivani Contini Bramante posiciona-se no sentido de que as prerrogativas processuais, sendo exceções, devem estar previstas expressamente e ser interpretadas restritivamente, cabendo ao magistrado, à vista do caso concreto, aferir a constitucionalidade ou não do uso de prerrogativas processuais pela Fazenda Pública (BRAMANTE, Ivani Contini. Prerrogativas processuais da Fazenda Pública e princípio da isonomia. *Revista de processo*, São Paulo, ano 29, n. 117, set.-out./2004, p. 376-379).

dimento comum regrado no Código de Processo Civil. No primeiro caso, o ente público terá, por exemplo, prazo simples de 10 (dez) dias corridos[24] para oferecer recurso inominado contra a sentença (art. 42 da Lei nº 9.099/1995); no segundo, o prazo será de 30 (trinta) dias úteis para interposição do recurso de apelação (arts. 183 e 1003, § 5º, do CPC/2015).

Em causas de menor complexidade que poderiam estar submetidas ao rito dos Juizados, mas que foram propostas no juízo comum, não há razão, a princípio, para afastar a possibilidade de celebração de negócio jurídico processual pelo Poder Público, contemplando cláusula com a redução de prazos processuais, havendo uma presunção legal (extraível da própria Lei dos Juizados) de que o afastamento da prerrogativa, no caso, não se revela capaz de afetar a adequada atuação do ente público em juízo, em defesa do interesse público.

Se, por um lado, o princípio da isonomia no processo que envolva a Fazenda Pública mais bem se concretiza pela atribuição, àquela, de cômputo diferenciado de prazos processuais, por outro, a menor complexidade da demanda e o baixo vulto econômico nela envolvido justificam, no âmbito dos Juizados Especiais Federais e Fazendários, que se conceda primazia às celeridade e efetividade processuais, afastando-se aquela prerrogativa do Poder Público.

Essa *ratio*, que norteou o juízo de ponderação realizado abstratamente pelo legislador e inserido nas Leis nº 10.259/2001 e 12.153/2009[25], pode

---

24. Os limites objetivos deste texto não permitem que se adentre na discussão acerca da aplicabilidade ou não do art. 219 do CPC aos Juizados Especiais. A referência, feita no texto, à contagem dos prazos em dias corridos decorre não de posicionamento pessoal da autora, mas, sim, de tendência verificável no âmbito dos Juizados Especiais, sobretudo à vista do Enunciado nº 161 do FONAJE ("ENUNCIADO 161- Considerado o princípio da especialidade, o CPC/2015 somente terá aplicação ao Sistema dos Juizados Especiais nos casos de expressa e específica remissão ou na hipótese de compatibilidade com os critérios previstos no art. 2º da Lei 9.099/95") e, ainda, da Nota Técnica nº 01/2016 oriunda daquele Fórum, da qual se extrai o posicionamento dominante de magistrados presentes àquele evento pela inaplicabilidade do art. 219 do CPC/2015 aos Juizados Especiais, por incompatibilidade da regra com o princípio da celeridade processual. Em sentido contrário, o Enunciado nº 476 do FPPC prevê que "a contagem do prazo processual em dias úteis prevista no art. 219 aplica-se aos Juizados Especiais Cíveis, Federais e da Fazenda Pública".

25. Carlos José Cordeiro e Josiane Araújo Gomes sustentam, dentre outros fundamentos (a exemplo da desburocratização própria do rito dos juizados e da possibilidade de a parte contrária sequer estar sendo acompanhada por advogado), que a inexistência de prerrogativas processuais previstas em favor da Fazenda Pública nos Juizados objetiva a concessão de tutela jurisdicional célere, justa e efetiva, atendendo-se à duração razoável do processo. Nesse sentido, a previsão de tais prerrogativas para atuação do Poder Público em demandas de baixa complexidade e que envolvam bens

ser aplicada para se reconhecer a licitude de redução negocial de prazos da Fazenda Pública na Justiça comum quando presentes aquelas circunstâncias (demanda de baixa complexidade e de baixo valor econômico).

Outra hipótese em que a celebração de negócio processual de que resulte redução de prazo processual conferido por lei à Fazenda Pública é admissível consiste nos casos em que o processo cuide de questão unicamente de direito (contemplando tese ainda não firmada judicialmente), não havendo controvérsia sobre matéria de fato, e tenha cunho repetitivo.

Não raro, em tais circunstâncias, não variam as informações recebidas dos órgãos administrativos pelos advogados públicos, não havendo a necessidade, salvo especificidade encontrável em um determinado processo (a exemplo de uma eventual cumulação de pedidos), de se renovar, a cada demanda, o pedido de fornecimento de subsídios para a defesa do ente público. Nesse caso, a redução do prazo de defesa da Fazenda Pública, abdicando-se, por exemplo, de seu cômputo dobrado, não acarretaria, em regra, prejuízo ao exercício de sua ampla defesa e do contraditório.

A prerrogativa de intimação pessoal do advogado público também estabelecida no art. 183 do CPC/2015 segue a mesma lógica delineada para a prerrogativa de cômputo diferenciado de prazos. Trata-se de prerrogativa que não decorre diretamente do regime jurídico de direito material a que se sujeita o Poder Público, mas, sim, que visa equacionar e racionalizar a atuação profissional dos advogados públicos, sujeitos a carga de trabalho (por eles impassível de limitação) capaz de comprometer a adequada defesa do ente público em juízo.

Apesar da finalidade a que se predispõe, pode haver disposição, em um caso concreto, da prerrogativa de intimação pessoal do advogado público sem que tal circunstância justifique a invalidação da convenção processual por ilicitude de seu objeto. É o que ocorre, por exemplo, quando a Fazenda Pública celebra o pacto de calendarização previsto no art. 191 do CPC/2015,

---

e direitos de baixo valor afrontaria o princípio da razoabilidade (CORDEIRO, Carlos José; GOMES, Josiane Araújo. Da inexistência das prerrogativas processuais de benefício de prazo e de remessa obrigatória em favor da fazenda Pública nos Juizados Especiais. *Revista Forense*, Rio de Janeiro, v. 418, jul.-dez./2013, p. 19-22). Esse fundamento apontado pelos autores já se revela suficiente a lastrear a conclusão adotada neste trabalho, quanto à possibilidade de negociação da prerrogativa de cômputo diferenciado de prazos processuais pela Fazenda, em processos que poderiam ter curso em Vara de Juizado Federal ou Fazendário, mas que têm curso na justiça comum, federal ou estadual, por inexistência de Vara de Juizado no foro onde tramita a demanda.

sujeitando-se, assim, à consequência estabelecida no § 2º daquele artigo, que dispensa a intimação das partes para a prática de ato processual ou a realização de audiência cujas datas tenham sido designadas no calendário.

É possível, ainda, que o Poder Público dispense a intimação pessoal para certos atos do processo, a exemplo da intimação da inclusão de processo em pauta de julgamento. Trata-se de hipótese que poderia justificar, inclusive, a celebração de protocolo institucional entre o Poder Judiciário e a Fazenda Pública, regulando-se modo distinto de intimação do ente público, que, a rigor, deveria ter ciência da inclusão do processo em pauta por uma das formas indicadas no § 1º do art. 183 do CPC/2015 (carga, remessa ou meio eletrônico).

O protocolo institucional poderia definir que a intimação do Poder Público seja feita pelo encaminhamento semanal da pauta de julgamento, sem necessidade de que se efetuem intimações individuais para cada processo ou, ainda, poderia considerar suficiente a veiculação da pauta de julgamento no órgão de publicação oficial. A dispensa da prerrogativa não acarretaria, nesses parâmetros, prejuízo à Fazenda Pública, sobretudo no primeiro modelo; antes colaboraria para a própria racionalização do controle realizado sobre os processos incluídos em pauta de julgamento. De se notar, além disso, que o acordo a ser celebrado abrangeria processos indeterminados e teria como partes o ente público e o Poder Judiciário.

5. CONCLUSÃO

O ponto nodal de compreensão da cláusula geral de atipicidade da negociação processual prevista no art. 190 do CPC/2015 reside na definição dos seus limites de validade. Estabelecer o alcance do poder de autorregramento de cada sujeito processual, delinear os critérios de aferição da capacidade dos celebrantes, definir a esfera de licitude e de ilicitude dos objetos a serem convencionados são questões de extremo relevo para a adequada construção de sentido da cláusula aberta sob exame.

Dentro desse contexto, volvendo-se a análise à licitude de convenção processual que tenha por objeto prerrogativa processual outorgada pelo ordenamento jurídico à Fazenda Pública, não se pode afirmar a existência de vedação, *a priori*, de negociabilidade de toda e qualquer prerrogativa processual daquela.

Partindo-se da sistematização das prerrogativas processuais da Fazenda Pública lastreada no fundamento justificador de seu estabelecimento, duas conclusões basilares podem ser hauridas, em linhas gerais e em juízo de ponderação preventiva ou abstrata.

Quanto às prerrogativas que se fundam na natureza de pessoa jurídica de direito público do ente fazendário litigante ou, ainda, no regime de direito material a que se sujeitam os entes públicos, tenderá a ser ilícito o objeto da convenção processual quando resulte em mitigação ou renúncia à prerrogativa, muito embora seja possível, a depender do caso, a sua ampliação (salvo quando os limites – positivos e negativos – da prerrogativa forem fixados com reserva de lei).

No que diz respeito às prerrogativas que têm por fundamento o modo peculiar de funcionamento estrutural da Administração, são aquelas mais permeáveis à possibilidade de lícita disposição, desde que dessa disposição não decorra prejuízo ao exercício, pelo ente público, de seus direitos ao contraditório e à ampla defesa.

De todo modo, a adequada concretização da cláusula geral de negociação processual constante do art. 190 do CPC/2015, trate-se ou não de negócio que envolva prerrogativa processual da Fazenda Pública, não dispensará a concepção de uma nova mentalidade processual, reconhecendo-se o valor e a importância do poder de autorregramento das partes na gestão processual.

Essa compreensão deve estar arrimada no modelo cooperativo de processo, na valorização de uma participação consensual e democrática dos sujeitos do processo, voltada à obtenção de uma decisão de mérito justa e efetiva em tempo razoável. Esse parâmetro permitirá, se não eliminar, ao menos reduzir consideravelmente a zona cinzenta que se apresentará na definição do que é ou não possível convencionar e de quem poderá fazê-lo e sob que circunstâncias.

6. REFERÊNCIAS

ALVES, Rogério Pacheco. *As prerrogativas da administração pública nas ações coletivas*. Rio de Janeiro: Lumen Juris, 2007.

BARCELLOS, Ana Paula de. *Ponderação, racionalidade e atividade jurisdicional*. Rio de Janeiro: Renovar, 2005.

BRAMANTE, Ivani Contini. Prerrogativas processuais da Fazenda Pública e princípio da isonomia. *Revista de processo*, São Paulo, ano 29, n. 117, p. 365-383, set.-out./2004.

CARVALHO, Wesley Corrêa. Prerrogativas da Fazenda Pública em juízo. Por que elas simplesmente não acabam. *Revista dialética de direito processual,* São Paulo, n. 121, p. 154-159, abr./2013.

CORDEIRO, Carlos José; GOMES, Josiane Araújo. Da inexistência das prerrogativas processuais de benefício de prazo e de remessa obrigatória em favor da fazenda Pública nos Juizados Especiais. *Revista Forense*, Rio de Janeiro, v. 418, p. 03-26, jul.-dez./2013.

COSTA, Regina Helena. As prerrogativas e o interesse da justiça. *In*: SUNDFELD, Carlos Ari; BUENO, Cássio Scarpinella (coord.). *Direito processual público:* a Fazenda Pública em juízo. São Paulo: Malheiros, 2000, p. 79-88.

CUNHA, Leonardo Carneiro da. *A Fazenda Pública em juízo*. 13. ed. Rio de Janeiro: Forense, 2016.

DIDIER JUNIOR, Fredie; CUNHA, Leonardo Carneiro da. *Curso de direito processual civil*. 13. ed. Salvador: Juspodivm, 2016, v.3.

_____; _____. Remessa necessária no novo CPC. *In*: ARAÚJO, José Henrique Mouta; CUNHA, Leonardo Carneiro da (coord.). *Advocacia pública*. Salvador: Juspodivm, 2015, p. 123-142.

GUERRA FILHO, Willis Santiago. Princípios da isonomia e da proporcionalidade e privilégios processuais da Fazenda Pública. *Revista de processo,* São Paulo, ano 21, n. 82, p. 70-91, abr.-jun./1996.

LEMOS, Bruno Espiñeira. *Precatório*: trajetória e desvirtuamento de um instituto. Necessidade de novos paradigmas. Porto Alegre: S.A. Fabris, 2004.

MEDINA, José Miguel Garcia. *Novo Código de Processo Civil comentado*. 4. ed. São Paulo: RT, 2016.

MIRANDA, Jorge. *Manual de direito constitucional*. 3. ed. Coimbra: Coimbra Editora, 2000, t. 4.

MORAES, José Roberto de. As prerrogativas e o interesse da Fazenda Pública. *In*: SUNDFELD, Carlos Ari; BUENO, Cássio Scarpinella (coord.). *Direito processual público:* a Fazenda Pública em juízo. São Paulo: Malheiros, 2000, p . 66-78.

MOREIRA, José Carlos Barbosa. O benefício da dilatação de prazo para a Fazenda Pública: âmbito de incidência do art. 188 do novo Código de Processo Civil. *Revista de processo,* São Paulo, ano 01, n. 01, p. 51-58, jan.-mar./1976.

SCALIONI, Monalisa Gualberto. As prerrogativas processuais da Fazenda Pública: uma análise de sua compatibilização com a nova ordem jurídico-processual. *In*: CASTRO, João Antônio Lima (coord.). *Direito processual*. Belo Horizonte: PUC Minas, Instituto de Educação Continuada, 2012, p. 879-887.

TEIXEIRA, José Roberto Fernandes. Negócios jurídicos processuais e Fazenda Pública. *In*: ARAÚJO, José Henrique Mouta; CUNHA, Leonardo Carneiro da (coord.). *Advocacia pública*. Salvador: Juspodivm, 2015, p. 173-182.

THEODORO JUNIOR, Humberto. Aspectos processuais do precatório na execução contra a Fazenda Pública. *Revista Dialética de Direito Processual*, São Paulo, Dialética, n. 22, p. 73-90, jan./2005.

VIANA, Juvêncio Vasconcelos. *Efetividade do processo em face da Fazenda Pública*. São Paulo: Dialética, 2003.

VIANA, Salomão. Comentário ao art. 51. *In*: WAMBIER, Teresa Arruda Alvim; DIDIER JUNIOR, Fredie; TALAMINI, Eduardo; DANTAS, Bruno (coord.). *Breves comentários ao novo Código de Processo Civil*. São Paulo: RT, 2015, p.200-203.

YARSHELL, Flávio Luiz. A execução e a efetividade do processo. *In*: SUNDFELD, Carlos Ari; BUENO, Cássio Scarpinella (coord.). *Direito processual público:* a Fazenda Pública em juízo. São Paulo: Malheiros, 2000, p. 212-222.

NEGÓCIOS JURÍDICOS PROCESSUAIS: *"LIBERTAS QUÆ SERA TAMEN"*

Lúcio Grassi de Gouveia[1]
Marina Motta Benevides Gadelha[2]

Sumário: 1. Introdução – 2. Aspectos comparativos dos negócios jurídicos processuais no Código de Processo Civil de 1973 e no Código de Processo Civil de 2015 – 3 Negócios Jurídicos Processuais no Código de Processo Civil de 2015. – 4 O papel do juiz nos negócios jurídicos processuais. – 5. A decisão que nega eficácia ao negócio jurídico processual – 6. Conclusões – Referências

1. INTRODUÇÃO

O Código de Processo Civil de 2015, em vigor desde 18 de março de 2016, trouxe, em seu artigo 190, expressamente, a previsão de as partes estipularem "mudanças no procedimento para ajustá-lo às especificidades da causa e convencionar sobre os seus ônus, poderes, faculdades e deveres processuais, antes

---

[1]. Professor Adjunto II da Universidade Católica de Pernambuco (Graduação, Mestrado e Doutorado). Doutor em Direito pela Universidade Clássica de Lisboa. Mestre em Direito pela UFPE. Pesquisador do Grupo de Pesquisa Processo e Hermenêutica da Unicap. Conselheiro Fiscal da Associação Brasileira de Direito Processual. Secretário Adjunto do Instituto Brasileiro de Direito Processual. Membro da Associação Norte-Nordeste dos Professores de Processo. Juiz de Direito em Recife-PE.

[2]. Doutoranda em Direito, Processo e Cidadania pela Universidade Católica de Pernambuco. Mestre em Ciências Jurídico-Políticas II pela Faculdade de Direito da Universidade de Coimbra. Especialista em Ciências Jurídico-Políticas II pela Faculdade de Direito da Universidade de Coimbra. Especialista em Gestão Ambiental pela Fundação Mineira de Educação e Cultura. Advogada e professora universitária. Pesquisadora do Grupo de Pesquisa Processo e Hermenêutica da Unicap.

ou durante o processo". Trata-se, na realidade, de mais uma demonstração do modelo colaborativo de processo, que transmudou, como lembra Leonardo Carneiro da Cunha, o processo num espaço para solução de conflitos, muito mais do que em um espaço para julgamento[3].

Não sendo o objetivo deste artigo escavar origens e dissensos conceituais, basta-nos, por hora, afirmar que os negócios jurídicos processuais se constituem em uma modalidade do gênero negócio jurídico, este definido por Pontes de Miranda como "o ato humano consistente na manifestação, ou manifestações de vontade, como causa do suporte fático de regra jurídica, ou de regras jurídicas, que lhe dêem (sic) eficácia jurídica[4]".

Nessa linha, os negócios jurídicos processuais seriam manifestações de vontade capazes de gerar efeitos no ambiente processual dentro do qual foram criadas ou ao qual se destinam. Isso porque é possível a realização de negócios jurídicos processuais já no curso do processo ou mesmo antes dele, como uma espécie de ato preparatório.

Essas declarações de vontade, portanto, terão o condão de constituir, modificar ou mesmo extinguir situações processuais, ou, ainda, de alterar o procedimento[5].

Como regra, os negócios jurídicos processuais, considerada a sua formação, podem ser atos unilaterais ou plurilaterais[6] (expressão que preferimos a "bilaterais", por ser menos restritiva). O negócio jurídico processual será unilateral quando refletir uma expressão da vontade de um indivíduo (ou de vários indivíduos em um mesmo polo processual) "que dispõe de alguma posição jurídica processual de que era titular[7]". Será plurilateral quando praticado por mais de um sujeito da relação processual cujas vontades confluem para a consecução de efeitos predefinidos.

---

3. CUNHA, Leonardo Carneiro da. Negócios jurídicos processuais no processo civil brasileiro. *In Negócios processuais*. Coordenadores: Antonio do Passo Cabral, Pedro Henrique Nogueira. 2. ed. rev., atual., ampl. Salvador: Jus Podivm, 2016, p. 39-73, p. 61.
4. MIRANDA, Pontes. *Tratado de direito privado*. Atual. por Vilson Rodrigues Alves. Campinas: Bookseller, 2000. T.1: parte geral, p. 142.
5. CABRAL, Antônio do Passo. *Convenções processuais*. Salvador: Jus Podivm, 2016, p. 49.
6. Leonardo Carneiro da Cunha, por seu turno, acredita na existência de três categorias: os negócios jurídicos processuais unilaterais, bilaterais e plurilaterais. CUNHA, Leonardo Carneiro da. Op. cit., p. 56.
7. TALAMINI, Eduardo. *Um processo para chamar de seu*: nota sobre os negócios jurídicos processuais. Disponível em: [http://www.migalhas.com.br/dePeso/16,MI228734,61044--Um+processo+pra+chamar+de+seu+nota+sobre+os+negocios+juridicos]. Acesso em 12 abr. 2016.

Neste artigo, pretendemos, a partir de uma análise comparativa entre os Códigos de Processo Civil de 1973 e de 2015, abordar os negócios jurídicos processuais e a participação do magistrado, investigando a influência da atuação do juiz em sua existência, validade e eficácia.

Assim, haverá uma incursão pelos negócios jurídicos processuais no antigo e no atual Código de Processo Civil, para que sejamos capazes de compreender se eles já existiam no regime anterior ou se foram inaugurados em nosso ordenamento jurídico com entrada em vigor do novo CPC em 2016.

Palmilhando esse percurso, será questionada a participação do magistrado na formação dos negócios jurídicos processuais nos dois códigos postos em cotejo, para que, então, investiguemos o tratamento que o juiz deve conferir aos mesmos após a entrada em vigor do Código de Processo Civil de 2015. Investigaremos ainda a possibilidade de impugnação da decisão judicial que negar validade ou eficácia aos negócios jurídicos processuais.

2. ASPECTOS COMPARATIVOS DOS NEGÓCIOS JURÍDICOS PROCESSUAIS NO CÓDIGO DE PROCESSO CIVIL DE 1973 E NO CÓDIGO DE PROCESSO CIVIL DE 2015

O Código de Processo Civil de 2015 colocou uma pá de cal sobre a discussão doutrinária acerca da existência dos negócios jurídicos processuais, fortalecida, evidentemente, pela (alegada) ausência de previsão expressa no Código de Processo Civil de 1973, sob cujo império representantes de escol da doutrina processualista brasileira afirmavam que estes, simplesmente, inexistiam[8].

A orientação pela impossibilidade de realização dos negócios jurídicos processuais no regime de 1973, entretanto, estava arrimada muito mais numa orientação ideológica do que hermenêutica. De fato, presos à concepção de que o processo, uma vez destacado do direito material, adquirira um cariz eminentemente publicista, esses autores pregavam sua indisponibilidade. As partes, portanto, não teriam qualquer ingerência sobre os efeitos dos atos processuais.

---

8. É o caso, por exemplo, de Cândido Rangel Dinamarco, Daniel Mitidiero e Alexandre Freitas Câmara. DINAMARCO, Cândido Rangel. *Instituições de direito processual civil*. 6. ed. São Paulo: Malheiros, 2009. v. 2, p. 484-485; CÂMARA, Alexandre Freitas. *Lições de direito processual civil*. 23. ed. São Paulo: Atlas, 2012. v. 1, p. 274; e MITIDIERO, Daniel. *Comentários ao código de processo civil*. São Paulo: Memória Jurídica, 2005. v. 2, p. 15-16.

A despeito das respeitáveis vozes em sentido diverso, entendemos que o Código de Processo Civil de 1973 já viabilizava a realização de negócios jurídicos processuais. De fato, é possível perceber ao longo de todo o texto do Código de Processo Civil revogado situações que evidenciam essa possibilidade[9].

Para a maior parte da doutrina, porém, o Código de Processo Civil de 1973 só admitia a realização de negócios jurídicos processuais *típicos*, ou seja, expressamente previstos em lei. Alguns poucos processualistas acreditavam na possibilidade de realização dos negócios jurídicos processuais *atípicos*, com base no artigo 158, que assim dispunha: "Os atos das partes, consistentes em declarações unilaterais ou bilaterais de vontade, produzem imediatamente a constituição, a modificação ou a extinção de direitos processuais".

Em que pese o respeito pelos processualistas que negam a existência dos negócios jurídicos processuais no Código de Processo Civil de 1973, entendemos que o Código revogado acolhia tanto os típicos quanto os atípicos.

Um exemplo corriqueiro, mas, por isso mesmo, bastante significativo da realização dos negócios jurídicos processuais atípicos sob a égide do Código

---

9. Citemos, fazendo uso da seleção realizada por Leonardo Carneiro da Cunha, os negócios jurídicos processuais previstos e regulados pelo Código de Processo Civil de 1973: i. modificação do réu na nomeação à autoria (arts. 65 e 66); ii. sucessão do alienante ou cedente pelo adquirente ou cessionário da coisa litigiosa (art. 42, § 1º); iii. acordo de eleição de foro (art. 111); iv. prorrogação da competência territorial por inércia do réu (art. 114); v. desistência do recurso (art. 158; art. 500, III); vi. convenções sobre prazos dilatórios (art. 181); vii. convenção para suspensão do processo (arts. 265, II, e 792); viii. desistência da ação (art. 267, § 4º; art. 158, parágrafo único); ix. convenção de arbitragem (art. 267, VII; art. 301, IX); x. revogação da convenção de arbitragem (art. 301, IX, e § 4º); xi. reconhecimento da procedência do pedido (art. 269, II); xii. transação judicial (arts. 269, III, 475-N, III e V, e 794, II); xiii. renúncia ao direito sobre o qual se funda a ação (art. 269, V); xiv. convenção sobre a distribuição do ônus da prova (art. 333, parágrafo único); xv. acordo para retirar dos autos o documento cuja falsidade foi arguida (art. 392, parágrafo único); xvi. conciliação em audiência (arts. 447 a 449); xvii. adiamento da audiência por convenção das partes (art. 453, I); xviii. convenção sobre alegações finais orais de litisconsortes (art. 454, § 1º); xix. liquidação por arbitramento em razão de convenção das partes (art. 475-C, I); xx. escolha do juízo da execução (art. 475-P, parágrafo único); xxi. renúncia ao direito de recorrer (art. 502); xxii. requerimento conjunto de preferência no julgamento perante os tribunais (art. 565, parágrafo único); xxiii. desistência da execução ou de medidas executivas (art. 569); xxiv. escolha do foro competente pela Fazenda Pública na execução fiscal (art. 578, parágrafo único); xxv. opção do exequente pelas perdas e danos na execução de obrigação de fazer (art. 633); xxvi. desistência da penhora pelo exequente (art. 667, III); xxvii. administração de estabelecimento penhorado (art. 677, § 2º); xxviii. dispensa da avaliação se o exequente aceitar a estimativa do executado (art. 684, I); xxix. opção do exequente pelo por substituir a arrematação pela alienação via internet (art. 689-A); xxx. opção do executado pelo pagamento parcelado (art. 745-A); xxxi. acordo de pagamento amigável pelo insolvente (art. 783); xxxii. escolha de depositário de bens sequestrados (art. 824, I); xxxiii. acordo de partilha (art. 1.031) (CUNHA, Leonardo Carneiro da. *Op. cit.*, p. 54-55).

de Processo Civil de 1973 está nas alegações finais do processo conduzido pelo rito ordinário. O *caput* do artigo 454 do Código de Processo Civil de 1973 dispunha que ao fim da audiência de instrução, "o juiz dará a palavra ao advogado do autor e ao do réu, bem como ao órgão do Ministério Público, sucessivamente, pelo prazo de 20 (vinte) minutos para cada um, prorrogável por 10 (dez), a critério do juiz". O § 3º do mesmo dispositivo autorizava, *nas causas complexas*, a substituição do debate oral por memoriais, caso em que o juiz designaria dia e hora para o seu oferecimento. Na prática, porém, os debates orais eram quase sempre dispensados e os memoriais, entregues ou na data fixada pelo juiz ou dentro do prazo por ele estipulado. Tudo conforme acertado entre as partes na própria audiência. Ou seja, tudo consoante um negócio jurídico processual atípico.

Outra comprovação do que se aduz é a dispensa de sustentação oral, por acordo entre os membros do órgão colegiado e a parte, quando aqueles antecipam o voto e asseveram estar acatando a tese da única parte presente ao julgamento e inscrita para a sustentação. Tratava-se, sem dúvida, de outra hipótese de negócio jurídico processual não expressamente prevista em lei e frequentemente observada pelos tribunais pátrios.

Destarte, uma indagação surge naturalmente em relação aos negócios jurídicos processuais: o que, então, mudou com a chegada do Código de Processo Civil de 2015, que gerou, como bem disse Jaldemiro Rodrigues de Ataíde Júnior, uma "euforia" em torno de tais negócios[10]?

Para esse autor, a resposta está "apenas na área de abrangência das normas cogentes (proibitivas ou impositivas) – que se afiguram como um limite geral de validade dos negócios jurídicos – que é sobremaneira reduzido por disposições como a do art. 191, § 1º, CPC/2015, que permitem a convenção sobre questões que antes eram tratadas por normas impositivas, como aquelas relativas aos prazos peremptórios[11]"

A falta de consciência da realização dos negócios jurídicos processuais atípicos durante a vigência do Código de Processo Civil de 1973[12] e a tal "eufo-

---

10. ATAÍDE JÚNIOR, Jaldemiro Rodrigues de. Negócios jurídicos materiais e processuais – existência, validade e eficácia – campo invariável e campos dependentes: sobre os limites dos negócios jurídicos processuais. In *Revista de Processo*. Vol. 244/2015, p. 393-423, jun/2015. DRT\2015\9713.
11. *Idem*.
12. Para Antonio do Passo Cabral, o fato de o legislador do Código de Processo Civil de 1973 prever algumas convenções processuais típicas não significa que para além daquelas hipóteses estavam vedados os acordos processuais. CABRAL, Antonio do Passo. *Op. cit.*, p. 90, rodapé.

ria" criada em torno do artigo 190 do Código de Processo Civil de 2015 (para não adentrar no ainda mais festejado artigo 191), a sugerir uma propensão à adoção dos negócios jurídicos processuais com mais clarividência do que no regime anterior, parece-nos evidenciar mais mudanças (tanto quantitativas quanto qualitativas) do que as encontradas pelo processualista paraibano.

O artigo 190 do Código de Processo Civil de 2015 – que, a nosso ver, pode ser enxergado como um desdobramento do artigo 200 do mesmo diploma legal – surge para abolir todos os questionamentos acerca da possibilidade ou não de se celebrarem negócios processuais atípicos. De fato, se no regime processual anterior, o artigo 158 já autorizava a realização de negócios jurídicos processuais atípicos – como verificamos – e se esse mesmo artigo praticamente foi repetido pelo Código de Processo Civil atual, no artigo 200, o artigo 190 cumpre a necessária missão de encerrar definitivamente o debate sobre a possibilidade de realização de negócios processuais atípicos.

Trata-se, no entender de Antônio do Passo Cabral, de uma norma geral, com conteúdo propositadamente vago, a conduzir o aplicador à sua integração[13]. Essa regra geral, portanto, "reforçou a lógica do princípio *in dubio pro libertate*[14]". Dito de outro modo, o artigo 190 do Código de Processo Civil de 2015 deixa expresso que os sujeitos processuais "declarem vontade dirigida à produção de efeitos jurídicos por eles queridos[15]".

Para Fredie Didier Jr., o novo CPC consagra, no particular, um sistema coerente e que reforça a existência de um princípio comum a diversas outras normas: o princípio do respeito ao autorregramento da vontade no processo civil" e uma das expressões desse novo princípio reside na "cláusula geral de negociação processual", ou seja, no artigo 190, o qual autoriza, sem deixar espaços a interpretações outras, a realização de negócios jurídicos processuais atípicos. Para esse autor, da cláusula geral trazida pelo artigo 190 do Código de Processo Civil de 2015, extrai-se o subprincípio da atipicidade da negociação processual, "a mais importante concretização do princípio do respeito ao autorregramento da vontade no processo civil e, por isso, o exemplo mais evidente da densidade normativa que esse mesmo princípio possui no direito brasileiro[16]".

---

13. *Ibidem*, p. 91.
14. *Ibidem*, p. 147.
15. YARSHELL, Flávio Luiz. *Op. cit.*, p. 77.
16. DIDIER JR., Fredie. Princípio do respeito ao autorregramento da vontade no processo civil. In Revista do Ministério Público do Rio de Janeiro nº 57, jul./set. 2015, p. 167-172.

Ressalte-se que o artigo 190 do Código de Processo Civil de 2015 autoriza às partes duas linhas diferentes de atuação – corroboradas pelo Enunciado nº 257 do Fórum Permanente de Processualistas Civis[17]: (i) realização de adequações no procedimento; e (ii) a celebração de convenções sobre seus ônus, poderes, faculdades e deveres processuais.

Para Luiz Rodrigues Wambier, o fato de as partes poderem convencionar a respeito de ônus, poderes, faculdades e deveres, e de estarem aptas a fazê-lo antes mesmo do processo, implica "uma expressiva inovação[18]".

Vemos, portanto, que a nova ordem trazida pelo Código de Processo Civil de 2015, no que se refere aos negócios jurídicos processuais, vai, de fato, bem mais adiante que o Código de Processo Civil de 1973, pois concede, realmente, uma maior autonomia às partes e, consequentemente, inaugura um novo subprincípio do Direito, independentemente de o futuro o consagrar ou não com a denominação que lhe deu Fredie Didier Jr. ou com a adaptação ao processo civil do princípio do *in dubio pro libertate*, sugerido por Antônio do Passo Cabral.

3. NEGÓCIOS JURÍDICOS PROCESSUAIS NO CÓDIGO DE PROCESSO CIVIL DE 2015

Já sabemos que houve significativa mudança – ou mesmo progresso – no regramento acerca dos negócios jurídicos processuais após o advento do Código de Processo Civil de 2015. Questiona-se qual o papel do juiz diante dos negócios jurídicos processuais. Pergunta-se: a grande maioria dos negócios jurídicos processuais depende de homologação para produzir efeitos no processo?

Analisando a existência dos negócios jurídicos processuais no Código de Processo Civil de 1973, Calmon de Passos via com alguma reserva a possibi-

---

17. Enunciado nº 257 "O art. 190 autoriza que as partes tanto estipulem mudanças do procedimento quanto convencionem sobre os seus ônus, poderes, faculdades e deveres processuais."
18. WAMBIER, Luiz R. *Sobre o negócio processual, previsto no CPC/2015*. Disponível em [http://teste.wambier.com.br/pt-br/artigos-br/sobre-o-negocio-processual-previsto-no-cpc-2015]. Acesso em 29 mar. 2015. Nesse mesmo artigo o processualista paranaense diz que "O legislador de 2015, diferentemente do que fez o legislador do código de 1973, ora vigente, simplificou a questão procedimental e escolheu um número menor de procedimentos, para serem especiais". Nessa nuance somos obrigados a discordar do eminente professor, pois todos os negócios jurídicos processuais típicos presentes no Código de Processo Civil de 1973 – veja nota de rodapé nº 9 – aforam preservados pelo Código de Processo Civil de 2015, que, ademais, acresceu a essa relação outros negócios jurídicos processuais típicos, a exemplo dos emblemáticos escolha consensual do perito (artigo 471) e calendarização do processo (artigo 191).

lidade de sua realização e atribuía essa reserva à dependência das partes em relação ao magistrado. Em sua inteligência, a homologação do magistrado se fazia necessária aos efeitos dos negócios jurídicos processuais[19]. Assim, muito embora o elemento vontade das partes estivesse presente, provavelmente nada aconteceria "sem o pronunciamento judicial integrativo[20]".

Não nos parece ser este o posicionamento mais adequado. O artigo 158 do Código de Processo Civil de 1973 – o qual permitia a realização dos negócios jurídicos processuais no regime anterior – estava redigido nos seguintes termos[21]: "art. 158. Os atos das partes consistentes em declarações unilaterais ou bilaterais de vontade produzem imediatamente a constituição, modificação ou extinção de direitos processuais."

Os negócios jurídicos processuais – previstos, nos termos já vistos alhures, desde o Código de Processo Civil de 1973 – via de regra não exigem a homologação para que possam constituir, modificar ou extinguir direitos processuais. Esse raciocínio é complementado pelo exame do parágrafo único do artigo em estudo, que assim reza: "Parágrafo único. A desistência da ação só produzirá efeito depois de homologada por sentença."

Na relação entre parágrafos e artigos na elaboração de textos legais, sabe-se que os parágrafos, como dispõe o artigo 11, inciso III, alínea "c" da Lei Complementar nº 95/1998, expressam "aspectos complementares à norma enunciada no caput do artigo e as exceções à regra por este estabelecida".

Nessa linha, e fazendo uma interpretação *a contrario sensu* do dispositivo transcrito, parece-nos que os negócios jurídicos processuais (típicos ou atípicos) praticados durante a vigência do Código de Processo Civil de 1973 não exigiam, para sua validade, a homologação judicial, esta reservada à desistência. Se assim não fosse, ou seja, se o artigo 158 do Código de Processo Civil de 1973 pretendesse submeter à homologação judicial outros ou mesmo todos os negócios jurídicos processuais, certamente teria indicado essa obrigatoriedade no parágrafo transcrito, o qual, como visto, traz consigo apenas uma ressalva à regra geral: a desistência da ação.

---

19. CALMON DE PASSOS, José Joaquim. *Esboço de uma teoria das nulidades aplicada às nulidades processuais*. Rio de Janeiro: Forense, 2005, p. 69-70.
20. NOGUEIRA, Pedro Henrique. *Negócios jurídicos processuais*. Salvador: Jus Podivm, 2016, p.144.
21. O *caput* do artigo 158 do Código de Processo Civil de 1973 foi repetido, em todos os seus termos, no *caput* do artigo 200 do Código de Processo Civil de 2015.

Como, portanto, a menção expressa a tal necessidade limitou-se à desistência da ação, não é possível, em nosso entendimento, concluir por meio de uma interpretação extensiva inquestionavelmente inapropriada à espécie[22], que essa mesma exigência se estenderia às demais hipóteses de negócios jurídicos processuais – típicos ou atípicos.

O mesmo se dá no Código de Processo Civil de 2015, pois seu artigo 200 praticamente repete o teor – apenas com ajustes de ordem cosmética – do artigo 158 do Código de Processo Civil de 1973. Assim, no Código de Processo Civil de 2015, bem como no Código de Processo Civil de 1973, a homologação judicial dos negócios jurídicos processuais é exceção, não regra.

Foi a conclusão a que chegou o Fórum Permanente de Processualistas Civis, ao aprovar o Enunciado nº 133: "Salvo nos casos expressamente previstos em lei, os negócios processuais do *caput* do art. 190 não dependem de homologação judicial"[23].

Há exemplos de situações em que a homologação judicial se faz necessária, como a convenção que determina a autocomposição para fins de interrupção da litispendência (artigo 515, II do Código de Processo Civil de 2015) e a que ajusta a forma de administração e escolhe o administrador de empresa ou semoventes penhorados (artigo 862, § 2º do Código de Processo Civil de 2015).

A doutrina é uníssona em afirmar que a homologação judicial dos negócios jurídicos processuais do *caput* do artigo 190 do Código de Processo Civil de 2015 só será exigida nas hipóteses previstas em lei, ou seja, em hipóteses legais já nominadas (artigo 200, parágrafo único; artigo 515, II e artigo 862, § 2º, todos do Código de Processo Civil de 2015), inclusive no caso dos negócios jurídicos processuais previstos no artigo 191, que envolvem a elaboração do calendário processual.

Assim, pretender ampliar a necessidade de homologação a todas as situações nas quais se identifica uma interferência de monta na esfera de atuação judicial traz consigo três problemas, que, ao fim e ao cabo, podem se tocar: a) cria-se um obstáculo à realização dos negócios jurídicos processuais que a lei processual não pretende criar – e nem poderia, sob pena de se perder

---

22. MAXIMILIANO, Carlos. *Hermenêutica e aplicação do direito*. Rio de Janeiro: Forense, 2006, p. 166-167.
23. O conteúdo do Enunciado nº 133 é complementado pelo do Enunciado nº 260: "A homologação, pelo juiz, da convenção processual quando prevista em lei, corresponde a uma condição de eficácia do negócio".

a harmonia do ordenamento; b) confundem-se os conceitos de limites dos negócios jurídicos processuais com a indispensabilidade de homologação, o que, em nosso sentir, não pode ser admitido; e c) institui-se um ambiente de profunda subjetividade – e, consequentemente, de insegurança jurídica – para o aperfeiçoamento do negócio jurídico processual, incompatível com a vontade da lei e do próprio instituto.

Sobre a desnecessidade de homologação dos negócios jurídicos processuais pelo juiz, Flávio Luiz Yarshell assegura que não sendo o magistrado parte no negócio jurídico processual – o que se dá, para a maioria da doutrina, apenas na hipótese do artigo 191[24] – dele não emana qualquer manifestação de vontade constitutiva do negócio, logo, "não há o que homologar[25]".

Na mesma direção, Pedro Henrique Nogueira assenta que mesmo antes da homologação não se pode dizer que o negócio seja plenamente ineficaz, isso porque o ato jurídico antes de homologado gera como efeitos mínimos: o poder processual do juiz de homologá-lo, assim como a vinculação da parte ao ato praticado, cuja desvinculação somente se dá com a revogação[26]".

Saliente-se ainda que a liberdade para celebração de negócios jurídicos processuais não deve ir de encontro a princípios e regras imperativas que norteiam nosso processo civil. O bom senso deve impedir exageros por parte de publicistas e privatistas, exigindo bom senso por parte dos aplicadores do direito.

Nessa linha, observe-se que alguns Enunciados elaborados por juízes em Encontro da Enfam, realizado no STJ em agosto de 2015, limitaram a celebração de alguns negócios jurídicos processuais, de modo a impedir que se valham destes para fazer tábula rasa de princípios e normas que garantem o devido processo legal, a publicidade, a boa-fé, a legalidade, a duração razoável do processo, a eficiência, dentre outros princípios. Nesses termos:

---

24. Cumpre não deslembrar que Antonio do Passo Cabral, apoiado na doutrina alemã, entende que o juiz não pode ser considerado parte de um negócio jurídico processual. CABRAL, Antonio do Passo. *Op. cit.*, p. 223-225.

25. YARSHELL, Flávio Luiz. *Op. cit.*, p. 79.

26. NOGUEIRA, Pedro Henrique. *Op. cit.*, p.229-230, nota de rodapé. Diogo Assumpção Rezende de Almeida complementa o raciocínio, opinando: "A ideia de necessária homologação pelo juiz de todos os atos praticados pelas partes, inclusive as convenções em matéria processual, é resquício do modelo exclusivamente social, pelo qual os atos das partes só têm sentido se estiverem de acordo com os anseios públicos perseguidos no processo."(ALMEIDA, Diogo Assumpção Rezende de. *Das convenções processuais no processo civil.* Tese (doutorado). Universidade do Estado do Rio de Janeiro, Faculdade de Direito. Rio de Janeiro, 2014, p. 95-96).

Enunciado 36) A regra do art. 190 do CPC/2015 não autoriza às partes a celebração de negócios jurídicos processuais atípicos que afetem poderes e deveres do juiz, tais como os que: a) limitem seus poderes de instrução ou de sanção à litigância ímproba; b) subtraiam do Estado/juiz o controle da legitimidade das partes ou do ingresso de amicus curiae; c) introduzam novas hipóteses de recorribilidade, de rescisória ou de sustentação oral não previstas em lei; d) estipulem o julgamento do conflito com base em lei diversa da nacional vigente; e e) estabeleçam prioridade de julgamento não prevista em lei;

Enunciado 37) São nulas, por ilicitude do objeto, as convenções processuais que violem as garantias constitucionais do processo, tais como as que: a) autorizem o uso de prova ilícita; b) limitem a publicidade do processo para além das hipóteses expressamente previstas em lei; c) modifiquem o regime de competência absoluta; e d) dispensem o dever de motivação.

Enunciado 38) Somente partes absolutamente capazes podem celebrar convenção pré-processual atípica (arts. 190 e 191 do CPC/2015).

Enunciado 39) Não é válida convenção pré-processual oral (arts. 4º, § 1º, da Lei n. 9.307/1996 e 63, § 1º, do CPC/2015).

Saliente-se que o debate a respeito da limitação dos poderes de instrução do juiz, através de convenções processuais, gerará grande polêmica nos tribunais, por ser matéria com nítido conteúdo ideológico. Nos demais casos, resta evidente que o juiz terá o poder-dever de controlar a validade das convenções processuais, recusando-lhes aplicação, por serem claramente nulas.

4. O PAPEL DO JUIZ NOS NEGÓCIOS JURÍDICOS PROCESSUAIS

Se, portanto, à semelhança do que já se dava no Código de Processo Civil de 1973, os negócios jurídicos processuais dispensam, em sua grande maioria, a homologação judicial, que papel desempenha o magistrado em sua aplicação ou mesmo em sua celebração?

A resposta a esta indagação advém, mais uma vez, de uma leitura mais acurada do parágrafo único do artigo 190 do Código de Processo Civil de 2015, abaixo reproduzido:

Parágrafo único. De ofício ou a requerimento, o *juiz controlará a validade* das convenções previstas neste artigo, recusando-lhes aplicação somente nos casos de nulidade ou de inserção abusiva em contrato de adesão ou em que alguma parte se encontre em manifesta situação de vulnerabilidade.

No que diz respeito à importância desse dispositivo, Bruno Garcia Redondo se manifestou nos seguintes termos:

A eficácia imediata dos negócios processuais é confirmada, ainda, pelo parágrafo único do art. 190, que revela que o controle das convenções processuais pelo juiz é sempre *a posteriori* e limitado aos vícios de inexistência ou de invalidade. O juiz somente pode negar aplicação a negócio processual se estiver presente alguma invalidade (vício relativo aos planos da existência ou da validade, abusividade de cláusula ou vulnerabilidade de parte), sendo-lhe vedado negar aplicação à convenção processual por qualquer outro motivo (v.g., por não ter sido de seu maior agrado o conteúdo do negócio processual).[27]

No exercício desse controle de validade ou regularidade do ajuste, o magistrado verificará: (i) se o objeto do ajuste admite composição, e, consequentemente, pode ser alvo de negócio jurídico processual[28]; (ii) se as partes são plenamente capazes[29], já que não se admite a celebração de negócio jurídico processual por parte representada ou assistida em juízo[30]; e (iii) e se o negócio jurídico processual não foi abusivamente inserido em cláusula de contrato de adesão[31].

---

27. REDONDO, Bruno Garcia. *Negócios processuais*: necessidade de rompimento radical com o sistema do CPC/1973 para a adequada compreensão da inovação do CPC/2015. Disponível em [https://www.academia.edu/ 15309740/Neg%C3%B3cios_processuais_necessidade_de_rompimento_radical_com_o_sistema_do_CPC_1973_para_a_adequada_compreens%C3%A3o_da_inova%C3%A7%C3%A3o_do_CPC_2015]. Acesso em 01 mai. 2016.

28. Cumpre-nos salientar, que a possibilidade de realização de negócio jurídico processual envolvendo direitos que não admitem a autocomposição será objeto de novo estudo a ser desenvolvido, de tal sorte, que, por enquanto, a reprodução do texto da lei é realizada sem qualquer juízo crítico. Registremos, ainda, o posicionamento adotado pelo Fórum Permanente de Processualistas Civis, plasmado pelo Enunciado nº 135: "A indisponibilidade do direito material não impede, por si só, a celebração de negócio jurídico processual".

29. Para Trícia Navarro Xavier Cabral, os negócios jurídicos processuais realizados *antes* do processo não exigem capacidade de estar em juízo ou a capacidade postulatória, sendo suficiente a capacidade de ser parte. "Assim, ainda que o objeto da convenção verse acerca de algum direito processual ou sobre o procedimento, ela pode ser firmada por pessoas que não possuem o devido conhecimento técnico para tanto, só se exigindo a presença de advogado quando do ingresso do ato em sede processual". CABRAL, Trícia Navarro Xavier. Reflexos das convenções em matéria processual nos atos judiciais. In *Negócios processuais*. Coordenadores: Antonio do Passo Cabral, Pedro Henrique Nogueira. 2. ed. rev., atual., ampl. Salvador: Jus Podivm, 2016, p. 303-331, p. 315.

30. Também nesse aspecto, transpomos o texto normativo, não mencionando as reservas que fazemos a tal requisito, a ser igualmente visitado posteriormente.

31. Cumpre-nos esclarecer que não é todo e qualquer negócio jurídico processual inserido em contrato de adesão que enseja a nulidade. Conforme o Enunciado nº 409 do Fórum Permanente de Processualistas Civil, "Quando houver no contrato de adesão negócio jurídico processual com previsões ambíguas ou contraditórias, dever-se-á adotar a interpretação mais favorável ao aderente". Ora, se há uma orientação para a interpretação das cláusulas dos negócios jurídicos processuais inseridas em contratos de adesão, é evidente que eles podem existir, sendo vedada pela lei a abusividade, cuja investigação caberá ao magistrado.

Essa inquirição, atentemos, poderá ser feita de ofício pelo juiz, ou seja, dispensará a provocação de qualquer das partes. Mas nada impede, evidentemente, que também seja realizada mediante requerimento das partes. Isso é o que diz o início do parágrafo único supratranscrito.

Eduardo Talamini chama a atenção, ainda, para necessidade de verificação da validade do ato através da aferição da ausência dos "defeitos dos negócios jurídicos em geral[32]" (Código Civil, artigos 138 e seguintes). Havendo, portanto, erro, dolo, coação, estado de perigo, lesão ou fraude, o negócio jurídico processual, como negócio jurídico que é, será anulável quando a parte prejudicada o suscitar, e após a manifestação específica do magistrado (Código Civil, artigo 177). A simulação, por sua vez, poderá ser conhecida de ofício.

O pleito de invalidade por vício do negócio jurídico processual deverá ser realizado de modo incidental e a sua apreciação deverá preceder a apreciação do feito ao qual o negócio jurídico processual se refere, especialmente, em razão de sua eventual prejudicialidade.

Verificada a validade do negócio jurídico processual pela ausência de vícios, este será "considerado eficaz desde sua formação, e não somente após a atividade fiscalizadora do juiz, salvo nas hipóteses em que a lei expressamente exigir a homologação[33]".

Ainda que, como vimos, a homologação pelo juiz do negócio jurídico processual seja necessária apenas quando prevista em lei, Antônio do Passo Cabral atenta para o fato de que as partes podem decidir que essa mesma homologação seja condição de validade do negócio jurídico processual[34].

As partes também podem, em "requerimento conjunto", solicitar que o negócio jurídico processual seja submetido à homologação judicial. Esse procedimento teria o objetivo de transformar o negócio jurídico processual em um título executivo judicial (Código de Processo Civil de 2015, artigo 515, III). O juiz, nesse caso, pode negar a homologação, hipótese em que, então, o negócio jurídico processual permanecerá válido, sem, todavia, contar com o status pretendido[35]. De se ressaltar, porém, que a despeito de não ser convertido em título executivo judicial pela ausência de homologação judicial,

---

32. TALAMINI, Eduardo. *Op. cit.*
33. ALMEIDA, Diogo Assumpção Rezende de. *Op. cit.*, p. 139.
34. CABRAL, Antonio do Passo. *Op. cit.*, p. 235.
35. *Ibidem*, p. 237.

o negócio jurídico processual será válido, eficaz e apto a produzir todos os seus efeitos, já que, como visto, não se se submete ao talante do magistrado.

Também a respeito da homologação judicial do negócio jurídico processual, no Recurso Especial n° 1.306.463/RS, relatado pelo Ministro Hermann Benjamin, ficou decidido que:

> Ao homologar a convenção pela suspensão do processo, o Poder Judiciário criou nos jurisdicionados a legítima expectativa de que o processo só voltaria a tramitar após o termo final do prazo convencionado. Por óbvio, não se pode admitir que, logo em seguida, seja praticado ato processual de ofício – publicação de decisão – e, ademais, considerá-lo como termo inicial do prazo recursal.

Em outras palavras, a homologação, mesmo que despicienda – como na circunstância específica – cria obrigações tanto para as partes quanto para o magistrado, que ao agir de modo diverso àquele determinado pela convenção, fere "a máxima *nemo potest venire contra factum proprium*, reconhecidamente aplicável no âmbito processual[36]".

Portanto, havendo a homologação – decorrente da lei ou da vontade das partes – ou sendo ela dispensada, o juiz deve cumprir (Código de Processo Civil de 2015, artigo 139, V) e fazer o cumprir o negócio jurídico processual (Código de Processo Civil de 2015, artigo 3°, § 3°).

5. A DECISÃO QUE NEGA EFICÁCIA AO NEGÓCIO JURÍDICO PROCESSUAL

Acerca da necessidade de homologação dos negócios jurídicos processuais, apontamos para o entendimento de que o juiz exerce, como regra, a atribuição de fiscal da validade da convenção, de modo que a referida homologação será exigida exclusivamente em situações excepcionais, quais sejam: a) quando há previsão expressa em lei; ou b) quando a homologação é, por decisão das partes, condição de validade do negócio jurídico processual; sendo, ainda, possível – mas não indispensável – quando as partes decidem submeter a convenção à homologação, para que ela adquira força de título executivo judicial.

Na condição de fiscal da validade dos negócios jurídicos processuais, o juiz poderá, evidentemente, negar validade ou eficácia quando identificar

---

36. BRASIL. PODER JUDICIÁRIO. REsp 1306463/RS, Rel. Ministro Herman Benjamin, Segunda Turma, julgado em 04/09/2012, DJe 11/09/2012.

vícios. Para Diogo Assumpção Rezende de Almeida, antes de invalidar a convenção, o juiz deverá buscar saná-lo e conservá-lo, em atenção ao princípio da instrumentalidade das formas[37], previsto no artigo 188 do Código de Processo Civil de 2015.

Saliente-se, porém, que o Código de Processo Civil de 2015 não previu recurso de agravo de instrumento contra a decisão que nega validade ou eficácia ao negócio jurídico processual.

Realmente, sendo, agora, o agravo de instrumento um recurso cujas hipóteses de cabimento estão pré-estabelecidas no artigo 1.015 do Código de Processo Civil de 2015, não há, ali, menção à decisão que nega validade ao negócio jurídico processual.

Diante de tal panorama, encontramos as seguintes posições, quanto ao meio para impugnar tal decisão judicial: a) o uso do agravo de instrumento; b) a impugnação em preliminar da apelação; c) o uso do mandado de segurança, em face da ausência de recurso para impugnar tal decisão.

Fredie Didier Jr. e Leonardo Carneiro da Cunha afirmam textualmente, que "as hipóteses de agravo de instrumento estão previstas em rol taxativo", mas acrescentam que "a taxatividade, porém, não é incompatível com a interpretação extensiva[38]". Seguindo esse raciocínio, e apoiados na decisão exarada no AgRg no REsp 1089914/RJ (Rel. Ministro Castro Meira, Segunda Turma, julgado em 02/12/2008, DJe 18/12/2008[39]), creem ser aplicável a interpretação extensiva de cada item de um rol taxativo, de sorte que, no caso das hipóteses de cabimento de agravo de instrumento, seria viável a positiva extensão do inciso III do artigo 1.015 do Código de Processo Civil de 2015, inclusive "com a finalidade de evitar o uso anômalo e excessivo do mandado

---

37. ALMEIDA, Diogo Assumpção Rezende de. *Op. cit.*, p. 138-139.
38. DIDIER Jr., Fredie. Curso de direito processual civil: o processo civil nos tribunais, recursos, ações de competência originária de tribunal e *querela nullitatis*, incidentes de competência originária de tribunal./Fredie Didier Jr., Leonardo Carneiro da Cunha – 13. ed. reform. Salvador: Jus Podivm, 2016, v. 3, p. 209.
39. BRASIL. PODER JUDICIÁRIO. TRIBUTÁRIO. AGRAVO REGIMENTAL. ISSQN. LISTA DE SERVIÇOS. TAXATIVIDADE. SÚMULA 7/STJ. 1. Embora taxativa em sua enumeração, a Lista de Serviços admite interpretação extensiva, dentro de cada item, para permitir a incidência do ISS sobre serviços correlatos àqueles previstos expressamente. Precedentes do STF e do STJ. 2. Necessidade de reexame do contexto fático-probatório para constatar-se se as atividades que se pretende tributar efetivamente se enquadram nos itens 95 e 96 da lista anexa ao Decreto-Lei 406/68. Súmula 7/STJ. 3. Agravo regimental não provido. (AgRg no REsp 1089914/RJ, Rel. Ministro Castro Meira, Segunda Turma, julgado em 02/12/2008, DJe 18/12/2008)

de segurança⁴⁰" especificamente, aliás, nos casos em que se nega eficácia a negócio jurídico processual.

A construção argumentativa dos processualistas talvez parta de uma premissa – a interpretação extensiva em enumerações taxativas – que, em nosso entendimento, exige aprofundamento e, ainda, aprimoramento.

Por um lado, o Superior Tribunal de Justiça, de fato, já disse que uma enumeração taxativa admite interpretação extensiva, dentro de cada item, como no acórdão citado; por outro lado, a mesma corte já afirmou, até mesmo em sede de recurso repetitivo (REsp 1116620/BA, Rel. Ministro Luiz Fux, Primeira Seção, julgado em 09/08/2010, DJe 25/08/2010⁴¹), que é impossível ampliar uma relação de isenções tributárias. Se o Recurso Especial 1089914/RJ, utilizado como justificativa à interpretação extensiva dentro dos itens de

---

40. DIDIER Jr., Fredie. *Op. cit.*, v. 3, p. 211.
41. BRASIL. PODER JUDICIÁRIO. TRIBUTÁRIO. RECURSO ESPECIAL REPRESENTATIVO DE CONTROVÉRSIA. ART. 543-C, DO CPC. IMPOSTO DE RENDA. ISENÇÃO. SERVIDOR PÚBLICO PORTADOR DE MOLÉSTIA GRAVE. ART. 6º DA LEI 7.713/88 COM ALTERAÇÕES POSTERIORES. ROL TAXATIVO. ART. 111 DO CTN. VEDAÇÃO À INTERPRETAÇÃO EXTENSIVA. 1. A concessão de isenções reclama a edição de lei formal, no afã de verificar-se o cumprimento de todos os requisitos estabelecidos para o gozo do favor fiscal. 2. O conteúdo normativo do art. 6º, XIV, da Lei 7.713/88, com as alterações promovidas pela Lei 11.052/2004, é explícito em conceder o benefício fiscal em favor dos aposentados portadores das seguintes moléstias graves: moléstia profissional, tuberculose ativa, alienação mental, esclerose múltipla, neoplasia maligna, cegueira, hanseníase, paralisia irreversível e incapacitante, cardiopatia grave, doença de Parkinson, espondiloartrose anquilosante, nefropatia grave, hepatopatia grave, estados avançados da doença de Paget (osteíte deformante), contaminação por radiação, síndrome da imunodeficiência adquirida, com base em conclusão da medicina especializada, mesmo que a doença tenha sido contraída depois da aposentadoria ou reforma. Por conseguinte, o rol contido no referido dispositivo legal é taxativo (*numerus clausus*), vale dizer, restringe a concessão de isenção às situações nele enumeradas. 3. Consectariamente, revela-se interditada a interpretação das normas concessivas de isenção de forma analógica ou extensiva, restando consolidado entendimento no sentido de ser incabível interpretação extensiva do aludido benefício à situação que não se enquadre no texto expresso da lei, em conformidade com o estatuído pelo art. 111, II, do CTN. (Precedente do STF: RE 233652 / DF- Relator(a): Min. MAURÍCIO CORRÊA, Segunda Turma, DJ 18-10-2002. Precedentes do STJ: EDcl no AgRg no REsp 957.455/RS, Rel. Ministro Luiz Fux, Primeira Turma, julgado em 18/05/2010, DJe 09/06/2010; REsp 1187832/RJ, Rel. Ministro Castro Meira, Segunda Turma, julgado em 06/05/2010, DJe 17/05/2010; REsp 1035266/PR, Rel. Ministra Eliana Calmon, Segunda Turma, julgado em 21/05/2009, DJe 04/06/2009; AR 4.071/CE, Rel. Ministro Teori Albino Zavascki, Primeira Seção, julgado em 22/04/2009, DJe 18/05/2009; REsp 1007031/RS, Rel. Ministro Herman Benjamin, Segunda Turma, julgado em 12/02/2008, DJe 04/03/2009; REsp 819.747/CE, Rel. Ministro João Otávio de Noronha, Segunda Turma, julgado em 27/06/2006, DJ 04/08/2006) 4. In casu, a recorrida é portadora de distonia cervical (patologia neurológica incurável, de causa desconhecida, que se caracteriza por dores e contrações musculares involuntárias - fls. 178/179), sendo certo tratar-se de moléstia não encartada no art. 6º, XIV, da Lei 7.713/88. 5. Recurso especial provido. Acórdão submetido ao regime do art. 543-C do CPC e da Resolução STJ 08/2008. (REsp 1116620/BA, Rel. Ministro Luiz Fux, Primeira Seção, julgado em 09/08/2010, DJe 25/08/2010)

um rol taxativo versa sobre matéria tributária, assim como o Recurso Especial 1116620/BA, parece-nos que o posicionamento do Superior Tribunal de Justiça, no que diz respeito da interpretação extensiva, obedece muito mais a critérios político-econômicos que hermenêuticos.

Dito de outro modo, ao que tudo indica, o Superior Tribunal de Justiça – se tomarmos como exemplo os julgados em matéria tributária – tem permitido a interpretação extensiva de róis taxativos quando essa mesma interpretação atende aos interesses do Poder Executivo, negando-a quando implica diminuição do entesouramento tributário e autorizando-a quando evita perdas na arrecadação.

Assim, os precedentes do Superior Tribunal de Justiça não se afiguram, a nosso ver, um esteio suficientemente seguro para a afirmação de que uma enumeração *numerus clausus* pode ser ampliada pela interpretação extensiva de seus itens.

De fato, o propósito do artigo 1.015 do Código de Processo Civil de 2015 foi o de reduzir as hipóteses de cabimento do agravo de instrumento. Interpretando-o sistematicamente, ao prever um processo mais ágil e no qual muitas interlocutórias não são impugnadas de forma imediata, optando ainda por extinguir o agravo retido, o Código de Processo Civil de 2015 limitou os casos em que está autorizado o manejo do agravo de instrumento.

Diante do não cabimento do agravo de instrumento, pode-se, aventar a seguinte solução: a parte interessada poderá rediscutir a questão como preliminar de eventual apelação contra a sentença (art. 1.009, §§ 1º e 2º) ou, havendo situação grave e urgente, que não possa aguardar eventual e futura apelação, o remédio será o emprego do mandado de segurança (CF, art. 5º, LXX; Lei 12.016/09, art.º 5º, II, a contrario sensu).[42]

Nada impede que a parte interessada interponha, antes do mandado de segurança, o recurso de embargos declaratórios.

Cumpre destacar, porém, e na esteira do que já decidiu o Superior Tribunal de Justiça no Recurso em Mandado de Segurança 43.439/MG (Rel. Ministra Nancy Andrighi, Terceira Turma, julgado em 24/09/2013, DJe

---

42. Nesse sentido Eduardo Talamini. Um processo pra chamar de seu: nota sobre os negócios jurídicos processuais. Em [http://www.migalhas.com.br/dePeso/16,MI228734,61044-Um+processo+pra+chamar+de+seu+nota+sobre+os+negocios+juridicos] acessado em 29.06.2016.

01/10/2013[43]) a interposição de embargos de declaração será sempre admissível, ao menos em tese, para sanar vício de omissão, contradição, obscuridade ou mesmo erros materiais e de fato, e que a reanálise motivada pelos aclaratórios pode conduzir à modificação da decisão. Portanto, o manejo do recurso previsto no artigo 1.022 do Código de Processo Civil de 2015 deve ser avaliado antes da impetração do mandado de segurança contra uma decisão irrecorrível.

Saliente-se que a súmula n° 267 do Supremo Tribunal Federal dispõe que "não cabe mandado de segurança contra ato judicial passível de recurso ou correição".

Uma vez que, como ficou demonstrado, a decisão que nega eficácia a um negócio jurídico processual não pode ser atacada por agravo de instrumento – e não sendo possível à parte interessada aguardar o momento de interposição da apelação em face de situação grave e urgente, a única possibilidade de insurgência contra essa decisão será o remédio heroico.

Se, contudo, a parte entender que os declaratórios são dispensáveis, terá o mesmo prazo do recurso de agravo de instrumento, ou seja, 15 dias úteis, para a impetração do *writ*, sob pena de tornar-se imutável a decisão. Acaso interpostos os embargos de declaração, esse prazo fica interrompido, consi-

---

43. BRASIL. PODER JUDICIÁRIO. PROCESSO CIVIL. CONVERSÃO EM RETIDO DO AGRAVO DE INSTRUMENTO. DECISÃO IRRECORRÍVEL. MANDADO DE SEGURANÇA. CABIMENTO. PRAZO PARA A IMPETRAÇÃO. INCIDÊNCIA DA SÚMULA 268/STF. ART. ANALISADO: 5º, III, DA LEI 12.016/2009. 1. Mandado de segurança distribuído em 22/09/2011, do qual foi extraído o presente recurso ordinário, concluso ao Gabinete em 05/08/2013. 2. Cinge-se a controvérsia a determinar se se justifica a conversão em retido do agravo de instrumento interposto pelo impetrante contra a decisão judicial que, em ação de investigação de paternidade, deferiu a realização antecipada do exame de DNA. 3. Segundo precedentes do STJ, é cabível a impetração de mandado de segurança contra decisão judicial irrecorrível, desde que antes de gerada a preclusão ou ocorrido o trânsito em julgado, o que, à primeira vista, soa paradoxal, porquanto, a princípio, a decisão irrecorrível torna-se imutável imediatamente à publicação. 4. A decisão que converte o agravo de instrumento em retido é irrecorrível. Ainda assim, será sempre admissível, em tese, a interposição de embargos de declaração, a fim de que o Relator possa sanar vício de omissão, contradição ou obscuridade quanto aos motivos que o levaram a decidir pela ausência do risco de causar à parte lesão grave ou de difícil reparação, cuja existência ensejaria o processamento do agravo de instrumento. 5. Na ausência de interposição de embargos de declaração, terá a parte o prazo de 5 dias para a impetração do *writ*, contado da publicação da decisão, sob pena de tornar-se imutável o *decisum*, e, portanto, inadmissível o mandado de segurança, nos termos do art. 5º, III, da Lei 12.016/2009 e da súmula 268/STF. Acaso interpostos os aclaratórios, esse prazo fica interrompido, considerando que o *mandamus* é utilizado, nessas hipóteses, como sucedâneo recursal. 6. Na espécie, é manifestamente inadmissível o mandado de segurança impetrado depois de já tornada definitiva a decisão judicial impugnada. 7. Recurso ordinário a que se nega provimento. (RMS 43.439/MG, Rel. Ministra Nancy Andrighi, Terceira Turma, julgado em 24/09/2013, DJe 01/10/2013)

derando que o *mandamus* é utilizado, na espécie, como sucedâneo recursal. Se, mesmo após a decisão relativa aos aclaratórios, a parte não se conformar com a decisão, deverá ajuizar o mandado de segurança em 15 (quinze) dias úteis após intimado deste último *decisium*.

Em suma: se o artigo 1.015 do Código de Processo Civil de 2015 restringiu as hipóteses de cabimento do agravo de instrumento e se esse mesmo dispositivo não contemplou a situação em que o juiz não reconhece a validade ou eficácia a um negócio jurídico processual, entendemos que a parte interessada poderá rediscutir a questão em preliminar de eventual apelação contra a sentença (art. 1.009, §§ 1º e 2º) ou, havendo situação grave e urgente, que não possa aguardar eventual e futura apelação, o remédio será o emprego do mandado de segurança, a ser ajuizado no prazo de 15 dias úteis, sem prejuízo da interposição dos embargos declaratórios que interrompem o prazo de interposição do mandamus.

6. CONCLUSÕES

O presente artigo, dedicado aos negócios jurídicos processuais, teve como ponto fulcral de sua investigação, os poderes e deveres do juiz, seus limites de atuação, diante de tais convenções.

Apesar de os negócios jurídicos processuais já estarem previstos desde o Código de Processo Civil de 1973, o artigo 190 do Código de Processo Civil de 2015 consagrou a possibilidade de celebração de negócios processuais atípicos pelas partes.

No que tange à atividade do juiz ante um negócio jurídico processual, sua homologação é despicienda, como regra, fazendo-se necessária tão-somente nos casos previstos em lei ou quando as partes condicionam a validade do negócio jurídico processual à homologação.

Em sua atuação, contudo, o juiz sempre poderá fiscalizar a validade dos negócios jurídicos processuais, negando-lhes eficácia quando identificar vícios ou quando houver inserção abusiva em contrato de adesão ou em que alguma parte se encontre em manifesta situação de vulnerabilidade.

Deve, portanto, sofrer restrição a celebração de negócio jurídico processual que faça tábula rasa de princípios e normas que garantam o devido processo legal, a publicidade, a boa-fé, a legalidade, a duração razoável do processo, a eficiência, dentre outros, cabendo nesses casos o controle judicial.

A decisão que negar eficácia ou validade ao negócio jurídico processual será, a nosso ver, atacável em preliminar de apelação contra a sentença, e havendo situação grave e urgente, que não possa aguardar eventual e futura apelação, o remédio será o emprego do mandado de segurança, no prazo de 15 dias úteis, sem prejuízo da interposição prévia de embargos declaratórios, em 05 dias úteis, sendo que estes interrompem o prazo para interposição do mandamus.

7. REFERÊNCIAS

ALMEIDA, Diogo Assumpção Rezende de. *Das convenções processuais no processo civil*. Tese (doutorado). Universidade do Estado do Rio de Janeiro, Faculdade de Direito. Rio de Janeiro, 2014.

CABRAL, Antonio do Passo. *Convenções processuais*. Salvador: Jus Podivm, 2016.

_____; NOGUEIRA, Pedro Henrique. *Negócios processuais*. 2. ed. rev., atual., ampl. Salvador: Jus Podivm, 2016.

CALMON DE PASSOS, José Joaquim. *Esboço de uma teoria das nulidades aplicada às nulidades processuais*. Rio de Janeiro: Forense, 2005.

CÂMARA, Alexandre Freitas. *Lições de direito processual civil*. 23. ed. São Paulo: Atlas, 2012. v. 1.

DIDIER Jr., Fredie. *Curso de direito processual civil*: o processo civil nos tribunais, recursos, ações de competência originária de tribunal e *querela nullitatis*, incidentes de competência originária de tribunal./ Fredie Didier Jr., Leonardo Carneiro da Cunha – 13. ed. reform. Salvador: Jus Podivm, 2016.

DIDIER JR., Fredie; PEIXOTO, Ravi. *Novo código de processo civil: comparativo com o código de 1973*. Salvador: Jus Podivm, 2015.

_____. *Revista de Direito Privado*, vol. 15/2003, p. 217-229, jul-set/2003.DRT\2003\378.

_____. *Revista de Processo*. Vol. 244/2015, p. 393-423, jun/2015. DRT\2015\9713.

_____. *Revista do Ministério Público do Rio de Janeiro* nº 57, jul./set. 2015.

_____. *Revista Eletrônica de Direito Processual*, Rio de Janeiro: UERJ, a. 1, v. 1, out.-dez. 2007.

DINAMARCO, Cândido Rangel. *Instituições de direito processual civil*. 6. ed. São Paulo: Malheiros, 2009. v. 2.

MAXIMILIANO, Carlos. *Hermenêutica e aplicação do direito*. Rio de Janeiro: Forense, 2006.

MIRANDA, Pontes. *Tratado de direito privado*. Atual. por Vilson Rodrigues Alves. Campinas: Bookseller, 2000. T.1: parte geral.

MITIDIERO, Daniel. *Comentários ao código de processo civil*. São Paulo: Memória Jurídica, 2005. v. 2.

MOREIRA, José Carlos Barbosa. *Temas de direito processual*: terceira série. São Paulo: São Paulo: Saraiva, 1994.

NOGUEIRA, Pedro Henrique. *Negócios jurídicos processuais*. Salvador: Jus Podivm, 2016.

REDONDO, Bruno Garcia. *Negócios processuais*: necessidade de rompimento radical com o sistema do CPC/1973 para a adequada compreensão da inovação do CPC/2015. Disponível em [https://www.academia.edu/15309740/Neg%C3%B3cios_processuais_necessidade_de_rompimento_radical_com_o_sistema_do_CPC_1973_para_a_adequada_compreens%C3%A3º_da_inova%C3%A7%C3%A3º_do_CPC_2015].

TALAMINI, Eduardo. *Um processo para chamar de seu*: nota sobre os negócios jurídicos processuais. Disponível em [http://www.migalhas.com.br/dePeso/16,MI228734,61044-Um+processo+pra+chamar+de+seu+nota+sobre+os+negocios+juridicos].

WAMBIER, Luiz R. *Sobre o negócio processual, previsto no CPC/2015*. Disponível em [http://teste.wambier.com.br/pt-br/artigos-br/sobre-o-negocio-processual-previsto-no-cpc-2015].

LICITUDE DO OBJETO DAS CONVENÇÕES PROCESSUAIS

Marcela Kohlbach de Faria[1]

Sumário: 1. Introdução – 2. Licitude do objeto dos negócios processuais: quais parâmetros não devemos adotar? – 3. Parâmetros que se extraem do artigo 190 do Código de Processo Civil – 3.1. Direitos que admitam autocomposição – 3.2. Mudanças no procedimento – 3.3. Limites impostos pelo parágrafo único do artigo 190 – 4. Outros parâmetros que podem ser usados para a limitação da validade do negócio processual – 5. Autonomia da cláusula de negócio processual com relação às demais cláusulas contratuais – 6. Conclusão – 7. Referências.

1. INTRODUÇÃO

Uma das mais relevantes novidades decorrentes do Código de Processo Civil de 2015 ("CPC/2015") é a possibilidade, ampliada pelo novo diploma de as partes celebrarem negócios processuais[2]. É clara a posição do novo

---

1. Mestre e Doutoranda em Direito pela Universidade do Estado do Rio de Janeiro (UERJ). Autora do livro "Ação anulatória da sentença arbitral: aspectos e limites" (Gazeta Jurídica, 2014). Coautora dos livros "Processo Constitucional" (Forense, 2013), "Negócios Processuais" (JusPodivm, 2015), "Convenciones procesales: estudios sobre negocios jurídicos y proceso" (Raguel ediciones, 2015). "Honorários Advocatícios" (JusPodivm, 2015). Membro da Comissão de Arbitragem da OAB/RJ. Membro do Instituto Brasileiro de Direito Processual (IBDP). Membro do Instituto Carioca de Processo Civil (ICPC). Analista Jurídica na Leste.

2. Não há um consenso na doutrina sobre a nomenclatura adequada, no entanto, no presente artigo será utilizada a expressão negócios processuais para descrever os acordos de procedimento autorizados pelo diploma processual. Conforme observa Antonio do Passo Cabral: "Não há, como se verá neste tópico, uniformidade de pensamento a respeito do instrumento dos negócios jurídicos

diploma processual em valorizar a autonomia da vontade, verificada tanto no estímulo à autocomposição, quanto na ampliação das hipóteses[3] em que o procedimento pode ser modificado por escolha das partes[4].

A doutrina costuma separar os chamados negócios processuais em duas categorias: típicos e atípicos. Os primeiros são aqueles que são expressamente previstos e regulados em lei, como é o caso da cláusula de eleição de foro, prevista expressamente no artigo 111 do CPC/2015; os segundos, por sua vez, não se encaixam em tipos legais previamente definidos, pactuados pelas partes de forma a atender às suas conveniências e necessidades[5]

De fato, é justamente na segunda categoria que reside a grande novidade do CPC/2015. Na forma do artigo 190 do CPC/2015: *"versando o processo sobre direitos que admitam autocomposição, é lícito às partes plenamente capazes estipular mudanças no procedimento para ajustá-lo às especificidades da causa e convencionar sobre os seus ônus, poderes, faculdades e deveres processuais, antes ou durante o processo."*

---

bi- ou plurilaterais em matéria processual. Alguns autores utilizam indistintamente para o processo as palavras 'contrato', 'acordo', 'pacto', 'convenção', e outras, o que produz imprecisão terminológica. É verdade que, no direito contemporâneo, todas estas noções se aproximam. Assim, as diferenças terminilógicas encontram-se em grade medida superadas. De fato, em termos pragmáticos, há hoje menor utilidade em diferenciar todos estes termos porque a nomenclatura raramente interfere nos efeitos de cada categoria, tampouco em seus pressupostos, validade, eficácia." *Convenções Processuais,* Salvador: Juspodivum, 2016, p. 51-53.

3. Fala-se em ampliação, pois o CPC de 1973 já possibilitava que as partes fizessem acordos de procedimento, ao menos os acordos previamente tipificados na lei processual. Há quem vislumbrasse, ainda, a possibilidade da realização de acordos procedimentais não tipificados mesmo na vigência do CPC de 1973. Nesse sentido merece destaque a análise doutrinária e o posicionamento de Diogo Assumpção Rezende de Almeida em sua obra: *A contratualização do procedimento: das convenções processuais no processo civil.* São Paulo: Ltr, 2015, p. 122-123.

4. "Mudanças legislativas nunca tiveram o condão de, por mero efeito do seu advento, exercer grandes transformações culturais nas sociedades. É certo, entretanto, que o rompimento de certos dogmas e a construção de novas bases teóricas e dogmáticas do Direito, em especial no Direito Processual, podem funcionar como mecanismo de indução para uma transformação maior, em termos de cultura jurídica e no modo de compreender as relações entre o cidadão e o estado. O advento do novo Código de Processo Civil brasileiro, portanto, pode ser concebido como mero resultado de uma tentativa de reforma pontual de institutos processuais e de aspectos procedimentais ou, o que demanda muito mais do que uma simples 'canetada', funcionar como um veículo para uma verdadeira reforma da Justiça Civil." ABREU, Rafael de; A igualdade e os Negócios Processuais. *In:* DIDIER JR., Fredie (coord.). *Coleção grandes temas do Novo CPC. Negócios Processuais.* 2ª ed. Salvador: Juspodivm, 2016, p. 281.

5. CUNHA, Leonardo Carneiro. Negócios jurídicos processuais no processo civil brasileiro. *In:* DIDIER JR., Fredie (coord.). *Coleção grandes temas do Novo CPC. Negócios Processuais.* 2ª ed. Salvador: Juspodivm, 2016, p. 56.

Ou seja, preenchidos os pressupostos do artigo 190, as partes poderão adaptar o procedimento de forma a se ajustar da melhor forma possível às peculiaridades da causa[6]. Trata-se de fenômeno que já se verificava, obviamente com suas diferenças[7], no procedimento arbitral[8], em que as partes são livres para definirem o procedimento a ser utilizado, observados os princípios do contraditório, da igualdade das partes, da imparcialidade do árbitro e de seu livre convencimento[9].

Na forma do artigo 200 do CPC, os atos de declaração das partes possuem eficácia desde o momento de sua prática, o que abrange, também, os atos bilaterais, ou plurilaterais. Tendo em vista que, no que tange aos negócios processuais, o controle pelo juiz fica restrito às hipóteses previstas no parágrafo único do artigo 190 do CPC/2015. Entende-se que os negócios processuais são eficazes com relação aos contratantes desde a sua manifestação de vontade[10],

---

6. "Se a solução consensual do litígio é benéfica, porque representa, além do encerramento do processo judicial, a própria concretização da pacificação, nada mais justo do que permitir que os litigantes possam, inclusive quando não seja possível a resolução da própria controvérsia em si, ao menos disciplinar a forma do exercício das suas faculdades processuais conforme suas conveniências, ou até mesmo delas dispor, conforme o caso." NOGUEIRA, Pedro Henrique. Sobre acordo de procedimentos no processo civil brasileiro. *In:* DIDIER JR., Fredie (coord.). *Coleção grandes temas do Novo CPC. Negócios Processuais*. 2ª ed. Salvador: Juspodivm, 2016, p. 102.

7. "A lei ampliou consideravelmente a possibilidade de disposição das partes em matéria processual perante a jurisdição estatal, ao permitir 'mudanças no procedimento' para ajustá-los às 'especificidades da causa' e ao abrir campo para a convenção sobre 'ônus, poderes, faculdades e deveres processuais, antes ou durante o processo'. Tal amplitude já vigorava no âmbito do processo arbitral e a abertura agora incorporada ao CPC 2015 sugere um meio-termo entre as duas citadas modalidades de jurisdição – ainda que se considere não ser possível colocar em pé de estrita igualdade, para esse fim específico, o juiz estatal e o árbitro." YARSHELL, Flávio Luiz. "Convenção das partes em matéria processual: rumo a uma nova era?" Coleção grandes temas do novo CPC: negócios processuais, vol. 01, 2ª ed., Salvador: Juspodivum, 2016, p. 76.

8. Conforme observa Diogo Assumpção Rezande de Almeida: *"O que se percebe, porém, é a possibilidade de submissão do litígio ao Poder Judiciário, mas com adaptações procedimentais que tornem a jurisdição tão ou mais atrativa do que a arbitragem. Vale dizer, a possibilidade dessa liberdade contratual também no método oferecido pelo Estado. E a forma encontrada é a convenção relativa ao processo e ao procedimento."* A contratualização do procedimento: das convenções processuais no processo civil. São Paulo, Ltr, 2015p. 109.

9. Artigo 21, § 2º, da Lei 9.307/96.

10. "O art. 200 do CPC (antigo art. 158 do CPC de 1973), considera eficazes desde o momento de sua prática os atos de declaração de vontade das partes, inclusive os bilaterais, isto é, a regra geral é de que não dependem de homologação judicial. O que torna evidente a dispensa de ato judicial para a validade e eficácia da declaração bilateral de vontade das partes, ao menos para a hipótese em que a lei não preveja forma diversa, é a exceção prevista no parágrafo único do mesmo dispositivo, que impõe a homologação por sentença para a eficácia do ato de desistência da ação." ALMEIDA, Diogo Assumpção Rezende de. *A contratualização do procedimento: das convenções processuais no processo civil*. São Paulo: Ltr, 2015, p. 137.

não podendo o juiz afastar a sua incidência por fundamentos diversos dos constantes do aludido dispositivo.

A questão sobre a licitude do objeto do negócio processual está longe de ser tema pacífico na doutrina. Por um lado, no que tange aos negócios típicos, caberá à lei delimitar os contornos do seu objeto[11] e, portanto, a licitude do objeto dos negócios processuais típicos, por expressamente prevista na lei, não apresenta maiores problemas, sendo certo que não será possível alterar aquilo que resta expressamente definido[12]. No entanto, por outro lado, há grande margem para o debate sobre quais seriam os limites para a licitude do negócio processual atípico.

De fato, no direito privado, entende-se que um dos requisitos que impacta a validade do negócio jurídico é a licitude do seu objeto, na forma do artigo 104, II[13] do Código Civil. No entanto, aplicado ao processo civil, o que significa a licitude do objeto do negócio. Ou melhor, quais são os limites ao conteúdo do acordo processual?

Para tratar do tema, abordaremos a questão por uma ótica inversa. Ou seja, primeiro resta saber o que não deve ser estabelecido como parâmetro para estabelecer os limites da licitude nos negócios processuais.

2. LICITUDE DO OBJETO DOS NEGÓCIOS PROCESSUAIS: QUAIS PARÂMETROS NÃO DEVEMOS ADOTAR?

Inicialmente, merece destaque o alerta de Fredie Didier Jr. no sentido de que é preciso criar padrões dogmáticos seguros para o exame da licitude do objeto dos negócios processuais[14]. E isso ocorre tanto por uma questão de segurança jurídica, como pelo fato de que o CPC/2015 avançou ao autorizar a celebração de negócios processuais atípicos, sendo certo que é preciso pres-

---

11. DIDIER JR, Fredie. *Curso de Direito Processual Civil.* 17ª ed. Salvador: Juspodivm, 2015, p. 388.
12. É o exemplo de acordo para eleição de foro: somente a competência relativa pode ser negociada. Acordo sobre competência em razão da matéria, da função e da pessoa não pode ser objeto de negócio processual. DIDIER JR, Fredie, *Curso de Direito Processual Civil.* 17ª ed. Salvador: Juspodivm, 2015, p. 388.
13. "Art. 104. A validade do negócio jurídico requer:
    I – agente capaz;
    II – objeto lícito, possível, determinado ou determinável;
    III – forma prescrita ou não defesa em lei."
14. DIDIER JR, Fredie. *Curso de Direito Processual Civil.* 17ª ed. Salvador: Juspodivm, 2015, p. 387.

tigiar a autonomia da vontade concedida às partes, e não criar limites sem qualquer padrão racional ou critério objetivo.

Antonio do Passo Cabral igualmente aponta outros critérios que são absolutamente fluidos e inseguros e que, portanto, não podem servir como critérios objetivos para a limitação dos negócios processuais, como o interesse público, a ordem pública, os bons costumes, a aplicação da dicotomia norma cogente x norma dispositiva[15]. Todos esses parâmetros são demasiadamente vagos e podem levar a interpretações inúmeras, a ponto, inclusive, de inviabilizar a celebração de negócios processuais, além de, como dito, levar ao grave problema da insegurança jurídica.

Especificamente com relação à ordem pública processual, cabe a ressalva já apontada por Diogo Rezende de Almeida[16], no sentido de que a violação de garantias essências ao processo, como contraditório, isonomia, devem ser verificadas não em teoria, mas no caso concreto. Ou seja, se verificado no caso concreto que o negócio jurídico processual de alguma forma viola garantias mínimas do processo haverá abuso de direito e, portanto, ilicitude do negócio processual. O que se quer dizer é que, na forma como já observado por Cabral, tais conceitos não podem servir como parâmetros dogmáticos objetivos[17].

Por exemplo: a adoção do princípio do contraditório como critério de licitude do objeto do negócio processual em tese poderia vedar a redução de prazos processuais. Não obstante, é possível que o objeto da demanda seja simples e que as partes prefiram a redução dos prazos ao mínimo necessário em prol da celeridade do julgamento.

Portanto, o que se quer é evitar a adoção de parâmetros que possam dar margem à vedação de negócios processuais que não geram qualquer prejuízo à consecução do objetivo final do processo. De fato, o legislador previu no artigo 190 uma regra que autoriza de forma ampla a celebração de negócios

---

15. CABRAL, Antonio do Passo. *Convenções Processuais*. Salvador: Juspodivm, 2016, p. 294-315.
16. ALMEIDA, Diogo Assumpção Rezende de. *A contratualização do procedimento: das convenções processuais no processo civil*. São Paulo: Ltr, 2015.
17. Todavia, não concordamos com Cabral ao estabelecer a boa-fé e cooperação como parâmetros de licitude dos negócios processuais (CABRAL, Antonio do Passo. *Convenções Processuais*. Salvador: Juspodivm, 2016, p. 318). A boa-fé e a cooperação é um padrão de conduta que deve nortear todos os atos processuais, mas por si só não devem servir como critério de licitude dos negócios processuais. De fato, os exemplos dados pelo autor como acordos celebrados com dolo ou simulação, além de violarem a boa-fé, são eivados de vícios de vontade e, por esse motivo, podem ser anulados. Assim, a boa-fé e cooperação por si só não parece ser um critério para a delimitação de licitude do objeto dos negócios processuais.

processuais, a qual de fato representa uma quebra de paradigma e valoriza a autonomia da vontade das partes. Não nos parece postura adequada, neste momento, criar limites demasiadamente fluidos e amplos de modo a restringir demasiadamente a aplicação do artigo 190.

É evidente as partes devem celebrar negócios jurídicos processuais que estejam de acordo com a boa-fé processual, isonomia, contraditório, devido processo legal. Tais regras devem pautar a conduta das partes em todos os atos processuais. O que se está a afirmar é tão somente que esses não são parâmetros seguros para elencarmos como limitadores da licitude do objeto do negócio processual.

3. PARÂMETROS QUE SE EXTRAEM DO ARTIGO 190 DO CÓDIGO DE PROCESSO CIVIL

Estabelecidas algumas premissas sobre o que não pode servir como parâmetro para se estabelecer os limites objetivos do negócio processuais, passa-se a analisar alguns critérios objetivos que o próprio CPC/2015 aponta como limitadores do negócio processual.

3.1. Direitos que admitam autocomposição

Analisando os critérios previstos pelo artigo 190 verifica-se que só é lícito celebrar negócios processuais nas causas que versem sobre direito que admitam autocomposição.

Nesse ponto, cabe uma observação. Pela leitura fria do dispositivo, se a causa for passível de acordo, em tese, admite-se a celebração de negócios jurídicos processuais. A possibilidade de acordo usualmente está ligada ao conceito de disponibilidade do direto[18]. Se o direito é disponível admite-se

---

18. Vale apontar o entendimento de Flávio Luiz Yarshell no sentido de que: "Contudo, teria sido preferível que o CPC 2015 tivesse empregado a terminologia adotada pela lei 9307/96, mais objetiva e precisa ao falar em litígios relativos a "direitos patrimoniais disponíveis" (art. 1º). Insistindo na suposta distinção entre disponível ou transacionável, o CPC 2015 pode ensejar dúvidas quanto à possibilidade e aos limites do negócio processual. Para ilustrar, costuma-se dizer que o direito discutido em processo de investigação de paternidade – que pode perfeitamente envolver pessoas 'plenamente capazes' – é indisponível. Contudo, ninguém há de negar que o éu, sendo maior e capaz, possa reconhecer a procedência da demanda e assumir a paternidade. Fenômeno análogo pode ocorrer em outros processos relativos a direitos usualmente tidos por indisponíveis. A interpretação que se afigura mais correta parece ser a seguinte: pelo novo texto legal, a possibilidade

ampla autonomia da vontade e, portanto, a transação. No entanto, o conceito de disponibilidade nunca foi passível de definição clara pela doutrina. Há quem entenda que são direitos patrimoniais, outros vinculam a impossibilidade de prática de atos de reconhecimento de não ter razão.

A discussão sobre a disponibilidade ganhou bastante relevo na arbitragem, cuja lei restringe a sua aplicação aos direitos patrimoniais disponíveis. No entanto, algumas hipóteses foram objeto de intenso debate doutrinário, como por exemplo a arbitragem no âmbito da fazendo pública, em que se vislumbrava uma zona cinzenta em que o interesse público e o interesse patrimonial, de gestão da fazenda pública se tocavam[19].

No entanto, resta, ainda, saber se a indisponibilidade do direito material é de fato uma vedação à celebração de negócios processuais. Nesse ponto, destaca-se o posicionamento de Antonio do Passo Cabral ao afirmar que indisponibilidade do direito material não pode servir, por si só, como parâmetro para a análise da licitude do objeto do negócio processual. Desta forma, como aponta Cabral[20], é necessário verificar a intensidade da dependência entre a convenção processual e a norma material e o impacto que o acordo processual pode gerar no direito substancial, e assim conduzir à inadmissibilidade do acordo processual, a disposição de direitos processuais não poderá implicar indiretamente em renúncia a direitos materiais irrenunciáveis.

Duas conclusões, portanto, se extraem: a) a indisponibilidade de direito material não impede, por si só, a celebração de negócio jurídico processual, conforme já afirmando pelo enunciado 135 do Fórum Permanente de Processualistas Civis[21]; b) não se admite negócio processual que de alguma forma implique a renúncia a direitos materiais irrenunciáveis.

Analisando o conjunto normativo do CPC de 2015, Lorena Miranda Santos Barreiros igualmente conclui que: " a inserção no *caput* do art. 190 do

---

de negócio processual bão fica restrita a litígios envonvendo direitos patrimoniais. Assim, mesmo em processos que envolvem questões relativas ao estado e à capacidade de pessoas, desde que capazes as partes, afigura-se admissível o negócio processual." YARSHELL, Flávio Luiz. Convenção das partes em matéria processual: rumo a uma nova era? *In:* DIDIER JR., Fredie (coord.). *Coleção grandes temas do Novo CPC. Negócios Processuais.* 2ª ed. Salvador: Juspodivm, 2016, p. 81-82.

19. A lei 13.129/2015 colocou um ponto final no debate ao inserir o § 1º no artigo 1º da Lei 9.307/1996, dispondo que: "§ 1º A administração pública direta e indireta poderá utilizar-se da arbitragem para dirimir conflitos relativos a direitos patrimoniais disponíveis".

20. CABRAL, Antonio do Passo. *Convenções Processuais.* Salvador: Juspodivm, 2016, p. 299.

21. (art. 190) A indisponibilidade do direito material não impede, por si só, a celebração de negócio jurídico processual. (Grupo: Negócios Processuais).

CPC/2015, da expressão 'direito que admita autocomposição' expressa, antes de tudo, uma escolha legislativa: permitir, de modo amplo, a negociação em matéria processual, ainda que realizada em processo cujo objeto litigioso verse sobre direito indisponível"[22].

3.2. Mudanças no procedimento

Na forma do *caput* do artigo 190, as partes podem estipular mudanças no procedimento para ajustá-los às especificidades das causa. Assim, indaga-se o que se entende por "mudanças no procedimento". A utilização da palavra procedimento poderia implicar alguma restrição ao poder negocial das partes?

Nesse contexto, merece destaque a separação que a doutrina costuma fazer entre processo e procedimento, a qual decorre principalmente do que dispõem os artigos 22, I e 24, XI da CRFB, que conferem respectivamente competência privativa à União para legislar sobre direito processual, e prevê a competência concorrente da União, dos Estados e do Distrito Federal para legislar sobre procedimentos em matéria processual – e sobre o processo nos juizados.

Portanto, a própria Constituição de certa forma diferencia normas de processo e normas de procedimento. No entanto, não há consenso doutrinário sobre a distinção, fazendo surgir diversas teorias sobre a natureza jurídica do processo e do procedimento. No contexto do presente trabalho, tendo em vista que o artigo 190 fala em mudanças no "procedimento", a discussão ganha relevo. Eventuais mudanças no processo por meio de negócios processuais estariam vedadas diante da restrição legal ao vocábulo procedimento?

Paula Sarno Braga[23], em sua tese de doutorado, explorou a fundo o tema, analisando os mais diversos posicionamentos doutrinários sobre o que se entende por processo e procedimento. Passando pela análise do processo legislativo, levantamento das leis estaduais sobre o tema, bem como das decisões do Supremo Tribunal Federal no controle concentrado e difuso de constitucionalidade dos atos normativos estaduais sobre processo e procedimento, a autora conclui que os conceitos de processo e procedimento são, em essência, indissociáveis entre si. Conforme afirma:

---

22. BARREIROS, Lorena Miranda Santos. *Convenções processuais e o poder público.* Salvador: Juspodivm, 2017, p. 250.
23. BRAGA, Paula Sarno. *Norma de processo e norma de procedimento:* o problema da repartição de competência legislativa no Direito Constitucional brasileiro. Salvador: Juspodivm, 2015.

Dessa forma, normas de processo e normas de procedimento têm o mesmo objeto e papel, sendo, portanto, coincidentes entre si. Disciplinam o exercício procedimental da jurisdição em contraditório, abrangendo todos os seus atos e fatos, em sua existência, validade e eficácia[24].

A despeito de as conclusões da autora serem voltadas para resolver uma aparente antinomia da Constituição, conforme mencionado, é irrefutável a relevância para o tema dos negócios processuais. Ora, se não há essencialmente distinção entre normas de processo e normas de procedimento, o fato de o artigo 190 do CPC ter limitado os negócios processuais para que sejam realizadas "mudanças no procedimento" não representa qualquer limitação ao objeto dos negócios processuais.

3.3. Limites impostos pelo parágrafo único do artigo 190

O parágrafo único do artigo 190 impõe mais dois limites ao negócio processual: a) a inserção abusiva em contrato de adesão; e b) no caso de alguma parte se encontrar em manifesta situação de vulnerabilidade.

Com relação aos contratos de adesão, cumpre observar que a sua simples inserção não gera a sua ilicitude, mas sim o caráter abusivo desta. O tema da desigualdade aparece constantemente nos contratos de adesão, o que leva a alguns questionamentos sobre a vulnerabilidade da parte que adere, já que não teve a oportunidade de negociar. Assim, há certa proteção do aderente nos contratos de adesão. No entanto, não se pode encarar o contrato de adesão por si só como uma presunção de vulnerabilidade. É preciso que haja demonstração de abuso pelo aderente, o que certamente será afastado caso o próprio aderente deseje fazer valer o negócio processual.

Com relação à vulnerabilidade, da mesma forma que nos contratos de adesão, essa está ligada à ideia de disparidade de armas. No entanto, nos parece que a vulnerabilidade igualmente depende de comprovação no caso concreto e que esta tenha influenciado diretamente na celebração do negócio jurídico a ponto de gerar algum desequilíbrio entre as partes. Evidente que um negócio jurídico que beneficie a parte supostamente vulnerável não pode ser considerado inválido. Nesse caso, a vulnerabilidade não teve o condão de desequilibrar a posição das partes.

---

24. BRAGA, Paula Sarno. *Norma de processo e norma de procedimento:* o problema da repartição de competência legislativa no Direito Constitucional brasileiro. Salvador: Juspodivm, 2015, p. 455.

4. OUTROS PARÂMETROS QUE PODEM SER USADOS PARA A LIMITAÇÃO DA VALIDADE DO NEGÓCIO PROCESSUAL

Alguns outros parâmetros que não aqueles expressamente previstos no CPC são apontados pela doutrina como limitadores do objeto dos negócios processuais. Um deles decorre diretamente da teoria geral do negócio jurídico privado. Ou seja, tudo que se aplica à licitude do negócio jurídico privado é aplicável ao negócio jurídico processual. Não podem as partes, por exemplo, acordarem sobre a liberdade na tentativa de corromper o juiz mediante oferecimento de benefício econômico. O simples oferecimento do benefício, independentemente da aceitação do juiz, já constitui por si só crime de corrupção ativa, e não pode ser objeto de negócio jurídico.

Lorena Miranda Santos Barreitos aponta três situações que podem levar à invalidade dos negócios processuais. A primeira delas é a ilicitude dos objetivos que por meio do negócio processual se pretenda alcançar. Ou seja, não se trata de um vício de vontade, mas hipóteses em que os sujeitos processuais se utilizem do negócio processual para a prática de ato simulado ou fraudulento[25]. Nesse caso, além da invalidação do negócio processual, as partes podem ser condenadas por litigância de má-fé. De fato, a simulação ou fraude são causas de invalidade no negócio jurídico privado, na forma dos artigos 166, III e VI, e 167 do Código Civil. Assim, conforme mencionado em linhas acima, tudo que se entende como causas de invalidade do objeto do negócio jurídico privado se aplica aos negócios processuais.

Em segundo lugar a autora aponta a impossibilidade física e jurídica do objeto do negócio processual. Sendo insuperáveis as impossibilidades, o negócio processual deverá ser invalidado[26].

Por fim, ressalta a necessidade de haver previsibilidade no objeto do negócio processual, o qual deve ser preciso e determinado, ou determinável. Exemplifica a autora:

> A utilização de conceitos jurídicos indeterminados em negócios processuais pode conduzir à indeterminabilidade do acordo celebrado, a exemplo do que sucederia com acordo que previsse que os prazos processuais legalmente previstos, quando insuficientes para a prática do ato processual legal ou judicialmente estabelecido poderão ser prorrogados de

---

25. BARREIROS, Lorena Miranda Santos. *Convenções processuais e o poder público*. Salvador: Juspodivm, 2017, p. 264.
26. BARREIROS, Lorena Miranda Santos. *Convenções processuais e o poder público*. Salvador: Juspodivm, 2017, p. 265.

modo razoável. Não sendo possível determinar, nem mesmo no momento da execução do acordo, o objeto convencionado em suas especificações quantitativas (número de dias que deverão ser acrescidos ao prazo) e qualitativamente (que prazos hão de se enquadrar na norma convencional), inválida se revela a pactução, faltando-lhe previsibilidade[27].

De fato, especialmente o último critério apontado pela autora ganha extrema relevância do ponto de vista da segurança jurídica. Os negócios processuais devem servir como forma de otimizar o procedimento, e não gerar instabilidades ou imprevisibilidades inoportunas ao bom andamento do processo.

5. AUTONOMIA DA CLÁUSULA DE NEGÓCIO PROCESSUAL COM RELAÇÃO ÀS DEMAIS CLÁUSULAS CONTRATUAIS

Por fim, cumpre ressaltar a autonomia da cláusula que estabelece negócios processuais com relação às demais cláusulas contratuais. Isso porque, é possível que os negócios processuais sejam celebrados entre as partes antes mesmo de deflagrado o litígio. São os chamados negócios pré-processuais. Essas cláusulas podem ser inseridas em contratos com objeto diverso. Exemplo bastante comum é a inserção de cláusula de eleição de foro em contratos de locação.

Nesse caso, na hipótese de o contrato conter alguma nulidade em outras cláusulas, essa nulidade não afeta a validade da cláusula que estabelece o negócio processual. No exemplo da cláusula de eleição de foro, a própria invalidade do contrato será debatida no foro de eleição, ainda que se conclua que o contrato, em suas demais disposições, é inválido.

A autonomia da cláusula é tema recorrente no que tange à arbitragem[28]. A doutrina é unânime em afirmar que a cláusula compromissória é autônoma

---

27. BARREIROS, Lorena Miranda Santos. *Convenções processuais e o poder público*. Salvador: Juspodivm, 2017, p. 266.

28. "A cláusula compromissória recbe da Lei natural autonomia em relação ao contrato onde eventualmente vier inserida. E é natural que assim seja, até porque a nulidade (ou a anulabilidade) do contrato poderá ser submetida à decisão dos àrbitros, tudo a pressupor a separação da cláusula do restante do contrato. Por consequência, se um contrato nulo (por não ter seguido a forma prevista em lei, ou porque seu objeto seja ilícito) afetasse a cláusula compromissória nele encaixada, os árbitros nunca teriam competência para decidir sobre questões ligadas exatamente à nulidade do contrato. Seria então muito fácil afastar a competência dos árbitros, pois bastaria que qualquer das partes alegasse matéria ligaa à nulidade do contrato para que surgisse a necessidade de intervenção do juiz togado". CARMONA, Carlos Alberto. *Arbitragem e processo*. 3ª ed. São Paulo: Atlas, 2009, p. 173.

com relação às demais cláusulas contratuais e, portanto, mesmo a nulidade do contrato deve ser discutida por meio de arbitragem. Sendo a cláusula compromissória verdadeiro negócio processual, aplica-se igualmente a autonomia da cláusula com relação a qualquer outro negócio processual. Ou seja, mesmo diante da nulidade de alguma cláusula contratual, ou do contrato como um todo, a cláusula que dispõe sobre o negócio processual continuará a ser válida e eficaz em eventual demanda futura. Se for ajuizada, portanto, demanda para a declaração da nulidade do contrato, esse processo deverá seguir o trâmite estabelecido pelas partes no negócio processual.

6. CONCLUSÃO

Não há como negar que a possibilidade de celebração de negócios processuais, especialmente negócios processuais atípicos, foi um grande avanço, principalmente sob a ótica da valorização da autonomia da vontade, bem como da garantia um processo participativo, otimizando a eficácia processual com a possibilidade de adaptações procedimentais às peculiaridades da causa.

Portanto, o estudo dos limites objetivos dos negócios processuais é de suma relevância, principalmente para evitar que a adoção de critérios demasiadamente vagos e imprecisos acabem por restringir de forma inadequada a possibilidade de utilização dos negócios processuais. Seria tirar com uma mão o que o legislador concedeu com a outra.

Tendo em vista que o CPC 2015 ainda é um diploma recente, muito ainda teremos a amadurecer com relação aos negócios processuais e a sua aplicação prática. No entanto, principalmente pela falta de amadurecimento do tema, é preciso muita parcimônia ao estabelecer critérios limitadores muito rígidos.

7. REFERÊNCIAS

ABREU, Rafael de; A igualdade e os Negócios Processuais. *In:* DIDIER JR., Fredie (coord.). *Coleção grandes temas do Novo CPC. Negócios Processuais.* 2ª ed. Salvador: Juspodivm, 2016.

ALMEIDA, Diogo Assumpção Rezende. *A contratualização do procedimento: das convenções processuais no processo civil.* São Paulo, Ltr, 2015.

BARREIROS, Lorena Miranda Santos. *Convenções processuais e o poder público.* Salvador: Juspodivm, 2017.

BRAGA, Paula Sarno. *Norma de processo e norma de procedimento: o problema da repartição de competência legislativa no Direito Constitucional brasileiro.* Salvador: Juspodivm, 2015.

CABRAL, Antonio do Passo. *Convenções Processuais.* Salvador: Juspodivm, 2016.

CARMONA, Carlos Alberto. *Arbitragem e processo.* 3ª ed. São Paulo: Atlas, 2009, p. 173.

CUNHA, Leonardo Carneiro. Negócios jurídicos processuais no processo civil brasileiro. *In:* DIDIER JR., Fredie (coord.). *Coleção grandes temas do Novo CPC. Negócios Processuais.* 2ª ed. Salvador: Juspodivm, 2016.

DIDIER, JR; Fredie. *Curso de Direito Processual Civil.* 17ª ed. Salvador: Juspodivm, 2015.

NOGUEIRA, Pedro Henrique. Sobre acordo de procedimentos no processo civil brasileiro. *In:* DIDIER JR., Fredie (coord.). *Coleção grandes temas do Novo CPC. Negócios Processuais.* 2ª ed. Salvador: Juspodivm, 2016.

YARSHELL, Flávio Luiz. Convenção das partes em matéria processual: rumo a uma nova era? *In:* DIDIER JR., Fredie (coord.). *Coleção grandes temas do Novo CPC. Negócios Processuais.* 2ª ed. Salvador: Juspodivm, 2016.

BREVES CONSIDERAÇÕES ACERCA DAS CONVENÇÕES PROCESSUAIS NOS JUIZADOS ESPECIAIS CÍVEIS

Marcia Cristina Xavier de Souza[1]

Sumário: 1. Introdução – 2. Classificação das convenções processuais – 2.1. Contratos processuais – 2.2. Acordos processuais – 2.3. Negócios jurídicos processuais – 3. Requisitos das convenções processuais – 3.1. Limites – 3.1.1. Disponibilidade dos direitos e capacidade dos sujeitos atuantes – 3.1.2. Equilíbrio entre as partes – 3.1.3. Requisitos genéricos de admissibilidade – 3.2. Momento de eficácia – 3.3. Revogabilidade – 4. Conclusão – 5. Referências.

1. INTRODUÇÃO

Apesar de serem conhecidas no Direito Processual Civil pátrio (*v. g.*, convenção para a antecipação ou adiamento de prazos dilatórios, de acordo com o art. 181; convenção para a suspensão do processo, prevista no art. 265, inc. II; convenção para inversão do ônus da prova, no art. 333, parágrafo único; convenção para adiamento de audiência, no art. 453, inc. II, todos do Código de Processo Civil de 1973), as convenções processuais não vinham merecendo dos estudiosos a devida atenção. Parte do problema vinha da não aceitação da real existência de atos convencionais praticados pelas partes no

---

1. Mestre e Doutora em Direito pela Universidade Gama Filho-RJ. Professora de Direito Processual Civil da Faculdade Nacional de Direito da UFRJ e do PPGD da Faculdade de Guanambi-BA. Coordenadora do LEMAJ/UFRJ – Laboratório de Estudos de Meios Adequados de Justiça.

processo e, o outro, vinha da definição de como se dariam os atos convencionais eventualmente praticados pelas partes e sua eficácia.

Os doutrinadores, em regra, tinham dificuldade em aceitar a possibilidade de as partes atuarem em conjunto no processo, com ou sem a intervenção do juiz. O excessivo caráter publicista do processo justificava essa dificuldade, o que explicaria até o caráter angular da relação jurídica processual. Daí porque, apesar da dicção legal, fossem relegados os estudos das convenções processuais.

José Carlos Barbosa Moreira lamentou essa ausência de maiores cuidados com a análise das convenções que as partes praticam no processo. No estudo realizado pelo autor, foi feita uma breve apresentação do tema, considerando-se tão somente as convenções que versem sobre questões processuais, deixando-se de lado aquelas que tratam de questões materiais[2].

Este estado de coisas alterou-se com o CPC/2015 que, além de manter algumas das convenções já existentes no revogado diploma processual, criou, em seu art. 190, a cláusula geral que regulamenta os negócios jurídicos processuais.

Destarte, como o direito processual civil é regulamentado, em linhas gerais, pelo CPC, as regras relativas ao negócio jurídico processual são aplicáveis aos processos que correm perante os Juizados Especiais Cíveis. Mas, considerando que o Sistema dos Juizados, mais do que tratar de um conjunto de procedimentos diferenciados, regula um processo diferenciado para causas de menor complexidade cível, é de se analisar em que medida os negócios jurídicos processuais podem ser praticados em sua sede, tema do presente trabalho.

2. CLASSIFICAÇÃO DAS CONVENÇÕES PROCESSUAIS

Francesco Carnelutti, ao analisar o tema das convenções processuais, afirma que estas se dividem em contratos e acordos processuais (apesar de reconhecer que, etimologicamente, contrato e convenção tenham o mesmo valor). Os acordos e os contratos se diferenciam em função da causa e do motivo que levam as partes a convencionarem no processo. Para o autor, há na causa um interesse próximo e que determinará que o ato seja praticado

---

2. MOREIRA, José Carlos Barbosa. "Convenções das partes sobre matéria processual". In: *Temas de Direito Processual*, 3ª série, p. 87-98.

para uma imediata e infalível satisfação de quem o pratica. Já o *movente*[3] é um interesse remoto, do qual o ato pode causar uma satisfação mediata e eventual[4]. No contrato tanto a causa quanto o motivo estão em contraste, enquanto no acordo, apesar de terem os sujeitos motivos diversos para a prática da convenção, uma única causa os une.

Destarte, em um acordo processual, como o compromisso, por exemplo, os agentes estariam unidos pela causa, que é a composição da lide, ou interesse da paz social, mas teriam motivos diferentes para praticar o ato: cada qual tem interesse em obter vitória que o satisfaça.

2.1. Contratos processuais

A figura dos contratos processuais não merece atenção da doutrina. As razões do desinteresse em estudar os contratos processuais adviriam da história do direito processual: como os estudiosos entenderam que, na época romana, o processo tinha a natureza de um contrato e, posteriormente, de um quase--contrato, trazer esta figura de volta ao processo, quando este alcançou o nível de uma relação pública (por envolver o Estado) seria retornar a um período em que a ação era tida como mero Direito Material em guerra. Essa visão poderia deitar por terra todo o estudo do processo como ciência autônoma e independente do Direito Material, notadamente o civil. Entretanto, como bem registra José Carlos Barbosa Moreira, há quem se refira à possibilidade de existência de contratos processuais, sem tecer maiores comentários sobre o tema, como Orlando Gomes[5] e Moacyr Amaral dos Santos[6-7].

Contratos exigem igualdade de posições entre os sujeitos da relação, que estabelecem cláusulas que ditarão sua atuação no negócio jurídico. Não é o que se pode esperar de situações processuais, ainda que se pudesse levar em conside-

---

3. CARNELUTTI, Francesco. *Sistema di Diritto Processuale Civile*, vol. II, p. 397, deixa claro que o termo mais utilizado é motivo, mas que prefere utilizar a expressão *movente* (que significa "*motivo che induce a compiere un'azione; impulso, stimolo*", segundo o verbete *Movente*. In: Dizionari Garzanti, p. 800).
4. CARNELUTTI, Francesco. *Op. cit*, p. 115.
5. GOMES, Orlando. *Contratos*, p. 9.
6. SANTOS, Moacyr Amaral dos. *Primeiras Linhas de Direito Processual Civil*, vol. I, p. 284-285.
7. "Convenções das partes sobre matéria processual". In: *Temas de Direito Processual*, 3ª série, p. 88-89. Porém, o autor não aceita, com tranquilidade, a possibilidade de serem chamados de contratos processuais as convenções, tendo em vista que as vontades contratualmente manifestadas são diversas, embora correspondentes, o que não acontece com as convenções.

ração, apenas, as partes. Poder-se-ia, até, objetar com a lembrança da existência dos contratos administrativos, em que uma das partes (Administração) não tem a mesma posição que a outra. Contudo, nos contratos administrativos, como é sabido, a Administração Pública desce de sua posição superior aos administrados para negociar em igualdade de condições (ou quase), praticando negócios de direito privado, em que ficam derrogadas cláusulas e prerrogativas específicas dos entes públicos, quando atuam em sua natural posição superior.

Francesco Carnelutti, ao apresentar exemplos de contrato processual, analisa alguns que não se adequam à realidade processual brasileira. O autor italiano discorre sobre a venda forçada na execução por quantia certa contra devedor solvente: ao alienar os bens do devedor para pagar o credor, o juiz estaria praticando o mesmo ato de disposição que o executado praticaria se tivesse tido vontade ou poder de cumprir a obrigação[8]. Também considera como contrato processual a concordata em processo de falência.

Ugo Rocco, contraditoriamente, cita como contratos processuais os negócios jurídicos processuais ou de direito processual que "não constituem atos processuais", porque emanados fora do processo, pois visam a regulamentar, convencionalmente, um processo futuro, como o compromisso, o *pactum de non petendo* e o *pactum de foro prorogando*[9]. O que descaracterizaria estes atos processuais é o fato de só ingressarem em um processo por via de exceção, apesar de produzirem efeitos processuais[10].

Mas Marco Tullio Zanzucchi, apesar de citar a visão de Francesco Carnelutti acerca da existência dos contratos processuais, não vê óbice a que atos dispositivos bilaterais praticados visando a produzir efeitos em um processo futuro não possam ser considerados atos processuais, mas especificamente contratos processuais e cita como exemplo os já elencados por Ugo Rocco, bem como a renúncia aos atos do juízo (equiparada à nossa desistência da ação) [11].

2.2. Acordos processuais

A figura do acordo processual é bem melhor aceita entre os processualistas, mesmo considerando-se o caráter cogente das normas processuais, ao

---

8. CARNELUTTI, Francesco. *Sistema di Diritto Processuale Civile*, vol. II, p. 121.
9. ROCCO, Ugo. *L'autorità della cosa giudicata e i suoi limiti soggettivi*, p. 84.
10. ROCCO, Ugo. *Op. Cit.*, p. 71.
11. ZANZUCCHI, Marco Tullio. *Diritto Processuale Civile*, v. 1, p. 422-423.

contrário dos contratos processuais. Pelo acordo, podem as partes deliberar sobre questões de direito processual ou de direito material, praticando verdadeiro negócio jurídico e, com sua vontade, determinando as consequências jurídicas do ato praticado.

Conforme já afirmado, Francesco Carnelutti vê no acordo um ato convencional em que há uma idêntica causa unindo os agentes, mas tendo estes motivos (ou *moventi*, como prefere o autor) diferentes. Exemplificando com o compromisso, a causa é o interesse na composição da lide, mas os motivos são a satisfação pessoal que cada uma das partes gostaria de experimentar[12]. Como é uma combinação de duas disposições, o acordo seria uma espécie de ato complexo, na medida em que os atos simples que o integram não teriam o condão de, isoladamente, produzir os efeitos jurídicos que o ato uno produziria. Contudo, essa explicação não pode ser aceita dentro da visão que se tem dos atos complexos na doutrina brasileira. Se os atos complexos são formados por atos simples que produzem, cada um de per si, um efeito jurídico próprio, mas que, reunidos, produzem um outro efeito jurídico, deve-se indagar qual efeito jurídico próprio cada ato que integra a convenção que inverte o ônus da prova pode produzir (só para citar-se uma das hipóteses de acordo processual trazida por Francesco Carnelutti), por exemplo.

Entretanto, Ugo Rocco compartilha da visão de que o acordo processual seja um ato complexo (jamais, como afirmam os alemães, um negócio jurídico processual). A razão está em que, segundo o autor, há aqui uma conjugação das três vontades dos sujeitos do processo que formam o ato, ainda que os motivos das partes não coincidam com a causa pública que determina a atuação estatal[13].

Em verdade, Francesco Carnelutti tem uma peculiar visão do que seria o efeito jurídico produzido com o dito ato complexo que é o acordo: este efeito se dá pela mutação da situação jurídica preexistente, no sentido de que, como a parte dispõe do seu interesse, não pode mais evitar a mudança (porque agora a outra parte, com seu ato, vai efetivamente operá-la) ou deve agir para evitá-la (revogando o ato praticado antes que a outra parte pratique algum outro que conceda plena eficácia ao ato), caso o ato seja irrevogável ou não[14].

O autor apresenta como acordos constitutivos o compromisso (arbitral), a cláusula compromissória e a cláusula de competência; como acordo norma-

---

12. CARNELUTTI, Francesco. *Sistema di Diritto Processuale Civile*, vol. II, p. 115.
13. *L'autorità della cosa giudicata e i suoi limiti soggettivi*, p. 93-94.
14. CARNELUTTI, Francesco. *Op. Cit.*, vol. II, p. 117.

tivo, o ônus da prova; e como acordo extintivo, a renúncia aceita (poder-se-ia falar, conforme o CPC brasileiro, em desistência da ação, depois de decorrido o prazo de resposta)[15].

Aliás, esta posição de Francesco Carnelutti, que prevê a existência de acordos em que as declarações de vontade não sejam simultâneas, o que possibilitaria a revogação por parte de um dos agentes, vai de encontro à visão de José Carlos Barbosa Moreira, que não aceita como convenção os atos praticados por um sujeito e dependentes da anuência ou concordância do outro para produzirem seus efeitos. A atuação das partes, nestes casos, se daria através de dois atos "distintos e unilaterais, dirigidos ao órgão judicial"[16]. Desta forma, não seria mais a vontade de ambos, mas a decisão judicial (homologatória dos atos) que produziria os efeitos processuais[17].

Em que pesem os argumentos expendidos pelo processualista brasileiro, sua visão é equivocada: ainda que sucessivas, as vontades são determinantes na produção dos efeitos queridos pelas partes; não é a decisão judicial que confere tal efeito (salvo na hipótese da desistência da ação, decorrido o prazo de resposta do réu, de acordo com o parágrafo único do art. 200, do CPC), posto que meramente homologatória. E, de novo, retoma-se o tema do alcance da homologação: em defesa de sua opinião, José Carlos Barbosa Moreira sustenta que, apesar de homologatória, esta decisão atua sobre atos unilaterais e não sobre uma convenção[18].

2.3. Negócios jurídicos processuais

O CPC/2015, em seu art. 190, permite às partes "*convencionar* sobre os seus ônus, poderes, faculdades e deveres processuais, antes ou durante o pro-

---

15. CARNELUTTI, Francesco. *Op Cit.*, p. 117.
16. Esta também é a opinião de Pontes de Miranda, ao afirmar que os ditos "*acordos* das partes, não são, de modo nenhum, negócios jurídicos bilaterais (contratos)" (*Comentários ao Código de Processo Civil*, tomo III, p. 5).
17. "Convenções das partes sobre matéria processual". In: *Temas de Direito Processual*, 3ª série, p. 90.
18. "Convenções das partes sobre matéria processual". In: *Temas de Direito Processual*, 3ª série, p. 90. É conhecido e respeitado o cuidado que o autor devota ao preciso sentido das palavras. Contudo, por vezes essa devoção pode pecar pelo exagero, como acontece no caso concreto: se não descaracteriza o contrato o fato de que os sujeitos podem manifestar sua vontade tanto simultânea quanto sucessivamente, também não descaracterizaria a convenção o fato do mesmo ocorrer. O resultado, processual e prático, ainda é o mesmo: as partes manifestaram vontade no sentido de praticar determinado ato que depende de ambas para se tornar perfeito e o fizeram, ainda que o aperfeiçoamento do ato tenha se dado em momentos diferentes.

cesso" (grifo nosso). Entretanto, apesar da utilização do verbo convencionar, a doutrina, em sua esmagadora maioria, compreende que se está diante da cláusula geral dos negócios jurídicos processuais[19], o que denotaria a inexistência de diferença, salvo a terminológica.

Não é este, contudo, o entendimento de José Rogério Cruz e Tucci, para quem:

> [...] as convenções processuais, amplamente admitidas pelo art. 190 do novo Código de Processo Civil, que ostentam natureza e conteúdo estritamente processual, não têm qualquer identidade dogmática com os negócios jurídicos processuais, de cunho substancial e que têm por objeto o direito controvertido. [20]

Para fins do presente trabalho, importante é a classificação das convenções ou negócios processuais em convenções que versam sobre questões materiais e as que versam sobre questões processuais, ainda que celebradas no curso do processo ou antes do mesmo.

3. REQUISITOS DAS CONVENÇÕES PROCESSUAIS

Como as convenções são atos processuais ou negócios jurídicos processuais, os requisitos genéricos deles também a elas se aplicam. Ainda assim, é possível vislumbrarem-se alguns requisitos aplicáveis às convenções em geral, além daqueles que merecem um estudo casuístico, conforme a espécie de convenção analisada. É óbvio que as características de uma convenção para a inversão do ônus da prova diferem de outra que trate da suspensão do processo, com o que será melhor que a análise desses requisitos mais específicos se faça casuisticamente.

O processo pertence às partes, apesar de sua natureza pública. Foi a vontade delas que lhe deu origem. Salvo exceções, poderiam elas ter resolvido suas controvérsias extrajudicialmente e não o fizeram, seja por qual motivo for. Apesar de, em regra, não terem "convencionado" a sua ida ao Poder Judiciário, foi a vontade do autor, em fazer valer sua pretensão, e a vontade do réu, em não a satisfazer, que levou o primeiro a buscar a ajuda estatal. Tanto

---

19. DIDIER JR, Fredie. "Princípio do respeito ao autorregramento da vontade no processo civil", in CABRAL, Antonio do Passo e NOGUEIRA, Pedro Henrique. *Negócios Processuais*, p. 36.
20. TUCCI, José Rogério Cruz e. "Natureza e objeto das convenções processuais, in CABRAL, Antonio do Passo e NOGUEIRA, Pedro Henrique. *Negócios Processuais*, p. 28.

é assim que ambos podem convencionar a autoproibição de busca da solução estatal, através do *pactum de non petendo* ou da convenção arbitral.

O processo é público na medida em que o Estado, instado a tentar resolver o conflito, surge como um terceiro mediador da solução. Seu papel é de organizador das regras a serem observadas para se chegar à solução, sejam elas processuais ou materiais. Também tem o dever de fiscalizar a atuação das partes no processo, a fim de evitar desigualdades e deslealdades.

Mas não se pode esquecer que as partes é que têm o maior interesse na solução da controvérsia, pois, insista-se, o Direito Material lhes pertence. Desta forma, não cabe ao Estado "permitir" que as partes manifestem vontade no processo, mas cabe não as impedir de assim agir. Não se quer retornar ao período em que o juiz era mero espectador do litígio entre as partes, mas reforçar a visão de que o juiz não pode atuar como dono do processo, esquecendo que, dentro das regras impostas pelo Estado para regular as situações processuais, devem as partes manifestar suas vontades para fins de dar às suas controvérsias a melhor solução possível.

E é nesse contexto que devem ser compreendidas as convenções processuais, que são atos dispositivos. Por elas, as partes abrem mão de alguma posição no processo, inclusive, podendo este ato vir a ter repercussão na relação de direito material na qual as partes estão envolvidas.

Uma análise genérica dos requisitos para a prática das convenções processuais deve levar em consideração seus limites, momento de eficácia e possibilidade de revogação, tendo por base o CPC/2015 e o sistema dos Juizados Especiais Cíveis e seus princípios orientadores[21].

3.1. Limites

A vontade das partes em convencionar é, obviamente, a base para que elas possam assim agir no processo. Contudo, somente a vontade não é suficiente para que uma convenção exista e possa ser eficaz no processo e/ou para além dele, resolvendo a controvérsia no âmbito das relações de direito material.

Certos limites devem ser impostos, como requisitos a serem observados, pelas partes e pelo juiz. Entre eles estão a capacidade dos sujeitos que con-

---

21. Nesse sentido, veja-se o Enunciado n. 413, do FPPC: "O negócio jurídico processual pode ser celebrado no sistema dos juizados especiais, desde que observado o conjunto dos princípios que o orienta, ficando sujeito a controle judicial na forma do parágrafo único do art. 190 do CPC".

vencionam, disponibilidade dos direitos sobre que se convencionam, atuação de terceiros intervenientes, manutenção do equilíbrio entre os sujeitos, existência de requisitos formais (como as condições da ação e os pressupostos processuais) e observância dos princípios e garantias do processo no Estado Democrático de Direito.

3.1.1. Disponibilidade dos direitos e capacidade dos sujeitos atuantes

A indisponibilidade do direito não surge como um óbice à convenção no processo. Isto porque o art. 190, do CPC/2015, apenas impede negócios processuais quando o direito não admitir autocomposição. Contudo, limita esta faculdade às partes capazes e esta limitação vai alcançar não só os que não detêm a plena capacidade civil, mas aqueles que, apesar de tê-la, estão em juízo defendendo direitos indisponíveis.

Destarte, impedidos estão os incapazes de convencionarem, tanto nos Juizados Especiais Públicos (Federais e da Fazenda Pública), em que incapazes têm a legitimidade para serem autores, como também nos Juizados Especiais Cíveis, em que sua participação é proibida por lei (art. 8º, § 1º, inc. I, da Lei n. 9.099/1995).

Quanto às pessoas jurídicas de direito público, sempre lhes foi permitida a convenção de direito material, uma vez que, além de ser finalidade dos Juizados Especiais a transação ou a conciliação (art. 2º, *in fine*, da Lei n. 9.099/1995), há expressa autorização neste sentido no art. 10, parágrafo único, da Lei n. 10.259/2001. Com relação às convenções processuais, a flexibilização procedimental é uma prática habitual nos Juizados Especiais Federais[22].

Para os litisconsortes, prevalece a regra do art. 117, do CPC/2015, com algumas considerações. Pode cada litisconsorte convencionar sem a participação do outro, mas as consequências jurídicas nem sempre vão ser obtidas, sem que o outro litisconsorte consinta com a avença. Como as convenções exigem a participação de ambas as partes, impossível que qualquer um dos litisconsortes pudesse se abster ou se negar a convencionar e mesmo assim ter-se como existente a avença, como nas hipóteses de suspensão do processo ou o *pactum de foro prorogando*. A unidade do processo impede que haja

---

22. Nesse sentido, ver SOUZA, Marcia Cristina Xavier de. "Impactos do novo Código de Processo Civil no sistema dos Juizados Especiais", in CIANCI, Mirna. *Novo Código de Processo Civil*: Impactos na Legislação Extravagante e Interdisciplinar, vol. I, p. 387.

suspensão para uma das partes e não para a outra, ou que se desmembre a competência, conforme a vontade de cada litisconsorte. Mesmo a desistência da ação só vai surtir efeitos para o desistente, não para o processo em si, que continuará com os demais autores[23].

Se o litisconsórcio for simples há permissão da convenção sem a participação de todos os seus integrantes, desde que a convenção diga respeito a direito material ou seja alguma convenção das que se fazem antes do processo (salvo o *pactum de foro prorogando*). As convenções processuais, assim, ficam limitadas pela necessidade de participação de todos os litisconsortes, não para sua prática, mas para sua eficácia.

Quanto aos terceiros intervenientes, a discussão de sua admissibilidade como sujeitos de negócios jurídicos processuais não cabe em sede de Juizados Especiais, por expressa proibição do art. 10, da Lei n. 9.099/1995. Contudo, a possibilidade de utilização do instituto da desconsideração da personalidade jurídica (art. 1.062, do CPC/2015) suscita algumas considerações que não serão trazidas a este trabalho.

Todavia, há que se verificar se podem as partes celebrar convenções processuais sem o auxílio de um advogado, uma vez que há omissão legal quanto a este requisito.

Em regra, as opiniões tendem a ser contrárias a essa possibilidade[24], o que pode ser um impeditivo de sua celebração no sistema dos Juizados Especiais, que permitem, em certas causas, a atuação das partes desassistidas (art. 9º, da Lei n. 9.099/1995).

Por outro lado, tanto a conciliação quanto a transação são finalidades dos Juizados (art. 2º, da Lei n. 9.099/1995) e o próprio CPC/2015 estimula as soluções consensuais dos conflitos (art. 3º, §§ 2º e 3º). Então, levando-se em consideração tais princípios (bem como o princípio da cooperação, insculpido no art. 6º, do CPC/2015), pode-se afirmar que negócios processuais que tenham por objeto direito material são passíveis de ser celebrados, ainda que as partes não estejam acompanhadas de seus respectivos advogados.

Entretanto, o mesmo não se pode afirmar em relação às convenções que versem sobre questões processuais: por serem questões técnicas, o conhecimento da amplitude e das consequências de tais avenças, ainda que possam

---

23. DINAMARCO, Cândido Rangel. *Litisconsórcio*, p. 353.
24. Ver, por todos, ROCHA, Felippe Borring. *Manual dos Juizados Especiais Cíveis Estaduais*, p. 131.

ser explicadas às partes, é do procurador. Portanto, para a sua celebração, indispensável o auxílio do advogado.

3.1.2. Equilíbrio entre as partes

É garantia constitucional a isonomia entre as pessoas, sem distinção de qualquer espécie (art. 5º, *caput*, da CRFB e art. 7º, do CPC/2015). Para que a isonomia não seja meramente formal, como um princípio sem efetividade prática, deve o juiz estar atento às diferenças entre os litigantes, promovendo a igualdade de tratamento e a paridade de armas (art. 139, inc. I, do CPC/2015).

Não se está com isso afirmando que o juiz deva deixar sua imparcialidade a favor da parte hipossuficiente[25]. O que se espera deste juiz é prover a parte mais fraca de meios que lhe assegurem lutar nas mesmas condições de seu adversário, seja no foro menos prejudicial a ela, seja com provas adequadas etc.

Como em qualquer convenção, processual ou não, a liberdade de fazer a avença é a tônica das atuações dos sujeitos. Como se verifica nas relações de direito material, esta liberdade se dá não apenas na opção entre pactuar ou não, mas também na possibilidade de escolher as cláusulas, condições e conteúdo do pacto[26]. Apesar de terem as partes, em um processo, mais acentuadas limitações em relação a estes últimos requisitos (notadamente, quando se referem ao conteúdo de convenções que digam respeito a questões processuais), dentro destas limitações estas opções não lhes podem ser negadas, privilegiando-se uma parte em detrimento da outra ou sendo-lhes totalmente retirada.

Mas a observância da garantia da igualdade entre as partes deve merecer maior atenção quando uma das partes é pessoa jurídica de direito público ou qualquer outra entidade pública.

---

25. O termo, aqui, não está sendo utilizado na mesma acepção que lhe dá o Código de Defesa do Consumidor, que define o hipossuficiente como o consumidor que não dispõe do "controle sobre a produção de bens de consumo ou prestação de serviços que lhe são destinados" (José Geraldo Brito Filomeno. *Código brasileiro de defesa do consumidor:* comentado pelos autores do anteprojeto, p. 28). A hipossuficiência processual, em um sentido amplo, deve ser entendida como a situação de toda e qualquer parte que não está em posição de igualdade para com a outra (sejam pessoas físicas ou jurídicas), pela falta de paridade de armas (que ocorre, por exemplo, diante do Estado ou de um litigante habitual), por não ter acesso aos instrumentos processuais adequados e eficazes para a defesa de seu direito material em juízo, mormente quando há inferioridade econômica. Algumas delas, portanto, bastante comuns em sede de Juizados Especiais Cíveis.
26. GOMES, Orlando. *Contratos*, p. 22.

Além da possibilidade de praticar negócios jurídicos administrativos e de celebrar contratos com os particulares, mantendo-se ou não em posição de superioridade, tem o Estado a possibilidade de fazer acordos em juízo com a outra parte, para fins de término do litígio.

A aceitação da desistência da ação movida pelo particular em face da Fazenda Pública (que, na verdade, só será aceita se for transformada em renúncia ao direito)[27] nos Juizados Especiais Públicos é um exemplo desta situação[28].

Em situações como essas, em que há flagrante desigualdade entre as partes, tem o juiz o dever de analisar o conteúdo da avença, a não ser que verifique que é, efetivamente, a vontade da parte que a leva a concordar com o pactuado.

Nota-se, então, que mesmo devendo haver prevalência da vontade das partes na determinação das consequências de seus atos convencionais, o juiz deve sempre estar atento para que tais convenções não acabem por prejudicar a defesa dos direitos (ou a própria efetividade deles) da parte mais fraca[29].

3.1.3. Requisitos genéricos de admissibilidade

Como ocorre em relação aos demais atos processuais, deve-se verificar, para a prática de atos convencionais, a existência dos requisitos de admissibilidade, notadamente as condições da ação e os pressupostos processuais. A observância, tanto dessas quanto destes, é imprescindível para que o processo alcance sua finalidade.

A ausência das condições ou dos pressupostos pode ou não caracterizar a infringência de normas cogentes, portanto, insanáveis (uma vez que são criadas tendo em vista o interesse público). As nulidades sanáveis, em regra, não impedem que as partes convencionem, uma vez que dizem respeito a normas dispositivas (feitas no interesse das partes)[30]. A infringência destas

---

27. Art. 3º, da Lei n. 9.469/1997.
28. Não merece maiores cuidados do juiz a aquiescência ao direito do autor pela Fazenda Pública, nos mesmos Juizados (art. 10, parágrafo único, da Lei n. 10.259/2001 e art. 8º, da Lei n. 12.153/2009 – que, erroneamente, mencionam o termo desistência para a parte ré), uma vez que a ré não é a parte mais fraca da relação processual.
29. Outra não é a disposição do parágrafo único do art. 190, ao determinar que o juiz poderá recusar a validade de convenção processual se verificar que a parte se encontra "em manifesta situação de vulnerabilidade".
30. Evita-se, aqui, o uso de qualquer uma das diversas classificações das nulidades processuais, mesmo a tradicional (que divide as nulidades em absolutas – insanáveis – e relativas – sanáveis). Adotaram-se

normas, pelas próprias partes que seriam delas beneficiárias, não pode ser alegada pelos causadores, já que estaria sendo ferido o princípio *nemo allegans propriam turpitudinem auditur* (art. 276, do CPC/2015), bem como ferindo o princípio da economia processual: ao não causar prejuízo a qualquer das partes, sua alegação só iria postergar, indevidamente, o processo[31].

Então, a ausência de requisitos formais que poderiam levar à nulidade insanável do processo pode obstar a convenção. A infringência das normas cogentes leva à nulidade insanável e à infringência da ordem pública[32].

As condições da ação são reguladas por normas cogentes, no que sua ausência, em tese, não permitiria às partes convencionar. Em referência aos pressupostos processuais, regulados tanto por normas cogentes, quando dispositivas, somente quando digam respeito a nulidades insanáveis, deverão merecer do juiz uma análise mais apurada para determinar se a sua ausência poderá impedir as partes de validamente convencionarem.

Tome-se como exemplo a ilegitimidade *ad causam* que, em regra, não deveria permitir a convenção entre as partes. Impossível que alguém estranho à relação de direito material possa, validamente, pactuar no processo com a parte legítima. Contudo, em situações excepcionalíssimas, e quando a convenção disser respeito a questões de direito material, poder-se-ia vislumbrar uma possibilidade.

O que foi aqui afirmado acerca das condições da ação não sofre restrições quando o tema são os pressupostos processuais. Somente as normas que regem questões de ordem pública devem ser colocadas acima da vontade das partes, para pacificação das relações sociais, como finalidade do Estado-juiz, ainda assim com ressalvas.

O ato mais importante, aqui, é aquele em que as partes manifestam sua vontade: é o conteúdo da convenção que interessa, pois é ele que determinará o término da controvérsia. A sentença do juiz, homologando a transação (ou

---

as consequências das nulidades como classificação, uma vez que há nulidades absolutas sanáveis, como a falta de citação por meio do comparecimento espontâneo do réu ao processo, por exemplo (art. 239, § 1º, do CPC/2015 e art. 18, § 3º, da Lei n. 9.099/1995).

31. No sistema dos Juizados Especiais, as nulidades somente serão declaradas (ou decretadas) quando o ato não alcançar sua finalidade ou quando causar prejuízo (art. 13, *caput* e § 1º, da Lei n. 9.099/1995).

32. Leonardo Greco denomina de ordem pública processual "a preservação da observância dos princípios e garantias fundamentais do processo" (Os atos de disposição processual – primeiras reflexões, p. 4).

seja, dando por findo o processo, acatando a vontade das partes), é, segundo alguns doutrinadores, um ato de resignação à essa vontade[33].

O juiz, ao homologar a transação, não está praticando ato decisório, no que tange à controvérsia entre as partes. Sua atividade, repita-se, limitar-se-á a resolver o mérito conforme a vontade de autor e réu. Neste sentido, devido à preponderância da importância do conteúdo (manifestação ou declaração de vontade das partes) sobre o continente (sentença do juiz), fazendo com que a vontade das partes seja considerada soberana, a incompetência absoluta ou o impedimento não levarão a macular a convenção processual[34].

Destarte, quando as convenções disserem respeito a questões de direito material, pode não haver razão para impedir a sua eficácia, ainda que ocorresse manifesta hipótese de extinção do processo sem resolução do mérito. Por exemplo, considerando-se as finalidades dos Juizados Especiais Cíveis (conciliação e transação, conforme o art. 2º, da Lei n. 9.099/1995) e as regras de nulidade dentro do processo especial (art. 13 e § 1º, da mesma lei), não haveria óbice a que o réu manifestasse vontade no sentido de fazer acordo com um mandatário do autor, que não tivesse comparecido à sessão de conciliação[35].

A finalidade pacificadora do microssistema dos Juizados Especiais terá sido alcançada pela vontade das partes: nenhum prejuízo poderá acarretar para o réu a decretação da nulidade e a controvérsia não iria acarretar continuação da animosidade entre as partes. Destarte, se o réu aceita transigir com o procurador do autor, não pode o juiz negar-se a homologar este acordo, sob a alegação da infringência de norma cogente. A decisão judicial, assim prolatada, estaria ferindo os princípios (ou critérios) basilares da justiça especial: conciliação e transação.

---

33. Como bem observa Alcides de Mendonça Lima, "Apenas o juiz deu força à vontade das partes, por via de transação ou da conciliação, para maior eficácia e garantia do negócio jurídico" (*Comentários ao Código de Processo Civil*, vol. VI, p. 258).

34. Luiz Rodrigues Wambier, Teresa Arruda Alvim Wambier e José Miguel Garcia Medina lembram que, no caso da transação judicial não homologada ou homologada por sentença nula, a ausência ou o vício do ato do juiz não tem o condão de macular o ato das partes que subsiste do mesmo modo, como válida manifestação de vontade (*Breves comentários à nova sistemática processual civil 2*, p. 171).

35. No processo dos Juizados Especiais Cíveis, a presença de ambas as partes em todas as audiências é obrigatória. A ausência do autor, tanto na sessão de conciliação quanto na audiência de instrução e julgamento leva à extinção do processo sem resolução de mérito (art. 51, inc. I, da Lei n. 9.099/1995), não cabendo fazer-se uso da figura de representante com poderes especiais para transigir, como ocorre no procedimento comum (art. 334, § 10, do CPC/2015). Sobre o tema, ver: Souza, Marcia Cristina Xavier de. "Acesso à justiça e representação das partes nos Juizados Especiais Cíveis", *in* GRECO, Leonardo e MIRANDA NETTO, Fernando Gama de. *Direito Processual e Direitos Fundamentais*, p. 161-184.

3.2. Momento de eficácia

Em regra, as convenções regem-se pelos ditames do art. 200, do CPC/2015, dispensando-se qualquer manifestação do juiz no sentido de dar eficácia jurídica ao ato praticado pelas partes, salvo na hipótese de desistência, depois de transcorrido o prazo de resposta do réu (parágrafo único, do citado artigo) ou nas hipóteses do parágrafo único do art. 190, do citado diploma legal. A eficácia das convenções (e dos atos processuais em geral) é alcançada quando a situação jurídica processual é modificada por elas[36]. Para esta eficácia, necessária é a manifestação de vontade de ambas as partes, sem qualquer vício.

As vontades das partes na convenção processual são manifestadas simultaneamente (como ocorre na maioria dos casos) ou sucessivamente (como a desistência da ação, depois de decorrido o prazo para resposta e a alteração do pedido após a citação, conforme arts. 485, inc. VIII e § 4º e 329 e incisos, respectivamente, do CPC/2015). Com esta última hipótese não concorda José Carlos Barbosa Moreira, ao entender que não podem ser considerados atos convencionais aqueles que dependam de posterior manifestação concordante da parte contrária, após a manifestação de uma delas[37].

Contudo, em nada estas manifestações sucessivas vão descaracterizar a convenção como tal: retorne-se à hipótese do contrato e ver-se-á possível a existência de avenças sem que seja necessário que as partes estejam atuando no mesmo momento. Mais importante do que o momento em que as vontades são manifestadas é a existência dessas duas vontades para caracterizar uma convenção. São elas que darão eficácia ao ato dispositivo, que não se caracterizará como um ato unilateral: como está no processo, não pode o réu ser alijado da deliberação sobre o destino da causa, quando o autor resolve dela desistir. Do contrário, não vislumbrando aqui uma convenção, ficaria claro que somente o autor teria manifestado vontade no processo, o que não corresponde à realidade.

Então, como os atos jurídicos em geral, é possível que as partes manifestem suas vontades em momentos diferentes, desde que estas convirjam para um mesmo fim. Por outro lado, entende-se que, ao contrário dos atos jurídicos em geral, não podem os atos processuais conter termos ou condições para seu adimplemento.

---

36. CARNELUTTI, Francesco. *Sistema di Diritto Processuale Civile*, vol. II, p. 104.
37. "Convenções das partes sobre matéria processual". In: *Temas de Direito Processual*, 3ª série, p. 90. Contra: Francesco Carnelutti (*Op. Cit.*, p. 117), que aceita como convenções os atos praticados simultaneamente por cada uma das partes.

No entanto, situações existem que desmentem esta assertiva. A convenção por meio da qual as partes suspendem o processo tem termo definido em lei (art. 313, § 4º, do CPC/2015).

Nesta hipótese, verifica-se que, não havendo desequilíbrio entre as partes, nenhuma das duas sofrerá dano com a alteração do prazo ou a imposição de condição na convenção: ao contrário, tal condição ou termo tem por finalidade exatamente obter a melhor solução para a controvérsia, tanto para autor quanto para réu. Destarte, sempre que não haja prejuízo para qualquer uma das partes, é possível impor-se condição ou termo nas convenções processuais, sem que se esteja ferindo a garantia do processo justo.

3.3. Revogabilidade

A possibilidade de revogação de uma convenção processual deve ser considerada sob os seguintes aspectos: necessidade ou não de homologação judicial do ato praticado; possibilidade de atuação unilateral ou necessidade de manifestação de vontade de ambas as partes; momento de prática do ato de revogação.

Como, em regra, os atos das partes produzem efeito imediatamente, independentemente de homologação judicial (art. 200, do CPC/2015), a revogação se torna difícil. Como o processo se caracteriza por conter diversos atos que são praticados de forma encadeada, assim que um deles seja praticado e produza seus efeitos, o próximo o seguirá. Então, a não ser que haja um lapso temporal entre a convenção praticada e o próximo ato que lhe seja subsequente, de modo a permitir uma eventual revogação, esta poderá ser impossível.

Contudo, há que se considerar se é possível que o ato conjunto seja revogado unilateralmente, ou se há necessidade de atuação conjunta das partes. Esta possibilidade vai depender de como as vontades são manifestadas, se simultânea ou sucessivamente. Se as vontades são manifestadas sucessivamente, abre-se espaço para uma revogação unilateral, se esta ocorre antes da manifestação de vontade da parte contrária. Se, por outro lado, as vontades são manifestadas simultaneamente, somente em conjunto podem as partes revogar a convenção, ainda que uma delas tenha agido no sentido de não cumprir o avençado.

Se as vontades forem manifestadas sucessivamente, como ocorre na desistência da ação, depois da resposta da parte passiva, seria possível a revogação unilateral pelo autor, antes de iniciado o prazo para manifestação do réu (eventualmente, também se, intimado o réu e tendo-se iniciado seu prazo para falar sobre a desistência, eventual manifestação sua ainda não tenha sido juntada aos autos). Eventualmente, o mesmo se poderia afirmar sobre a alteração do pedido, após a citação do réu. Se o réu já havia afirmado sua disposição em opor-se à vontade do autor (desistência ou alteração do pedido), a revogação posterior do autor não teria qualquer efeito, pois iria de encontro ao querido pelo réu. Em ambas as situações, contudo, a vontade da parte contrária poderia constituir óbice à revogação unilateral: se o réu já havia afirmado sua disposição em concordar com a desistência ou com a alteração do pedido (tendo, inclusive, neste caso, contestado o novo pedido formulado), impossível se afigura que se aceite a revogação unilateral do autor.

Caso as vontades sejam manifestadas simultaneamente, como ocorre na generalidade das convenções, a revogação só pode se dar conjuntamente. É o que ocorre quando ambas as partes, celebrando *pactum de non petendo*, resolvem, expressamente, não recorrer de determinada decisão ou não executar determinada sentença: o recurso eventualmente interposto, ou a execução requerida por uma das partes, não tem o condão de revogar o ato convencional praticado por ambas. Em verdade, falta interesse de agir, pois ocorreu uma hipótese de preclusão lógica (art. 1.000, do CPC/2015).

Excepcionalmente, contudo, a vontade de apenas uma das partes pode revogar as duas vontades manifestadas conjuntamente, como na hipótese de uma das partes requerer a continuação de um processo suspenso por convenção. Neste caso, a parte que deseja que a convenção se cumpra por inteiro não pode se opor à vontade da outra: se ambas, em um determinado momento, abriram mão da marcha processual em favor de uma eventual tentativa de acordo e, se em momento posterior, a situação modificou-se, o direito ao desenvolvimento do processo não pode ser subtraído ou dificultado unilateralmente.

Não se pode olvidar, contudo, da questão da preclusão temporal. Este é um óbice intransponível no caso da revogação da convenção. Se o ato dispositivo é eficaz no momento em que é praticado, o processo desenvolve-se a partir dessa manifestação de vontade. Atuações posteriores dos sujeitos do processo têm-no por base, como sói acontecer no processo. A revogação implicaria em retorno ao momento processual anterior à prática do ato, o que poderia significar um indesejado retrocesso no andamento processual e causar eventuais prejuízos, até mesmo a uma das partes. Pode acontecer, inclusive, de serem impossíveis de repetição atos já praticados em consonância com a revogação ou de estes atos serem impossíveis de praticar em momento posterior. Por exemplo, se as partes resolvem revogar a convenção para inversão do ônus da prova pode ser que a prova que a parte que detinha o ônus já se tenha perdido, ou tenha ela, no momento da revogação, perdido precioso tempo para se municiar de elementos que convenceriam o juiz.

As considerações acima expendidas ficam ainda mais sensíveis quando se leva em consideração o concentrado procedimento dos Juizados Especiais Cíveis, em que, em regra, os atos processuais se concentram em audiência. De qualquer modo, em tese, são aplicáveis ao seu processo especial.

4. CONCLUSÃO

Ainda muito há que se estudar sobre as convenções processuais no sistema dos Juizados Especiais, notadamente porque, apesar de não ser um tema novo no Direito Processual Civil em geral, somente despertou maiores atenções a partir do CPC/2015.

Destarte, o presente trabalho nada mais é do que uma primeira visão do tema, a ser melhor desenvolvido e sem pretensão de esgotá-lo, mas sem descuidar da crescente autonomia das partes na administração de seus conflitos e de seu processo, ainda que em sede dos Juizados Especiais Cíveis.

5. REFERÊNCIAS

CARNELUTTI, Francesco. *Sistema di Diritto Processuale Civile*, vol. II. Padova: CEDAM, 1936.

DIDIER JR., Fredie. "Princípio do respeito ao autorregramento da vontade no processo civil", in CABRAL, Antonio do Passo e NOGUEIRA, Pedro Henrique (coord.). *Negócios Processuais*, 2. ed. Salvador: JusPodivm, 2016, p. 31-38.

DINAMARCO, Cândido Rangel. *Litisconsórcio*. 4. ed. São Paulo: Malheiros, 1996.

FILOMENO, José Geraldo Brito et al. *Código Brasileiro de Defesa do Consumidor:* comentado pelos autores do anteprojeto. 7. ed. Rio de Janeiro: Forense Universitária, 2001.

GOMES, Orlando. *Contratos*. 17. ed. Rio de Janeiro: Forense, 1997.

GRECO, Leonardo. *Os atos de disposição processual* – primeiras reflexões (inédito).

LIMA, Alcides de Mendonça. *Comentários ao Código de Processo Civil*, vol. VI. 6. ed. Rio de Janeiro: Forense, 1990.

MIRANDA, Francisco Cavalcanti Pontes de. *Comentários ao Código de Processo Civil,* tomo III. 3. ed. Rio de Janeiro: Forense, 1996. Atualização legislativa de Sergio Bermudes.

MOREIRA, José Carlos Barbosa. Convenções das partes sobre matéria processual. In:

_____. *Temas de Direito Processual*, 3ª série. Rio de Janeiro: Forense, 1984, p. 87-98.

ROCCO, Ugo. *L'autorità della cosa giudicata e i suoi limiti soggettivi*. Roma: Athenaeum, 1917.

ROCHA, Felippe Borring. *Manual dos Juizados Especiais Cíveis Estaduais:* teoria e prática. 8. ed. São Paulo: Atlas, 2016.

SANTOS, Moacyr Amaral dos. *Primeiras Linhas de Direito Processual Civil*, vol. I. 23. ed. São Paulo: Saraiva, 2004.

SILVA, Paula Costa e. *Acto e processo.* Coimbra: Coimbra, 2003.

SOUZA, Marcia Cristina Xavier de. "Acesso à justiça e representação das partes nos Juizados Especiais Cíveis", *in* GRECO, Leonardo e MIRANDA NETTO, Fernando Gama de. *Direito Processual e Direitos Fundamentais.* Rio de Janeiro: Lumen Juris, 2005, p. 161-184.

_____. "Impactos do novo Código de Processo Civil no sistema dos Juizados Especiais", *in* CIANCI, Mirna *et al* (coord). *Novo Código de Processo Civil:* Impactos na Legislação Extravagante e Interdisciplinar, vol. I, São Paulo: Saraiva, 2016, p. 375-396.

TUCCI, José Rogério Cruz e. "Natureza e objeto das convenções processuais, *in* CABRAL, Antonio do Passo e NOGUEIRA, Pedro Henrique. (coord.). *Negócios Processuais,* 2. ed. Salvador: JusPodivm, 2016, p. 23-30.

WAMBIER, Luiz Rodrigues; WAMBIER, Teresa Arruda Alvim; MEDINA, José Miguel Garcia. *Breves comentários à nova sistemática processual civil 2.* São Paulo, Revista dos Tribunais, 2006.

WAMBIER, Teresa Arruda Alvim. *Nulidades do processo e da sentença.* 6. ed. São Paulo: Revista dos Tribunais, 2007.

ZANZUCCHI, Marco Tullio. *Diritto Processuale Civile*, v. 1. 6. ed. Milano: Giuffrè, 1964.

A PROVA EMPRESTADA COMO OBJETO DE NEGÓCIO JURÍDICO PROCESSUAL

Mariana Ferradeira[1]

Sumário: 1. A (velha) prova emprestada, agora prevista no CPC/15 – 2. Algumas reflexões sobre os negócios jurídicos processuais – 3. Iniciativa probatória do juiz: autônoma ou subsidiária? – 4. Conclusão: os limites das convenções processuais. A prova emprestada pode ser objeto de convenção processual? – 5. Referências.

1. A (VELHA) PROVA EMPRESTADA, AGORA PREVISTA NO CPC/15

Para a formação de seu convencimento e para que seja possível uma completa e analítica fundamentação, o julgador deve se valer das provas produzidas no processo. Sob o ângulo das partes, as provas são os meios disponíveis para que comprovem as alegações sobre os fatos atinentes à relação jurídica discutida em juízo, influenciem a convicção do juízo e alcancem a tutela perseguida, tornando-a efetiva.

Em regra, o autor deve provar o fato constitutivo de seu direito e o réu, eventual fato impeditivo, modificativo ou extintivo do direito afirmado pelo autor, nos termos dos incisos I e II do art. 373 do CPC. A distribuição do ônus pode ser diversa, seja por decisão judicial, diante de algum caso previsto em lei ou de peculiaridades da causa relacionadas à impossibilidade ou à exces-

---

[1]. Mestranda em Direito Processual pela UERJ. Pós-graduada em Direito Processual Civil e em Direito Privado Patrimonial, pela PUC/RJ. Graduada pela UFF. Advogada.

siva dificuldade de cumprir o encargo nos termos da regra geral (CPC, art. 373, *caput*) ou à maior facilidade de obtenção da prova do fato contrário[2], ou por convenção processual firmada entre as partes, antes ou durante o processo, salvo se recair sobre direito indisponível da parte ou tornar excessivamente difícil a uma parte o exercício do direito, hipóteses em que vedado dito negócio processual pelo legislador (CPC, art. 373, § 3º, incisos I e II).

Portanto, as partes devem atentar para a distribuição do ônus probatório e para os fatos que dependem de prova, quais sejam: (i) fatos controvertidos, (ii) fatos relevantes para a causa, e (iii) direito decorrente de leis municipais, estaduais, estrangeiras ou consuetudinárias – a chamada prova de direito (CPC, artigo 376). De outro lado, dispensam a produção de prova os fatos (i) notórios, (ii) afirmados por uma parte e confessados pela parte contrária, (iii) incontroversos e (iv) presumidamente verdadeiros por força de lei (CPC, artigo 374).

Ditos meios de prova podem estar previstos ou não no diploma processual, nos termos do artigo 369 do CPC. Para que sejam admitidos, basta que sejam legais ou moralmente legítimos, por força do princípio da atipicidade[3].

A prova emprestada era um exemplo de prova atípica até a vigência do CPC/15, haja vista a sua inclusão no texto normativo (CPC, art. 372). Trata-se, a partir de então, de *meio de prova*[4] *típico*, há tempos consagrado na doutrina e na jurisprudência. Em razão da tímida previsão legal[5], continuarão a existir antigas controvérsias.

Trata-se de uma técnica, uma das modalidades previstas pelo legislador à disposição do jurisdicionado, para demonstrar ao julgador que suas alegações

---

2. Dita decisão deve ser fundamentada e não pode gerar situação em que a desincumbência do encargo pela parte seja impossível ou excessivamente difícil. Ademais, deverá ser dada à parte afetada pela decisão a oportunidade de se desincumbir do ônus que lhe foi atribuído

3. Também é o referido princípio que afasta a taxatividade do rol trazido pelo artigo 212 do Código Civil, segundo o qual o fato jurídico pode ser provado mediante (i) confissão; (ii) documento; (iii) testemunha; (iv) presunção; ou (v) perícia, salvo se se tratar de negócio cuja forma especial por exigência legal.

4. Meios de prova se distinguem de fontes de prova. São procedimentos, técnicas admitidas pelo ordenamento jurídico (meios legais ou moralmente legítimos) voltadas para a apuração dos elementos de convicção e das representações da realidade. As fontes de prova, ao revés, são as pessoas e as coisas de que emana a prova.

5. De forma mais enfática é o enunciado 52, do Fórum Permanente de Processualistas Civis (FPPC): "Para a utilização da prova emprestada, faz-se necessária a observância do contraditório no processo de origem, assim como no processo de destino, considerando-se que, neste último, a prova mantenha a sua natureza originária".

dos fatos[6] devem ser acolhidas, seja autor ou réu da demanda. Essa é a sua natureza jurídica.

O meio de prova em análise consiste no traslado de prova produzida em um processo para outro processo. A prova naturalmente se presta ao processo no qual foi produzida, mas é admissível o seu encaminhamento para outro processo, por força do princípio da aquisição[7], para que seja aproveitada além dos seus limites originais, o que pode ser denominado de comunhão externa[8]. É, em suma, o transporte de produção probatória de um processo para outro.[9]

O benefício perseguido, ao ser admitida, é a não repetição da prova, em apreço aos princípios da duração razoável do processo e da economia processual. Os seus efeitos são estendidos no segundo processo, por meio do empréstimo, em busca da máxima efetividade do direito material com o mínimo de emprego das atividades processuais.[10]

O empréstimo da prova produzida em outra demanda prestigia a máxima eficiência dos meios probatórios, que, ao lado do princípio da atipicidade das

---

6. Sobre a prova como meio voltado a demonstrar os argumentos sobre os fatos e não os fatos propriamente ditos, uma vez que os fatos não podem ser apreendidos, em razão de sua efemeridade, de seu exaurimento no tempo e no espaço: SILVA, Beclaute Oliveira. Verdade como objeto do negócio jurídico processual. CABRAL, Antonio do Passo e NOGUEIRA, Pedro Henrique (coord). DIDIER JR, Fredie (coord. geral). *Negócios Processuais (Grandes Temas do novo CPC)*. Salvador: Juspodivm, 2015, pp. 393 e 394. O art. 273 do CPC/73 teria encampado tal posicionamento ("O juiz poderá, a requerimento da parte, antecipar, total ou parcialmente, os efeitos da tutela pretendida no pedido inicial, desde que, existindo prova inequívoca, se convença da verossimilhança *da alegação* e:" (grifamos). No citado texto, também são apontados outros modos de ver a prova.

7. Trata-se do direito de utilizar as deduções feitas e os documentos apresentados pela parte contrária. Está umbilicalmente associado ao princípio do contraditório.

8. A explanação foi extraída de FERREIRA, William Santos. *Princípios fundamentais da prova cível*. São Paulo: Revista dos Tribunais, 2014, pp. 142 e 143.

9. TALAMINI, Eduardo. Prova emprestada no processo civil e penal. São Paulo: *Revista de Processo*, vol. 91, 1998, p. 93.

10. O artigo 8º do CPC passou a prever a eficiência como um dos propulsores da atividade jurisdicional, *in verbis:* "Art. 8º Ao aplicar o ordenamento jurídico, o juiz atenderá aos fins sociais e às exigências do bem comum, resguardando e promovendo a dignidade da pessoa humana e observando a proporcionalidade, a razoabilidade, a legalidade, a publicidade e a eficiência". O princípio tem matriz constitucional, seu abrigo está no artigo 37 da CRFB, que determina a observância dos princípios da legalidade, impessoalidade, moralidade, publicidade e *eficiência* pela Administração Pública direta e indireta de qualquer dos poderes da União, dos Estados, do Distrito Federal e dos Municípios. Não há dispositivo similar no código de processo civil revogado. A valorização da eficiência também foi apontada pelo Superior Tribunal de Justiça no julgamento do EREsp 617.428/SP, Corte Especial, rel. Min. Nancy Andrighi, j. em 04.06.2014, DJe 17.06.2014.

provas, transmite diretamente a consecução de um fim. O meio de prova a ser empregado deve ser da forma mais eficiente possível. Deve ser pinçado aquele mais apto a alcançar os objetivos para os quais foi deferido determinado meio de prova.[11]

Ainda no que toca ao conceito da prova emprestada, é importante ressaltar a sua distinção para as chamadas "provas da terra", aquelas produzidas em outro juízo em observância a uma carta precatória, rogatória ou de ordem. Tais hipóteses correspondem a um prolongamento do juízo em que tramita o processo, pelo que se considera que a prova em questão é produzida perante o mesmo juízo (aquele de onde emanou a carta precatória, rogatória ou de ordem).

Do mesmo modo, a prova documental (prova pré-constituída), se juntada em outro processo, não possui natureza de prova emprestada. São meras cópias de documentos existentes em outros autos; cada documento vale por si próprio e pela eficácia que tiver[12]. Só as provas constituídas no processo – prova oral, prova pericial e a inspeção judicial – são suscetíveis de autêntico empréstimo. A circunstância de já ter prestado utilidade em um processo não altera a sua natureza nem influi em seu poder de convicção.[13]

2. ALGUMAS REFLEXÕES SOBRE OS NEGÓCIOS JURÍDICOS PROCESSUAIS

As chamadas convenções processuais, conquanto não sejam novidade trazida pelo diploma processual atualmente em vigor, uma vez que o CPC/73 já previa algumas hipóteses (*v.g.* convenção sobre a distribuição do ônus da prova de maneira diversa da estabelecida nos incisos do art. 333, desde que respeitados os limites impostos pelo parágrafo único do mesmo artigo, a eleição do foro para a propositura de ações oriundas de direitos e obrigações, referente à competência territorial e à competência em razão do valor – a tão utilizada cláusula de eleição de foro prevista no art. 111 –, e a suspensão do

---

11. FERREIRA, William Santos. *Princípios fundamentais da prova cível*. São Paulo: Revista dos Tribunais, 2014, pp. 186 e 187.

12. AMARAL, Paulo Osternack. Prova emprestada no processo civil. *Coleção Novo CPC – doutrina selecionada. Provas*. V. 3. DIDIER JR., Fredie (coord. geral). MACÊDO, Lucas Buril de; PEIXOTO, Ravi; FREIRE, Alexandre (organizadores). 2ª edição revista e atualizada. Salvador: Juspodivm, 2016, pp. 476 e 491.

13. As palavras são de Cândido Rangel Dinamarco e podem ser conferidas em DINAMARCO, Cândido Rangel. *Instituições de Direito Processual Civil*. Volume III. São Paulo: Malheiros, 2004, p.97.

processo por até seis meses, tal como dispunham o inciso II e o parágrafo 3º do art. 265 e o art. 792), tiveram, decerto, seu campo de abrangência alargado, diante da possibilidade de celebração de convenções processuais *atípicas* a que faz alusão o art. 190 do CPC[14].

À luz do CPC/73, a figura do negócio processual era palco de controvérsia doutrinária. Alguns admitiam o autorregramento no campo processual e outros, não. O art. 158 do CPC revogado, ao qual atualmente corresponde o art. 200, seria o fundamento legal para a atipicidade dos negócios processuais. De outro lado, as opiniões contrárias se respaldavam no argumento de que a vontade não teria relevância na produção dos efeitos do ato processual. Nesse sentido, as situações processuais não decorreriam da vontade das partes ou de qualquer sujeito do processo, mas tão somente de expressas previsões normativas. As partes poderiam praticar ou não o ato previsto na sequência pré-fixada pelo legislador, mas não alterá-lo.[15]

Quanto ao termo *convenções*, vale uma ressalva: convenção é uma espécie de negócio jurídico. Antes disso: os fatos jurídicos processuais em sentido amplo dividem-se em fatos jurídicos processuais em sentido estrito, cujo suporte

---

14. O inciso V do art. 107 da versão inicial do anteprojeto do Código de Processo Civil que tramitou no Senado Federal (PLS n.º 166, de 2010) permitia a adaptação do procedimento pelo juiz, de forma ampla e unilateral, de modo a adequá-lo às peculiaridades do caso concreto, desde que observado o contraditório. A redação do citado artigo era a seguinte: "Art. 107. O juiz dirigirá o processo conforme as disposições deste Código, incumbindo-lhe: (...) V – adequar as fases e os atos processuais às especificações do conflito, de modo a conferir maior efetividade à tutela do bem jurídico, respeitando sempre o contraditório e a ampla defesa". O dispositivo foi modificado e constou no inciso V do art. 118 substitutivo aprovado pelo Senado Federal um poder bem mais restrito, limitado à possibilidade de "dilatar os prazos processuais e alterar a ordem de produção dos meios de prova adequando-os às necessidades do conflito, de modo a conferir maior efetividade à tutela do bem jurídico", mantido no texto aprovado e atualmente em vigor, agora correspondente ao inciso VI do art. 139 (a parte final passou a ser "tutela *do direito*" - grifamos).

15. Calmon de Passos, por exemplo, era favorável, mas defendia que as declarações negociais das partes deveriam ser submetidas ao crivo do juiz para que produzissem efeitos no processo. Confira em PASSOS, José Joaquim Calmon de. *Esboço de uma teoria das nulidades aplicadas às nulidades processuais*. Rio de Janeiro: Forense, 2009, pp. 69 e 70. Em NOGUEIRA, Pedro Henrique Pedrosa. A cláusula geral do acordo de procedimento no projeto do novo CPC (PL 8.046/2010). FREIRE, Alexandre; DANTAS, Bruno; NUNES, Dierle; DIDIER JR., Fredie; MEDINA, José Miguel Garcia; FUX, Luiz; CAMARGO, Luiz Henrique Volpe; OLIVEIRA, Pedro Miranda de (Orgs.). *Novas tendências do processo civil – Estudos sobre o projeto do novo Código de Processo Civil*. Salvador: Juspodivm, 2013, pp. 17 e 18, há amplas referências de doutrinadores brasileiros e estrangeiros. Confira também CUNHA, Leonardo Carneiro da. Negócios jurídicos processuais no Processo Civil Brasileiro. CABRAL, Antonio do Passo e NOGUEIRA, Pedro Henrique (coord). DIDIER JR, Fredie (coord. geral). *Negócios Processuais (Grandes Temas do novo CPC)*. Salvador: Juspodivm, 2015, pp. 34 a 41.

fático dispensa qualquer ato humano[16], e atos jurídicos processuais em sentido lato[17], estes subdivididos em atos jurídicos processuais em sentido estrito, cuja estrutura é composta pela vontade (como elemento), sem que determinado o conteúdo eficacial, e em negócios jurídicos processuais, cuja estrutura também é integrada pela vontade e nos quais são definidos os efeitos. Os negócios jurídicos bilaterais (ou plurilaterais) costumam ser divididos em contratos e acordos ou convenções. Naqueles, em regra, há interesses contrapostos, ao passo que nestes, interesse comum. É possível que haja contratos processuais, decerto bem menos frequentes, como os que têm por objeto a distribuição dos custos do processo diversamente do previsto pela lei[18].

Negócio jurídico processual pode ser definido como "fato jurídico voluntário em cujo suporte fático esteja conferido ao respectivo sujeito o poder de escolher a categoria jurídica ou estabelecer, dentre os limites fixados no próprio ordenamento jurídico, certas situações jurídicas processuais".[19] Para Antonio do Passo Cabral, negócio jurídico processual é "o ato que produz ou pode produzir efeitos no processo escolhidos em função da vontade do sujeito que o pratica". Tais declarações de vontade unilaterais ou plurilaterais admitidas pelo ordenamento jurídico têm como efeito a constituição, a modificação ou a extinção de determinada situação processual, ou a alteração do procedimento[20].

Há, no CPC/15, uma valorização do consenso e uma preocupação em criar um ambiente apropriado para resolução de conflitos e não apenas de

---

16. Em PASSOS, José Joaquim Calmon de. *Esboço de uma teoria das nulidades aplicadas às nulidades processuais*. Rio de Janeiro: Forense, 2009, pp. 64-65, o autor nega a existência dessa figura. Para ele, só existem atos jurídicos, haja vista que "[t]odos os acontecimentos naturais apontados como caracterizadores de fatos jurídicos processuais são *exteriores* ao processo e, por força dessa exterioridade, não podem ser tidos como fatos integrantes do processo, por conseguinte, fatos processuais".

17. O ato jurídico processual é o ato jurídico que produz ou é apto a produzir efeitos em um processo, sendo irrelevante se praticado durante a litispendência e dentro da relação processual (critério da sede em que praticado) ou se praticado pelo Estado-juiz ou pelas partes (por *quem* praticado). Em CABRAL, Antonio do Passo. *Convenções processuais*. 1ª ed. Salvador: Juspodivm, 2016, pp. 47 e 48.

18. Por esse motivo, Antonio do Passo Cabral prefere *convenções ou acordos processuais*, em detrimento de outras nomenclaturas. Confira em CABRAL, Antonio do Passo. *Convenções processuais*. Salvador: Juspodivm, 2016, pp. 51 a 58.

19. NOGUEIRA, Pedro Henrique Pedrosa. Sobre os acordos de procedimento no Processo Civil Brasileiro. CABRAL, Antonio do Passo e NOGUEIRA, Pedro Henrique (coord). DIDIER JR, Fredie (coord. geral). *Negócios Processuais (Grandes Temas do novo CPC)*. Salvador: Juspodivm, 2015, p. 84.

20. Em CABRAL, Antonio do Passo. *Convenções processuais*. Salvador: Juspodivm, 2016, pp. 48 e 49. Nas páginas 58 a 72, há amplas referências a outros conceitos.

julgamento, como está claro nos §§ 2º e 3º do art. 3º, dentre outros, do citado diploma.

Trata-se de uma *gestão cooperativa do processo*. É, portanto, a possibilidade de as partes, perante os juízes profissionais, disporem sobre o modo que consideram mais adequado de direção do seu processo, os prazos a serem observados, a escolha de comum acordo do perito a atuar na instrução da causa e tantas outras questões, que antes eram tratadas pela lei de forma imperativa ou que tinham sua margem de flexibilidade entregue ao poder discricionário do juiz.[21]

Os *contrats de procédure* – denominação adotada na França – permitem a ampliação dos espaços de contratualização do procedimento. As partes, sem abrir mão da justiça estatal, da sua experiência na composição dos conflitos e da sua estruturação hierárquica, que garante sempre ao vencido uma segunda oportunidade de julgamento por magistrados mais experientes, podem se valer da sua autonomia de vontade para empregar uma maior flexibilidade nos procedimentos e estabelecer consensualmente alterações no procedimento pré-fixado no texto normativo, de acordo com as peculiaridades da causa e de acordo com os interesses envolvidos na demanda, sem a necessidade de homologação judicial.

Leonardo Greco critica e rejeita a prática de as partes desencadearem o processo por meio de suas postulações e deixarem nas mãos do juiz a sua condução até o desfecho final.[22] Ao comparar as vias judicial e arbitral, afirma que o juiz profissional está muito longe de ter uma visão completa do mundo e de todos problemas que afligem os cidadãos. De outro lado, empurrar as partes para a arbitragem, para que elas possam escolher julgadores com mais capacidade de compreensão da sua realidade, pode ser um caminho, mas oferece muitos riscos, como a ausência de um duplo grau de jurisdição.

Na arbitragem, respeitados os princípios inderrogáveis, as partes podem ditar o procedimento a ser seguido pelos árbitros e, recentemente, por força

---

21. GRECO, Leonardo. Contraditório efetivo. *Revista Eletrônica de Direito Processual*, v.15, jan./jun. 2015. p. 299-310. Disponível em: http://www.redp.com.br/. Acesso em: 04.01.2017, pp. 306 e 307.
22. Ao trazer tal percepção, o autor faz remissão a Mauro Cappelletti, que fez o referido alerta e propôs a criação de um outro modelo de justiça, por ele chamada de coexistencial, predominantemente pacificadora e não sentenciadora (Mauro Cappelletti, Problemas de Reforma do Processo Civil nas Sociedades Contemporâneas. *Revista de Processo*, ano 17, nº 65, ed. Revista dos Tribunais, São Paulo, janeiro-março/1992, pp.127- 143). Confira em GRECO, Leonardo. Contraditório efetivo. *Revista Eletrônica de Direito Processual*, v.15, jan./jun. 2015. p. 299-310. Disponível em: http://www.redp.com.br/. Acesso em 04.01.2017, p. 306.

do art. 190 do CPC/15, passou a ser possível a estipulação pelas partes, se plenamente capazes, de mudanças no procedimento *judicial* para ajustá-lo às especificidades da causa e convencionar sobre os seus ônus, poderes, faculdades e deveres processuais, antes ou durante o processo, desde que o objeto litigioso seja um direito que admita autocomposição.

Assim, o próprio legislador impõe balizas para a validade das convenções processuais, quais sejam: (i) a demanda deve ter como objeto de disputa entre as partes direitos que admitam autocomposição – hipótese em que também seria possível a solução da crise posta na via arbitral, se firmada a convenção arbitral entre as partes, ou a negociação entre as partes, por meio de mediação ou conciliação, sobre o próprio objeto litigioso, ao qual a parte que detém uma situação jurídica de vantagem poderia, inclusive, renunciar; (ii) as partes devem ser capazes; e, finalmente, (iii) deve haver um cenário de equilíbrio entre as partes, ou seja, não será permitida a celebração de convenção processual quando houver vulnerabilidade de uma das partes.

De ofício[23] ou a requerimento, o juiz combaterá e evitará os citados abusos[24]. Cabe a ele o controle da validade das citadas convenções processuais, recusando-lhes aplicação somente nos casos de nulidade ou de inserção abusiva em contrato de adesão[25] ou em que alguma parte se encontre em manifesta situação de vulnerabilidade.

A vulnerabilidade é um estado inerente de risco, uma situação permanente ou provisória, individual ou coletiva, que fragiliza o sujeito e desequilibra a relação jurídica. A limitação é involuntária e pode ser causada por diversos fatores, como de saúde, econômico ou técnico[26]. O controle a que se faz alusão

---

23. É pertinente destacar que o controle de ofício se limita à *validade*. Não pode o juiz conhecer de ofício o descumprimento do negócio jurídico processual, da mesma maneira que não pode fazê-lo em relação a uma convenção de arbitragem ou à incompetência relativa (CPC, art. 337, § 5º). Se a parte silencia em relação ao descumprimento, há uma omissão negocial. Nesse sentido, o enunciado 252 do FPPC: "O descumprimento de uma convenção processual válida é matéria cujo conhecimento depende de requerimento."

24. Por isso, o enunciado 6 do FPPC: "O negócio jurídico processual não pode afastar os deveres inerentes à boa-fé e à cooperação. Também nesse sentido o enunciado 254 do FPPC: "É inválida a convenção para excluir a intervenção do Ministério Público como fiscal da ordem jurídica".

25. Tal como disposto, é preciso que se verifique a abusividade no contrato de adesão em análise para afastar a sua aplicação. Não há de ser presumida a abusividade de plano e de forma abstrata. A característica de contrato de adesão, por si só, não é suficiente para a não aplicação da cláusula que disponha sobre o procedimento ou sobre os ônus, poderes, faculdades e/ou deveres processuais.

26. CUNHA, Leonardo Carneiro da *Comentários ao art. 190*. CABRAL, Antonio do Passo e CRAMER, Ronaldo (coord.). *Comentários ao novo Código de Processo Civil*. Rio de Janeiro: Forense, 2015, p. 326.

reflete a igualdade de tratamento disposta no art. 7º e no inciso I do art. 139 do CPC. A aferição deve ser feita concretamente, a igualdade não deve ser apenas formal, e a decisão que enfrenta tal ponto deve, claro, ser proferida após a manifestação das partes, em apreço ao contraditório prévio[27].

Em relação aos requisitos estabelecidos pelo legislador para o campo de atuação da gestão do processo, há uma que precisa ser detalhada: a capacidade das partes. A capacidade a que se refere o dispositivo é a de ser parte (equivalente à capacidade de aquisição no direito privado) e a capacidade processual em sentido estrito ou a de estar em juízo (*legitimatio ad processum*)[28].

Não há *forma* específica ditada pela lei, pelo que os negócios processuais podem ser celebrados por instrumento público ou particular.

Respeitadas as margens estipuladas pelo legislador dentre das quais podem navegar as convenções processuais, as partes podem, por exemplo, reduzir prazos peremptórios, o que não poderia ser imposto pelo juiz, sem a anuência das partes (CPC, art. 222, § 1º); delimitar as questões de fato sobre as quais recairá a atividade probatória, especificando os meios de prova admitidos, e de direito relevantes para a decisão do mérito, o que, homologado

---

27. Enunciado 259 do FPPC: "A decisão referida no parágrafo único do art. 190 depende de contraditório prévio".
28. Em CUNHA, Leonardo Carneiro da *Comentários ao art. 190*. CABRAL, Antonio do Passo e CRAMER, Ronaldo (coord.). *Comentários ao novo Código de Processo Civil*. Rio de Janeiro: Forense, 2015, p. 325 e 326, o autor defende se tratar da capacidade processual. Em YARSHELL, Flávio Luiz. Convenção das partes em matéria processual: rumo a uma nova era? CABRAL, Antonio do Passo e NOGUEIRA, Pedro Henrique (coord.). DIDIER JR, Fredie (coord. geral). *Negócios Processuais (Grandes Temas do novo CPC)*. Salvador: Juspodivm, 2015, pp. 73 a 75, o autor traz, para preenchimento desse requisito, a necessidade de o sujeito ter personalidade civil e ter capacidade de estar em juízo. Há uma estreita relação entre a capacidade processual e a capacidade material, conforme se depreende do art. 70 do CPC, o que não afasta o fato de serem capacidades autônomas e distintas. Para Trícia Navarro, até o seu ingresso no processo, não seria exigível nem a capacidade de estar em juízo e nem a postulatória (CABRAL, Trícia Navarro Xavier. Reflexos das convenções em matéria processual nos atos judiciais. CABRAL, Antonio do Passo e NOGUEIRA, Pedro Henrique (coord.). DIDIER JR, Fredie (coord. geral). *Negócios Processuais (Grandes Temas do novo CPC)*. Salvador: Juspodivm, 2015, p. 227). Em CABRAL, Antonio do Passo. *Convenções processuais*. Salvador: Juspodivm, 2016, p. 278 a 280, o autor chama atenção para a necessidade de capacidade postulatória (aptidão genérica de dirigir requerimentos ao Estado-juiz) em duas situações excepcionais: quando a (i) lei exige a assistência de advogado para a celebração do negócio jurídico de direito material (*v.g.* CPC, art. 610, § 2º e CPC, art. 733, § 2º); e (ii) convenção processual for firmada incidentalmente, ou seja, quando em curso o processo, salvo se a lei dispensar a assistência do advogado para aquela atuação processual da parte, como ocorre nos Juizados Especiais Cíveis estaduais para as causas de valor de até vinte salários mínimos (lei 9.099/95, art. 9º). No mais, a assessoria por advogado é recomendável (não é imprescindível), de modo a neutralizar eventuais desigualdades entre as partes.

pelo juiz[29], também o vincula (CPC, art. 357, § 2º)[30]; escolher o perito (CPC, art. 471)[31] etc.

Outrossim, conforme dispõe o art. 191, as partes e o juiz podem, de comum acordo, fixar um calendário[32] para a prática dos atos processuais entre

---

29. Aqui, diversamente do que ocorrerá em grande número de negócios jurídicos processuais, a esfera jurídica do magistrado é afetada, por meio da restrição de seus poderes-deveres, do que advém a necessidade de homologação.

30. Como ocorre em acordo firmado entre as partes sobre o objeto litigioso, seja extra-autos submetido a posterior homologação pelo juízo ou em audiência (CPC, art. 515, § 2º), o saneamento consensual não precisa ser adstrito aos delineamentos objetivos postos no processo, isto é, pode ser mais amplo e agregar questões de fato e de direito até então não deduzidas. Nesse sentido, o enunciado 427, do FPPC: "(art. 357, § 2º) A proposta de saneamento consensual feita pelas partes pode agregar questões de fato até então não deduzidas." A possibilidade de ajustes também decorre do inciso II, do art. 329, CPC.

31. O enunciado 19 do FPPC traz outros exemplos: "(art. 190) São admissíveis os seguintes negócios processuais, dentre outros: pacto de impenhorabilidade, acordo de ampliação de prazos das partes de qualquer natureza, acordo de rateio de despesas processuais, dispensa consensual de assistente técnico, acordo para retirar o efeito suspensivo de recurso, acordo para não promover execução provisória; pacto de mediação ou conciliação extrajudicial prévia obrigatória, inclusive com a correlata previsão de exclusão da audiência de conciliação ou de mediação prevista no art. 334; pacto de exclusão contratual da audiência de conciliação ou de mediação prevista no art. 334; pacto de disponibilização prévia de documentação (pacto de *disclosure*), inclusive com estipulação de sanção negocial, sem prejuízo de medidas coercitivas, mandamentais, sub-rogatórias ou indutivas; previsão de meios alternativos de comunicação das partes entre si; acordo de produção antecipada de prova; a escolha consensual de depositário-administrador no caso do art. 866; convenção que permita a presença da parte contrária no decorrer da colheita de depoimento pessoal." De acordo com o enunciado 20 do FPPC, "Não são admissíveis os seguintes negócios bilaterais, dentre outros: acordo para modificação da competência absoluta, acordo para supressão da primeira instância, acordo para afastar motivos de impedimento do juiz, acordo para criação de novas espécies recursais, acordo para ampliação das hipóteses de cabimento de recursos". O enunciado 21 do FPPC também prevê algumas possibilidades: "São admissíveis os seguintes negócios, dentre outros: acordo para realização de sustentação oral, acordo para ampliação do tempo de sustentação oral, julgamento antecipado do mérito convencional, convenção sobre prova, redução de prazos processuais". O enunciado 262 do FPPC traz outra hipótese: "É admissível negócio processual para dispensar caução no cumprimento provisório de sentença". Também nesse sentido o enunciado 490 do FPPC: "(art. 190; art. 81, § 3º; art. 297, parágrafo único; art. 329, inc. II; art. 520, inc.I; art. 848, inc. II). São admissíveis os seguintes negócios processuais, entre outros: pacto de inexecução parcial ou total de multa coercitiva; pacto de alteração de ordem de penhora; pré-indicação de bem penhorável preferencial (art. 848, II); pré-fixação de indenização por dano processual prevista nos arts. 81, § 3º, 520, inc. I, 297, parágrafo único (cláusula penal processual); negócio de anuência prévia para aditamento ou alteração do pedido ou da causa de pedir até o saneamento (art. 329, inc. II)".

32. Esse calendário não se confunde com o referido no § 8º do art. 357 do CPC, que pode ser imposto pelo juiz. Com os olhos voltados para o menor tempo para o trâmite processual e para a eficiência (CPC, art. 8º), o legislador ressaltou a proeminência do calendário para a observância dos prazos estipulados pelo art. 465 do CPC, para a produção de prova pericial. O calendário a que faz alusão o art. 191 é sempre negocial entre os sujeitos do processo.

os sujeitos processuais, que àquelas datas estarão vinculados[33]. A finalidade é fazer desaparecer o chamado "tempo morto" (lapso entre a determinação da intimação e a concretização do ato), haja vista a dispensa, nesses casos, da intimação das partes para a prática de ato ou a realização de audiência cujas datas tenham sido designadas no calendário (CPC, art. 191, § 2º)[34]. Uma vez mais, se vê uma boa intenção para inumar grave problema, mas só com o tempo será possível afirmar se não se trata de previsão inexequível operacionalmente em razão da quantidade cavalar de ações judiciais distribuídas diariamente em todo o território nacional.

3. INICIATIVA PROBATÓRIA DO JUIZ: AUTÔNOMA OU SUBSIDIÁRIA?

Questão tormentosa é a possibilidade de o empréstimo ser determinado de ofício pelo juiz, isto é, sem o requerimento e provocação das partes. Porque, em relação ao tema proposto, não há nenhuma peculiaridade relativa à prova emprestada, em um cotejo com os demais meios de prova típicos ou qualquer meio probatório atípico, o raciocínio a seguir desenvolvido e a conclusão que será alcançada são os mesmos em relação à prova testemunhal, por exemplo, ou ao traslado de uma prova.

O processo civil brasileiro e os Códigos de Processo Civil anteriores (CPC/39 e CPC/73) sofreram, assim como os códigos de diversos países, a influência de Franz Klein e do código de processo civil austríaco, em que era marcante o aspecto publicístico, os poderes instrutórios do juiz, a busca da verdade e a promoção da efetiva igualdade das partes.

Nesse cenário, ao autor da demanda era reservada a função de provocar o exercício da jurisdição e, ao juiz, o poder de impulsionar o procedimento. Às partes era limitada a narração dos fatos, o juiz possuía conhecimento do direito e era o protagonista do processo. Vigorava a era do juiz solipsista,

---

33. Para Antonio do Passo Cabral, não se trata de convenção processual, haja vista que não há vínculo contratual ou convencional. Trata-se, a seu ver, de *ato processual conjunto*, que depende do deferimento do juiz para produzir efeitos (CABRAL, Antonio do Passo. *Convenções processuais*. Salvador: Juspodivm, 2016, p. 70).

34. Sobre o tema, confira COSTA, Eduardo José da Fonseca. Calendarização processual. CABRAL, Antonio do Passo e NOGUEIRA, Pedro Henrique (coord). DIDIER JR, Fredie (coord. geral). *Negócios Processuais (Grandes Temas do novo CPC)*. Salvador: Juspodivm, 2015, pp. 353 a 369.

caracterizada pela atividade solitária do julgador de subsunção dos fatos aos textos normativos.[35]

O denominado publicismo do processo foi uma reação ao liberalismo processual, quando o processo costumava ser visto como "coisa das partes", e significou uma exclusão da autonomia das partes[36].

Um importante reflexo do dilema liberdade *versus* autoridade no processo civil moderno está na iniciativa probatória. Nos países em que adotados códigos liberais, a conclusão será no sentido de que tal iniciativa cabe exclusivamente às partes, consequência do princípio dispositivo. De outra banda, se sobressair o princípio inquisitivo, prevalecente, por exemplo, nas causas que versam sobre direitos indisponíveis, poderá ser determinada de ofício a produção e todas as provas necessárias para a formação de convencimento do julgador.

Descreveram-se, de forma breve e simplória, os dois extremos. Passado o tempo necessário para que alcançada a maturidade e o equilíbrio (o "ponto ideal") entre ambos, é possível perceber que as conquistas do publicismo

---

35. CUNHA, Leonardo Carneiro da. Negócios jurídicos processuais no Processo Civil Brasileiro. CABRAL, Antonio do Passo e NOGUEIRA, Pedro Henrique (coord.). DIDIER JR, Fredie (coord. geral). *Negócios Processuais (Grandes Temas do novo CPC)*. Salvador: JusPodivm, 2015, p. 36.

36. José Carlos Barbosa Moreira asseverou, de forma crítica, sobre tal reação à "soberania das partes" e sobre um possível (e, a seu ver, potencial) retorno da concepção *privatista*, que "[e]nquanto se considerava o processo como 'coisa das partes', era natural que se entregasse a estas – ou, talvez mais exatamente, aos respectivos advogados – o comando do ritmo processual e a possibilidade de manejar a seu exclusivo critérios outras alavancas importantes, como a colheita do material destinado a ministrar base à solução do litígio. Tal concepção foi denunciada e combatida ao longo de muitas décadas, por juristas inconformados com o amesquinhamento que ela impunha à função jurisdicional. (...) Outros tempos chegaram, e com eles a inevitável reação a tal modo de pensar. Começou a ser posto em realce o elemento publicístico do processo. (...) Dir-se-ia consolidada a mudança, e desnecessário qualquer esforço suplementar a seu favor. Eis senão quando o pensamento antigo ameaça querer ressuscitar. (...) Tentar de novo reduzir o juiz à posição de espectador passivo e inerte do combate entre as partes é anacronismo que não encontra fundamento no propósito de assegurar aos litigantes o gozo de seus legítimos direitos e garantias. Deles hão de se valer as partes e seus advogados, para defender os interesses privados em jogo. Ao juiz compete, sem dúvida, respeitá-los e fazê-los respeitar; todavia, não é só isso que lhe compete. Incumbe-lhe dirigir o processo de tal maneira que ele sirva bem àqueles a quem se destina servir. E o processo deve, sim, servir às partes; mas deve também servir à sociedade". Em MOREIRA, José Carlos Barbosa. O processo, as partes e a sociedade. *Temas de Direito Processual* (oitava série). São Paulo: Saraiva, 2.004, pp. 33 a 36 e 40. O autor criticou, em mais de um estudo, com veemência certas ondas *privatistas*. O trecho transcrito foi extraído de um deles. O posicionamento do autor está especialmente em O neoprivatismo no processo civil. In: *Temas de direito processual* (9ª série). São Paulo: Saraiva, 2007, pp. 87/102.

podem (e devem) conviver com o autorregramento da vontade das partes, o que foi analisado no item anterior.

Para tratar do tema a que se dedica este item, é imprescindível estabelecer, a partir das concepções supramencionadas, de cunho eminentemente ideológico-cultural, a norma do art. 370 do CPC, que possui o mesmo teor do seu correspondente no CPC/73 (art. 130) e que traz a possibilidade genérica de o juiz determinar, de ofício ou a requerimento da(s) parte(s), a produção das provas necessárias ao julgamento do mérito. Há outros dispositivos que dispõem sobre poder similar, mas para meios de prova específicos, como para o interrogatório (CPC, art. 139, inciso VIII) e para a prova documental (determinação de exibição de documento ou coisa de que a parte tenha posse – CPC, art. 396 – ou requisição às repartições públicas de certidões ou de procedimentos administrativos, nas causas em que forem interessados a União, os Estados, o Distrito Federal, os Municípios ou entidades da administração indireta – CPC, art. 438). De outro lado, no sentido de que o julgador não poderá atuar de ofício, são os art. 2º e 141, cuja essência também já estava presente no código revogado, nos art. 2º e 128, respectivamente.

Os defensores da iniciativa probatória do juiz[37] se apoiam no princípio[38] da cooperação[39]. A cooperação traz, em primeiro lugar, a ideia de respeito, confiança, honestidade e razoabilidade na participação processual. Não por acaso o princípio da boa-fé processual é referido pelo novo CPC como dever de todo e qualquer sujeito do processo e de quem de qualquer forma dele participa (art. 5º), como norte para a interpretação do pedido formulado (art.

---

37. São partidários da possibilidade TALAMINI, Eduardo. *Prova emprestada no processo civil e penal*. São Paulo: Revista de Processo, vol. 91, 1998; AMARAL, Paulo Osternack. *Prova emprestada no processo civil*. Coleção Novo CPC – doutrina selecionada, vol 3: provas. DIDIER JR., Fredie (coord. geral). MACÊDO, Lucas Buril de; PEIXOTO, Ravi; FREIRE, Alexandre (organizadores). 2ª edição revista e atualizada. Salvador: Juspodivm, 2016, p. 477; MENEZES, Gustavo Quintanilha Telles de. A atuação do juiz na direção do processo. BARBOSA, Andrea Carla et al.; FUX, Luiz (coord.) *O novo processo civil brasileiro (direito em expectativa): (reflexões acerca do Projeto do novo Código de Processo Civil)*. Rio de Janeiro: Forense, 2.011, p. 208.

38. Em STRECK, Lenio Luiz. O pan-principiologismo e o sorriso do lagarto, disponível em http://www.conjur.com.br/2012-mar-22/senso-incomum-pan-principiologismo-sorriso-lagarto, há duras críticas ao que o autor denomina de pan-principiologismo, "verdadeira usina de produção de princípios despidos de normatividade". Diversos dos chamados de princípios por muitos, dentre eles, o da cooperação processual, seriam despidos de sentido normativo, intrínseco e essencial aos princípios. Acesso em 27.12.2016.

39. Nesse sentido, AURELLI, Arlete Inês. Da admissibilidade da prova emprestada no CPC de 2015. DIDIER JÚNIOR, Fredie et al. (coord.). *Coleção Grandes Temas do Novo CPC. Direito probatório*. V. 5, 2ª ed. rev., atual. e ampl.. Salvador: Juspodivm, 2016, p. 493.

322, § 2º) e das decisões judiciais (art. 489, § 3º). A finalidade da cooperação (art. 6º) é a busca pela decisão de mérito em tempo razoável, símbolo da efetividade processual, também referida em diversos outros dispositivos do novo Código, exigindo que o juiz se afaste dos formalismos inférteis e propicie sempre as condições adequadas para a resolução do conflito social subjacente à demanda.

Em sentido contrário, está o posicionamento de acordo com o qual a produção da prova por determinação do juízo (sem a provocação da parte) somente pode ocorrer se para complementar uma prova anteriormente realizada por força do requerimento da parte, o que significa dizer que não poderia suprir as omissões da parte inerte. A atuação do juízo seria, portanto, supletiva[40], não seria autônoma. Esse nos parece ser o entendimento mais acertado.

Cabe, ainda, um apontamento do professor Leonardo Greco, em estudo sobre os atos de disposição processual. O autor aduz que a definição dos limites entre os poderes do juiz e a autonomia das partes está diretamente vinculada a três fatores: (i) à disponibilidade do próprio direito material posto em juízo[41]; (ii) ao respeito ao equilíbrio entre as partes e à paridade de armas, para que uma delas, em razão de atos de disposição seus ou de seu adversário, não se beneficie de sua particular posição de vantagem em relação à outra quanto ao direito de acesso aos meios de ação e de defesa; e (iii) à preservação da observância dos princípios e garantias fundamentais do processo no Estado Democrático de Direito, salvo se ação coletiva ou procedimento concursal.[42] Tais hipóteses podem, a nosso ver, ser consideradas como excepcionais para a iniciativa probatória do juiz de forma autônoma. Foram, aliás, exatamente os casos destacados pelo legislador para impor a recusa da aplicação de determi-

---

40. Nesse sentido, TEIXEIRA, Wendel de Brito Lemos. A prova emprestada no CPC/15. DIDIER JÚNIOR, Fredie et al. (coord.). *Coleção Grandes Temas do Novo CPC. Direito probatório*. V. 5, 2ª ed. rev., atual. e ampl.. Salvador: Juspodivm, 2016, p. 467; MENEZES, Gustavo Quintanilha Telles de. A atuação do juiz na direção do processo. BARBOSA, Andrea Carla et al.; FUX, Luiz (coord.) *O novo processo civil brasileiro (direito em expectativa): (reflexões acerca do Projeto do novo Código de Processo Civil)*. Rio de Janeiro: Forense, 2.011, pp. 207 e 209.

41. Conforme mencionado pelo autor no texto em análise e também aqui será ressalvado, não há empecilho para os titulares de direitos indisponíveis praticarem atos de disposição; eles não podem praticar os atos que, direta ou indiretamente, possam prejudicar ou dificultar a tutela desses direitos.

42. GRECO, Leonardo. Os atos de disposição processual – primeiras reflexões. MEDINA, José Miguel Garcia; CRUZ, Luana Pedrosa de Figueiredo; CERQUEIRA, Luís Otávio Sequeira de; GOMES JUNIOR, Luiz Manoel (org.) *Os poderes do juiz e o controle das decisões judiciais. Estudos em homenagem à professora Teresa Arruda Alvim Wambier*. São Paulo: RT, 2008, p. 290-304.

nado negócio jurídico processual (CPC, art. 190, parágrafo único), conforme descrito no capítulo anterior. Diante de um dos cenários apontados, dada a sua relevância, o juiz poderia determinar a produção de uma prova de ofício, ainda que ausente qualquer requerimento das partes.

Se o juiz determinar a produção da prova de ofício, seja de forma autônoma ou supletiva, é inafastável a necessidade de contraditório *prévio*, ou seja, devem as partes ter a oportunidade de se manifestar sobre a prova e de, assim, não serem surpreendidas (CPC, art. 9 e 10).

4. CONCLUSÃO: OS LIMITES DAS CONVENÇÕES PROCESSUAIS. A PROVA EMPRESTADA PODE SER OBJETO DE CONVENÇÃO PROCESSUAL?

Feitas as explanações pertinentes relativas a cada tema que influencia a resposta da indagação proposta (as principais questões sobre a prova emprestada e sobre os negócios jurídicos processuais e o papel do juiz – autônomo ou subsidiário – em relação à atividade probatória), é possível uni-las, integrando-as, para que, somadas às últimas ponderações a seguir aduzidas, seja alcançada a conclusão.

A questão central desta conclusão é o enfrentamento da possibilidade de as partes, por meio de convenção processual, tratarem da utilização (ou da não utilização) de prova produzida em outro processo. Elas podem, ademais, tratar da utilização (ou da não utilização) de prova produzida em outro processo como único meio de prova e vedar, por conseguinte, a produção de prova por iniciativa do juiz? Podem dispensá-la e prever que as alegações dos fatos serão provadas tão somente por outra determinada prova?

O ponto em tela, sobre o que pode ser objeto do negócio processual, ou seja, a aferição dos limites das convenções ora tratadas, é o mais sensível. Um campo bastante rico para as convenções processuais é o direito probatório. O objeto de negociação, é importante dizer, não é a verdade. O objeto da prova é a constituição da verdade sobre a alegação de um fato e o objeto da convenção processual que versa acerca da atividade probatória é o *meio* para alcançar a verdade.

Há inúmeras hipóteses aventadas: a redistribuição convencional do ônus da prova (já, aliás, prevista no CPC/73, como anteriormente ressaltado), a utilização de determinado meio atípico de prova, a vedação de produção de prova por iniciativa do juiz, a especificação de um só meio de prova para a demonstração da alegação de um fato, a permissão de livre valoração de todos os meios de prova quando a lei expressamente preveja só um modo de comprovação do fato (desconstituição de regra de prova legal prevista no ordenamento)[43], a criação e estipulação de hierarquia entre os meios de prova, a modificação de regra de admissibilidade prevista em lei, a dispensa de prova em razão da fixação em contrato de versão do fato que deve ser observada pelo juízo (previsão absoluta, portanto) etc.[44]

Será relevante o posicionamento adotado sobre a atividade probatória para se alcançar a conclusão: de um lado, se defende a ampla autonomia da vontade nessa seara, haja vista que o direito à prova não seria afetado por questões de ordem pública; de outra banda, haveria limitações impostas pela ordem pública processual em relação ao ponto em análise, uma vez que a busca da verdade estaria relacionada com o interesse público, do que decorreria a moderação da autonomia da vontade no que concerne às disposições de direito probatório[45]. Seriam, de acordo com este posicionamento, normas cogentes e inderrogáveis.[46]

---

43. É exemplo o art. 406 do CPC: "Quando a lei exigir instrumento público como da substância do ato, o instrumento público, nenhuma outra prova, por mais especial que seja, pode suprir-lhe a falta". De acordo com o art. 108 do Código Civil, "a escritura pública é essencial à validade dos negócios jurídicos que visem à constituição, transferência, modificação ou renúncia de direitos reais sobre imóveis de valor superior a trinta vezes o maior salário mínimo vigente no País". De forma contrária, a prova exclusivamente testemunhal era afastada pelo art. 227 do Código Civil, recentemente revogado pelo CPC/15, que assim dispunha: "Salvo os casos expressos, a prova exclusivamente testemunhal só se admite nos negócios jurídicos cujo valor não ultrapasse o décuplo do maior salário mínimo vigente no País ao tempo em que foram celebrados". O art. 401 do CPC/73 reproduzia a regra da lei material e não consta no CPC/15.

44. Os exemplos, com amplas citações e referências, estão em ALMEIDA, Diogo Assumpção Rezende de. As convenções processuais na experiência francesa e no Novo CPC. CABRAL, Antonio do Passo e NOGUEIRA, Pedro Henrique (coord). DIDIER JR, Fredie (coord. geral). *Negócios Processuais (Grandes Temas do novo CPC)*. Salvador: JusPodivm, 2015, pp. 261 e 262. Em GODINHO, Robson Renault. A possibilidade de negócios jurídicos processuais atípicos em matéria probatória. CABRAL, Antonio do Passo e NOGUEIRA, Pedro Henrique (coord). DIDIER JR, Fredie (coord. geral). *Negócios Processuais (Grandes Temas do novo CPC)*. Salvador: JusPodivm, 2015, pp. 415 e 416, há outros exemplos admitidos pelo autor como acordos probatórios atípicos.

45. Nesse sentido, ALMEIDA, Diogo Assumpção Rezende de. As convenções processuais na experiência francesa e no Novo CPC. CABRAL, Antonio do Passo e NOGUEIRA, Pedro Henrique (coord). DIDIER JR, Fredie (coord. geral). *Negócios Processuais (Grandes Temas do novo CPC)*. Salvador: JusPodivm, 2015, p. 261.

46. Em GODINHO, Robson Renault. A possibilidade de negócios jurídicos processuais atípicos em matéria probatória. CABRAL, Antonio do Passo e NOGUEIRA, Pedro Henrique (coord). DIDIER JR, Fredie (coord. geral). *Negócios Processuais (Grandes Temas do novo CPC)*. Salvador: JusPodivm, 2015, pp. 410 e 411, há amplas referências sobre os dois entendimentos.

Para Michele Taruffo, não é possível a limitação da cognição do magistrado a respeito dos fatos alegados na demanda, por meio da celebração de um negócio jurídico.[47] Isso porque, se um enunciado alegado é falso, a não contestação da outra parte não o torna verdadeiro. Se, ao revés, um enunciado alegado por uma das partes é verdadeiro, a contestação da outra parte não o transmuta para falso. Da mesma forma, a não contestação não o faz verdadeiro, se ele já é. Assim, quanto à veracidade ou à falsidade dos enunciados trazidos pelas partes, a contestação ou a inércia, o silêncio (a não contestação) seriam, a seu ver, irrelevantes. A verdade, conclui, não pode fundar-se em consenso e, por isso, não está à mercê de convenções.[48].

Em complemento, o tópico que antecedeu este, sobre a possibilidade de o juiz determinar de ofício o empréstimo da prova (em verdade, de forma mais ampla, da produção de qualquer prova de ofício) é essencial para a boa compreensão da questão ora posta.

Partindo-se da conclusão extraída no citado capítulo, no sentido de que deve ser subsidiário e complementar o poder instrutório do juiz em relação à atividade das partes, entendemos que, sim, as partes podem estipular os meios de indicar e de mostrar o fato. Dita conclusão, sobre o papel assumido pelos poderes instrutórios do juiz, é relevante, porque entender de modo diverso (no sentido de que autônomo e independente) significará inferir que o consenso das partes sobre a atividade probatória pode ser superado, do que decorrerá a redução significativa do âmbito de incidência do negócio processual probatório.

Para a celebração do referido acordo probatório, devem ser respeitados o ordenamento jurídico e as limitações por ele impostas. É o caso, por exemplo, de demanda que verse sobre direitos indisponíveis. Conquanto esse fato, por si só, não afaste a aplicação da convenção processual (pode ser ajustada a ampliação de um prazo processual, por exemplo, o que não acarreta prejuízo algum), não será possível uma limitação no campo probatório. É o que já acontecia à luz do diploma processual revogado em relação à convenção pro-

---

47. TARUFFO, Michele. Verdade negociada? Trad. Pedro Gomes de Queiroz. *Revista Eletrônica de Direito Processual (REDP)*, ano 8, vol. XIII, jan./jun. de 2.014, Rio de Janeiro, pp. 634/657. Disponível em www.redp.com.br. Acesso em 06.01.2017.
48. Em SILVA, Beclaute Oliveira. Verdade como objeto do negócio jurídico processual. CABRAL, Antonio do Passo e NOGUEIRA, Pedro Henrique (coord). DIDIER JR, Fredie (coord. geral). *Negócios Processuais (Grandes Temas do novo CPC)*. Salvador: JusPodivm, 2015, p. 403, o autor infirma as conclusões de Michele Taruffo e defende que é possível a celebração de negócio jurídico processual acerca da verdade no processo, mesmo tomando as premissas do autor italiano como base.

cessual que previa a distribuição do ônus da prova de maneira diversa àquela estipulada pelos incisos do art. 333, quando recaía sobre direito indisponível da parte, tida como nula pelo legislador (CPC/73, art. 333, parágrafo único).

Se observados os requisitos exigidos para o negócio jurídico processual e o ordenamento jurídico, cabe ao magistrado seguir os contornos do que estipularam as partes, sob pena de negar eficácia a negócio jurídico válido. Trata-se de apenas mais uma limitação da atividade probatória, dessa vez consensual, também prevista (autorizada) pelo ordenamento.[49]

O argumento de que o acordo probatório é inviável por afetar a atividade do juiz não deve ser acatado, haja vista que sequer se trata de uma peculiaridade desse tipo de convenção. Ora, todo negócio jurídico processual interfere, em maior ou menor medida, na atividade do juiz. Assim ocorre com a muito conhecida e utilizada cláusula de eleição de foro.

Repita-se: já havia, no CPC/73, previsão de negócio jurídico processual típico no que toca à distribuição da prova de forma diversa à disposta nos incisos do art. 333. O CPC/15, por uma opção legislativa, possibilitou maior participação das partes na solução judicial por meio de inúmeros dispositivos, dentre eles, o art. 190, que traz a *cláusula geral negocial*, o § 2º do art. 357, o inciso I do art. 362, os §§ 3º e 4º do art. 373 e o art. 471. A ampliação da participação das partes implica a sua interferência ativa na solução do litígio. A construção conjunta da solução da crise levada ao poder judiciário, de maneira colaborativa, deve ser vista com bons olhos, pois confere maior legitimidade ao processo e à decisão judicial.

Expostos os argumentos pela possibilidade de ser negociado entre as partes, em convenção processual, o uso (ou a dispensa) de determinada prova produzida em outro processo, por empréstimo, pode ser elucidada a *eficácia* desse ato. Nada impede que as partes ajustem termo ou condição nas convenções, subordinando, assim, seus efeitos à concretização de um ou outro.[50] Nesse sentido, para exemplificar a afirmativa com o tema específico

---

49. A atividade probatória é, essencialmente, limitada. Com a habitual precisão, Leonardo Greco esmiúça o tema em GRECO, Leonardo. Limitações probatórias no processo civil. *Revista Eletrônica de Direito Processual*, ano 3, v. IV, jul./dez. 2009. pp. 4-28. Disponível em: http://www.redp.com.br/. Acesso em: 07.01.2017.

50. Nesse sentido, GRECO, Leonardo. Limitações probatórias no processo civil. *Revista Eletrônica de Direito Processual*, ano 3, v. IV, jul./dez. 2009. pp. 4-28. Disponível em: http://www.redp.com.br/. Acesso em: 07.01.2017. No texto, o autor também trata de outras importantes questões: a revogabilidade dos atos de disposição das partes e o regime legal a eles aplicável.

deste estudo, as partes podem convencionar a dispensa da prova testemunhal, caso seja admitido o empréstimo de determinada prova produzida em outro processo.

Cabe, ainda, uma última ponderação, não menos importante que as demais: a admissibilidade do empréstimo da prova objeto da convenção processual pode e deve ser analisada pelo juiz. O que será verificado pelo magistrado são os requisitos para o empréstimo, notadamente a observância do contraditório, e não a adoção do meio de prova em questão pelas partes, sobre o que não cabe ao juiz se manifestar.

Em outras palavras, não deve o juiz avaliar por que as partes elegeram tal meio de prova (o empréstimo de prova produzida em outro processo), se pertinente, mas tão somente deve apreciar se é válido o empréstimo. O respeito ao contraditório é um requisito para o empréstimo da prova e o juiz deve zelar pela observância dos princípios[51] e das garantias fundamentais do processo, o que pode ser definido com um limite para a livre disposição das partes.

O que se aduz também ocorreria se celebrada uma convenção processual para excluir a ilicitude de uma prova ou para admitir um meio de prova que não possa ser verificado racionalmente[52]. Tais exemplos extrapolam o âmbito de validade do negócio jurídico probatório e, por isso, devem ser combatidos e afastados.

---

51. Leonardo Greco aponta como exemplos de princípios indisponíveis, porque impostos de modo absoluto: a independência, a imparcialidade e a competência absoluta do juiz; a capacidade das partes; a liberdade de acesso à tutela jurisdicional em igualdade de condições por todos os cidadãos (igualdade de oportunidades e de meios de defesa); um procedimento previsível, equitativo, contraditório e público; a concorrência das condições da ação; a delimitação do objeto litigioso; o respeito ao princípio da iniciativa das partes e ao princípio da congruência; a conservação do conteúdo dos atos processuais; a possibilidade de ampla e oportuna utilização de todos os meios de defesa, inclusive a defesa técnica e autodefesa; a intervenção do Ministério Público nas causas que versem sobre direitos indisponíveis, as de curador especial ou de curador à lide; o controle da legalidade e causalidade das decisões judiciais através da fundamentação; a celeridade do processo; e a garantia de uma cognição adequada pelo juiz. (GRECO, Leonardo. Os atos de disposição processual – primeiras reflexões. MEDINA, José Miguel Garcia; CRUZ, Luana Pedrosa de Figueiredo; CERQUEIRA, Luís Otávio Sequeira de; GOMES JUNIOR, Luiz Manoel (org.) *Os poderes do juiz e o controle das decisões judiciais. Estudos em homenagem à professora Teresa Arruda Alvim Wambier.* São Paulo: RT, 2008, pp. 290-304).

52. Um exemplo pode ser encontrado em DIDIER JR., Fredie; BRAGA, Paula Sarno. Carta psicografada como fonte de prova no processo civil. *Revista de Processo* n.º 234. São Paulo: Revista dos Tribunais, agosto de 2014.

5. REFERÊNCIAS

ALMEIDA, Diogo Assumpção Rezende de. As convenções processuais na experiência francesa e no Novo CPC. CABRAL, Antonio do Passo e NOGUEIRA, Pedro Henrique (coord). DIDIER JR, Fredie (coord. geral). *Negócios Processuais (Grandes Temas do novo CPC)*. Salvador: JusPodivm, 2015, pp. 245 a 268.

AMARAL, Paulo Osternack. Prova emprestada no processo civil. DIDIER JR., Fredie (coord. geral). MACÊDO, Lucas Buril de; PEIXOTO, Ravi; FREIRE, Alexandre (organizadores). *Coleção Grandes Temas do Novo CPC. Direito probatório*. V. 5, 2ª ed. rev., atual. e ampl.. Salvador: Juspodivm, 2016.

AURELLI, Arlete Inês. *Da admissibilidade da prova emprestada no CPC de 2015*. DIDIER JR., Fredie (coord. geral). MACÊDO, Lucas Buril de; PEIXOTO, Ravi; FREIRE, Alexandre (organizadores). *Coleção Grandes Temas do Novo CPC. Direito probatório*. V. 5, 2ª ed. rev., atual. e ampl.. Salvador: Juspodivm, 2016.

CABRAL, Trícia Navarro Xavier. Reflexos das convenções em matéria processual nos atos judiciais. CABRAL, Antonio do Passo e NOGUEIRA, Pedro Henrique (coord). DIDIER JR, Fredie (coord. geral). *Negócios Processuais (Grandes Temas do novo CPC)*. Salvador: JusPodivm, 2015, pp. 215 a 243.

CABRAL, Antonio do Passo. *Convenções processuais*. Salvador: Juspodivm, 2016.

COSTA, Eduardo José da Fonseca. Calendarização processual. CABRAL, Antonio do Passo e NOGUEIRA, Pedro Henrique (coord). DIDIER JR, Fredie (coord. geral). *Negócios Processuais (Grandes Temas do novo CPC)*. Salvador: JusPodivm, 2015, pp. 353 a 369.

CUNHA, Leonardo Carneiro da. *Comentários ao art. 190*. CABRAL, Antonio do Passo e CRAMER, Ronaldo (coord.). *Comentários ao novo Código de Processo Civil*. Rio de Janeiro: Forense, 2015.

_____. Negócios jurídicos processuais no Processo Civil Brasileiro. CABRAL, Antonio do Passo e NOGUEIRA, Pedro Henrique (coord). DIDIER JR, Fredie (coord. geral). *Negócios Processuais (Grandes Temas do novo CPC)*. Salvador: JusPodivm, 2015, pp. 27 a 62.

DINAMARCO, Cândido Rangel. *Instituições de Direito Processual Civil*. Volume III. São Paulo: Malheiros, 2004.

FERREIRA, William Santos. *Princípios fundamentais da prova cível*. São Paulo: Revista dos Tribunais, 2014.

GODINHO, Robson. *Negócios processuais sobre o ônus da prova no novo Código de Processo Civil*. São Paulo: RT, 2015.

_____. A possibilidade de negócios jurídicos processuais atípicos em matéria probatória. CABRAL, Antonio do Passo e NOGUEIRA, Pedro Henrique (coord). DIDIER JR, Fredie (coord. geral). *Negócios Processuais (Grandes Temas do novo CPC)*. Salvador: JusPodivm, 2015.

_____. A autonomia das partes e os poderes do juiz entre o privatismo e publicismo do processo civil brasileiro. *Civil Procedure Review*, vol. 4, n. 1, pp. 36 a 86, jan./abril 2013. Disponível em: <http://www.civilprocedurereview.com/busca/baixa_arquivo.php?id=67&embedded=true>. Acesso em 07.01.2017.

GRECO, Leonardo. Publicismo e privatismo no processo civil. *Revista de Processo*. São Paulo: RT, 2008, n. 164;

_____. Os atos de disposição processual – primeiras reflexões. In: MEDINA, José Miguel Garcia; CRUZ, Luana Pedrosa de Figueiredo; CERQUEIRA, Luís Otávio Sequeira de; GOMES JUNIOR,

Luiz Manoel (org.). *Os poderes do juiz e o controle das decisões judiciais. Estudos em homenagem à professora Teresa Arruda Alvim Wambier.* São Paulo: RT, 2008, p. 290-304.

_____. Contraditório efetivo. *Revista Eletrônica de Direito Processual*, v.15, jan./jun. 2015. p. 299-310. Disponível em: http://www.redp.com.br/. Acesso em: 04.01.2017.

_____. Garantias fundamentais do processo: o processo justo. *Revista Jurídica*, ano 51, n. 305, mar. 2003.

_____. Limitações probatórias no processo civil. *Revista Eletrônica de Direito Processual*, ano 3, v. IV, jul./dez. 2009. pp. 4-28. Disponível em: <http://www.redp.com.br/>. Acesso em: 07.01.2017.

LUCON, Paulo Henrique dos Santos. Comentários ao art. 372. CABRAL, Antonio do Passo e CRAMER, Ronaldo (coord.). *Comentários ao novo Código de Processo Civil.* Rio de Janeiro: Forense, 2015.

MEDEIROS NETO. Elias Marques de. Prova emprestada, princípio do contraditório e Novo Código de Processo Civil. DIDIER JR., Fredie (coord. geral). MACÊDO, Lucas Buril de; PEIXOTO, Ravi; FREIRE, Alexandre (organizadores). *Coleção Grandes Temas do Novo CPC. Direito probatório.* V. 5, 2ª ed. rev., atual. e ampl.. Salvador: Juspodivm, 2016.

MENEZES, Gustavo Quintanilha Telles de. A atuação do juiz na direção do processo. BARBOSA, Andrea Carla et al.; FUX, Luiz (coord.) *O novo processo civil brasileiro (direito em expectativa): (reflexões acerca do Projeto do novo Código de Processo Civil).* Rio de Janeiro: Forense, 2011.

MIRANDA FILHO, Luiz Antonio Castro de. Breves apontamentos sobre a prova emprestada no Novo Código de Processo Civil. DIDIER JR., Fredie (coord. geral). MACÊDO, Lucas Buril de; PEIXOTO, Ravi; FREIRE, Alexandre (organizadores). *Coleção Grandes Temas do Novo CPC. Direito probatório.* V. 5, 2ª ed. rev., atual. e ampl.. Salvador: Juspodivm, 2016.

MOREIRA, José Carlos Barbosa. O processo, as partes e a sociedade. *Temas de Direito Processual* (oitava série). São Paulo: Saraiva, 2004.

NOGUEIRA, Pedro Henrique Pedrosa. A cláusula geral do acordo de procedimento no projeto do novo CPC (PL 8.046/2010). FREIRE, Alexandre; DANTAS, Bruno; NUNES, Dierle; DIDIER JR., Fredie; MEDINA, José Miguel Garcia; FUX, Luiz; CAMARGO, Luiz Henrique Volpe; OLIVEIRA, Pedro Miranda de (Orgs.). *Novas tendências do processo civil – Estudos sobre o projeto do novo Código de Processo Civil.* Salvador: Juspodivm, 2013, pp. 13 a 24.

_____. Sobre os acordos de procedimento no Processo Civil Brasileiro. CABRAL, Antonio do Passo e NOGUEIRA, Pedro Henrique (coord). DIDIER JR, Fredie (coord. geral). *Negócios Processuais (Grandes Temas do novo CPC).* Salvador: JusPodivm, 2015.

PASSOS, José Joaquim Calmon de. *Esboço de uma teoria das nulidades aplicadas às nulidades processuais.* Rio de Janeiro: Forense, 2009.

RIVAROLI, Bruna Valentini Barbiero. A prova emprestada no NCPC de 2015. DIDIER JR., Fredie (coord. geral). MACÊDO, Lucas Buril de; PEIXOTO, Ravi; FREIRE, Alexandre (organizadores). *Coleção Grandes Temas do Novo CPC. Direito probatório.* V. 5, 2ª ed. rev., atual. e ampl.. Salvador: Juspodivm, 2016.

SILVA, Beclaute Oliveira. Verdade como objeto do negócio jurídico processual. CABRAL, Antonio do Passo e NOGUEIRA, Pedro Henrique (coord). DIDIER JR, Fredie (coord. geral). *Negócios Processuais (Grandes Temas do novo CPC).* Salvador: JusPodivm, 2015, pp. 383 a 406.

STRECK, Lenio Luiz. *O pan-principiologismo e o sorriso do lagarto*, disponível em <http://www.conjur.com.br/2012-mar-22/senso-incomum-pan-principiologismo-sorriso-lagarto>. Acesso em 27.12.2016.

TARUFFO, Michele. Verdade negociada? Trad. Pedro Gomes de Queiroz. *Revista Eletrônica de Direito Processual (REDP)*, ano 8, vol. XIII, jan./jun. de 2.014, Rio de Janeiro, pp. 634/657. Disponível em: <www.redp.com.br>. Acesso em 06.01.2017.

TALAMINI. Eduardo. *Prova emprestada no processo civil e penal*. Revista de Processo n. 91, v. 23, 1998, pp. 92-114.

TEIXEIRA, Wendel de Brito Lemos. A prova emprestada no CPC/15. DIDIER JR., Fredie (coord. geral). MACÊDO, Lucas Buril de; PEIXOTO, Ravi; FREIRE, Alexandre (organizadores). *Coleção Grandes Temas do Novo CPC. Direito probatório*. V. 5, 2ª ed. rev., atual. e ampl.. Salvador: Juspodivm, 2016.

YARSHELL, Flávio Luiz. Convenção das partes em matéria processual: rumo a uma nova era? CABRAL, Antonio do Passo e NOGUEIRA, Pedro Henrique (coord). DIDIER JR, Fredie (coord. geral). *Negócios Processuais (Grandes Temas do novo CPC)*. Salvador: JusPodivm, 2015.

ANÁLISE SOBRE AS IMPLICAÇÕES DO CALENDÁRIO PROCESSUAL[1]

Paula Deda Catarino Gordilho[2]
Amanda Souza Barbosa[3]

Sumário: 1. Introdução – 2. Calendário Processual – 2.1. Princípio da Razoável Duração do Processo – 2.2. Princípio da Cooperação – 3. Flexibilização do Processo Civil: Acordo de Calendarização *vs*. Acordo de Procedimento – 4. Momento de Pactuação do Calendário Processual – 5. Concordância do Acordo de Calendarização pelas Partes – 6. Descumprimento do Calendário e Alteração das Partes, Juiz e Terceiros – 7. Considerações Finais – 8. Referências.

1. INTRODUÇÃO

O novo Código de Processo Civil, através do seu art. 191, traz para o ordenamento jurídico brasileiro hipótese inédita de negócio jurídico proces-

---

[1]. Artigo fruto dos trabalhos desenvolvidos no Grupos de Pesquisa Teoria Contemporânea da Relação Jurídica Processual: fato, sujeitos e objeto (UFBA).

[2]. Especialista em Direito Processual Civil (LFG/Universidade Anhanguera-Uniderp). Pós-Graduanda em Direito Imobiliário pela Faculdade Baiana de Direito e Gestão. Integrante do Grupo de Pesquisa Teoria Contemporânea da Relação Jurídica Processual: fato, sujeitos e objeto (UFBA). Advogada Sócia do Ventim & Gordilho Advogados Associados. Contato: pdg@deysegordilho.adv.br

[3]. Doutoranda em Relações Sociais e Novos Direitos (UFBA) e Mestre em Direito Público (UNISINOS). Especialista em Direito Processual Civil (LFG/Universidade Anhanguera-Uniderp). Pós-Graduanda em Direito Médico (UCSAL). Integrante dos Grupos de Pesquisa Teoria Contemporânea da Relação Jurídica Processual: fato, sujeitos e objeto (UFBA), Vida (UFBA) e Clínica de Direitos Humanos (UFPR). Professora de Direito Civil na Faculdade Ruy Barbosa. Advogada em Direito Médico e da Saúde – Camila Vasconcelos Advocacia e Consultoria. Contato: amanda@cvadv.com.br

sual típico, voltado exclusivamente para a gestão temporal do procedimento. Isto porque, o calendário processual permite que os polos da demanda em atuação conjunta com o magistrado, fixem de antemão as datas-limites para a prática dos atos processuais, preferencialmente ainda em mesa de audiência preliminar, dispensando a intimação das partes do passo a passo do cronograma processual, dando efetividade ao princípio da razoável duração do processo e da cooperação.

Nesse contexto, o presente artigo tem como objetivo geral a resolução de questões que surgirão com o advento do CPC/2015 envolvendo o instituto. Para tanto buscou-se: *(i)* elencar as vantagens trazidas pelo acordo de calendarização, bem como demonstrar a sua consonância com os princípios da razoável duração do processo e cooperação; *(ii)* traçar a distinção entre a celebração do acordo acerca do cronograma processual e do procedimento em si; *(iii)* estabelecer os limites temporais para a prática de tal ato; *(iv)* e, por fim, estabelecer as consequências do descumprimento deste negócio jurídico processual pelas partes, juiz e terceiros.

Convém apontar a adoção do método dialético e a pesquisa bibliográfica e documental como técnicas de pesquisa empregadas no presente estudo que, não tendo a pretensão de esgotar o tema, busca promover o debate da matéria, registrando, desde já, a necessidade de maior participação da doutrina para sua compreensão, eis que matéria nova no direito processual civil brasileiro ainda não enfrentada pela jurisprudência pátria.

2. CALENDÁRIO PROCESSUAL

O novo Código de Processo Civil (Lei nº 13.105/15), através do seu art. 191, trouxe ao ordenamento jurídico brasileiro a possibilidade das partes, atuando em conjunto com o magistrado, fixarem o cronograma dos atos que serão praticados ao longo do processo. *In verbis*:

> Art. 191. De comum acordo, o juiz e as partes podem fixar calendário para a prática dos atos processuais, quando for o caso.
>
> § 1º O calendário vincula as partes e o juiz, e os prazos nele previstos somente serão modificados em casos excepcionais, devidamente justificados.
>
> § 2º Dispensa-se a intimação das partes para a prática de ato processual ou a realização de audiência cujas datas tiverem sido designadas no calendário.

O calendário processual permite que os polos da demanda, operando com o juiz, fixem de antemão as datas-limites para a prática dos atos processuais.

O exercício destes atos processuais previamente agendados, preferencialmente ainda em mesa na audiência preliminar, dispensa a intimação das partes, contribuindo para a celeridade do desfecho processual, dando efetividade ao princípio da razoável duração do processo.

Segundo Eduardo José da Fonseca Costa, a calendarização dos atos processuais evita os chamados "buracos negros" no procedimento, ou seja, os lapsos inúteis de tempo perdidos ao longo do processo com a prática de atos de mero expediente. Entende o autor que, com o agendamento prévio dos atos processuais, a força motriz para impulsionar o feito deixa de estar nos despachos e passa a residir no ato inaugural que instituiu o cronograma[4].

O problema da efetividade do acesso à justiça está amplamente relacionado à morosidade na solução que são levados ao judiciário, demora esta que, no entender de Thaís Aranda Barrozo[5], não está diretamente ligada à quantidade de recursos ou instâncias, mas sim às "etapas mortas" do processo, ocasionadas por falhas na administração da justiça, tornando imperiosa a possibilidade de adaptabilidade do procedimento à lide, por meio de acordos entre as partes e o magistrado, à exemplo das transformações experimentadas pelo direito italiano e francês:

> O direito processual civil contemporâneo brasileiro ruma, assim, tal qual os modelos estrangeiros em estudo [Francês e Italiano] em direção ao alcance do processo dialógico, em que reforçados os poderes-deveres de participação do juiz e ampliadas as oportunidades de efetiva participação dos litigantes. Ganha relevo o espírito de coparticipação e de colaboração entre as partes e o julgador na condução do processo[6].

O agendamento prévio dos atos processuais, portanto, evita idas e vindas desnecessárias do processo, bem como o atraso do procedimento em razão de "longas esperas" para juntada de petições, intimações e publicação dos atos, remessa dos autos ao cartório ou gabinete, excessiva saída dos autos da vara para vistas das partes, dentre outras. Certo é que, tendo um calendário a cumprir, o escrivão, chefe ou diretor do cartório da vara em que tramita o

---

4. COSTA, Eduardo José da Fonseca. Calendarização Processual. In: CABRAL, Antônio do Passo; NOGUEIRA, Pedro Henrique (Coord.) Negócios Jurídicos Processuais. Salvador: Editora JusPodivm, 2015. p. 356.
5. BARROZO, Thaís Aranda. O Calendário Processual no Direito Francês e no Italiano: Reflexos do Novo Código de Processo Civil. In: ZUFELATO, Camilo e Outros. (Coord.) *I Colóquio Brasil-Itália de Direito Processual Civil*. Salvador: JusPodivm, 2015. p. 494-495.
6. Ibid., p. 495- 496

processo, terá que programar sua equipe para realizar todo o procedimento burocrático a tempo do cronograma a ser cumprido, o que será facilitado pela desnecessidade de intimação das partes e seus advogados para ciência do passo a passo do trâmite processual.

O calendário processual também evita o favorecimento das partes e advogados que, quando lhes é conveniente, pressionam constantemente os serventuários das varas para "agilizarem" os seus processos em detrimentos de outros mais antigos ou, quiçá, que versam sobre bens jurídicos mais relevantes. Uma vez estando previamente agendados os atos processuais, essas cobranças perdem o sentido. Além disso, a calendarização dos atos processuais aperfeiçoa os trabalhos cartorários, uma vez que sendo os funcionários da vara menos interrompidos no seu labor, poderão focar mais na realização de suas atividades diárias, permitindo a cobrança objetiva da qualidade e do cumprimento de metas e resultados impostos pelo magistrado.

Ademais, o instituto jurídico trará inúmeros benefícios aos advogados, que poderão programar suas atividades de acordo com as agendas fixadas nos processos que patrocinam. Como é possível extrair da leitura do *caput* do art. 191 do CPC/15, a calendarização processual é marcada pelo princípio da cooperação no processo, uma vez que tal ato deve ser praticado em conjunto pelas partes (representadas em juízos pelos seus advogados) e magistrado. Sendo assim, poderão os advogados fixar as datas-limite dos atos processuais, de acordo com os outros compromissos constantes em suas agendas, de modo a garantir que haverá tempo hábil de dedicação que a profissão exige em cada uma de suas causas.

Ainda neste tocante, segundo Eduardo José da Fonseca Costa "é preciso dizer que a calendarização não apenas agiliza o fluxo temporal da relação jurídica processual, como também distensiona o relacionamento entre advogado e cliente", tendo em vista que já é possível prever provável data em que haverá o julgamento do processo[7]. Ressalta o autor, todavia, que muito embora a sua conservação seja desejável e o seu cumprimento deva ser uma obsessão pelo juiz da causa, o calendário processual não é rígido, tendo em vista que inúmeros imprevistos podem ocorrer ao longo do procedimento, ocasião em que deverão as partes, em conjunto com o juiz, recalendarizar os atos pendentes[8].

---

7. COSTA, Eduardo José da Fonseca. Calendarização Processual. In: CABRAL, Antônio do Passo; NOGUEIRA, Pedro Henrique (Coord.) *Negócios Jurídicos Processuais*. Salvador: Editora JusPodivm, 2015. p. 364.

8. Ibid., p. 356-358

Aos poucos, o instituto vem sendo utilizado para otimizar a prestação jurisdicional. Cite-se, como exemplo, audiência pública realizada pela 1º Vara Federal da Justiça Federal no Estado do Ceará em maio de 2016 com o intuito de estabelecer a calendarização processual. Trata-se de uma ação civil pública sobre improbidade administrativa que envolve 28 réus, sendo 10 deles pessoas jurídicas. A complexidade dessa relação jurídica processual fez com que o magistrado recorresse ao calendário processual para equacionar uma sequência de audiências para oitiva de testemunhas[9].

Restando evidente a importância e o potencial da calendarização processual para soluções dos litígios impostos ao Judiciário de forma célere e eficiente, cabe analisar os princípios que regem o instituto.

2.1. Princípio da Razoável Duração do Processo

O princípio da razoável duração do processo foi incorporado à Constituição Federal Brasileira através da E.C. nº 45/2004, que introduziu o inciso LXXVIII ao seu art. 5º – " a todos, no âmbito judicial e administrativo, são assegurados a razoável duração do processo e os meios que garantam a celeridade de sua tramitação" – como "tentativa de impedir que a justiça tardia não se converta em injustiça"[10].

Explica Fredie Didier Junior que o princípio da razoável duração do processo teve origem na Convenção Americana de Direitos Humanos, Pacto de São José da Costa Rica[11], incorporada ao ordenamento jurídico brasileiro através do Decreto nº 678, de 06 de novembro de 1992. Sendo assim, diante da integração do princípio da razoável duração do processo nas normas constitucionais, instituiu-se uma imposição ao magistrado de evitar dilações indevidas no processo[12].

---

9. INOVAÇÃO do novo CPC: audiência de calendário processual. *Justiça Federal no Ceará*, Fortaleza, 17 de maio de 2016. Disponível em: <https://www.jfce.jus.br/consulta-noticias/2397-inovacao-do-novo-cpc-audiencia-de-calendario-processual.html>. Acesso em: 14 fev. 2017.
10. BULOS, Uadi Lammêgo. *Constituição Federal Anotada*. 7ª ed. São Paulo: Saraiva. 2007. p. 397
11. Art. 81, 1: "Toda pessoa tem o direito a ser ouvida com as devidas garantias e dentro de um prazo razoável, por juiz ou tribunal competente, independente e imparcial, estabelecido anteriormente por lei, na apuração de qualquer acusação penal formulada contra ela, ou para que se determinem os seus direitos e obrigações de natureza civil, trabalhista, fiscal ou de qualquer outra natureza".
12. DIDIER JR., Fredie. *Curso de Direito Processual Civil*. 17. ed. Salvador: JusPodivm, 2015. v. 1. p. 94.

O novo Código de Processo Civil, em consonância com os ditames constitucionais, demonstrou em diversas oportunidades a importância da razoável duração do processo, a saber:

> Art. 4º As partes têm o direito de obter em prazo razoável a solução integral do mérito, incluída a atividade satisfativa.
>
> Art. 6º Todos os sujeitos do processo devem cooperar entre si para que se obtenha, em tempo razoável, decisão de mérito justa e efetiva.
>
> Art. 139. O juiz dirigirá o processo conforme as disposições deste Código, incumbindo-lhe:
>
> [...]
>
> II – velar pela duração razoável do processo;
>
> III – prevenir ou reprimir qualquer ato contrário à dignidade da justiça e indeferir postulações meramente protelatórias;

Entende Roberto Sampaio Contreiras de Almeida, que a razoável duração do processo a que se referem esses dispositivos deve passar pelo crivo da razoabilidade, pois não necessariamente a "razoável duração" implicará na rápida resolução do conflito. Como bem assevera, existem casos em que será necessária uma complexa instrução do processo, ocasião em que o juiz deverá relativizar a busca pela celeridade processual em respeito às particularidades do caso concreto analisado, sob pena de violação de outros princípios também constitucionalmente protegidos pelo nosso ordenamento, tais como: contraditório, ampla defesa e o devido processo legal.[13]

Explica que, na verdade, para a observância da razoável duração do processo, o magistrado deve tomar providências para afastar as dilações indevidas, bem como a prática de atos meramente protelatórios pelas partes. Para ele, contudo, a eficiência do Poder Judiciário também representa papel fundamental na busca da efetivação do princípio do devido processo legal:

> Ao lado dessa preocupação com a racionalidade da tramitação dos feitos, é evidente que o juiz não deve descuidar-se do exercício diligente das suas atividades judicantes, mediante a adequada direção dos processos, e, inclusive, por intermédio da boa gestão de sua equipe de trabalho. Neste particular, muito bem vindas são as iniciativas de alguns tribunais e, especialmente, do CNJ, que se preocupam em oferecer aos magistrado cursos dessa natureza, pois, muitas vezes, pouco adianta dispor uma serventia judicial de juiz

---

13. ALMEIDA, Roberto Sampaio Contreiras. Dos Poderes, dos deveres e da Responsabilidade do Juiz. In: WAMBIER, Teresa Arruda Alvim et al. (Coord.) *Breves Comentários ao Novo Código de Processo Civil*. São Paulo: Editora Revista dos Tribunais, 2015. p. 450.

altamente capacitado do ponto de vista intelectual, porém despreparado para lidar com o gerenciamento processual ou com a sua equipe de trabalho, em prejuízo da otimização do complexo serviço de prestação jurisdicional, que envolve uma gama enorme de pessoas e de atividades, além daquelas judicantes exercidas pelo próprio juiz.[14]

Corrobora esse entendimento o posicionamento adotado por Antônio do Passo Cabral, para quem o "processo é feito para demorar", tendo em vista que o juiz deve se debruçar na causa, estudando a fundo o caso posto à sua cognição, "literalmente dormir com o conflito", bem como ter amplo acesso às alegações e provas trazidas pelas partes para que possa amadurecer o seu entendimento e proferir uma decisão justa. Sendo assim, entende que a efetividade do processo e a qualidade da prestação jurisdicional não tem correlação direta com a rapidez em que tramita, posto que "a demora é algo natural ao processo, cujo procedimento é pleno de garantias processuais inafastáveis, previstas na Constituição Federal da República em benefício de todos"[15].

Nada obstante, é imperioso ao afirmar que isso não justifica o prolongamento desnecessário do processo. Para o autor referido, deve haver um equilíbrio na gestão temporal da demanda, proveniente da cooperação de todos os envolvidos no litígio na busca pela adequada utilização do tempo.[16]

Para Paulo Cezar Pinheiro Carneiro, "é praticamente impossível apontar todas as causas que geram a morosidade judicial", bem como tomar as devidas providências para saná-las, diante da inexistência de cultura jurídica ou vontade política adequada para tanto. Aduz o autor que, ao longo dos anos, foram incorporadas no CPC/73 medidas que auxiliam o combate à desarrazoada morosidade judicial, à exemplo do julgamento de recursos repetitivos, da repercussão geral dos recursos extraordinários ou possibilidade de o juiz proferir sentença liminar de improcedência, instrumentos estes – em conjunto com tantos outros – incorporados e aperfeiçoados pelo novo Código de Processo Civil.[17]

---

14. ALMEIDA, Roberto Sampaio Contreiras. Dos Poderes, dos deveres e da Responsabilidade do Juiz. In: WAMBIER, Teresa Arruda Alvim et al. (Coord.) *Breves Comentários ao Novo Código de Processo Civil*. São Paulo: Editora Revista dos Tribunais, 2015. p. 450.

15. CABRAL, Antônio do Passo. Duração Razoável do Processo e a Gestão do Tempo no Projeto de Novo Código de Processo Civil. In: FREIRE, Alexandre et al. (Org.) *Novas tendências do processo civil*: estudos sobre o projeto de novo código de processo civil. Salvador: JusPodivm, 2014. v. III. p. 106-107.

16. Ibid., p. 107.

17. CARNEIRO, Paulo Cezar Pinheiro. In: WAMBIER, Teresa Arruda Alvim et al. (Coord.) *Breves Comentários ao Novo Código de Processo Civil*. São Paulo: Editora Revista dos Tribunais, 2015. p. 66.

Ressalta, contudo, que sem a colaboração do Estado, do Judiciário Brasileiro e dos jurisdicionados, "além da modificação da visão tecnicista, formalista e burocrática do processo" estas alterações legislativas não resolverão o problema da morosidade do processo.[18]

Neste sentido, a calendarização processual configura forte ferramenta à disposição das partes e do magistrado para concretização do princípio da razoável duração do processo, justamente por permitir o prévio agendamento dos atos processuais de acordo com as particularidades da demanda. Como dito, com a aplicação correta deste instituto jurídico, os lapsos temporais inúteis do processo serão eliminados, garantindo o desfecho célere e eficaz da lide, sem que haja qualquer violação dos demais princípios constitucionalmente protegidos.

2.2. Princípio da Cooperação

Observa-se, ainda, que a calendarização processual representa mecanismo trazido pelo novo Código de Processo Civil para efetivação do princípio da cooperação, também previsto no art. 6º do CPC/15.

A despeito da clássica discussão doutrinária acerca da existência de dois modelos de estruturação do processo, que costuma relacionar o modelo inquisitorial aos sistemas jurídicos provenientes de regimes políticos autoritários e o modelo adversarial aos regimes de cunho liberalista[19], Fredie Didier Junior propõe um terceiro modelo de estruturação do processo – transcendente destes modelos tradicionais-, pautado no princípio da cooperação, o qual entende ser mais adequado para um Estado Democrático de Direito.[20]

Para ele, esse terceiro modelo "caracteriza-se pelo redirecionamento do princípio do contraditório, com a inclusão do órgão jurisdicional no rol dos sujeitos do diálogo processual, e não mais como mero espectador do duelo das partes". Neste sentido, objetiva-se uma marcha processual sem qualquer

---

18. CARNEIRO, Paulo Cezar Pinheiro. In: WAMBIER, Teresa Arruda Alvim et al. (Coord.) *Breves Comentários ao Novo Código de Processo Civil*. São Paulo: Editora Revista dos Tribunais, 2015. p. 67.

19. "Em suma, o modelo adversarial assume a forma de competição ou disputa, desenvolvendo-se como um conflito entre dois adversários diante de um órgão jurisdicional relativamente passivo, cuja principal função é decidir o caso. O modelo inquisitorial (não adversarial) organiza-se como uma pesquisa oficial, sendo o órgão jurisdicional o grande protagonista do processo. No primeiro sistema, a maior parte da atividade processual é desenvolvida pelas partes; no segundo, cabe ao órgão judicial esse protagonismo". DIDIER JR., Fredie. *Curso de Direito Processual Civil*. 17. ed. Salvador: JusPodivm, 2015. v. 1. p. 121.

20. Ibid., p. 120-125.

destaque dos sujeitos envolvidos no conflito, salvo nos casos em que o ato é exclusivo do magistrado. Conforme destaca:

> [...] não há paridade no momento da decisão; as partes não decidem com o juiz; trata-se de função que lhe é exclusiva. Pode-se dizer que a decisão judicial é fruto da atividade processual em cooperação, é resultado das discussões travadas ao longo de todo o arco do procedimento; a atividade cognitiva é compartilhada, mas a decisão é manifestação de poder, que é exclusivo do órgão jurisdicional, e não pode ser minimizado. Neste momento, revela-se a necessária assimetria entre as posições das partes e a do órgão jurisdicional: a decisão jurisdicional é essencialmente um ato de poder.[21]

A respeito do tema, Paulo Cezar Pinheiro Carneiro entende que, para que a decisão judicial alcance a rapidez, justiça e legitimidade democrática que lhe é imposta, é mister que o processo seja sempre pautado na cooperação de todos aqueles que possam ser afetados por seu resultado. Neste viés, a cooperação deve ser entendida como "dever imposto aos sujeitos do processo e pressupõe uma harmoniosa sintonia nesta prática de atos processuais, os quais devem ser realizados sempre sob o signo da boa-fé (...)"[22].

Camilo Zufelato também relaciona o modelo cooperativo de processo ao princípio do contraditório, por entender que a estrutura do procedimento é dialética, dinâmica e deve ser utilizado como forma de contenção do arbítrio estatal pelo recíproco controle das atividades jurisdicionais pelas partes[23].

Por sua vez, o princípio do contraditório está previsto no inciso LV do art. 5º da Constituição Federal: "aos litigantes, em processo judicial ou administrativo, e aos acusados em geral são assegurados o contraditório e a ampla defesa, com os meios e recursos a ela inerentes". Trata-se, portanto, da efetivação da democracia no processo, posto garantir não apenas a participação formal dos sujeitos no litígio, mas também a sua efetiva possibilidade de influenciar nas decisões proferidas pelo Judiciário.

Com o advento do novo Código de Processo Civil, o princípio do contraditório é reforçado, tendo em vista que foi inserido pelo legislador de

---

21. DIDIER JR., Fredie. *Curso de Direito Processual Civil.* 17. ed. Salvador: JusPodivm, 2015. v. 1. p. 126.
22. CARNEIRO, Paulo Cezar Pinheiro. In: WAMBIER, Teresa Arruda Alvim et al. (Coord.) *Breves Comentários ao Novo Código de Processo Civil.* São Paulo: Editora Revista dos Tribunais, 2015. p. 70-72.
23. ZEFELATO, Camilo. Análise Comparativa da Cooperação e Colaboração Entre os Sujeitos Processuais nos Projetos de Novo CPC. In: FREIRE, Alexandre et al. (Org.) *Novas tendências do processo civil*: estudos sobre o projeto de novo código de processo civil. Salvador: JusPodivm, 2014. v. III. p. 107-110.

2015 no art. 7º[24] do instrumento normativo, o qual integra o rol das normas fundamentais que regem o processo civil.

Tem-se, portanto, que o art. 191 do CPC de 2015, ao estabelecer que o calendário processual deve ser celebrado de comum acordo entre as partes e o juiz, importou para o ordenamento jurídico modalidade de negócio jurídico colaborativo, em observância ao princípio da cooperação insculpido no seu art. 6º e, por consequência lógica, em atendimento também aos princípios do contraditório e do devido processo legal.

Trata-se de medida colaborativa que permite o gerenciamento conjunto do processo entre o magistrado e as partes, estas últimas, neste novo contexto, com possibilidade real de interferir no modo e no tempo de condução do procedimento a fim de amoldá-lo ao caso concreto[25].

3. FLEXIBILIZAÇÃO DO PROCESSO CIVIL: ACORDO DE CALENDARIZAÇÃO *VS.* ACORDO DE PROCEDIMENTO

Muito embora o acordo sobre o calendário processual (art. 191 do CPC/15) seja tema inédito no ordenamento jurídico brasileiro, algumas questões que lhes são relacionadas já geram certa divergência na doutrina, à exemplo da sua identificação, ou não, com o acordo sobre o procedimento em si, previsto no art. 190 do CPC/15[26].

Explica-se. Embora os institutos decorram da flexibilização do formalismo no processo civil e integrem a categoria de negócios jurídicos processuais, é de mister consignar que o acordo de calendarização não se confunde com o acordo de procedimento, como aponta Eduardo José da Fonseca Costa:

---

24. Art. 7º: É assegurada às partes paridade de tratamento em relação ao exercício de direitos e faculdades processuais, aos meios de defesa, aos ônus, aos deveres e à aplicação de sanções processuais, competindo ao juiz zelar pelo efetivo contraditório.

25. CUEVA, Ricardo Villas Bôas. Flexibilização do Procedimento e Calendário Processual no Novo CPC. In: CABRAL, Antônio do Passo; NOGUEIRA, Pedro Henrique. (Coord.) *Negócios Processuais*. Salvador: JusPodivm, 2016. p. 496

26. Art. 190: Versando o processo sobre direitos que admitam autocomposição, é lícito às partes plenamente capazes estipular mudanças no procedimento para ajustá-lo às especificidades da causa e convencionar sobre os seus ônus, poderes, faculdades e deveres processuais, antes ou durante o processo.

Parágrafo único. De ofício ou a requerimento, o juiz controlará a validade das convenções previstas neste artigo, recusando-lhes aplicação somente nos casos de nulidade ou de inserção abusiva em contrato de adesão ou em que alguma parte se encontre em manifesta situação de vulnerabilidade.

No acordo de procedimento, as partes definem quais atos praticarão, bem como a forma e a sequência desses atos, mas não vinculam necessariamente cada um deles a uma data-limite. Trata-se de algo similar a um compromisso para-arbitral em juízo, em que as partes chegam a um acordo acerca do procedimento que será adotado no processo. Por meio desse acordo, portanto, as partes celebram um negócio jurídico constitutivo de um formato procedimental. Esse formato pode originar-se de bases inéditas, ou simplesmente derivar de algumas deturpações sumarizante ao procedimento legal padrão. [...] Já o acordo de calendarização tem autonomia ontológica. Muitas vezes, ele pode funcionar como pacto adjeto a um acordo de procedimento. Com outras palavras: após as partes inventarem um procedimento, podem elas submetê-lo a um cronograma e vincular a realização de cada ato a uma data limite preestabelecida. Aqui a natureza acessória do acordo de calendarização é indisfarçável, pois ele reflexamente se desconstituirá caso se desconstitua o acordo de procedimento.[27]

Já para Cassio Scarpinella Bueno, o art. 191 do CPC/15 é a sucessão do art. 181 do CPC/73[28] – reproduzido pelo art. 177 do Projeto do Novo Código de Processo Civil do Senado Federal e retirado quando da aprovação da versão final da lei nº 13.105/15 – o qual dispunha acerca da possibilidade de as partes acordarem sobre a prorrogação ou redução dos prazos dilatórios, desde que fundada em motivo legítimo e requerida antes do vencimento do prazo. Tanto é assim que, inicialmente, o conteúdo do dispositivo estava incluído no rol dos parágrafos do art. 191 do Projeto do Novo CPC da Câmara dos Deputados (correspondente ao art. 190 do Código sancionado, que trata sobre o acordo de procedimento) [29].

Ocorre, todavia, que a calendarização processual vai muito além da redução ou dilação dos prazos processuais e não se confunde com o acordo sobre o procedimento em si, mas, tão somente, o complementa. É modalidade de negócio jurídico processual típico, jamais antes aplicado no Direito brasileiro, que permite a adaptação do procedimento previsto *ex legem*, ou mesmo daquele criado pelas partes, às especificidades do caso concreto, meramente sob um viés de gestão temporal dos atos do processo.

---

27. COSTA, Eduardo José da Fonseca. Calendarização Processual. In: CABRAL, Antônio do Passo; NOGUEIRA, Pedro Henrique (Coord.) *Negócios Jurídicos Processuais*. Salvador: Editora JusPodivm, 2015. p. 360.
28. Art. 181: Podem as partes, de comum acordo, reduzir ou prorrogar o prazo dilatório; a convenção, porém, só tem eficácia se, requerida antes do vencimento do prazo, se fundar em motivo legítimo.
    § 1º O juiz fixará o dia do vencimento do prazo da prorrogação.
    § 2º As custas acrescidas ficarão a cargo da parte em favor de quem foi concedida a prorrogação.
29. BUENO, Cassio Scarpinella. *Novo Código de Processo Civil Anotado*. São Paulo: Saraiva, 2015. p. 165.

Trata-se de uma das formas expressamente consignadas no CPC/15 para flexibilização do procedimento, voltado, conforme explana Trícia Navarro Xavier Cabral, unicamente à fixação de um "cronograma de um procedimento a ser adotado, fixando os prazos específicos ou preestabelecendo datas de cumprimento dos atos processuais".[30]

Portanto, muito embora o acordo sobre o calendário processual e acordo sobre o procedimento sejam figuras semelhantes e se complementem, não podem elas ser entendidas como sinônimas, em face da natureza de cada uma.

4. MOMENTO DE PACTUAÇÃO DO CALENDÁRIO PROCESSUAL

O novo Código de Processo Civil não estabeleceu momento específico para a celebração de acordo sobre o calendário processual, contudo, pela lógica do instituto e pelos princípios jurídicos que o regem, o ideal é que seja concluído logo no início do processo, de preferência ainda em mesa de audiência de conciliação (art. 334, CPC/15[31]).

Como dito, a fixação do cronograma processual visa a efetivação do princípio da razoável duração do processo, motivo pelo qual sua realização logo nos primórdios do procedimento confere plenitude ao seu objetivo. Além disso, a calendarização processual deve ser procedida de comum acordo entre as partes e o magistrado, em atendimento ao princípio da cooperação, o que corrobora a preferência de sua realização em audiência de conciliação, justamente por ser o primeiro encontro de todos os sujeitos envolvidos no litígio, facilitando o debate e o ajuste dos atos processuais em observância aos compromissos de cada um.

Quanto à possibilidade de fixação do calendário processual em audiência, estabeleceu o Fórum Permanente de Processualistas Civis (FPPC), no seu Enunciado nº 299 que "o juiz pode designar audiência também (ou só) com o objetivo de ajustar com as partes a fixação de calendário para fase de instrução e decisão".

---

30. CABRAL, Trícia Navarro Xavier. Reflexos das Convenções em Matéria Processual nos Atos Judiciais. In: CABRAL, Antônio do Passo; NOGUEIRA, Pedro Henrique (Coord.) *Negócios Jurídicos Processuais*. Salvador: Editora JusPodivm, 2015. p. 231.
31. Art. 334: Se a petição inicial preencher os requisitos essenciais e não for o caso de improcedência liminar do pedido, o juiz designará audiência de conciliação ou de mediação com antecedência mínima de 30 (trinta) dias, devendo ser citado o réu com pelo menos 20 (vinte) dias de antecedência.

Esta é também a posição adotada por Trícia Navarro Xavier Cabral, segundo a qual, para que a inovação legislativa traga a eficiência esperada, o melhor é que o cronograma processual seja fixado em audiência preliminar. Registra, todavia, que o termo final para a fixação do calendário é o despacho de saneamento e de organização do processo (art. 357, CPC/15[32]), já que o ato subsequente é necessariamente a prolação de sentença, que não pode ser condicionada a prévio agendamento, afinal, os prazos do juiz são sempre impróprios[33].

Nada obstante, Antônio do Passo Cabral entende que a jurisprudência pátria tem mitigado a existência da dicotomia entre prazos próprios e impróprios, na medida em que tem se posicionado pela "possibilidade de que o judiciário fixe prazos para que as autoridades julgadoras decidam processos excessivamente demorados".[34]

O legislador absteve-se acertadamente de fixar qualquer limite temporal para a celebração de acordo sobre o calendário processual. O agendamento prévio dos atos processuais pressupõe a cooperação tanto das partes, como do magistrado. O § 1º do art. 191 foi categórico ao afirmar que o calendário vincula tanto o juiz como as partes, bem como que não se trata de instrumento rígido, imutável.

Fredie Didier Jr. faz importante ressalva quanto à necessidade de compatibilizar o calendário processual com a ordem cronológica de conclusão, a ser preferencialmente observada pelo juiz ao proferir sentença ou acórdão. O art. 12 do CPC/2015 regula este instituto, indicando uma série de exceções. A rigor, não se poderia estabelecer uma data para a prolação da sentença no

---

32. Art. 357. Não ocorrendo nenhuma das hipóteses deste Capítulo, deverá o juiz, em decisão de saneamento e de organização do processo:

    I – resolver as questões processuais pendentes, se houver;

    II – delimitar as questões de fato sobre as quais recairá a atividade probatória, especificando os meios de prova admitidos;

    III – definir a distribuição do ônus da prova, observado o art. 373;

    IV – delimitar as questões de direito relevantes para a decisão do mérito;

    V – designar, se necessário, audiência de instrução e julgamento.

33. CABRAL, Trícia Navarro Xavier. Reflexos das Convenções em Matéria Processual nos Atos Judiciais. In: CABRAL, Antônio do Passo; NOGUEIRA, Pedro Henrique (Coord.) *Negócios Jurídicos Processuais*. Salvador: Editora JusPodivm, 2015. p. 234-235.

34. CABRAL, Antônio do Passo. Duração Razoável do Processo e a Gestão do Tempo no Projeto de Novo Código de Processo Civil. In: FREIRE, Alexandre et al. (Org.) *Novas tendências do processo civil*: estudos sobre o projeto de novo código de processo civil. Salvador: JusPodivm, 2014. v. III. p. 109.

calendário processual, por haver norma cogente a ser observada. Ademais, uma convenção processual não pode lesar terceiros[35].

Há duas alternativas, como explana o autor, *in verbis*: "[...] a) ou no calendário se marca uma audiência para a prolação da sentença, de modo a que se subsuma à regra exceptuadora do inciso I do § 2º do art. 12[36]; b) ou a prolação da sentença não é ato que possa ser inserido no calendário"[37].

Os impactos do calendário processual na ordem cronológica de para julgamento também foi objeto de análise de Fábio Corrêa, o qual parte da premissa de ser possível a calendarização da prolação de sentença. Sendo assim, a submissão de procedimentos distintos a uma mesma sistemática de julgamento cronológico redundaria em situações de injustiça e de desconsideração do direito adquirido de processos anteriores pendentes, qual seja, o de exigir o resultado do processo com maior celeridade em relação aos processos mais recentes[38].

Portanto, para o autor supramencionado, a calendarização, além de conduzir o processo mais rapidamente ao *status* de concluso para julgamento, permitiria que o juiz programasse a sua atividade decisória, antecipando-a em relação a processos em que não houve calendarização. Diante dessa problemática, sugere que se considere a aplicação da lei processual civil em conformidade com a fase de julgamento, mantendo-se a ultratividade do CPC/1973 para que não sejam incluídos na lista os processos pendentes, nos quais não fora possibilitada a calendarização[39].

Discorda-se da premissa apontada, a saber, da possibilidade de calendarização do ato decisório que encerra a fase de conhecimento. A existência de norma cogente é fator limitador do autorregramento da vontade, *in casu*,

---

35. DIDIER JR., Fredie. *Curso de direito processual civil*: introdução ao direito processual civil, parte geral e processo de conhecimento. 17. ed. Salvador: JusPodivm, 2015. p. 150.

36. "Art. 12. Os juízes e os tribunais deverão obedecer à ordem cronológica de conclusão para proferir sentença ou acórdão. [...] § 2º Estão excluídos da regra do caput: I - as sentenças proferidas em audiência, homologatórias de acordo ou de improcedência liminar do pedido;"

37. DIDIER JR., Fredie. *Curso de direito processual civil*: introdução ao direito processual civil, parte geral e processo de conhecimento. 17. ed. Salvador: JusPodivm, 2015. p. 150.

38. CORRÊA, Fábio Peixinho Gomes. O julgamento em ordem cronológica e a aplicação do calendário processual no novo CPC: aspectos de direito processual intertemporal. In: YARSHELL, Flavio Luiz; PESSOA, Fábio Guidi Tabosa. (Coord.) *Direito intertemporal*. Salvador: JusPodivm, 2016. p. 263.

39. CORRÊA, Fábio Peixinho Gomes. O julgamento em ordem cronológica e a aplicação do calendário processual no novo CPC: aspectos de direito processual intertemporal. In: YARSHELL, Flavio Luiz; PESSOA, Fábio Guidi Tabosa. (Coord.) *Direito intertemporal*. Salvador: JusPodivm, 2016. p. 255-256.

a regra a respeito da ordem cronológica de julgamento. Ademais, a regra de transição prevista no art. 1.046, § 5º do CPC/2015 dispõe que "a primeira lista de processos para julgamento em ordem cronológica observará a antiguidade da distribuição entre os já conclusos na data da entrada em vigor", dando-se atenção aos processos mais antigos, portanto.

Não por outra razão que Ricardo Villas Bôas Cueva pontua que a vinculação do calendário processual aos atos praticados pelo magistrado, em função da norma contida no art. 12 do CPC/15, apenas se sustenta se fosse atribuído ao calendário processual "caráter excepcional que o excluísse a aplicação da ordem cronológica" ou, o que nos parece mais acertado, caso o ato da prolação da sentença pelo magistrado fosse excluído do seu bojo[40].

Ressalvados as sentenças e acórdãos, entende-se que, juntamente com o calendário processual, poderia ser pactuada a redução de prazos para recurso. Com a chegada dos autos ao Tribunal, não há possibilidade de prévio agendamento dos atos processuais pelo magistrado de origem, tendo em vista que o processamento do feito foge de sua competência. Noutro prisma, não há viabilidade de celebração do acordo de calendarização no Tribunal, eis que o relator do processo não pode vincular os demais integrantes da Câmara ou Turma através de sua decisão. Ademais, inexiste previsão de inclusão do processo na pauta da sessão de julgamento para se abordar questão atinente ao agendamento dos atos processuais.

Talvez, justamente em razão dessa dificuldade prática, o legislador do código de 2015 tenha estabelecido que o calendário processual seja realizado de comum acordo entre o "juiz e as partes", sem mencionar a possibilidade deste ajuste ser celebrado entre as partes e desembargadores ou ministros.

É importante destacar, ainda, conforme frisa Eduardo José da Fonseca Costa, que o acordo de calendarização pode acontecer antes mesmo da instauração do litígio, através de acordo entre as partes[41]. Nestes casos, é importante que as partes submetam o acordo à apreciação do magistrado na primeira oportunidade, tendo em vista que só produzirá efeitos depois de homologado.

---

40. CUEVA, Ricardo Villas Bôas. Flexibilização do Procedimento e Calendário Processual no Novo CPC. In: CABRAL, Antônio do Passo; NOGUEIRA, Pedro Henrique. (Coord.) *Negócios Processuais*. Salvador: JusPodivm, 2016. p. 506

41. COSTA, Eduardo José da Fonseca. Calendarização Processual. In: CABRAL, Antônio do Passo; NOGUEIRA, Pedro Henrique (Coord.) *Negócios Jurídicos Processuais*. Salvador: Editora JusPodivm, 2015. p. 357.

5. CONCORDÂNCIA DO ACORDO DE CALENDARIZAÇÃO PELAS PARTES

Questão da mais alta relevância prática é saber se a calendarização pode ser imposta pelo magistrado às partes ou é preciso a concordância de todos os envolvidos na lide.

Eduardo José da Fonseca Costa entende que a imposição do calendário processual pelo magistrado configura excelente instrumento à disposição do Judiciário para garantia da celeridade processual. Ressalta, entretanto, que o magistrado deve conferir redobrada atenção ao agendamento dos atos processuais, para que não haja violação à isonomia ou inobservância dos prazos preclusivos elencados na legislação, notadamente em relação à Fazenda Pública, tendo em vista que, em razão na natureza do direito material envolvido, é dotada de diversos privilégios e prerrogativas.[42]

Em sentido diametralmente oposto, Diogo Assumpção Rezende de Almeida entende que a calendarização processual deve decorrer do ajuste de interesses das partes com o magistrado[43].

Ora, se o legislador expressamente estabeleceu que a calendarização processual deve ser procedida em comum acordo entre as partes e o magistrado, é frágil a tese da imposição do cronograma pelo juiz. Sendo assim, o acordo de calendarização apenas trará efeitos na prática quando consentido por todos os sujeitos processuais.

Por outro lado, qual conduta poderia ser adotada pelo magistrado se o Réu – sabedor da sua remota chance de êxito da demanda – nega o agendamento prévio dos atos processuais e passa a utilizar o regular trâmite do procedimento como estratégia para postergar sua derrota? Mais uma vez, Eduardo José da Fonseca Costa se digna a responder a questão:

> É possível que uma das partes se recuse, imotivadamente, a celebrar um acordo de calendarização. A técnica traz enormes benefícios, visto que se destina à concretização do princípio constitucional da celeridade processual (CF, artigo 5º, LXXVIII). Ainda assim, pode a parte não deseja-la e preferir que o trâmite processual se faça de modo mais lento e tradicional. Tal atitude pode partir de um réu que não tenha razão, fa-

---

42. COSTA, Eduardo José da Fonseca. Calendarização Processual. In: CABRAL, Antônio do Passo; NOGUEIRA, Pedro Henrique (Coord.) *Negócios Jurídicos Processuais*. Salvador: Editora JusPodivm, 2015. p. 362-364.
43. ALMEIDA, Diogo Assumpção Rezende. As Convenções Processuais na Experiência Francesa e no Novo CPC. In: CABRAL, Antônio do Passo; NOGUEIRA, Pedro Henrique (Coord.) *Negócios Jurídicos Processuais*. Salvador: Editora JusPodivm, 2015. p. 265.

dado a perder, que apenas queira protelar o desfecho da causa. Nesse caso, poderia o juiz sentir-se tentado a condenar nas penas previstas para a prática da litigância de má-fé (CPC, artigos 14 e 18). Afinal de contas, à luz do princípio da boa-fé objetiva, a resistência à celebração do acordo poderia ser lida como um comportamento social típico de dolo processual.[44]

Conclui-se, portanto, que o acordo de calendarização apenas poderá ser celebrado em comum acordo entre as partes e o magistrado, mas nunca por uma imposição do órgão jurisdicional. No entanto, caso seja constatada a má-fé daquele que se nega a fixar o prévio agendamento do cronograma processual, poderá o juiz aplicar a multa por litigância de má-fé.

Isto conduz a uma outra questão: pode o Juiz ser considerado parte de negócio jurídico processual? Para alguns autores, como Almeida, o magistrado tem capacidade negocial, pois a sua vontade e consentimento seriam exigidos para sua formação. Cabral, por sua vez, entende que a capacidade negocial não é própria da função jurisdicional, até porque somente sujeitos que agem de acordo com um dado interesse a possuem. O Estado-juiz, por conta do seu necessário distanciamento quanto aos interesses das partes, não poderia agir conforme nenhum interesse próprio. Ainda que se admitisse que o juiz age voluntariamente, esta vontade seria meramente autoritativa, ou seja, decorre de um dever legal. Por vezes, há espaços de discricionariedade, mas que não se confundem com o exercício da autonomia[45].

Certamente os negócios processuais geram impactos na atividade jurisdicional, na medida em que vincula o magistrado. Tal vinculação, porém, não advém do exercício da autonomia (autolimitação), mas sim da heterolimitação da atuação judicial oriunda do negócio processual. As funções do juiz neste âmbito são, primordialmente: a) estimular o uso de instrumentos autocompositivos; b) analisar a validade dos negócios processuais, zelando pelos interesses públicos. Esta seria, inclusive, mais uma razão que torna indevida a atribuição ao magistrado do papel de parte no negócio processual, na medida em que está encarregado de avaliar sua validade e controlar a sua extensão[46].

---

44. Ibid., *p.* 363.
45. CABRAL, Antonio do Passo. *Convenções processuais*: entre publicismo e privatismo. 2015. 308 f. Tese de Livre Docência (Faculdade de Direito) – Universidade de São Paulo (USP), São Paulo, 2015. p. 235-238.
46. Ibid., p. 238-242.

6. DESCUMPRIMENTO DO CALENDÁRIO E ALTERAÇÃO DAS PARTES, JUIZ E TERCEIROS

Por fim, ponto da mais alta relevância é detectar a vinculação dos sujeitos processuais inseridos na lide após fixado o cronograma, bem como as consequências do descumprimento deste acordo de calendarização pelas partes, juiz ou terceiros.

Segundo Trícia Navarro Xavier Cabral, a vinculação do novo magistrado ao calendário processual vai depender do motivo do afastamento do juiz que participou do acordo de calendarização. Isso porque, se o afastamento for temporário (férias, licença médica ou prêmio, dentre outros motivos), o calendário processual deverá ser respeitado. Contudo, nos casos em que o afastamento desse magistrado é permanente (à exemplo da aposentadoria ou promoção), "o novo juiz poderia rever os prazos inicialmente estabelecidos para aderir, modificar e extinguir o calendário"[47].

Para a autora, em relação às partes e aos terceiros, o calendário processual deve seguir as mesmas características da modalidade de sua alteração no processo. É dizer:

> [...] em relação às partes, seus representantes e procuradores, a sucessão vincula os sucessores (arts. 108 a 112, NCPC[48]). Se a hipótese for de litisconsórcio, será necessária a

---

47. CABRAL, Trícia Navarro Xavier. Reflexos das Convenções em Matéria Processual nos Atos Judiciais. In: CABRAL, Antônio do Passo; NOGUEIRA, Pedro Henrique (Coord.) *Negócios Jurídicos Processuais*. Salvador: Editora JusPodivm, 2015. p. 235.

48. Art. 108. No curso do processo, somente é lícita a sucessão voluntária das partes nos casos expressos em lei.

    Art. 109. A alienação da coisa ou do direito litigioso por ato entre vivos, a título particular, não altera a legitimidade das partes.

    § 1º O adquirente ou cessionário não poderá ingressar em juízo, sucedendo o alienante ou cedente, sem que o consinta a parte contrária.

    § 2º O adquirente ou cessionário poderá intervir no processo como assistente litisconsorcial do alienante ou cedente.

    § 3º Estendem-se os efeitos da sentença proferida entre as partes originárias ao adquirente ou cessionário.

    Art. 110. Ocorrendo a morte de qualquer das partes, dar-se-á a sucessão pelo seu espólio ou pelos seus sucessores, observado o disposto no art. 313, §§ 1º e 2º.

    Art. 111. A parte que revogar o mandato outorgado a seu advogado constituirá, no mesmo ato, outro que assuma o patrocínio da causa.

    Parágrafo único. Não sendo constituído novo procurador no prazo de 15 (quinze) dias, observar-se-á o disposto no art. 76.

concordância do litisconsorte, já que considerado litigante distinto. No que tange a intervenção de terceiro, considerando que também são litigantes distintos, será imprescindível a concordância ou adesão do terceiro ao calendário, salvo no caso de assistência simples, em que o assistente será apenas incluído no calendário, mas não precisará concordar com seus termos[49], nem mesmo se o assistido for revel ou omisso e houver a substituição processual de que trata o parágrafo único do art. 121 do NCPC[50].

Neste tocante, é mister relembrar que ainda que o magistrado tenha se comprometido a atender datas-limites para a prática de atos processuais, via de regra, não sofrerá qualquer sanção processual pelo descumprimento, mas, tão somente, a título correcional, a demora ultrapasse o plano da razoabilidade[51].

O não cumprimento pelas partes dos prazos fixados no calendário, todavia, implica automaticamente no reconhecimento da preclusão temporal, nos termos do art. 223 do CPC/15[52], que pode ser entendida, nas palavras de Luiz Guilherme da Costa Wagner Junior, como a sanção decorrente da "perda do momento processual para a realização de um ato em razão da não observância do prazo previsto para a prática do mesmo"[53].

Art. 112. O advogado poderá renunciar ao mandato a qualquer tempo, provando, na forma prevista neste Código, que comunicou a renúncia ao mandante, a fim de que este nomeie sucessor.

§ 1º Durante os 10 (dez) dias seguintes, o advogado continuará a representar o mandante, desde que necessário para lhe evitar prejuízo

§ 2º Dispensa-se a comunicação referida no caput quando a procuração tiver sido outorgada a vários advogados e a parte continuar representada por outro, apesar da renúncia.

49. Vide Enunciado nº 491 do FPPC: É possível negócio jurídico processual que estipule mudanças no procedimento das intervenções de terceiros, observada a necessidade de anuência do terceiro quando lhe puder causar prejuízo.

50. Art. 121. O assistente simples atuará como auxiliar da parte principal, exercerá os mesmos poderes e sujeitar-se-á aos mesmos ônus processuais que o assistido.

Parágrafo único. Sendo revel ou, de qualquer outro modo, omisso o assistido, o assistente será considerado seu substituto processual.

51. CABRAL, Trícia Navarro Xavier. Reflexos das Convenções em Matéria Processual nos Atos Judiciais. In: CABRAL, Antônio do Passo; NOGUEIRA, Pedro Henrique (Coord.) *Negócios Jurídicos Processuais.* Salvador: Editora JusPodivm, 2015. p. 234-235.

52. Art. 223. Decorrido o prazo, extingue-se o direito de praticar ou de emendar o ato processual, independentemente de declaração judicial, ficando assegurado, porém, à parte provar que não o realizou por justa causa.

§ 1º Considera-se justa causa o evento alheio à vontade da parte e que a impediu de praticar o ato por si ou por mandatário.

§ 2º Verificada a justa causa, o juiz permitirá à parte a prática do ato no prazo que lhe assinar.

53. WAGNER JR., Luiz Guilherme da Costa. Regramento do Prazo no Novo Código de Processo Civil. In: WAMBIER, Teresa Arruda Alvim et al. (Coord.) *Breves Comentários ao Novo Código de Processo Civil.* São Paulo: Editora Revista dos Tribunais, 2015. p. 662.

7. CONSIDERAÇÕES FINAIS

O calendário processual previsto no artigo 191 do novo Código de Processo Civil, como visto ao longo deste estudo, representa a inserção de mecanismo eficaz para o aproveitamento da gestão temporal do processo civil, em atendimento aos princípios da razoável duração do processo e cooperação, evitando a prática de atos processuais desnecessários – por vezes até protelatórios.

A calendarização processual constitui um modelo procedimental flexível, adequado ao caso concreto em atuação conjunta das partes com o magistrado, permitindo a obtenção do resultado útil e célere, sem prejuízo das demais garantias constitucionais que regem o processo civil.

Ademais, o instituto traduz benefícios para todos os sujeitos processuais envolvidos na lide, uma vez que o prévio agendamento dos atos processuais permite que as partes, advogados, magistrados e serventuários do Poder Judiciário estabeleçam o seu cronograma de atividades em face dos processos, nos quais atuam.

É certo que se tratando de tema recentíssimo, deverão surgir questionamentos para além dos aspectos estudados no presente artigo e pela doutrina, a serem postos para acertamento dos Tribunais pátrios.

8. REFERÊNCIAS

ALMEIDA, Diogo Assumpção Rezende. As Convenções Processuais na Experiência Francesa e no Novo CPC. In: CABRAL, Antônio do Passo; NOGUEIRA, Pedro Henrique (Coord.) *Negócios Jurídicos Processuais*. Salvador: Editora JusPodivm, 2015.

ALMEIDA, Roberto Sampaio Contreiras. Dos Poderes, dos deveres e da Responsabilidade do Juiz. In: WAMBIER, Teresa Arruda Alvim et al. (Coord.) *Breves Comentários ao Novo Código de Processo Civil*. São Paulo: Editora Revista dos Tribunais, 2015.

BARROZO, Thaís Aranda. O Calendário Processual no Direito Francês e no Italiano: Reflexos do Novo Código de Processo Civil. In: ZUFELATO, Camilo e Outros. (Coord.) *I Colóquio Brasil-Itália de Direito Processual Civil*. Salvador: JusPodivm, 2015.

BUENO, Cassio Scarpinella. *Novo Código de Processo Civil Anotado*. São Paulo: Saraiva, 2015.

BULOS, Uadi Lammêgo. *Constituição Federal Anotada*. 7ª ed. São Paulo: Saraiva. 2007.

CABRAL, Antonio do Passo. *Convenções processuais*: entre publicismo e privatismo. 2015. 308 f. Tese de Livre Docência (Faculdade de Direito) – Universidade de São Paulo (USP), São Paulo, 2015.

_____. Duração Razoável do Processo e a Gestão do Tempo no Projeto de Novo Código de Processo Civil. In: FREIRE, Alexandre et al. (Org.) *Novas tendências do processo civil*: estudos sobre o projeto de novo código de processo civil. Salvador: JusPodivm, 2014. v. III.

CABRAL, Trícia Navarro Xavier. Reflexos das Convenções em Matéria Processual nos Atos Judiciais. In: CABRAL, Antônio do Passo; NOGUEIRA, Pedro Henrique (Coord.) *Negócios Jurídicos Processuais*. Salvador: Editora JusPodivm, 2015.

CARNEIRO, Paulo Cezar Pinheiro. In: WAMBIER, Teresa Arruda Alvim et al. (Coord.) *Breves Comentários ao Novo Código de Processo Civil*. São Paulo: Editora Revista dos Tribunais, 2015.

CORRÊA, Fábio Peixinho Gomes. O julgamento em ordem cronológica e a aplicação do calendário processual no novo CPC: aspectos de direito processual intertemporal. In: YARSHELL, Flavio Luiz; PESSOA, Fábio Guidi Tabosa. (Coord.) *Direito intertemporal*. Salvador: JusPodivm, 2016. p. 253-275.

COSTA, Eduardo José da Fonseca. Calendarização Processual. In: CABRAL, Antônio do Passo; NOGUEIRA, Pedro Henrique (Coord.) *Negócios Jurídicos Processuais*. Salvador: Editora JusPodivm, 2015.

CUEVA, Ricardo Villas Bôas. Flexibilização do Procedimento e Calendário Processual no Novo CPC. In: CABRAL, Antônio do Passo; NOGUEIRA, Pedro Henrique. (Coord.) *Negócios Processuais*. Salvador: JusPodivm, 2016.

DIDIER JR., Fredie. *Curso de Direito Processual Civil*. 17. ed. Salvador: JusPodivm, 2015. v. 1.

INOVAÇÃO do novo CPC: audiência de calendário processual. *Justiça Federal no Ceará*, Fortaleza, 17 de maio de 2016. Disponível em: <https://www.jfce.jus.br/consulta-noticias/2397--inovacao-do-novo-cpc-audiencia-de-calendario-processual.htm l>. Acesso em: 14 fev. 2017.

WAGNER JR., Luiz Guilherme da Costa. Regramento do Prazo no Novo Código de Processo Civil. In: WAMBIER, Teresa Arruda Alvim et al. (Coord.) *Breves Comentários ao Novo Código de Processo Civil*. São Paulo: Editora Revista dos Tribunais, 2015.

ZEFELATO, Camilo. Análise Comparativa da Cooperação e Colaboração Entre os Sujeitos Processuais nos Projetos de Novo CPC. In: FREIRE, Alexandre et al. (Org.) *Novas tendências do processo civil*: estudos sobre o projeto de novo código de processo civil. Salvador: JusPodivm, 2014. v. III.

COMPETÊNCIA LEGISLATIVA DOS ESTADOS-MEMBROS EM TORNO DOS NEGÓCIOS PROCESSUAIS

Paula Sarno Braga[1]

Sumário: 1. Introdução – 2. Processo e procedimento – 3. Norma de processo e de procedimento – 4. Negócios processuais como matéria processual e procedimental – 5. Competência legislativa em matéria processual. Arts. 22, I, e 24, XI, CF/1988 – 6. Competência legislativa dos Estados e Distrito Federal e normas suplementares sobre negócios processuais – 7. Competência legislativa dos Estados e do Distrito Federal e normas supletivas sobre negócios processuais – 8. Referências.

1. INTRODUÇÃO

O artigo 22, I, CF, confere *competência privativa à União para legislar sobre "direito processual"*. Mas a grande extensão territorial da República Federativa Brasileira, somada às diferenças regionais, fez surgir a necessidade de atribuir-se aos seus Estados-membros (e ao Distrito Federal) o poder de compatibilizar a disciplina do processo jurisdicional à realidade local. Assim, prevê o art. 24, XI, CF, a *competência concorrente da União, dos Estados e do*

---

[1]. Doutora e Mestre pela UFBA. Professora Adjunta da Faculdade de Direito da Universidade Federal da Bahia – UFBA. Professora da Faculdade Baiana de Direito. Advogada e consultora jurídica. Membro da ANNEP e ABDPRO. Secretária Adjunta do IBDP no Estado da Bahia. Membro da Comissão de Coordenação e Co-fundadora do Projeto Mulheres no Processo Civil do IBDP.

Distrito Federal para legislar sobre "procedimentos em matéria processual" – e sobre o "processo" nos juizados (art. 24, X, CF).

Esse regramento, à primeira vista simples e equilibrado, gera, contudo, duas grandes dificuldades para o intérprete: diferenciar as normas de "direito processual" (de competência privativa da União) das normas procedimentais (de competência concorrente da União, Estados e Distrito Federal)[2]; e, já no contexto das normas ditas procedimentais (e processuais dos juizados), identificar o que deve ser objeto de normatização geral da União, e o que deve ser suplementado (ou suprido) pelos estados federados, com normas locais.

Com o presente trabalho, pretende-se demonstrar a inexistência de diferença entre processo e procedimento e, pois, entre norma de processo e de procedimento[3], de modo a que se enxergue que os negócios processuais são objeto de disciplina nesse contexto processual/procedimental, que é um só.

Admitida a possibilidade de os Estados tratarem da temática negocial (que é procedimental e processual), o desafio maior será definir o que pode ser objeto de normatização estadual suplementar e supletiva, sem chocar com a competência da União para estabelecer uma normatização geral.

2. PROCESSO E PROCEDIMENTO

O processo é procedimento, i.e., é ato complexo de formação sucessiva[4], cujos atos integrantes são reunidos em cadeia causal, ordenada e progressi-

---

2. Considerando-se que as normas de "processo" nos juizados também se encontram submetidas a esse poder concorrente.
3. Temática que fora abordada com muito mais profundidade em: BRAGA, Paula Sarno. *Norma de processo e norma de procedimento. O problema da repartição de competência legislativa no Direito Constitucional Brasileiro*. Salvador: Jus Podivm, 2015.
4. Tratando do ato complexo com postura afim, MELLO, Marcos Bernardes de. *Teoria do fato jurídico. Plano de existência*. 12.ed. São Paulo: Saraiva, 2003, p. 154-156; CONSO, Giovanni. *I fatti giuridici processuali penali. Perfezione ed efficacia*. Milano: Dott. A. Giuffreé, 1955, p. 115-137; PASSOS, J. J. Calmon de. *Esboço de uma teoria das nulidades aplicada às nulidades processuais*. Rio de Janeiro: Forense, 2002, p. 83-88; DIDIER JÚNIOR, Fredie. *Pressupostos processuais e condições da ação. O juízo de admissibilidade do processo*. São Paulo: Saraiva, 2005, p. 14 et seq. Esse mesmo autor, em obra mais atual, reafirma que o processo é procedimento (sinônimos entre si) que se define como ato complexo de formação sucessiva. Mas isso não exclui o fato de o mesmo termo (processo) ser utilizado para se referir aos efeitos desse ato em sua complexidade (relações jurídicas daí decorrentes). (DIDIER JR., Fredie. *Curso de Direito Processual Civil*. 16 ed. Salvador: Jus Podivm, 2014, 1 v, p. 21 e 22; DIDIER JR., Fredie. *Sobre a Teoria Geral do Processo, Essa Desconhecida*. 2 ed. Salvador: Jus Podivm, 2013, p. 64 ss.).

va – em série de atos e posições –, que seguem rumo à obtenção de um ato único e final.

É sucessão de atos, teleologicamente entrelaçados, e potencialmente eficazes. Desenvolve-se de modo que cada ato se realiza com base em uma situação jurídica e a partir dela[5]; bem assim que cada ato faz nascer uma nova situação jurídica, dando origem a ela[6].

As diferentes situações/relações jurídicas funcionam como elo entre atos, ao longo dessa corrente fática. Assim, existem, enquanto fundamento e efeito desses atos, não tendo razão de ser observá-las ou regrá-las sem com eles correlacioná-las – ou simplesmente deles (atos) dissociando-as.

O processo se instaura por provocação de um ente autorizado e/ou capaz que postula a produção de decisão/norma (por instrumentos como a petição inicial, requerimento administrativo ou proposta legislativa) perante autoridade estatal investida em poder normativo[7]. É o que basta para "existir" no mundo do direito processual, para "ser" processo.

É, assim, dado indispensável para sua configuração, que o ato de provocação inicial desse procedimento veicule a postulação de que se produza

---

5. Definindo processo, em essência, como fato complexo, mas sem negar a existência de situações jurídicas. (PAIXÃO JUNIOR, Manuel Galdino da. *Teoria Geral do Processo*. Belo Horizonte: Del Rey, 2002, p. 147-149).
6. Cf. VERDE, Giovanni. *Profili del processo civile. Parte Generale*. 6 ed. Napoli: Jovene, 2002, p. 270.
7. A questão do mínimo necessário para que exista o processo costuma ser abordada na esfera jurisdicional. Em que pese parta de conceito distinto de processo, abrangendo procedimento e relação jurídica, Pontes de Miranda afirma que, para que o processo exista, basta autor com capacidade de ser parte demandando perante juiz. (MIRANDA, Francisco Cavalcanti Pontes de. Relação Jurídica Processual In: SANTOS, J. M. Carvalho (org.). *Repertório Enciclopédico do Direito Brasileiro*. Rio de Janeiro: Borsói, s/a, 48 v, p. 90 e 91). Assim DIDIER JR, Fredie. *Pressupostos processuais e condições da ação*. São Paulo. Saraiva, 2005, p. 111-133. Tendo em vista a possibilidade excepcional de o juiz instaurar processo de ofício, e que não há como admiti-lo como sujeito parcial com legitimidade extraordinária para demandar – como sustenta Didier na obra citada -, entende-se que não é necessária demanda, mas, só, ato de provocação inicial (tal como, BUENO, Cássio Scarpinella. **Curso Sistematizado de Direito Processual Civil. Teoria de Direito Processual Civil**. 2 ed. São Paulo: Saraiva, 2008, 1 v, p. 402). Não parece adequado sustentar que tais processos são administrativos até a citação do réu, quando assumem feição jurisdicional. (CARVALHO, José Orlando Rocha de. *Teoria dos pressupostos e dos requisitos processuais*. Rio de Janeiro: Lumen Juris, 2005, p. 137 e 138; TESHEINER, José Maria Rosa; BAGGIO, Lucas Pereira. *Nulidades no Processo Civil Brasileiro*. Rio de Janeiro: Forense, 2008, p. 135 e 136). Basta observar ser essencialmente jurisdicional a decisão de improcedência liminar do pedido, que se dá independentemente da presença do réu, porquanto órgão imparcial e investido na jurisdição esteja realizando o direito por decisão insuscetível de controle externo e apta a fazer coisa julgada.

processualmente um ato normativo. Processo que é processo tem, por fim último e principal, a produção normativa.

Todo processo estatal[8] visa ter como resultado uma decisão, típico ato jurídico de natureza normativa[9], sendo que, em estado democrático de direito, para que seja válido, pressupõe que seja produzida em contraditório[10-11], ou seja, com a participação direta ou indireta daqueles que serão atingidos pela norma jurídica daí resultante.

Por isso se diz que o processo: *i)* ontologicamente é ato; *ii)* teleologicamente visa à produção normativa; sendo, enfim, *iii)* axiologicamente um instrumento de participação democrática.

E isso se justifica em todas as esferas estatais: jurisdicional, administrativa e legislativa.

Em todos esses casos, o Estado-Juiz, o Estado-Legislador e o Estado-Administrador conduzem processos estatais, com observância do contraditório, voltados para a produção de uma dada norma jurídica (ato estatal normativo)[12].

---

8. Também os particulares. Mas essa pesquisa gira em torno de processos estatais.
9. Fala nas funções estatais como produtoras de normas por meio de processo formativo, SIMÕES, Mônica Martins Toscano. *O Processo Administrativo e a Invalidação de Atos Viciados*. São Paulo: Malheiros, 2004, p. 26 e 27.
10. O princípio do contraditório consiste na manifestação do regime democrático do processo. Cf. MARINONI, Luiz Guilherme. *Novas linhas do direito processual civil*. 3 ed. São Paulo: Malheiros, 1999, p. 250 e 251; MENDONÇA JUNIOR, Delosmar. *Princípios da ampla defesa e da efetividade no processo civil brasileiro*. São Paulo: Malheiros, 2001, p. 34 e 35; OLIVEIRA, Carlos Alberto Alvaro de. Garantia do Contraditório. *In* CRUZ E TUCCI, José Rogério (coord.) *Garantias Constitucionais do Processo Civil*. São Paulo: Revista dos Tribunais, 1999, p. 144; DIDIER JR, Fredie. *Curso Direito Processual Civil*. 16. ed. Salvador: Jus Podivm, 2014, 1 v, p. 55.
11. Ressalve-se, contudo, que o princípio da instrumentalidade faz concluir que a ausência de contraditório só conduz à ilegitimidade e invalidade do ato final se o sujeito ausente e dele (contraditório) privado sofrer alguma sorte de prejuízo. Não há invalidade sem prejuízo.
12. Assim, PASSOS, J. J. Calmon. Instrumentalidade do processo e devido processo legal. *Revista de Processo*, São Paulo, n. 102, 2001, p. 57-59. Também Kelsen, sustentando que poder de criação de norma se exerce processualmente. (KELSEN, Hans. *Teoria Pura do Direito*. São Paulo: Martins Fontes, 2003, p. 261). Sustentando que o poder estatal se exerce processualmente, MEDAUAR, Odete. *A Processualidade no Direito Administrativo*. São Paulo: Revista dos Tribunais, 1993, p. 28. Já Adolfo Merkl defende que o processo produz uma norma inferior em virtude de uma norma superior (ex.: produção da lei por processo legislativo disciplinado na Constituição) e, também, em virtude de uma norma jurídica, pode produzir um ato meramente executivo. (MERKL, Adolfo. *Teoria General del Derecho Administrativo*. México: Nacional, 1980, p. 281).

Especificamente o *processo jurisdicional*, é aquele que culmina em uma decisão judicial, da qual decorre a norma jurídica que regulamenta a situação jurídica trazida a juízo pelas partes interessadas. Trata-se, portanto, de ato decisório que se particulariza e se distingue dos demais pela sua peculiar vocação à imutabilidade (coisa julgada)[13-14].

Todo o processo jurisdicional, instaurado em um estado democrático de direito, deve desenvolver-se com a participação das partes (ou seus substitutos processuais) que serão atingidas pelos efeitos do ato decisório (normativo) ali produzido.

Em termos ontológicos, quando investigada a natureza jurídica do processo e do procedimento, à luz das mais diversas teorias historicamente consideradas, com análise crítica daquelas que se predispõem a diferenciá-los entre si, conclui-se que processo é procedimento (no ordenamento jurídico brasileiro, democrático) de produção de ato normativo, marcado por sucessão de atos processuais (e situações jurídicas correlatadas). Não há nada de processual que não seja essencialmente procedimental e vice-versa. Cada ato processual é também, em si, ato procedimental, e integra essa cadeia dirigida à produção normativa visada.

Podem ser encontrados, em doutrina, 04 diferentes critérios (os principais) utilizados para diferenciar processo e procedimento, sendo que nenhum deles infirma a conclusão acima já colocada, como se pretende demonstrar.

O primeiro deles é o *critério da dissociação fático-social*, com base no qual se diz que o processo é entidade complexa que abrange o procedimento (elemento externo) e a relação jurídica (elemento interno)[15]. Ocorre que, para fins de repartição de competência legislativa (arts. 22, I, e 24, XI, CF),

---

13. Afinal, uma das características essenciais da jurisdição é a sua definitividade, conforme clássicas obras de GRINOVER, Ada Pellegrini; ARAÚJO, Antonio Carlos Cintra de; DINAMARCO, Cândido Rangel. *Teoria Geral do Processo*. São Paulo: Malheiros, 2004, p.136; CARNEIRO, Athos Gusmão. *Jurisdição e Competência*. 12. ed. São Paulo: Saraiva, 2002, p. 13-14.

14. Relembre-se, ainda, que há também a norma geral criada diante do caso, que integra os fundamentos da decisão, a chamada razão de decidir (*ratio decidendi*), que pode atuar como precedente judicial a ser invocado no julgamento de casos futuros e semelhantes àquele, tornando-se, quiçá, jurisprudência (ou enunciado de súmula). Pode-se dizer, assim, que a decisão judicial é ato duplamente normativo.

15. cf., por ex., LIEBMAN, Enrico Tullio. *Manual de Direito Processual Civil*. 3. ed. São Paulo: Malheiros, 2005, 1 v, p. 62-65; MALACHINI, Edson Ribas. A Constituição Federal e a legislação concorrente dos Estados e do Distrito Federal em matéria de procedimentos. *Revista Forense*, Rio de Janeiro, n. 324, 1993, p. 50; DINAMARCO, Cândido Rangel. *Instituições de direito processual civil*. 6 ed. São Paulo: Malheiros, 2009, 2 v, p. 23 ss.; em termos, GAJARDONI, Fernando da Fonseca. *Flexibilização*

é irrelevante diferenciar o ato (integrante do procedimento) dos seus efeitos (situação jurídica nascente, relacional ou não); não é razoável extremar a situação jurídica que se exerce do ato com base nela praticado, afinal, ela justifica e dá razão de ser ao ato.

O segundo é o *critério do objeto*, a partir do qual sustenta-se que o processo teria por objeto uma lide, e o procedimento, não[16]. Revela-se postura sincretista e ultrapassada, facilmente questionável, na medida em que, no processo jurisdicional, são tuteladas situações jurídicas materiais não-litigiosas, como uma ameaça de lesão a direito (quando ainda não há pretensão a ser resistida), bem como aquelas relativas unicamente a um sujeito (ex.: direito de alterar o próprio nome)[17].

O terceiro é o *critério teleológico* que é usado para conceber o processo numa ótica finalística ou teleológica, i.e., como conjunto de atos concatenados e destinados ao alcance de um resultado final (decisão para o caso concreto), bem como o procedimento numa ótica estrutural e formal, ou seja, como o aspecto extrínseco, exterior, visível, palpável do processo e/ou, simplesmente, como a forma ou modo como caminha o processo[18].

---

procedimental. Um novo enfoque para o estudo do procedimento em matéria processual. São Paulo: Átlas, 2008, p. 66

16. Informação de MEDAUAR, Odete. *A Processualidade no Direito Administrativo*. São Paulo: Revista dos Tribunais, 1993, p. 33 e 34.

17. Cf. DIDIER JR., Fredie. *Curso de Direito Processual Civil*. 13 ed. Salvador: Jus Podivm, 2011, 1 v, p. 97; CINTRA, Antonio Carlos de Araújo; DINAMARCO, Cândido Rangel; GRINOVER, Ada Pelegrini. *Teoria Geral do Processo*. 25. ed. São Paulo: Malheiros, 2009, p. 150; CAETANO, Marcello. *Manual de Direito administrativo*. 10 ed. Coimbra: Almedina, 1999, 2 t, p. 1292; XAVIER, Alberto. *Conceito e Natureza do Acto Tributário*. Coimbra: Almedina, 1972, p. 141 e 142.

18. Cf., dentre outros, ALMEIDA JUNIOR, João Mendes de. *Direito Judiciário Brasileiro*. 2 ed. Rio de Janeiro: Typographia Baptista de Souza, 1918, p. 298-300; COSTA, Alfredo Araújo Lopes da. *Direito Processual Civil Brasileiro*. 2 ed. Rio de Janeiro: Forense, 1959, 1 v, p. 195; PASSOS, J. J. Calmon de. *Comentários ao Código de Processo Civil*. 9 ed. Rio de Janeiro: Forense, 2004, 3 v, p. 04 e 05; ALVIM NETTO, José Manuel Arruda. *Manual de Direito Processual Civil*. 8 ed. São Paulo: Revista dos Tribunais, 2003, 1 v, p. 110, 140 e 546; WAMBIER, Luiz Rodrigues. *Sentença Civil*: Liquidação e Cumprimento. 3 ed. São Paulo: Revista dos Tribunais, 2006, p. 87-90; WAMBIER, Teresa Arruda Alvim. *Nulidade do processo e da sentença*. 6 ed. São Paulo: Revista dos Tribunais, 2007, p. 27; FABRÍCIO, Adroaldo Furtado. *Ensaios de Direito Processual*. Rio de Janeiro: Forense, 2003, p. 34-36; TUCCI, Rogério Lauria. Processo e procedimentos especiais. *Revista dos Tribunais*. São Paulo, 1998, 749, v, p. 491 e 492; ARAGÃO, Egas Dirceu Moniz de. *Comentários ao Código de Processo Civil*. 9 ed. Rio de Janeiro: Forense, 2000, 2 v, p. 295; FUX, Luiz. *Curso de Direito Processual Civil*. 3 ed. Rio de Janeiro: Forense, 2005, p. 235-237; GAJARDONI, Fernando da Fonseca. *Flexibilização procedimental. Um novo enfoque para o estudo do procedimento em matéria processual*. São Paulo: Átlas, 2008, p. 66.

Ainda que o procedimento pudesse ser tomado, de fato, como simples aspecto exterior e extrínseco do processo ou a forma de sua realização, seriam eles intimamente relacionados entre si, não havendo como separá-los de modo a considerá-los fenômenos distintos, ainda mais para fins legislativos[19].

Tais doutrinadores identificam o processo como fenômeno imbuído dos fins a serem alcançados (perspectiva teleológica) e o procedimento com realidade puramente formal, despida de fins, que se reduz à condição de "técnica". Questiona-se, contudo, se o procedimento assim visto como meio indispensável para desenvolvimento e realização do processo poderia ser absolutamente destituído de fins, como se propõe. O procedimento como toda técnica pressupõe fins e deve ser apto a alcançá-los[20]. Não pode ser um caminho ou veículo para chegar a lugar nenhum.

E o último critério, enfim, é o da *estrutura dialética*, que permite a definição do procedimento gênero e o processo, espécie. O processo seria uma espécie de procedimento que se dá em contraditório. É, como diz Fazzalari, um procedimento em contraditório, democrático, que se deve dar com a participação daqueles que serão atingidos pelos efeitos do ato final[21]. E a conclusão é possível, diz-se, porque há procedimentos que não se caracterizam pela peculiaridade que identifica o processo, que é o contraditório. Basta pensar naqueles adotados em ordenamentos que não decorram de um regime democrático. Já o processo tem todos os atributos que qualificam o procedi-

---

19. BALEEIRO, Jedor Pereira. Processo e Procedimento. *Revista do Curso de Direito da Universidade de Uberlândia*, Uberlândia, 1991, 2 v, p. 219 e 228.
20. GONÇALVES, Aroldo Plínio. *Técnica Processual e Teoria do Processo*. Rio de Janeiro: AIDE Editora, 2001, p. 66.
21. FAZZALARI, Elio. *Istituzioni di Diritto Processuale*. 8 ed. Padova: CEDAM, 1996, p. 82 e 83, que parte da concepção de Bevenuti de processo e procedimento como integrantes de uma categoria comum, constante em BENVENUTI, Feliciano. Funzione amministrativa, procedimento, processo. *Rivista Trimestrale di Diritto Pubblico*, Milano, Giuffrè, 1952, p. 128, 130 ss. Essa concepção é levada adiante por GONÇALVES, Aroldo Plínio. *Técnica processual e teoria do processo*. Rio de Janeiro: Aide, 2001, p. 68-69 e 102-132; NUNES, Dierle José Coelho. *Processo jurisdicional democrático*. Curitiba: Juruá, 2012, p. 203-208; OLIVEIRA, Carlos Alberto Alvaro. *Do Formalismo no Processo Civil*. 3 ed. São Paulo: Saraiva, 2009, p. 129 ss.; MITIDIERO, Daniel. *Elementos para uma Teoria Contemporânea do Processo Civil Brasileiro*. Porto Alegre: Livraria do Advogado, 2005, p. 144 e 145; ZANETI JUNIOR, Hermes. Processo constitucional: Relações entre Processo e Constituição. *In Introdução ao Estudo do Processo Civil – Primeiras Linhas de um Paradigma Emergente*. Porto Alegre: Sérgio Antonio Fabris Editor, 2004, p. 48; DANTAS, Miguel Calmon. Direito fundamental à processualização. *In* DIDIER JR, Fredie; WAMBIER, Luiz Rodrigues; GOMES JR, Luiz Manoel (coord.). *Constituição e Processo*. Salvador: Jus Podivm, 2007, p. 412

mento – é atividade de preparação de um provimento[22]. Assim, não há nada de processual que não seja procedimental, o que torna inviável diferençá-los[23].

Pois bem.

Por muito tempo, na chamada fase sincretista ou praxista do direito processual (até meados do século XIX), o processo jurisdicional se resumia à condição de procedimento – ou seja, de atos e formas sequenciados.

Com a afirmação científica do direito processual observada a partir da segunda metade do século XIX, o processo passa a ser predominantemente visto como relação jurídica, assumindo o procedimento posição, quando muito, secundária (de aspecto externo, exteriorização de movimento, o modo ou a forma como caminha e se desenvolve).

Só quando se chega mais próximo do final do século XX que o processo passa a ter, para muitos, como elemento essencial o procedimento[24], sendo visto como procedimento de exercício de função estatal.

Hoje, pode-se dizer que a tendência é o reconhecimento de que o processo é procedimento democrático de produção de ato normativo.

Sucede que, tomado o processo como conceito jurídico fundamental, o contraditório não pode ser considerado em sua definição, como elemento constitutivo de seu núcleo conceitual, na medida em que há que se admitir ordenamentos não-democráticos que se valem do fenômeno processual sem contraditório inerente. Além disso, em ordenamentos democráticos, há processos nulos, sem contraditório, mas que são processos.

Daí dizer-se não ser o contraditório elemento constitutivo ou imprescindível para a existência de um processo, mas um requisito de validade seu, juridicamente positivado[25].

---

22. GONÇALVES, Aroldo Plínio. *Técnica Processual e Teoria do Processo*. Rio de Janeiro: AIDE Editora, 2001, p. 113 e 114. Adota essa teoria na diferenciação de processo e procedimento, LEAL, Rosemiro Pereira. *Teoria Geral do Processo. Primeiros Estudos*. 5 ed. São Paulo: Thomson-IOB, 2004, p. 98 e 99.
23. Com análise e crítica pormenorizada de todas essas visões e critérios, BRAGA, Paula Sarno. *Norma de processo e norma de procedimento. O problema da repartição de competência legislativa no Direito Constitucional Brasileiro*. Salvador: Jus Podivm, 2015, p. 146 ss.
24. FERNANDES, Antonio Scarance. *Teoria Geral do Procedimento e o Procedimento no Processo Penal*. São Paulo: Revista dos Tribunais, 2005, p. 23 ss.; DINAMARCO, Cândido Rangel. *Instrumentalidade do processo*. São Paulo: Malheiros, 2003, p. 152 e 153
25. DIDIER JR., Fredie. *Sobre a Teoria Geral do Processo, Essa Desconhecida*. 2 ed. Salvador: Jus Podivm, 2013, p. 65.

Mesmo assim, não se pode negar que a noção de processo como procedimento de produção normativa que exige, para sua validade, o contraditório é a apropriada para a explicação do fenômeno processual em países democráticos, em que atuação estatal (e privada) desse viés deve se aperfeiçoar com a participação dos interessados[26].

Em especial, quando os termos "processo" e "procedimento" (ou termos afins, como "direito processual") são conceitos jurídicos indeterminados positivados na CF/1988 (art. 22, I, e 24, X e XI, CF), para fins de repartição da competência legislativa brasileira sobre tais matérias, devem ser eles analisados e interpretados à luz do contexto da própria ordem constitucional e infraconstitucional brasileira e da realidade dominante, que é de democracia. Devem ser objeto desse olhar sistemático, que reclama a presença do contraditório.

Desse modo, o que se pode concluir é que processo é procedimento. Que não há nada de processual que não seja essencialmente procedimental e vice-versa. Cada ato processual é também, em si, ato procedimental, e integra essa cadeia dirigida à produção normativa visada.

E não há nada do processo/procedimento, sobretudo o jurisdicional, que possa ser útil e legitimamente realizado sem atenção ao contraditório. De tudo devem estar as partes cientes, de tudo devem participar, sempre com oportunidade de se manifestar, com poder de influência e cooperativamente. Logo, todo ato processual é procedimental e deve ser concebido para ser praticado democraticamente. Ao menos assim é no Direito brasileiro.

Enfim, não há como cogitar processo/procedimento que não abranja exercício de poder normativo (ou de decisão) ou não tenha como exigência (de validez), em um ordenamento democrático, o contraditório[27].

---

26. DIDIER JR., Fredie. *Sobre a Teoria Geral do Processo, Essa Desconhecida*. 2 ed. Salvador: Jus Podivm, 2013, p. 65. Daí Marinoni, que reconhece ser o processo procedimento (de tutela de direitos na dimensão da CF), afirmar tratar-se de instituto que não pode ser compreendido de modo desprendido ou alheio aos direitos fundamentais e aos valores do Estado constitucional, não vendo razão para, em sua obra, analisar outro processo que não seja esse relativo ao exercício da jurisdição do Estado contemporâneo. (MARINONI, Luiz Guilherme. *Curso de Direito Processual Civil. Teoria Geral do Processo*. São Paulo: Revista dos Tribunais, 2006, 1 v, p. 466 e 467).

27. Ao contrário do que cogita Cândido Rangel Dinamarco, exemplificando com o inquérito policial que não seria endereçado a provimento algum, finalizando-se com relatório da autoridade policial, nem pressuporia contraditório (DINAMARCO, Cândido Rangel. *Instrumentalidade do processo*. São Paulo: Malheiros, 2003, p. 161). Não é bem assim. O rito referido é finalizado com *decisão* de arquivamento ou não e conta com contraditório mínimo.

A conclusão é uma só.

Processo e procedimento são, em essência, noções indissociáveis entre si[28]. E legislar sobre um significa legislar sobre o outro.

3. NORMA DE PROCESSO E NORMA DE PROCEDIMENTO

A norma de processo é aquela que impõe o critério de proceder no exercício do poder de produção de decisão estatal; a norma material é aquela que impõe o critério de julgamento a ser empregado nessas decisões estatais[29-30].

Disso se extrai que a norma de processo jurisdicional, que é o foco do trabalho, é aquela que define o critério de proceder no exercício da jurisdição, em contraditório, regrando atos (e fatos) processuais, em todos os seus planos (existência, validade e eficácia), teleologicamente enlaçados pelo escopo comum que é a obtenção da decisão jurisdicional (e seu cumprimento). E isso, tomando-a em perspectiva estática e objetiva, desconsiderando sua aptidão para, dinamicamente, atuar como critério de julgamento nas causas (incidentes ou recursos) que versem sobre questões ou bens jurídicos processuais (ex.: ação rescisória por incompetência absoluta).

---

28. Com postura afim, CRETELLA JUNIOR, *Tratado de Direito Administrativo*. Rio de Janeiro e São Paulo: Forense, 2002, 6 v, p. 16 e 17; DIDIER JR., Fredie. *Sobre a Teoria Geral do Processo, Essa Desconhecida*. 2 ed. Salvador: Jus Podivm, 2013, p. 65; SILVA, Paula Costa e. *Acto e Processo*. Coimbra: Coimbra Editora, 2003, p. 124-128.

29. Rosemiro Pereira Leal admite que norma processual (jurisdicional) estabelece critério de proceder. Sua afirmação é para o âmbito unicamente jurisdicional, tanto que defende que a norma processual disciplina a jurisdição e o procedimento como estrutura e instrumento de debate de direitos materiais. Assevera, ainda, ser a norma material comando de criação de direitos, conformando critério de julgamento a ser empregado na atividade de decidir, mas ainda restrito à esfera jurisdicional. Trata-se de proposta conceitual criticável quando se observa que normas processuais também criam direitos (LEAL, Rosemiro Pereira. *Teoria Geral do Processo. Primeiros Estudos*. 5 ed. São Paulo: Thomson-IOB, 2004, p. 118 e 119). Apesar de menos abrangente, é nessa linha a colocação de Kelsen, ao sustentar que o Direito formal disciplina a organização e o processo jurisdicional e administrativo e o Direito material determina o conteúdo dos atos daí resultantes. "O Direito material e o Direito formal estão inseparavelmente ligados. Somente na sua ligação orgânica é que eles constituem o Direito, o qual regula a sua própria criação e aplicação". (KELSEN, Hans. *Teoria Pura do Direito*. São Paulo: Martins Fontes, 2003, p. 256 e 257).

30. Essa é visão estática da diferença entre normas processuais e materiais. Para uma visão dinâmica e funcional, conferir: BRAGA, Paula Sarno. *Norma de processo e norma de procedimento. O problema da repartição de competência legislativa no Direito Constitucional Brasileiro*. Salvador: Jus Podivm, 2015, p. 169 ss.

O direito processual é exatamente o conjunto dessas normas que disciplinam o processo jurisdicional, nos termos acima explicitados, sejam elas regras ou princípios.

É sobre o "direito processual", enquanto conjunto de normas processuais, que é atribuída a competência privativa à União para legislar (art. 22, I, CF). A preocupação é saber se dela (norma processual) se distingue a chamada norma procedimental, na medida em que o Constituinte, na mesma carta constitucional, estabelece que União, Estados e Distrito Federal têm competência concorrente para legislar sobre "procedimento em matéria processual" (art. 24, XI, CF) – bem como sobre criação, funcionamento e processo nos juizados (art. 24, inc. X).

A definição e distinção da norma processual e da norma procedimental não parece teoricamente viável, afinal, processo é procedimento. São noções conceitualmente coincidentes entre si.

Um mergulho na doutrina brasileira permite confirmar que é difícil, senão inviável, a referida diferenciação, em que pese se tenha dela valido a Constituição Federal ao distribuir competência legislativa entre os entes federados.

Mas prevalece o grande esforço doutrinário em promovê-la.

Ocorre que a análise de todas as propostas da doutrina é incompatível com a brevidade desse trabalho[31]. O que se pode dizer é que os critérios que têm sido erigidos para diferenciar norma de processo e norma de procedimento são inconsistentes e falham na árdua missão assumida.

Não há como distinguir legislativamente o ato e a forma como é praticado, como pretendem os adeptos do *critério teleológico*[32], para sustentar que a norma procedimental trata da forma e a norma processual trata do ato.

A forma processual se coloca para externar o ato de vontade e sempre deve ser pensada e instituída para atender suas finalidades, contribuindo

---

31. Foram abordadas criticamente e com profundidade em BRAGA, Paula Sarno. *Norma de processo e norma de procedimento. O problema da repartição de competência legislativa no Direito Constitucional Brasileiro*. Salvador: Jus Podivm, 2015, p. 221 ss.

32. Destaca-se como adepto desse critério, embora trazendo muitos desdobramentos e considerações adicionais, ALVIM NETTO, José Manuel Arruda. *Manual de Direito Processual Civil*. 8 ed. São Paulo: Revista dos Tribunais, 2003, 1 v., p. 135-150. No mesmo sentido, WAMBIER, Teresa Arruda Alvim. *Nulidade do processo e da sentença*. 6 ed. São Paulo: Revista dos Tribunais, 2007, p. 28-30.

para a justa e efetiva tutela do direito material. A forma é instrumental e não pode ser concebida desprendida de seus fins. Forma, ato e fins visados devem ser, sempre, conjugadamente considerados, em qualquer iniciativa legislativa processual. Não há como se cogitar que possa uma lei estadual tratar da forma de um ato processual sem que isso diga respeito, diretamente, à vontade manifestada (seu conteúdo) e à sua susceptibilidade de alcance das finalidades pretendidas.

Tampouco há como dissociar os atos da situação jurídica que os precede (fundamento de sua prática) e os sucede (seu efeito), como se observa do esforço dos seguidores do *critério da dissociação fático-eficacial*[33].

Além disso, se o processo é procedimento e exige contraditório, é pouco provável a possibilidade de falar-se de regência de procedimento "em matéria processual" sem contraditório[34], ao contrário do que se pode dizer com a adoção de um *critério dialético*[35]. O procedimento deve realizar-se e caminhar passo a passo em contraditório. Nada pode ocorrer sem que os interessados tenham conhecimento e possam manifestar-se cooperativamente – sempre em tempo de influenciar no convencimento do juiz. Ao menos não validamente.

Em verdade, aquilo que a lei determina que seja realizado no processo que *não vise assegurar* o contraditório é juridicamente *irrelevante* para o regular andamento do feito e se não observado não conduzirá a nenhuma invalidade. E aquilo que a lei determine seja realizado no processo que *não assegure* o contraditório é substancialmente *inconstitucional*, por violação ao art. 5.º, LVI e LV, CF. Não há essa norma dita estritamente procedimental, que

---

33. O principal representante dessa visão é DINAMARCO, Cândido Rangel. *Instituições de Direito Processual Civil*. 6 ed. São Paulo: Malheiros, 2009, 2 v., p. 23 ss. e 454 ss.; DINAMARCO, Cândido Rangel. *Instituições de Direito Processual Civil*. 6 ed. São Paulo: Malheiros, 2009, 1 v., p. 68 e 69. Sua inspiração é a visão de Liebman de que o processo pode ser considerado do ponto de vista da relação entre seus atos (enquanto procedimento) e do ponto de vista interno da relação entre seus sujeitos (enquanto série de posições agrupadas em relação processual). (LIEBMAN, Enrico Tullio. *Manual de Direito Processual Civil*. Tradução de Cândido Rangel Dinamarco. 3. ed. V. I. São Paulo: Malheiros, 2005, p. 62-65). Parece, a princípio, ser seguida por Marcia Cristina Xavier de Souza, em que pese inclua também as condições, requisitos e pressupostos para atuações dos sujeitos processuais, o que a aproxima da corrente eclética a seguir exposta. (SOUZA, Marcia Cristina Xavier de. A competência constitucional para legislar sobre processo e procedimentos. *Revista da Faculdade de Direito Candido Mendes*, Rio de Janeiro, n. 13, 2008, p. 121).
34. Manifestam dificuldades na distinção GONÇALVES, Aroldo Plínio. *Técnica processual e teoria do processo*. Rio de Janeiro: AIDE, 2001, p. 57 e 58; BALEEIRO, Jedor Pereira. Processo e Procedimento. *Revista do Curso de Direito da Universidade de Uberlândia*, Uberlândia, v. 2, 1991, p. 228.
35. Seguido por LEAL, Rosemiro Pereira. *Teoria Geral do Processo*. 5 ed. São Paulo: Síntese, 2004, p. 119.

seja juridicamente relevante e constitucional, só voltada para a construção de procedimentos em que se dispensa contraditório e ampla defesa.

Difícil, ainda, sustentar ser estritamente processual a norma que trata das condições da ação e dos pressupostos processuais (*critério da admissibilidade da demanda e da conformidade com as normas fundamentais*). As polêmicas condições da ação, para quem ainda sustenta sua subsistência no CPC/2015, confundem-se com o mérito ou, na pior das hipóteses, enquadram-se como pressupostos processuais (caso da legitimação extraordinária e, para alguns, do interesse de agir). E os pressupostos processuais, por sua vez, determinam a existência e regularidade do procedimento e de cada ato do procedimento[36], não podendo ser vistos como categoria estranha ao fenômeno procedimental, como se chega a sugerir no bojo de outras teorias[37].

Também não há cabimento em dizer-se ser processual aquilo que se refira a "princípios processuais", à isonomia e à uniformidade do processo em território nacional (ainda no *critério da admissibilidade da demanda e da conformidade com as normas fundamentais*)[38]. Normas processuais e normas procedimentais (se é que diferem entre si) devem referir-se e estar de acordo com normas (princípios ou regras) fundamentais (sobretudo as constitucionais a que se apega o Marcelo Abelha em seus exemplos[39]), sob pena de inconstitucionalidade.

No mais, o que há de receber tratamento abstratamente *uniforme* e *igualitário* em plano nacional, é aquilo que fica reservado à lei federal *geral*. Só cabe à lei estadual local agir em caráter suplementar, portando minúcias e particularidades que atendam às necessidades da população local.

Isso decorre do simples fato de a competência ser concorrente – e por essa concorrência de atribuições é assegurado – e não do conteúdo ou da

---

36. Cf., por todos, DIDIER JR., Fredie. *Pressupostos processuais e condições da ação*. O juízo de admissibilidade do processo. São Paulo: Saraiva, 2005, p. 107 e 108.
37. RODRIGUES, Marcelo Abelha. *Elementos de Direito Processual Civil*. 2 ed. São Paulo: Revista dos Tribunais, 2003, 2 v., p. 28.
38. RODRIGUES, Marcelo Abelha. *Elementos de Direito Processual Civil*. 2 ed. São Paulo: Revista dos Tribunais, 2003, 2 v., p. 28.
39. RODRIGUES, Marcelo Abelha. *Elementos de Direito Processual Civil*. 2 ed. São Paulo: Revista dos Tribunais, 2003, 2 v., p. 28.

natureza da norma produzida (processual *ou* procedimental), até porque é um só (processual *e* procedimental)[40].

Isso demonstra ser indefinido e impreciso o conteúdo de normas ditas processuais que não seja também procedimental – e vice-versa.

Se parece certa a necessidade de que os estados federados tenham competência para produzir leis estaduais que afeiçoem o procedimento "em matéria processual" às particularidades locais, incerta é a viabilidade de divisar, de forma minimamente segura e precisa, aquilo que, sem ser processual, é meramente procedimental, ao menos à luz das propostas existentes.

O processo jurisdicional é procedimento. E o procedimento jurisdicional é processo.

Por essa razão, não se consegue diferenciar norma de processo e norma de procedimento. Têm o mesmo objeto. É um só tipo de norma. É partindo dessa premissa que se deve compreender e resolver o problema da repartição da competência legislativa para tratar de tema processual/procedimental no Brasil.

4. NEGÓCIOS PROCESSUAIS COMO MATÉRIA PROCESSUAL E PROCEDIMENTAL

Os *atos processuais em sentido lato* que são atos humanos volitivos — consistindo em uma exteriorização de vontade consciente — que, juridicizados por normas processuais, têm o condão de produzir resultados dentro do processo juridicamente protegidos ou não proibidos.[41]

---

40. Há, ainda, um critério eclético, que parece ser mais amplo e que perpassa pelos anteriores, acolhendo elementos de todos eles e colocando quase tudo, direta ou indiretamente, como objeto de norma processual (encontrada, por exemplo, em MALACHINI, Edson Ribas. A Constituição Federal e a legislação concorrente dos Estados e do Distrito Federal em matéria de procedimentos. *Revista Forense*, Rio de Janeiro, n. 324, 1993, p. 53 e 54; BERMUDES, Sérgio. Procedimentos em matéria processual. *Revista de Direito da Defensoria Pública*, Rio de Janeiro, n. 5, 1991, p. 163 e 164; GAJARDONI, Fernando da Fonseca. A competência constitucional dos estados em matéria de procedimento (art. 24, XI, da CF/1988): ponto de partida para releitura de alguns problemas do processo civil brasileiro em tempo de novo Código de Processo Civil. *Revista de Processo*, São Paulo, n. 186, 2010, p. 204 e 205; RODRIGUES, Marco Antonio dos Santos. Processo, procedimento e intimação pessoal da fazenda pública. *Revista Dialética de Direito Processual*, São Paulo, n. 95, 2011, p. 84; SANTOS, Ernane Fidélis. *Manual de Direito Processual Civil*. 12 ed. São Paulo: Saraiva, 2009, 3 v., p. 1 e 2).

41. "Quando os fatos jurídicos processuais sejam consequências de uma intervenção da vontade humana, adquirem o caráter de atos processuais. Estes são, por conseguinte, os atos jurídicos suscetíveis

Serão *atos processuais em sentido estrito* quando recaiam em categorias pré-definidas e seus efeitos estiverem previamente regrados na lei processual (categorias e efeitos invariáveis, inafastáveis). Não há poder de escolha da categoria eficacial em que se quer se enquadrar. Há vontade de praticar o ato, mas não importa se há vontade em produzir os efeitos, pois eles são necessários, pré-fixados.

Serão *negócios processuais* quando existir um poder de determinação e regramento da categoria jurídica e de seus resultados (como limites variados). Há vontade de praticar o ato e vontade de ingressar na categoria e produzir o resultado — enquanto que no ato jurídico processual em sentido estrito basta a vontade em praticar o ato, pois a categoria e seus resultados são invariavelmente definidos na lei.

No ordenamento brasileiro, são exemplos de negócios processuais[42] o foro de eleição, a convenção sobre a distribuição de ônus de prova, a convenção para substituição de bem penhorado, o calendário processual, a organização consensual do processo, o acordo de ampliação de prazos das partes de qual-

---

de produzir efeitos processuais" (COUTURE, Eduardo J. *Fundamentos do Direito Processual Civil*. Campinas: Red Livros, 1999, p. 110).

42. Cf. lista de negócios admissíveis no enunciado n. 19, FPPC: "São admissíveis os seguintes negócios processuais, dentre outros: pacto de impenhorabilidade, acordo de ampliação de prazos das partes de qualquer natureza, acordo de rateio de despesas processuais, dispensa consensual de assistente técnico, acordo para retirar o efeito suspensivo de recurso14, acordo para não promover execução provisória; pacto de mediação ou conciliação extrajudicial prévia obrigatória, inclusive com a correlata previsão de exclusão da audiência de conciliação ou de mediação prevista no art. 334; pacto de exclusão contratual da audiência de conciliação ou de mediação prevista no art. 334; pacto de disponibilização prévia de documentação (pacto de disclosure), inclusive com estipulação de sanção negocial, sem prejuízo de medidas coercitivas, mandamentais, sub-rogatórias ou indutivas; previsão de meios alternativos de comunicação das partes entre si; acordo de produção antecipada de prova; a escolha consensual de depositário-administrador no caso do art. 866; convenção que permita a presença da parte contrária no decorrer da colheita de depoimento pessoal". Cf. também, lista do enunciado n. 21, FPPC: "São admissíveis os seguintes negócios, dentre outros: acordo para realização de sustentação oral, acordo para ampliação do tempo de sustentação oral, julgamento antecipado do mérito convencional, convenção sobre prova, redução de prazos processuais". Cabe consultar, ainda, a lista do enunciado n. 490, FPPC: "São admissíveis os seguintes negócios processuais, entre outros: pacto de inexecução parcial ou total de multa coercitiva; pacto de alteração de ordem de penhora; pré-indicação de bem penhorável preferencial (art. 848, II); pré- fixação de indenização por dano processual prevista nos arts. 81, § 3º, 520, inc. I, 297, parágrafo único (cláusula penal processual); negócio de anuência prévia para aditamento ou alteração do pedido ou da causa de pedir até o saneamento (art. 329, inc. II)". Por outro lado, o enunciado n. 20, FPPC, dispõe que: "Não são admissíveis os seguintes negócios bilaterais, dentre outros: "acordo para modificação da competência absoluta, acordo para supressão da primeira instância, acordo para afastar motivos de impedimento do juiz, acordo para criação de novas espécies recursais, acordo para ampliação das hipóteses de cabimento de recursos".

quer natureza, o acordo de rateio de despesas processuais, o acordo para não promover cumprimento provisório, o acordo para dispensa de caução em cumprimento provisório (cf. enunciado n. 262, FPPC) , o pacto de alteração de ordem de penhora, a convenção de arbitragem, a renúncia[43], a desistência da ação ou de recurso, o reconhecimento da procedência do pedido, dentre outros.

O negócio processual pode ser pré-processual ou processual. Neste último caso, será um dos atos integrantes do processo e, pois, da cadeia procedimental.

É celebrado por sujeitos processuais, no exercício de uma situação jurídica – o poder de negociação que lhe é conferido em hipóteses típicas ou de forma atípica, a partir da cláusula geral de negociação do art. 190, CPC –, produzindo os seus próprios efeitos e gerando novas situações (que servirão de fundamento para prática de novos atos).

Por exemplo, um acordo para rateio de despesas gera situações jurídicas consistentes em prestações pecuniárias devidas a título de despesas por ambas as partes. Ainda a título de exemplificação, a convenção sobre o ônus de prova tem por efeito a criação de uma situação jurídica de ônus probatório para aquele sobre quem recaiu o encargo convencionado, e o poder-dever para o juiz de lhe dar uma decisão desfavorável caso essa prova não seja carreada a juízo. Também é figurativa a renúncia, cuja carga eficacial implica o poder-dever do juiz de extinguir o processo com resolução de mérito.

Dito isso, há que se esclarecer que a disciplina do negócio processual é tema de processo e, também, de procedimento. Não há nada em torno dele que seja procedimental sem ser processual e vice-versa, ainda mais para fins de repartição de competência legislativa.

Não há como regrar o poder de negociação sem interferir na disciplina do próprio ato negocial; nem há como tratar dos efeitos e de situações jurídicas que dele (negócio) decorrem sem se estar a cuidar do próprio ato que lhe serve de nascedouro.

Além disso, a forma eventualmente exigida em torno do negócio – que costuma ser livre, sobretudo quando atípico, ressalte-se[44] – **é elemento de**

---

43. Pontes de Miranda (*Comentários ao Código de Processo Civil*. Tomo III. Rio de Janeiro: Forense, 1997, p. 04) e Daniel Mitidiero (*Comentários ao Código de Processo Civil*. Tomo II. São Paulo: Memória Jurídica, 2005, p. 16) defendem que a renúncia sequer pode ser considerada ato processual, quiçá negócio processual. Seria ato material que repercutem no processo, dizem.
44. DIDIER JR, Fredie. *Curso de Direito Processual Civil*. V 1. 18 ed. Salvador: Jus Podivm, 2016, p. 394.

exteriorização do próprio ato de vontade negocial e deve ser construída legislativamente à luz dele, bem como das finalidades por ele visadas – afinal a forma é instrumental.

Não só as formas necessárias para o manejo do negócio, que se impõem como requisito de validade do ato, devem ter sua disciplina legislativa a ele (ato) vinculada. Todos os outros pressupostos e requisitos que se impõem para sua existência e validade[45] consistem em disciplina em torno do próprio ato negocial que integra a cadeia procedimental e, pois, processual – ou que nela repercute, ali produzindo efeitos (ex.: negócio pré-processual, como a convenção de arbitragem).

E não há nada no poder e no ato de negociar, nem em seus efeitos, que possa se dar, dentro de um processo, sem a ciência e oportunidade de participação dos interessados, i.e., que dispense o contraditório, ao menos não em um estado democrático de direito. Seria absurdo imaginar um calendário processual ou uma organização consensual, por exemplo, sem ciência dos interessados, até porque são, em si mesmos, atos de participação e intervenção convencional do processo, que se dão no exercício de sua autonomia e liberdade, e, pois, essencialmente representativos do contraditório. São decisões convencionais e negociadas sobre os atos e situações jurídicas processuais, que se darão de acordo com a vontade das partes (e outros sujeitos integrantes do negócio). Logo, insista-se, não há nada de procedimental que não seja também processual no contexto negocial.

Imagine-se um dispositivo de lei estadual que estabeleça que a convenção sobre ônus de prova, se pré-processual, deverá ser celebrada por instrumento público ou instrumento particular referendado por advogado, e, se processual (firmada no curso do processo), será firmada pela parte pessoalmente ou mediante advogado munido de procuração com poder especial. Trata-se de texto de lei estadual que cuida do ato e da forma de prática desse ato negocial, não há dúvida. Mas interfere diretamente no poder de negociar sobre ônus probatório e o seu exercício em contraditório e em nome da liberdade e autonomia da parte, na medida em que se criam novos requisitos e custos para os jurisdicionados realizá-lo. Interferirá, também, nos efeitos da convenção, podendo implicar óbice à manifestação e concretização da vontade da parte de desonerar-se e onerar o adversário com a produção da prova – com

---

45. Inclusive, "além dos defeitos processuais, os vícios da vontade e os vícios sociais podem dar ensejo à invalidação dos negócios jurídicos atípicos do art. 190" (cf. enunciado n. 132, FPPC).

reequilíbrio do contraditório no processo em curso ou vindouro –, afastando uma decisão desfavorável caso a referida prova não seja trazida a juízo.

Cogite-se, ainda, um dispositivo de lei estadual que estabeleça que a renúncia ao direito em jogo será apresentada pela parte pessoalmente, oralmente, mediante apresentação de documento de identificação, perante o juiz ou secretário do cartório, que reduzirá o ato a termo. Trata do ato negocial e da forma de sua prática, não há dúvida. Mas interfere, também, diretamente, no direito de renunciar e seu exercício em contraditório e em nome da liberdade e autonomia da parte, inclusive por iniciativa daqueles jurisdicionados que estejam em localidades distantes da sede do juízo, ou, ainda que próximos, com dificuldades de deslocamento, e sem acesso a tecnologias necessárias para uma atuação remota ou virtual. Interferirá, também, nos efeitos da renúncia, podendo implicar óbice à manifestação e concretização da vontade da parte de abrir mão do seu direito e finalizar o processo, com a decisão extintiva com resolução do mérito.

Enfim, negócio é tema de processo e de procedimento, restando definir como compatibilizar a competência para legislar sobre a temática, considerando a aparente antinomia no regramento da matéria encontrada no texto da CF.

5. COMPETÊNCIA LEGISLATIVA EM MATÉRIA PROCESSUAL. ARTS. 22, I, E 24, XI, CF/1988

Como visto, a Constituição atribui à União competência privativa para legislar sobre "direito processual" e, paralelamente a isso, confere à União, aos Estados e ao Distrito Federal competência concorrente para disciplinar o "procedimento da matéria processual" (e o "processo" nos juizados) – de modo que sejam produzidas simultaneamente, legislação federal geral e legislação estadual (e distrital) suplementar (ou supletiva) sobre o tema.

Ocorre que processo e procedimento são, em essência, noções indissociáveis entre si. Legislar sobre um significa legislar sobre o outro.

Assim, ao conceder competência privativa à União e competência concorrente à União, Estados e Distrito Federal sobre uma mesma matéria (processo/procedimento), incorre em um conflito aparente de competência, que deve ser solucionado mediante uma interpretação histórica, teleológica e sistemática das normas de competência legislativa em questão, assentada na própria Constituição, e que garanta a unidade e integração político-constitucional, atribuindo eficácia ótima às normas constitucionais levadas em consideração.

Teleologicamente, vislumbra-se ser opção do Constituinte de 1988 admitir leis estaduais (e distritais) suplementares e supletivas sobre "procedimento em matéria processual" com o objetivo de viabilizar que a legislação genérica da União seja adaptada às diferentes necessidades e realidades locais – que devem ser atendidas e supridas, ainda que a União seja omissa –, considerando-se a dimensão territorial e a variedade social, cultural, estrutural e econômica brasileira[46-47].

A ideia é que se mantenha um mínimo de uniformidade nacional sobre a matéria, com leis federais gerais, naquilo que seja de interesse de todos ou em que haja risco de atrito na interação federativa se não for objeto de tratamento homogêneo em todo país. Mas sem deixar de garantir certa dose de descentralização e autonomia estadual, permitindo a compatibilização desse manancial normativo genérico às particularidades regionais e locais, com leis estaduais suplementares e supletivas.

Sistematicamente, autorizar a produção de leis estaduais suplementares e supletivas de processo e procedimento (indissociáveis entre si) é o padrão constitucional, por exemplo, para processos dos juizados especiais estaduais

---

46. CHAGAS, Magno Guedes. *Federalismo no Brasil*. O Poder Constituinte Decorrente na Jurisprudência do Supremo Tribunal Federal. Porto Alegre: Sergio Antonio Fabris Editor, 2006, p. 79; GAJARDONI, Fernando da Fonseca. *Flexibilização procedimental. Um novo enfoque para o estudo do procedimento em matéria processual*. São Paulo: Atlas, 2008, p. 28; TEIXEIRA, Sálvio de Figueiredo. O processo civil na nova constituição. *Revista de Processo*, São Paulo, v. 53, 1989, p. 05 e 06. Contra, MACHADO, Antonio Claudio Costa. *Código de Processo Civil Interpretado e Anotado*: artigo por artigo. 5 ed. Barueri: Manole, 2013, p. 34). Com posicionamento centralista, SANTOS, Altamiro J. Processo e Procedimento à luz das Constituições Federais de 1967 e 1988 – Competência para Legislar. *Revista de Processo*, São Paulo, n. 64, 1991, p. 241-244.

47. Foi o então Constituinte Nelson Jobim que sustentou, no debate que ocorreu na Comissão de Sistematização da Assembleia Constituinte, a necessidade imperiosa de regionalizar a legislação sobre o tema, adequando-a à realidade vivida na região, o que se coloca dentro do espírito da CF/1988: "Este dispositivo possibilitará que cada Estado, considerando a realidade processual e praxista dos Estados, possa criar procedimentos adequados às realidades procedimental e cartorária. Lembrem-se de que é competência dos Estados legislarem sobre Justiça estadual e o procedimento ajustará à técnica da Justiça de cada Unidade federada. Entendemos que esta possibilidade está-se abrindo no projeto do eminente Relator. Isto se ajusta claramente àquilo que o Rio Grande do Sul foi o grande iniciador, ou seja, o procedimento relativo às pequenas causas. A Associação dos Juízes do Rio Grande do Sul criou uma técnica chamada procedimento para as pequenas causas e implantou esse sistema, na época, mesmo sem legislação. Hoje, há uma legislação que veio do Rio Grande do Sul e que possibilitou, então, aquilo que chamaríamos de atendimento do magistrado e da Justiça brasileira a todo João-sem-nome deste País. Se mantivermos o que veio de 1939, e passou por 1974 no Código Processual, estaremos inviabilizando um compromisso desta Constituinte, isto é, fazer com que a Justiça brasileira seja acessível a todos aqueles a quem Oliveira Viana chamava os joãos-sem-nome deste País. Era o que tinha a dizer". (Disponível em: <http://www.senado.gov.br/publicacoes/anais/constituinte/sistema.pdf.>. Acesso em 09 fev 2015, p. 727).

(art. 24, X, CF) e para os processos licitatórios (art. 22, X, CF), permitindo-se também que os Estados disciplinem plenamente seus processos administrativos em geral.

Ainda sistemática, mas também historicamente, a distinção de processo e procedimento está superada em doutrina e sequer é acolhida nos mais diversos dispositivos da Constituição (a ex. dos arts. 5.º, LXXII e LXXVIII, 24, X, 37, XXI, 41, § 1.º, 59, *caput*, 84, III, 166, § 7.º, CF/1988)[48]. Não se justifica servir de base para repartir a competência legislativa neste mesmo diploma constitucional, cujo art. 24, XI, certamente, por um lapso, não acompanhou essa evolução conceitual, ecoando o passado.

Demais disso, os princípios constitucionais do devido processo legal, da autoridade natural e da competência adequada, bem como o princípio federativo e do interesse predominante (moldado pela subsidiariedade)[49] são determinantes para a adequada interpretação dessas regras.

É necessário identificar e tutelar o interesse regional ou local, que sobressai prevalecente, em adequar normas processuais gerais às especificidades do modo de exercício da jurisdição *estadual* – naturalmente, sem contrariar a legislação federal e sem gerar disparidades nacionais perniciosas.

Afinal, o legislador estadual (e distrital) está próximo dos problemas locais, relativos à Justiça do seu Estado (ou do Distrito Federal), o que o torna

---

48. A competência legislativa do art. 24, XI, CF, colocada unicamente sobre "procedimento", foi construída à luz de uma concepção ultrapassada do instituto, i.e., de que existiriam procedimentos estatais não processualizados (como se falava do procedimento administrativo ou daquele realizado sem contraditório), e que seria possível, pois, falar em procedimento independentemente da presença de uma realidade processual. Mas o tempo, a reflexão e a história conduziram à conclusão inversa. Predominou, doutrinariamente, o reconhecimento da processualização do exercício de qualquer poder do Estado (Como demonstra muito bem, MEDAUAR, Odete. *A Processualidade no Direito Administrativo*. São Paulo: Revista dos Tribunais, 1993, p. 14 e 15). O próprio Constituinte de 1988 acaba consagrando a processualização dos procedimentos estatais, na medida em que opta pela expressão "processo" e, não, "procedimento", quando trata do instrumento de exercício dessas funções nos dispositivos citados.

49. O Constituinte originário, na repartição vertical de competências, levou em consideração o princípio do interesse predominante ou do peculiar interesse (e a própria subsidiariedade), segundo o qual nenhum poder será exercido por ente de estatura superior se puder sê-lo por ente inferior (BASTOS, Celso Ribeiro. *A federação e a constituinte*. São Paulo: Themis, 1986, p. 9; BARACHO, José Alfredo de Oliveira. *O princípio de subsidiariedade*. Rio de Janeiro: Forense, 1996; BORGES NETTO, André Luiz. *Competências legislativas dos Estados-Membros*. São Paulo: Revista dos Tribunais, 1999, p. 84). Assim, o ente federal só deve fazer aquilo que não possa ser realizado senão com esse grau de universalização e generalidade – para atender necessidades nacionais e que pressupõem preservação de interação interestadual; caso contrário, há preferência do Estado e do Município. É preciso, pois, identificar e segregar matérias de interesse nacional, estadual e municipal, prestigiando, sempre, a tomada de decisões legislativas pelo ente político de nível mais baixo possível.

a autoridade natural e titular da competência adequada para, conduzindo um processo legislativo devido, moldar o processo instituído por lei federal ao ambiente jurisdicional regional.

Nada mais razoável do que reconhecer o poder dos Estados (e do Distrito Federal) de suplementar e suprir a legislação que rege o instrumento de trabalho de uma função sua, a *jurisdição estadual* – até mesmo como um poder implícito ou resultante, que assegura e viabiliza a implantação dos fins constitucionalmente visados.

Equilibram-se, dentro da razoabilidade, os interesses da uniformidade nacional (com legislação federal plena para a jurisdição federal e geral para a jurisdição estadual) e da adaptabilidade local (com legislação estadual suplementar e supletiva para jurisdição estadual), conservando-se o núcleo essencial da esfera legislativa dos entes federados implicados[50].

A razoabilidade da proposta de reconhecer-se a competência legislativa estadual (e distrital), em tema de processo jurisdicional estadual, sobressai ainda mais por não ser gravosa para o interesse nacional ou para a uniformidade e homogeneidade daquilo que há de fundamental no âmbito do direito processual.

Afinal, só quando *não há* lei federal com normas gerais sobre a matéria, admite-se que o legislador estadual exerça sua competência legislativa de forma plena (supletiva) e, *havendo* (lei federal), ficará adstrito a uma atuação em caráter suplementar (art. 24, §§ 2.º e 3.º, CF). E, em ambos os casos, agirá com a produção de leis (supletivas ou suplementares) que, por só terem eficácia local, e regramento voltado para aquilo que é peculiar à realidade ali vivida, não gerariam prejuízos ao interesse nacional, mas, só, benefícios locais.

Desse modo, a partir dessa leitura teleológica, sistemática, histórica e principiológica dos arts. 22, I, e 24, X e XI, CF, pode-se concluir que:

i) a União tem competência legislativa plena para disciplinar o processo jurisdicional federal;

ii) a União, os Estados e o Distrito Federal têm competência legislativa concorrente para tratar do processo (que é procedimento) voltado para o desempenho de jurisdições estaduais.

---

50. DUARTE, Maria Luísa. *A Teoria dos Poderes Implícitos e a Delimitação de Competências entre a União Europeia e os Estados-Membros*. Lisboa: Lex, 1997, p. 87 e 88.

O direito processual aplicável pelos órgãos jurisdicionais estaduais, inclusive em matéria de negócios processuais, pode ter dupla origem (federal e estadual), convivendo leis federais *gerais* e leis estaduais (ou distritais) *suplementares e supletivas*. Resta definir e delimitar a competência da União para estabelecer esse regramento geral sobre os negócios, ao lado da competência dos Estados e do Distrito Federal para suplementá-lo e supri-lo em suas omissões.

6. COMPETÊNCIA LEGISLATIVA DOS ESTADOS E DISTRITO FEDERAL E NORMAS SUPLEMENTARES SOBRE NEGÓCIOS PROCESSUAIS

As normas *gerais*[51] de processo, produzidas pela União (com leis federais gerais), são aquelas que estabelecem princípios e regras comuns para os fatos e situações jurídicas processuais, e respectivos sujeitos, observados no exercício da função jurisdicional em todo território nacional.

Visam atender interesse comum a todas as unidades políticas parciais, ou relativo apenas a algumas ou a muitas delas, mas que, ainda assim, deve ser objeto de tratamento uno, para evitar distorções ou atritos que poderiam decorrer da adoção de tratamentos diferentes, esparsos e localizados.

Dessa forma, são enunciados normativos que têm o condão de uniformizar a disciplina de eventos processuais e seus efeitos em todos os processos estatais, empregados no exercício de jurisdições federais e estaduais, indiscriminadamente, de modo que se refiram a toda população do território brasileiro que atue, auxilie ou se sirva destas jurisdições.

As normas estaduais (ou distritais) *suplementares*[52] de processo são aquelas que irão regulamentar e desenvolver, no plano regional, aquilo que foi firmado na lei federal geral de caráter nacional.

Independentemente de portar regras ou princípios, de firmar diretrizes fundamentais, critérios basilares ou minúcias, dirigem-se à complementação da disciplina dos fatos e situações processuais (e respectivos sujeitos), generi-

---

51. Definição inspirada na doutrina de FERRAZ, Tércio Sampaio. Normas gerais e competência concorrente. Uma exegese do art. 24 da Constituição Federal. *Revista da Faculdade de Direito USP*, v. 90, São Paulo: 1995, p. 248-250.

52. A base teórica da definição também se encontra em FERRAZ, Tércio Sampaio. Normas gerais e competência concorrente. Uma exegese do art. 24 da Constituição Federal. *Revista da Faculdade de Direito USP*, v. 90, São Paulo: 1995, p. 248-250.

camente tratados em lei federal, no âmbito do exercício da função jurisdicional estadual, territorialmente limitada.

E visam, sempre, atender ao interesse local de melhor funcionamento processual da Justiça do Estado (ou Distrito Federal) para todos aqueles que atuem, auxiliem ou fruam da jurisdição ali desempenhada.

Com este fim, as normas estaduais suplementares voltam-se à adequação das normas federais gerais à realidade processual ali vivida, satisfazendo necessidades locais, sem gerar dificuldades no diálogo ou contato (inclusive interestadual) de justiças ou atritos federativos.

Por isso, dizer-se, na linha de Tércio Ferraz, que essa não é exatamente uma legislação que concorre com a federal, mas, sim, que decorre dela, regulamentando-a[53] na sua aplicabilidade aos fatos, atos e consequências processuais, no contexto do processo da Justiça estadual.

Quando o objeto de disciplina é matéria relativa aos negócios processuais, algumas diretrizes podem ser estabelecidas em torno daquilo que poderá ser objeto de disciplina suplementar por lei estadual.

Inicialmente, temática que deve ser, sob essa ótica, objeto de abordagem nacional, é a instituição de requisitos de validade para os negócios processuais, sobretudo naquilo que envolva interesse público. Mas sem exclusão da possibilidade de disciplina local complementar, no que cabível, obviamente.

A legislação federal e nacional uniforme em termos de validez processual traz facilidades no contexto de eventual contato ou cooperação interestadual. Isso porque eventual reconhecimento de incompetência territorial ou de outra natureza que conduza à remessa dos autos para comarca de outro Estado em que se adotasse regramento diverso, por exemplo, poderia tornar mais árdua a discussão sobre a validade de ato praticado de acordo com regramento peculiar do Estado de origem, seja pela falta de habitualidade na manipulação daquela legislação estadual diversa, seja pelo eventual desconhecimento de posturas jurisprudenciais e até mesmo consuetudinárias em torno dela.

Por exemplo, quando um Estado produz lei que veda cláusula de foro de eleição ou cláusula compromissória em contratos que envolvam analfabetos e idosos (regulamentando o rol de vulneráveis do art. 190, CPC), diante do alto

---

53. FERRAZ JUNIOR, Tércio Sampaio. Normas gerais e competência concorrente. Uma exegese do art. 24 da Constituição Federal. *Revista da Faculdade de Direito USP*, São Paulo, v. 90, 1995, p. 250.

índice de abuso de que vem sendo alvo essa coletividade naquela localidade; ou exige que negócios pré-processuais, para que sejam válidos, constem em instrumento público ou instrumento particular referendado por advogado, diante do alto índice de analfabetismo ou de abusos na inserção de negócios processuais em contratos firmados naquela região; senão estabeleça que serão vedados negócios processuais que criem novos recursos, estabeleçam segredo de justiça, prejudiquem terceiro, criem novas hipóteses de cabimento de ação rescisória (perante o tribunal de justiça do estado) ou instituam novos títulos executivos ou hipóteses de impenhorabilidade de bem de executado (ou terceiro responsável); ou, ainda, que admita negócios processuais envolvendo a fazenda pública local[54], mas disciplinando com mais detalhes requisitos próprios de validade[55].

Entretanto, para casos tais, é necessário que não se veja impedimento para que Estados diferentes adotem regramentos diferentes para a regularidade de atos processuais (inclusive negociais), se relevante para atender peculiaridades locais. O importante é que se tenha em mente que a lei estadual só vincula a Justiça do Estado que a produziu e não pode gerar atritos no contato federativo.

Assim, devem ser considerados perfeitamente válidos os atos praticados de acordo com requisitos de validade previstos na legislação do Estado de origem, ainda quando não correspondam ao estabelecido em legislação do Estado de destino. O que importa é que o ato esteja de acordo com a lei do Estado em que praticado, que inevitavelmente terá que ser conhecida, estudada e interpretada em Estado diverso – que poderá exigir seja provado seu teor e vigência, se até então ignorada (art. 376, CPC/2015).

Esse é um exemplo de matéria (validade dos negócios processuais) que pode ser regrada genericamente pela União sem desmerecimento da importância de eventual investida legislativa estadual. E outras podem ser vistas nesse contexto, não havendo como se excluir, prévia ou abstratamente, um determinado assunto do alcance legislativo nacional.

Assim, é perfeitamente possível uma lei estadual que regulamente o art. 190, CPC, para tratar de requisitos formais para a celebração de negócios atípicos, bem como para disciplinar a capacidade negocial, as situações de vulnerabilidade ali abrangidas e trazer alguns limites mais precisos para o que seria lícito estabelecer como seu objeto.

---

54. Como já estabelece o enunciado n. 256, FPPC.
55. Sobre o tema, obrigatória a leitura de: BARREIROS, Lorena Miranda Santos. *Convenções processuais e poder público*. Salvador: Jus Podivm, 2016, p. 301 ss.

Esse mesmo tipo de regulamentação pode ser estabelecida em lei estadual no contexto de negócios típicos, como o calendário processual ou a organização consensual do processo. Pode uma lei estadual, por exemplo, admitir (e regulamentar) saneamento e organização cooperativos do processo em causas coletivas e em causas que não sejam complexas, desde que se revele útil no caso.

Nada impede, outrossim, que uma lei estadual, regulamentando o art. 771, *caput*, *in fine*, CPC[56], estabeleça sua aplicação no procedimento de efetivação dos negócios processuais – tratando dos termos em que se daria sua condição de título executivo –, com disciplina de possíveis peculiaridades na aplicação do rito de execução.

7. COMPETÊNCIA LEGISLATIVA DOS ESTADOS E DO DISTRITO FEDERAL E NORMAS SUPLETIVAS SOBRE NEGÓCIOS PROCESSUAIS

A competência legislativa estadual não é só suplementar. É, também, supletiva.

Diante da omissão da lei federal, a lei estadual poderá tratar da matéria de negociação processual em sua plenitude – mas dentro dos limites considerados acima para a legislação estadual suplementar –, em todos os seus aspectos, mas, ainda assim, para dar conta de peculiaridades próprias e locais (ainda que não exclusivas).

Não é necessário, como visto, a absoluta ausência de lei sobre dada temática, basta que haja omissão sobre um ou outro ponto.

E, no mais, só cabem aqui, considerações casuísticas e exemplificativas de devido exercício estadual desse poder.

Por exemplo, cabe cogitar e analisar a hipótese de uma lei estadual que: a) trate de novas hipóteses de negócios típicos; ou b) institua nova hipótese de cabimento de agravo de instrumento contra decisão interlocutória que nega eficácia a negócio processual lícito (ou não o homologa); ou c) cuide da preclusão ou não da decisão que confere eficácia a negócio processual ilícito – quiçá prevendo a sua recorribilidade, para o caso de haver sujeito

---

56. "Este Livro regula o procedimento da execução fundada em título extrajudicial, e suas disposições aplicam-se, também, no que couber, aos procedimentos especiais de execução, aos atos executivos realizados no procedimento de cumprimento de sentença, bem como aos efeitos de atos ou fatos processuais a que a lei atribuir força executiva".

com interesse e legitimidade para impugná-la, senão a possibilidade de ser revista de ofício em sede de julgamento de eventual futura apelação; ou, enfim, d) preveja normas sobre a interpretação[57], eficácia e revogabilidade dos negócios processuais.

Mas não só. Ao lado das normas gerais federais constantes na Lei n. 9.307/1996, podem ser criadas normas suplementares (e supletivas), de origem estadual, para disciplina de certos assuntos ligados à convenção de arbitragem que dará origem ao processo arbitral a ser empregado no território daquele Estado.

É o caso da Lei n. 19.477/2011 do Estado de Minas Gerais, que trata da instauração do juízo arbitral para a solução de litígio em que o Estado seja parte, regulamentando sua atuação[58].

Lá estão previstas regras que estabelecem, por exemplo, que só poderá ser escolhido como árbitro, em sede da convenção arbitral, sujeito com "conhecimento técnico compatível com a natureza do contrato" e que seja "membro de câmara arbitral inscrita no Cadastro Geral de Fornecedores de Serviços do Estado".

Disciplina-se, ainda, a escolha da câmara arbitral que atuará nesses litígios, nos seguintes termos:

> Art. 10. A câmara arbitral escolhida para compor litígio será preferencialmente a que tenha sede no Estado e deverá atender ao seguinte:
>
> I – estar regularmente constituída por, pelo menos, três anos;
>
> II – estar em regular funcionamento como instituição arbitral;
>
> III – ter como fundadora, associada ou mantenedora entidade que exerça atividade de interesse coletivo;
>
> IV – ter reconhecida idoneidade, competência e experiência na administração de procedimentos arbitrais.

---

57. Nesse contexto, importante considerar enunciados n. 404-408, FPPC: "Nos negócios processuais, atender-se-á mais à intenção consubstanciada na manifestação de vontade do que ao sentido literal da linguagem"; "Os negócios jurídicos processuais devem ser interpretados conforme a boa-fé e os usos do lugar de sua celebração"; "Os negócios jurídicos processuais benéficos e a renúncia a direitos processuais interpretam-se estritamente"; "Nos negócios processuais, as partes e o juiz são obrigados a guardar nas tratativas, na conclusão e na execução do negócio o princípio da boa-fé"; "Quando houver no contrato de adesão negócio jurídico processual com previsões ambíguas ou contraditórias, dever-se-á adotar a interpretação mais favorável ao aderente".

58. Disponível em: <http://www.almg.gov.br/consulte/legislacao/completa/completa.html?tipo=LEI&num=19477 &comp=&ano=2011>. Acesso em 04 out 2014.

Ficam, assim, registrados alguns exemplos de legislação estadual supletiva que se encaixam nos espaços em branco deixados pela legislação federal, inclusive em matéria de negociação processual – sem prejuízo de que muitos outros sejam encontrados e explorados.

8. REFERÊNCIAS

ALENCAR, Luiz Carlos Fontes de. A federação brasileira e os procedimentos em matéria processual. *Revista do Centro de Estudos do Conselho de Justiça Federal*, Brasília, n. 13, 2011.

ALMEIDA JUNIOR, João Mendes de. *Direito Judiciário Brasileiro*. 2 ed. Rio de Janeiro: Typographia Baptista de Souza, 1918.

ALVIM NETTO, José Manuel Arruda. *Manual de Direito Processual Civil*. 8 ed. São Paulo: Revista dos Tribunais, 2003, 1 v.

ARAGÃO, Egas Dirceu Moniz de. *Comentários ao Código de Processo Civil*. 9 ed. Rio de Janeiro: Forense, 2000, 2 v.

BALEEIRO, Jedor Pereira. Processo e Procedimento. *Revista do Curso de Direito da Universidade de Uberlândia*, Uberlândia, 1991, 2 v.

BARACHO, José Alfredo de Oliveira. *O princípio de subsidiariedade*. Rio de Janeiro: Forense, 1996.

BARBOSA MOREIRA, José Carlos. *Comentários ao Código de Processo Civil*. Volume 11. Rio de Janeiro: Forense, 2003.

BARREIROS, Lorena Miranda Santos. *Convenções processuais e poder público*. Salvador: Jus Podivm, 2016.

BASTOS, Celso Ribeiro. *A federação e a constituinte*. São Paulo: Themis, 1986.

BENVENUTI, Feliciano. Funzione amministrativa, procedimento, processo. *Rivista Trimestrale di Diritto Pubblico*, Milano, Giuffrè, 1952.

BERMUDES, Sérgio. Procedimentos em matéria processual. *Revista de Direito da Defensoria Pública*, Rio de Janeiro, n. 5, 1991.

BORGES NETTO, André Luiz. *Competências legislativas dos Estados-Membros*. São Paulo: Revista dos Tribunais, 1999.

BRAGA, Paula Sarno. *Norma de processo e norma de procedimento. O problema da repartição de competência legislativa no Direito Constitucional Brasileiro*. Salvador: Jus Podivm, 2015.

BUENO, Cássio Scarpinella. *Curso Sistematizado de Direito Processual Civil. Teoria de Direito Processual Civil*. 2 ed. São Paulo: Saraiva, 2008, 1 v.

CAETANO, Marcello. *Manual de Direito administrativo*. 10 ed. Coimbra: Almedina, 1999, 2 t.

CARNEIRO, Athos Gusmão. *Jurisdição e Competência*. 12. ed. São Paulo: Saraiva, 2002.

CARVALHO, José Orlando Rocha de. *Teoria dos pressupostos e dos requisitos processuais*. Rio de Janeiro: Lumen Juris, 2005.

CHAGAS, Magno Guedes. *Federalismo no Brasil. O Poder Constituinte Decorrente na Jurisprudência do Supremo Tribunal Federal*. Porto Alegre: Sergio Antonio Fabris Editor, 2006.

CONSO, Giovanni. *I fatti giuridici processuali penali. Perfezione ed efficacia*. Milano: Dott. A. Giuffreé, 1955.

COSTA, Alfredo Araújo Lopes da. *Direito Processual Civil Brasileiro*. 2 ed. Rio de Janeiro: Forense, 1959, 1 v.

COUTURE, Eduardo J. *Fundamentos do Direito Processual Civil*. Campinas: Red Livros, 1999.

CRETELLA JUNIOR. *Tratado de Direito Administrativo*. Rio de Janeiro e São Paulo: Forense, 2002, 6 v.

DANTAS, Miguel Calmon. Direito fundamental à processualização. *In* DIDIER JR, Fredie; WAMBIER, Luiz Rodrigues; GOMES JR, Luiz Manoel (coord.). *Constituição e Processo*. Salvador: Jus Podivm, 2007.

DIDIER JÚNIOR, Fredie**.** *Pressupostos processuais e condições da ação*. O juízo de admissibilidade do processo. São Paulo: Saraiva, 2005.

_____. *Curso de Direito Processual Civil*. 16 ed. Salvador: Jus Podivm, 2014, 1 v

_____. *Curso de Direito Processual Civil*. 18 ed. Salvador: Jus Podivm, 2016, 1v.

_____. *Sobre a Teoria Geral do Processo, Essa Desconhecida*. 2 ed. Salvador: Jus Podivm, 2013.

_____; CUNHA, Leonardo José Carneiro da. *Curso de Direito Processual Civil*. V. 3. 13 ed. Salvador: Jus Podivm, 2016.

DINAMARCO, Cândido Rangel. *Instituições de direito processual civil*. 6 ed. São Paulo: Malheiros, 2009, 2 v.

_____. *Instituições de Direito Processual Civil*. 6 ed. São Paulo: Malheiros, 2009, 1 v.

_____. *Instrumentalidade do processo*. São Paulo: Malheiros, 2003.

DUARTE, Maria Luísa. *A Teoria dos Poderes Implícitos e a Delimitação de Competências entre a União Europeia e os Estados-Membros*. Lisboa: Lex, 1997.

FABRÍCIO, Adroaldo Furtado. *Ensaios de Direito Processual*. Rio de Janeiro: Forense, 2003.

FAZZALARI, Elio. *Istituzioni di Diritto Processuale*. 8 ed. Padova: CEDAM, 1996.

FERNANDES, Antonio Scarance. *Teoria Geral do Procedimento e o Procedimento no Processo Penal*. São Paulo: Revista dos Tribunais, 2005.

FERRAZ, Tércio Sampaio. Normas gerais e competência concorrente. Uma exegese do art. 24 da Constituição Federal. *Revista da Faculdade de Direito USP***,** v. 90, São Paulo: 1995.

FUX, Luiz. *Curso de Direito Processual Civil*. 3 ed. Rio de Janeiro: Forense, 2005.

GAJARDONI, Fernando da Fonseca. *Flexibilização procedimental. Um novo enfoque para o estudo do procedimento em matéria processual*. São Paulo: Átlas, 2008.

GONÇALVES, Aroldo Plínio. *Técnica Processual e Teoria do Processo*. Rio de Janeiro: AIDE Editora, 2001.

GRINOVER, Ada Pellegrini; ARAÚJO, Antonio Carlos Cintra de; DINAMARCO, Cândido Rangel. *Teoria Geral do Processo*. São Paulo: Malheiros, 2004.

KELSEN, Hans. *Teoria Pura do Direito*. São Paulo: Martins Fontes, 2003.

LEAL, Rosemiro Pereira. *Teoria Geral do Processo. Primeiros Estudos*. 5 ed. São Paulo: Thomson--IOB, 2004.

LIEBMAN, Enrico Tullio. *Manual de Direito Processual Civil*. 3. ed. São Paulo: Malheiros, 2005, 1 v.

MACHADO, Antonio Claudio Costa. *Código de Processo Civil Interpretado e Anotado: artigo por artigo*. 5 ed. Barueri: Manole, 2013.

MALACHINI, Edson Ribas. A Constituição Federal e a legislação concorrente dos Estados e do Distrito Federal em matéria de procedimentos. *Revista Forense,* Rio de Janeiro, n. 324, 1993.

MARINONI, Luiz Guilherme. *Novas linhas do direito processual civil.* 3 ed. São Paulo: Malheiros, 1999.

_____. *Curso de Direito Processual Civil. Teoria Geral do Processo.* São Paulo: Revista dos Tribunais, 2006, 1 v.

MEDAUAR, Odete. *A Processualidade no Direito Administrativo.* São Paulo: Revista dos Tribunais, 1993.

MELLO, Marcos Bernardes de. *Teoria do fato jurídico. Plano de existência.* 12.ed. São Paulo: Saraiva, 2003.

MENDONÇA JUNIOR, Delosmar. *Princípios da ampla defesa e da efetividade no processo civil brasileiro.* São Paulo: Malheiros, 2001.

MERKL, Adolfo. *Teoria General del Derecho Administrativo.* México: Nacional, 1980

MIRANDA, Francisco Cavalcanti Pontes de. Relação Jurídica Processual In: SANTOS, J. M. Carvalho (org.). *Repertório Enciclopédico do Direito Brasileiro.* Rio de Janeiro: Borsói, s/a, 48 v.

_____. *Comentários ao Código de Processo Civil.* Tomo III. Rio de Janeiro: Forense, 1997.

MITIDIERO, Daniel. *Elementos para uma Teoria Contemporânea do Processo Civil Brasileiro.* Porto Alegre: Livraria do Advogado, 2005.

_____. *Comentários ao Código de Processo Civil.* Tomo II. São Paulo: Memória Jurídica, 2005.

NUNES, Dierle José Coelho. *Processo jurisdicional democrático.* Curitiba: Juruá, 2012.

OLIVEIRA, Carlos Alberto Alvaro de. Garantia do Contraditório. *In* CRUZ E TUCCI, José Rogério (coord.) *Garantias Constitucionais do Processo Civil.* São Paulo: Revista dos Tribunais, 1999.

_____. *Do Formalismo no Processo Civil.* 3 ed. São Paulo: Saraiva, 2009.

PAIXÃO JUNIOR, Manuel Galdino da. *Teoria Geral do Processo.* Belo Horizonte: Del Rey, 2002

PASSOS, J. J. Calmon de. *Esboço de uma teoria das nulidades aplicada às nulidades processuais.* Rio de Janeiro: Forense, 2002

_____. Instrumentalidade do processo e devido processo legal. *Revista de Processo*, São Paulo, n. 102, 2001.

_____. *Comentários ao Código de Processo Civil.* 9 ed. Rio de Janeiro: Forense, 2004, 3 v

RODRIGUES, Marcelo Abelha. *Elementos de Direito Processual Civil.* 2 ed. São Paulo: Revista dos Tribunais, 2003, 2 v.

RODRIGUES, Marco Antonio dos Santos. Processo, procedimento e intimação pessoal da fazenda pública. *Revista Dialética de Direito Processual,* São Paulo, n. 95, 2011.

SANTOS, Altamiro J. Processo e Procedimento à luz das Constituições Federais de 1967 e 1988 – Competência para Legislar. *Revista de Processo,* São Paulo, n. 64, 1991.

SANTOS, Ernane Fidélis. *Manual de Direito Processual Civil.* 12 ed. São Paulo: Saraiva, 2009, 3 v.

SILVA, Paula Costa e. *Acto e Processo.* Coimbra: Coimbra Editora, 2003.

SIMÕES, Mônica Martins Toscano. *O Processo Administrativo e a Invalidação de Atos Viciados.* São Paulo: Malheiros, 2004.

SOUZA, Marcia Cristina Xavier de. A competência constitucional para legislar sobre processo e procedimentos. *Revista da Faculdade de Direito Candido Mendes*, Rio de Janeiro, n. 13, 2008.

TEIXEIRA, Sálvio de Figueiredo. O processo civil na nova constituição. *Revista de Processo,* São Paulo, v. 53, 1989.

TESHEINER, José Maria Rosa; BAGGIO, Lucas Pereira. *Nulidades no Processo Civil Brasileiro.* Rio de Janeiro: Forense, 2008.

TUCCI, Rogério Lauria. Processo e procedimentos especiais. *Revista dos Tribunais.* São Paulo, 1998.

VERDE, Giovanni. *Profili del processo civile. Parte Generale.* 6 ed. Napoli: Jovene, 2002.

WAMBIER, Luiz Rodrigues. *Sentença Civil*: Liquidação e Cumprimento. 3 ed. São Paulo: Revista dos Tribunais, 2006.

WAMBIER, Teresa Arruda Alvim. *Nulidade do processo e da sentença.* 6 ed. São Paulo: Revista dos Tribunais, 2007.

XAVIER, Alberto. *Conceito e Natureza do Acto Tributário.* Coimbra: Almedina, 1972

ZANETI JUNIOR, Hermes. Processo constitucional: Relações entre Processo e Constituição. In: *Introdução ao Estudo do Processo Civil – Primeiras Linhas de um Paradigma Emergente.* Porto Alegre: Sérgio Antonio Fabris Editor, 2004.

NEGÓCIOS JURÍDICOS PROCESSUAIS PENAIS ATÍPICOS: UMA ANÁLISE DA APLICABILIDADE DO ART. 190 CÓDIGO DE PROCESSO CIVIL DE 2015 AOS PROCESSOS CRIMINAIS

Renata Cortez Vieira Peixoto[1]

Sumário: 1. Introdução – 2. Da aplicação supletiva e subsidiária das normas do Processo Civil ao Processo Penal – 3. Os negócios jurídicos processuais atípicos e a possibilidade de sua celebração nos processos criminais – 4. Conclusão – Referências.

1. INTRODUÇÃO

Indiscutivelmente, são inúmeras as influências recíprocas entre o direito processual civil e o direito processual penal, encontrando-se diversas regras nas codificações respectivas que as evidenciam. Há muito também é reconhecida, tanto pela doutrina como pela jurisprudência, a aplicação supletiva e subsidiária das normas processuais civis aos feitos de natureza criminal, notadamente em função da regra constante do art. 3º do Código de Processo

---

[1]. Mestre em Direito pela Universidade Católica de Pernambuco - UNICAP e Especialista em Direito Processual Civil (2005) pela mesma Universidade. Membro do Instituto Brasileiro de Direito Processual - IBDP. Membro da Associação Norte e Nordeste de Professores de Processo - ANNEP. Membro da Associação Brasileira de Direito Processual - ABDPro. Professora de Direito Processual Civil da Graduação do Centro Universitário Maurício de Nassau - UNINASSAU e das Pós-Graduações da UNINASSAU, Faculdade Estácio do Recife, Facesf e Espaço Jurídico. Professora da Escola Superior de Advocacia de Pernambuco - ESA-PE. Assessora Técnica Judiciária de Desembargador do Tribunal de Justiça de Pernambuco - TJPE. Idealizadora do site inteiroteor.com.br.

Penal, que admite a interpretação extensiva, a aplicação analógica e o suplemento das normas processuais penais por meio dos princípios gerais de direito.

Assim é que, diante da vigência da Lei nº 13.105, de 16 de março de 2015, que instituiu um novo Código de Processo Civil e alterou substancialmente o disciplinamento anterior, constante do CPC/73, é necessário investigar que normas nele contidas podem ou não incidir nos feitos criminais, de modo a suprir as lacunas e/ou a complementar as previsões da legislação processual penal.

Dada a diversidade e complexidade das normas constantes do novo diploma processual, no presente ensaio será analisada a compatibilidade de um dispositivo específico do CPC/2015 com os princípios que norteiam o processo penal, a fim de averiguar a possibilidade de sua aplicação supletiva e/ou subsidiária aos feitos criminais: o art. 190, que autoriza e estabelece os requisitos para a celebração de negócios jurídicos processuais atípicos, notadamente no que diz respeito às ações penais públicas que não admitem a autocomposição.

2. DA APLICAÇÃO SUPLETIVA E SUBSIDIÁRIA DAS NORMAS DO PROCESSO CIVIL AO PROCESSO PENAL

Alguns estudiosos da teoria geral do processo atribuem unicidade ao direito processual, "como sistema de princípios e normas para o exercício da jurisdição"[2]. Assim, a divisão entre o direito processual civil e o direito processual penal corresponderia "apenas a exigências pragmáticas relacionadas com o tipo de normas jurídico-substanciais a atuar"[3].

Para Fredie Didier Júnior[4], entrementes, a teoria geral do processo "é uma disciplina jurídica dedicada à elaboração, à organização e à articulação dos conceitos jurídicos fundamentais (*lógico-jurídico*) processuais", com pretensão de universalidade por servir à compreensão de qualquer processo, mas que não se confunde com o direito processual: este cuida das prescrições normativas[5], enquanto a teoria geral do processo ocupa-se das lições doutrinárias e filosóficas acerca do fenômeno processual.

---

2. CINTRA, Antônio Carlos de Araújo, GRINOVER, Ada Pellegrini e DINAMARCO, Cândido Rangel. Teoria Geral do Processo. São Paulo: Malheiros Editores, 2009, p. 54. No mesmo sentido, leciona Eduardo Arruda Alvim (In: Direito Processual Civil. São Paulo: RT, 2013, p. 43): "Na verdade, pode-se dizer que o poder jurisdicional é uno, sendo didáticas as divisões apontadas, e, portanto, nesse sentido pode-se falar que o direito processual é um só, e por isso mesmo alguns doutrinadores falam em teoria geral do processo".
3. *Idem ibidem*.
4. Sobre a teoria geral do processo, essa desconhecida. Salvador: Jus Podivm, 2012, p. 64
5. *Idem*, p. 82

De modo geral, os processualistas penais rechaçam a teoria geral do processo, exatamente por não admitirem a aplicação de institutos próprios do direito processual civil ao processo penal[6], verificando-se, nessa ideia, uma nítida confusão entre a teoria geral do processo e o direito processual. Daí porque Didier explicita que a teoria geral do processo não busca um direito processual único, "até porque composta por conceitos, não por normas, ela não prescreve a existência de regimes jurídicos comuns ao processo penal e ao processo civil"[7].

Há, portanto, uma teoria geral do processo, que busca fornecer os subsídios teóricos para uma justa interpretação do direito processual[8] e para a fundamentação das decisões judiciais de qualquer natureza, inclusive penal[9], mas que não tem a pretensão de conceber um direito processual único.

Há, evidentemente, uma nítida divisão entre os diversos ramos do direito processual, da qual resulta a autonomia científica e procedimental de cada um deles, de modo que pode e deve haver regramento específico para cada tipo de processo, que atenda às suas respectivas particularidades e ao objeto das demandas que visam solucionar.

Em razão disso, não se pode pretender aplicar, indistintamente, as normas do direito processual civil a outras espécies de processo, a exemplo do processo penal, que tem que observar diversas normas constitucionais pertinentes ao direito fundamental à liberdade, tais como a presunção de inocência e os princípios da individualização da pena e do *in dubio pro reo*, as quais não se relacionam ao processo civil.

Inobstante, há diversos institutos comuns à maioria dos ramos do direito processual, cujas regras têm aplicabilidade idêntica ou semelhante, como as relativas à incompetência, ao impedimento e à suspeição do juiz, às nulidades e à

---

6. Como expoente desse pensamento, cite-se, por todos, Rogério Lauria Tucci (In: Considerações acerca da inadmissibilidade de uma Teoria Geral do Processo. Revista Jurídica. Porto Alegre, 2001, n. 281, p. 49.
7. Sobre a teoria geral do processo, essa desconhecida. Salvador: Jus Podivm, 2012, p. 114.
8. *Idem*, p. 174.
9. O autor exemplifica: a natureza da sentença que reconhece a extinção da punibilidade do réu com base em falso atestado de óbito é tida pela jurisprudência como ato inexistente, quando, na verdade, trata-se, segundo a teoria geral do direito e do processo, de decisão existente, válida e eficaz, porém injusta. Entretanto, como no processo penal apenas se admite a rescisão da coisa julgada para beneficiar o réu, construiu-se essa teoria de que se trata de ato inexistente, para justificar a rescisão em desfavor do réu. Para Didier, cuida-se de hipótese "de relativização atípica da coisa julgada penal em favor da sociedade, construída jurisdicionalmente". *Idem,* ps. 115/117

fundamentação das decisões judiciais. Além disso, de modo geral, o regramento do direito processual civil é mais complexo e completo, servindo, por essa razão, ao preenchimento de lacunas encontradas em outros diplomas processuais. Também não se pode olvidar que algumas espécies de processo não têm disciplinamento próprio ou o têm de modo reduzido, os quais demandam a utilização das normas contidas no CPC, de modo complementar ou quase integral.

Não há dúvidas, portanto, acerca da possibilidade de utilização das normas do processo civil, de modo supletivo e subsidiário, no que concerne a outras espécies de processo.

Nada deveria impedir, contudo, a via reversa, ou seja, a aplicação de normas estatuídas em outros diplomas processuais ao processo civil. Em primeiro lugar, porque não há qualquer prevalência das normas do processo civil no que diz respeito a outras normas processuais. O direito processual civil é considerado "comum" frente aos demais, por ser aplicável aos feitos em geral, de natureza não penal, e também ao próprio processo penal, de modo supletivo e subsidiário, mas isso não lhe confere qualquer grau de superioridade.

Assim, havendo antinomia entre normas de uma mesma hierarquia, deve prevalecer o critério da especialidade, motivo pelo qual, sendo um determinado instituto disciplinado integralmente por um ramo específico do direito processual, não se deve fazer uso das normas de outro, ainda que qualificado como "comum" ou "geral".

Entretanto, tomando-se por base a denominada teoria do diálogo das fontes[10], num sistema normativo complexo e plural como o brasileiro, não se afigura inviável a convivência harmônica entre as normas eventualmente em conflito[11], devendo-se buscar uma coordenação entre elas, evitando-se a exclusão da norma supostamente incompatível.

Além disso, reconhecendo-se que há, efetivamente, um *sistema* normativo, que pode conter lacunas ou regramentos incompletos, por meio desse "diálogo", viabiliza-se também uma "(...) aplicação conjunta das duas normas ao mesmo tempo e ao mesmo caso, seja complementarmente, seja subsidiaria-

---

10. Teoria idealizada por Erick Jayme, na Alemanha (*In*: MARQUES, Cláudia Lima. Diálogo entre o Código de Defesa do Consumidor e o novo Código Civil: do "diálogo das fontes" no combate às cláusulas abusivas. Revista de Direito do Consumidor nº 45. Ano 12, janeiro/março de 2003, p.71 a 93.
11. Art. 2º, § 2º, da Lei de Introdução às Normas do Direito Brasileiro: A lei nova, que estabeleça disposições gerais ou especiais a par das já existentes, não revoga nem modifica a lei anterior.

mente, seja permitindo a opção voluntária das partes sobre a fonte prevalente (...)", segundo explicita Cláudia Lima Marques[12].

As normas processuais devem, então, dialogar entre si e se harmonizar. Importante, nesse passo, chamar a atenção para a distinção entre aplicação supletiva e subsidiária: quando há omissão, ou seja, quando a matéria não encontra qualquer regramento num determinado ramo do direito, deve-se buscar a aplicação subsidiária de normas contidas em outro diploma legal; por outro lado, pode ser que o instituto seja disciplinado pela legislação específica, porém não de modo completo, caso em que se admitirá a incidência supletiva de normas previstas em outra legislação, ou seja, de modo complementar.

Nessa linha de raciocínio, embora seja costumeira a aplicação supletiva e subsidiária das normas do Código de Processo Civil no que concerne a processos de outra natureza, notadamente em razão da sua maior completude, é também possível a incidência de normas de outros ramos do direito processual ao processo civil, implementando-se, desse modo, um diálogo entre as fontes normativas processuais, naquilo que for evidentemente compatível com os princípios e com o objeto das demandas respectivas.

Especificamente quanto ao tema objeto do presente ensaio, é certo que há diversas normas que evidenciam as relações recíprocas entre o direito processual civil e o direito processual penal. Relativamente a algumas matérias específicas, o Código de Processo Penal estabelece expressamente que devem ser utilizadas as normas previstas no CPC[13-14]. Do mesmo modo, no CPC/73 já havia[15] e no CPC/2015 também há referências ao processo penal[16].

---

12. *Op. cit.*, p. 74
13. Importante destacar que, conforme o art. 1.046, § 4º do CPC/2015, "As remissões a disposições do Código de Processo Civil revogado, existentes em outras leis, passam a referir-se às que lhes são correspondentes neste Código".
14. Assim, têm-se: a) o art. 139, segundo o qual "o depósito e a administração dos bens arrestados ficarão sujeitos ao regime do processo civil"; b) o art. 362, que dispõe que as regras para a realização da citação com hora certa no processo penal devem ser aquelas previstas no CPC; c) e o art. 790, que trata da execução da sentença penal estrangeira e da sua indispensável homologação, cujo procedimento deve observar o regramento constante do CPC.
15. Arts. 110, 152, III e 363, III.
16. A exemplo dos seguintes dispositivos: a) art. 163, III, que veda o exercício das funções de intérprete ou tradutor àquele que estiver inabilitado para o exercício da profissão por sentença penal condenatória, enquanto durarem seus efeitos; b) art. 315, que trata da suspensão do processo, caso o conhecimento do mérito dependa da verificação da existência de fato delituoso, que deve ser apurado pela justiça criminal, em regra, a não ser que não haja propositura da ação penal em três meses ou, havendo denúncia, se ultrapassado o prazo de um ano, hipóteses em que caberá ao juízo cível analisar a questão prejudicial de modo incidental ; c) art. 404, que autoriza a parte e o

Tomando-se por base a teoria do diálogo das fontes, acima referida, admite-se a incidência de normas do processo penal ao processo civil. Como exemplo, Fernando da Fonseca Gajardoni[17] menciona a possibilidade de aplicação do art. 28 do Código de Processo Penal[18] ao processo civil.

Tendo em vista, contudo, que a legislação processual civil é mais completa, é indiscutivelmente mais comum a incidência de normas do processo civil ao processo penal, de modo supletivo e/ou subsidiário.

O CPC/73 não continha qualquer dispositivo que autorizasse expressamente a aplicação supletiva e/ou subsidiária de suas normas a outras espécies de processos. Inobstante, tanto a doutrina como a jurisprudência admitiam tal utilização, desde que obedecidos determinados critérios[19]. O art. 15 do CPC/2015, entrementes, trata expressamente da questão, ao dispor que "na ausência de normas que regulem processos eleitorais, trabalhistas ou administrativos, as disposições deste Código lhes serão aplicadas supletiva e subsidiariamente"[20].

Embora não conste do art. 15 do CPC/2015[21], a incidência das normas do processo civil ao processo penal, de modo supletivo e subsidiário, tinha – mesmo durante a vigência do CPC/73 – e continua a ter por fundamento o

---

terceiro a não exibirem em juízo documento ou coisa se a sua publicidade lhes representar perigo de ação penal.

17. Impactos do Novo CPC no processo penal. Disponível em: http://jota.info/artigos/impactos-do-novo-cpc-no-processo-penal%C2%B9-11052015, capturado em 01.11.2016.

18. Art. 28, do CPP: "Se o órgão do Ministério Público, ao invés de apresentar a denúncia, requerer o arquivamento do inquérito policial ou de quaisquer peças de informação, o juiz, no caso de considerar improcedentes as razões invocadas, fará remessa do inquérito ou peças de informação ao procurador-geral, e este oferecerá a denúncia, designará outro órgão do Ministério Público para oferecê-la, ou insistirá no pedido de arquivamento, ao qual só então estará o juiz obrigado a atender".

19. Exemplificativamente, pode-se mencionar o art. 769 da Consolidação das Leis do Trabalho, que dispõe: "Nos casos omissos, o direito processual comum será fonte subsidiária do direito processual do trabalho, exceto naquilo em que for incompatível com as normas deste Título".

20. Na redação original do Projeto de Lei do Senado (PLS) nº 166/2010, que deu origem ao CPC/2015, os processos penais constavam também do art. 15, não havendo previsão para os processos trabalhistas. No Relatório apresentado pelo Deputado Paulo Teixeira na Câmara, ainda constavam os processos penais, sendo também incluídos os processos trabalhistas. Durante a tramitação na Câmara, entretanto, o dispositivo foi alterado, sendo aprovada a redação final constante do texto do CPC/2015, com a exclusão dos processos penais.

21. Na redação original do Projeto de Lei do Senado (PLS) nº 166/2010, os processos penais constavam também do art. 15, não havendo previsão para os processos trabalhistas. No Relatório apresentado pelo Deputado Paulo Teixeira na Câmara, ainda constavam os processos penais, sendo também incluídos os processos trabalhistas. Durante a tramitação na Câmara, entretanto, o dispositivo foi

art. 3º do CPP, que permite, além da interpretação extensiva e do suplemento por meio dos princípios gerais de direito, a aplicação analógica no tocante à lei processual penal.

Diante de uma lacuna legislativa, permite-se, por meio da analogia, a utilização de uma norma prevista na legislação para uma situação semelhante, a fim de solucionar o caso em relação ao qual há omissão legal. Partindo-se da premissa de que é possível o uso da analogia no processo penal, admite-se, em consequência, a aplicação supletiva e subsidiária das normas do CPC aos feitos de natureza criminal.

A doutrina e a jurisprudência de nossos tribunais superiores admitem amplamente a aplicação subsidiária das normas do CPC ao processo penal[22], mas não de modo irrestrito.

Em primeiro lugar, é indispensável que haja uma lacuna na legislação processual penal[23], porquanto se a matéria tiver sido regulada de forma *completa* por norma do processo penal, não cabe fazer uso de normas previstas em outros diplomas processuais. Ora, se a matéria foi inteiramente regulada, há alguma particularidade que justifica o tratamento distinto do previsto na legislação comum, que não deve obviamente incidir no caso (prevalece o critério da especialidade como forma de solucionar a antinomia (aparente)).

Além disso, é possível que, ainda que haja omissão na lei processual penal, não se permita a aplicação subsidiária das normas do processo civil, ante a sua inadequação ao objeto das demandas penais e/ou aos princípios que norteiam o processo penal, conforme lecionam Nestor Távora e Rosmar Rodrigues Alencar[24].

---

alterado, sendo aprovada a redação final constante do texto do CPC/2015, com a exclusão dos processos penais.

22. No STF, veja-se o HC 98664, Rel. Min. Marco Aurélio, julgado em 23/02/2010, DJe de 25-03-2010, por meio do qual se decidiu que "Em se tratando de nulidade, cabe observar subsidiariamente o Código de Processo Civil. Podendo o órgão julgador decidir a matéria de fundo a favor da parte a quem aproveitaria a declaração de nulidade, deve fazê-lo deixando de implementar esta última". No STJ, veja-se

23. Veja-se, a respeito, trecho da ementa do RE 256157 AgR, Rel. Min. Nelson Jobim, julgado em 31/10/2000, DJ de 03-05-2002: "1) A L. 9.756/98 ao alterar o CPC, art. 557, previu a possibilidade de o Relator dar provimento a recurso, se a decisão estiver em manifesto desacordo com a jurisprudência do Tribunal. O Código de Processo Penal é omisso a respeito do tema. Igualmente a L. 8.038/90. A lei processual civil é aplicável ao processo penal por interpretação extensiva e aplicação analógica (CPP, art. 3º). É possível ao Relator dar provimento a RE, em matéria criminal, por despacho".

24. Curso de Direito Processual Penal. Salvador: Jus Podivm, 2016, p.32. Afirmam os autores que: "(...) devemos cuidar para reconhecer a especialidade do ramo direito processual penal. Isso quer dizer

Em todo caso, se a matéria for disciplinada pela legislação processual penal de modo incompleto, é possível a incidência suplementar de normas previstas no CPC (aplicação supletiva).

3. OS NEGÓCIOS JURÍDICOS[25] PROCESSUAIS ATÍPICOS E A POSSIBILIDADE DE SUA REALIZAÇÃO NOS PROCESSOS CRIMINAIS

Negócio jurídico processual, segundo Antônio do Passo Cabral[26], "é o **ato que produz ou pode produzir efeitos** no processo escolhidos em função da vontade do sujeito que o pratica". Podem constituir declarações de vontade unilaterais ou plurilaterais, "admitidas pelo ordenamento jurídico como capazes de constituir, modificar e extinguir situações processuais, ou alterar o procedimento"[27].

Fredie Didier Júnior[28], por seu turno, conceitua o negócio jurídico processual como "o fato jurídico voluntário, em cujo suporte fático confere-se ao sujeito o poder de escolher a categoria ou estabelecer, dentro dos limites fixados no próprio ordenamento jurídico, certas situações jurídicas processuais".

O elemento volitivo é, portanto, essencial à configuração dos negócios jurídicos, inclusive dos processuais. Por meio de uma manifestação de vontade, os sujeitos buscam a constituição, modificação ou extinção de situações processuais ou a alteração do procedimento, desde que obedeçam aos limites para tanto fixados pelo Direito.

Dentre as diversas classificações admitidas para os negócios jurídicos processuais, importa-nos fazer a distinção entre os negócios unilaterais, bilaterais ou plurilaterais, "conforme se exijam uma ou mais manifestações de vontade para a composição do seu suporte fático", na lição de Pedro Henrique Noguei-

---

que, em linha de princípio, o Novo CPC não prevalece sobre o que o CPP regulou de maneira expressa, em face da diversidade essencial dos objetos regulados. Essa conclusão decorre do segundo princípio aqui aplicável que é o da especialidade, descrito no § 2º, do art. 2º, da Lei de Introdução às Normas do Direito Brasileiro, ao enfatizar que 'a lei nova, que estabeleça disposições gerais ou especiais a par das já existentes, não revoga nem modifica a lei anterior'".

25. Dada a limitação do presente ensaio, não se aprofundarão as discussões a respeito do conceito de atos jurídicos, negócios jurídicos, fatos jurídicos processuais e negócios jurídicos processuais.
26. Convenções processuais. Salvador: Jus Podivm, 2006, pp. 48/49.
27. *Idem*, p. 49.
28. Curso de Direito Processual Civil: introdução ao direito processual civil, parte geral e processo de conhecimento. Salvador: Jus Podivm, 2015, pp. 376/377.

ra[29]. Assim, por exemplo, a renúncia ao direito de recorrer constitui negócio jurídico processual unilateral, enquanto a transação seria espécie de negócio jurídico processual bilateral ou plurilateral. O mesmo autor ainda explicita que, entre os negócios jurídicos bilaterais, há os contratos processuais, "quando as vontades manifestadas dizem respeito a interesses contrapostos"[30] e os acordos ou convenções processuais, "quando as vontades se dirigem a objetivo comum"[31].

Também relevante, para os fins a que se presta o presente texto, diferenciar os negócios processuais típicos dos atípicos: os primeiros são assim denominados porque a legislação autoriza a realização de um negócio jurídico processual específico, a exemplo da desistência do recurso (art. 998 do CPC/2015) e do calendário processual (art. 191)[32]; os negócios atípicos, que se caracterizam pela maior liberdade na definição dos termos e limites da negociação pelos sujeitos processuais, podiam ser celebrados com base no art. 158 do CPC/73 e agora têm por fundamento o art. 190 do CPC/2015[33], que contém uma "cláusula geral de negociação sobre o processo", nas palavras de Fredie Didier Júnior[34].

Durante a vigência do CPC/73 já se admitia a realização de negócios jurídicos processuais típicos e atípicos[35], porém a negociação atípica ganha mais força com art. 190 do CPC/2015, que a regula de modo expresso e mais detalhado que o revogado art. 158 do CPC/73.

Como dito anteriormente, os negócios jurídicos processuais, típicos ou atípicos, podem ter por objeto a constituição, modificação ou extinção de

---

29. Negócios jurídicos processuais. Salvador: Jus Podivm, 2016, p. 175.
30. *Idem Ibidem.*
31. *Idem Ibidem.*
32. Art. 191. De comum acordo, o juiz e as partes podem fixar calendário para a prática dos atos processuais, quando for o caso. § 1º O calendário vincula as partes e o juiz, e os prazos nele previstos somente serão modificados em casos excepcionais, devidamente justificados. § 2º Dispensa-se a intimação das partes para a prática de ato processual ou a realização de audiência cujas datas tiverem sido designadas no calendário.
33. Art. 190. Versando o processo sobre direitos que admitam autocomposição, é lícito às partes plenamente capazes estipular mudanças no procedimento para ajustá-lo às especificidades da causa e convencionar sobre os seus ônus, poderes, faculdades e deveres processuais, antes ou durante o processo. Parágrafo único. De ofício ou a requerimento, o juiz controlará a validade das convenções previstas neste artigo, recusando-lhes aplicação somente nos casos de nulidade ou de inserção abusiva em contrato de adesão ou em que alguma parte se encontre em manifesta situação de vulnerabilidade.
34. *Op. cit.,* p. 377.
35. A desistência dos recursos, o acordo sobre a suspensão do processo, a renúncia aos honorários nos acordos celebrados em juízo, a cláusula de eleição de foro etc.

situações jurídicas processuais (ônus, poderes, faculdades e deveres) ou a alteração procedimental. Fredie Didier Júnior[36] chama a atenção para o fato de que não há negociação sobre o direito material em litígio, mas a respeito do processo, com a possível alteração de normas processuais.

Assim é que, a nosso ver, a limitação constante do *caput* do art. 190, que restringe a possibilidade de realização de negócios jurídicos processuais aos feitos que versem sobre direitos que admitam a autocomposição[37] **não tem razão de ser, porquanto vincula a negociação** sobre as normas processuais à viabilidade de solução consensual sobre o direito material, que não será, em regra, objeto do negócio processual. As limitações que devem ser observadas são as que se relacionem à eventual impossibilidade de modificação das normas processuais, as quais constituirão o núcleo do negócio jurídico processual.

Inúmeros negócios jurídicos processuais típicos são admitidos – e já o eram antes da vigência do CPC/2015 – sem que seja necessário fazer qualquer correlação com a viabilidade de solução consensual do litígio, a exemplo da possibilidade de desistência do recurso (art. 998) e da suspensão convencional do processo (art. 313, II).

Qual a razão para vincular a negociação atípica sobre normas processuais à possibilidade de solução consensual a respeito do direito material, portanto?

Para Fredie Didier Júnior[38],

> Embora o negócio processual ora estudado não se refira ao objeto litigioso do processo, é certo que a negociação sobre as situações jurídicas processuais ou sobre a estrutura do procedimento pode acabar afetando a solução do mérito da causa. Um negócio sobre prova, por exemplo, pode dificultar as chances de êxito de uma das partes. Esse reflexo que o negócio processual possa vir a causar na resolução do direito litigioso justifica a proibição de sua celebração em processos cujo objeto não admita autocomposição.

Se o próprio autor considera que apenas algumas espécies de negócios processuais podem se refletir na resolução do direito em litígio (a exemplo daquele que verse sobre provas), por que considerar adequada a vedação

---

36. *Op. cit.*, p. 381.
37. A doutrina aplaude, de modo geral, a referência a "direitos que admitem a autocomposição" no lugar de "direitos disponíveis", visto que mesmo nos feitos que tratam sobre direitos indisponíveis é possível a autocomposição. Nesse sentido, por todos, Daniel Amorim Assumpção Neves (*In*: Manual de direito processual civil: volume único. Salvador: Jus Podivm, 2016, p. 325.
38. *Op. cit.*, p. 387.

legal generalizada à celebração de negócios processuais quando a demanda versar sobre direitos que não admitem autocomposição? Não seria o caso de inadmitir, nessa linha de raciocínio, apenas os negócios processuais que possam atingir indevidamente tais direitos materiais (que não admitem autocomposição)? Não se pode olvidar, conforme afirmamos linhas atrás, que há diversos negócios processuais que podem ser realizados em qualquer tipo de processo, ainda que versem sobre direitos que não podem ser objeto de uma autocomposição.

Ademais, esse risco pode ser afastado por meio do controle judicial da validade dos negócios jurídicos processuais, que pode ocorrer, de ofício ou a requerimento, nos casos de nulidade ou de inserção abusiva em contrato de adesão ou em que alguma parte se encontre em manifesta situação de vulnerabilidade.

Ora, se um negócio jurídico sobre provas, por exemplo, puder dificultar as chances de êxito de uma das partes num feito que verse sobre direitos que não admitem a autocomposição, essa parte estará em situação de vulnerabilidade, podendo, portanto, o magistrado recusar a aplicação do negócio processual celebrado.

Por isso, entende-se que a regra deve ser flexibilizada, admitindo-se a negociação processual mesmo nos processos que versem sobre direitos que não admitem autocomposição, cabendo, nesses casos, um controle jurisdicional mais rigoroso de sua validade, para que não haja prejuízos às partes eventualmente vulneráveis ou ao direito material em litígio.

Essa conclusão é fundamental para a análise da possibilidade de celebração de negócios jurídicos nos processos penais. Ora, se não for possível, em nenhuma circunstância, a celebração de negócios jurídicos processuais quando os direitos em litígio não permitem a autocomposição, ter-se-ia que considerar inviável a negociação sobre normas processuais nas ações penais[39] que não admitem a solução consensual.

No tocante às ações penais privadas[40] (a exemplo dos crimes contra a honra), de iniciativa do ofendido ou de quem tenha qualidade para representá-lo (art.

---

39. As ações penais podem ser classificadas em públicas e privadas; as ações penais públicas subdividem-se em incondicionadas e condicionadas à representação do ofendido ou à requisição do Ministro da Justiça (art. 24 do CPP).

40. A ação penal privada subsidiária da pública, admitida quando esta última não for intentada no prazo legal, transfere ao particular apenas a iniciativa da ação penal, mas ele não passa a dispor dela, sendo incabível o perdão (art. 105 do CP).

30 do CPP), há predomínio do interesse particular sobre o coletivo[41], de modo que não há dúvidas acerca da possibilidade de autocomposição e, bem assim, da ampla admissibilidade da celebração de negócios processuais. O próprio Código de Processo Penal regulamenta alguns negócios processuais típicos nas ações penais privadas, a exemplo da renúncia, expressa ou tácita, ao direito de queixa (anterior ao ajuizamento da ação penal provada), que é espécie de negócio jurídico pré-processual unilateral, pois independe da concordância do agressor (art. 105 do CP e arts. 49 e 50 do CPP); e do perdão, que equivale à desistência da ação e que constitui negócio jurídico processual bilateral, porquanto depende da concordância do querelado (arts. 51 a 58 do CPP), podendo ser celebrado, inclusive, extraprocessualmente (art. 56). Assim é que, observado o requisito da possibilidade de autocomposição, nos termos do que exige o art. 190 do CPC/2015, não haverá maiores discussões acerca da viabilidade de celebração de negócios jurídicos processuais atípicos nas ações penais privadas.

Relativamente às ações penais públicas, entrementes, vigoram os princípios da obrigatoriedade e da indisponibilidade: pelo primeiro, não cabe juízo de conveniência ou oportunidade acerca do início da persecução penal por parte da autoridade policial e dos membros do Ministério Público, os quais devem atuar quando presentes os requisitos legais[42]; já de acordo com o segundo, que decorre do princípio da obrigatoriedade, "uma vez iniciado o inquérito policial ou o processo penal, os órgãos incumbidos da persecução criminal não podem deles dispor"[43], daí porque não é possível o arquivamento do inquérito pela autoridade policial (art. 17 do CPP) e nem a desistência da ação penal (art. 42 do CPP) e do recurso (art. 576 do CPP), embora, quanto a este último, não haja obrigatoriedade de interposição, admitindo-se, portanto, a renúncia ao direito de recorrer (negócio processual unilateral).

Apesar de não existir uma necessária correlação entre obrigatoriedade/indisponibilidade e possibilidade de autocomposição (como já assinalado anteriormente), é exatamente em função das primeiras que não se afigura viável, em regra, a solução consensual nas ações penais públicas.

---

41. NUCCI, Guilherme de Souza. Manual de Processo Penal e Execução Penal. São Paulo: Revista dos Tribunais, 2008, p. 202 se esta não for intentada no prazo legal, cabendo ao Ministério Público aditar a queixa, repudiá-la e oferecer denúncia substitutiva, intervir em todos os termos do processo, fornecer elementos de prova, interpor recurso e, a todo tempo, no caso de negligência do querelante, retomar a ação como parte principal.

42. TÁVORA, Nestor e ALENCAR, Rosmar Rodrigues. Op. cit., p. 56.

43. Idem, p. 57.

Ocorre que, no processo penal brasileiro, seguindo-se uma tendência mundial[44], tais princípios têm sido relativizados, de modo a se admitir a solução consensual em alguns litígios de natureza penal, mesmo nas ações públicas. Por consequência, se tal requisito for reputado essencial para a admissibilidade dos negócios jurídicos processuais, nessas demandas será possível a sua celebração.

Nessa senda, a Constituição Federal, em seu art. 98, determinou à União e aos Estados a criação de "juizados especiais, (...) competentes para a conciliação, o julgamento e a execução de (...) infrações penais de menor potencial ofensivo", permitindo o texto constitucional expressamente a transação nesses casos.

A Lei 9.099/95, em obediência ao dispositivo constitucional acima referido, instituiu os juizados especiais cíveis e criminais, tratando destes últimos a partir de seu art. 60, regulamentando o denominado procedimento sumaríssimo e criando institutos despenalizadores, tais como a transação penal, a composição dos danos civis e a suspensão condicional do processo, aplicáveis às ações penais privadas e públicas, condicionadas e incondicionadas, desde que a pena máxima cominada ao crime ou à contravenção penal não seja superior a 2 (dois) anos, cumulada ou não com multa (art. 61 da Lei sob comento, que define os crimes de menor potencial ofensivo).

A composição dos danos civis (negócio jurídico bilateral), que constitui hipótese de conciliação entre vítima e autor do fato (por meio de indenização ou retratação[45]), uma vez homologada pelo juiz, terá eficácia de título executivo judicial (art. 74). Além disso, o acordo homologado acarreta a renúncia ao direito de queixa ou representação, caso se trate de ação penal privada ou pública condicionada à representação, evidenciando-se, desse modo, como espécie de negócio jurídico processual. É cabível a composição dos danos civis na ação penal pública incondicionada relativamente a crimes de menor potencial ofensivo, porém haverá continuidade do procedimento[46].

Não obtida a conciliação, pode ser oferecida, pelo ofendido nas ações penais privadas[47] e pelo Ministério Público nas ações penais públicas, proposta de transação penal (art. 76 da Lei 9.099/95), consubstanciada na aplicação imediata de pena restritiva de direitos ou de multa.

---

44. *Idem*, p. 1640.
45. TÁVORA, Nestor e ALENCAR, Rosmar Rodrigues. *Op. cit.*, p. 1642.
46. *Idem ibidem*.
47. Se o ofendido for omisso, a legitimidade passa ao Ministério Público (*Idem*, p. 1645).

Não é impositiva a proposta de transação penal, porquanto o Ministério Público pode, por exemplo, requerer diligências, pleitear o arquivamento do termo circunstanciado de ocorrência ou entender que não é caso de propor transação penal, por não restarem preenchidos os requisitos constantes do art. 76 da Lei 9.099/95[48] e, desse modo, oferecer denúncia. Presentes, no entanto, os pressupostos objetivos e subjetivos do art. 76, sem que seja o caso de arquivamento ou de novas diligências, deve haver proposta de transação penal, que se caracteriza como poder-dever do Ministério Público[49].

Uma vez oferecida a proposta de transação penal, deve haver aceitação por parte do autor do fato e de seu defensor (art. 76, § 3º). O magistrado também deve analisá-la, homologando-a por meio de sentença e aplicando a pena restritiva de direitos ou multa, conforme o caso (art. 76, § 4º). A transação penal, uma vez aceita e homologada, impede o início da ação penal. O Ministério Público, portanto, ao oferecer a proposta de transação penal mediante aplicação de penas restritivas de direitos ou multa, está abrindo mão da propositura da ação penal, o que configura negócio jurídico processual[50] e se constitui como espécie de negócio bilateral, uma vez que deve haver concordância por parte do autor do fato, que aceita a aplicação da sanção penal para gozar dos benefícios contidos na Lei 9.099/95: a incidência das penas não importa em reincidência, não consta da certidão de antecedentes criminais e não tem efeitos civis.

Na Lei 9.099/95 há outra espécie de negócio jurídico processual típico: a suspensão condicional do processo, prevista em seu art. 89[51]. O Ministério

---

48. Art. 76, § 2º: Não se admitirá a proposta se ficar comprovado: I - ter sido o autor da infração condenado, pela prática de crime, à pena privativa de liberdade, por sentença definitiva; II - ter sido o agente beneficiado anteriormente, no prazo de cinco anos, pela aplicação de pena restritiva ou multa, nos termos deste artigo; III - não indicarem os antecedentes, a conduta social e a personalidade do agente, bem como os motivos e as circunstâncias, ser necessária e suficiente a adoção da medida.
49. STJ, APn 634/RJ, Rel. Ministro FELIX FISCHER, CORTE ESPECIAL, julgado em 21/03/2012, DJe 03/04/2012.
50. Bem antes da vigência do CPC/2015, Stela Valéria Soares de Farias Cavalcanti (In: Negócios Jurídicos Processuais Penais. Disponível em: http://mestradodireitoufal.blogspot.com.br/2008/12/negcios--jurdicos-processuais-penais.html?m=1, capturado em: 05.12.2016) escreveu sobre o tema, fazendo referência à transação penal e à suspensão condicional do processo como hipóteses de negócios jurídicos processuais penais.
51. Nos crimes em que a pena mínima cominada for igual ou inferior a um ano, abrangidas ou não por esta Lei, o Ministério Público, ao oferecer a denúncia, poderá propor a suspensão do processo, por dois a quatro anos, desde que o acusado não esteja sendo processado ou não tenha sido condenado por outro crime, presentes os demais requisitos que autorizariam a suspensão condicional da pena (art. 77 do Código Penal).

Público oferece a denúncia e faz a proposta de suspensão condicional do processo, pelo prazo de dois a quatro anos, que deve ser aceita pelo acusado e seu defensor, perante o juiz, o qual, recebendo a denúncia, suspenderá o processo, ficando o acusado submetido ao denominado período de prova, mediante o preenchimento de determinadas condições, além de outras que podem ser estabelecidas em juízo: I – reparação do dano, salvo impossibilidade de fazê-lo; II – proibição de frequentar determinados lugares; III – proibição de ausentar-se da comarca onde reside, sem autorização do Juiz; IV – comparecimento pessoal e obrigatório a juízo, mensalmente, para informar e justificar suas atividades.

Conforme destaca Stela Valéria Soares de Farias[52], "o acusado pode aceitar ou não a proposta apresentada, bem como discutir alguns dos seus termos, semelhante ao que ocorre na transação penal", o que evidencia ainda mais o caráter negocial da suspensão condicional do processo[53]. Cumpridas as condições fixadas durante o período de prova, haverá extinção do processo e da punibilidade do agente.

Com essas considerações, percebe-se que o legislador criou modalidades típicas de negócios jurídicos processuais nos feitos relativos a crimes definidos como de menor potencial ofensivo, seja a ação penal privada ou pública e, nesse último caso, condicionada ou incondicionada. Há possibilidade de composição dos danos e de transação penal, admitindo-se, desse modo, a conciliação entre a vítima e o autor do fato e entre o Ministério Público e o acusado.

Por via de consequência, tem-se que nas ações penais que versem sobre crimes e contravenções penais de menor potencial ofensivo nas quais são cabíveis os institutos despenalizadores acima referidos, como é cabível a conciliação, também não haverá maiores discussões sobre a possibilidade de negociação atípica, com esteio no art. 190 do CPC.

Nas ações penais públicas nas quais são inaplicáveis os institutos despenalizadores previstos na Lei 9.099/95 (tais como as relativas a crimes com

---

52. Op. cit.
53. Há decisão do Tribunal de Justiça do Distrito Federal atribuindo à suspensão condicional do processo natureza de negócio jurídico processual: "Considerando que o benefício da suspensão condicional do processo é um negócio jurídico-processual, no qual, as partes são livres para transigirem, cabendo ao réu aceitar ou não a proposta lhe oferecida, inviável a sua rediscussão em sede de Habeas Corpus, eis que, em caso de insatisfação, deveria ser recusado no momento em que fora oferecido". Processo nº 0047249-19.2016.8.07.0000, publicado no DJe de 27/10/2016.

pena máxima superior a 2 anos) não há possibilidade de solução consensual, o que afastaria, em tese, a incidência do art. 190 do CPC/2015. Apesar disso, não se deve reputar absolutamente vedada a celebração de negócios jurídicos processuais, unilaterais ou bilaterais, nessas espécies de demandas penais.

Em primeiro lugar, porque há exemplos de negócios jurídicos pré-processuais nas ações penais públicas condicionadas, nas quais a denúncia só pode ser oferecida se houver representação ou requisição[54]. A representação do ofendido e a requisição do Ministro da Justiça equivalem a manifestações de vontade que autorizam a instauração da ação penal pelo Ministério Público. São, portanto, espécies de negócios jurídicos pré-processuais. A retratação do ofendido ou de seu representante legal, que pode voltar atrás e desistir da representação, também é espécie de negócio jurídico e é pré-processual, porquanto só é cabível *antes* do oferecimento da denúncia (art. 25 do CPP e art. 102 do CP).

Além disso, há também negócios processuais unilaterais previstos no CPP, como a desistência da inquirição de testemunhas (art. 401, § 2º) e a desistência do recurso pelo réu (interpretação do art. 576, que apenas veda a desistência do recurso interposto pelo Ministério Público); e há também situações em que não se vislumbra qualquer impedimento para a celebração de convenções processuais entre as partes, tais como: a) a suspensão do processo em decorrência da existência de questões prejudiciais (arts. 92 a 94 do CPP), que pode ser requerida em conjunto pelas partes; b) a realização do interrogatório do réu preso por sistema de videoconferência ou outro recurso tecnológico de transmissão de sons e imagens em tempo real, nos termos do art. 185 do CPP; c) a recusa dos jurados sorteados para o júri, que pode ser feita por um único defensor, caso haja mais de um acusado; d) e a possibilidade de combinação da distribuição do tempo de fala de advogado durante os debates (art. 477, § 1º), na hipótese de haver mais de um acusador ou mais de um defensor, desde que não excedam o limite estabelecido pelo *caput* do mesmo artigo.

Também não se pode deixar de fazer referência à denominada colaboração premiada, autorizada e regulada pela Lei nº 12.850/2013, que permite a

---

54. Para Guilherme de Souza Nucci (*Op. cit.*, p. 195), "as condições específicas da ação penal não passam de uma particular possibilidade jurídica do pedido. O Ministério Público somente encontra viabilidade para demandar do Poder Judiciário a apreciação do seu pedido condenatório, diante da imputação de um crime a alguém, quando a vítima oferece sua *autorização*. Sem esta manifestação de vontade, é juridicamente impossível que o pedido seja apreciado, logo, que a ação penal seja ajuizada".

celebração de diversas espécies de negócios jurídicos processuais[55] em quaisquer espécies de ação penal e que tem sido considerada espécie de negócio jurídico processual personalíssimo por nossos tribunais superiores[56].

Por isso a vinculação da possibilidade de realização de negócios jurídicos processuais aos feitos que versem sobre direitos que admitem autocomposição nos parece equivocada e a exigência prevista no art. 190 do CPC/2015 deve ser relativizada, sempre que o negócio celebrado não importe em nulidade ou em prejuízo à parte que se encontre em situação de vulnerabilidade.

Não se pode olvidar que os membros do Ministério Público têm o dever defender a ordem jurídica, inclusive quando atuam como parte nos processos penais, de modo que, ao celebrarem negócio jurídico processual com o acusado e seu defensor e eventualmente com o juiz, certamente buscarão atender aos limites acima referidos, evitando nulidades e, bem assim, colocar o réu em situação de vulnerabilidade. Se isso ocorrer, haverá sempre a possibilidade de controle judicial, no sentido de recusar a aplicação do negócio processual respectivo, notadamente quando houver risco de violação aos direitos e garantias constitucionais relativos ao direito penal e ao processo penal, tais como a liberdade e a presunção de inocência.

A negociação atípica deve ser, portanto, admissível também nos processos penais que não permitem solução consensual. Nada impede que o Ministério Público e o acusado convencionem, por exemplo, sobre a redução ou ampliação de prazos processuais, a alteração na ordem de apresentação das alegações

---

55. Art. 4º, da Lei 12.850/2013: "O juiz poderá, a requerimento das partes, conceder o perdão judicial, reduzir em até 2/3 (dois terços) a pena privativa de liberdade ou substituí-la por restritiva de direitos daquele que tenha colaborado efetiva e voluntariamente com a investigação e com o processo criminal (...)"; Art. 4º, § 3º: "O prazo para oferecimento de denúncia ou o processo, relativos ao colaborador, poderá ser suspenso por até 6 (seis) meses, prorrogáveis por igual período, até que sejam cumpridas as medidas de colaboração, suspendendo-se o respectivo prazo prescricional". Art. 4º, § 4º: Nas mesmas hipóteses do *caput,* o Ministério Público poderá deixar de oferecer denúncia se o colaborador: I - não for o líder da organização criminosa; II - for o primeiro a prestar efetiva colaboração nos termos deste artigo.; Art. 4º, § 5º: Se a colaboração for posterior à sentença, a pena poderá ser reduzida até a metade ou será admitida a progressão de regime ainda que ausentes os requisitos objetivos.

56. "A colaboração premiada é uma técnica especial de investigação, meio de obtenção de prova advindo de um negócio jurídico processual personalíssimo, que gera obrigações e direitos entre as partes celebrantes (Ministério Público e colaborador), não possuindo o condão de, por si só, interferir na esfera jurídica de terceiros, ainda que citados quando das declarações prestadas, faltando, pois, interesse dos delatados no questionamento quanto à validade do acordo de colaboração premiada celebrado por outrem. Precedentes do STF e STJ". (RHC 69.988/RJ, Rel. Ministro REYNALDO SOARES DA FONSECA, QUINTA TURMA, julgado em 25/10/2016, DJe 07/11/2016)

finais ou de oitiva de testemunhas, caso se considere que tais mudanças não importarão em prejuízos às partes e que acarretarão uma maior efetividade ao processo penal.

4. CONCLUSÃO

A negociação processual, típica e atípica, é plenamente admitida nas ações penais privadas, nas quais prevalece o interesse particular sobre o público.

Nas ações penais públicas, entrementes, em razão dos princípios da obrigatoriedade e da indisponibilidade, há restrições à solução consensual e, em consequência, à realização de negócios jurídicos processuais contidas na própria legislação, que devem ser evidentemente observadas pelos operadores do direito.

De outro lado, há normas que autorizam a celebração de negócios jurídicos pré-processuais e processuais típicos, tanto nas ações penais públicas que admitem a autocomposição, a exemplo da transação penal e da suspensão condicional do processo (institutos aplicáveis às contravenções penais e aos crimes considerados de menor potencial ofensivo), como naquelas que não autorizam a solução consensual, como a desistência da oitiva de testemunhas, a renúncia ao recurso e a colaboração premiada.

Daí porque se considera possível, em tese, a celebração de negócios processuais atípicos, com base no art. 190 do CPC/2015, nas ações penais públicas, ainda quando versem sobre direitos que não admitem a autocomposição, requisito que, inclusive, não deveria estar previsto no pré-falado dispositivo, já que o negócio processual não terá por objeto o direito material em litígio, mas sim normas processuais.

Por isso, entende-se que o sobredito pressuposto deve ser relativizado, em prol da efetividade do processo, admitindo-se a celebração de negócios jurídicos processuais atípicos nos feitos de natureza criminal.

Nas ações penais públicas, contudo, deve haver um controle mais rígido da validade de tais negócios por parte da autoridade judicial – no sentido de recusar aplicação aos negócios em que se verificar alguma nulidade ou àqueles que coloquem uma das partes em situação de vulnerabilidade – e também pelo próprio Ministério Público que, a par de ser o órgão acusador, é também fiscal da ordem jurídica, para que não haja violação às garantias fundamentais do cidadão e, notadamente, ao direito à liberdade.

5. REFERÊNCIAS

ALVIM, Eduardo Arruda. *Direito Processual Civil*. São Paulo: RT, 2013.

CABRAL, Antônio do Passo. *Convenções processuais*. Salvador: JusPodivm, 2006, pp. 48/49.

CAVALCANTI, Stela Valéria Soares de Farias. *Negócios Jurídicos Processuais Penais*. Disponível em: <http://mestradodireitoufal.blogspot.com.br/2008/12/negocios-jurdicos-processuais-penais.html?m=1>, capturado em: 05.12.2016)

CINTRA, Antônio Carlos de Araújo, GRINOVER, Ada Pellegrini e DINAMARCO, Cândido Rangel. *Teoria Geral do Processo*. São Paulo: Malheiros, 2009

DIDIER JÚNIOR, Fredie. *Curso de Direito Processual Civil*: introdução ao direito processual civil, parte geral e processo de conhecimento. Salvador: Jus Podivm, 2015, pp. 376/377.

_____. *Sobre a teoria geral do processo, essa desconhecida*. Salvador: Jus Podivm, 2012.

GAJARDONI, Fernando da Fonseca. *Impactos do Novo CPC no processo penal*. Disponível em: <http://jota.info/artigos/impactos-do-novo-cpc-no-processo-penal%C2%B9-11052015>, capturado em 01.11.2016.

MARQUES, Cláudia Lima. *Diálogo entre o Código de Defesa do Consumidor e o novo Código Civil: do "diálogo das fontes" no combate às cláusulas abusivas*. Revista de Direito do Consumidor nº 45. Ano 12, janeiro/março de 2003, p. 71 a 93.

NEVES, Daniel Amorim Assumpção. *Manual de direito processual civil*: volume único. Salvador: Jus Podivm, 2016, p. 325.

NOGUEIRA, Pedro Henrique. *Negócios jurídicos processuais*. Salvador: Jus Podivm, 2016

NUCCI, Guilherme de Souza. *Manual de Processo Penal e Execução Penal*. São Paulo: Revista dos Tribunais, 2008

TÁVORA, Nestor ALENCAR, Rosmar Rodrigues. *Curso de Direito Processual Penal*. Salvador: Jus Podivm, 2016, p.32

TUCCI, Rogério Lauria. *Considerações acerca da inadmissibilidade de uma Teoria Geral do Processo*. Revista Jurídica. Porto Alegre, 2001, n. 281.

BREVE ENSAIO SOBRE A POSTURA DOS ATORES PROCESSUAIS EM RELAÇÃO AOS MÉTODOS ADEQUADOS DE RESOLUÇÃO DE CONFLITOS[1]

Rodrigo Mazzei[2]
Bárbara Seccato Ruis Chagas[3]

Sumário: 1. Introdução – 2. As partes – 3. Os auxiliares da Justiça: Conciliadores e Mediadores – 3.1. Outros auxiliares da Justiça: o Oficial de Justiça – 4. Advogados, Defensores Públicos e Ministério Público – 5. O Juiz – 6. Breve Fechamento – Referências.

1. INTRODUÇÃO

A partir da Constituição Federal de 1988, a ampliação do rol de direitos e garantias fundamentais, dentre os quais se devem destacar o acesso à justiça e a inafastabilidade do Judiciário, pode ser apontada como catalisadora do

---

1. Trabalho elaborado a partir de reflexões desenvolvidas no Núcleo de Estudos em Arbitragem e Processo Internacional (NEAPI) e no Programa de Pós-graduação em Direito, ambos da Universidade Federal do Espírito Santo (UFES).
2. Pós-doutorado (UFES), Doutor (FADISP) e Mestre (PUC/SPC). Professor da UFES (graduação e mestrado). Diretor Geral da Escola Superior da Advocacia (OAB/ES). Vice Presidente do Instituto dos Advogados do Espírito Santo (IAEES). Professor coordenador do Núcleo de Estudos em Arbitragem e Processo Internacional (NEAPI-UFES).
3. Mestranda pela Universidade Federal do Espírito Santo (PPGDIR-UFES). Membro do Núcleo de Estudos em Arbitragem e Processo Internacional (NEAPI-UFES). Diretora temática da Escola Superior da Advocacia (OAB/ES): Métodos adequados de resolução de conflitos.

crescimento das ações judiciais. Soma-se a isso a globalização, a diversificação das relações sociais e, com a maior interação das pessoas, um número maior de conflitos surgidos.

O crescimento de demandas não se restringe ao ordenamento jurídico brasileiro. Humberto Lima de Lucena Filho[4] analisa que, com a crise do Liberalismo, o Estado é repaginado, ampliando a promoção dos direitos sociais, também chamados prestacionais, bem como sua tutela. De outro giro, Catarina Frade[5] analisa que o aumento do acionamento do Judiciário, cuja prestação também pode ser considerada como um serviço consumido pelo cidadão, relaciona-se geográfica e historicamente com a diversificação do consumo.

A situação de abarrotamento do Poder Judiciário brasileiro apresenta-se inegável. No relatório anual "Justiça em Números", de 2014, com base em dados colhidos no ano de 2013, realizado pelo Conselho Nacional de Justiça (CNJ), observa-se que o total de processos em estoque no Poder Judiciário brasileiro no referido período ultrapassou o montante de 66 milhões[6].

Em verdade, o que se percebe é que, uma vez previstas as garantias e os direitos fundamentais no texto constitucional de 1988, faz-se necessário implementar medidas para efetivá-los. Nesse sentido, passa-se a discutir a incrementação dos meios de resolução de conflitos para além da exclusiva imposição da decisão pelo Estado-juiz.

Nesse cenário de ampliação de direitos e garantias fundamentais pós-1988, em 2010, o Conselho Nacional de Justiça (CNJ) editou a Resolução nº 125, que dispõe sobre a Política Judiciária Nacional de tratamento adequado dos conflitos de interesses. O ato normativo apresenta as primeiras diretrizes gerais para a implementação dos meios não-adjudicatórios de resolução de conflitos, especialmente a mediação e a conciliação.

---

4. A cultura da litigância e o Poder Judiciário: noções sobre as práticas demandistas a partir da Justiça Brasileira. In: Conselho Nacional de Pesquisa e Pós-Graduação em Direito- CONPEDI. (Org.). Anais do XXI Encontro Nacional do Conselho de Pesquisa e Pós-Graduação em Direito- 'Sistema Jurídico e Direitos fundamentais Individuais e Coletivos'. 56 ed. Florianópolis: Fundação Boiteux, 2012, v. 21, p. 34-64.
5. A resolução alternativa de litígios e o acesso à justiça: A mediação do sobreendividamento. *Revista Crítica de Ciências Sociais (on line),*65, Maio 2003: 107-128, disponível em <http://rccs.revues.org/1184>.
6. JUSTIÇA, Conselho Nacional de. *Justiça em números 2014.* Disponível em < ftp://ftp.cnj.jus.br/Justica_em_Numeros/relatorio_jn2014.pdf>.

Finalmente, no presente ano de 2015, o tema volta a ser destaque nos meios jurídicos, diante do Código de Processo Civil de 2015. Em seu artigo 3º, o código determina que os métodos de solução consensual de conflitos deverão ser estimulados pelos atores do processo[7]. Em adição, ainda na *vacatio legis* do CPC/2015, promulgou-se, a chamada "Lei de Mediação" (Lei 13.140/2015), com o objetivo de disciplinar a autocomposição de conflitos.

Neste contexto, os *métodos adequados de resolução de conflitos* têm sido abordados pelo meio jurídico sob duas principais óticas: de um lado, uma visão mais otimista, julgando que as alterações legislativas podem inaugurar um novo paradigma quanto à concepção de acesso à justiça e quanto ao tratamento dos conflitos entre os cidadãos; de outro, uma perspectiva mais apreensiva, desacreditando na mudança, seja pela falta de crédito dos mecanismos em si, seja pelas carências estruturais do Estado brasileiro.

Importante esclarecer que o ensaio se vale da expressão *métodos adequados de resolução de conflitos*, em descarte a duas outras formas usualmente utilizadas, que podem causar alguns embaraços, a saber: (a) métodos *alternativos* de resolução de conflitos e (b) métodos de solução *consensual* de conflitos[8]. O uso da palavra *adequada* na expressão permite, de plano, analisar que há *opções* entre os *diversos meios de solução dos conflitos*, tendo as partes escolhido justamente a opção mais *adequada*, isto é, a que melhor se amolda à situação concreta. Tal constatação, por si só, já indica que o uso da expressão *métodos alternativos* não é a mais feliz, pois pode conduzir à ideia de que não existe meio mais *adequado* (já que alternativas podem ser opções de mesma eficiência) ou, pior ainda, que a solução preferencial (ou mais comum) é a decisão por terceiro, sendo a *autocomposição* apenas uma alternativa àquela. Em relação ao descarte da expressão *métodos de solução consensual de conflitos* tal postura se dará apenas quando se voltar para solução outra que não a judicial, mas que reclama *heterocomposição*. Com efeito, há soluções (trilhas) que são *adequadas* à resolução do conflito, mas que, apesar de não estarem no seio do Poder Judiciário, não são (ao menos totalmente) *consensuais*, como é o caso clássico da arbitragem. Há, inclusive, no CPC/2015, alguma confusão no uso das expressões, justificando a postura

---

7. CPC/15, art. 3º, § 3º "A conciliação, a mediação e outros métodos de solução consensual de conflitos deverão ser estimulados por juízes, advogados, defensores públicos e membros do Ministério Público, inclusive no curso do processo judicial."

8. Sem prejuízo de outras expressões, tal como métodos **complementares** de resolução de conflitos, que também parte da premissa equivocada de preenchimento do espaço não ocupado pela resolução *judicial* dos conflitos.

aqui firmada, consoante pode se verificar do art. 359, que trata a arbitragem como uma espécie de *solução consensual de conflitos*. [9]

Com base nos pontos fincados acima, o ensaio – de forma bem breve – busca propor reflexões iniciais sobre a mudança quanto ao tratamento dos conflitos no Brasil, com enfoque nos papéis dos atores processuais diante do litígio. Para tanto, traçar-se-á como norte o Código de Processo Civil Brasileiro de 2015, que representa a principal fonte normativa responsável por disciplinar a resolução de conflitos no ordenamento pátrio, sem prejuízo do necessário diálogo com a Lei 13.140/2015.

2. AS PARTES

Os primeiros sujeitos que analisaremos serão as partes. Não se trata de opção meramente arbitrária: ao trabalhar os métodos adequados de resolução de conflitos, o enfoque deve ser distinto do litígio judicial. Isso porque, no processo judicial, tradicionalmente, as partes são personagens imprescindíveis, em teoria; mas, na prática, não exercem uma função tão efetiva, ao menos com convergência em busca da solução final (de mérito) da questão em pendenga. As partes, no processo, atuam por meio de seus advogados, que revestem o discurso de linguagem técnica, e o magistrado, ao final, num olhar retrospectivo para a situação litigiosa, outorga a decisão.

Nos métodos autocompositivos, por outro lado, as partes são efetivas protagonistas do procedimento[10]. O objetivo, especialmente da mediação[11], consiste em permitir que os interessados sejam capazes de identificar os

---

9. Senão vejamos a redação legal do art. 359: Instalada a audiência, o juiz tentará conciliar as partes, independentemente do emprego anterior de outros métodos de solução consensual de conflitos, como a mediação e a arbitragem. No sentido, com crítica a redação legal, confira-se: MAZZEI, Rodrigo; GONÇALVES, Tiago Figueiredo. In *Código de Processo Civil Comentado*. Helder Moroni Câmara (coord). São Paulo: Almedina, 2016, p. 537.

10. Vale ressaltar, neste ínterim, que a mudança de paradigma das partes em relação ao procedimento também pode ser observada no CPC/15 quanto aos negócios jurídicos processuais (*convenções processuais*), previstos de maneira no artigo 190 (cláusula geral dos negócios jurídicos atípicos). A respeito do tema, indica-se a leitura MAZZEI, Rodrigo; CHAGAS, B. S. R.. Os negócios jurídicos processuais e a arbitragem. In: Antonio do Passo Cabral; Pedro Henrique Nogueira. (Org.). *Negócios processuais*. 1ed. Salvador: Juspodivm, 2015, p. 521-539.

11. No tema mediação e conciliação segundo no Novo CPC, entre vários, confira-se: MAZZEI, Rodrigo; MERÇON-VARGAS, Sarah. Comentários aos artigos 165-175. In Novo Código de Processo Civil anotado e comoparado. Simone Diogo Carvalho Figueiredo (coord.). São Paulo: Saraiva, 2015, p. 203-215.

pontos nodais das controvérsias e de implementar um diálogo[12]. Assim, há uma visão prospectiva – volta-se para o futuro, no intuito de que, a partir das habilidades desenvolvidas no curso do procedimento adequado, aquelas partes não só resolvam o conflito como, também, sejam capazes de evitar a judicialização de outros conflitos.

Nesse contexto, destacam-se – dentre outros – dois princípios orientadores dos métodos adequados de resolução de conflitos no novo cenário processual brasileiro: (i) o da *autonomia da vontade* e o (ii) da *confidencialidade*[13].

A autonomia da vontade[14] apresenta-se essencial, pois corrobora o que foi dito a respeito do protagonismo das partes quanto ao procedimento. Nesse sentido, as partes podem deliberar sobre as regras procedimentais (CPC/15, art. 166, § 4º[15]) e escolher, de comum acordo, o terceiro imparcial que auxiliará na resolução do conflito (CPC/15, art. 168, *caput*[16]). Ainda, segundo a Lei de Mediação, as partes podem estipular cláusulas escalonadas (art. 23[17]), condicionando o início da via judicial ou arbitral à prévia tentativa de resolução autocompositiva.

A confidencialidade, a seu turno, configura outro pilar dos procedimentos autocompositivos. Por se contrapor à publicidade dos atos processuais,

---

12. Nesse sentido, o § 3º do art. 165 do CPC/15 assevera que o mediador deve auxiliar "os interessados a compreender as questões e os interesses em conflito, de modo que eles possam, pelo restabelecimento da comunicação, identificar, por si próprios, soluções consensuais que gerem benefícios mútuos" (grifo nosso).

13. Tais princípios encontram-se previstos no *caput* do art. 166 do CPC/15: "Art. 166 A conciliação e a mediação são informadas pelos princípios da independência, da imparcialidade, da autonomia da vontade, da confidencialidade, da oralidade, da informalidade e da decisão informada." No que tange especificamente à mediação, a Lei 13.140/2015 apresenta princípios em seu art. 2º.

14. Para Fernando Gama de Miranda Netto e Irineu Carvalho de Oliveira Soares, "a autonomia da vontade deve ser subdividida em dois subprincípios, quais sejam: a voluntariedade e a autodeterminação". Princípios procedimentais da mediação no novo Código de Processo Civil. In ALMEIDA, Diogo Assumpção Rezende de; PANTOJA, Fernanda Medina; PELAJO, Samantha. *A mediação no novo Código de Processo Civil*. Rio de Janeiro: Forense, 2015. p. 216.

15. Art. 166 (...) § 4º A mediação e a conciliação serão regidas conforme a livre autonomia dos interessados, inclusive no que diz respeito à definição das regras procedimentais.

16. Art. 168. As partes podem escolher, de comum acordo, o conciliador, o mediador ou a câmara privada de conciliação e de mediação.

17. Art. 23. Se, em previsão contratual de cláusula de mediação, as partes se comprometerem a não iniciar procedimento arbitral ou processo judicial durante certo prazo ou até o implemento de determinada condição, o árbitro ou o juiz suspenderá o curso da arbitragem ou da ação pelo prazo previamente acordado ou até o implemento dessa condição. Parágrafo único. O disposto no caput não se aplica às medidas de urgência em que o acesso ao Poder Judiciário seja necessário para evitar o perecimento de direito.

encontra-se discriminada nos parágrafos 1º e 2º do art. 166 do CPC/15[18], bem como nos artigos 30 e 31 da Lei de Mediação[19]. Associada à oralidade e à informalidade, permite que as partes se expressem livremente, sem a preocupação de que alguma informação pessoal debatida possa ser usada contra si no julgamento do processo.

A confidencialidade é postura que deve ser respeitada para beneficiar (e proteger), essencialmente, às partes e, por isso, por elas pode ser afastada, mediante comum acordo[20]-[21]. Correta, portanto, a orientação que foi firmada no Enunciado nº 62, produzido no encontro da Escola Nacional de Formação e Aperfeiçoamento de Magistrados (ENFAM) acerca do CPC/2015, ao apontar que: "o conciliador e o mediador deverão advertir os presentes, no início da sessão ou audiência, da extensão do princípio da confidencialidade a todos os participantes do ato".[22]

---

18. Art. 166 (...) § 1º A confidencialidade estende-se a todas as informações produzidas no curso do procedimento, cujo teor não poderá ser utilizado para fim diverso daquele previsto por expressa deliberação das partes. § 2º Em razão do dever de sigilo, inerente às suas funções, o conciliador e o mediador, assim como os membros de suas equipes, não poderão divulgar ou depor acerca de fatos ou elementos oriundos da conciliação ou da mediação.

19. Art. 30. Toda e qualquer informação relativa ao procedimento de mediação será confidencial em relação a terceiros, não podendo ser revelada sequer em processo arbitral ou judicial salvo se as partes expressamente decidirem de forma diversa ou quando sua divulgação for exigida por lei ou necessária para cumprimento de acordo obtido pela mediação. § 1º O dever de confidencialidade aplica-se ao mediador, às partes, a seus prepostos, advogados, assessores técnicos e a outras pessoas de sua confiança que tenham, direta ou indiretamente, participado do procedimento de mediação, alcançando: I- declaração, opinião, sugestão, promessa ou proposta formulada por uma parte à outra na busca de entendimento para o conflito; II- reconhecimento de fato por qualquer das partes no curso do procedimento de mediação; III- manifestação de aceitação de proposta de acordo apresentada pelo mediador; IV- documento preparado unicamente para os fins do procedimento de mediação. § 2º A prova apresentada em desacordo com o disposto neste artigo não será admitida em processo arbitral ou judicial. § 3º Não está abrigada pela regra de confidencialidade a informação relativa à ocorrência de crime de ação pública. § 4º A regra da confidencialidade não afasta o dever de as pessoas discriminadas no caput prestarem informações à administração tributária após o termo final da mediação, aplicando-se aos seus servidores a obrigação de manterem sigilo das informações compartilhadas nos termos do art. 198 da Lei nº 5.172, de 25 de outubro de 1966- Código Tributário Nacional.
Art. 31. Será confidencial a informação prestada por uma parte em sessão privada, não podendo o mediador revelá-la às demais, exceto se expressamente autorizado.

20. Nesse sentido, há ressalva expressa no art. 30 da Lei 13.140/15 (Lei da mediação).

21. Correto, portanto, o entendimento consolidado no Enunciado nº 56, advindo de encontro da Escola Nacional de Formação e Aperfeiçoamento de Magistrados (ENFAM) acerca do novo CPC. Confira-se a conclusão enunciada: "Nas atas das sessões de conciliação e mediação, somente serão registradas as informações expressamente autorizadas por todas as partes".

22. Saliente-se que a confidencialidade dever ser aplicada ainda que a autocomposição tenha ambiente no âmbito das operações efetuados no Ministério Público, consoante se infere do § 2º do art. 10 a

Mister registrar que há regras no próprio âmbito do CPC indicando que a confidencialidade não pode ser tratada de forma inflexível, sem a possibilidade de algum tipo de modulação, ainda que pontual. Como exemplo, pode se tirar o disposto no art. 154, VI, do CPC/15[23], que permite a qualquer das partes abrir a "porta" da autocomposição, apresentando proposta ao Oficial de Justiça quando ele estiver cumprindo ato judicial.

Na exemplificação acima efetuada, a proposta inicial terá que ser colacionada nos autos, ou seja, exteriorizando proposição que não estará albergada pela confidencialidade. O caminho habitual será de que a contraparte examinará o que foi proposto, aceitando ou não o que foi cravado pelo proponente. Tal fato, contudo, não significa engessamento na trilha criada pelo legislador que, com iluminação na flexibilização e eficiência, poderá comportar outras posturas, como a apresentação de contraproposta por escrito ou mesmo que seja marcada audiência de conciliação (e/ou sessão de mediação, a depender do caso), para que as partes possam discutir termos que levem à autocomposição, ajustando-se a proposta inicial apresentada nos autos.

Portanto, no exemplo utilizado, ainda que ocorra publicidade em parte do procedimento, a confidencialidade deverá ser aplicada naquilo que couber, notadamente em relação às questões que envolvam a eventual negociação. Afigura-se, inclusive, que tal audiência (e/ou sessão) clamará a figura do especialista (conciliador e/ou mediador), não devendo ser conduzida exclusivamente pelo juiz. Trata-se de postura que deve ser prestigiada justamente para que a confidencialidade não seja prejudicada, em atenção à inteligência disposta no § 1º do art. 334 e do art. 139, V, já que tais dispositivos deixam claro que a autocomposição deve ser feita preferencialmente com auxílio de conciliadores e mediadores judiciais, sem contaminar o juiz como possível *decisor* da questão, caso a autocomposição seja infrutífera. Tanto assim que o

---

Resolução nº 118/2014, editada pelo Conselho Nacional do Ministério Público (CNMP). Confira-se: Art. 10 (...) A confidencialidade é recomendada quando as circunstâncias assim exigirem, para a preservação da intimidade dos interessados, ocasião em que deve ser mantido sigilo sobre todas as informações obtidas em todas as etapas da mediação, inclusive nas sessões privadas, se houver, salvo autorização expressa dos envolvidos, violação à ordem pública ou às leis vigentes, não podendo o membro ou servidor que participar da mediação ser testemunha do caso, nem atuar como advogado dos envolvidos, em qualquer hipótese.

23. Art. 154. Incumbe ao Oficial de Justiça: (...) VI- certificar, em mandado, proposta de autocomposição apresentada por qualquer das partes, na ocasião de realização de ato de comunicação que lhe couber. Parágrafo único. Certificada a proposta de autocomposição prevista no inciso VI, o juiz ordenará a intimação da parte contrária para manifestar-se, no prazo de 5 (cinco) dias, sem prejuízo do andamento regular do processo, entendendo-se o silêncio como recusa.

parágrafo único do art. 154 é impositivo ao dispor que tal porta para autocomposição dar-se-á, a priori, "sem prejuízo do andamento regular do processo", ou seja, sem prejudicar a marcha processual conduzida pelo magistrado.[24]

Apresentado o dueto de princípios de destaque, deve-se analisar o protagonismo das partes em outra passagem do texto legal. Conforme se observa no *caput* do art. 334 do CPC/15, exige-se uma "audiência de conciliação *ou* de mediação"[25]-[26] preliminar obrigatória, cabendo ao autor e ao réu indicarem o desinteresse na autocomposição, conforme o § 5º do referido dispositivo. Ocorre que, em que pese a lei ter utilizado as expressões "conciliação" e "mediação" lado a lado, não podem ser consideradas sinônimas em hipótese alguma[27].

Em verdade, a conciliação e mediação são dois métodos autocompositivos distintos, como indica o próprio Código de Processo Civil de 2015[28].

---

24. Outro exemplo de flexibilização da confidencialidade da autocomposição em relação ao juiz está na audiência de instrução e julgamento (art. 359), que prevê, em sua fase inicial, a abertura da fase conciliatória. Há de se observar, contudo, que percebendo o julgador que existe a possibilidade de composição, mas que o deslinde da negociação não é simples ou que comporta elementos que possam influenciar em seu julgamento, deverá ser efetuada a convocação de especialistas, aplicando-se a ideia do art. 139, VI, do CPC. Note-se que a redação do art. 359 nos conduz à compreensão de que o magistrado somente deve atuar na conciliação e modo residual, pois informa que a tentativa do juiz é uma postura diversa da tentada pelos métodos de solução consensual de conflitos, que reclamam especialistas. No sentido, confira-se: MAZZEI, Rodrigo; GONÇALVES, Tiago Figueiredo. In *Código de Processo Civil Comentado*. Helder Moroni Câmara (coord). São Paulo: Almedina, 2016, p. 537-538.

25. Art. 334. Se a petição inicial preencher os requisitos essenciais e não for o caso de improcedência liminar do pedido, o juiz designará audiência de conciliação ou de mediação com antecedência mínima de 30 (trinta) dias, devendo ser citado o réu com pelo menos 20 (vinte) dias de antecedência.

26. Tecnicamente seria uma *sessão* de mediação e não uma *audiência* de mediação.

27. Há atropelos ao longo do CPC/2015, confundindo audiência de conciliação com sessão de mediação, utilizando as palavras e expressões como sinônimas fossem, o que é equivocado. Como exemplo, veja que o art. 565 da nova codificação afirma que haverá "audiência de mediação" nos litígios coletivos pela posse de imóvel. O vacilo não é único, podendo se citar ainda o art. 695, que, ao tratar das ações de família, trata da "audiência de mediação e conciliação", dando a impressão de que as duas formas de autocomposição dar-se-ão simultaneamente na mesma "audiência". No último exemplo, fazendo a devida interpretação da regra legal, o Fórum Permanente de Processualistas Civis (FPPC) aprovou o Enunciado 67, que possui a seguinte redação: (art. 565) A audiência de mediação referida no art. 565 (e seus parágrafos) deve ser compreendida como a sessão de mediação ou de conciliação, conforme as peculiaridades do caso concreto. *(Grupo: Procedimentos Especiais)*

28. Art. 165. (...) § 2º O conciliador, que atuará preferencialmente nos casos em que não houver vínculo anterior entre as partes, poderá sugerir soluções para o litígio, sendo vedada a utilização de qualquer tipo de constrangimento ou intimidação para que as partes conciliem. § 3º O mediador, que atuará preferencialmente nos casos em que houver vínculo anterior entre as partes, auxiliará aos interessados a compreender as questões e os interessados em conflito, de modo que eles possam,

Sinteticamente[29], indica-se a conciliação para casos em que não há vínculo prévio entre as partes, de modo que se trata o problema de maneira pontual, por um terceiro imparcial que aponta sugestões de acordo para as partes. A mediação, por sua vez, indica-se para os conflitos inseridos em relações com um histórico entre as partes, de modo que um terceiro imparcial apenas auxiliará a que as partes mesmas restabeleçam o diálogo.

Pode-se perceber, pois, que a nomenclatura "métodos *adequados* de resolução de conflitos" se dá justamente porque são indicados conforme o tipo de divergência e de relação existentes entre os indivíduos. Nesse sentido, Fernanda Tartuce leciona:

> Como a genuína adesão se revela essencial para que o litigante possa participar do sistema consensual com maior proveito, conhecer a pertinência dos diversos meios é o passo inicial para que possa cogitar legitimamente sobre o interesse em sua utilização[30].

Nesse ínterim, coadunando a regra da audiência preliminar com a natureza dos métodos adequados de resolução de conflitos, essencial que o autor, na inicial, não se manifeste apenas em caso de recusar a autocomposição. Muito mais eficiente será o procedimento caso autor e réu, já em suas primeiras manifestações processuais, indiquem qual método preferem[31], com uma breve justificativa quanto à opção. Isso porque, como o conciliador e o mediador são especialistas, havendo diferença de funções, a análise dos motivos que levaram à opção por determinada técnica de autocomposição (ou mesmo a sua conjugação) é por deveras relevante, até mesmo no plano administrativo,

---

pelo restabelecimento da comunicação, identificar, por si próprios, soluções consensuais que gerem benefícios mútuos.

29. No sentido, de forma breve: MAZZEI, Rodrigo; MERÇON-VARGAS, Sarah. Comentários aos artigos 165-175. In Novo Código de Processo Civil anotado e comparado. Simone Diogo Carvalho Figueiredo (coord.). São Paulo: Saraiva, 2015, p. 203-205. Vale conferir, ainda, comparativo didático disponibilizado pelo Núcleo de Estudos em Arbitragem e Processo Internacional (NEAPI), da Universidade Federal do Espírito Santo (UFES), que elaborou tabela comparativa entre mediação, conciliação e arbitragem, disponível em <http://www.direito.ufes.br/sites/direito.ufes.br/files/field/anexo/Tabela%20Comparativa%20%E2%80%93%20Media%C3%A7%C3%A3o%20x%20Concilia%C3%A7%C3%A3o%20x%20Arbitragem.pdf>.
30. *Mediação no Novo CPC: questionamentos reflexivos*. In Novas Tendências do Processo Civil: estudos sobre o projeto do novo Código de Processo Civil. Org.: Freire, Alexandre; Medina, José Miguel Garcia; Didier Jr, Fredie; Dantas, Bruno; Nunes, Dierle; Miranda de Oliveira, Pedro (no prelo). Disponível em www.fernandatartuce.com.br/artigosdaprofessora.
31. Essa parece ser a melhor interpretação aplicável, inclusive para o art. 319 do CPC/15: "319. A petição inicial indicará (...) VII – a opção do autor pela realização ou não de audiência de conciliação ou de mediação".

a fim de que o profissional adequado seja convocado para a audiência e/ou sessão, conforme o caso.

Sem embargo, para que essa opção seja feita da melhor forma possível, essencial será a participação dos advogados e, por vezes, dos auxiliares da Justiça, apresentando as informações necessárias para as partes conhecerem os instrumentos à disposição, como será analisado a seguir.

3. OS AUXILIARES DA JUSTIÇA: CONCILIADORES E MEDIADORES

A segunda categoria de sujeitos a serem analisados deve ser a dos terceiros imparciais: os conciliadores e mediadores, considerados auxiliares da Justiça pelo art. 149 do CPC/15. São personagens elementares, pois, como figuras imparciais, responsabilizam-se por manter a isonomia entre as partes e por viabilizar o diálogo, seja por auxiliar na compreensão das questões (mediador), seja por sugerir soluções para o litígio (conciliador).

Nesse sentido, além da imparcialidade, dois outros princípios merecem destaque no que tange aos conciliadores e mediadores: o da independência e o da decisão informada.

O princípio da independência não consta expressamente em lei, senão apenas na Resolução nº 125/2010 do CNJ, como "dever de atuar com liberdade, sem sofrer qualquer pressão interna ou externa"[32], para realizar as sessões da melhor forma possível. Apesar de ser conceituado pela resolução como *dever*, trata-se de verdadeira garantia do mediador/conciliador, bem como das partes, pois há plena autonomia para desenvolver as sessões sem a obrigação ou pressão de firmar acordos, permitindo que o procedimento se desenvolva no tempo e modo necessários para se estabelecer o diálogo.

Todavia, em que pese a necessidade de se implementar a independência e autonomia do mediador/conciliador, tal garantia pode estar em risco. Para melhor compreender a reflexão, vejamos o § 3º do art. 167 do CPC/15:

> Art. 167. Os conciliadores, os mediadores e as câmaras privadas de conciliação e mediação serão inscritos em cadastro nacional e em cadastro de tribunal de justiça ou de tribunal regional federal, que manterá registro de profissionais habilitados, com indicação de sua área profissional.

---

32. Resolução nº 125/2010 do CNJ, Anexo III – Código de Ética de Conciliadores e Mediadores Judiciais, art. 1º, § 5º.

> (...)
>
> § 3º Do credenciamento das câmaras e do cadastro de conciliadores e mediadores constarão todos os dados relevantes para a sua atuação, tais como <u>o número de processos de que participou, o sucesso ou insucesso da atividade</u>, a matéria sobre a qual versou a controvérsia, bem como outros dados que o tribunal julgar relevantes. (grifo nosso)

Para complementar, o § 4º do mesmo artigo prevê a publicação de tais dados pelos tribunais, ao menos anualmente. Em uma primeira análise, pode parecer que a intenção do legislador foi positiva, no sentido de garantir um bom acervo estatístico sobre as atividades realizadas nos tribunais. Contudo, uma leitura mais detida permite notar que a divulgação de tais dados, especialmente sobre o sucesso ou insucesso de cada mediador/conciliador, poderá ser um complicador, caso crie um contexto de competitividade e cobrança[33] entre os auxiliares da Justiça.

A independência do mediador/conciliador, pois, pode não ser considerada como um princípio, especialmente devido à ausência de previsão expressa em lei. Não obstante, é inegável que configura condição indispensável para o pleno desenvolvimento da resolução adequada dos conflitos. Logo, caberá aos tribunais, com auxílio da doutrina, refletir sobre a melhor forma de coadunar a independência com a realização das estatísticas previstas no novo código.

O princípio da decisão informada, a seu turno, configura, ao mesmo tempo, um direito das partes e um dever ao mediador ou conciliador: daquelas, uma vez que lhes dá a garantia de que o procedimento não será arbitrário, mas, sim, devidamente informado e orientado; destes, pois se associa ao dever de informação do terceiro imparcial, previsto na Resolução nº 125/2010 do CNJ. Vejamos:

> Art. 2º. As regras que regem o procedimento da conciliação/mediação são normas de conduta a serem observadas pelos conciliadores/mediadores para seu bom desenvolvi-

---

33. Corre-se o risco de se instaurar uma "harmonia coerciva", expressão cunhada por Paula Nader: no contexto da promulgação das novas leis pátrias que incentivam os métodos adequados, um discurso que ganha forças é o de que tais mecanismos devem desafogar o Judiciário. Neste ínterim, inegável verificar que, de fato, o abarrotamento da justiça estatal foi um dos principais motivos para o estímulo do debate acerca dos métodos adequados. Contudo, não se pode permitir que este ponto de origem seja também o norte para a implementação dos referidos métodos: se mediadores e conciliadores forem formados com a mentalidade de que devem – e dever com coerção, haja vista a exigência de resultados – acabar com processos, corre-se o risco de acordos serem outorgados, por mais paradoxal que esta afirmação se apresente. Para aprofundamento da reflexão: NADER, Laura. *Harmonia Coerciva: A Economia Política dos Modelos Jurídicos*. Disponível em <http://www.anpocs.org.br/portal/publicacoes/rbcs_00_26/rbcs26_02.htm>.

mento, permitindo que haja o engajamento dos envolvidos, com vistas à sua pacificação e ao comprometimento com eventual acordo obtido, sendo elas:

§ 1º. Informação – Dever de esclarecer os envolvidos sobre o método de trabalho a ser empregado, apresentando-o de forma completa, clara e precisa, informando sobre os princípios deontológicos referidos no capítulo I, as regras de conduta e as etapas do processo. [34]

Para definir um sujeito como mediador ou conciliador extrajudicial não há maiores exigências, bastando ser terceiro imparcial que detenha a confiança das partes[35]. Todavia, a questão torna-se mais complexa ao tratar da figura do conciliador e do mediador judicial.

Na Lei 9.099/95 (Lei dos Juizados Especiais), o art. 7º dispõe que os conciliadores serão escolhidos preferencialmente entre bacharéis em Direito. A Resolução nº 125/2010 do CNJ, a seu turno, prevê, no art. 12, que nos Centros Judiciários de Solução de Conflitos e Cidadania só poderão atuar conciliadores e mediadores capacitados na forma do referido ato normativo. O CPC/15, por sua vez, no art. 167 *caput* e § 1º, prevê a exigência de que os conciliadores e mediadores sejam inscritos em cadastro nacional, desde que preencham o requisito de capacitação mínima, qual seja, curso realizado por entidade credenciada, conforme definições estabelecidas pelo CNJ.[36] Finalmente, a Lei 13.140/2015, que é legislação posterior e especial, em relação ao CPC/15, acrescentou outro requisito aos mediadores judiciais: ser graduado há pelo menos dois anos em curso de ensino superior de instituição reconhecida pelo Ministério da Educação[37].

---

34. Resolução nº 125/2010 do CNJ, Anexo III – Código de Ética de Conciliadores e Mediadores Judiciais, art. 2º.
35. Nesse sentido, o art. 9º da Lei 13.140/2015: "Art. 9º Poderá funcionar como mediador extrajudicial qualquer pessoa capaz que tenha a confiança das partes e seja capacitada para fazer mediação, independentemente de integrar qualquer tipo de conselho, entidade de classe ou associação, ou nele inscrever-se."
36. Sobre o cadastro de conciliadores e mediadores, no encontro da Escola Nacional de Formação e Aperfeiçoamento de Magistrados (ENFAM) envolvendo o novo CPC, editou-se o Enunciado nº 57, que possui a seguinte redação: "O cadastro dos conciliadores, mediadores e câmaras privadas deve ser realizado nos núcleos estaduais ou regionais de conciliação (Núcleos Permanentes de Métodos Consensuais de Solução de Conflitos – NUPEMEC), que atuarão como órgãos de gestão do sistema de autocomposição.
37. Art. 11. Poderá atuar como mediador judicial a pessoa capaz, graduada há pelo menos dois anos em curso de ensino superior de instituição reconhecida pelo Ministério da Educação e que tenha obtido capacitação em escola ou instituição de formação de mediadores, reconhecida pela Escola Nacional de Formação e Aperfeiçoamento de Magistrados – ENFAM ou pelos tribunais, observados os requisitos mínimos estabelecidos pelo Conselho Nacional de Justiça em conjunto com o Ministério da Justiça.

A capacitação mínima a que se refere a legislação está prevista no "Anexo I – Cursos de Capacitação e Aperfeiçoamento" da Resolução nº 125/2010 do CNJ. No documento, há uma descrição sobre os módulos que devem compor o curso, traçando-se os objetivos a serem buscados e os métodos a serem utilizados. Tal requisito de formação justifica-se por se tratar de métodos peculiares para resolver litígios, exigindo do auxiliar da Justiça uma preparação especial. Contudo, apesar de parecerem justificáveis os requisitos, na prática, haverá grandes empecilhos ao recrutamento de mediadores e conciliadores.[38]

Em primeiro lugar, em que pese a Resolução do CNJ existir desde 2010, enorme parcela dos órgãos Judiciários ainda atua com mediadores e conciliadores sem qualquer preparo técnico para desempenho da função. Nesse sentido, uma rápida e objetiva busca no portal eletrônico do CNJ aponta inexistir sequer um instrutor de formação de conciliadores ou mediadores judiciais no Espírito Santo[39], ao menos até os dias de maio de 2016.[40] Ou seja, apesar dos mais de cinco anos de vigência da resolução, ainda não há instrutores disponíveis em todos os estados brasileiros para realizar a devida capacitação dos auxiliares da Justiça.

Em segundo lugar, imprescindível destacar a questão da remuneração. O art. 7º, VII, da Resolução nº 125/2010 do CNJ, faculta aos tribunais regulamentar a remuneração de conciliadores e mediadores. O CPC/15, a seu turno, faculta aos tribunais a criação de quadro próprio de tais auxiliares (art. 167, §

---

38. Diante do contexto atual, que denota a carência de profissionais especializados para conciliação e mediação, na função de auxiliar da justiça, no encontro da Escola Nacional de Formação e Aperfeiçoamento de Magistrados (ENFAM) sobre o novo CPC, o tema veio à baila, concluindo-se que "As escolas judiciais e da magistratura têm autonomia para formação de conciliadores e mediadores, observados os requisitos mínimos estabelecidos pelo CNJ" (Enunciado nº 58).

39. A pesquisa pode ser feita através do sistema de busca do CNJ, < http://www.cnj.jus.br/programas--e-acoes/conciliacao-mediacao/pesquisa-de-instrutores>.

40. De forma mais grave ainda, há relatório formal de Comissão do TJES (efetuado com olhos nos principais reflexos normativos, estruturais e operacionais do novo Código de Processo Civil - Ato Normativo n. 170, de 17 de agosto de 2015), que expressamente indica que na entrada em vigor o Tribunal capixaba não havia criado mecanismos para formação de conciliadores e/ou mediadores. No relatório há o expresso reconhecimento de que não há no Espírito Santo conciliadores e/ou mediadores treinados, não estando o TJES apto aplicar o CPC/15 no particular. Mais ainda, em mensagem que se pretende recepção da magistratura local, indica-se que é inviável a aplicação imediata do art. 334 do novo código, recomendando a supressão de tal ato processual. Aponta-se, para se justificar o quadro (dentre outros motivos): (a) curta *vacatio legis* do novo CPC, (b) a falta de previsão de um cronograma na lei para a formação dos profissionais, (c) a carência de recursos financeiros.   Disponível em: http://www.tjes.jus.br/PDF/Relat_TJES_NovoCPC_111115.pdf (em especial, páginas 50-54).

6º) ou, caso contrário, a Lei de Mediação determina a fixação pelos tribunais dos honorários, a serem custeados pelas partes (art. 13).

Contudo, até o presente momento, a maior parte dos tribunais não regulamentou a remuneração dos conciliadores e mediadores[41]. Para tornar a situação mais complexa, o CPC/15 prevê a permissão para que a mediação e a conciliação possam ser realizadas como trabalho voluntário (art. 169, § 1º). Logo, o que se teme é que a regulamentação dos honorários de mediadores e conciliadores não seja estabelecida, tornando o ofício ainda menos atraente para os profissionais interessados na área.

Portanto, dois serão os grandes desafios no que tange aos terceiros imparciais: a disponibilização de devida capacitação técnica e o estabelecimento de honorários dignos, para atrair profissionais interessados e vocacionados para o desempenho da função.

3.1. Outros auxiliares da Justiça: o Oficial de Justiça

Sem prejuízo do foco central que se fará nos conciliadores e mediadores como auxiliares da justiça, não se pode negar a importância de outras figuras auxiliares, dentre as quais se destaca o oficial de justiça, em razão do disposto no art. 154, VI, do CPC/15. Isso porque, em razão do dispositivo em voga (sem precedente de semelhança no CPC/73), a tal auxiliar da justiça caberá certificar, em mandado, proposta de autocomposição apresentada por qualquer das partes, na ocasião de realização de ato de comunicação que lhe couber.

Percebe-se, assim, que o dispositivo traz nova atribuição para o oficial de justiça, que se amolda ao modelo de processo que se quer estabelecer, de nítido estímulo à autocomposição (art. 3º do CPC/15). Assim, incumbe-lhe, quando da realização de ato de comunicação, certificar no mandado proposta de autocomposição apresentada pelo sujeito cientificado.

Não resta dúvida que no cumprimento do mister, o oficial de justiça deverá ter postura ativa, para que proativamente provoque a parte a *voluntariamente* oferecer a proposta, a qual muito dificilmente seria feita de maneira *espontânea*. Na verdade, estará o oficial de justiça esclarecendo um direito que

---

41. Sobre o tema, o Estado de São Paulo aprovou em abril de 2015 o Projeto de Lei 1.005/13, que regulamenta o trabalho de mediação e conciliação e dispõe sobre o abono indenizatório. < http://www.tjsp.jus.br/institucional/canaiscomunicacao/noticias/Noticia.aspx?Id=26353>.

é conferido à parte pela legislação, sendo oportuno, inclusive, que tal possibilidade conste no mandado, otimizando o labor do dito auxiliar da justiça.

De forma resumida, a partir da colheita da proposta, o juiz oportuniza manifestação da parte contrária em cinco dias, sem deixar de – ao mesmo tempo – dar prosseguimento ao feito, sendo o que o silêncio importa recusa da proposta.[42] Trata-se de porta interessante, que cria válvula para autocomposição a qualquer tempo, afastando incorreta dicção de que a parte apenas em momentos específicos (e formais) poderia ofertar propostas para autocomposição.

4. ADVOGADOS, DEFENSORES PÚBLICOS E MINISTÉRIO PÚBLICO

Na realização de mediação ou conciliação judiciais, as partes obrigatoriamente devem estar acompanhadas por advogados ou defensores públicos, conforme previsto no § 9º do art. 334 do CPC/15[43] e no art. 26 da Lei de Mediação[44], exceto nas hipóteses em que se dispensa o advogado, como ocorre no âmbito da Lei 9.099/95.

Observe-se, contudo, que na via autocompositiva extrajudicial, por outro lado, a presença de um profissional do direito não configura requisito indis-

---

42. Analisando o dispositivo, Rodrigo Mazzei e Tiago Figueiredo Gonçalves aduzem que: "Só a manifestação expressa implica aceitação (art. 111, segunda parte, do CC/02). A intimação a que alude o parágrafo único deve ser pessoal e não prejudicará o regular andamento do feito (parágrafo único). Assim, por exemplo, se a proposta foi feita em diligência de citação, o juiz intimará o autor para que se manifeste, sem prejuízo do prazo de contestação, que estará em curso. É importante frisar que a proposta de autocomposição pode ser apresentada por qualquer das partes, na ocasião de recebimento de qualquer ato de comunicação processual e que, embora não conste do dispositivo, deverá ser apresentada com modulação completa, a permitir que a contraparte, ao tomar ciência da certidão possa avaliar sua viabilidade. Portanto, o oficial deverá não só certificar que há proposta de autocomposição, como também indicar seus contornos mínimos, registrando, por exemplo, se o pagamento será à vista ou a prazo, se contempla juros e correção, prazo de validade da proposta, enfim, as condições ofertadas pelo interessado. Deve ser aplicado, com suas adaptações necessárias, o disposto nos arts. 427-435 do CC/02 (que tratam da proposta e sua aceitação para fim de formalização dos contratos), até mesmo para que a proposta de autocomposição não se eternize e não prejudique o curso natural do processo [Comentário ao art. 154. In *Código de Processo Civil Comentado*. Lenio Luiz Streck, Leonardo Carneiro da Cunha e Dierle Nunes (org). São Paulo, Saraiva, 2016].
43. Art. 334 (...) § 9º As partes devem estar acompanhadas por seus advogados ou defensores públicos.
44. Art. 26. As partes deverão ser assistidas por advogados ou defensores públicos, ressalvadas as hipóteses previstas nas Leis nos 9.099, de 26 de setembro de 1995, e 10.259, de 12 de julho de 2001. Parágrafo único. Aos que comprovarem insuficiência de recursos será assegurada assistência pela Defensoria Pública.

pensável para realização do procedimento. Não obstante, mesmo nos procedimentos não judiciais, recomenda-se (ainda quando não é exigido em lei[45]) o acompanhamento de tais profissionais, pois as partes emitirão vontades e firmarão compromissos com consequências jurídicas.

Assim, percebe-se desde logo a função informativa que os referidos profissionais exercem perante as partes: serão eles os responsáveis por orientar os sujeitos sobre os desdobramentos jurídicos das possíveis atitudes tomadas no procedimento, bem como por zelar pela observância dos direitos e garantias dos sujeitos do conflito. Há, no papel a ser exercido pelos advogados e defensores públicos, às claras, importante participação para que se alcance a chamada *decisão informada*. Com efeito, pelo princípio da decisão informada, aquele que se submete à conciliação e/ou mediação tem o direito de ser alertado acerca da solução consensual em construção, seja no plano processual, seja no plano material, evitando que seja posteriormente surpreendido com o advento de uma consequência jurídica não prevista na autocomposição levada a cabo.[46]

Além disso, com o conhecimento técnico acerca dos métodos adequados de resolução de conflitos, bem como da prática forense, poderão também evidenciar aos contendores que a finalidade do processo não reside apenas em fazer justiça, mas também em buscar a pacificação – e esta, no mais das vezes, pode estar muito mais próxima dos meios autocompositivos, do que dos adjudicatórios[47].

---

45. A Lei nº 11.441/2007 é considerada um marco quando se aborda *desjudicialização* de situações vulgarmente postas como obrigatórias ao Poder Judiciário quando os interessados alcançam, fora do âmbito judicial, a autocomposição. Em resenha, a citada lei permitiu a realização de inventário, partilha, separação consensual e divórcio consensual pela via administrativa, formalizando tais atos através de escritura pública. Note-se, contudo, que a citada legislação exigiu- de forma obrigatória - a participação (*assistência*) de advogado nas referidas autocomposições. Trata-se, às claras, de influência da diretriz da *decisão informada*. As regras inseridas pela Lei nº 11.441/2007, na época em no ambiente de vigência do CPC/73, estão prestigiadas na codificação de 2015, com a sua recodificação expressa, consoante art. 610, § 2º, e 733, § 2º, do novo CPC.

    Sobre o tema, de forma mais ampla, confira-se: ROSA, Karin Regina Rick. *Adequada atribuição de competência aos notários*. In CAHALI, Francisco José; FILHO, Antônio Herance; ROSA, Karin Regina Rick; FERREIRA, Paulo Roberto Gaiger. *Escrituras públicas – Separação, divórcio, inventário e partilha consensuais: análise civil, processual civil, tributária e notarial* – São Paulo: Editora Revista dos Tribunais, 2007.

46. No sentido, confira-se: MAZZEI, Rodrigo; MERÇON-VARGAS, Sarah. Comentários aos artigos 165-175. In Novo Código de Processo Civil anotado e comparado. Simone Diogo Carvalho Figueiredo (coord.). São Paulo: Saraiva, 2015, p. 206-207.

47. Segundo Rodrigo Mazzei: "A maioria dos registros existentes na antropologia jurídica indicam que o papel essencial do direito na resolução de conflitos não se verifica na real justiça do litígio, mas

Para desempenhar esse papel, fundamental que os procuradores adotem postura voltada para o consenso e para o diálogo. Atualmente, em que pese constar no art. 2º, VI, do Código de Ética e Disciplina da OAB o dever do advogado de "estimular a conciliação entre os litigantes, prevenindo, sempre que possível, a instauração de litígios", a maioria dos estudantes de direito passa os anos de faculdade sem dar importância para tal dispositivo. Como agravante, em muitas instituições de ensino superior ainda não existem matérias destinadas ao estudo dos métodos adequados de solução de conflitos.

Como resultado desta cultura combativa, os profissionais do direito frequentemente atuam como *guerreiros*[48], encarando o processo como verdadeiro campo de batalha. Consequentemente, em vez de apaziguarem os ânimos das partes, contribuem para agravar as tensões pré-existentes, formando um círculo vicioso de conflito.

Com o fim de tentar modificar este paradigma, o CPC/15 traz, em seu art. 3º, § 3º, a determinação de que advogados, defensores públicos e membros do Ministério Público devem estimular a realização dos métodos consensuais de resolução de conflito. Em acréscimo, o art. 6º do CPC/15 prevê o dever de cooperação[49] de *todos* os atores processuais.

No particular, vale observar que as petições iniciais não são vetores que buscam (apenas) a resposta do réu, com olhos no caminho (quase sempre único) para uma sentença judicial que irá dirimir o conflito. No CPC/15, seguindo o procedimento comum, a citação tem como fim a convocação para uma audiência, a fim de que seja instaurada a autocomposição, seja por meio da conciliação, seja da mediação (com sessão própria), consoante

---

sim na conciliação das partes, na satisfação da sociedade com a decisão e, via de regra, no fim da violência que a decisão final implica". (Breve olhar sobre temas de processo civil a partir das linhas mestras de René Girard. *Revista Brasileira de Direito Processual – RBDPro*. Belo Horizonte: 2013, v. 21, n. 83 jul/set, p. 13-26.)

48. MAZZEI, Rodrigo. Breve olhar sobre temas de processo civil a partir das linhas mestras de René Girard. *Revista Brasileira de Direito Processual – RBDPro*. Belo Horizonte: 2013, v. 21, n. 83 jul/set, p. 13-26.

49. O *dever de cooperação* não pode ser absorvido de forma utópica, mas com postura que cada um dos sujeitos do processo de adotar em prol do desenvolvimento processual para a *solução* de mérito. Na verdade, representa uma noção do *dever-direito* de *participar*, uma participação que não é isolada, mas de todos atores do processo. Todos são *operários* (trabalhadores) que conjuntamente laboram com a bússola de solução final do processo. Com tais advertências, percebe-se que de *cooperação* deve ser extraída a noção de que todos são *operários* e, por tal motivo, todos *trabalham* (= *laboram*) através de suas *participações* processuais. Entende-se, assim, que, com as devidas variações, o mesmo dever-direito pode ser posto como *cooperação, colaboração* ou *coparticipação*.

se pode extrair da conjugação dos arts. 319, VII, e 334. Tal situação, certamente, implicará em mudança de *status* na redação da própria peça inicial, pois a confecção dos termos (em especial os fáticos) da postulação poderá gerar óbices para autocomposição, criando resistência pelo réu. Isso porque, a depender da intensidade com que os fatos sejam postos na petição exordial, o réu – mesmo de forma involuntária – poderá fechar a porta da autocomposição, adotando postura de combater o que foi deduzido na postulação da contraparte, até como uma "defesa de sua honra" ou para "desmentir" o versado na peça de abertura.

Não é à toa, portanto, que nas ações de família o legislador optou por um caminho – estranho ao nosso sistema até então – de citação do réu sem a cópia da contrafé, consoante pode-se inferir do § 1º do art. 695[50]. A ideia inspiradora do dispositivo foi justamente evitar que a petição inicial das ações de família, que de forma não incomum são agudas na narrativa fática, pudesse causar (acidentalmente) o fechamento da autocomposição. Assim, nas ações de família o mandado de citação conterá apenas os dados necessários à audiência (que buscará a conciliação e/ou mediação), não sendo acompanhada de cópia da petição inicial, sem prejuízo de ser assegurado ao réu o direito de examinar seu conteúdo a qualquer tempo, postura esta que, provavelmente, será feita pelo seu defensor[51]. Estando o profissional que irá representar o réu imbuído do espírito do CPC/15, que trabalha com um sistema prioritário de autocomposição, a válvula criada pelo § 1º do art. 695 poderá ser exitosa, tal como o regramento geral do art. 334. Todavia, a se manter a postura de *guerreiro*, as alterações legislativas terão limitado efeito para o fim almejado: estimular a autocomposição.

Registre-se que a Defensoria Pública da União, conforme art. 4º, II, da Lei Complementar nº 80/1994, com redação modificada em 2009, apresenta a função institucional de promover prioritariamente a solução extrajudicial dos litígios, valendo-se dos métodos adequados de resolução de conflitos. A referida lei prevê, também, que os defensores públicos federais deverão

---

50. Art. 695. Recebida a petição inicial e, se for o caso, tomadas as providências referentes à tutela provisória, o juiz ordenará a citação do réu para comparecer à audiência de mediação e conciliação, observado o disposto no art. 694. (...) § 1º O mandado de citação conterá apenas os dados necessários à audiência e deverá estar desacompanhado de cópia da petição inicial, assegurado ao réu o direito de examinar seu conteúdo a qualquer tempo.

51. No tema, confira-se: MAZZEI, Rodrigo; GONÇALVES, Tiago Figueiredo. Comentários ao art. 695. In *Código de Processo Civil Comentado*. Helder Moroni Câmara (coord). São Paulo: Almedina, 2016, p. 853.

tentar a conciliação das partes, antes de promoverem a ação judicial cabível (art. 18, III)[52].

No que tange ao advogado, além da função informativa e orientadora que deve exercer perante seus clientes, a lei também possibilita que atue como mediador ou conciliador judicial. Nesta hipótese, determina o § 5º do art. 167 do CPC/15 que os advogados conciliadores/mediadores judiciais estarão impedidos de exercer a advocacia nos juízos em que desempenham suas funções.

O dispositivo tem causado polêmica, pois impediria o exercício da advocacia para muitos advogados em grande número de processos[53], configurando mais um desestímulo à atuação como mediador/conciliador. A justificativa para tal dispositivo ser inserido no CPC/15 seria de evitar que o advogado atuante como conciliador/mediador obtivesse tratamento ou informações privilegiadas no juízo, de modo a ser favorecido em outros processos. Todavia, tal raciocínio não pode prevalecer, pois se vale de lógica contrária ao princípio da moralidade, tanto dos advogados, quanto dos servidores e magistrados.

Em verdade, deve haver um impedimento para o advogado que atua como mediador ou conciliador, porém adstrito às causas em que figurem as partes do conflito mediado ou conciliado. Nesse sentido, o CPC/15 prevê que "o conciliador e o mediador ficam impedidos, pelo prazo de 1 (um) ano, contado do término da última audiência em que atuaram, de assessorar, representar ou patrocinar qualquer das partes" (art. 172). A Lei de Mediação, publicada em junho de 2015, não prevê o impedimento do advogado perante o juízo, reproduzindo, no art. 6º, o teor do art. 172 do CPC/15.

Desta forma, diante da infeliz regra prevista no CPC/15, faz-se necessário um pequeno esforço interpretativo. Considerando ser a Lei de Mediação posterior e especial em relação ao CPC/15, deve prevalecer o regramento por ela estabelecido – ou seja, apenas o impedimento relativo às partes da mediação/conciliação, e não em relação ao juízo. Assim, a interpretação sistemática do ordenamento jurídico parece ser a mais adequada à realidade e às peculiaridades da prática forense, de modo a garantir a atuação dos profissionais de direito tanto como advogados, quanto como mediadores e conciliadores judiciais.

---

52. Acerca da Defensoria Pública no CPC/15, de forma sintética, confira-se: MAZZEI, Rodrigo; MERÇON--VARGAS, Sarah. Comentários aos artigos 165-175. In Novo Código de Processo Civil anotado e comparado. Simone Diogo Carvalho Figueiredo (coord.). São Paulo: Saraiva, 2015, p. 223-225.
53. Em comarcas de vara única, por exemplo, ter-se-ia o contexto de um advogado não poder advogar de modo algum, caso atuasse como mediador ou conciliador judicial.

Note-se que tal mudança de comportamento não deve ficar restrita apenas aos advogados e defensores públicos. Com efeito, já com as noções do novo sistema, que prestigia a autocomposição, o Conselho Nacional do Ministério Público (CNMP) editou a Resolução nº 118/2014, que dispõe sobre a Política Nacional de Incentivo à Autocomposição no âmbito do Ministério Público[54]. A referida resolução determina não só a orientação para que os agentes ministeriais busquem os meios consensuais, mas também a realização de cursos e preparações técnicas para capacitarem tais profissionais quanto a tais métodos.

A Resolução nº 118/2014, contudo, somente terá algum tipo de valor prático se os membros do Ministério Público estiverem abertos a trabalhar com os regramentos que envolvam a autocomposição, em especial a conciliação e mediação, pois a postura inquisitória – vulgarmente encravada em participes da classe – colocará por terra a pretensão (correta e positiva) lançada pelo CNMP. Observe-se que, ainda que com colorido diferente da conciliação e mediação, o Termo de Ajustamento de Conduta (TAC)[55] pode ser lançado como meio de resolução consensual dos conflitos. Contudo, em hipótese alguma o TAC deverá ser apresentado como modo de *pressão* para que determinadas questões sejam *resolvidas* no âmbito extrajudicial, sob pena de ajuizamento de ações pelo Ministério Público, já que tal postura contamina, dentre outros princípios, o da autonomia da vontade.

Em suma, a Resolução nº 118/2014 do CNMP somente terá algum desiderato positivo se os membros do Ministério Público, tais como os advogados e Defensores Públicos, compreenderem que a postura a ser adotada pelo profissional do direito no ambiente de solução consensual dos litígios é totalmente diversa da que assumem nos litígios judiciais. Trata-se, pois, de postura que requer uma reconfiguração do que se desenhou para a classe, justificado, na nossa visão, não apenas o treinamento dos profissionais, mas desejável especialização voltada aos caminhos da autocomposição e das soluções não judiciais dos conflitos.

---

54. Sobre o Ministério Público no CPC/15, com comentários breves, confira-se: MAZZEI, Rodrigo; MERÇON-VARGAS, Sarah. Comentários aos artigos 165-175. In Novo Código de Processo Civil anotado e comparado. Simone Diogo Carvalho Figueiredo (coord.). São Paulo: Saraiva, 2015, p. 215-220.

55. Sobre o TAC, confira-se art. 5º, § 6º, da Lei da Ação Civil Pública (Lei n. 7.347/85, com as alterações da Lei n. 8.078/90), o art. 211 do Estatuto da Criança e do Adolescente - ECA (Lei n. 8.069/90) e art. 113 do Código de Defesa do Consumidor - CDC (Lei n. 8.078/90).

Espera-se, portanto, que sejam afastados os obstáculos à atuação dos profissionais do direito perante mediações e conciliações. Ainda mais, almeja-se a implementação de medidas incentivadoras, desde os anos de graduação, até os cursos de capacitação profissional a serem promovidos pela OAB, pelo Ministério Público, pela Defensoria Pública e outras entidades que devem se responsabilizar pela construção de uma cultura da composição.

5. O JUIZ

Finalmente, a outra figura a ser analisada no presente ensaio consiste no magistrado. Tal como dito anteriormente, a ordem do estudo foi proposital: no contexto da solução adequada dos conflitos, o procedimento deve ser orientado para as partes, e não para o juiz. Isso porque, na via adjudicatória, o procedimento deve ser guiado pelo juiz, vez que ele detém a responsabilidade e a competência para elaborar a decisão final a ser outorgada às partes. Na via consensual, diferentemente, o procedimento busca o diálogo e o consenso, cabendo ao juiz um papel diferenciado.

Deve-se notar que se fala em "diferenciado" e não "menor" ou "pior". O magistrado continua a exercer papel essencial perante o processo, porém numa perspectiva mais gerencial. Nesse sentido, no já mencionado art. 3º do CPC/15, em seu § 3º, incumbe também ao juiz o dever de estimular os métodos de solução consensual dos conflitos, sendo reforçado pelos art. 139 e 359 do código, *in verbis*:

> Art. 139. O juiz dirigirá o processo conforme as disposições deste Código, incumbindo-lhe:
>
> (...)
>
> V – promover, a qualquer tempo, a autocomposição, <u>preferencialmente com auxílio de conciliadores e mediadores judiciais</u>. (grifo nosso)
>
> Art. 359. Instalada a audiência, o juiz tentará conciliar as partes, independentemente do emprego anterior de outros métodos de solução consensual de conflitos, como a mediação e a arbitragem.

Como se percebe da leitura dos dispositivos, o juiz continua a ser o responsável por dirigir o processo. Contudo, também deve estar atento, durante todo o procedimento, para a abertura de oportunidades para que a autocomposição possa ser tentada. Fez-se questão de analisar os dois artigos em sequência para se destacar a utilização do auxílio de profissionais capacitados para a conciliação e/ou mediação.

Ocorre que os métodos adequados, como analisado previamente, devem ser regidos pela confidencialidade, bem como pela independência e neutralidade do terceiro imparcial. Caso o juiz atue como mediador ou conciliador das partes e a tentativa reste frustrada, beira o impossível manter a neutralidade e a confidencialidade, diante das manifestações dos sujeitos do conflito. Isso porque, ainda que o magistrado busque ao máximo manter sua imparcialidade e garantir a isonomia entre as partes, poderá ficar contaminado pelas informações que ouviu, pelas atitudes que presenciou, pelas emoções que captou, o que pode comprometer tanto seu julgamento final, quanto uma futura tentativa de autocomposição[56].

Assim, nas passagens em que o código fala em promover e tentar a autocomposição entre as partes, deve-se interpretar no sentido de caber ao juiz identificar a possibilidade de se chegar a algum tipo de *acordo*. Verificando tal oportunidade, deverá o juiz encaminhar as partes para audiência (conciliação) e/ou sessão (mediação) com o profissional capacitado, para que então a autocomposição seja tentada, respeitando-se os princípios da neutralidade e da confidencialidade[57].

Ainda, o § 2º do art. 173 do CPC/15 atribui ao juiz o poder para aplicar sanção de afastamento ao mediador ou conciliador judicial com atuação inadequada. Também nesta hipótese, atua o juiz como um gestor, responsável por fiscalizar e garantir o bom andamento do procedimento autocompositivo. Por se tratar de decisão e aplicação de sanção, deverá o magistrado fundamentar o ato decisório, informando o fato ao tribunal, para determinar instauração do devido processo administrativo. [58]

---

56. Sobre o tema, Fernanda Tartuce: "(...) a preservação do sigilo visa assegurar que, caso não alcançado um acordo na tentativa de autocomposição, os envolvidos não sejam prejudicados por terem participado e exposto eventuais fatos desfavoráveis. Assim, é essencial que o juiz não seja o condutor o meio consensual também porque, se infrutífera a via consensual, ele precisará julgar a demanda (...)". *Mediação no Novo CPC: questionamentos reflexivos*. In Novas Tendências do Processo Civil: estudos sobre o projeto do novo Código de Processo Civil. Org.: Freire, Alexandre; Medina, José Miguel Garcia; Didier Jr, Fredie; Dantas, Bruno; Nunes, Dierle; Miranda de Oliveira, Pedro (no prelo). Disponível em www.fernandatartuce.com.br/artigosdaprofessora.

57. No sentido, Humberto Theodoro Júnior: "Não basta, outrossim, prever simplesmente, como faz nosso Código de Processo Civil, que haverá sempre uma audiência de conciliação. O mais importante é que o conciliador seja preparado, técnica e psicologicamente, para promover a solução consensual e, para tanto, tudo aconselha que não seja o próprio juiz togado, isto é, a aquele a quem toca julgar contenciosamente o conflito." Celeridade e efetividade da prestação jurisdicional. Insuficiência da reforma das leis processuais. *Revista Páginas de Direito*, Porto Alegre, ano 8, nº 835, 21 de setembro de 2008. Disponível em: <http://www.abdpc.org.br/artigos/artigo51.htm>.

58. No tema, confira-se: MAZZEI, Rodrigo; MERÇON-VARGAS, Sarah. Comentários aos artigos 165-175. In Novo Código de Processo Civil anotado e comparado. Simone Diogo Carvalho Figueiredo (coord.). São Paulo: Saraiva, 2015, p. 213-214.

Importante destacar que, para ser possível a execução de tais tarefas, faz-se imprescindível que o magistrado tenha pleno conhecimento sobre os métodos adequados de resolução de conflito. Afinal, será necessário conhecer em que situações quais meios são mais indicados, para encaminhar as partes ao profissional capacitado, bem como qual postura deve esperar do mediador/conciliador, para cogitar aplicação de afastamento de atividades. Logo, também o juiz deve receber treinamento e capacitação sobre o tema.

Percebe-se, portanto, que o juiz deve adotar postura diferenciada perante os processos, no que tange aos meios adequados de resolução de conflitos. Mantém-se, ainda assim, com papel de fundamental importância, devendo apresentar conhecimento e sensibilidade para verificar as oportunidades de acordo, bem como as situações de necessária punição.

O magistrado não poderá negar que o CPC/15 trabalha com um *sistema multiportas*, que permite a solução não conflituosa das questões postas a sua apreciação, qualquer que seja a fase processual (art. 3º, § 3º), cuja trilha pode seguir em paralelo ao caminho para uma decisão judicial (art. 154, parágrafo único). Há de absorver que laborar com a autocomposição reclama capacitação específica, que na maioria das vezes não é feita com os magistrados, razão pela qual deverá a missão ser prioritariamente designada aos especialistas, auxiliares da justiça (conciliadores e mediadores), consoante se extrai do arts. 139, V, e 334, § 1º do CPC/15.

Em arremate, o magistrado deve compreender que a decisão final (por exemplo, uma sentença) não é o único fim que se busca no processo judicial, sendo, inclusive, na maioria das vezes, solução que causa traumas e não pacifica a questão nervosa que lhe é posta, culminado com o prolongamento da pendenga (com o manejo de diversos tipos de impugnação, inclusive, muitas vezes, por aquele que supostamente foi beneficiado com a decisão judicial). A solução consensual, com efetiva participação das partes e observados os princípios basilares da autocomposição, é, sem dúvida, muito mais pacífica, alcançando a eficiência (art. 8º do CPC/15), um dos faróis na nova codificação.

6. BREVE FECHAMENTO

A existência dos métodos adequados de resolução de conflitos não configura novidade. Ao contrário, já são previstos no ordenamento jurídico brasileiro há tempos e em leis variadas. Todavia, nas últimas duas décadas, ganharam especial destaque, como um dos desdobramentos do acesso à Justiça e da efetividade.

Nesse contexto, o CPC/15 foi elaborado e sancionado com a intenção de consolidar os meios autocompositivos como mecanismos primordiais no tratamento da litigiosidade observada no Brasil. Há, com tal norte, no ventre da codificação de 2015, um sistema *multiportas*, que pode ser extraído facilmente a partir da leitura completa do seu art. 3º.

Contemporaneamente, a Lei de Mediação (Lei 13.140/2015) corrobora os esforços legislativos no mesmo sentido, devendo ser interpretada de maneira dialógica com o novo código e com os demais atos normativos – legais ou infralegais – que contribuam para a melhor implementação dos métodos adequados de resolução de conflitos.

Contudo, o esforço não pode ser meramente legislativo ou interpretativo: uma vez estabelecidas novas diretrizes na lei, imprescindível que os atores processuais se engajem na mudança de comportamento quanto aos conflitos. Nesse sentido, incumbe especialmente a mediadores, conciliadores, procuradores, ministério público e juízes desvencilharem-se dos vícios combativos do processo judicial, em prol de um paradigma colaborativo.

Os cidadãos, que incorporam o papel de partes, devem assumir o protagonismo na efetivação de direitos. Para isso, devem envidar esforços para participar ativamente da construção do procedimento de resolução de conflitos e, por via de consequência, empoderar-se como indivíduos pertencentes a uma sociedade civilizada, capaz de resolver seus próprios desentendimentos.

Acima de tudo, cabe a todos – atores diretos ou indiretos do processo, servidores ou "clientes" do Judiciário – compreender que a busca do processo não deve ser apenas por justiça, numa concepção de ganha/perde, mas sim pela pacificação. Afinal, apenas com a mudança de postura perante os conflitos é que se pode cogitar a construção de uma cultura baseada no diálogo.

7. REFERÊNCIAS

BRASIL, Ordem dos Advogados do. *Código de Ética e Disciplina*. Disponível em <http://www.oab.org.br/content/pdf/legislacaooab/codigodeetica.pdf>, acesso em 04 de maio de 2016.

FRADE, Catarina. A resolução alternativa de litígios e o acesso à justiça: A mediação do sobreendividamento. *Revista Crítica de Ciências Sociais (on line),*65, Maio 2003: 107-128, disponível em <http://rccs.revues.org/1184>, acesso em 04 de maio de 2016.

JÚNIOR, Humberto Theodoro. Celeridade e efetividade da prestação jurisdicional. Insuficiência da reforma das leis processuais. *Revista Páginas de Direito*. Porto Alegre, ano 8, nº 835, 21 de setembro de 2008. Disponível em: <http://www.abdpc.org.br/ artigos/artigo51.htm>, acesso em 04 de maio de 2016.

JUSTIÇA, Conselho Nacional de. *Justiça em números 2014*. Disponível em <ftp://ftp.cnj.jus.br/Justica_em_Numeros/relatorio_jn2014.pdf>, acesso em 04 de maio de 2016.

_____. *Pesquisa de Instrutores Certificados pelo CNJ*. Disponível em < http://www.cnj.jus.br/programas-e-acoes/conciliacao-mediacao/pesquisa-de-instrutores>, acesso em 04 de maio de 2016.

LUCENA FILHO, Humberto Lima de. A cultura da litigância e o Poder Judiciário: noções sobre as práticas demandistas a partir da Justiça Brasileira. In: Conselho Nacional de Pesquisa e Pós-Graduação em Direito – CONPEDI. (Org.). Anais do XXI Encontro Nacional do Conselho de Pesquisa e Pós-Graduação em Direito – 'Sistema Jurídico e Direitos fundamentais Individuais e Coletivos'. 56 ed. Florianópolis: Fundação Boiteux, 2012, v. 21, p. 34-64.

MAZZEI, Rodrigo. Breve Olhar Sobre os Temas de Processo Civil a Partir das Linhas Mestras de René Girard. *Revista Brasileira de Direito Processual*. Belo Horizonte: 2013, v. 21, n. 83 jul/set, p. 13-26.

MAZZEI, Rodrigo; CHAGAS, Bárbara S. R.. Os negócios jurídicos processuais e a arbitragem. In: Antonio do Passo Cabral; Pedro Henrique Nogueira. (Org.). *Negócios processuais*. 1 ed. Salvador: Juspodivm, 2015, v. , p. 521-539.

MAZZEI, Rodrigo; GONÇALVES, Tiago Figueiredo. In *Código de Processo Civil Comentado*. Lenio Luiz Streck, Leonardo Carneiro da Cunha e Dierle Nunes (org). São Paulo: Saraiva, 2016.

_____In *Código de Processo Civil Comentado*. Helder Moroni Câmara (coord). São Paulo: Almedina, 2016.

MAZZEI, Rodrigo; MERÇON-VARGAS, Sarah. In Novo Código de Processo Civil anotado e comparado. Simone Diogo Carvalho Figueiredo (coord.). São Paulo: Saraiva, 2015.

MIRANDA NETTO, Fernando Gama de; SOARES, Irineu Carvalho de Oliveira. Princípios procedimentais da mediação no novo Código de Processo Civil. In ALMEIDA, Diogo Assumpção Rezende de; PANTOJA, Fernanda Medina; PELAJO, Samantha. *A mediação no novo Código de Processo Civil*. Rio de Janeiro: Forense, 2015, p. 109-119.

NADER, Laura. *Harmonia Coerciva: A Economia Política dos Modelos Jurídicos*. Disponível em <http://www.anpocs.org.br/portal/publicacoes/rbcs_00_26/rbcs26_02.htm>, acesso em 04 de maio de 2016.

NEAPI, Direito UFES. *Tabela Comparativa – Mediação x Conciliação x Arbitragem*. Disponível em <http://www.direito.ufes.br/sites/direito.ufes.br/files/field/anexo/Tabela%20Comparativa%20%E2%80%93%20Media%C3%A7%C3%A3o%20x%20Concilia%C3%A7%C3%A3o%20x%20Arbitragem.pdf>, acesso em 04 de maio de 2016.

PÚBLICO, Conselho Nacional do Ministério. *Resolução nº 118, de 1º de dezembro de 2014*. Disponível em < http://www.cnmp.mp.br/portal/images/Normas/Resolucoes/Resolu%C3%A7%C3%A3o_n%C2%BA_118_autocomposi%C3%A7%C3%A3º.pdf>, acesso em 05 de fevereiro de 2015.

ROSA, Karin Regina Rick. *Adequada atribuição de competência aos notários*. In CAHALI, Francisco José; FILHO, Antônio Herance; ROSA, Karin Regina Rick; FERREIRA, Paulo Roberto Gaiger. *Escrituras públicas – Separação, divórcio, inventário e partilha consensuais: análise civil, processual civil, tributária e notarial* – São Paulo: Editora Revista dos Tribunais, 2007.

SÃO PAULO, Tribunal de Justiça de. *Sancionado Projeto de Lei que Institui Abono e Regulamenta Trabalho de Mediação e Conciliação*. Disponível em < http://www.tjsp.jus.br/institucional/canaiscomunicacao/noticias/Noticia.aspx?Id=26353>, acesso em 04 de maio de 2016.

TARTUCE, Fernanda. *Mediação no Novo CPC: questionamentos reflexivos*. In Novas Tendências do Processo Civil: estudos sobre o projeto do novo Código de Processo Civil. Org.: Freire, Alexandre; Medina, José Miguel Garcia; Didier Jr, Fredie; Dantas, Bruno; Nunes, Dierle; Miranda de Oliveira, Pedro (no prelo). Disponível em <www.fernandatartuce.com.br/artigosdaprofessora>, acesso em 04 de maio de 2016.

TUTELA PROVISÓRIA E EVIDÊNCIA NEGOCIADA: TEMOS NOSSO PRÓPRIO TEMPO?

Rogéria Dotti[1]

> *Fondamentalement, le référé-provision est au service d'une fonction de moralisation des relations juridiques entre débiteur et créancier.*
>
> **Cécile Chainais**[2]

Sumário: 1. Tutela provisória e tutela da evidência no Código de Processo Civil de 2015: a dispensa do requisito da urgência e a razoável duração do processo – 2. Ônus da prova e o tempo necessário para a instrução – 3. A tutela da evidência como forma de distribuição do ônus do tempo no processo – 4. Convenções processuais e evidência negociada: quem deve suportar a demora da prova? – 5. Conclusões – Referências.

---

1. Doutoranda e mestre pela Universidade Federal do Paraná, Secretária Geral Adjunta do Instituto Brasileiro de Direito Processual no Paraná, Advogada.
2. "Fundamentalmente, o *référé*-provision (equivalente, no direito francês, à tutela da evidência) está a serviço de uma moralização das relações jurídicas entre devedor e credor" (CHAINAIS, Cécile. *La protection juridictionnelle provisoire dans le procès civil en droits français et italien*, Paris: Dalloz, 2007, p. 516, tradução livre).

1. TUTELA PROVISÓRIA E TUTELA DA EVIDÊNCIA NO CÓDIGO DE PROCESSO CIVIL DE 2015: A DISPENSA DO REQUISITO DA URGÊNCIA E A RAZOÁVEL DURAÇÃO DO PROCESSO

O Código de Processo Civil de 2015 denomina de tutela provisória todos os provimentos judiciais sumários, isto é, as decisões que dispensam a cognição exauriente, baseando-se na mera probabilidade do direito. Além disso, unifica os requisitos com relação às tutelas de urgência antecipada e cautelar: adota, por um lado, a ideia de perigo de dano ou risco ao resultado útil do processo[3] e, de outro, a de provável existência do direito. Desaparece, portanto, a distinção entre *fumus boni iuris* e verossimilhança da alegação.

Mas o mais relevante é que o legislador não apenas manteve, como ampliou significativamente a possibilidade de concessão da tutela da evidência, ou seja, a tutela antecipada dissociada da urgência. O art. 273, inciso II do Código de 1973, com as alterações da Lei nº 8.952, de 13 de dezembro de 1994, já previa essa forma de realização do direito sempre que houvesse abuso de defesa ou manifesto propósito protelatório do réu.

Ainda no sistema anterior, a Lei nº 10.444, de 07 de maio de 2002, introduziu o parágrafo 6º ao art. 273, com a finalidade de permitir também a antecipação para o pedido (ou parcela dele) que já se mostrasse incontroverso. Novamente, portanto, surgia a possibilidade de satisfação do direito, mesmo sem a urgência. Mas nesse ponto faz-se necessária uma pequena ressalva: a satisfação antecipada de uma parte da pretensão está hoje corretamente contemplada no julgamento parcial de mérito (art. 356 do CPC/2015). Isso porque não se trata de tutela antecipada (baseada em cognição sumária), mas sim de decisão de mérito com cognição exauriente. Naquela época, contudo, adotou-se essa alternativa justamente porque não era viável, à luz do princípio da unicidade da sentença, uma cisão da decisão de mérito. De qualquer forma, há bastante tempo em nosso sistema já se mostrava admissível a tutela da evidência, isto é, a possibilidade de satisfação antecipada sem *periculum in mora*. Os requisitos para essa forma de antecipação são: de um lado, a prova do fato constitutivo do

---

3. Nesse sentido, é bem pertinente a crítica de que o legislador deveria ter utilizado a expressão *perigo na demora* para caracterizar a urgência. (MARINONI, Luiz Guilherme; ARENHART, Sérgio Cruz e MITIDIERO, Daniel. *O novo processo civil*. 2. ed. rev., atual. e ampl. São Paulo: Editora Revista dos Tribunais, 2016, p. 231 e 232).

alegado direito do autor[4] e, de outro, a defesa infundada ou inconsistente apresentada pelo réu.

A tutela da evidência constitui, na verdade, uma técnica processual diferenciada para assegurar uma distribuição mais justa e equitativa da espera pelo provimento final. Como sustenta Luiz Guilherme Marinoni, *se o ônus da prova dos fatos litigiosos deve ser repartido entre o autor e o réu na medida do que alegam, cabe indagar se o tempo para a produção da prova também não deve ser repartido de acordo com a mesma regra*[5]. Justamente por isso, Fredie Didier Junior, Paula Sarno Braga e Rafael de Oliveira esclarecem que a evidência é um fato jurídico processual e, enquanto tal, pode ser tutelada em juízo[6].

Destaque-se que há grande semelhança entre a tutela da evidência do Código de Processo Civil de 2015 com o *référé provision* do sistema francês, o qual permite a antecipação do provimento judicial diante de uma contestação não séria[7]. A afinidade entre os institutos, aliás, já era visível no art. 273, II do Código *Buzaid*. O novo Código segue essa mesma orientação, criando no art. 311 novas hipóteses legais de antecipação, as quais guardam entre si a característica de permitir a satisfação antecipada do direito sempre que se estiver diante de uma defesa inconsistente. Isto porque, assim como na França[8], percebeu-se que o tempo necessário à instrução de alegações não sérias jamais deveria prejudicar aquele que, desde logo, consegue comprovar a existência do fato constitutivo de seu direito. Nesse sentido, afirma-se que a injustiça decorrente do decurso do tempo é muito mais provável do que a que decor-

---

4. Saliente-se que mesmo na hipótese do inciso I do art. 311, ou seja, abuso do direito de defesa, é necessária a probabilidade do direito do autor para a concessão da tutela da evidência. Não basta a mera defesa abusiva ou protelatória.
5. MARINONI, Luiz Guilherme (dir.); ARENHART, Sérgio Cruz; MITIDIERO, Daniel (coord.). *Comentários ao Código de Processo Civil: artigos 294 ao 333*. v. 4 São Paulo: Editora Revista dos Tribunais, 2016, p. 226.
6. DIDIER JR, Fredie; BRAGA, Paula Sarno; OLIVEIRA, Rafael Alexandria de. *Curso de direito processual civil: teoria da prova, direito probatório, ações probatórias, decisão, precedente, coisa julgada e antecipação dos efeitos da tutela*. 11. ed, Salvador: Editora Jus Podivm, 2016, p. 630.
7. MITIDIERO, Daniel. *Antecipação de tutela: da tutela cautelar à técnica antecipatória*. São Paulo: Editora Revista dos Tribunais, 2013, p. 135 e 136.
8. A principal distinção entre essa tutela cautelar na frança e os sistemas brasileiro e italiano consiste no fato de se tratar de uma jurisdição específica, diversa daquela encarregada de decidir o mérito. O juiz do référé é pessoa distinta do juiz da 'questão de fundo'. Sua atuação limita-se a examinar a situação de urgência para o fim de conceder, ou não, uma medida cautelar provisória, enquanto não for proferida uma decisão no processo principal. Tal atribuição é considerada tão importante que a função normalmente é desempenhada pelo próprio Presidente do tribunal que detém a competência para o exame da matéria, ou, ainda, por outro juiz por ele designado.

reria de um eventual erro judiciário[9]. Justamente por isso, todos os incisos do art. 311 apresentam uma ideia em comum: a da contestação não séria[10].

Destaque-se que o simples fato de haver um aumento das hipóteses legais de antecipação divorciada da urgência já sinaliza uma maior preocupação do sistema legal com a posição jurídica daquele autor que, aparentemente, tem razão. Para ele, o Código de Processo Civil de 2015 cria novas chances de ver o direito satisfeito desde logo, independentemente de qualquer situação de risco. Trata-se, assim, de uma mudança de paradigma em relação àquele processo anterior, extremamente conservador e comprometido apenas com a visão do réu.

Em seu sentido amplo, a tutela provisória permite fazer com que o tempo necessário para o deslinde da controvérsia não se torne um fardo injustamente pesado a quem tem razão[11]. Para tanto, é fundamental que os direitos evidentes mereçam, por parte da lei, um tratamento diferenciado. Trata-se, acima de tudo, de uma questão de justiça: *o processo, para ser justo, deve tratar de forma diferenciada os direitos evidentes, não permitindo que o autor espere mais do que o necessário para a realização do seu direito*[12].

A tutela provisória antecipada, e especificamente a tutela da evidência, constitui, portanto, um caminho para se implementar a garantia constitucional da razoável duração do processo (Constituição Federal, art. 5º, inciso LXXVIII[13]) e assegurar a efetividade do direito material. Mostra-se fundamental para a credibilidade e a respeitabilidade do próprio Poder Judiciário.

Ela é uma aposta no que *geralmente acontece*, conforme clássica lição de Giuseppe Chiovenda, deixando de lado a lógica de que o processo deve

---

9. DIDIER JR, Fredie; BRAGA, Paula Sarno; OLIVEIRA, Rafael Alexandria de. *Curso de direito processual civil: teoria da prova, direito probatório, ações probatórias, decisão, precedente, coisa julgada e antecipação dos efeitos da tutela*. 11. ed, Salvador: Editora Jus Podivm, 2016, p. 632).

10. O termo utilizado pelo Code de Procédure Civile francês é obrigação não seriamente contestável: Art. 809, segunda parte: "Dans les cas où l'existence de l'obligation n'est pas sérieusement contestable, il peut accorder une provision au créancier ou ordonner l'exécution de l'obligation même s'il s'agit d'une obligation de faire » (CADIET, Loïc. *Code de Procédure Civile 2015*. Vingt-huitième édition, Paris: LexisNexis, 2015, p. 623).

11. A propósito, vide MARINONI, Luiz Guilherme (dir.); ARENHART, Sérgio Cruz; MITIDIERO, Daniel (coord.). *Comentários ao Código de Processo Civil: artigos 294 ao 333*. v. 4 São Paulo: Editora Revista dos Tribunais, 2016, p. 227.

12. MARINONI, Luiz Guilherme. *Antecipação da tutela*, 9. ed. rev. e ampl. São Paulo: Editora Revista dos Tribunais, 2006, p. 165 e 166.

13. CF, art. 5º, LXXVIII. "A todos, no âmbito judicial e administrativo, são assegurados a razoável duração do processo, e os meios que garantam a celeridade de sua tramitação".

considerar apenas o que *pode acontecer no caso concreto*[14]. Daí porque o grande jurista italiano trata das *declarações com predominante função executiva* referindo-se às várias formas de restrição à cognição ordinária mediante a antecipação da execução[15].

Com efeito, se a pretensão só puder ser atendida ao final da demanda (quando então se concluirá com certeza quanto à existência do direito), o longo trâmite processual causará descrédito, frustração e sensação de injustiça. Daí a importância da aplicação da tutela provisória. Deve-se ter em mente que a função jurisdicional não depende exclusivamente da cognição exauriente. Cabível aqui a lúcida crítica feita por Ovídio Baptista da Silva no final dos anos 90: "para a doutrina tradicional, fiel à ordinariedade, julgamento fundado em verossimilhança, julgamento não é: julgar provisoriamente é não julgar[16].

O mito da ordinariedade, felizmente, não exerce o fascínio de antes e a garantia da razoável duração do processo constitui hoje uma preocupação crescente. Ela vem reflexamente prevista dentre as normas fundamentais do novo Código, mais especificamente nos arts. 4º e 6º. Mas, já estava contemplada no art. 8º, inciso 1 do Pacto de São José da Costa Rica, do qual o Brasil é signatário: "Toda pessoa terá o direito de ser ouvida, com as devidas garantias e dentro de um prazo razoável, por um juiz ou Tribunal competente, independente e imparcial, estabelecido anteriormente por lei, na apuração de qualquer acusação penal formulada contra ela, ou na determinação de seus direitos e obrigações de caráter civil, trabalhista, fiscal ou de qualquer outra natureza". O direito ao processo sem dilações indevidas também está reconhecido no art. 6º, inciso I da Convenção Europeia para a Salvaguarda dos Direitos do Homem e das Liberdades Fundamentais[17]. Além disso, passou-se a reconhecer

---

14. CHIOVENDA, Giuseppe. *Instituições de Direito Processual Civil*. Tradução da 2. ed. italiana por J. Guimarães Menegale, v. 1. São Paulo: Saraiva, 1942, p. 335.

15. "Pois como o objetivo comum dessas várias formas de restrição à cognição ordinária é a antecipação da execução, assim lhes dei, a essas medidas fundadas numa cognição incompleta, o nome de *declarações com predominante função executiva*. Objetou-se que o nome é impróprio, porquanto uma declaração que não produza certeza jurídica não é declaração. Isso é exato; mas também a certeza pode ter graduações. E, de outra parte, a palavra declaração aqui é tomada no sentido (registrado pelos léxicos) de operação destinada a uma verificação qualquer que se queira, mesmo não producente de certeza jurídica (...)".(CHIOVENDA, Giuseppe. *Instituições de Direito Processual Civil*. Tradução da 2. ed. italiana por J. Guimarães Menegale, v. 1. São Paulo: Saraiva, 1942, 1942, p. 337).

16. SILVA, Ovídio Araújo Baptista. *Jurisdição e execução na tradição romano-canônica*. 2. ed. São Paulo: Editora Revista dos Tribunais, 1997, p. 196.

17. TUCCI, José Rogério Cruz e. Garantia da prestação jurisdicional sem dilações indevidas como corolário do devido processo legal. *Revista de Processo*, v. 66, abr/jun. 1992, p. 72 a 78.

o direito subjetivo à indenização pela excessiva demora do processo. Seguindo essa orientação, a Corte Europeia dos Direitos do Homem impôs reiteradas condenações a vários países com base no dano moral decorrente da excessiva espera. Nesse aspecto, mostra-se interessante a adoção de critérios objetivos e específicos para a aferição da ilicitude[18].

Na Itália, a Lei nº 89, de 24 de março de 2001, mais conhecida como "Legge Pinto", alterou o art. 375 do Código de Processo Civil justamente para permitir *equa riparazione* dos danos causados pela demora excessiva. Aliás, o direito de obter decisões judiciais em prazo razoável é tão antigo que já vinha assegurado na Magna Carta, de 1215. Com efeito, seu parágrafo 40 estipulava que "a ninguém venderemos, negaremos ou retardaremos direito ou justiça"[19].

Lamentavelmente, porém, apesar desses avanços ainda existe um conservadorismo em relação a quem deve suportar o tempo necessário para a instrução. Há visivelmente uma tendência, verdade seja dita, que o novo Código procura afastar, na manutenção do *status quo* até a sentença. Daí uma consciência maior sobre a demora processual. Afinal, como dizia Eduardo Couture: no processo, o tempo é algo mais do que ouro: é justiça[20].

O Código de Processo Civil de 2015 prevê a concessão da tutela da evidência em quatro cenários distintos: a) abuso do direito de defesa ou propósito protelatório da parte; b) prova documental das alegações de fato e existência de tese firmada em julgamento de casos repetitivos ou súmulas vinculantes; c) pedido reipersecutório fundado em prova documental adequada ao contrato de depósito e d) petição inicial instruída com prova documental suficiente à demonstração do direito do autor, sem oposição de defesa do réu com prova capaz de gerar dúvida razoável.

---

18. Três são os critérios para a verificação da indevida dilação processual: a) complexidade do assunto; b) comportamento dos litigantes; e c) atuação do órgão jurisdicional. (TUCCI, José Rogério Cruz e. Garantia da prestação jurisdicional sem dilações indevidas como corolário do devido processo legal. *Revista de Processo*, v. 66, abr/jun. 1992, p. 72 a 78).

19. VARGAS, Jorge de Oliveira. A garantia fundamental contra a demora nos julgamentos. In: WAMBIER, Teresa Arruda Alvim (coord.). *Reforma do Judiciário: Primeiros ensaios críticos sobre a EC n. 45/2004*. São Paulo: Editora Revista dos Tribunais, 2005, p. 343.

20. "Por outra parte es menester recordar que en el procedimiento el tiempo es algo más que oro: es justicia". (COUTURE, Eduardo J. *Proyecto de Codigo de Procedimiento Civil*. Montevidéo: Impressora Uruguaya, 1945. Exposição de motivos, capítulo II, § 1º, n. 10, p. 37 apud NERY JUNIOR, Nelson. *Princípios do processo na Constituição Federal: processo civil, penal e administrativo*. 9. ed. rev. ampl. e atual. com as novas súmulas do STF (simples e vinculantes) e com a análise sobre a relativização da coisa julgada. São Paulo: Editora Revista dos Tribunais, 2009, p. 315).

As hipóteses não são taxativas pois o próprio Código prevê outras situações de antecipação sem urgência, além do rol do art. 311. É o que ocorre, por exemplo, com a liminar possessória (art. 562), com a liminar monitória (art. 701) e com aquela concedida nos embargos de terceiro (art. 678). Na verdade, o art. 311 assegura um critério geral para a aplicação da tutela provisória de evidência (defesa inconsistente), o que amplia consideravelmente o tratamento legal até então oferecido.

A lógica dessa solução é inquestionável. Com efeito, se o direito do autor já se mostra muito mais do que provável, nada mais adequado do que permitir sua imediata tutela.

2. ÔNUS DA PROVA E O TEMPO NECESSÁRIO PARA A INSTRUÇÃO

O julgamento de procedência ou improcedência do mérito de um pedido, assim como o deferimento ou indeferimento de determinada pretensão em sede de tutela provisória, dependem da prova que se possa fazer a respeito da existência do fato constitutivo do alegado direito. Por outro lado, a pretensão do réu quanto à improcedência está diretamente ligada à possibilidade de comprovar a existência de fato impeditivo, modificativo ou extintivo daquele suposto direito. É exatamente o que estabelece o art. 373 do Código de Processo Civil.

Parece fácil concluir que, quanto melhor a demonstração do fato constitutivo do direito, maior a chance do acolhimento da pretensão. Ocorre que, em virtude do caráter dialógico do processo, não basta ao autor comprovar que sua situação se encaixa na previsão legal de outorga determinado bem. Para a prolação da decisão judicial será necessário igualmente ouvir o réu, a fim de verificar se, apesar da ocorrência do fato constitutivo, não existem fatos impeditivos, modificativos ou extintivos daquele alegado direito. Chiovenda já destacava que tanto os fatos constitutivos como os impeditivos deveriam ser investigados para se reconhecer a existência do direito. Segundo ele, situar uma circunstância dentro da esfera de uns ou de outros tem uma importância enorme na medida em que leva à repartição do ônus da prova[21]. A propósito

---

21. "Em qualquer caso, convém recordar que tanto a presença dos fatos constitutivos quanto a ausência dos impeditivos são igualmente necessárias à existência do direito. Situar, porém, uma circunstância entre os fatos constitutivos ou a circunstância oposta entre os impeditivos, encerra importância praticamente enorme no tocante ao conceito da exceção e à repartição, entre as partes, do ônus de afirmar e do ônus de provar". (CHIOVENDA, Giuseppe. *Instituições de Direito Processual Civil*. Tradução da 2. ed. italiana por J. Guimarães Menegale, v. 1. São Paulo: Saraiva, 1942, p. 34).

desse caráter bilateral do processo, Paulo Henrique Lucon destaca que a *exceção é um direito processual análogo à ação*[22], merecendo igual valorização. Nessa linha, o respeito a um contraditório forte, com poder de influência é uma das características do novo diploma processual e de um sistema que pretende ser democrático[23]. Loïc Cadiet menciona que o ônus da prova pesa sobre a parte que pretende o reconhecimento de uma pretensão, quer seja ela pela via da ação ou da exceção[24]. Justamente por isso, o tempo da instrução poderá interessar a uma ou a outra parte, dependendo da natureza do fato que se quer demonstrar.

O mais relevante, contudo, é que as consequências da pendência da prova, ou seja, o fato da instrução interessar ora ao autor, ora apenas ao réu, parece passar despercebido pela maior parte da doutrina. Tende-se a acreditar que o requerente é quem sempre deve aguardar todo o tempo da instrução, quaisquer que sejam as alegações ou as provas requeridas pelo réu.

Tal raciocínio mostra-se absolutamente equivocado. Em verdade, a necessidade da instrução do processo e, consequentemente, o tempo imprescindível para tanto, são exigências às vezes de uma parte, às vezes de outra. Justamente por isso, o tempo necessário para a produção da prova deve ser suportado por quem dela necessita[25]. Essa é a lógica que orienta a possibilidade de satisfação antecipada do direito do autor, na tutela da evidência.

A situação é semelhante à da *condenação com reserva de exceções*, admitida no Direito italiano[26]. Nela, permite-se uma decisão sumária, com força

---

22. LUCON, Paulo Henrique dos Santos. Tutela provisória na atualidade, avanços e perspectivas: entre os 20 anos do art. 273 do CPC de 1973 e a entrada em vigor do novo CPC. In: BUENO, Cássio Scarpinella (coord.). *Tutela provisória no novo CPC: dos 20 anos de vigência do art. 273 do CPC/1973 ao CPC/2015*. São Paulo: Saraiva, 2016, p. 234.

23. OLIVEIRA, Paulo Mendes de. Negócios processuais e o duplo grau de jurisdição. In: CABRAL, Antonio do Passo; NOGUEIRA, Pedro Henrique (coord.). *Negócios processuais*. Salvador: Editora JusPodivm, 2015, p. 440.

24. "Le principe est que la charge de la preuve pèse sur la partie qui exprime une prétention en demandant au juge de se prononcer sur son bien-fondé : Actori incumbit probatio, que ce soit para voie d'action (ex. Art. 1315, al 1C.civ) ou par voie d'exception (ex. Art. 1315, al. 2 C civ.)". (CADIET, Loïc; NORMAND Jacques; MEKKI, Soraya Amrani. *Théorie générale du procès*. 2ème édition, Paris: Thémis droit, 2013, p. 852).

25. MARINONI, Luiz Guilherme (dir.); ARENHART, Sérgio Cruz; MITIDIERO, Daniel (coord.). *Comentários ao Código de Processo Civil*, v. 4 São Paulo: Editora Revista dos Tribunais, 2016, p. 226 e 227.

26. A propósito, Bruno Bodart esclarece que o "exemplo de condenação com reserva de exceções costumeiramente referido pela doutrina italiana é a chamada *ordinanza provvisoria di convalida di sfratto* (decisão provisória de ratificação de despejo), também denominada *ordinanza di rilascio com riserva*, prevista no art. 665 do *Codice di Procedura Civile* italiano". (BODART, Bruno Vinícius da Rós.

executiva, quando o réu não apresentar prova escrita em sentido contrário àquela produzida pelo autor. Como esclarece Giuliano Scarselli[27], as exceções apresentadas pelo réu só serão analisadas em uma fase posterior, depois da condenação que autoriza a satisfação do direito do autor. Chiovenda, explicando o instituto, dizia que com ele derroga-se o princípio de que o juiz deve, juntamente com o pedido do autor, conhecer de todas as exceções apresentadas pelo réu antes de proferir a decisão. Admite-se, portanto, a cisão de uma ou mais exceções da própria análise da ação[28].

É verdade que a distribuição clássica ou estática do ônus da prova, prevista no *caput* do art. 373, constitui regra geral para a conduta ao longo do procedimento. As partes sabem assim, antecipadamente, qual é a atitude que o sistema delas espera a fim de poder acolher a pretensão deduzida em juízo. Mas pouco se fala sobre quem deve suportar o tempo necessário para a atividade instrutória. Dito de outro modo, não se considera a possibilidade de antecipação da tutela nas situações em que o autor já se desincumbiu de seu ônus probatório.

Tal ideia fica clara se considerarmos a noção de ônus da prova e as consequências da inércia da parte. No âmbito do processo, o ônus nada mais é que uma *tarefa atribuída a uma parte, cujo exercício poderá lhe trazer uma situação de vantagem*[29]. É bem verdade que os ônus processuais podem ser imperfeitos, o que ocorre sempre que sua inobservância não gere necessariamente uma consequência negativa[30]. Saliente-se que o ônus da prova tem justamente essa característica pois, como advertem Wambier e Talamini, a parte que não produz a prova não será necessariamente derrotada na lide[31].

Tutela de evidência: teoria da cognição, análise econômica do direito processual e considerações sobre o Projeto do Novo CPC. 1. ed. São Paulo: Editora Revista dos Tribunais, 2014, p. 117).

27. Vide SCARSELLI, Giuliano. *La condanna con riserva*. Milano: Giuffrè, 1989.
28. CHIOVENDA, Giuseppe. *Instituições de Direito Processual Civil*. Tradução da 2. ed. italiana por J. Guimarães Menegale, v. 1. São Paulo: Saraiva, 1942, p. 341).
29. Esse é o conceito apresentado por Paulo Osternack Amaral, para quem a definição de ônus "traz consigo a ideia de risco, na medida em que se o onerado não exercer a sua faculdade assumirá o risco de um resultado contrário aos seus interesses". (AMARAL, Paulo Osternack. *Provas: atipicidade, liberdade e instrumentalidade*. São Paulo: Editora Revista dos Tribunais, 2015, p. 45).
30. Apesar da noção doutrinária sobre "ônus imperfeito", Vitor de Paula Ramos demonstra com bastante propriedade que sem a previsão de algum resultado, perde ele sua normatividade, deixando de ser um ônus jurídico em sentido técnico. (RAMOS, Vitor de Paula. Ônus da prova no processo civil: do ônus ao dever de provar. São Paulo: Editora Revista dos Tribunais, 2015, p. 67).
31. WAMBIER, Luiz Rodrigues; TALAMINI, Eduardo. *Curso avançado de processo civil: cognição jurisdicional (processo comum de conhecimento e tutela provisória)*. v. 2. 16. ed, reformulada e ampliada de acordo com o novo CPC. São Paulo: Editora Revista dos Tribunais, 2016, p. 236.

Entram em jogo nessa equação o princípio da comunhão da prova[32] e a própria possibilidade da produção de provas *ex officio* pelo juiz.

De qualquer forma, a distribuição do ônus da prova deve autorizar, em determinadas circunstâncias, a satisfação do direito da parte, notadamente quando ele já se mostra evidenciado.

O Código de Processo Civil de 2015 manteve a possibilidade de flexibilização do ônus da prova, deixando claro que a sua distribuição diversa pode ocorrer por ato do juiz ou por convenção das partes. Nesse último aspecto, o legislador foi bastante cauteloso ao estabelecer que são vedados os negócios processuais sobre prova que recaírem sobre direito indisponível da parte ou que tornarem excessivamente difícil o exercício do direito. O art. 373, § 3º do Código de Processo Civil reproduz quase que literalmente o disposto no art. 2.698 do Código Civil italiano[33].

Não há dúvida, portanto, que o novo sistema admite convenções processuais em matéria probatória. A propósito, vide os Enunciados nº 19 e 21 do Fórum Permanente de Processualistas Civis. Tais negócios podem ser típicos, como a distribuição diversa do ônus da prova, expressamente autorizada pelo art. 373, § 3º, ou atípicos, consoante a regra do art. 190 do Código. E, embora existam limites para essas convenções[34], elas constituem hoje uma nova ferramenta que poderá ser de grande utilidade para melhor equacionar o fator tempo dentro do processo.

3. A TUTELA DA EVIDÊNCIA COMO FORMA DE DISTRIBUIÇÃO DO ÔNUS DO TEMPO NO PROCESSO

O juízo de probabilidade possui relevância processual e deve permitir, nas hipóteses legalmente previstas, a antecipação da realização do direito. Qualquer pensamento em sentido contrário desconsidera a ideia de isonomia no tratamen-

---

32. "Fala-se em um princípio de comunhão da prova (também chamado de princípio da aquisição da prova). E é exatamente por conta disso que, no art. 371, se estabelece que a prova será apreciada pelo juiz 'independentemente do sujeito que a tiver promovido'". (CÂMARA, Alexandre. *O novo processo civil brasileiro*. 2. ed. São Paulo: Atlas, 2016, p. 231).

33. Art. 2698. Patti relativi all'onere della prova. Sono nulli i patti con i quali è invertito ovvero é modificato l'onere della prova, quando si tratta di diritti di cui le parti non possono disporre o quando l'inversione o la modificazione ha per effetto di rendere a una delle parti eccessivamente difficile l'esercizio del diritto.

34. A respeito dos limites negociais acerca da atividade probatória, vide AMARAL, Paulo Osternack. *Provas: atipicidade, liberdade e instrumentalidade*. São Paulo: Editora Revista dos Tribunais, 2015, p. 144.

to das partes, privilegiando a manutenção do *status quo* e dando valor excessivo à busca de certeza. Afinal, porque prestigiar o possível, mas improvável, direito do réu quando o autor apresenta provas suficientes de que certamente vencerá a demanda? Diante dessa circunstância, é lógico pensar que o Poder Judiciário deve tutelar o direito que já se mostra provável, ao invés de impor uma longa e demasiada espera à parte que tem maior probabilidade de vencer a demanda.

Afinal, se o decurso do tempo é algo negativo para aquele que já conseguiu demonstrar a verossimilhança de seu direito em juízo, proteger apenas a esfera jurídica do réu, que tem poucas chances de êxito, seria extremamente injusto[35].

A tutela da evidência[36], tal como prevista no novo Código de Processo Civil, tem justamente essa finalidade. Ela visa antecipar a realização de um direito que já se mostra altamente provável, gerando com isso uma inversão na espera pela instrução do processo. Com efeito, uma vez demonstrada a existência do fato constitutivo do direito do autor, incumbe ao réu suportar o custo do restante do tempo processual. Essa é a lógica que norteia o instituto: incontrovérsia do fato constitutivo[37] e inconsistência da defesa.

O direito evidente é, dessa forma, aquele cuja prova dos fatos revela-se incontestável ou ao menos não passível de contestação séria[38]. Interessante notar que a experiência forense na apreciação de liminares evoluiu de forma a reconhecer a importância da prova documental e da consequente alta carga de *fumus boni juris* na análise da cognição sumária. Eduardo José Fonseca da Costa, fazendo um estudo empírico, afirma que, diante da alta probabilidade do direito, em determinadas situações sentiam-se os juízes autorizados a dispensar o requisito do *periculum in mora* para a concessão da medida,

---

35. BODART, Bruno Vinícius da Rós. *Tutela de evidência: teoria da cognição, análise econômica do direito processual e considerações sobre o Projeto do Novo CPC*. 1. ed, São Paulo: Editora Revista dos Tribunais, 2014, p. 152.

36. A denominação tutela da evidência, adotada pelo Código de Processo Civil de 2015, já havia sido empregada por Luiz Fux em trabalho voltado para o concurso acadêmico de titularidade na Universidade Estadual do Rio de Janeiro, em 1994.

37. Observe-se que se houver alguma dúvida a respeito da existência do fato constitutivo do alegado direito do autor (mediante a alegação de falsidade do documento, por exemplo) não caberá a tutela da evidência. A propósito, assim defendia Chiovenda em relação à condenação com reserva do Direito italiano. Vide CHIOVENDA, Giuseppe. *Instituições de Direito Processual Civil*. Tradução da 2. ed. italiana por J. Guimarães Menegale, v. 1. São Paulo: Saraiva, 1942, p.352.

38. "Sob o ângulo civil, o direito evidente é aquele que se projeta no âmbito do sujeito de direito que postula. Sob o prisma processual, é evidente o direito cuja prova dos fatos sobre os quais incide revela-os incontestáveis ou ao menos impassíveis de contestação séria". (FUX, Luiz. *Tutela de segurança e tutela da evidência*. São Paulo: Saraiva, 1996, p. 311).

movidos pela sensação da *injustiça da espera*. Assim, o *excesso de fumus boni juris* deformava o campo de gravidade das tutelas de urgência, afastando o exame do perigo da demora[39]. Verificava-se nesses casos, ainda sob a égide do Código de 1973, uma espécie de *tutela de evidência extremada sem urgência*[40]. Isto por uma razão bastante clara: o simples decurso do tempo sem a satisfação desses direitos evidentes já representava uma lesão[41].

No direito francês, onde a tutela da evidência tem grande desenvolvimento, a ideia da justa distribuição do tempo está bastante presente. Para Loïc Cadiet, se o credor já provou a existência do fato constitutivo de seu direito, cabe ao réu demonstrar que essa obrigação é *seriamente contestável*[42]. Por outro lado, não havendo uma contestação *séria*, autoriza-se desde logo a realização antecipada do direito, nos termos do *référé provision* (art. 809, segunda parte, do Code de Procédure Civile).

Como se vê, a atividade probatória e a tutela da evidência tem uma forte vinculação. Para Flávio Yarshell e Helena Abdo, não é à toa que a palavra *evidence* em inglês significa prova. Não se trata de mera coincidência pois a maioria das hipóteses legais dessa forma de tutela baseiam-se em prova documental. Exatamente por isso, uma vez comprovado o direito da parte, justifica-se a inversão do encargo decorrente do tempo necessário para o processo[43]. A tutela da evidência pode ocorrer, inclusive, na fase recursal, consoante o Enunciado nº 423 do Fórum Permanente de Processualistas Civis.

Note-se que o tratamento diferenciado para os direitos evidentes não é apenas uma questão de justiça, mas também da aplicação do princípio da isonomia. É o que já sugeria Vittori Denti[44]. Isso porque, para se tratar de

---

39. COSTA, Eduardo José da Fonseca. *O "direito vivo" das liminares*. São Paulo: Saraiva, 2011, p. 74.
40. COSTA, Eduardo José da Fonseca. *O "direito vivo" das liminares*. São Paulo: Saraiva, 2011, p. 74.
41. "O decurso do tempo diante do direito evidente sem resposta por si só representa uma "lesão". Ademais, a fórmula constitucional foi ditada para "entrar em ação" tão logo descumprido o direito objetivo. Assim, desrespeitado o direito evidente, incide a garantia judicial, que variará na sua efetivação conforme a demonstração da lesão seja evidente ou duvidosa". (FUX, Luiz. *Tutela de segurança e tutela da evidência*. São Paulo: Saraiva, 1996, p. 309).
42. "...Mais s'il appartient au demandeur à une provision d'établir l'existence de la créance qu'il invoque, c'est au défendeur à prouver que cette créance est sérieusement contestable". (CADIET, Loïc. *Code de Procédure Civile 2015*, vingt-huitième édition, Paris: LexisNexis, 2015, p. 636).
43. YARSHELL, Flávio Luiz e ABDO, Helena. As questões não tão evidentes sobre a tutela da evidência. In: BUENO, Cássio Scarpinella (coord.). *Tutela provisória no novo CPC: dos 20 anos de vigência do art. 273 do CPC/1973 ao CPC/2015*. São Paulo: Saraiva, 2016, p. 455.
44. "Tratar um direito evidente e um direito não evidente de igual forma é tratar da mesma maneira situações desiguais". (DENTI, Vittorio. *Um progetto per la giustizia civile*. p. 259 e ss. apud MARINONI,

forma igual e paritária ambas as partes, não se pode atribuir apenas ao autor todo o ônus da espera da instrução processual[45]. Não se pode, nessa medida, compreender o princípio da paridade de armas senão através da concessão de tratamento diferenciado para posições juridicamente distintas. Não se deve esquecer da crítica feita por Ovídio Baptista da Silva, há mais de vinte anos, quanto à sua deturpação: *o princípio da paridade de armas é uma espécie de darwinismo processual que se expressa através da outorga, a todos os litigantes, do procedimento ordinário, independentemente da maior ou menor verossimilhança de seus direitos*[46]. Na verdade, o que se quer é um processo que realmente trate as partes com isonomia, considerando naturalmente as diversas cargas probatórias que elas apresentem.

Ainda que guardem diferenças procedimentais, há uma semelhança entre os institutos da tutela da evidência e o da ação monitória. Ambos têm o mesmo objetivo: *propiciar ao autor, em virtude da alta probabilidade de procedência da sua pretensão, um célere acesso ao bem da vida*[47]. A lógica, portanto, é a mesma.

Além disso, a distribuição do ônus do tempo no processo por força da tutela da evidência tem um nítido caráter moralizador das relações jurídicas. É o que Cécile Chainais denomina de uma mutação funcional da tutela provisória[48]. Tal orientação fica muito clara na explicação de Jacques Normand, para quem a proteção imediata do direito do autor é importante para moralizar as relações jurídicas, promovendo a derrota daqueles que contam com a relutância do adversário em iniciar o processo e ainda com a lentidão inerente ao procedimento[49].

Luiz Guilherme, ARENHART, Sergio Cruz, MITIDIERO, Daniel. *Novo Curso de Processo Civil: teoria do processo civil*. v. 1, São Paulo: Editora Revista dos Tribunais, 2015, p. 396).

45. MARINONI, Luiz Guilherme; ARENHART, Sérgio Cruz e MITIDIERO, Daniel. *O novo processo civil*. 2. ed. rev., atual. e ampl. São Paulo: Editora Revista dos Tribunais, 2016, p. 231.

46. SILVA, Ovídio Araújo Baptista da. *Jurisdição e execução na tradição romano-canônica*. 2. ed, rev. São Paulo: Editora Revista dos Tribunais, 1997, p. 207.

47. BODART, Bruno Vinícius da Rós. *Tutela de evidência: teoria da cognição, análise econômica do direito processual e considerações sobre o Projeto do Novo CPC*. 1. ed. São Paulo: Editora Revista dos Tribunais, 2014, p. 149).

48. "L'avènement de cette condition d'un fumus boni juris particulièrement renforcé, allié à l'eviction de la condition de l'urgence, correspond à une mutation fonctionelle de la protection juridictionnelle provisoire : fondamentalement, le référé-provision est au service d'une fonction de moralisation des relations juridiques entre débiteur et créancier". (CHAINAIS, Cécile. *La protection juridictionnelle provisoire dans le procès civil en droits français et italien*, Paris: Dalloz, 2007, p. 516, tradução livre).

49. "Comme l'écrit M. Jacques Normand, ce qui caractérise le référé-provision, 'ce n'est pas seulement le souci d'ouvrir une voie de délestage afin d'éviter l'encombrement des tribunaux. C'est d'abord

Não há como negar esse intuito moralizar também no nosso sistema do Código de Processo Civil de 2015. Além do inciso I do art. 311 tratar da defesa abusiva de forma genérica, permitindo uma aplicação ampla do instituto, os demais incisos prestigiam a posição daquele que já detém a prova documental a seu favor. Além disso, as normas fundamentais (em especial os arts. 4º, 7º, 9 e 10) deixam claro que dentre os objetivos da nova lei estão justamente o tratamento paritário, dialógico e a busca de resultados. Daí porque a concepção da tutela da evidência é instrumento fundamental para combater o tempo, esse verdadeiro *inimigo dos direitos*[50].

4. CONVENÇÕES PROCESSUAIS E EVIDÊNCIA NEGOCIADA: QUEM DEVE SUPORTAR A DEMORA DA PROVA?

A ampliação da tutela da evidência no Código de Processo Civil de 2015[51], com a criação de novas hipóteses legais, facilitou a antecipação dos direitos evidentes. Mas a mudança não tratou apenas do aumento de situações autorizadoras de sua incidência. Houve uma alteração no que diz respeito à forma de análise dos requisitos. Note-se que quase todos os incisos (com exceção do primeiro) tratam da concessão de tutela antecipada em face da existência de *prova documental*. Isso assegura uma maior objetividade[52] na verificação do julgador e, consequentemente, traz uma força maior ao instituto. Além disso, a lei deixa claro o vínculo existente entre o ônus da prova e a concessão da tutela da evidência. Note-se que nos incisos II, III e IV do art. 311 há um

---

la volonté d'assurer la protection immédiate du créancier et, par-delà, de moraliser les relations juridiques en déjouant les calculs de ceux qui, malgré l'évidence de leur dette, comptent sur la répugnance de l'adversaire à engager un procès et sur les lenteurs inhérentes à toute procédure, pour retarder une échéance qu'ils doivent pourtant savoir inéluctable » (CHAINAIS, Cécile. *La protection juridictionnelle provisoire dans le procès civil en droits français et italien*, Paris: Dalloz, 2007, p. 516, tradução livre).

50. DINAMARCO, Cândido Rangel. *Instituições de direito processual civil*. v. I. 8. ed., rev. e atual. segundo o Novo Código de Processo Civil. São Paulo: Malheiros, 2016, p. 256.

51. No sistema do Código de 1973, a tutela da evidência limitava-se a uma previsão genérica que permitia a antecipação quando houvesse *abuso do direito de defesa* ou *manifesto propósito protelatório do réu*. Tal regra foi mantida no Código de 2015, no inciso I do art. 311. Ocorre, contudo, que o instituto teve pouquíssima aplicação prática ao longo desses últimos vinte anos, o que pode ser atribuído à resistência do Poder Judiciário em reconhecer o fator subjetivo da abusividade, a intenção da parte. A ampliação do instituto no novo Código poderá afastar essa resistência diante da criação de situações objetivas a permitir a antecipação como, por exemplo, a existência de prova documental aliada à tese firmada em julgamento de casos repetitivos ou súmula vinculante; contrato de depósito também documentalmente comprovado e prova documental dos fatos constitutivos sem que o réu consiga fazer prova a gerar dúvida razoável.

52. Não se depende mais da análise subjetiva quanto à conduta abusiva.

ponto em comum: a demonstração documental dos fatos constitutivos do direito do autor e a fragilidade (já presente ou futura) dos argumentos do réu. Isso significa que o legislador, de forma correta, considerou que a parte que já se desincumbiu de seu ônus probatório não deve ter que aguardar o final do processo para ver seu direito realizado. Não há como negar, portanto, o liame entre distribuição do ônus da prova e tutela da evidência.

Mas a grande questão que se coloca é se os negócios processuais[53], especificamente aqueles que dizem respeito à prova, poderão ser utilizados para facilitar e até ampliar a aplicação da tutela da evidência. A resposta é positiva.

Apesar da autorização legislativa sobre ônus da prova, consoante o art. 373, § 3º e 4º, existe ainda muita polêmica quanto à admissibilidade de convenções processuais atípicas que limitem a matéria probatória. Destacam-se respeitáveis posições de um lado e de outro[54]. O principal argumento daqueles que são contrários à ideia baseia-se no fato de que tais negócios estariam regulamentando atividade do magistrado e interferindo nos critérios de julgamento[55]. Com muito bem observado, a própria indicação consensual do perito (art. 471) já repercute na atividade jurisdicional[56]. Mas, o que gera grande polêmica é a vedação à colheita de determinadas provas pelo magistrado, causando verdadeira restrição à análise que deve anteceder o ato decisório.

Sem dúvida, os negócios jurídicos processuais, por envolverem a atuação do Estado-juiz, apresentam peculiaridades e exigem uma análise cuidadosa. Mas o que merece ser destacado é que as convenções sobre ônus da prova não impedem a iniciativa de produção de provas pelo magistrado[57]. Nesse

---

53. Segundo Fredie Didier Junior, o negócio processual é o "fato jurídico voluntário, em cujo suporte fático se confere ao sujeito o poder de regular, dentro dos limites fixados no próprio ordenamento jurídico, certas situações jurídicas processuais ou alterar o procedimento". (DIDIER JR, Fredie. Negócios jurídicos processuais atípicos no Código de Processo Civil de 2015. *Revista Brasileira da Advocacia*. v. 1, abr-jun 2016, p. 59-84).

54. A respeito das convenções processuais sobre prova, conferir GODINHO, Robson Renault. A possibilidade de negócios jurídicos processuais atípicos em matéria probatória. CABRAL, Antonio do Passo; NOGUEIRA, Pedro Henrique (coord.). In: *Negócios processuais*. Salvador: Ed. Jus Podivm, 2015.

55. A propósito, Robson Godinho que tem posição favorável aos negócios processuais sobre prova, destaca as relevantes razões da resistência da doutrina. (GODINHO, Robson Renault. A possibilidade de negócios jurídicos processuais atípicos em matéria probatória. CABRAL, Antonio do Passo; NOGUEIRA, Pedro Henrique (coord.). In: *Negócios processuais*. Salvador: Ed. Jus Podivm, 2015, p. 411).

56. GODINHO, Robson Renault. A possibilidade de negócios jurídicos processuais atípicos em matéria probatória. CABRAL, Antonio do Passo; NOGUEIRA, Pedro Henrique (coord.). In: *Negócios processuais*. Salvador: Ed. Jus Podivm, 2015, p. 412.

57. MACÊDO, Lucas Buril de e PEIXOTO, Ravi de Medeiros. Negócio processual acerca da distribuição do ônus da prova. *RePro*, v. 241, mar 2015, p. 463-487.

ponto, há que se considerar o duplo objetivo do processo: resolver o conflito das partes e, ao mesmo tempo, fixar parâmetros de conduta futura. De forma bastante lúcida, sustenta Luiz Guilherme Marinoni que os deveres instrutórios do juiz vão muito além do mero objetivo de solução da controvérsia e por isso não se pode admitir restrições à essência da atividade jurisdicional[58]. Ou seja, ainda que estejam admitidos os negócios processuais sobre prova, os mesmos não deveriam vincular o magistrado. Adotando a mesma linha de raciocínio, Paulo Lucon também entende que as partes podem convencionar sobre provas, mas sustenta que tais convenções não são suficientes para revogar os poderes instrutórios do juiz, conferidos pela lei[59].

Por outro lado, parte da doutrina defende o cabimento dos negócios sobre prova, concluindo que o magistrado deverá seguir os contornos dessa convenção, sob pena de negar eficácia a negócio jurídico válido[60]. A convenção das partes sobre prova é também admitida por Eduardo Talamini, o qual faz uma importante distinção entre *ato de verdade* e *ato de vontade*. O primeiro seria o ajuste em que tanto as partes como o juiz reputam que determinada prova é suficiente para a demonstração dos fatos. Já o segundo reflete a situação em que, mesmo sabendo que tal prova possa ser insuficiente, as partes deliberam pela limitação probatória. Sustenta, então, que o pacto probatório como *ato de vontade* só é admissível em face de direitos materiais disponíveis[61].

Buscando um equilíbrio quanto à admissão de negócios processuais, Loïc Cadiet destaca que o processo civil na França é considerado *coisa das partes*,

---

58. MARINONI, Luiz Guilherme (dir.); ARENHART, Sérgio Cruz; MITIDIERO, Daniel (coord.). *Comentários ao Código de Processo Civil: artigos 369 ao 380*. v. 6 São Paulo: Editora Revista dos Tribunais, 2016, p. 145.

59. LUCON, Paulo Henrique dos Santos; CABRAL, Antonio do Passo e CRAMER, Ronaldo (coord.). *Comentários ano novo Código de Processo Civil*. Rio de Janeiro: Forense, 2015, p. 575.

60. Paulo Osternack Amaral destaca que há campo fértil para o negócio processual na esfera probatória. Para ele, é possível que o negócio disponha, por exemplo, que: "(i) somente será admissível a produção de prova documental; (ii) caberá todos os meios de prova, exceto a prova pericial; (iii) não caberá audiência, de modo que os depoimentos deverão ser documentados extrajudicialmente e então ser trazidos aos autos, ..." (AMARAL, Paulo Osternack. *Provas: atipicidade, liberdade e instrumentalidade*. São Paulo: Editora Revista dos Tribunais, 2015, p 143). Beclaute Oliveira Silva, por sua vez, embora afirme que o negócio jurídico não vincula o magistrado que não participou do acordo, sustenta que a análise judicial sobre o fato jurídico deve ocorrer dentro dos contornos do que foi estipulado pelas partes. (SILVA, Beclaute Oliveira. Verdade como objeto do negócio jurídico processual. In: CABRAL, Antonio do Passo; NOGUEIRA, Pedro Henrique (coord.). In: *Negócios processuais*. Salvador: Ed. Jus Podivm, 2015, p. 402 e 403).

61. TALAMINI, Eduardo. *Um processo pra chamar de seu: nota sobre os negócios jurídicos processuais*. Disponível em: <http://www.migalhas.com.br/dePeso/16,MI228734,61044--Um+processo+pra+chamar+de+seu+nota+sobre+os+negocios+juridicos>. Acesso em: 29 dez 2016.

assim como *coisa do juiz* e que o limite estaria no respeito às leis que regulamentam matéria de interesse público[62]. Justamente por isso, quanto mais se tratar de colocar em causa as prerrogativas judiciais, menor será a liberdade negocial das partes[63]. Segundo ele, os acordos processuais são o testemunho exemplar de que o processo não é obra exclusiva nem do magistrado, nem dos querelantes. Tanto no processo civil, como no procedimento arbitral, o modelo de um processo cooperativo é que tende a se desenvolver[64]. Nessa linha, compete à doutrina equilibrar o interesse público e o interesse privado a fim de ampliar as possibilidades de negócios processuais[65]. A propósito, Remo Caponi cita passagem da obra de Chiovenda quanto à necessidade de se colocar o direito processual civil em um território intermediário entre o direito público e o privado. Algo, segundo ele, ainda difícil, mas praticável[66].

De qualquer maneira, deve-se salientar que há uma marcante diferença entre a possibilidade de negócios processuais para a limitação da prova e a viabilidade das convenções sobre direito evidente[67]. Neste último caso, o que está em jogo não é a restrição à atividade judicial mas, tão somente, a predeterminação sobre quem arcará com o ônus da espera pela instrução.

Desse modo, independentemente de toda a polêmica que envolve a restrição convencional das provas, não há dúvida que se devem admitir os negócios processuais que digam respeito à concessão da tutela da evidência.

---

62. "Dès lors que le procès civil est conçu comme la chose des parties tout autant que celle du juge, il est permis de considérer que les règles processuelles peuvent être conventionnellement aménagées dans la limite 'des lois qui intéressent l'ordre public' selon la disposition de l'article 6 du Code civil français." (CADIET, Loïc. La qualification juridique des accords processuels. In: CABRAL, Antonio do Passo; NOGUEIRA, Pedro Henrique (coord.). In: *Negócios processuais*. Salvador: Ed. Jus Podivm, 2015, p. 95).

63. "Mais ici, la liberté contractuelle va s'exercer moins pleinement que dans les hypothèses précédentes car l'institution judiciaire est alors concernée, dans son organisation ou son fonctionnement" (CADIET, Loïc. Les conventions relatives au procès en droit français sur la contractualisation du règlement des litiges. In: *RePro*, v. 160, jun 2008, p. 61-82).

64. CADIET, Loïc. La qualification juridique des accords processuels. In: CABRAL, Antonio do Passo; NOGUEIRA, Pedro Henrique (coord.). In: *Negócios processuais*. Salvador: Ed. Jus Podivm, 2015, p. 95 e 103, tradução livre.

65. ALMEIDA, Diogo de Assumpção Rezende de. As convenções processuais na experiência francesa e no novo CPC. In: CABRAL, Antonio do Passo; NOGUEIRA, Pedro Henrique (coord.). In: *Negócios processuais*. Salvador: Ed. Jus Podivm, 2015, p. 246.

66. CAPONI, Remo. Autonomia privada e processo civil: os acordos processuais. In: *RePro*, v. 228, fev 2014, p. 359.

67. Explica-se: ainda que as partes deliberem sobre o que será considerado prova suficiente para a concessão da tutela da evidência, tal deliberação não impede o prosseguimento da instrução e a ampla atividade probatória do juiz. Ela apenas autoriza uma melhor distribuição do tempo de espera.

Isto porque é possível ampliar, mediante convenção processual, a previsão de provas autorizadoras da tutela da evidência. Como se sabe, os incisos II, III e IV do art. 311 preveem apenas a *prova documental*, o que restringe demasiadamente o instituto. Deve-se permitir, então, que as partes estabeleçam antecipadamente quais são as provas que autorizarão a análise da probabilidade do direito pelo juiz, permitindo assim a tutela antecipada. E isso em nada afetará a atividade cognitiva do magistrado, o qual poderá determinar a continuidade da instrução e concluir, diante de outras provas, pela revogação do provimento antecipatório.

A tutela de evidência negociada consiste, portanto, na possibilidade de convenção processual para agilizar a futura realização do direito mais que provável do autor. Para tanto, basta que, antes da ocorrência do litígio[68], as partes estabeleçam quais serão as provas necessárias para uma possível antecipação do direito material, ampliando a previsão legal (prova documental). Observe-se que a probabilidade da existência do direito do autor continuará a ser aferida judicialmente, mas se dará mediante a utilização de determinadas provas preestabelecidas. Isso não afasta a continuidade da instrução, nem muito menos restringe o poder instrutório do magistrado. O que se permite na tutela da evidência negociada é que as próprias partes elejam previamente outras provas suficientes para um juízo de cognição sumária. Trata-se, simplesmente, de permitir uma divisão do ônus do tempo enquanto se aguarda a finalização da atividade probatória. Importante lembrar, nesse aspecto, o Enunciado nº 18 do Fórum Permanente de Processualistas Civis, segundo o qual há indício de vulnerabilidade no acordo de procedimento sem assistência técnico-jurídica.

Um exemplo permite deixar mais claro a aplicação dessa tutela da evidência negociada. Em determinado contrato, as partes podem prever que, para os fins de aplicação do art. 311 do Código de Processo Civil, sejam considerados como *prova suficiente* um laudo técnico ou ainda uma declaração escrita produzida por uma ou mais testemunhas. Tal previsão, evidentemente, não afasta a iniciativa probatória do magistrado, o qual poderá determinar a realização de futura prova pericial e audiência. Mas servirá para antecipar a satisfação do alegado direito da parte até que ocorram esses outros atos instrutórios.

Importante aqui recordar que *prova documental* exigida pela lei no art. 311, incisos II, III e IV é bastante restritiva e não se confunde com a *prova*

---

68. Apesar da viabilidade de negócio processual durante o trâmite do processo, no caso da tutela da evidência seria pouco provável o interesse de um ajuste após iniciada a demanda.

escrita (que autoriza a ação monitória), nem tampouco com *prova documentada*, tais como os laudos técnicos ou as declarações colhidas em escritura pública[69] ou particular. Esses documentos apenas demonstram a colheita da prova (testemunhal ou pericial), mas não o fato em si mesmo. Isso porque não traduzem uma representação imediata do que realmente ocorreu. Há, nesses casos, uma necessária intermediação, quer pelas testemunhas, quer pelo perito judicial. O documento comprova apenas o que disseram as pessoas, não atesta a ocorrência do evento passado. Por sua vez, a prova documental é tecnicamente aquela em que o próprio fato é reconstruído, sem qualquer intermediação. Luiz Guilherme Marinoni e Sérgio Cruz Arenhart deixam muito clara essa distinção ao referirem que tanto a prova testemunhal como a pericial são documentadas nos autos, o que todavia não as transforma em provas documentais[70].

Como se vê, a aplicação da tutela da evidência, tal como prevista pela lei é bastante restrita. Justamente por isso, é viável permitir a evidência negociada, isto é, a possibilidade de antecipação não urgente mediante a apresentação de *provas documentadas*, tais como declarações e laudos técnicos. E, a fim de evitar maiores riscos, o magistrado pode aguardar a manifestação do réu (exercício do contraditório) para só então conceder essa forma de tutela. Assim, ainda que o fato não esteja suficientemente comprovado[71], esse início de prova já será suficiente para a satisfação do direito material. Haverá, portanto, uma inversão no dever de aguardar pelo tempo do processo. Cria-se uma presunção *juris tantum* da incontrovérsia[72].

A tutela da evidência negociada, por exemplo, pode ocorrer diante de um contrato de entrega de mercadoria fungível em que o inadimplemento parcial (por defeito ou contaminação do produto) venha a ser aferido por laudo particular de um perito previamente eleito pelas partes. Dessa forma, com a juntada do *parecer técnico* aos autos e após a manifestação da parte contrária,

---

69. Como exceção, a ata notarial, ou seja, a declaração prestada pelo notário no exercício de sua condição pública, constitui prova documental pois serve para atestar os fatos que ocorreram em sua presença (art. 384 do CPC, art. 6º, III e art. 7º, III da Lei nº 8.935/94).
70. MARINONI, Luiz Guilherme; ARENHART, Sérgio Cruz. *Prova e convicção: de acordo com o CPC de 2015*. 3. ed. rev., atual. e ampl. São Paulo: Editora Revista dos Tribunais, 2015, p. 610.
71. Vale lembrar que a tutela da evidência após a manifestação do réu só se justifica quando houver a continuidade da instrução. Isto porque, se não houver novas provas a serem produzidas, o caso será de julgamento antecipado do mérito (art. 355, I) e não de concessão de tutela da evidência.
72. ALMEIDA, Diogo de Assumpção Rezende de. As convenções processuais na experiência francesa e no novo CPC. In: CABRAL, Antonio do Passo; NOGUEIRA, Pedro Henrique (coord.). *Negócios processuais*. Salvador: Editora JusPodivm, 2015, p. 263.

o juiz estará autorizado pela própria convenção processual a conceder a tutela da evidência (art. 311, IV) mediante ordem de pagamento, sob pena de multa diária (art. 139, IV). Tal providência será muito mais célere do que a decisão final, viável apenas após a instrução com a produção de prova pericial. E, diante das circunstâncias do caso concreto, poderá inclusive estimular um acordo, com a consequente extinção do processo.

Em suma, a prova documentada mediante declarações de testemunhas ou pareceres técnicos poderá ampliar significativamente as hipóteses de concessão de tutela da evidência, bastando para tanto que as partes estabeleçam previamente tal possibilidade mediante convenção processual. E o eventual risco por se adotar *prova documentada* ao invés de *prova documental* será facilmente absorvido pelos benefícios da antecipação do provável direito do autor. Afinal, vale repetir aqui a lição de Chiovenda: é mais importante que o processo se comporte a partir do que *geralmente acontece*, do que *conforme ao que efetivamente pode acontecer no caso concreto*[73].

5. CONCLUSÕES

Ao prever a possibilidade de negócios processuais atípicos[74] e a distribuição diversa do ônus da prova por convenções das partes[75], o Código de Processo Civil autoriza que o tempo de espera pela instrução seja contratualmente negociado. Com efeito, é possível que, antes mesmo do início de um litígio, os contratantes estabeleçam a admissão de outras provas (que não a documental *stricto sensu*)[76] para a concessão da tutela da evidência. Poder-se-á admitir, então, que as declarações por escrito de um certo número de testemunhas ou que um laudo técnico, de perito previamente eleito, amparem a análise do pedido de antecipação. Assim, além da prova exclusivamente documental,

---

73. CHIOVENDA, Giuseppe. *Instituições de Direito Processual Civil.* Tradução da 2. ed. italiana por J. Guimarães Menegale, v. 1. São Paulo: Saraiva, 1942, p. 335.
74. Art. 190 do Código de Processo Civil.
75. Art. 373 do Código de Processo Civil
76. Observe-se que o art. 311 se refere apenas à prova documental, o que não abrange todas as outras provas que podem ser documentadas. A propósito, Luiz Guilherme Marinoni já admite a hipótese de prova documentada em relação ao inciso IV do art. 311, pois caso o dispositivo se limitasse a documento, não haveria motivo em se cogitar de contraprova capaz de gerar dúvida razoável. (MARINONI, Luiz Guilherme (dir.); ARENHART, Sérgio Cruz; MITIDIERO, Daniel (coord.). *Comentários ao Código de Processo Civil: artigos 369 ao 380.* v. 6 São Paulo: Editora Revista dos Tribunais, 2016, p. 256).

como preveem os incisos II, III e IV do art. 311, outras provas documentadas poderão ser utilizadas para a concessão da tutela da evidência.

O interessante é que a tutela da evidência negociada pode ser admitida inclusive por aqueles que não concordam com as convenções processuais sobre matéria probatória. Isto porque ela não limita a atividade instrutória do magistrado, que poderá prosseguir na colheita de provas e, posteriormente, concluir pela revogação da tutela. O que a convenção sobre evidência faz é tão somente permitir uma nova divisão do tempo de espera do processo. Uma vez demonstrado o fato constitutivo do direito do autor (conforme prova eleita anteriormente pelas partes) e estando presente também a inconsistência da defesa do réu, o juiz poderá decidir pela concessão da tutela da evidência. Ampliam-se, assim, as hipóteses legais de tutela antecipada não urgente.

A tutela da evidência negociada adota a mesma lógica da condenação com reserva do direito italiano[77]: permite a satisfação do provável direito do autor, postergando para uma segunda fase a análise de todas as exceções inconsistentes do réu. Caso ela se torne uma realidade na prática do direito brasileiro, poderemos vir a ter *nosso próprio tempo*[78].

6. REFERÊNCIAS

ALMEIDA, Diogo de Assumpção Rezende de. As convenções processuais na experiência francesa e no novo CPC. In: CABRAL, Antonio do Passo; NOGUEIRA, Pedro Henrique (coord.). *Negócios processuais*. Salvador: Editora JusPodivm, 2015.

AMARAL, Paulo Osternack. *Provas: atipicidade, liberdade e instrumentalidade*. São Paulo: Editora Revista dos Tribunais, 2015.

BODART, Bruno Vinícius da Rós. *Tutela de evidência: teoria da cognição, análise econômica do direito processual e considerações sobre o Projeto do Novo CPC*. 1. ed. São Paulo: Editora Revista dos Tribunais, 2014.

CADIET, Loïc; NORMAND Jacques; MEKKI, Soraya Amrani. *Théorie générale du procès*. 2ème édition, Paris: Thémis droit, 2013.

CADIET, Loïc. *Code de Procédure Civile 2015*, vingt-huitième édition, Paris: LexisNexis, 2015.

_____. La qualification juridique des accords processuels. In: CABRAL, Antonio do Passo; NOGUEIRA, Pedro Henrique (coord.). *Negócios processuais*. Salvador: Editora JusPodivm, 2015.

_____. Les conventions relatives au procès en droit français sur la contractualisation du règlement des litiges. *RePro*, v. 160, jun.2008.

---

[77]. Vide Giuliano Scarselli, La condanna con riserva. Milano: Giuffrè, 1989.

[78]. Como diz a bela letra da canção *Tempo Perdido,* de autoria de Renato Russo.

CÂMARA, Alexandre. *O novo processo civil brasileiro*. 2. ed. São Paulo: Atlas, 2016.

CAPONI, Remo. Autonomia privada e processo civil: os acordos processuais. *RePro*, v. 228, fev.2014.

CHAINAIS, Cécile. *La protection juridictionnelle provisoire dans le procès civil en droits français et italien*, Paris: Dalloz, 2007.

CHIOVENDA, Giuseppe. *Instituições de Direito Processual Civil*. Tradução da 2. ed. italiana por J. Guimarães Menegale, v. 1. São Paulo: Saraiva, 1942.

COSTA, Eduardo José da Fonseca. *O "direito vivo" das liminares*. São Paulo: Saraiva, 2011.

COUTURE, Eduardo J. *Proyecto de Codigo de Procedimiento Civil*. Montevidéo: Impressora Uruguaya, 1945. Exposição de motivos, capítulo II, § 1º, n. 10, p. 37 apud NERY JUNIOR, Nelson. *Princípios do processo na Constituição Federal: processo civil, penal e administrativo*. 9. ed. rev. ampl. e atual. com as novas súmulas do STF (simples e vinculantes) e com a análise sobre a relativização da coisa julgada. São Paulo: Editora Revista dos Tribunais, 2009.

DENTI, Vittorio. *Um progetto per la giustizia civile*. Apud MARINONI, Luiz Guilherme, ARENHART, Sergio Cruz, MITIDIERO, Daniel. *Novo Curso de Processo Civil: teoria do processo civil*. v. 1, São Paulo: Editora Revista dos Tribunais, 2015.

DIDIER JR, Fredie. Negócios jurídicos processuais atípicos no Código de Processo Civil de 2015. *Revista Brasileira da Advocacia*. v. 1, abr-jun 2016.

DIDIER JR, Fredie; BRAGA, Paula Sarno; OLIVEIRA, Rafael Alexandria de. *Curso de direito processual civil: teoria da prova, direito probatório, ações probatórias, decisão, precedente, coisa julgada e antecipação dos efeitos da tutela*. 11. ed, Salvador: Editora Jus Podivm, 2016.

DINAMARCO, Cândido Rangel. *Instituições de direito processual civil*. v. I. 8. ed., rev. e atual. segundo o Novo Código de Processo Civil. São Paulo: Malheiros, 2016.

FUX, Luiz. *Tutela de segurança e tutela da evidência*. São Paulo: Saraiva, 1996.

GODINHO, Robson Renault. A possibilidade de negócios jurídicos processuais atípicos em matéria probatória. CABRAL, Antonio do Passo; NOGUEIRA, Pedro Henrique (coord.). In: *Negócios processuais*. Salvador: Ed. Jus Podivm, 2015.

_____. *Negócios processuais sobre ônus da prova no novo Código de Processo Civil*. São Paulo: Editora Revista dos Tribunais, 2015.

LUCON, Paulo Henrique dos Santos. Tutela provisória na atualidade, avanços e perspectivas: entre os 20 anos do art. 273 do CPC de 1973 e a entrada em vigor do novo CPC. In: BUENO, Cássio Scarpinella (coord.). *Tutela provisória no novo CPC: dos 20 anos de vigência do art. 273 do CPC/1973 ao CPC/2015*. São Paulo: Saraiva, 2016.

LUCON, Paulo Henrique dos Santos; CABRAL, Antonio do Passo e CRAMER, Ronaldo (coord.). *Comentários ano novo Código de Processo Civil*. Rio de Janeiro: Forense, 2015.

MACÊDO, Lucas Buril de e PEIXOTO, Ravi de Medeiros. Negócio processual acerca da distribuição do ônus da prova. *RePro*, v. 241, mar.2015.

MARINONI, Luiz Guilherme. *Antecipação da tutela*, 9. ed. rev. e ampl. São Paulo: Editora Revista dos Tribunais, 2006.

MARINONI, Luiz Guilherme; ARENHART, Sérgio Cruz. *Prova e convicção: de acordo com o CPC de 2015*. 3. ed. rev., atual. e ampl. São Paulo: Editora Revista dos Tribunais, 2015.

MARINONI, Luiz Guilherme (dir.); ARENHART, Sérgio Cruz; MITIDIERO, Daniel (coord.). *Comentários ao Código de Processo Civil: artigos 294 ao 333*. v. 4. São Paulo: Editora Revista dos Tribunais, 2016.

MARINONI, Luiz Guilherme (dir.); ARENHART, Sérgio Cruz; MITIDIERO, Daniel (coord.). *Comentários ao Código de Processo Civil: artigos 369 ao 380*. v. 6. São Paulo: Editora Revista dos Tribunais, 2016.

MARINONI, Luiz Guilherme; ARENHART, Sérgio Cruz e MITIDIERO, Daniel. *O novo processo civil*. 2. ed. rev., atual. e ampl. São Paulo: Editora Revista dos Tribunais, 2016.

MITIDIERO, Daniel. *Antecipação de tutela: da tutela cautelar à técnica antecipatória*. São Paulo: Editora Revista dos Tribunais, 2013.

OLIVEIRA, Paulo Mendes de. Negócios processuais e o duplo grau de jurisdição. In: CABRAL, Antonio do Passo; NOGUEIRA, Pedro Henrique (coord.). *Negócios processuais*. Salvador: Editora JusPodivm, 2015.

RAMOS, Vitor de Paula. Ônus da prova no processo civil: do ônus ao dever de provar. São Paulo: Editora Revista dos Tribunais, 2015.

SCARSELLI, Giuliano, *La condanna con riserva*. Milano: Giuffrè, 1989.

SILVA, Beclaute Oliveira. Verdade como objeto do negócio jurídico processual. In: CABRAL, Antonio do Passo; NOGUEIRA, Pedro Henrique (coord.). *Negócios processuais*. Salvador: Editora JusPodivm, 2015.

SILVA, Ovídio Araújo Baptista da. *Jurisdição e execução na tradição romano-canônica*. 2. ed. rev. São Paulo: Editora Revista dos Tribunais, 1997.

TALAMINI, Eduardo. *Um processo pra chamar de seu: nota sobre os negócios jurídicos processuais*. Disponível em: <http://www.migalhas.com.br/dePeso/16,MI228734,61044-Um+processo+pra+chamar+de+seu+nota+sobre+os+negocios+juridicos>. Acesso em: 29 dez 2016.

TUCCI, José Rogério Cruz e. Garantia da prestação jurisdicional sem dilações indevidas como corolário do devido processo legal. *Revista de Processo*, v. 66, abr/jun. 1992.

VARGAS, Jorge de Oliveira. A garantia fundamental contra a demora nos julgamentos. In

WAMBIER, Teresa Arruda Alvim (coord.). *Reforma do Judiciário: Primeiros ensaios críticos sobre a EC n. 45/2004*. São Paulo: Editora Revista dos Tribunais, 2005.

WAMBIER, Luiz Rodrigues; TALAMINI, Eduardo. *Curso avançado de processo civil: cognição jurisdicional (processo comum de conhecimento e tutela provisória)*. v. 2. 16. ed, reformulada e ampliada de acordo com o novo CPC. São Paulo: Editora Revista dos Tribunais, 2016.

YARSHELL, Flávio Luiz e ABDO, Helena. As questões não tão evidentes sobre a tutela da evidência. In: BUENO, Cássio Scarpinella (coord.). *Tutela provisória no novo CPC: dos 20 anos de vigência do art. 273 do CPC/1973 ao CPC/2015*. São Paulo: Saraiva, 2016.

NEGÓCIOS PROCESSUAIS NA ESFERA RECURSAL

Sabrina Dourado[1]

Sumário: 1. Introdução – 2. Meios de impugnação das decisões judiciais: noções basilares – 3. As novidades do sistema recursal implementadas através do CPC/15 – 4. Os negócios jurídicos processuais – 5. Negócios processuais na esfera recursal – 6. Conclusão – Referências.

1. INTRODUÇÃO

As reiteradas reformas processuais são sempre alvo de muitas discussões no mundo jurídico, por todos os seus operadores. De forma marcante, debate-se a chegada do novo código de ritos, que, por seu turno, afastou a vigência do CPC/73[2]. Através dele foram introduzidas inúmeras alterações processuais. Eis uma nova legislação procedimental, a qual objetiva, especialmente, a mudança da cultura processual de todos que lidam com o direito.

Ademais, a pretensão da nova lei é a mesma das diversas legislações, que foram publicadas na última década, com intuito de modificar o sistema processual em diversos pontos, na tentativa de conferir celeridade processual aos inúmeros litígios em curso e, no mesmo passo, evitar a tão debatida moro-

---

1. Mestre em Direito Público pela UFBA. Especialista em Direito Processual Civil. Professora de cursos preparatórios e Pós-graduação de Direito Processual Civil do CERS, Escola de Magistratura do Estado da Bahia, Escola Paulista de Direito-SP e outros cursos. Advogada e consultora Jurídica. Membro do CEAPRO, ABDPRO, IBDP, ANNEP, palestrante. Autora de várias obras Jurídicas.
2. Ele é também chamado de código de Buzaid.

sidade. Perce-se, ainda que tal mudança reflete na própria forma de condução do processo e na possibilidade de garantir maior autonomia às partes.

As alterações e constantes reformas compartimentadas no Código de Processo Civil trouxeram, no seu bojo, a marca caraterística de sempre, ou seja, a tentativa de conferir ao processo uma marcha cuja duração fosse razoável sem a perda da qualidade de atuação dos órgãos que compõem o Poder Judiciário. Como se não bastasse, o CPC/15 amplia a possibilidade de que os sujeitos parciais do processo se permitam a criação de regras procedimentais, as quais estejam afinadas aos aspectos peculiares das suas demandas.

Nessa toada, muitas mudanças foram contempladas no sistema recursal brasileiro, bem como nas conveções processuais, as quais, eram típicas e mais tímidas no sistema anterior. Cuidaremos de estudar as principais inovações relacionadas à temática recursal advindas com a multicitada legislação processual e relacionar a possivel celebração de negócios processuais no âmbito dos mencionados recursos.

Deve-se destacar, por oportuno, que o CPC de 2015 é o primeiro código que nasce no estado democrático de direito. Percebe-se em suas linhas uma tentativa de harmonização de diversos interesses.

Cuidaremos de abordar algumas das mencionadas mudanças e, ao mesmo tempo, refletir se as mesmas importarão na concretização da norma fundamental, que nos garantirá um amplo acesso à justiça[34], vale dizer, a concretização da prestação jurisdicional tempestiva[5]. Ademais, buscaremos

---

3. "É comum notar no âmbito do Judiciário lides que se arrastam por anos a fio, sem qualquer resolução por conta da natural burocracia do serviço público associada às dilações recursais procrastinatórias que dificultam o resultado do próprio litígio para uma das partes, não atentando, o sistema, para a economia e celeridade no curso do processo. Nesse passo, o Estado, sub-rogado no direito-dever de fazer realizar justiça, não poderia, nem deveria penalizar os jurisdicionados com absurda duração". (MOURA; CARDOSO, 2008).
4. A Constituição Federal de 1988 traz expressamente tal conotação deste direito, nos termos do art. 5º, XXXV, ao dispor que "a lei não excluirá da apreciação do Poder Judiciário lesão ou ameaça a direito." Trata-se da afirmação constitucional do princípio da inafastabilidade da jurisdição, o qual significa, em linhas gerais, que o Estado não pode negar-se a solucionar quaisquer conflitos em que alguém alegue lesão ou ameaça de direito.
5. Para Fernando Gajardoni: ""Penso, sinceramente, que o NCPC trabalha com a utopia de que ele é capaz de resolver os problemas do sistema de Justiça brasileira. [...] Nenhuma lei é capaz de transformar um sistema ou dar-lhe melhores condições materiais ou humanas. A lei de Execução Penal (7.210/84) é prova viva disso. Diploma extremamente avançado, bem feito. Mas incapaz, nos últimos 30 anos, de transformar o nosso sistema carcerário em algo melhor.

estalecer relação harmoica entre a dinamica recursal e a celebração de negócios processsuais a eles relacionados.

Analisaremos de imediato, a diferença estabelecida entre os meios de impugnação das decisões judiciais. Na sequência, explanaremos sobre as principais mudanças sensíveis aos recursos com o CPC/15. Enveredaremos, em seguida, na compreensão do instituto das convenções processuais como ferramenta valorizada no nosso sistema e, por fim, na análise da posibilidade da celebração dos ditos negócios jurídicos processuais na seara recursal.

2. MEIOS DE IMPUGNAÇÃO DAS DECISÕES JUDICIAIS: NOÇÕES BASILARES

São três os meios de impugnação das decisões judiciais, quais sejam: recursos, ações autônomas de impugnação e os chamados sucedâneos recursais.[6]

Por recurso compreendamos o meio de impugnação das decisões judiciais, que tem por escopo a reforma, invalidação, aclaramento ou integração da decisão, ora combatida.

Eis um meio que prolonga a litispendência da demanda em curso, uma vez que não originará relação processual nova. O recurso tem como marca a sua voluntariedade. Logo, será assim considerado se a sua interposição se der por ato de vontade do legitimado[7].

Para Alexandre Freitas Câmara, "o recurso é uma manifestação de insatisfação". Ele destaca ainda que: "impende ter claro que o recurso se destina a impugnar decisões judiciais. Atos que não provêm de um órgão jurisdicional não são atacados por recurso.[8]"

A palavra recurso provém do latim *recursos*. Ele pode ser visto e entendido como ferramenta processual voluntariamente utilizada pelo legitimado[9] que sofreu prejuízo decorrente do pronunciamento judicial, para obter a sua

---

6. Registre-se, desde logo, que a proposta não é esgotar o assunto, mas sim, trazer à tona o panorama processual civil, que ora de descortina. Buscaremos fazê-lo de forma clara, sucinta, objetiva e abrangente.
7. De acordo com o artigo 996 são três os legitimados recursais, vejamos:
8. CÂMARA, Alexandre Freitas. O novo processo civil brasileiro. 2ª edição, São Paulo: Atlas, 2016, p.490 e 491.
9. Os legitimados recursais estão dispostos no artigo 996 do CPC/15.

reforma, a sua invalidação, o seu esclarecimento ou a sua integração, com o expresso requerimento de que nova decisão seja proferida, podendo ou não substituir o procedimento combatido. Trata-se de um ato postulatório e solene, uma vez que carece do preenchimento de diversos requisitos de admissibilidade para ser conhecido.

> Numa acepção mais técnica e restrita, recurso é o meio um instrumento destinado a provocar o reexame da decisão judicial, no mesmo processo em que proferida, com a finalidade de obter-lhe a invalidação, a reforma, o esclarecimento ou a integração.[10] [...] O recurso prolonga o estado de litispendência, não instaura processo novo. É por isso que estão fora do conceito de recurso as ações autônomas de impugnação.

As ações autônomas de impugnação, por seu turno, têm o condão de originar uma demanda nova, a fim de combater determinada decisão judicial. Eis uma das suas principais características. A formação de outra relação processual é seu ponto característico. Através delas, como dito, originar-se-ão novas relações processuais. São exemplos de tais ações autônomas: o mandado de segurança contra ato judicial[11] e a ação rescisória[12].

O artigo 485 do Código de Processo Civil revogado, por exemplo, enumerava as situações em que seria cabível a utilização da ação rescisória, a qual aparece como sendo o modelo pátrio da categoria de ações autônomas de impugnação. No CPC de 2015, as hipóteses de cabimento da ação rescisória estão dispostas no art. 966, cujo rol é taxativo.

Por fim, os sucedâneos recursais têm o seu conceito estabelecido por exclusão. Eles correspondem aos demais meios de impugnação das decisões judiciais, os quais não se confundem com recursos ou ações autônomas, já mencionadas. Um dos seus grandes exemplos é o reexame necessário, também chamado de remessa necessária[13]. A remessa necessária é condição de eficácia da sentença contra a Fazenda Pública.

Compete ao magistrado, ao proferir a decisão, determinar o imediato encaminhamento dos autos ao Tribunal, sob pena de a sentença não transitar

---

10. DIDIER Jr., Fredie. CUNHA, Leonardo Carneiro. Curso de Direito Processual Civil. 13ª edição, Salvador: editora Juspodivm, p. 87-88.
11. O Mandado de Segurança está regrado pela Lei 12.016/09.
12. O tema sofreu modificações importantes no CPC/15.
13. O instituto também é chamado de Duplo Grau de Jurisdição obrigatório. Ele estava previsto no art. 475 do CPC/73 e recebeu diferentes contornos no CPC/15. No novo diploma ele está regulado no artigo 496.

em julgado. Não há prazo para essa determinação, que poderá ser de ofício ou a requerimento da parte, da Fazenda Pública e do Ministério Público (*fiscal do ordenamento* ou como parte). O Tribunal poderá avocar os autos, inclusive, de ofício ou mediante provocação.

Observadas as exigências legais, tais decisões só produzirão efeitos depois de obrigatoriamente revistas pelos tribunais. Eis uma nítida manifestação da supremacia do interesse público em detrimento do interesse privado.

Assim, em arremate, são três os meios de impugnação das decisões judiciais, quais sejam: recursos, ações autônomas e os sucedâneos recursais.

3. AS NOVIDADES DO SISTEMA RECURSAL IMPLEMENTADAS ATRAVÉS DO CPC/15

Muitos críticos destacam o inchaço na máquina judiciária brasileira. As críticas são diversas e de ordens variadas. Há muita insatisfação para com a demora da oferta jurisdicional. Eles indicam que o elevado número de recursos existentes é um dos motivos relevantes para a dificuldade de implementação do comando constitucional da Duração Razoável do Processo.

Tal princípio foi inserido na CF/88 através da EC 45/04, a qual fora responsável por uma série de modificações legislativas, as quais foram realizadas a fim de minorar a crise que assola o Poder Judiciário. No CPC/15, são feitas duas referências importantíssimas ao princípio da Duração Razoável do Processo, as quais são encontradas nos arts. $4°^{14}$ e $6°^{15}$.

Muitas mudanças foram ofertadas no sistema recursal brasileiro através da Lei 13.105/15. Vale realçar que o CPC/15 sofreu uma importante modificação, a qual se estabeleceu antes mesmo da sua entrada em vigor. Foi através da Lei 13.256/16 que as ditas alterações se estabeleceram. Para alguns doutrinadores o CPC/15 teria passado por um *recall*.

De saída, destacamos, mais, uma vez, que o recurso é meio de impugnação das decisões judiciais, que sendo um ato postulatório e voluntário objetivará a reforma, invalidação ou o aperfeiçoamento do decisum. Ademais, sua interpo-

---

14. As partes têm o direito de obter em prazo razoável a solução integral do mérito, incluída a atividade satisfativa.
15. Todos os sujeitos do processo devem cooperar entre si para que se obtenha, em tempo razoável, decisão de mérito justa e efetiva.

sição não importará na formação de uma nova relação processual. Através da interposição do dito recurso dar-se-á o prolongamento do curso do processo.

É cediço que os recursos cíveis estão atrelados ao princípio da taxatividade, a qual está anunciada expressamente no art. 994 do CPC em vigor. Conclui-se que o rol dos recursos que podem ser manejados na sistemática processual civil brasileira é fechado[16].

Há quem diga que mesmo atrelado à taxatividade o número de recursos que podem ser utilizados é um dos motivos que viabilizam a demora da prestação jurisdicional. Além do longo rol de recursos, eles são utilizados, com frequência, para impedir, injustificadamente, a concretização dos direitos daqueles que logram êxito nas suas contendas.

Nesta toada, o novo texto legislativo se propôs, como visto, a diminuir o número de recursos que poderiam ser interpostos. Foram excluídos do mencionado texto, por exemplo, os Embargos Infringentes e o Agravo Retido, conforme destacamos e voltaremos e mencionar.

Vejamos algumas das principais novidades trazidas para o sistema recursal com a chegada do CPC/15[17].

De acordo com o atual artigo 942, se o resultado da apelação for não unânime, o julgamento terá prosseguimento em sessão a ser designada com a presença de outros julgadores, que serão convocados nos termos previamente definidos no regimento interno, em número suficiente para garantir a possibilidade de inversão do resultado inicial, assegurado às partes e a eventuais terceiros o direito de sustentar oralmente suas razões perante os novos julgadores. Eis a chamada técnica de julgamento ampliado.

Logo, apesar de não estarem previstos os embargos infringentes, o objeto central do seu cabimento não foi desprezado no CPC/15. Há quem defenda que tal técnica é frontalmente letal para a celeridade.

---

16. Já o rol das provas estabelecidas no texto processual é meramente exemplificativo. Além das provas típicas, estabelecidas em lei, admite-se a produção de outras tantas, desde que idôneas ou moralmente legítimas. Eis o disposto no art. 369, vejamos: "As partes têm o direito de empregar todos os meios legais, bem como os moralmente legítimos, ainda que não especificados neste Código, para provar a verdade dos fatos em que se funda o pedido ou a defesa e influir eficazmente na convicção do juiz.".

17. O objetivo de tal apresentação é a de apresentar ao leitor algumas das mudanças que se visualizam no sistema recursal.

Sendo possível, o prosseguimento do julgamento dar-se-á na mesma sessão, colhendo-se os votos de outros julgadores que porventura componham o órgão colegiado. Os julgadores que já tiverem votado poderão rever seus votos por ocasião do prosseguimento do julgamento.

A dita técnica de julgamento, prevista no artigo acima se aplica, igualmente, ao julgamento não unânime proferido em:

- ação rescisória, quando o resultado for à rescisão da sentença, devendo, nesse caso, seu prosseguimento ocorrer em órgão de maior composição previsto no regimento interno;

- agravo de instrumento, quando houver reforma da decisão que julgar parcialmente o mérito.

De acordo com o novel dispositivo 995, os recursos não impedem a eficácia da decisão, salvo disposição legal ou decisão judicial em sentido diverso. Percebe-se que em prol da busca pela celeridade, os recursos não serão, como regra geral, dotados de efeito suspensivo.

No entanto, a eficácia da decisão recorrida poderá ser suspensa por decisão do relator, se da imediata produção de seus efeitos houver risco de dano grave, de difícil ou impossível reparação, e ficar demonstrada a probabilidade de provimento do recurso.

Há algumas mudanças interessantes no tocante à tempestividade recursal, senão vejamos:

O prazo para interposição de recurso conta-se da data em que os advogados, a sociedade de advogados, a Advocacia Pública, a Defensoria Pública ou o Ministério Público são intimados da decisão.

Digna de nota a disposição que indica que para a aferição da tempestividade do recurso remetido pelo correio, será considerada como data de interposição a data de postagem. Tal regra prestigia, especialmente, o princípio da primazia do julgamento de mérito[18][19].

---

18. Tratamos da temática de forma mais profunda no Temas relevantes de Direito Processual Civil: elas escrevem. Eis uma publicação da editora Armador.

19. O art. 4º do CPC de 2015 faz alusão a três princípios fundamentais do processo civil e do Estado Democrático Brasileiro: o da duração razoável do processo (que tem guarida constitucional no art. 5º, LXXVIII, da Lei Maior), o da efetividade e o da *primazia da resolução do mérito*. É que o aludido dispositivo expressamente destaca que 'as partes têm o direito de obter em prazo razoável a solução integral do mérito, incluída a atividade satisfativa"

Excetuados os embargos de declaração, o prazo para interpor os recursos e para responder-lhes é de 15 (quinze) dias. Vale lembrar que o prazo será contados nos moldes preconizados no artigo 219, o qual, destaca que para prazos processual e em dias, contabilizar-se-ão apenas os dias uteis.

Outra novidade pode ser vista no parágrafo 1º do artigo 85 do CPC/15, que assim dispõe: "são devidos honorários advocatícios na reconvenção, no cumprimento de sentença, provisório ou definitivo, na execução, resistida ou não, e nos recursos interpostos, cumulativamente.".

Desta forma, para cada recurso utilizado, havendo sucumbência da parte, haverá condenação em honorários advocatícios. Eis os chamados honorários advocatícios recursais. Eles também foram criados para evitar a interposição de recursos com o fito de procrastinar o feito. Infelizmente, tornou-se uma prática reiterada no cotidiano forense.

Há uma limitação posta para o mínimo de 10% e ao máximo de 20% do valor da condenação, do proveito econômico obtido ou, não sendo possível apurá-lo, do valor atualizado da causa. Frise-se que quando a causa tiver proveito econômico inestimável ou irrisório e, ainda, quando o valor da causa ínfimo, cumprirá ao magistrado a fixação do valor dos honorários por apreciação equitativa[20].

No que tange ao preparo, há algumas disposições interessantes, observemos:

Passou a ser dispensado o recolhimento do porte de remessa e de retorno no processo em autos eletrônicos. Entendemos mais que razoável a medida. A razoabilidade da cobrança do porte, em comento, só se justifica para os autos impressos em papel.

Já o recorrente que não comprovar, no ato de interposição do recurso, o recolhimento do preparo, inclusive porte de remessa e de retorno, será intimado, na pessoa de seu advogado, para realizar o recolhimento em dobro, sob pena de deserção.

Provando o recorrente justo impedimento[21], o relator relevará a pena de deserção, por decisão irrecorrível, fixando-lhe prazo de 5 (cinco) dias para efetuar o preparo.

---

20. art. 85, § 8º, CPC/15.
21. Eis um conceito jurídico indeterminado. Ele será aferido à luz de cada caso concreto.

Por fim, o equívoco no preenchimento da guia de custas não implicará a aplicação da pena de deserção, cabendo ao relator, na hipótese de dúvida quanto ao recolhimento, intimar o recorrente para sanar o vício no prazo de 5 (cinco) dias.

Outra mudança de relevo foi a extinção do agravo retido[22]. As interlocutórias passaram a ser recorríveis por meio da interposição do agravo de instrumento.

Tal agravo passa a autorizar a sua interposição nas taxativas hipóteses mencionadas no artigo 1015[23].

O tema é, no entanto, um dos mais polêmicos[24]. Apesar de entender que o rol é taxativo, percebemos a possibilidade de utilização de uma interpretação extensiva para as hipóteses de cabimento. No mesmo sentido, Fredie Didier e Leonardo Carneiro da Cunha advertem que a taxatividade do artigo não é incompatível com a sua interpretação extensiva. Destacam que embora taxa-

---

22. Ditava o artigo 522 do CPC revogado que das decisões interlocutórias caberia agravo, no prazo de 10 (dez) dias, na forma retida, salvo quando se tratasse de decisão suscetível de causar à parte lesão grave e de difícil reparação, bem como nos casos de inadmissão da apelação e nos relativos aos efeitos em que a apelação era recebida, quando era admitida a sua interposição por instrumento. O agravo retido passou, com as modificações oriundas da Lei 11.187/2005, a ser o recurso regra para combater as mais variadas decisões interlocutórias. Tal recurso não dependia de preparo.

23. Art. 1.015. Cabe agravo de instrumento contra as decisões interlocutórias que versarem sobre:
    I – tutelas provisórias;
    II – mérito do processo;
    III – rejeição da alegação de convenção de arbitragem;
    IV – incidente de desconsideração da personalidade jurídica;
    V – rejeição do pedido de gratuidade da justiça ou acolhimento do pedido de sua revogação;
    VI – exibição ou posse de documento ou coisa;
    VII – exclusão de litisconsorte;
    VIII – rejeição do pedido de limitação do litisconsórcio;
    IX – admissão ou inadmissão de intervenção de terceiros;
    X – concessão, modificação ou revogação do efeito suspensivo aos embargos à execução;
    XI – redistribuição do ônus da prova nos termos do art. 373, § 1º;
    XII – conversão da ação individual em ação coletiva;(VETADO)
    XIII – outros casos expressamente referidos em lei.
    Parágrafo único. Também caberá agravo de instrumento contra decisões interlocutórias proferidas na fase de liquidação de sentença ou de cumprimento de sentença, no processo de execução e no processo de inventário.

24. Sobre o tema, recomendamos o excelente texto da coluna Jota. Disponível em: http://jota.uol.com.br/hipoteses-de-agravo-de-instrumento-no-novo-cpc-os-efeitos-colaterais-da-interpretacao--extensiva

tivas as hipóteses de decisões agraváveis, é possível interpretação extensiva[25] de cada um dos seus tipos.

O art. 1.015 do novo CPC não prevê, por exemplo, a possibilidade de agravo de instrumento contra decisão que declina a competência. Vale dizer, se a sua decisão não está especificada nele, não caberia, por conseguinte, a interposição do dito agravo.

Os já mencionados processualistas Leonardo Carneiro da Cunha e Fredie Didier Jr[26]. começaram a defender o cabimento do Agravo em casos de decisões que tratem da competência, dentre outros casos.

Na mesma esteira, o TRF-2 admitiu recurso para rediscutir decisão que versava sobre competência, de modo a que, apesar de as hipóteses relacionadas ao art. 1.015 do CPC/2015 serem taxativas, elas admitem interpretação extensiva. O Tribunal considerou que a discussão sobre competência se insere no art. 1.015, inciso III (decisão que rejeita convenção de arbitragem). (TRF-2, Agravo de Instrumento nº 0003223-07.2016.4.02.0000 Rel. Des. Luis Antônio Soares, Turma Espec. II, j. em 28.03.2016).

Uma inovação de indiscutível relevância pode ser observada no julgamento dos recursos extraordinário e especial repetitivos, senão confiramos:

Sempre que houver multiplicidade de recursos extraordinários ou especiais com fundamento em idêntica questão de direito, haverá afetação para julgamento de acordo com as disposições desta Subseção, observado o disposto no Regimento Interno do Supremo Tribunal Federal e no do Superior Tribunal de Justiça.

De acordo com o artigo 1030, parágrafo 1º, o presidente ou o vice-presidente de tribunal de justiça ou de tribunal regional federal selecionará 2 (dois) ou mais recursos representativos da controvérsia, que serão encaminhados ao Supremo Tribunal Federal ou ao Superior Tribunal de Justiça para fins de afetação, determinando a suspensão do trâmite de todos os processos pendentes, individuais ou coletivos, que tramitem no Estado ou na região, conforme o caso[27].

---

25. De acordo com os já mencionados autores, a interpretação extensiva opera por comparações e isonomizações, não por encaixes e subsunções.
26. DIDIER Jr., Fredie. CUNHA, Leonardo Carneiro da Cunha. *Curso de Direito Processual Civil*. 13ª ed. Salvador: editora Juspodivm, pgs. 208 a 215.
27. A lei dispõe que o interessado pode requerer, ao presidente ou ao vice-presidente, que exclua da decisão de sobrestamento e inadmita o recurso especial ou o recurso extraordinário que tenha

Decididos os recursos afetados, os órgãos colegiados declararão prejudicados os demais recursos versando sobre idêntica controvérsia ou os decidirão aplicando a tese firmada.

Publicado o acórdão paradigma, por seu turno:

- o presidente ou o vice-presidente do tribunal de origem negará seguimento aos recursos especiais ou extraordinários sobrestados na origem, se o acórdão recorrido coincidir com a orientação do tribunal superior;
- o órgão que proferiu o acórdão recorrido, na origem, reexaminará o processo de competência originária, a remessa necessária ou o recurso anteriormente julgado, se o acórdão recorrido contrariar a orientação do tribunal superior;
- os processos suspensos em primeiro e segundo graus de jurisdição retomarão o curso para julgamento e aplicação da tese firmada pelo tribunal superior;
- se os recursos versarem sobre questão relativa a prestação de serviço público objeto de concessão, permissão ou autorização, o resultado do julgamento será comunicado ao órgão, ao ente ou à agência reguladora competente para fiscalização da efetiva aplicação, por parte dos entes sujeitos a regulação, da tese adotada.

Constata-se que tal mecanismo tem por escopo concretizar a duração razoável do processo. Entendemos que se bem aplicado for, permitirá que a isonomia e a segurança jurídica sejam instaladas para tais casuísticas. Em outra medida, evitar-se-ão decisões conflitantes e dispares, as quais são tão comuns. Num país de extensão continental como o nosso, tais decisões conflitantes são ainda mais rotineiras. Impedir-se-ão que as mesmas matérias sejam distinta e contraditoriamente deliberadas.

É cediço que muitos são os casos semelhantes que se debatem no judiciário, nos dias de hoje. Buscar-se-á com o fortalecimento de tais ferramentas que as decisões aplicáveis aos ditos casos sejam as mesmas e, por conseguinte, sejam resolvidas de uma só vez[28].

---

sido interposto intempestivamente, tendo o recorrente o prazo de 5 (cinco) dias para manifestar-se sobre esse requerimento.

28. Com o intento semelhante, foram criados os Incidentes de assunção de competência e o de resolução de demandas repetitivas.

Por fim, com o escopo e tarefa hercúlea de garantir a celeridade, as questões resolvidas na fase de conhecimento, se a decisão a seu respeito não comportar agravo de instrumento, não são cobertas pela preclusão e devem ser suscitadas em preliminar de apelação, eventualmente interposta contra a decisão final, ou nas contrarrazões.

4. OS NEGÓCIOS JURÍDICOS PROCESSUAIS

Uma das inovações previstas no novo Código de Processo Civil é o que tem sido denominado "Negócio Jurídico Processual", definido nos artigos 190 e 191, dentre outras, que nada mais é reflexo da flexibilização do processo civil, por meio de acordo entre as partes.[29] Eis uma decorrência de um sistema que prestigia a autonomia da vontade, e empodera a atuação dos sujeitos parciais do processo.

Registre-se que no CPC/73 já havia alguns negócios processuais típicos. A regulamentação era mais singela e estreita a determinados atos processuais, tais como: suspensão convencionada do processo e adiamento combinado da data de realização da audiência.

Já no CPC/15, a regulamentação foi ampliada. Passa-se a permitir a celebração de negócios jurídicos atípicos. Autoriza-se à celebração dos mais diversos negócios processuais. Eis uma verdadeira abertura do sistema. Entendemos que tal regulamentação objetiva estabelecer novos paradigmas ao modelo processual brasileiro.

De acordo com Leonardo Carneiro da Cunha[30]: "além dos negócios típicos, é possível que as partes pactuem negócios que não se encaixem nos tipos legais, estruturando-os de modo a atender às suas conveniências e necessidades. O negócio é engendrado pelas partes, no havendo detalhamento legal."

Segundo Luiz Rodriguez Wambier[31]: "A grande inovação do CPC de 2015 consiste em criar uma inovadora modalidade de procedimento, que podemos classificar de especialíssima: a que deriva de negócios jurídicos processuais,

---

29. Para aprofundamento do tema recomendamos a obra coletiva da editora Juspodivm, intitulada Negócios Jurídicos Processuais.
30. CUNHA, Leonardo Carneiro. *Negócios jurídicos processuais no processo civil brasileiro*. Negócios Processuais. 2ª edição. ed. Salvador: editora Juspodivm, pg. 44.
31. WAMBIER, Luiz Rodrigues. BASILIO, Ana Tereza. *O negócio processual*: Inovação do Novo CPC. Disponível em: http://www.migalhas.com.br/dePeso/16,MI228542,31047-O+negocio+processual+Inovacao+do+Novo+CPC. Acesso: 15.jan.2017.

por convenção das partes, de modo bilateral e no plano contratual; ou, ainda, de acordo das partes, celebrado em juízo e de maneira mais complexa[2], para estabelecer o procedimento, no âmbito endoprocessual."

Afasta-se o modelo processual engessado a um procedimento exclusivo, o qual estava previsto em lei para permitir que as partes ajustem, conforme seus interesses e realidade dos seus casos concretos, as normas processuais que lhe sejam mais adequadas e convenientes. Com a chegada do Estado Democrático de Direito, fortalece-se a partição mais ativa dos sujeitos que compõe o cenário processual.

Nessa toada, o artigo 190 do CPC/15, estabelece que versando o processo sobre direitos que admitam autocomposição, é lícito às partes plenamente capazes estipular mudanças no procedimento para ajustá-lo às especificidades da causa e convencionar sobre os seus ônus, poderes, faculdades e deveres processuais, antes ou durante o processo. Eis uma cláusula geral de negociação. Entendemos que tal cláusula figura como uma verdadeira norma fundamental.

Observe-se que a celebração de tais negócios está vinculada ao preenchimento de diversos requisitos, quais sejam: a plena capacidade das partes, bem como a natureza do direito, o qual deve ser de cunho patrimonial. Razoavelmente, foram estabelecidos limites para a sua celebração.

De ofício ou a requerimento, o juiz controlará a validade das convenções previstas no artigo acima indicado, recusando-lhes aplicação somente nos casos de nulidade ou de inserção abusiva em contrato de adesão ou em que alguma parte se encontre em manifesta situação de vulnerabilidade.

Assim, apresenta-se para o juiz um grande desafio. Regra geral, ele deverá aceitar as convenções, no entanto, tem a competência e o exímio dever de controla-las. Tal controle encontra, por seu turno, alguns contornos, senão vejamos: a existência de nulidades, inserção abusiva em contrato de adesão ou, ainda, a presença de uma parte que se encontre em posição vulnerável.

Há quem entenda que a adoção de tais normas estaria privatizando o processo de forma desmedida. Ousamos discordar, uma vez que o CPC permite ao juiz o controle de validade das multicitadas convenções.

Para Humberto Theodoro Jr[32]: "a possibilidade de as partes convencionarem sobre ônus, deveres e faculdades deve limitar-se aos seus poderes

---

32. THEODORO JR., HUMBERTO. *Curso de direito processual civil*, vol. 1, 56.ed., Rio de Janeiro: Forense, 2015, p. 470.

processuais, sobre os quais têm disponibilidade, jamais podendo atingir aqueles conferidos ao juiz. Assim, não é dado às partes, por exemplo, vetar a iniciativa de prova do juiz, ou o controle dos pressupostos processuais e das condições da ação, e nem qualquer outra atribuição que envolva matéria de ordem pública inerente à função judicante".

O modelo, acima indicado, **já é** bastante comum nas arbitragens comerciais em que, a despeito dos regulamentos das Câmaras de Arbitragem, permitir-se-á o estabelecimento de alguns prazos e procedimentos. As partes, por seu turno, em conjunto com os árbitros eleitos, acordam um cronograma provisório em que se permite estabelecer os prazos dos mais variados, bem como regras procedimentais.

Em decorrência do valor maior *liberdade humana*, surge entre os processualistas o princípio do autorregramento da vontade no processo, que nada mais é do que, guardadas as devidas proporções a seguir esclarecidas, a autonomia privada, a autodeterminação, do direito material civil.

É claro que a negociação processual sofre contornos distintos por se implementar em um ambiente de atividade jurisdicional (pública). Desde logo, não há razão para impedir que a liberalidade humana, em sua potencial expressão, deixe de ser considerada dentro do processo civil, afinal de contas vivemos em um Estado Democrático de Direito pautado e guiado pelo postulado da dignidade humana.

Ademais, de comum acordo, o juiz e as partes podem fixar calendário para a prática dos atos processuais, quando for o caso. Eis o que chamamos de calendário Processual.

O calendário vincula as partes e o juiz, e os prazos nele previstos somente serão modificados em casos excepcionais, devidamente justificados.

Dispensa-se a intimação das partes para a prática de ato processual ou a realização de audiência cujas datas tiverem sido designadas no calendário.

Nesse instante, cuidaremos de confrontar se as convenções processuais, acima estudadas, tem espaço no ambito dos recursos.

5. AS CONVENÇÕES PROCESSUAIS NA ESFERA RECURSAL

Analisados variados aspectos das convenções processuais, sigamos tratando da possibilidade de sua celebração no âmbito dos recursos.

Como visto as legislações processuais, ao longo da história, foram marcadas por estabelecer regimes processuais fechados e, por conseguinte, por colocar o juiz num protagonismo exacerbado. A única opção que tinham as partes era a de seguir o procedimento hermeticamente fechado. Na acepção da história seria, no mínimo, estranho tratar de negócios que versassem sobre o processo. Tais negócios estariam atrelados às regras do direito material.

Com a chegada do CPC/15, primeira legislação que nasce no Estado Democrático de Direito, muitas mudanças podem ser visualizadas. Dentre as ditas mudanças, constatamos a abertura do sistema para permitir a adaptação de regras procedimentais aos contornos do caso concreto, bem como uma grande abertura na postura assumida pelas partes. Diz-se que as mesmas estariam empoderadas.

É através da adoção do modelo cooperativo de processo que se permite que as ditas partes assumam novo posto no processo[33]. De acordo com o art. 6º do CPC/15: "Todos os sujeitos do processo devem cooperar entre si para que se obtenha, em tempo razoável, decisão de mérito justa e efetiva."

Assim, descortinam-se amplas possibilidades de realização de negócios processuais. Pergunta-se, no entanto? Há espaço para a celebração de negócios processuais no âmbito recursal.

Por recurso, compreendemos um dos meios de ataque às decisões judiciais, o qual se presta a reformar, invalidar ou aperfeiçoar à decisão judicial hostilizada. Ele é mecanismo voluntário, o qual não estabelece, com sua interposição, uma demanda nova.

Entendemos que é possível a celebração dos multicitados negócios jurídicos na esfera recursal, no entanto, há restrições e impossibilidades que devem ser observadas, senão vejamos:

De saída, entendemos que as partes não poderão criar novas modalidades recursais. Justificamos tal negativa em razão da adoção do clássico princípio da taxatividade que arregimenta os nossos recursos cíveis. O rol do art. 994 é fechado.

Tais negócios podem ser formados antes ou depois do ajuizamento da demanda. Se celebrados antes da propositura da ação, seria interessante

---

33. Não se pode esquecer que a condução do processo permanecesse como a atribuição típica do juiz, no entanto, o sistema pátrio, exige dele nova postura.

apresenta-los, desde logo, ao magistrado, que como vimos, conferirá se suas premissas balizares estão em consonância do o razoável sistema em vigor.

Sinalizam Júlia Lipiani e Marília Siqueira[34] que: "estabelecer quais são efetivamente os recursos é tarefa exclusiva do direito positivo, tendo, sobretudo, a política legislativa como fator determinante para seu enquadramento."

Entendemos que duas importantes garantias processuais seriam maculadas em tais casos. A isonomia e, especialmente, a celeridade.

Passemos a falar da possibilidade da realização de negócios para estabelecer regras próprias atinentes aos seus requisitos de admissibilidade. É cediço que o recurso é um ato solene, portanto, sujeito a exigências legais, sob pena de não ser conhecido ou admitido. Observe-se, então, que será indispensável tomar redobrado cuidado na análise da mencionada possibilidade.

Dentre os requisitos de admissibilidade está o cabimento. Tal requisito imprime a necessidade de checar qual o recurso que se conecta a decisão que se pretende rechaçar. Assim, entendemos que não seria permitida a negociação nesse sentido. Haveria violação ao ditame da segurança jurídica, valor de inestimável importância.

Também perigosa, no nosso entender, a possibilidade de negociar o interesse recursal. Abrir-se-ia margem para que a boa-fé fosse maculada, já que a parte poderia, especialmente o réu, se utilizar da dispensa de tal requisito para utilizar-se de recurso com o fito de ganhar tempo.

Já quanto ao requisito da legitimidade, não enxergamos óbice que impeça tal celebração.

Consoante o art. 996 do CPC, três são os legitimados recursais, a saber: partes, terceiro interessado e o ministério público. Logo, as partes poderiam, sem prejuízo a ambas, ampliar a legitimidade de um terceiro, por exemplo. No entanto, atentamos ao necessário respeito ao contraditório e a boa-fé.

Assim, exemplificadamente, opinamos positivamente sobre a negociação do prazo recursal, seja a sua majoração ou diminuição.

Ademais, poderiam as partes estabelecer limites de instância para seu processo?

---

34. LIPINANI, Júlia. SIQUEIRA, Marília. *Negócios Jurídicos processuais sobre a fase recursal*. Negócios Processuais. 2º edição. ed. Salvador: editora Juspodivm, pg. 456.

Pedro Henrique Pedrosa Nogueira[35] entende que se poderá estabelecer pacto de não recorrer ou limitar a instância recursal do processo. Seguimos com o mencionado autor. Não visualizamos óbice, vez que não é absoluto o princípio do duplo grau de jurisdição.

Há, inclusive, ordenamentos jurídicos mundiais que admitem a supressão de segunda e terceira instâncias. Cite-se, por exemplo, o sistema processual francês.

Por fim, anuímos à possibilidade da celebração de ajuste bilateral sobre renuncia e a desistência recursal. A nossa lei permite que ambos os institutos possam ser utilizados pelo recorrente. Nos dois casos, não será necessária a aceitação dos demais litisconsortes ou do recorrido. Logo, nada impede que tal ajuste seja negociado.

6. CONCLUSÃO

O processo civil brasileiro, no contexto do Estado Democrático que se objetiva concretizar, tem por base a instauração de uma nova ordem processual, através da qual a Constituição seja fonte direta de influência e direcionamento.

Através do CPC/2015, inúmeras medidas foram implementadas para concretizar tal ideal. Destacamos a nova configuração do acesso à justiça, bem como a regulamentação de diversas normas processuais constitucionais.

Dentre as normas ditas fundamentais, encontramos a celeridade e a cooperação. Elas estão estabelecidas nos artigos 4º e 6º. Destaca-se que as partes têm direito ao processo cuja duração seja razoável, bem como ao julgamento preferencial de mérito, incluída a atividade satisfativa. Tais partes, como vimos, passam a protagozinar um papel mais amplo e aberto da sistemátca processual.

Percebemos, ainda, que muitas mudanças foram contempladas no sistema recursal pátrio. Dentre as mudanças é notável a busca pela concretização da duração razoável do processo. Afiliadas as mudanças estruturais propostas para os recursos, cuidamos de tratar da cláusula geral de negociação processual. Estudamos, sem esgotar o tema, as convenções processuais.

---

35. OLIVEIRA, Pedro Miranda de. *A flexibilização do procedimento e a viabilidade do recurso extraordinário per saltum no CPC projetado*. In: novas tendências do processo civil: estudos sobre o projeto do novo código de processo civil. Vol. 03, Salvador: Juspodivm, 2014, p.506.

Tais mudanças são como um *start*. Elas devem ser vistas, no nosso entender, como posturas que alinhadas à mudança cultural dos operadores do direito, reformulação e ampliação da estrutura do pode Judiciário, prestígio às soluções autocompositivas e limites, bem como, repressão à litigância de má-fé serão capazes de viabilizar a oferta da tutela jurisdicional tempestiva.

Se tais mudanças se afinam às mudanças acima exemplificadas, entedemos que a celebração das convenções processuais será mais equanime e razóavel. O cuidado na checagem dos seus limites é desafio que não poderá ser deixado para segundo plano.

Assim, à luz da proporcionalidade e da ponderação justa de interesses, cumpre ao órgão julgador prestigiar e atentar para os novos valores processuais. Entedemos ser possível, à luz da proporcionalidade e razoabilidade, que sejam firmadas convenções processuais na seara recursal. No entanto, limites e o respeito ao direito posto, como vimos, serão indispensáveis. A análise à luz do caso concreto também será de grandiosa valia.

No entanto, não poderá perder de vista, a observância a outras normas fundamentais, que não podem ser aviltadas em detrimento da sua busca incessante pela ampliação da autonomia da vontade. A dita autonomia deve estar embasada e aliada no contraditório, cooperação, isonomia substancial, a fim de figurar como medida de concretização e efetivação de direitos levados ao Judiciário.

7. REFERÊNCIAS

ASSIS, Araken de. *Manual dos Recursos*. São Paulo: RT, 2010.

BARBOSA MOREIRA, *Privatização do Processo?* In: Temas de Direito Processual. Sétima Série. São Paulo: Saraiva, 2001, p. 7; e O neoprivatismo no processo civil. In: Temas de Direito Processual. Nona Série. São Paulo: Saraiva, 2007, p. 87.

BRASIL, Projeto de Lei do Senado 166/2010. Reforma do Código de Processo Civil. Disponível em: <"www.senado.gov.br/atividade/materia/detalhes.asp?p_cod_mate=9 7249">. Acesso em: 06 jun. 2016.

CÂMARA, Alexandre Freitas. *O novo processo civil brasileiro*. 2ª edição, São Paulo: Atlas, 2016.

CAPELLETTI, Mauro; GARTH, Bryant. *Acesso* **à justiça**. Tradução de Ellen Gracie Northfleet. Porto Alegre: Sérgio Antônio Fabris, 1988, p. 11.

CUNHA, Leonardo Carneiro. *Negócios jurídicos processuais no processo civil brasileiro*. Negócios Processuais. 2º edição. ed. Salvador: editora Juspodivm, pg. 44.

DIDIER Jr., Fredie. CUNHA, Leonardo Carneiro. *Curso de Direito Processual Civil*. 13ª edição, Salvador: editora Juspodivm, 2016.

DUARTE, Alessandra. *Lentidão suprema:* STF leva, em média, cinco anos para julgar ações que ferem a Constituição. Disponível em: http://oglobo.globo.com/brasil/lentidao-suprema-stf-leva-em-media-cinco-anos-para-julgar-acoes-que-ferem-constituicao-12525704#ixzz4JzivBmyv. Acesso em: 15 de ago. 2016.

FAZZALARI, Elio. *Instituzioni di diritto processuale.* Pádua: Cedam, 1975.

GAJARDONI, Fernando. *Novo CPC trabalha com utopia de ser capaz de resolver problemas da Justiça.* Disponível em: http://www.migalhas.com.br. Acesso em: 03. set. 2016.

GALUPPO, Marcelo Campos. *Da idéia* **à** *defesa:* monografias e teses jurídicas. Belo Horizonte: Mandamentos, 2003.

MOURA. Fernando Galvão; CARDOSO, Raphael de Matos. *Celeridade processual*: Direito e garantia fundamental. A positivação de princ**ípios constitucionais.** Disponível em: Acesso em: 10 out. 2015.

OLIVEIRA, Pedro Miranda de. *A flexibilização do procedimento e a viabilidade do recurso extraordinário per saltum no CPC projetado.* In: novas tendências do processo civil: estudos sobre o projeto do novo código de processo civil. Vol. 03, Salvador: Juspodivm, 2014.

SARLET, Wolfgang Ingo. *As aproximações e tensões existentes entre os Direitos Humanos e Fundamentais.* Disponível em: www.conjur.com.br. Acesso em: 30 de ago. 2016.

SILVA, José Afonso da**.** *Constituição e segurança jurídica. In:* ROCHA, Carmen Lúcia Antunes (Coord.).Constituição e segurança jurídica. 2. ed. Belo Horizonte: Fórum, 2005.

CONVENÇÕES PROCESSUAIS NA EXECUÇÃO: MODIFICAÇÃO CONSENSUAL DAS REGRAS RELATIVAS À PENHORA, AVALIAÇÃO E EXPROPRIAÇÃO DE BENS

Sofia Temer[1]
Juliana Melazzi Andrade[2]

Sumário: 1. Introdução – 2. Convenções processuais no CPC/2015: brevíssimo panorama – 3. Execução e as técnicas de expropriação – 4. Convenções processuais relativas à penhora, avaliação e expropriação de bens – 4.1. Convenções quanto à penhora – 4.2. Convenções quanto à avaliação de bens – 4.3. Convenções sobre a adjudicação e a alienação – 5. Conclusão – Referências.

1. INTRODUÇÃO

O Código de Processo Civil de 2015, adotando o paradigma do processo cooperativo (art. 6º) e valorizando o autorregramento da vontade, consagra no art. 190 a cláusula geral referente aos negócios processuais,[3] que abre

---

1. Doutoranda e Mestre em Direito Processual pela Universidade do Estado do Rio de Janeiro (UERJ). Advogada. sotemer@gmail.com.
2. Graduanda em Direito na Universidade do Estado do Rio de Janeiro (UERJ). julianamelazzi.a@gmail.com
3. "Art. 190. Versando o processo sobre direitos que admitam autocomposição, é lícito às partes plenamente capazes estipular mudanças no procedimento para ajustá-lo às especificidades da causa

espaço para convenções atípicas, com o objetivo de permitir a adequação do processo às singularidades da causa *e/ou* aos desígnios dos contratantes.[4]

A prudente inserção de uma regra geral no novo código decorre do reconhecimento de que o Direito não é capaz de acompanhar a evolução social, não sendo possível tipificar e exaurir todas as situações jurídicas e suprimir a autonomia dos sujeitos,[5] o que se aplica também à regulamentação da vontade das partes no processo.[6]

Assim, além dos negócios típicos – como a escolha consensual do perito (art. 471) e a convenção sobre ônus da prova (art. 373, § 3º) – alguns dos quais já eram previstos no CPC/1973,[7] o CPC/2015 permite que as partes convencionem de modo mais amplo sobre o procedimento e sobre seus ônus, poderes, faculdades e deveres.[8]

O presente artigo tem como objetivo analisar as convenções processuais na execução, notadamente no que tange à fase de expropriação de bens, incluindo as etapas antecedentes de penhora e avaliação, com o propósito de

---

e convencionar sobre os seus ônus, poderes, faculdades e deveres processuais, antes ou durante o processo". Trata-se, portanto, de duas categorias diferentes: acordos sobre procedimento e acordos sobre situações jurídicas processuais, que criam obrigações às partes contratantes, para que façam ou deixem de fazer algo no processo. Acerca de tal distinção, v.: CABRAL, Antonio do Passo. *Convenções processuais*, Salvador: JusPodivm, 2016, p. 72-75. Ainda, cita-se o enunciado 257 do FPPC: "(art. 190) O art. 190 autoriza que as partes tanto estipulem mudanças do procedimento quanto convencionem sobre os seus ônus, poderes, faculdades e deveres processuais".

4. Há controvérsia doutrinária acerca de ser a adequação do processo às especificidades da causa um requisito inerente às convenções, como uma espécie de filtro de efetividade dos negócios, ou se poderiam as partes convencionar livremente, ainda que exclusivamente para atender às suas vontades. Nesse sentido, defendendo a primeira hipótese: OLIVEIRA, Guilherme Peres de. *Negócio jurídico processual: a amplitude da clausula geral de negociação no processo civil.* Tese de Doutorado em Direito. PUC/SP. São Paulo.
5. TEPEDINO, Gustavo. *Problemas de Direito Civil-Constitucional.* Rio de Janeiro: Renovar, 2001, p. 15-16.
6. Sobre a vontade dos sujeitos no processo, ver: COSTA E SILVA, Paula. *Acto e Processo*. Coimbra: Coimbra Editora, 2003.
7. Barbosa Moreira aponta, como convenções típicas no CPC/73, "o art.111, que trata da eleição convencional de foro; os arts.265, II, e 792, referentes a convenções de suspensão do processo; do art.333, parágrafo único, relativo a convenção sobre distribuição do ônus da prova; o art.453, I, que prevê o adiamento da audiência por convenção das partes; o art.606, I, fine, atinente a escolha convencional do arbitramento como forma de liquidação da sentença. Mas há outros casos: sem pretensão de exaustividade, lembraremos os dos arts. 181 (convenção para reduzir ou prorrogar prazo dilatório), 454, § 1º, fine (convenção sobre divisão do prazo entre litisconsortes para falar na audiência) (...)" (BARBOSA MOREIRA, José Carlos. Convenções das partes sobre matéria processual. *Revista de processo*. v. 33, jan/1984, versão digital).
8. Embora o art. 158 do CPC/1973 também pudesse ser considerado uma cláusula geral de negociação, não se observou grande aplicação prática.

imaginar algumas situações em que as partes poderiam modificar consensualmente as regras legais.

A execução é terreno fértil para desenvolvimento das convenções processuais, por tratar sobretudo de satisfação de direito de crédito, de natureza patrimonial,[9] que admite autocomposição. É campo propício para alteração consensual das regras do CPC, em prol dos princípios da eficiência e da celeridade processual, em favor do exequente, permitindo, ainda, que a execução se desenvolva em atenção às possibilidades do executado de efetiva satisfação da obrigação.

O objetivo central do presente artigo, portanto, é analisar possíveis aplicações da regra geral das convenções processuais prevista no art. 190 à execução, em especial no que tange aos procedimentos específicos da fase de expropriação e seus atos antecedentes.

2. CONVENÇÕES PROCESSUAIS NO CPC/2015: BREVÍSSIMO PANORAMA

A possibilidade de adaptação das regras processuais por vontade das partes esteve tradicionalmente restrita às hipóteses expressamente tipificadas.[10] O Código de Processo Civil de 2015, resgatando a importância da autonomia da vontade dos sujeitos no processo, autoriza os sujeitos a adequarem o procedimento ao caso concreto, e a convencionarem sobre seus ônus, poderes, faculdades e deveres (art. 190), antes ou durante a existência de um processo judicial, com liberdade e autonomia, para além das hipóteses em que a lei autoriza expressamente o ajuste consensual.

Essa possibilidade, que se coaduna com o fortalecimento da autocomposição para solução dos litígios (art. 3º, § 3º, do CPC), está alinhada também com o princípio da cooperação, e revela a alteração do paradigma vigente no sistema processual, impondo às partes maior responsabilização na condução do processo.

Os negócios processuais, diz o art. 190 do CPC, serão válidos desde que o processo verse sobre direitos que admitam a autocomposição[11] e que haja

---

9. Há também espaço para convenções em execução de prestação não pecuniária, mas optamos por não adentrar nessa análise em razão da delimitação deste curto estudo. Agradecemos à Paula Sarno Braga pelas reflexões.
10. CHIOVENDA, Giuseppe. *Instituições de direito processual civil*. São Paulo: Saraiva, v. 1, 1965, p. 74.
11. É importante perceber, contudo, a distinção entre direitos patrimoniais disponíveis e direitos que admitam autocomposição, noção mais abrangente que inclui também os direitos indisponíveis, os

a plena capacidade processual negocial das partes.[12] A rigor, os negócios processuais devem seguir os requisitos de validade dos negócios jurídicos em geral, previstos no art. 104 do Código Civil: agente capaz; objeto lícito, possível, determinado ou determinável; forma prescrita ou não defesa em lei (a qual será livre, como regra geral, em especial para os negócios atípicos).

Além disso, a doutrina aponta outros limites à atuação das partes, quais sejam, a reserva de lei, o equilíbrio entre as partes, a observância dos princípios e garantias fundamentais do processo no Estado Democrático de Direito,[13] ou, ainda, a garantia da "ordem pública processual",[14] e, também, a ausência

---

quais também podem ser objeto de um processo que admita negócios processuais, desde que não seja dificultada sua tutela. Pensemos, por exemplo, na hipótese de negócio que conceda prazos alargados ao incapaz; uma convenção processual firmada pelo Ministério Público que fixe um foro competente mais eficiente para a colheita de prova ou que importe em maior proximidade geográfica com a comunidade lesada; ou uma convenção que amplie os meios de prova, ou que facilitem o acesso à justiça do incapaz. Sobre o tema, ver: CABRAL, Antonio do Passo. A Resolução n. 118 do Conselho Nacional do Ministério Público e as Convenções Processuais. In: NOGUEIRA, Pedro Henrique (coord.). *Negócios processuais*. Salvador: JusPodivm, 2015, p. 550-551; CAMBI, Eduardo. Flexibilização procedimental no novo código de processo civil, *Revista de Direito Privado*, v. 64, 2015, p. 219-259; NOGUEIRA, Pedro Henrique. Livro IV Dos atos processuais. In: *Breves comentários ao novo código de processo civil*, Teresa Arruda Alvim Wambier et al. (coord.), São Paulo: Revista dos Tribunais, 2015, p. 593; WAMBIER, Teresa Arruda Alvim et al. (coord.). *Primeiros comentários ao novo código de processo civil: artigo por artigo*, 1. ed., São Paulo: Revista dos Tribunais, 2015, p. 353. Do mesmo modo, o Enunciado 135 do FPPC: "(art. 190) A indisponibilidade do direito material não impede, por si só, a celebração de negócio jurídico processual".

12. O incapaz pode celebrar negócios processuais, desde que representado. A propósito: DIDIER JR., Fredie. *Curso de direito processual civil: introdução ao direito processual civil, parte geral e processo de conhecimento*, v. 1, 17 ed., Salvador: Jus Podivm, 2015, p. 385; TAVARES, João Paulo Lordelo Guimarães. Da admissibilidade dos negócios jurídicos processuais no novo código de processo civil: aspectos teóricos e práticos, *Revista de Processo*, v. 254, 2016, p. 91-109; DE QUEIROZ, Pedro Gomes. Convenções disciplinadoras do processo judicial, *Revista Eletrônica de Direito Processual*, Rio de Janeiro, jan.-jun. 2014, v. XIII, p. 706-707; NOGUEIRA, Pedro Henrique. Livro IV Dos atos processuais. In: *Breves comentários ao novo código de processo civil*, Teresa Arruda Alvim Wambier et al. (coord.), São Paulo: Revista dos Tribunais, 2015, p. 594.

13. GRECO, Leonardo. Os atos de disposição processual – primeiras reflexões. *Revista Eletrônica de Direito Processual*, Rio de Janeiro, out.-dez. 2007, v. I, p. 10.

14. Diogo Almeida, na linha do que defende Leonardo Greco, destaca haver "*interesses públicos inafastáveis*, seja pela vontade do juiz, seja pela vontade das partes. Esses interesses variam de acordo com as mutações sociais decorrentes do lugar e do momento histórico que se está a analisar. No Estado democrático de direito, no qual se objetiva assegurar aos litigantes direitos e garantias fundamentais no processo, esses interesses públicos preservados encontram-se na lei constitucional. A meu ver, são os seguintes: (i) a igualdade e a capacidade das partes; (ii) o contraditório e a ampla defesa; (iii) o devido processo legal; (iv) o princípio do juiz natural, a independência e a imparcialidade do julgador; (v) a fundamentação das decisões judiciais; (vii) a busca da verdade; (viii) a celeridade; (ix) a coisa julgada material. (...) O limite imposto não é, entretanto, absoluto. A norma de ordem pública objetiva proteger certo direito ou interesse. Conquanto determinada convenção processu-

de manifesta situação de vulnerabilidade, a qual decorre do parágrafo único do art. 190.[15] Assim, seja por defeitos processuais, seja por vícios de vontade e vício sociais, os negócios jurídicos processuais poderão ser invalidados.[16]

Contudo, parece-nos que o controle destes requisitos deve sempre ser analisado de acordo com a regra de que não há invalidade do ato sem prejuízo,[17] além de que, sendo a convenção processual autônoma em relação ao negócio principal, a invalidade do negócio principal não implicará, necessariamente, a invalidade da convenção, o que pode ter especial relevância nos casos de convenções pré-processuais.[18]

Ainda, embora não haja consenso na doutrina acerca da posição do órgão jurisdicional em relação aos acordos processuais (ou seja, se o juiz é ou não parte da convenção),[19] parece possível afirmar que o magistrado realiza

---

al, em tese, viole norma que vise assegurar interesse público inafastável, sua aplicação somente pode ser descartada se dela efetivamente se extrai o prejuízo ao direito protegido pela regra". (ALMEIDA, Diogo Assumpção Rezende de. *A contratualização do processo das convenções processuais no processo civil*, São Paulo: LTr, 2015, p. 153-154). Também abordando o limite da ordem pública processual, afirma Remo Caponi que: "Se si muove infatti dal punto fermo del carattere strumentale del processo civile nei confronti dei diritti e dell'autonomia dei privati, si può rovesciare l'impostazione attuale e ritenere che la disciplina del processo e dei suoi risultati possa aprirsi ad una fonte di regolamentazione negoziale, anche in via atipica, ex art. 1322, comma 2 c.c., entro i limiti del rispetto delle norme imperative, dell'ordine pubblico e del buon costume, limiti che sono posti a presidio di un'allocazione proporzionata delle risorse statali rispetto al risultato di assicurare alla collettività un servizio efficiente di giustizia civile" (Autonomia privata e processo civile: gli accordi procesuali, *Civil Procedure Review*, v. 1, n. 2, jul./set., 2010, p. 42-57). Não poderemos, contudo, nos aprofundar nos limites dos negócios processuais nesse breve estudo.

15. NOGUEIRA, Pedro Henrique. Livro IV Dos atos processuais. In: Teresa Arruda Alvim Wambier et al. (coord.), *Breves comentários ao Novo Código de Processo Civil*, São Paulo: Revista dos Tribunais, 2015, p. 594.

16. Enunciado 132 do FPPC: "(art. 190) Além dos defeitos processuais, os vícios da vontade e os vícios sociais podem dar ensejo à invalidação dos negócios jurídicos atípicos do art. 190".

17. Enunciado 16 do FPPC: "(art. 190, parágrafo único) O controle dos requisitos objetivos e subjetivos de validade da convenção de procedimento deve ser conjugado com a regra segundo a qual não há invalidade do ato sem prejuízo".

18. Enunciado 409 do FPPC: "(art. 190; art. 8º, caput, Lei 9.307/1996) A convenção processual é autônoma em relação ao negócio em que estiver inserta, de tal sorte que a invalidade deste não implica necessariamente a invalidade da convenção processual".

19. Em especial em razão da previsão do calendário processual (art. 191). Para Antonio Cabral, o juiz não é parte da convenção; o exemplo do calendário processual caracteriza um ato conjunto, em que a vontade das partes não é determinante, senão estimulante, dependendo do deferimento do juiz para surtir efeitos (*Convenções processuais*, Salvador: JusPodivm, 2016, p. 68-71). Outros autores defendem, contudo, que a negociação inclui o órgão jurisdicional, como: DIDIER JR., Fredie. *Curso de direito processual civil: introdução ao direito processual civil, parte geral e processo de conhecimento*, v. 1, 17 ed., Salvador: Jus Podivm, 2015, p. 383; ATAÍDE JR., Jaldemiro Rodrigues de. No acordo de

tão somente um juízo acerca de sua validade.[20] Desse modo, desde que o negócio atenda aos requisitos legais (em relação ao objeto e pessoa, dentre outros, já destacados), o magistrado não poderá negar a aplicação do acordo processual,[21] que tampouco dependerá de sua homologação.[22]

Nesse sentido, por meio dos acordos processuais, verifica-se uma das manifestações possíveis do *princípio dispositivo*, de base constitucional, que possibilita a disposição das partes sobre o direito material, além do *princípio do debate*, que rege a autonomia em relação às situações processuais.[23]

3. EXECUÇÃO E AS TÉCNICAS DE EXPROPRIAÇÃO

A execução consiste em instrumento destinado à satisfação do direito do credor, mediante exercício de atividade jurisdicional, visando a uma conduta física ou um ato real ou material, diante do não cumprimento voluntário da obrigação. Assim, é processo que parte da certeza do direito do credor, dependendo, para tanto, da existência de um título executivo que ateste a certeza, liquidez e inadimplemento da obrigação.[24]

Por meio da execução de quantia certa contra devedor solvente (arts. 824 a 909), visa-se à retirada compulsória de bens que integram o patrimônio do executado, de modo que o exequente obtenha o valor referente ao seu crédito. Desse modo, esgotado o prazo para pagamento voluntário na execução, a execução recairá sobre o patrimônio do executado (ou de terceiros

---

procedimento qual é o papel do Juiz (codeclarante, mero homologador ou outro)?, *Revista Brasileira de Direito Processual – RBDPro*, Belo Horizonte, ano 23, n. 91, jul.-set. 2015, p. 321-324.; NOGUEIRA, Pedro Henrique. Livro IV Dos atos processuais. In: *Breves comentários ao novo código de processo civil*, Teresa Arruda Alvim Wambier et al. (coord.), São Paulo: Revista dos Tribunais, 2015, p. 592.

20. Isso significa que, enquadrando os acordos processuais como atos processuais determinantes, o controle pelo juiz será *a posteriori*, devendo apenas realizar um exame de validade, nos limites do interesse em produzir efeitos comuns ou convergentes perseguidos pelas partes. Ver: CABRAL, Antonio do Passo. *Convenções processuais*, Salvador: JusPodivm, 2016, p. 65.

21. A doutrina destaca outros limites aos acordos processuais, como a convenção que envolva situação jurídica de terceiro ou que onere demasiadamente o aparato judiciário. Sobre o tema, v.: CABRAL, Antonio do Passo. *Convenções processuais*, Salvador: JusPodivm, 2016, p. 268 e ss.

22. De acordo com o Enunciado 133 do FPPC: "(art. 190; art. 200, parágrafo único) Salvo nos casos expressamente previstos em lei, os negócios processuais do art. 190 não dependem de homologação judicial".

23. CABRAL, Antonio do Passo. *Convenções processuais*, Salvador: JusPodivm, 2016, p. 138-140.

24. JÚNIOR, Humberto Theodoro. A execução forçada no processo civil, *Revista dos Tribunais*, v. 46, 1987, p. 152-164.

responsáveis), o qual responderá com todos os seus bens presentes e futuros (art. 789 do CPC).

Tal fase, denominada de expropriação, impõe, antes de tudo, localizar e individualizar bens, com sua consequente penhora e avaliação, para que lhes seja dado justo preço (caso seja bem diverso de dinheiro).[25]

Penhorados e avaliados os bens, optar-se-á por um dos meios expropriatórios previstos no CPC: (i) adjudicação, através da qual o próprio exequente receberá o bem, depositando em juízo a diferença, caso seu crédito tenha valor inferior, ou prosseguindo-se a execução em relação ao restante, caso o crédito seja superior ao valor do bem (art. 876 e ss.); (ii) alienação, que se divide em alienação por iniciativa particular e alienação em leilão judicial eletrônico ou presencial (art. 879), que possibilitará a satisfação do crédito (ainda que parcial), por meio da entrega do produto da venda (art. 904), ou, ainda, (iii) a apropriação de frutos e rendimentos de bens do devedor.

A atividade executiva deve atender, ainda, aos fins específicos de se voltar para a satisfação do direito do credor, pelo meio menos oneroso ao devedor (art. 805), devendo ser exercida em duração razoável.[26]

4. CONVENÇÕES PROCESSUAIS RELATIVAS À PENHORA, AVALIAÇÃO E EXPROPRIAÇÃO

A execução norteou-se, durante a vigência do CPC/1973, pela obediência à lei, devendo o magistrado se ater aos meios executivos tipicamente previstos na legislação, reservando-se às partes pouco (ou nenhum) espaço para conformação do procedimento. Paulatinamente, reformas processuais passaram a permitir alguma flexibilização da execução e o emprego de meios atípicos de tutela,[27] autorizando o juiz a exercer os deveres-poderes necessários para efetivar a tutela dos direitos.[28]

Tendo em vista as mudanças operadas pelo CPC/2015, principalmente com a inserção dos arts. 190 e 200, a execução de bens do devedor para a

---

25. ASSIS, Araken de. *Manual de execução*, 18. ed. rev., atual. e ampl., São Paulo: Revista dos Tribunais, 2016, p. 891.
26. ZANETI JR. Hermes. *Comentários ao código de processo civil*: artigos 824 ao 925, São Paulo: Revista dos Tribunais, 2016, p. 134.
27. Sobretudo mediante as Leis 10.444/2002, 11.232/2005 e 11.382/2006.
28. ZANETI JR. Hermes. *Comentários ao código de processo civil*: artigos 824 ao 925, São Paulo: Revista dos Tribunais, 2016, p. 116-117.

satisfação do interesse do credor também passa a ser vista à luz do direito de liberdade das partes (art. 5º, *caput*, da CF/1988).

Respeitados os requisitos gerais de validade exigíveis para a prática dos atos processuais, podem as partes estipular antes da fase executiva (o que será, provavelmente, mais comum, inclusive no bojo do instrumento que estipular a obrigação posteriormente executada) ou durante sua tramitação, incidentalmente, regras quanto aos procedimentos da execução.

A execução é, em realidade, sede bastante adequada para as convenções processuais, em especial por se tratar, via de regra, de satisfação de direito de crédito, estritamente patrimonial. Possível, nessa seara, que as partes renunciem às garantias processuais legais, ajustando o procedimento, em especial no que se refere à fase de expropriação e seus atos antecedentes.

Assim, além de convenções mais abrangentes, que podem ser aplicáveis também ao processo de conhecimento e às fases iniciais da execução, como o acordo referente à não interposição de recursos ou à ampliação de prazos,[29] há convenções que podem ser firmadas especificamente para regular as situações jurídicas processuais e o procedimento dessas fases do processo executivo.

4.1. Convenções quanto à penhora

O Código regulamenta as disposições concernentes ao procedimento para penhora dos bens do devedor, nos arts. 831 a 869, as quais podem ser modificadas por convenção das partes.

É possível cogitar, por exemplo, de alteração convencional da ordem preferencial da penhora (art. 835), para ajustar, a título exemplificativo, que a constrição recaia primeiramente sobre bens imóveis e, apenas após, sobre veículos.

---

29. O enunciado 19 do Fórum Permanente de Processualistas Civis exemplifica algumas convenções atípicas: "(art. 190) São admissíveis os seguintes negócios processuais, dentre outros: pacto de impenhorabilidade, acordo de ampliação de prazos das partes de qualquer natureza, acordo de rateio de despesas processuais, dispensa consensual de assistente técnico, acordo para retirar o efeito suspensivo de recurso, acordo para não promover execução provisória; pacto de mediação ou conciliação extrajudicial prévia obrigatória, inclusive com a correlata previsão de exclusão da audiência de conciliação ou de mediação prevista no art. 334; pacto de exclusão contratual da audiência de conciliação ou de mediação prevista no art. 334; pacto de disponibilização prévia de documentação (pacto de disclosure), inclusive com estipulação de sanção negocial, sem prejuízo de medidas coercitivas, mandamentais, sub-rogatórias ou indutivas; previsão de meios alternativos de comunicação das partes entre si".

Embora tal temática torne-se mais sensível no que se refere à penhora de dinheiro, que parece ter posição privilegiada em relação aos demais bens também porque evita fases de avaliação e alienação, o que alongaria a tramitação do processo judicial (podendo ser, por isso, fundamento para retirá-la da esfera de disponibilidade das partes, por onerar desnecessariamente o aparato judiciário[30]),[31] parece-nos que em relação aos demais bens, as partes podem modular a ordem preferencial prevista no art. 835 com bastante liberdade. Até porque a própria lei confere ao magistrado a possibilidade de adequação diante das circunstâncias do caso concreto, ressalvando justamente a penhora de dinheiro (art. 835, parágrafo único).

A corroborar a possibilidade de as partes convencionarem sobre o rol do art. 835, destaca-se que esse mesmo dispositivo legal já estabelece, em seu parágrafo terceiro, um negócio processual típico: quando as partes estabelecerem garantia real para satisfação da obrigação, a penhora deverá recair sobre a coisa dada em garantia, excepcionando-se a ordem do *caput*.

As partes podem, então, não só indicar um bem específico em garantia da obrigação objeto da execução – o que ocorre, a rigor, com a constituição de hipoteca – como também podem apenas estipular genericamente a preferência de uma determinada categoria de bens em relação às outras.[32]

Nesta esteira, é possível imaginar também convenções que especifiquem questões inerentes à penhora de determinados bens, até mesmo de dinheiro, disciplinando, por exemplo, regras e procedimentos específicos para a constrição de tal patrimônio.

Pensemos, por exemplo, na hipótese de penhora via *Bacenjud*, por meio da qual o juiz determina às instituições financeiras que tornem indisponíveis ativos financeiros existentes em nome do executado. Como regra geral, essa modalidade de penhora acarreta o bloqueio de todas as contas indistintamente, o que pode ser modificado pela vontade das partes, que podem estipular

---

30. Nesse sentido, sobre a transferência de custos e ônus ao Judiciário: CABRAL, Antonio do Passo. *Convenções processuais*, Salvador: JusPodivm, 2016, p. 268 e ss.
31. A despeito de tal discussão, não entendemos ser vedado convencionar para dar prioridade a outros bens. Afinal, a constituição de garantia real é um exemplo de negócio que altera a regra. Sobre o tema, apontando outras hipóteses, v.: DIDIER JR., Fredie. *CPC, penhora de dinheiro e o enunciado 417 da súmula do Superior Tribunal de Justiça. – Editorial 189*. Disponível em http://www.frediedidier.com.br/editorial/editorial-189/, acesso em 9.1.2017.
32. ZANETI JR. Hermes. *Comentários ao código de processo civil*: artigos 824 ao 925, São Paulo: Revista dos Tribunais, 2016, p. 188.

quais as contas que podem sofrer a indisponibilidade de valores, e, inclusive, fixar limites para o bloqueio em cada conta.[33]

As convenções também podem ser utilizadas para alterar regras relativas à penhora de conta-conjunta, por exemplo. Nessa linha, as partes podem convencionar, desde que com anuência do co-titular da conta bancária, o bloqueio *online* da totalidade dos valores em tal conta, afastando-se o limite de bloqueio de apenas 50% do numerário,[34] o que poderia inclusive obstar eventuais embargos de terceiro contra a constrição.

Do mesmo modo, não parece haver óbice para que as partes estipulem que a penhora mediante fiança bancária e seguro garantia possa ser feita em valor distinto do valor total do débito acrescido de 30%, como determina o art. 833, § 2º, do CPC. Se tal acréscimo se destina a cobrir acessórios do processo judicial – como honorários advocatícios e custas judiciais –[35] não há razão para lhe ser conferido tratamento diferenciado em relação às demais formas de penhora, que também devem compreender tais verbas (art. 831). Na prática, então, será uma forma de estabelecer penhora parcial mediante fiança bancária e seguro garantia, o que não está previsto como uma opção na lei processual.

As convenções podem, ademais, impor modificações na regra de impenhorabilidade de bens, em especial porque o art. 833 do CPC/2015 não repetiu a expressão "absolutamente impenhoráveis", que constava do art. 649 do CPC/73. Assim, as partes podem renunciar à impenhorabilidade, cuja

---

33. Aliás, semelhante previsão existe hoje no processo do trabalho, facultando o Provimento nº 3/2003 do TST à empresas de grande porte solicitar ao TST o cadastramento de conta especial para acolher bloqueios *online* realizados pelo sistema *Bacenjud*. É importante anotar que tais convenções não podem, contudo, gerar custos para o Judiciário. As partes podem convencionar dentro dos limites do que seja possível de ser efetivado pelo aparato já existente do Poder Judiciário.

34. O entendimento adotado por diversos tribunais estaduais é no sentido de que, caso não seja provado pelo correntista executado que a integralidade do valor depositado em conta conjunta lhe pertence, presumir-se-á que os correntistas detenham, cada um, 50% do valor depositado (TJRJ, Apl. Cív. 0000058-96.2016.8.19.0079, 22ª Câmara Cível, Rel. Des. Odete Knaack de Souza, j. em 18.10.2016; TJRJ, Apl. Cív. 0003010-24.2013.8.19.0024, 5ª Câmara Cível, Rel. Des. Henrique Carlos de Andrade Figueira, j. em 28.6.2016; TJSP, Apl. Cív. 1008511- 94.2015.8.26.0114, 17ª Câmara de Direito Privado, Rel. Des. Claudia Sarmento Monteleone, j. em 15.12.2016; TJSC, Apl. Cív. 2011.061725-6, 4ª Câmara de Direito Civil, Rel. Des. Subst. Jorge Luis Costa Beber, j. em 9.7.2015; TJDFT, Apl. Cív. 0004044-19.2016.8.07.0006, 1ª T. Cível, Rel. Des. Simone Lucindo, j. em 23.11.2016).

35. MELO, Gustavo de Medeiros. Seguro garantia judicial - aspectos processuais e materiais de uma figura ainda desconhecida, *Revista de Processo*, v. 201, 2011, p. 101-125.

flexibilização já vinha sendo defendida pela doutrina antes mesmo da entrada em vigor do novo Código.[36]

Não só podem as partes criar regra convencional de impenhorabilidade, o que é admitido expressamente pelo art. 833, I, do CPC,[37] como podem tornar os bens do rol do art. 833 sujeitos à execução, desde que sejam alienáveis.

Nessa linha, destaca-se que a própria impenhorabilidade do bem de família, um dos pontos mais sensíveis do tema, foi debatida em recente julgamento do Recurso Especial nº 1.351.571,[38] que se referia à possibilidade de constrição de imóveis de alto valor. Embora o STJ tenha decidido pela impossibilidade da constrição, vez que a Lei 8.009/90 não instituiu nenhuma ressalva à impenhorabilidade, há motivos a permitir que as partes exerçam sua autonomia e estabeleçam exceções convencionais à regra legal. É claro que a validade da convenção estará sujeita aos requisitos legais, notadamente à livre e consciente manifestação de vontade, assim como à ausência de qualquer situação de vulnerabilidade, regra geral para as convenções.

Podem as partes convencionar, ainda, sobre a nomeação do depositário dos bens, modificando as regras previstas no art. 840 do Código e, ainda, estipular consensualmente quem será o administrador-depositário, na hipótese de penhora de empresa, plantações e outros, na forma do que é estipulado pelo arts. 862 e 868, o que já figura inclusive como um negócio típico, conforme prevê o art. 862, § 2º.

Não parece haver impedimento, do mesmo modo, para que as partes modifiquem as regras relativas à substituição de penhora, estabelecendo, por exemplo, renúncia ao direito previsto no art. 847, de modo a conferir mais celeridade e agilidade na tramitação da execução. Poderiam, ademais, alargar o rol de hipóteses para alienação antecipada de bens penhorados previsto no art. 852.

---

36. Leonardo Greco, por exemplo, já defendia que a impenhorabilidade dos rendimentos e do imóvel de habitação poderia ser revista (GRECO, Leonardo. A execução e a efetividade do processo, *Revista dos Tribunais*, v. 94, 1999, p. 34-66). No mesmo sentido, já defendia Cândido Dinamarco que deixar de utilizar *in executivis* um bem economicamente valioso seria um inconstitucional privilégio concedido ao devedor. Seria a hipótese de um devedor arquimilionário, mas sem dinheiro visível ou qualquer outro bem declarado e que viva em uma mansão luxuosa, a qual representa o seu bem de família e, portanto, impenhorável (DINAMARCO, Cândido Rangel. *Instituições de direito processual civil*, v. IV, 3. ed., rev. atual., São Paulo: Malheiros, 2009, p. 383-384).
37. Nesse sentido: DIDIER JR., Fredie. *Negócios processuais sobre a penhorabilidade – Editorial 190*. Disponível em http://www.frediedidier.com.br/editorial/editorial-190/, acesso em 9.1.2017.
38. STJ, REsp 1.351.571, 4ª Turma, Rel. Min. Luis Felipe Salomão, j. em 27.9.2016, p. 11.11.2016.

Como se pode observar dos exemplos aventados, é amplo o espaço para modificação consensual das regras relativas à constrição do patrimônio do executado, o que pode levar à construção de um procedimento executivo que atenda aos interesses do credor e, simultaneamente, respeite as possibilidades do devedor.

4.2. Convenções quanto à avaliação de bens

Após a penhora dos bens, inicia-se a fase de avaliação, para que se possa atribuir valor aos bens, com o objetivo de satisfazer a dívida, seja mediante adjudicação ao próprio credor, seja mediante alienação para terceiros e conversão em dinheiro, para pagamento ao credor.

Inúmeras são as possibilidades de convenções também na etapa de avaliação dos bens, sendo possível imaginar a flexibilização de quase todas as regras legais, respeitados os requisitos gerais já mencionados.

É possível ajustar, por exemplo, que a avaliação não será feita por oficial de justiça (art. 870) ou por perito avaliador indicado pelo juízo, mas por um especialista indicado pelas partes, o que seria similar à hipótese de nomeação consensual do perito (art. 371), de modo a garantir a maior celeridade processual.

Ou, ainda, poderiam as partes convencionar a dispensa de avaliação,[39] atribuindo desde um valor consensual aos bens – que é o que ocorre, a rigor, quando há consenso das partes quanto ao valor (art. 871, I), uma espécie de negócio processual -., inclusive fixando inclusive critérios específicos para atualização do valor atribuído na convenção, como, por exemplo, índices de atualização monetária, correção pela inflação, ou tabela FIPE.

Veja que a Lei que regula alienação fiduciária de bens imóveis (Lei 9.514/97) prevê situação muito similar: o instrumento que constitui a garantia deve indicar o valor do bem, para efeito de venda em leilão ou mesmo para fins de dação em pagamento ao fiduciário (art. 26, § 8º), bem como dos critérios para sua atualização (art. 24, VI).[40]

---

39. Leonardo Greco já defendeu a dispensa da avaliação, que seria em muitos casos, um "ato protelatório e inútil". (GRECO, Leonardo. A execução e a efetividade do processo, *Revista de Processo*, v. 94/1999, p. 34-66).

40. Art. 24. O contrato que serve de título ao negócio fiduciário conterá: (...) VI- a indicação, para efeito de venda em público leilão, do valor do imóvel e dos critérios para a respectiva revisão;

As partes poderiam estipular, ademais, que o valor dos bens será apurado mediante a média de laudos particulares apresentados por cada uma das partes, ou quaisquer variações nessa linha.

Com efeito, a colaboração de agentes privados para os procedimentos de avaliação é muito benéfica, uma vez que evita centralizar a atividade no juiz, o que torna o procedimento mais lento e custoso, a justificar a realização de convenções nessa seara.[41]

Podem as partes convencionar, ademais, sobre a renúncia à impugnação do laudo – seja realizado por perito ou oficial avaliador, seja apresentado por particular – ou mesmo a dispensa de assistência técnica para o procedimento de avaliação. É verdade que é possível antecipar alguma controvérsia a esse respeito, porque as normas convencionais derrogariam, nesse cenário, as previsões que autorizam que o juiz determine nova avaliação quando houver dúvida sobre o valor dos bens (arts. 871, p. único, e 873, III, do CPC).

Não nos parece, contudo, haver motivos para retirar a regulamentação de tais questões da esfera de disponibilidade das partes, justamente por não se vislumbrar, *a priori*, prejuízo a terceiros ou qualquer risco que autorize uma atuação judicial mais impositiva, a privilegiar, desse modo, as convenções processuais.

4.3. Convenções sobre a adjudicação e a alienação

É amplo o espaço para convenções processuais também para os procedimentos de adjudicação e alienação dos bens. As partes podem eleger, por exemplo, uma forma prioritária para a expropriação de bens, convencionando que ocorrerá a alienação por iniciativa particular, por exemplo, em detrimento da adjudicação ou da alienação por leilão judicial.

Com efeito, a alienação por iniciativa particular, que se inseriu no ordenamento processual civil brasileiro à época do Código de 1973 mediante a reforma operada pela Lei 11.382/2006, surgiu como mecanismo para desonerar o Poder Judiciário e para reduzir a exaustiva participação do Estado na alienação dos bens, de modo a atender as demandas de forma célere e efetiva.[42]

---

41. ZANETI JR. Hermes. *Comentários ao código de processo civil*: artigos 824 ao 925, São Paulo: Revista dos Tribunais, 2016, p. 249.

42. É esta a previsão hoje existente do Código de Processo Civil português que prevê, em seu art. 832, a "venda por negociação particular", por iniciativa tanto do exequente, quanto do executado.

As partes podem dispor, nessa linha, como ocorrerá todo o procedimento para alienação dos bens penhorados, convencionando sobre o prazo para realização da alienação – seja por iniciativa particular seja por leilão judicial –, a forma de publicidade, o preço mínimo, as condições de pagamentos, as garantias e a comissão de corretagem, quando existente.[43] Todas essas condições são, em regra, fixadas pelo juiz (art. 880, § 1º e 885), mas parece-nos que não há óbice a que sejam modificadas pelas partes.

Veja que a lei já autoriza que indicação dos corretores e leiloeiros, embora seja realizada pelo juiz, de preferência entre os credenciados perante o Tribunal respectivo (art. 880, § 3º), possa ser feita pelo exequente (§ 4º), a fortalecer a possibilidade de as partes convencionarem sobre tal questão.

Não parece haver vedação, ademais, para que as partes modifiquem os critérios estipulados na lei para classificar "preço vil", o qual invalida, nos termos legais, a arrematação (art. 891). Segundo dispõe a lei, é considerado preço vil aquele inferior ao mínimo estipulado pelo juiz ou, não tendo sido estipulado preço mínimo, o inferior a cinquenta por cento do valor de avaliação. Podem as partes convencionar, contudo, a possibilidade de que a arrematação ocorra em preço inferior, por se tratar de direito de crédito, patrimonial, que admite autocomposição.

Há espaço para convencionar, ademais, sobre as propostas para arrematação do bem, incluindo-se a possibilidade de pagamento parcelado, já disciplinando as condições que serão aceitas pelo exequente, reduzindo-se a intervenção do magistrado (regulada no art. 895).

Ficam fora da esfera de disponibilidade das partes, contudo, as prerrogativas legais que digam respeito a terceiros, como credores hipotecários, co-proprietários, dentre outros (como as referidas nos arts. 804 e 902), porque as convenções não podem dizer respeito às suas situações jurídicas. Feita

---

Dispõe o art. 832 do Código de Processo Civil português que a "venda por negociação particular" ocorre: "a) Quando o exequente propõe um comprador ou um preço, que é aceite pelo executado e demais credores; b) Quando o executado propõe um comprador ou um preço, que é aceite pelo exequente e demais credores; c) Quando haja urgência na realização da venda, reconhecida pelo juiz; d) Quando se frustre a venda por propostas em carta fechada, por falta de proponentes, não aceitação das propostas ou falta de depósito do preço pelo proponente aceite; e) Quando se frustre a venda em depósito público ou equiparado, por falta de proponentes ou não aceitação das propostas e, atenta a natureza dos bens, tal seja aconselhável; f) Quando se frustre a venda em leilão eletrônico por falta de proponentes; g) Quando o bem em causa tenha um valor inferior a 4 UC".

43. A comissão, por envolver direito de terceiro, deve ter sua anuência prévia ou quando da realização do ato.

essa ressalva, também para a fase de alienação dos bens podem ser cogitadas inúmeras convenções atípicas.

5. CONCLUSÃO

A execução, notadamente a fase de expropriação e seus atos antecedentes – penhora e avaliação – é terreno fértil para o exercício da autonomia da vontade no âmbito processo, possibilitando ampla adequação das regras procedimentais e das situações jurídicas processuais por meio da vontade das partes. Afinal, como se trata, via de regra, da satisfação de direito de crédito, é mais rarefeita a discussão acerca da validade dos negócios nessa seara, ao menos sob a perspectiva de seu objeto.

As convenções, nessa sede, podem permitir o ajuste da tutela executiva aos interesses do credor, sem desconsiderar as possibilidades do devedor para satisfazer a dívida, com o objetivo de dar celeridade à tramitação do processo, reduzindo custos, e responsabilizando as partes pela condução da atividade executiva. Trata-se, portanto, de uma forma de garantir que a execução não seja uma resposta meramente formal à obrigação não cumprida voluntariamente.

Esse artigo procurou desenhar algumas possibilidades de convenções aplicáveis às fases de penhora, avaliação e alienação e adjudicação de bens, cogitando situações em que as partes poderiam estabelecer – previamente, provavelmente no mesmo instrumento que constituir a obrigação posteriormente executada – regras referentes à constrição dos bens do executado, a forma de dar-lhes valor e, ainda, em como aliená-los, para que o produto reverta ao credor.

Parece possível, nessa linha, que as partes ajustem quase todos os aspectos de tais atividades, escolhendo e indicando quais os bens devem ser penhorados, em que ordem, indicando desde logo seu valor ou quem possa avaliá-lo, e, ainda, as condições para a venda.

Trata-se de permitir a simplificação dos procedimentos legais, retirando da esfera judicial os atos que podem ser realizados por particulares, o que não só pode conferir agilidade à tramitação da execução, que será ajustada ao que o devedor pode cumprir, como também pode impedir rediscussões posteriores, como alegação de penhora incorreta, impugnação à avaliação, pretensão de invalidação da arrematação, dentre outros.

Portanto, parece-nos que, respeitados os requisitos legais de validade dos negócios jurídicos, a execução é espaço propício à modificação consensual das regras legais, em benefício do credor, do executado e do próprio Judiciário.

6. REFERÊNCIAS

ALMEIDA, Diogo Assumpção Rezende de. A contratualização do processo das convenções processuais no processo civil. São Paulo: LTr, 2015.

ALVARO DE OLIVEIRA, Carlos Alberto. Poderes do juiz e visão cooperativa do processo I, disponível em www.abdpc.org.br, acesso em 13/12/2016.

ASSIS, Araken de. Manual de execução. 18. ed. rev., atual. e ampl., São Paulo: Revista dos Tribunais, 2016.

ATAÍDE JR., Jaldemiro Rodrigues de. No acordo de procedimento qual é o papel do Juiz (codeclarante, mero homologador ou outro)?, *Revista Brasileira de Direito Processual – RBDPro*, Belo Horizonte, ano 23, n. 91, jul.-set. 2015.

BARBOSA MOREIRA, José Carlos. Convenções das partes sobre matéria processual. Revista de processo. v. 33, jan/1984, versão digital.

CABRAL, Antonio do Passo. A Resolução n. 118 do Conselho Nacional do Ministério Público e as Convenções Processuais. In: NOGUEIRA, Pedro Henrique (coord.). Negócios processuais. Salvador: JusPodivm, 2015.

_____. Convenções processuais. Salvador: JusPodivm, 2016.

CAMBI, Eduardo. Flexibilização procedimental no novo código de processo civil, Revista de Direito Privado, v. 64, 2015.

CAPONI, Remo. Autonomia privata e processo civile: gli accordi procesuali. Civil Procedure Review, v. 1, n. 2, jul./set., 2010.

CHIOVENDA, Giuseppe. Instituições de direito processual civil. São Paulo: Saraiva, v. 1,1965.

COSTA E SILVA, Paula. Acto e Processo. Coimbra: Coimba Editora, 2003.

DA SILVA, Vigílio Afonso. Direitos fundamentais: conteúdo essencial, restrições e eficácia, 2ª edição, 3ª tiragem, São Paulo: Malheiros Editores, 2014.

DAVIS, Kevin E., HERSHKOFF, Helen. Contracting for procedure, William and Mary Law review, v. 53, issue 2, 2011.

DINAMARCO, Cândido Rangel. Instituições de direito processual civil, v. IV, 3. ed., rev. atual., São Paulo: Malheiros, 2009.

DE QUEIROZ, Pedro Gomes. Convenções disciplinadoras do processo judicial. Revista Eletrônica de Direito Processual, Rio de Janeiro, jan.-jun. 2014, v. XIII.

DIDIER JR., Fredie. Curso de direito processual civil: introdução ao direito processual civil, parte geral e processo de conhecimento. v. 1, 17 ed. Salvador: Jus Podivm, 2015.

_____. Esboço de uma Teoria da Execução Civil. Revista de Processo, v. 118, 2004.

_____. Negócios processuais sobre a penhorabilidade – Editorial 190. Disponível em http://www.frediedidier.com.br/editorial/editorial-190/, acesso em 9.1.2017.

_____. *CPC, penhora de dinheiro e o enunciado 417 da súmula do Superior Tribunal de Justiça.* – Editorial 189. Disponível em http://www.frediedidier.com.br/editorial/editorial-189/, acesso em 9.1.2017.

GRECO, Leonardo. A execução e a efetividade do processo. Revista dos Tribunais, v. 94, 1999.

_____. Os atos de disposição processual – primeiras reflexões. Revista Eletrônica de Direito Processual, Rio de Janeiro, out.-dez. 2007, v. I.

JÚNIOR, Humberto Theodoro. A execução forçada no processo civil. Revista dos Tribunais, v. 46, 1987.

LUCON, Paulo Henrique dos Santos. In: Teresa Arruda Alvim Wambier et al. (coord.), Breves comentários ao novo código de processo civil. São Paulo: Revista dos Tribunais, 2016.

MELO, Gustavo de Medeiros. Seguro garantia judicial – aspectos processuais e materiais de uma figura ainda desconhecida. Revista de Processo, v. 201, 2011.

NOGUEIRA, Pedro Henrique. Livro IV Dos atos processuais. In: Teresa Arruda Alvim Wambier et al. (coord.). Breves comentários ao Novo Código de Processo Civil, São Paulo: Revista dos Tribunais, 2015.

_____. Negócios jurídicos processuais. Salvador: JusPodivm, 2016.

REDONDO, Bruno Garcia. Impenhorabilidade de bens no CPC/2015 e as hipóteses da remuneração do executado e do imóvel residencial. In: Fredie Didier Jr. (coord.). Novo CPC doutrina selecionada. Salvador: Juspodivm, v. 5, 2015.

TARUFFO, Michele. Note sul diritto alla condanna e all'esecuzione. Revista de Processo, v., 144, 2007.

TAVARES, João Paulo Lordelo Guimarães. Da admissibilidade dos negócios jurídicos processuais no novo código de processo civil: aspectos teóricos e práticos. Revista de Processo, v. 254, 2016.

TEPEDINO, Gustavo. Problemas de Direito Civil-Constitucional. Rio de Janeiro: Renovar, 2001.

WAMBIER, Teresa Arruda Alvim et al. (coord.). Primeiros comentários ao novo código de processo civil: artigo por artigo, 1. ed., São Paulo: Revista dos Tribunais, 2015.

ZANETI JR. Hermes. Comentários ao código de processo civil: artigos 824 ao 925. São Paulo: Revista dos Tribunais, 2016.

O PODER DE AUTORREGRAMENTO DA VONTADE NO CONTEXTO DA MEDIAÇÃO E DA CONCILIAÇÃO

Trícia Navarro Xavier Cabral[1]

Sumário: 1. O incremento da autonomia privada no CPC/15 – 2. Conciliação e mediação no CPC/15 – 3. Autonomia privada no contexto da conciliação e da mediação – 4. Considerações finais – 5. Referências.

1. O INCREMENTO DA AUTONOMIA PRIVADA NO CPC/15

O estudo da autonomia privada[2] no processo civil tem ganhado fôlego na academia diante das novas perspectivas trazidas pelo CPC/15.

Com efeito, o CPC/15 foi idealizado com o compromisso de resgatar a credibilidade do Poder Judiciário, solucionando o problema de morosidade

---

1. Doutora em Direito Processual pela UERJ. Mestre em Direito Processual pela UFES. Juíza de Direito no Estado do Espírito Santo. Foi Coordenadora do CEJUSC – TJES. Membro efetivo do IBDP. tricia-navarro@hotmail.com.
2. O tema envolvendo o poder de liberdade de conduta das partes dentro do processo pode ser visto na doutrina sob as expressões "autonomia privada", "autonomia da vontade" e "autorregramento", dependendo do critério utilizado pelo autor. O termo "autonomia privada" tem sido considerado o mais adequado por decorrer do direito à dignidade humana e do princípio democrático, que sustentam a noção de liberdade, sendo que a "autonomia da vontade" teria uma conotação mais subjetiva, principiológica, enquanto que o termo "autorregramento" seria restrito ao conceito de negócio jurídico, não envolvendo outras formas e níveis de liberdades comportamentais. (RAATZ, Igor. Autonomia privada e processo civil: negócios jurídicos processuais, flexibilização procedimental e o direito à participação na construção do caso concreto (Coleção Eduardo Espíndula). Salvador, JusPODIVM, 2017, p. 167-172.)

nos julgamentos, democratizando o processo, melhorando o acesso à justiça, simplificação e aprimorando as técnicas processuais e harmonizando os valores constitucionais da segurança jurídica e da efetividade.

Com isso, a Lei nº 13.105, de 16 de março de 2015 estabeleceu novas diretrizes redefinindo a ideologia do processo civil e as regras de condutas procedimentais, adequando-as à realidade social e jurídica.

De certa forma, o CPC/15 se aproxima do formato do CPC/39, no sentido de tentar adotar um Código mais simples, flexível e com maior participação das partes, em um movimento cíclico e pendular dos modelos legais.

Além disso, positivas experiências estrangeiras foram incluídas na nova legislação, incrementando-se as técnicas processuais e permitindo uma maior disponibilidade do procedimento pelas partes.[3]

Essas transformações do Direito Processual Civil tiveram por objetivo ajustar a disciplina à evolução social, cultural e jurídica de nosso ordenamento. Isso porque, no CPC/73, o legislador adotou uma maior rigidez formal para alcançar segurança jurídica e previsibilidade, já que este último modelo ideológico causou exageros inaceitáveis, com a prevalência da forma sobre a finalidade do processo, que é a entrega jurisdicional completa, com a solução integral do mérito.

E para além de alterações procedimentais, o CPC/15 se propõe a equilibrar a participação dos sujeitos processuais, até então muito focada na atuação do magistrado.

Note-se que o nosso modelo de processo civil sempre encampou o maior protagonismo do juiz em relação às partes. Agora o CPC/15 tenta imprimir técnicas que prestigiam a autonomia privada no campo processual.

E para atingir o desiderato, diversos institutos foram criados ou aperfeiçoados, viabilizando a expressão da autonomia privada no processo, bem como a sua compatibilização com a postura ativa do juiz.[4]

---

3. Cf.: CAPONI, Remo. Autonomia privata e processo civile: gliaccordi processual. In: SCARSELLI, Giuliano (Org.). *Poteri del giudice e diritti delle parti nel processo civile*: atti del Convegno di Siena del 23-24 novembre 2007. Napoli; Roma: Edizioni Scientifiche Italiane, 2010. p. 145-159. Quaderni de Il Giusto Processo Civile, 4).

4. Nesse sentido: GRINOVER, Ada Pellegrini. *Ensaio sobre a processualidade*: fundamentos para uma nova teoria geral do processo. Brasília: Gazeta Jurídica, 2016, p. 5.

Com efeito, uma das maiores novidades do Código de 2015 foi o prestígio à autodeterminação das partes quanto ao objeto e ao procedimento, o que, se levada a sério, poderá causar uma verdadeira mudança genética no processo civil[5], alterando sobremaneira o formato da relação processual, com a transferência às partes de maior ingerência sobre o modo de desenvolvimento do processo, em contraposição ao que atualmente fica a cargo do juiz.

Destarte, o exercício da autonomia privada constitui um direito fundamental e pode ser externado de diversas formas e com diversos graus de liberdade, representando, em última análise, importante expressão da dignidade da pessoa humana, tendo como fonte primária a Constituição Federal (art. 5º, *caput*).

Por esta razão, a intenção do legislador foi transpor o direito fundamental à liberdade para o processo civil, reconhecendo-o como meio legítimo de manifestação da vontade das partes, harmonizando, assim, a participação dos sujeitos processuais, por meio de instituição de variadas formas de autorregramento da vontade pelas partes, as quais devem conviver com as prerrogativas do juiz.

Importante salientar que defender a autonomia privada no processo civil não é defender um sistema adversarial e nem o privatismo no processo civil, já que a liberdade pode conviver com a atribuição de poderes ao órgão jurisdicional, mas sim prestigiar o modelo cooperativo de processo, que articula os papéis das partes e do juiz no ambiente processual, equilibrando a liberdade individual e o exercício do poder pelo Estado.

Dessa forma, a autonomia privada se alinha com o princípio da cooperação estabelecido no art. 6º, do CPC/15, e ainda pode ser conjugada com outras normas fundamentais do processo, como a do art. 5º, que trata da boa-fé objetiva dos agentes processuais, a do contraditório efetivo dos arts. 7º e 9º, e a da vedação de decisão surpresa pelo magistrado do art. 10.

Nesse contexto, o CPC/15 instituiu um verdadeiro microssistema legal de proteção ao livre exercício da vontade no processo civil, com normas relativas

---

5. Remo Caponi, em artigo primoroso, analisa a mutação genética que vem acontecendo no direito processual para se permitir que haja maior ingerência das partes no procedimento, afastando-se a antiga dicotomia entre o direito público e o direito privado (CAPONI, Remo. Autonomia privata e processo civile: gliaccordi processual. In: SCARSELLI, Giuliano (Org.). *Poteri del giudice e diritti delle parti nel processo civile*: atti del Convegno di Siena del 23-24 novembre 2007. Napoli; Roma: Edizioni Scientifiche Italiane, 2010. p. 145-159. Quaderni de Il Giusto Processo Civile, 4).

a diferentes institutos que se adequam à ideia de liberdade procedimental, podendo-se citar como hipóteses: a) o estímulo à autocomposição; b) a delimitação do objeto litigioso e do recurso; c) os negócios processuais típicos; d) a cláusula geral de negociação processual (negócios processuais atípicos); e) o prestígio à arbitragem; f) o saneamento compartilhado e negociado; entre outros.

Essas as potencialidades geradas com o novo Código de Processo Civil e as modulações dos atos e disposição das partes dentro do processo demandam que os profissionais do direito tenham a exata compreensão de como identificar as hipóteses e de qual o regime jurídico adequado, até mesmo para se reconhecer os limites e sua forma de controle, garantido a aceitação e a aplicabilidade desses novos institutos, gerando, como consequência, uma mudança de mentalidade e de comportamento.

Portanto, importante se faz acompanhar o desenvolvimento desse novo modelo democrático de processo, eliminando excessos capazes de comprometer a sua sustentação jurídica.

2. CONCILIAÇÃO E MEDIAÇÃO NO CPC/15[6]

Antes de fazer a correlação entre o exercício da autonomia privada no processo civil e a conciliação e a mediação, importante traçar um panorama geral destes últimos institutos para fins de contextualizar melhor o assunto.

O novo Código de Processo Civil estabeleceu como uma de suas premissas o incentivo ao uso de formas não adjudicatórias de solução de conflitos, como a mediação e a conciliação. Em seguida foi promulgada a Lei n. 13.129/15, que alterou a Lei n. 9.307/96 e aperfeiçoou o uso da arbitragem. Posteriormente, foi publicada a Lei nº 13.140/15 que trata da mediação nas esferas pública e privada, formando, assim, um microssistema de meios adequados de solução de controvérsias.

Registre-se que o CNJ, por meio da Resolução 125, desde 2010 já chamava para o Poder Judiciário a responsabilidade de incrementar as atividades de conciliação e mediação[7] como mecanismos legítimos de resolução de

---

6. A primeira versão deste tópico foi publicada pela autora na coluna semanal Processualistas, do site JusBrasil. Disponível em: http://processualistas.jusbrasil.com.br/artigos/346227885/ncpc-conciliacao-e-mediacao.
7. Sobre a origem e evolução do instituto da mediação, cf.: CHASE, Oscar G. I metodi alternativi di soluzione delle controversie e la cultura del processo: il caso degli Stati Uniti D'America. In: VARA-

controvérsias, tanto as pré-processuais como as judicializadas. E em 08 de março de 2016, foi publicada a Emenda 2 que alterou e acrescentou artigos e Anexos à Resolução 125/10, compatibilizando o referido ato normativo às novas legislações.

Esse aparato legal deu um contorno contemporâneo ao acesso à justiça, disponibilizando amplas formas de ingressar no Poder Judiciário, e diferentes maneiras de se sair dele, com o uso da técnica que melhor atender às particularidades do conflito. Trata-se do modelo de Justiça Multiportas[8], que permite que os litígios sejam resolvidos por mecanismos que não se resumem à sentença adjudicada.

Aliás, importante ressaltar que o conceito contemporâneo de jurisdição abrange a justiça estatal, a justiça arbitral e a justiça conciliativa, uma vez que todas elas constituem formas legítimas de pacificação social.[9]

E seguindo essa tendência, o CPC/15 menciona a mediação e a conciliação em diversas passagens, deixando claro o seu incentivo ao uso destes métodos de solução de controvérsia, sem prejuízo da possibilidade do uso de outros instrumentos de resolução de conflito.

Os métodos da conciliação e da mediação possuem relevantes distinções. Na conciliação, apropriada para as relações sem vínculo de continuidade, o conflito é tratado pelo conciliador de modo a atender apenas aos interesses imediatos das partes, fazendo com que o alcance da autocomposição encerre a disputa, sem priorizar o relacionamento das partes envolvidas.

Já na mediação[10], adequada para a resolução de conflitos em que houver vínculo anterior entre as partes, o mediador, na qualidade de terceiro imparcial e devidamente capacitado, auxilia e estimula os interessados a identificarem

---

NO, Vincenzo (Org.). *L'altragiustizia*: il metodi alternativi di soluzione dele controversie nel diritto comparato. Milano: Dott. A. Giuffrè Editore, 2007, p. 129-156.

8. ZANETI JR., Hermes; CABRAL, Trícia Navarro Xavier. *Justiça Multiportas*: mediação, conciliação, arbitragem e outros meios de solução adequada de conflitos. (Coleção Grandes Temas do Novo CPC – vol. 9). Salvador: JusPODIVM, 2017.

9. Cf.: GRINOVER, Ada Pellegrini. *Ensaio sobre a processualidade*: fundamentos para uma nova teoria geral do processo. Brasília: Gazeta Jurídica, 2016, p. 18-20.

10. "Pode-se entender por mediação o instrumento de natureza autocompositiva marcado pela atuação, ativa ou passiva, de um terceiro neutro e imparcial, denominado mediador, que auxilia as partes na prevenção ou solução de litígios, conflitos ou controvérsias." GALVÃO FILHO, Mauricio Vasconcelos; WEBER, Ana Carolina. Disposições gerais sobre a mediação civil. In: PINHO, Humberto Dalla Bernardina de (Org.). *Teoria geral da mediação à luz do projeto de lei e do direito comparado*, Rio de Janeiro: Lumen Juris, 2008, p. 19-20.

ou a desenvolverem soluções consensuais que gerem benefícios mútuos. Em outros termos, na mediação as próprias partes constroem, em conjunto, um sistema de decisão, satisfazendo a todos os envolvidos e oxigenando as relações sociais, com a participação de um terceiro intermediando ou facilitando o alcance do entendimento.[11]

A conciliação e a mediação têm como objeto direitos disponíveis ou direitos indisponíveis que admitam transação. Sua aplicação é ampla, podendo ocorrer antes, durante ou depois de um processo judicial, e ainda incluir controvérsias envolvendo interesses privados ou públicos. Essa abrangência dos institutos favorece a resolução de diferentes controvérsias e funciona como importante ferramenta à disposição do jurisdicionado.

Registre-se, ainda, a possibilidade de serem dirimidos conflitos coletivos e por transação por adesão nas controvérsias envolvendo a Administração Púbica Federal direta, suas autarquias e fundações, bem como nos litígios de natureza tributária e objeto de ação de improbidade administrativa.

Aliás, no campo público, a conciliação e a mediação podem ser vistas sob a perspectiva do acesso à justiça, e, ainda, sob o contexto da Administração Pública.

No que tange à Administração Pública, tanto a Lei de Mediação quanto o CPC/2015 tratam da utilização da mediação e da conciliação em conflitos envolvendo os entes públicos, e entre estes e os privados. Sem dúvida essa previsão legal representa uma quebra de paradigmas sobre a possibilidade de disputas que envolvam interesse público se resolvem mediante autocomposição, com benefícios para todos os participantes. O assunto, que sempre foi alvo de intensos debates na doutrina pela questão da indisponibilidade, começa a ter uma interpretação condizente com o grau de interesse público envolvido no conflito, permitindo que controvérsias transacionáveis, ainda que referentes a direitos indisponíveis, sejam objeto de autocomposição, sepultando, assim, restrições injustificáveis e sem efetividade.

Além dessas diferenciações não há dúvidas de que a Administração Pública pode e deve criar parâmetros e critérios objetivos, por meio de regulamentações específicas, capazes de lastrear e legitimar os acordos eventualmente firmados, dando segurança jurídica a todos os envolvidos. O que não pode

---

11. PINHO, Humberto Dalla Bernardina de. Mediação – a redescoberta de um velho aliado na solução de conflito. In: *Acesso à justiça*: efetividade do processo (org. Geraldo Prado). Rio de Janeiro: Lumen Juris, 2005.

é a Administração Pública refutar de plano as possibilidades de se resolver conflitos sob a pecha de indisponibilidade do direito ou de falta de previsão legal, o que, infelizmente, tem ocorrido na prática.

No âmbito do Poder Judiciário, o aparato legislativo envolvendo o tema exigiu a criação de uma estrutura própria para atender a esses novos modelos de resolução de conflitos, que inclui a necessidade de regulamentações internas, espaços físicos e de pessoal capacitados para a atuação na solução de controvérsias pré-processuais e judiciais, sem prejuízo de ainda homologar os acordos formulados extrajudicialmente, transformando-os em título executivo judicial.

Já o campo privado terá um papel imprescindível na evolução e na consolidação do uso dos meios autocompositivos de resolução de controvérsias. Isso porque, embora o Poder Judiciário seja importante para chancelar, neste momento inicial, a cultura de utilização desses mecanismos, o fortalecimento do âmbito privado poderá absorver parte da atividade de solucionar os conflitos, resolvendo-os integralmente fora do Judiciário e evitando, inclusive, a judicialização, sem prejuízo de as entidades privadas estabelecerem parcerias com a Administração Pública para compartilhar práticas e ensinamentos.

De acordo com a legislação em vigor, as câmaras privadas poderão ser instituídas por profissionais de diversas áreas do conhecimento e devem ter em seus quadros conciliadores e mediadores capacitados nos moldes das diretrizes do CNJ, para que elas possam ser habilitadas perante o NUPEMEC do tribunal e indicadas aos CEJUSCS, bem como para que seus acordos sejam devidamente homologados. Na realidade, os mediadores e conciliadores poderão se inscrever tanto no cadastro nacional do CNJ – sistema que será alimentado pelo próprio interessado, pela indicação de seu currículo e sua qualificação, das avaliações dos usuários e também do seu custo –, como no cadastro estadual eventualmente criado pelo tribunal e vinculado ao NUPEMEC.

Ademais, a mediação e a conciliação podem ser realizadas de diversas formas, como pela internet ou outro meio de comunicação que permita a transação à distância, e ainda por parte domiciliada no exterior, facilitando, assim, a utilização desses importantes instrumentos de pacificação social.

Surge então, um novo mercado de trabalho, não só para os profissionais autônomos no âmbito do direito privado, mas também para a estrutura da Administração Pública, que poderá criar câmaras de prevenção e resolução administrativa dos conflitos para dirimir controvérsias envolvendo somente os órgãos públicos, ou entre estes e o particular.

Outra novidade foi o lançamento recente pelo CNJ da Mediação Digital[12], que é uma plataforma dirigida aos conflitos de massa, podendo ser utilizada, ainda, em créditos tributários. O objetivo é evitar a judicialização e reduzir o número de processos, e, ainda, quebrar o paradigma da educação contenciosa. A ferramenta funciona aproximando as partes por meio de troca de mensagens e informações virtuais, cujo acordo poderá ser homologado judicialmente.

Ademais, no FONAMEC (Fórum Nacional de Mediação e Conciliação) realizado nos dias 14 e 15 de abril de 2016 em Cuiabá/MT, o CNJ anunciou a criação do Escritório Digital, plataforma capaz de agregar e compatibilizar os diferentes sistemas de informática para auxiliar os advogados, contendo, ainda, a possibilidade de acesso a um link que permite a realização de mediação ou conciliação extrajudicial, cujo resultado poderá ser vinculado ao processo em tramitação para a homologação do acordo pelo juiz competente.

A resistência dos advogados ao uso da mediação e conciliação também será amenizada com a entrada em vigor das alterações do Código de Ética da categoria, uma vez que seu artigo 48 regulamenta de forma expressa os honorários conciliatórios e seu tratamento junto aos clientes[13]. Aliás, a OAB também poderá contribuir sobremaneira para a mudança de postura dos advogados, por meio de uma nova política corporativa que valorize a autocomposição.

Importante também nesse processo de consolidação dessa nova cultura será o engajamento das universidades, seja incluindo nas grades curriculares uma disciplina sobre a temática e mudando a educação litigiosa dos profissionais do direito, seja firmando parcerias para fomentar o uso desses mecanismos autocompositivos.

Como se vê, o Brasil tem sido prestigiado com um amplo acervo legislativo que autoriza e estimula a mudança de paradigma, de cultura e de atitude pelos atores e participantes dos conflitos sociais e de sua resolução. A judicialização excessiva das controvérsias criou problemas quantitativos e qualitativos na forma de se atender ao jurisdicionado, e somente a adoção de um novo modelo de justiça – o que inclui a participação do setor privado – com diferentes possibilidades de resolução dos conflitos, será capaz de equilibrar os papéis das instituições no alcance da pacificação social, humanizando as relações e resgatando a credibilidade dos diferentes segmentos da sociedade civil.

---

12. Disponível em: <http://www.cnj.jus.br/mediacaodigital/> . Acesso em: 23 de maio de 2016.
13. Disponível em: http://www.oab.org.br/arquivos/resolucao-n-022015-ced-2030601765.pdf. Acesso em: 23 de maio de 2016.

Nesse amplo contexto envolvendo os métodos adequados de resolução de disputas, podem ser extraídas inúmeras formas de exercício da autonomia privada, conforme será visto a seguir.

3. AUTONOMIA PRIVADA NO CONTEXTO DA CONCILIAÇÃO E DA MEDIAÇÃO

Conforme acima mencionado, o CPC/15 procurou democratizar a relação jurídica processual, estabelecendo um equilíbrio na atuação dos sujeitos processuais, especialmente por incrementar o exercício da autonomia privada dentro do processo, tentando harmonizar as condutas das partes com a atuação do juiz.

E essa nova perspectiva processual também se refletiu nos institutos da mediação e da conciliação, uma vez que permitiu que em diversas situações as partes pudessem exercer certo grau de disponibilidade no trato dos referidos métodos autocompositivos.

Assim, a resolução do conflito pela conciliação ou mediação pode ser entendida como uma forma legítima de exercício do poder de autorregramento pelas partes dentro do processo, o que se concretiza na potencialidade de fazer diversas escolhas relativas a variados aspectos da aplicação da mediação e da conciliação.

Desse modo, sem pretender exaurir as hipóteses, serão abaixo relacionadas algumas formas de expressão da autonomia privada no contexto da conciliação e da mediação no processo civil, sendo que muitas deles constituirão verdadeiras convenções processuais.

a. Preferência pelo uso de métodos adequados de solução de controvérsias. A primeira forma de exercício do poder de autodeterminação das partes se refere à própria opção pela realização de conciliação e mediação, ao lado da solução adjudicada.

Com efeito, o sistema multiportas de solução de conflitos instituído pelo CPC/15 e que fomenta o uso dos métodos consensuais de solução de conflitos – como a mediação e a conciliação – está regulamentado no artigo 3º, §§ 2º e 3º, inserido no capítulo inicial que trata das normas fundamentais do processo civil. O referido texto normativo privilegia a solução consensual dos conflitos, o que deve ser estimulado tanto extrajudicialmente quanto no curso do processo judicial.

Aqui é importante lembrar alguns dos benefícios do uso da justiça conciliativa: a) é um método normalmente mais barato; b) a solução para o conflito é mais rápida, especialmente em comparação com o tempo de tramitação do processo judicial; c) as próprias partes ajudam a construir uma resolução para a controvérsia de modo a legitimar melhor o seu resultado; e d) o risco de descumprimento da avença diminui em relação a uma solução imposta pelo juiz.

Quanto à escolha entre a conciliação ou a mediação, embora as partes possam, num primeiro momento, indicar sua opção por um ou por outro meio autocompositivo, caberá ao final ao facilitador escolhido ou distribuído pelo tribunal verificar a adequação do método eleito pela(s) parte(s) para solucionar o caso concreto e, caso haja incompatibilidade, deverá encaminhá-las para outro meio de resolução de disputas.

b. Opção pela autocomposição judicial ou extrajudicial. As partes podem optar pelo uso dos métodos adequados de solução de conflitos, no âmbito extrajudicial, ao lado do processo judicial, como forma de dispor do tipo de ambiente que melhor atender aos seus objetivos.

Registre-se, novamente, que a resolução de conflitos extrajudicial, ou seja, no campo privado, terá um papel imprescindível na evolução e na consolidação do uso dos meios autocompositivos de solução de controvérsias. Isso porque, embora o Poder Judiciário seja importante para chancelar, neste momento legislativo inicial, a cultura de utilização desses mecanismos, o fortalecimento do âmbito privado poderá absorver parte da atividade de solucionar os conflitos, resolvendo-os integralmente fora do Judiciário, evitando a judicialização, sem prejuízo de as entidades privadas estabelecerem parcerias com o Poder Público para compartilhar práticas e ensinamentos.

Por esta razão, além de regulamentar a prática da conciliação e da mediação no âmbito judicial, o CPC reconhece expressamente a conciliação e a mediação extrajudiciais, passíveis de constituir título executivo extrajudicial (art. 784, IV, CPC) ou judicial, caso sejam homologadas (art. 515, III, CPC), que são realizadas por órgãos institucionais ou por profissionais independentes, mediante regulamentação por lei específica. Assim, o instrumento de transação referendado pelo Ministério Público, pela Defensoria Pública, pela Advocacia Pública, pelos advogados dos transatores ou por conciliador ou mediador credenciado pelo tribunal, são exemplos de formas legítimas de autocomposição extrajudicial.

c. Momento de dispor dos métodos autocompositivos. As partes podem dispor dos meios autocompositivos em diversos momentos, como antes, durante e mesmo após o processo judicial. Registre-se que, no que tange à resolução extrajudicial da controvérsia – que também pode se dar pode ocorrer antes, durante ou após o processo judicial –, caberá ao CPC abranger apenas os reflexos judiciais dos acordos eventualmente firmados extrajudicialmente pelas partes. Na Lei 15.140/15 a mediação extrajudicial é tratada nos arts. 21 a 23, cujas normas devem ser observadas por todos que se valerem desta modalidade. Na prática forense tem sido comum as partes fazerem acordo – judicial ou extrajudicial – após o julgamento do feito pela segunda instância, impedindo que o procedimento ingresse na fase de cumprimento de sentença.

d. Eleição de local para a autocomposição. São variados os ambientes que permitem a composição do conflito pelas partes. Na esfera extrajudicial, a autocomposição pode se dar por meio das câmaras privadas, pelos órgãos ou câmaras administrativos eventualmente criados, ou mesmo por meio dos CEJUSCS instalados pelos tribunais de justiça. E na judicial, com a participação de um auxiliar da justiça ou mesmo do próprio magistrado – no caso específico da conciliação –, já que a atividade da mediação deve ser de atribuição exclusiva do mediador, não podendo o juiz mediar processos sob a sua jurisdição.

A Lei 15.140/15 também contempla no art. 42 outras formas e locais para a resolução de conflitos, como as mediações comunitárias, escolares, e por serventias extrajudiciais, com exceção da mediação nas relações de trabalho, que será regulada por lei própria. Já o art. 46 autoriza a mediação pela internet ou outro meio de comunicação que permita a transação à distância, como através de videoconferência, podendo, inclusive, envolver parte domiciliada no exterior.

Atento a esta demanda, o CNJ criou no art. 6º, X, da Resolução 125/2010, o Sistema de Mediação e Conciliação Digital ou à distância para atuação pré--processual de conflitos e, havendo adesão formal pelo tribunal, para atuação em demandas em curso. Trata-se de uma plataforma dirigida aos conflitos de massa, podendo ser utilizada, ainda, em créditos tributários, sendo que a ferramenta funciona aproximando as partes por meio de troca de mensagens e informações virtuais, cujo acordo poderá ser homologado judicialmente.

Desse modo, o formato de autocomposição por meio eletrônico, também conhecida como mediação *on-line,* é uma tendência em crescimento, seja pela evolução tecnológica, seja pela facilidade que disponibiliza ao mundo globalizado, especialmente na área comercial.

e. Escolha do conciliador ou mediador pelas partes. O art. 168, do CPC permite a escolha do facilitador pelas partes. Assim, antes ou durante a demanda judicial as partes poderão firmar convenção processual relativa à escolha do conciliador, mediador ou câmara privada que atuará intermediando o diálogo entre elas, que poderá ou não estar cadastrado no tribunal. Trata-se de excelente opção legislativa, já que a relação de confiança entre o facilitador e as partes é fundamental para o bom desenvolvimento do procedimento.

Para fins de escolha do conciliador ou mediador, as partes podem levar em consideração variados critérios, como a sua capacitação, o valor cobrado, a sua experiência, a sua formação de graduação, o cadastramento no tribunal, entre outros.

Registre-se que o art. 25 da Lei de Mediação dispõe que, na *mediação judicial,* os mediadores não estarão sujeitos à prévia aceitação das partes. Apesar disso, não há incompatibilidade entre essas normas. O fato de o sistema judicial possuir uma forma preestabelecida de distribuição de conciliadores e mediadores, não afasta a possibilidade de as próprias partes escolherem, via negócio jurídico processual, o profissional que irá atuar na demanda.

Assim, se as partes escolherem, de comum acordo, o conciliador, mediador ou a câmara privada, o juiz deverá tomar as providências para garantir que a sessão seja conduzida pelo profissional eleito; caso não haja essa opção pelas partes, o juiz deverá proceder na forma do § 2º, do art. 168, ou seja, mediante distribuição alternada e aleatória (art. 167, § 2º), entre os cadastrados no tribunal, observada a respectiva formação.

f. Presença de mais de um conciliador ou mediador. Dependendo da natureza ou da complexidade do conflito, pode ser recomendável a participação de um coconciliador ou comediador para conduzir o processo autocompositivo. Isso porque algumas disputas envolvem áreas de conhecimento diferentes, de modo a justificar que mais de um conciliador ou mediador conduzam o diálogo entre as partes, permitindo que profissionais com habilidades, técnicas, características e experiências distintas facilitem a negociação e possibilitem a efetiva resolução da disputa, tendo ainda como benefício conferir mais segurança às partes quanto à qualidade do resultado alcançado.

Assim, conflitos familiares envolvendo diferentes questões e disputas empresariais ou societárias seriam exemplos de casos com recomendação de atuação de mais de um facilitador. A necessidade de atuação de mais de um profissional pode ser indicada pelo juiz, pelo conciliador ou mediador originário, ou a requerimento das próprias partes, mas será imprescindível a anuência destas últimas, ainda que de forma tácita, conforme dispõe o art. 15, da Lei de Mediação.

g. Dever de confidencialidade. Trata-se do dever de manter sigilo sobre todas as informações obtidas na sessão, salvo autorização expressa das partes, violação à ordem pública ou às leis vigentes, não podendo ser testemunha do caso, nem atuar como advogado dos envolvidos, em qualquer hipótese.

O art. 166, § 1º, que diz que a confidencialidade abrange todas as informações produzidas no curso do procedimento, sendo que o teor ali produzido só poderá ser usado para fins diversos com autorização expressa das partes. Por sua vez, o § 2º do mesmo artigo estabelece que, em razão do sigilo, o mediador e os membros de sua equipe não poderão divulgar fatos ou elementos decorrentes da mediação. Já os artigos 30 e 31 da Lei de Mediação tratam da confidencialidade de forma extensiva, abrangendo todas as informações, todos os participantes, e impedindo, inclusive, que os dados sejam utilizados como prova em processo de arbitragem ou judicial, excetuando, apenas, as informações de ordem tributária, aplicando-se, ainda, às sessões privadas.

O princípio da confidencialidade é de suma importância para a credibilidade da conciliação e mediação, pois permite que os participantes exponham os verdadeiros motivos do conflito, possibilitando o alcance de soluções mais próprias dos reais interesses das partes. Por isso, é primordial que seja estabelecida uma relação de confiança entre as partes e os facilitadores, bem como no procedimento em si, fazendo com que esse diferencial gere, inclusive, uma eficiência e preferência no uso desses mecanismos de solução de controvérsias.

Contudo, o princípio não é absoluto e comporta exceções, cujo rol é apenas exemplificativo: a) quando as partes dispensarem o sigilo e expressamente autorizarem a revelação dos dados das sessões; e b) quando houver violação à ordem pública ou às leis vigentes, como a prática de crimes durante o processo autocompositivo.

De qualquer forma, todos os fatos e circunstâncias envolvendo a confidencialidade ou a sua exclusão devem ser comunicados às partes e registrados em ata, para as providências cabíveis.

h. Procedimento. O art. 166, § 4º prevê expressamente a livre autonomia dos interessados sobre as regras procedimentais, o que, sem dúvida, é um atrativo para o uso da mediação. São normas dirigidas às partes e não ao juiz ou ao auxiliar da justiça, e que permitem a flexibilização do processo autocompositivo (forma e conteúdo) para adequá-lo as particularidades da causa, objetivando a solução adequada do conflito.

Essa constatação é relevante, principalmente para fins de interpretação da obrigatoriedade da audiência de conciliação ou mediação prevista no início do procedimento comum pelo art. 334, do CPC/15. Isso porque a regra ali inserta é dirigida às partes, ou seja, não está na esfera de disponibilidade do juiz, tanto que exige a conversão de vontades dos dois polos da demanda para que o ato seja designado ou afastado do procedimento. Trata-se, pois, de um direito subjetivo processual do jurisdicionado ao uso desses métodos autocompositivos de solução de controvérsias, e não de ato de poder ou de gestão do magistrado. Daí porque não se pode concordar com a corrente doutrinária que defende que a falta de estrutura ou a "intuição" do juiz quanto à inviabilidade de acordo justificaria a dispensa da referida audiência[14]. Em outros termos, a possibilidade de flexibilização procedimental ou a falta de estrutura judiciária não autorizam a supressão da audiência pelo magistrado e não podem comprometer a finalidade legislativa e nem o exercido desse direito pelas partes.

Por outro lado, se as partes estipularem extrajudicialmente, por meio de instrumento público ou particular, um pacto de mediação ou conciliação extrajudicial prévia obrigatória, ou uma convenção processual para dispensar a audiência inicial de conciliação ou mediação, e, uma vez alegadas as referidas circunstâncias pelos interessados nos autos, deverá o juiz respeitar a manifestação de vontade indicada e não designar o ato. Pode ocorrer também de as

---

14. Nesse sentido ver: GAJARDONI, Fernando da Fonseca Gajardoni. Sem conciliador não se faz audiência inaugural do novo CPC. Disponível em: <http://jota.uol.com.br/sem-conciliador-nao-se-faz--audiencia-inaugural-novo-cpc>. Acesso em: 15 de maio de 2016.

partes, ainda que não convencionado expressamente, já tendo se submetido a tentativas pretéritas de autocomposição sem êxito, informarem ao juiz sobre a impossibilidade de entendimento, requerendo, por conseguinte, o não agendamento da audiência de conciliação ou mediação. Em todas as hipóteses a audiência será excluída, com fulcro no art. 334, § 4º, I e art. 190, ambos do CPC. Há, inclusive Enunciado 19 aprovado no FPPC (Fórum Permanente de Processualistas Civis), que diz:

> 19. (art. 190) São admissíveis os seguintes negócios processuais, dentre outros: [...]pacto de mediação ou conciliação extrajudicial prévia obrigatória, inclusive com a correlata previsão de exclusão da audiência de conciliação ou de mediação prevista no art. 334; pacto de exclusão contratual da audiência de conciliação ou de mediação prevista no art. 334; [...]. (Grupo: Negócio Processual; redação revista no III FPPC- RIO e no V FPPC-Vitória)

Assim, as partes podem formular convenções processuais para fins de realização ou de exclusão de sessão de conciliação ou mediação.

Outro exemplo seria a possibilidade de as partes solicitarem sessões ou audiências adicionais de mediação e conciliação. Sobre o tema, há Enunciado aprovado no VII FPPC (Fórum Permanente de Processualistas Civis) de São Paulo, que diz: **577.** *(arts. 166, § 4º; 696; art. 2º, II e V da Lei 13.140/2015) A realização de sessões adicionais de conciliação ou mediação depende da concordância de ambas as partes. (Grupo: Mediação e Conciliação (CPC e Lei 13.140/2015).* Neste último caso, no âmbito do processo judicial, importante observar o limite temporal máximo de 02 (dois) meses da data de realização da primeira sessão de que trata o art. 334, § 2º, do CPC.

Ainda sobre o aspecto formal, deve-se registrar que as partes podem optar por homologar ou não o acordo, conforme a pretensão de transformá-lo ou não em título executivo judicial.

Na esfera extrajudicial, nos termos do art. 784, IV, do CPC, o instrumento de transação referendado pelo Ministério Público, pela Defensoria, pela Advocacia Pública, pelos advogados dos transatores ou por conciliador ou mediador credenciado pelo tribunal, constitui título executivo extrajudicial. Caso as partes pretendam a sua homologação, o acordo constituirá título executivo judicial, na forma do art. 515, III, do CPC.

Já no campo processual, se houver acordo, o mesmo deverá ser homologado e constituirá título executivo judicial, conforme art. 515, II, do CPC. Interessante observar que o parágrafo único, do art. 28, da Lei de Mediação estabelece que, no âmbito do processo, os autos serão encaminhados ao juiz, que determinará o arquivamento do processo ou, se requerido pelas partes, homologará o acordo e o termo final da mediação por sentença, determinando o arquivamento do processo. Notem-se aqui algumas impropriedades técnicas da lei especial em relação à lei processual. Primeiro porque o juiz não poderá simplesmente determinar o arquivamento do feito se as partes não requererem a homologação do acordo, devendo dar um provimento judicial que encerre o processo, ainda que por perda de interesse superveniente (art. 485, VI, do CPC/2015). Depois porque, se o acordo versar apenas sobre parte do conflito, o feito deverá prosseguir em relação aos demais pedidos (art. 354, CPC/2015). Ademais, o § 11 do art. 334 é expresso ao determinar que a autocomposição, no âmbito judicial, deverá ser homologada por sentença.

Quanto à presença do advogado, no âmbito extrajudicial, as partes têm autonomia de estarem ou não acompanhadas pelo profissional (art. 10, da Lei de Mediação). Porém, no âmbito judicial, a presença do advogado é obrigatória, nos termos do art. 334, § 9º, e 695, § 4º, ambos do CPC.

Outro aspecto processual passível de convenção pelas partes se refere à suspensão do feito para a tentativa de autocomposição pela mediação ou conciliação. Com efeito, prevê o art. 313, II, que as partes podem convencionar sobre a suspensão. Da mesma forma, o art. 16, da Lei de Mediação estabelece que a possibilidade de as partes requererem, conjuntamente, a suspensão do curso do processo para se submeter à mediação, inclusive sem previsão de prazo e de recurso para a decisão que suspender (§ 1º). A possibilidade de suspensão do feito também se verifica nas ações de família, nos termos do art. 694, parágrafo único, do CPC.

Por fim, as partes podem convencionar sobre as despesas processuais da autocomposição, nos moldes do art. 88, § 2º, do CPC.

i. Conteúdo da autocomposição. As partes podem dispor sobre todos os direitos que admitam autocomposição. Até mesmo alguns direitos indisponíveis que admitam transação podem ser objeto de conciliação e mediação.

Ademais, os acordos podem ser parciais ou totais, ou seja, versarem sobre todo ou parte do conflito. Com efeito, sobre o assunto há Enunciado aprovado no VII FPPC (Fórum Permanente de Processualistas Civis) de São Paulo, que diz: **576.** *(arts. 166, § 4º; 354, parágrafo único) Admite-se a solução parcial do conflito em audiência de conciliação ou mediação. (Grupo: Mediação e Conciliação (CPC e Lei 13.140/2015).*

Não obstante, o objeto da avença pode ser de natureza individual ou coletiva.

As partes também podem dispor sobre a extensão (objetiva e subjetiva) do conteúdo do acordo, para incluir questões ou terceiros inicialmente não constante do processo ou do conflito (art. 515, § 2º, do CPC), desde que, obviamente, haja a concordância de todos os envolvidos.

Além disso, o conteúdo do acordo pode envolver direito material, procedimental ou ambos. Destarte, as partes podem incluir na composição tanto o objeto litigioso do processo, como disposições sobre o procedimento, como é o caso da renúncia à interposição de recurso, antecipando, assim, o trânsito em julgado.

Ressalte-se, inclusive, a necessidade de se observar alguns requisitos e limites relativos ao conteúdo da autocomposição. No campo do direito material, devem ser observados capacidade dos sujeitos e o atendimento ao princípio da decisão informada, a licitude do objeto, a forma prescrita ou não defesa em lei, proporcionalidade e razoabilidade das cláusulas do acordo e até mesmo a sua executoriedade, ou seja, a viabilidade prática de cumprimento da obrigação. Já quanto ao aspecto processual, faz-se importante atender à capacidade processual, à forma escrita, e a outros requisitos processuais se relacionam com a cláusula do devido processo legal, especialmente o contraditório e a imparcialidade do terceiro intermediador, no que couber. Cada um desses requisitos deve ser avaliado de acordo com as particularidades de cada método de resolução de controvérsias, sendo necessário, ainda, considerar os aspectos peculiares do caso em concreto apresentado.[15] Como limites, tem-se que os direitos fundamentais constitucionais e processuais não podem ser violados.

4. CONSIDERAÇÕES FINAIS

O incremento da autonomia privada pelo CPC/15 talvez seja um dos traços mais marcantes da nova sistemática, uma vez que confere ampla liberdade às partes de interferirem na condução do procedimento.

Além disso, esse poder de autorregramento pode ser exercido de diversas formas no processo civil, e, se bem adaptado ao ordenamento jurídico, terá o condão de modificar significativamente a dinâmica da relação jurídica

---

15. CABRAL, Trícia Navarro Xavier. *Ordem Pública Processual*. Brasília: Gazeta Jurídica, 2015, p. 445-451.

processual, por meio de um maior equilíbrio na participação dos sujeitos processuais, com uma cooperação efetiva de todos.

Essa potencialidade no processo civil ainda demandará uma mudança de cultura, já que a comunidade jurídica é apegada à predeterminação do procedimento pela lei e à atuação do juiz como protagonista do processo. Com efeito, a ideia de as partes se autodeterminarem em termos de procedimento em um ordenamento em que se delega tanta iniciativa ao Estado-Juiz traz novas perspectivas, e o novo nem sempre é compreendido na velocidade esperada pelo legislador.

De qualquer modo, uma das formas de expressão do autorregramento da vontade pelas partes é por meio dos institutos da conciliação e da mediação, que permitem diversas escolhas e disponibilidades, não só sobre o próprio direito material, mas também sobre o desenvolvimento do procedimento.

Essa flexibilidade que os referidos meios autocompositivos proporcionam às partes tende a ser um grande atrativo para a sua consolidação na prática forense.

Portanto, a efetividade da conciliação e da mediação como instrumentos de expressão da autonomia da vontade dependerá de uma rede de iniciativas, mas, de qualquer forma, representa um avanço processual e legislativo digno de elogios e de esperança de uma justiça mais justa e cooperativa.

5. REFERÊNCIAS

GRINOVER, Ada Pellegrini. *Ensaio sobre a processualidade*: fundamentos para uma nova teoria geral do processo. Brasília: Gazeta Jurídica, 2016.

CABRAL, Trícia Navarro Xavier. *Ordem Pública Processual*. Brasília: Gazeta Jurídica, 2015, p. 445-451.

_____. *NCPC: conciliação e mediação*. Uma visão sobre o novo sistema. Coluna semanal Processualistas, do site JusBrasil. Disponível em: <http://processualistas.jusbrasil.com.br/ artigos/346227885/ncpc-conciliacao-e-mediacao>.

CAPONI, Remo. Autonomia privata e processo civile: gliaccordi processual. In: SCARSELLI, Giuliano (Org.). *Poteri del giudice e diritti delle parti nel processo civile*: atti del Convegno di Siena del 23-24 novembre 2007. Napoli; Roma: Edizioni Scientifiche Italiane, 2010. p. 145-159. Quaderni de Il Giusto Processo Civile.

CHASE, Oscar G. I metodi alternativi di soluzione dele controversie e la cultura del processo: il caso degli Stati Uniti D'America. In: VARANO, Vincenzo (Org.). *L'altragiustizia*: il metodi alternativi di soluzione dele controversie nel diritto comparato. Milano: Dott. A. Giuffrè Editore, 2007, p. 129-156.

GAJARDONI, Fernando da Fonseca. *Sem conciliador não se faz audiência inaugural do novo CPC*. Disponível em: <http://jota.uol.com.br/sem-conciliador-nao-se-faz-audiencia-inaugural--novo-cpc>. Acesso em: 15 de maio de 2016.

GALVÃO FILHO, Mauricio Vasconcelos; WEBER, Ana Carolina. Disposições gerais sobre a mediação civil. In: PINHO, Humberto Dalla Bernardina de (Org.). *Teoria geral da mediação à luz do projeto de lei e do direito comparado*, Rio de Janeiro: Lumen Juris, 2008.

PINHO, Humberto Dalla Bernardina de. Mediação – a redescoberta de um velho aliado na solução de conflito. In: *Acesso à justiça*: efetividade do processo (org. Geraldo Prado). Rio de Janeiro: Lumen Juris, 2005.

RAATZ, Igor. *Autonomia privada e processo civil*: negócios jurídicos processuais, flexibilização procedimental e o direito à participação na construção do caso concreto (Coleção Eduardo Espíndula). Salvador, JusPODIVM, 2017.

ZANETI JR., Hermes; CABRAL, Trícia Navarro Xavier. *Justiça Multiportas*: mediação, conciliação, arbitragem e outros meios de solução adequada de conflitos. (Coleção Grandes Temas do Novo CPC – vol. 9). Salvador: JusPODIVM, 2017.

DO NEGÓCIO JURÍDICO PROCESSUAL E O CONSUMIDOR: INTERPRETAÇÃO DA VULNERABILIDADE COMO LIMITE AOS NEGÓCIOS PROCESSUAIS

Valquíria Maria Novaes Menezes[1]

Sumário: 1. A ampliação do negócio processual no Direito brasileiro e a limitação em virtude da parte vulnerável – 2. Compreensão da vulnerabilidade como limite ao autorregramento da vontade no processo civil: negócio processual e normas constitucionais fundamentais – 3. Do sistema de invalidades no Código de Processo Civil e a celebração de negócios processuais na relação consumerista – Referências.

1. A AMPLIAÇÃO DO NEGÓCIO PROCESSUAL NO DIREITO BRASILEIRO E A LIMITAÇÃO EM VIRTUDE DA PARTE VULNERÁVEL

A cláusula geral de negociação processual, o art. 190 do Código de Processo Civil (CPC), é norma que admite convenções processuais atípicas no processo brasileiro. A abertura de sua redação enseja a reflexão também sobre seus limites. Fica a cargo do parágrafo único o estabelecimento de balizas para a admissão do negócio jurídico processual. A lei determina o controle de validade pelo juiz, sendo recusada a aplicação de negócios jurídicos processuais, entre

---

1. Graduada em Direito pela Universidade Federal de Pernambuco. Monitora da disciplina de Direito Processual Civil III no semestre 2014.2.

outros casos, quando alguma das partes se encontre em situação de manifesta vulnerabilidade. É preciso compreender por que se faz necessária tal proteção e, mais do que isso, seu efetivo significado e suas consequências no processo.

O Código de Processo Civil, neste particular, utilizou-se de um conceito jurídico indeterminado[2], a vulnerabilidade, para possibilitar que o controle de aplicação dos negócios jurídicos processuais pudesse se pautar em parâmetros não engessados, mas dinâmicos, conforme a emergência de novos dados sistemáticos e extrassistemáticos.[3] O texto legal já delineia alguns limites, um núcleo essencial, mas cuja determinação não é exaustiva.[4] Importa indeterminação textual e reforça, assim, o papel ativo do juiz na interpretação do conceito, para aplicá-lo no caso concreto.[5] Cabe à jurisprudência construir as delimitações necessárias e, à doutrina, a tentativa de fornecer-lhe parâmetros para tanto.

A doutrina tem reconhecido tal limite ao negócio processual. Contudo, grande parte dos estudos não se aprofunda na análise e não vai além do texto legal. O entusiasmo é tamanho com a ampliação do instituto que, em muitas ocasiões, a vulnerabilidade passa despercebida ou não recebe a devida atenção. Leonardo Carneiro da Cunha, por exemplo, esclarece que é necessário vislumbrar, quanto ao limite ora debatido, manifesta vulnerabilidade no caso concreto, mas não vai além disso.[6] Também outros autores tocam no assunto sem maior profundidade[7]. Por vezes, a doutrina tem sido omissa sobre o tema[8], o que dificulta ainda mais a aplicação do dispositivo legal e mantém

---

2. MARQUES, Claudia Lima. Contratos no código de defesa do consumidor: o novo regime das relações contratuais. – 8. ed. rev., atual. e ampl. – São Paulo: Editora Revista dos Tribunais, 2016. p. 324.
3. BRAGA, Paula Sarno. Norma de processo e norma de procedimento: o problema da repartição de competência legislativa no direito constitucional brasileiro. Salvador: UFBA, 2015. 467 p. Tese (Doutorado) – Programa de Pós-Graduação em Direito, Universidade Federal da Bahia, Salvador, 2015. p. 36.
4. Ibidem, p. 43.
5. Ibidem p. 34-35.
6. CUNHA, Leonardo Carneiro da. CUNHA, Leonardo Carneiro da. Negócios jurídicos processuais no processo civil brasileiro. p. 11. Disponível em <http://www.academia.edu/10270224/Neg%C3%B3cios_jur%C3%ADdicos_processuais_no_processo_civil_brasileiro>. Acesso em 1 jun. 2015.
7. CAPONI, Remo. Autonomia privada e processo civil: os acordos processuais. Revista de Processo, v. 228, 2014. pp. 362; 366-367; 374-375.; CABRAL, Trícia Xavier Navarro. Reflexos das convenções em matéria processual nos atos judiciais. Negócios processuais / coordenadores: Antonio do Passo Cabral, Pedro Henrique Nogueira. – Salvador: Ed. JusPodivm, 2015, p. 227; DIDIER JR, Fredie. Princípio do respeito ao autorregramento da vontade no processo civil. Revista do Ministério Público do Rio de Janeiro, n. 57, jul./set. 2015. p. 169.
8. NERY, Rosa Maria de Andrade. Fatos processuais. Atos jurídicos processuais simples. Negócio jurídico processual (unilateral e bilateral). Transação. Revista de Direito Privado, vol. 64, ano 16, São Paulo:

o silêncio – ainda mais considerada a ausência de voz dos sujeitos protegidos pela limitação estudada.

Outras vezes, cingem-se os autores[9] a repetir a importantíssima lição de Leonardo Greco sobre o assunto.[10] Greco, escrevendo antes mesmo do Código de Processo Civil de 2015, identifica alguns limites aos atos de disposição das partes na seara processual: a disponibilidade dos direitos, a paridade de armas, e as garantias processuais. Apesar de ser um importante passo na compreensão do problema, torna-se também, para muitos autores, a linha de chegada de uma discussão que carece de muito zelo para ter seus limites estabelecidos.

2. COMPREENSÃO DA VULNERABILIDADE COMO LIMITE AO AUTORREGRAMENTO DA VONTADE NO PROCESSO CIVIL: NEGÓCIO PROCESSUAL E NORMAS CONSTITUCIONAIS FUNDAMENTAIS

A vulnerabilidade não é um conceito uniforme. Precede mesmo à própria lei.[11] É um predicado humano, que corresponde à suscetibilidade individual, como um peso da realidade que se apresenta;[12] contudo, não se pode ignorar que essa condição se agrava frente a um outro polo evidentemente mais forte. Ademais, é forçoso reconhecer que há diferentes graus de vulnerabilidade.[13] Ao contrário do que entende Fiechter-Boulvard, contudo, sua variabilidade não o torna um conceito inútil para o Direito. O tratamento jurídico que se coadune com a individualidade dos sujeitos é apropriado para alcançar a solução efetiva das controvérsias, coerente com a conjuntura de cada indivíduo e com amparo na realidade, sobretudo considerada a realidade brasileira, essencialmente de-

---

Editora RT, out.-dez. 2015, p. 269. MÜLLER, Julio Guilherme. A negociação no novo código de processo civil: novas perspectivas para a conciliação, para a mediação e para as convenções processuais. In: Novo CPC doutrina selecionada v. 1: parte geral / coordenador geral, Fredie Didier Jr.; organizadores, Lucas Buril de Macêdo, Ravi Peixoto, Alexandre Freire. – Salvador: Juspodivm, 2015. p. 1101-1103.

9. CAMBI, Eduardo; NEVES, Aline Regina das. Flexibilização procedimental no novo código de processo civil. Revista de Direito Privado, vol. 64, ano 16, pp. 219-259. São Paulo: Ed. RT, out.-dez. 2015; MAZZEI, Rodrigo; CHAGAS, Bárbara Seccato Ruis Chagas. Breve diálogo entre os negócios jurídicos processuais e a arbitragem. Revista de Processo, a. 39, v. 237, 2014. pp. 227-228.
10. GRECO, Leonardo. Os atos de disposição processual – primeiras reflexões. Quaestio iuris, vol. 4, n. 1. Disponível em: <http://www.e-publicacoes.uerj.br/index.php/quaestioiuris/article/view/10206/0>. Acesso em: 18 out. 2016. pp. 720-726.
11. FIECHTER-BOULVARD, Frédérique. La notion de vulnerabilité et sa consécration par le droit. Disponível em: <http://www.pug.fr/extract/show/107>. Acesso em: 18 out. 2016. p. 16.
12. BÂTIE, Dejean N. Appréciation in abstracto et appréciation in concreto en droit civil français. LGDJ, 1965, N. 9 apud FIECHTER-BOULVARD, Ob. cit.. p. 17
13. FIECHTER-BOULVARD, Frédérique. Ob. cit.,. p. 15-16.

sigual.[14] Afirma o referido autor, nisso com razão, que é a vulnerabilidade um estado pré-existente que orienta as opções legislativas.[15]

O que se depreende das visões sobre o termo é que há um leque de situações nas quais pode despontar a vulnerabilidade de determinado indivíduo, sem que seja possível elencar previamente todas elas.[16] É um conceito casuístico[17]. Fernanda Tartuce estabelece, para a análise da matéria no processo civil, categorias de vulnerabilidade que merecem a atenção durante o desenrolar da contenda judicial. A carência econômica, a distância que se impõe como obstáculo ao acompanhamento do processo, graves dificuldades de ordem médica ou de discernimento e o profundo desconhecimento técnico, além da impropriedade de preparo configuram fatores objetivos de aferição da vulnerabilidade de qualquer das partes na controvérsia.[18]

Trabalhar a ideia de vulnerabilidade implica lidar com a igualdade e suas exigências, enquanto norma fundamental, seja no processo, seja fora dele. A vulnerabilidade é, em si mesma, a ausência de isonomia – e, assim, a violação da norma constitucional fundamental que prevê a igualdade como garantia de todos, imperativa inclusive no âmbito do processo. A isonomia, ou a igualdade, aqui tratadas como sinônimas, constituem um conceito, nas palavras de Fernanda Tartuce[19], que pode ser apreendido de maneira comparativa. A igualdade significa alçar o equilíbrio; não a identidade, mas a paridade entre os sujeitos da sociedade, a fim de obter a adequada tutela jurisdicional.

A igualdade, no processo, tem uma conotação muito específica. Traduz--se na paridade de armas.[20] A vulnerabilidade das partes, por sua vez, é um

---

14. TARTUCE, Fernanda. Igualdade e vulnerabilidade no processo civil. – Rio de Janeiro: Editora Forense, 2012, p. 50.
15. FIECHTER-BOULVARD, Frédérique. Ob. cit.,. p. 20.
16. FIECHTER-BOULVARD, Frédérique. Ob. cit,. p. 17; POTENTIER, Philippe. Discours du rapporteur général du 102ème Congrès des Notaires de France a Strasbourg. p. 3. Disponível em: < http://www.alain-lambert.org/wp-content/uploads/2006/05/DISCOURS_Ph_Potentier.pdf >. Acesso em: 25 set. 2016.
17. ABREU, Rafael Sirangelo de. A igualdade e os negócios processuais. In: Negócios processuais / coords. Antonio do Passo Cabral, Pedro Henrique Pedrosa Nogueira. – Salvador: Ed. Jus Podivm, 2015. p. 196.
18. TARTUCE, Fernanda. Ob.cit., p. 357.
19. TARTUCE, Fernanda. Ob. cit., p. 27.
20. SANTOS, Igor Raatz dos. Processo, igualdade e colaboração: os deveres de esclarecimento, prevenção, consulta e auxílio como meio de redução das desigualdades no processo civil. In: Revista de processo, vol. 192, 2011.p. 56

conceito material, da situação extraprocessual, cuja consequência pode vir a ser o desequilíbrio na paridade em seu sentido processual. Assim, ao estabelecer certas balizas para as situações que envolvem partes vulneráveis, quer-se garantir que a paridade de armas não seja abalada e, dessarte, possa desenvolver-se o contraditório plenamente, o qual serve de critério para, através de um diálogo construtivo, suprir os problemas da desigualdade extraprocessual.[21] Por isso, negócio jurídico processual celebrado com a parte vulnerável que impeça o contraditório deve ser repensado. Não é a defesa da igualdade pela igualdade, mas de sua capacidade de inviabilizar o contraditório efetivo.[22]

Cabe garantir a igualdade entre as partes integrantes do negócio jurídico processual, a fim de que este possa ser consoante com a ordem jurídica. É indispensável assegurar aos litigantes a possibilidade de gozo de seus direitos fundamentais processuais para que, em respeito às normas constitucionais que os definem, não haja riscos de invalidação do negócio celebrado. Remete-se à validade aqui conforme o conceito trazido por Marcos Bernardes de Mello em sua Teoria do Fato Jurídico.[23] Para que uma norma seja válida, é necessário que esteja em conformidade com a ordem jurídica, isto é, trata-se da verificação de sua compatibilidade com o ordenamento jurídico. No caso do processo, cada vez mais, o destino é a constitucionalização das normas e do desenrolar processual, de maneira que a validade do que se pratica em processo se afere também e principalmente face ao texto constitucional e suas exigências.[24]

Sendo assim, uma vez que a isonomia é ditame constitucional fundamental[25] – corroborado pelo art. 7º do Código de Processo Civil[26] –, cabe

---

21. FRANCO, Marcelo Veiga. Dimensão dinâmica do contraditório, fundamentação decisória e conotação ética do processo justo: breve reflexão sobre o artigo 489, § 1º, IV, do novo CPC. In: Revista de Processo, v. 247, a. 40 – São Paulo: Editora RT, set. 2015. p. 120.
22. ABREU, Rafael Sirangelo de. Ob. cit., p. 209.
23. MELLO, Marcos Bernardes de. Teoria do fato jurídico : plano da validade. – 11. ed. – São Paulo : Saraiva, 2011. pp. 39-40.
24. DIDIER JR, Fredie. Teoria do processo e teoria dos direitos : o neoprocessualismo. Disponível em: < http://www.academia.edu/225914/Teoria_do_Processo_e_Teoria_dos_Direitos>. Acesso em 25 set. 2016. p. 2.
25. BRASIL, Constituição da República Federativa do Brasil de 1988. Disponível em: < http://www.planalto.gov.br/ccivil_03/Constituicao/Constituicao.htm>. Acesso em: 22 out. 2016. Art. 5º. Art. 5º Todos são iguais perante a lei, sem distinção de qualquer natureza, garantindo-se aos brasileiros e aos estrangeiros residentes no País a inviolabilidade do direito à vida, à liberdade, à igualdade, à segurança e à propriedade, nos termos seguintes [...].
26. BRASIL, Lei nº 13.105, de 16 de março de 2015. Código de Processo Civil. Disponível em: < http://www.planalto.gov.br/ccivil_03/_ato2015-2018/2015/lei/l13105.htm>. Acesso em: 18 out 2016. Art. 7º. É assegurada às partes paridade de tratamento em relação ao exercício de direitos e faculdades

assegurá-la para que esteja o processo em compasso com as determinações da Constituição. O negócio jurídico processual é, em última instância, fonte de norma para o processo[27] e, como tal, a análise de sua validade também deve perpassar o crivo constitucional – inclusive no que dispõe a Constituição sobre a isonomia. A eficácia imediata conferida às normas constitucionais, sobretudo aos direitos fundamentais nelas consubstanciados, se dá independentemente de legislação infraconstitucional que lhe determine a aplicação.[28] Os negócios processuais não fogem, pois, à lógica constitucional e ao disciplinamento que a Constituição confere ao processo civil. Devem, pois, estruturar-se em respeito a tais normas, que lhes servem de critérios de validade.

No negócio jurídico civil, a exigência de igualdade é preenchida por uma presunção legal. A capacidade das partes é medida suficiente para garantir, naquela esfera, ao menos formalmente, que a avença se faça a partir de um mesmo patamar. Presume-se, entre agentes capazes, uma vontade qualificada, suficiente para obrigá-los conforme acertem com os demais sujeitos. No negócio jurídico processual, aplicado no ambiente diferenciado que é o processo, as exigências de igualdade não se cingem à capacidade civil das partes. É preciso reconhecer que as garantias constitucionais permeiam mais intensamente o processo.[29] Essa ideia é aportada por Arenhart e, embora discordando deste autor quanto ao seu pessimismo sobre os negócios processuais em outras passagens, a sua visão é lúcida no artigo ora citado, escrito em coautoria com Gustavo Osna.

Didier, em respeito às exigências do art. 190, parágrafo único, afirma que:

> [...] exige-se a capacidade processual negocial, que pressupõe a capacidade processual, mas não se limita a ela, pois a vulnerabilidade é caso de incapacidade processual negocial, como será visto adiante, que a princípio não atinge a capacidade processual geral – um consumidor é processualmente capaz, embora possa ser um incapaz processual negocial.[30]

---

processuais, aos meios de defesa, aos ônus, aos deveres e à aplicação de sanções processuais, competindo ao juiz zelar pelo efetivo contraditório.

27. DIDIER JR, Fredie. Curso de direito processual civil : introdução ao direito processual civil, parte geral e processo de conhecimento – 17. ed. – Salvador : Editora Jus Podivm, 2015, p. 30.
28. DIDIER JR, Fredie. Teoria do processo e teoria dos direitos : o neoprocessualismo. Disponível em: < http://www.academia.edu/225914/Teoria_do_Processo_e_Teoria_dos_Direitos>. Acesso em: 25 set. 2016. pp. 2-3.
29. ARENHART, Sérgio Cruz; OSNA, Gustavo. Os acordos processuais no novo CPC – aproximações preliminares. In: Revista eletrônica do TRT 9ª região, Curitiba, v.4, n. 39, abril de 2015, pp. 115-116. Disponível em: < http://www.mflip.com.br/pub/escolajudicial/index.jsp?ipg=194386>. Acesso em: 13 jun. 2016.
30. DIDIER JR., Fredie. Curso de direito processual civil : introdução ao direito processual civil, parte geral e processo de conhecimento. – 17. ed.- Salvador : Ed. Jus Podivm, 2015. p. 385.

Assim, mais do que a plena capacidade das partes, é necessário que a relação processual não esteja marcada pela vulnerabilidade de uma delas para a celebração de um negócio processual conforme as exigências do CPC e da CF. Se estiver, haverá desigualdade que viola o texto constitucional, vinculante para o processo. A igualdade é essencial para a aferição da legalidade dos negócios processuais, enquanto necessária para o próprio processo. Sem ela, há incompatibilidade com a Constituição. Partes que não estejam em patamar de igualdade, a princípio, não estão legitimadas à celebração de negócios processuais válidos, pois sua condição de vulnerável viola a necessária paridade de armas para o processo equânime, exigido constitucional e infraconstitucionalmente.

Essa afirmação pode soar demasiadamente publicista num contexto de protagonismo das partes no processo civil que ora desponta. Contudo, não se quer aqui repetir os mesmos erros políticos dos antigos defensores da supremacia estatal. Não se trata de fazer do juiz o centro e de manter a estrutura geométrica piramidal que marca o processo civil, nem mesmo de cegamente defender um centralismo estatal, sob a panaceia que, por vezes, se faz em nome do interesse público.[31] Tampouco, por outro lado, quer-se aqui restar confundido pelos erros cometidos pela visão liberal do processo ou por seu excesso de privatismo.[32]

O processo é ambiente que deve ser permeado efetivamente pelas garantias constitucionais não apenas pelo fato de ser a jurisdição uma função pública[33] ou de o processo abarcar inúmeros outros interesses, além daqueles das partes.[34] Não é um publicismo cego ou uma afirmação de superioridade do direito processual face ao direito material. A condição do processo é inteiramente distinta daquela do ordenamento substancial. Este é um regramento primário, por assim dizer, aplicável imediatamente às relações humanas, conforme decorram. O direito processual, por sua vez, pode ser tido como

---

31. MITIDIERO, Daniel. Bases para a construção de um processo civil cooperativo: o direito processual civil no marco teórico do formalismo-valorativo. Porto Alegre, 2007. 147 p. Tese (Doutorado) – Programa de Pós-Graduação em Direito, Universidade Federal do Rio Grande do Sul, Porto Alegre, 2007. pp. 50-51.
32. MATOS, José Igreja. O juiz e o processo civil (contributo para um debate necessário). Julgar, n. 2, 2007. Disponível em: <http://julgar.pt/wp-content/uploads/2016/05/05-Igreja-Matos-Juiz-e--processo-civil.pdf>. Acesso em: 23 out. 2016. p. 89.
33. DIDIER JR., Fredie. Princípio do respeito ao autorregramento da vontade no processo civil. Revista do Ministério Público do Rio de Janeiro, n. 57, jul./set. 2015, p. 168.
34. ARENHART, Sérgio Cruz; OSNA, Gustavo. Ob. cit., p. 112.

um ramo mediato. Não é sempre aplicado e não incide espontaneamente. Depende da provocação de uma das partes, via de regra, ante alguma ineficiência da aplicação do direito material. Sendo assim, o processo funciona como substituto deste.

Já encontradas dificuldades com a utilização do direito material, redobrada atenção se exige para solucionar o conflito instaurado na seara processual. Não se quer ir de encontro à ideia hoje difundida de que todo método de produção de normas jurídicas, inclusive no direito material, se desenrola como processo;[35] não se está negando tal corrente, apenas elegendo-se outro olhar sobre o processo. Quer-se apenas salientar que as normas processuais propriamente ditas apenas são utilizadas diante da insuficiência do direito material para resolver a controvérsia. Dada a sua função, pois, substitutiva, e uma vez que precise ser aplicado, há a necessidade de preservar ainda mais as garantias no âmbito do processo. O direito material, cujos limites são mais maleáveis, já falhou uma vez e, diante disso, cabe ao direito processual o comprometimento para alcançar a prestação adequada, sem que esteja suscetível aos problemas que eventualmente tenham feito ineficiente a regra substancial. Trata-se o processo de um substituto da ordem natural das coisas, que carece de ser recoberto de cuidados para evitar nova falha.

Assim, a leitura dos negócios jurídicos processuais deve ser feita em consonância com as normas constitucionais que consistem em garantias fundamentais asseguradas ao processo civil, pena de invalidade. No mesmo sentido, por exemplo, não ignora a relevância dos direitos fundamentais no processo Leonardo Carneiro da Cunha[36].

3. DO SISTEMA DE INVALIDADES NO CÓDIGO DE PROCESSO CIVIL E A CELEBRAÇÃO DE NEGÓCIOS PROCESSUAIS NA RELAÇÃO CONSUMERISTA

Não há dúvida, diante do exposto, de que a Constituição, no que trata das normas fundamentais sobre as garantias processuais, atua como fiel na aferição da legalidade dos negócios processuais. Ocorre que o negócio jurídico é figura extraída do direito material, onde encontra regulamentados seus aspectos mais gerais. Resta analisar a ingerência do regramento material dos

---

35. DIDIER JR. Fredie. Curso de direito processual civil: introdução ao direito processual civil, parte geral e processo de conhecimento. – 17. ed. – Salvador: Ed. Jus Podivm, 2015, p. 30.
36. CUNHA, Leonardo Carneiro da. Ob. cit.

negócios jurídicos sobre sua feição processual, para averiguar também a sua potencial invalidação com base nos critérios de direito substancial.

O caráter material e processual são faces de uma mesma moeda. Ambos se fazem presentes nas normas.[37] Uma disposição a respeito de procedimento, por exemplo, uma vez descumprida, pode tornar-se critério de julgamento em sede de apelação – *error in procedendo*. Já a norma material, ao determinar o conteúdo de uma decisão, impõe o seu seguimento também como modo de proceder a ser obedecido. É o fenômeno da circularidade das normas processuais, que se observa no parágrafo único do art. 190.

Assim, dada a circularidade da norma processual referida, além da unidade e interpenetração do ordenamento jurídico, o processo deve se edificar tendo por base não apenas as determinações constitucionais, mas também o que dispõem as normas materiais civis sobre os negócios jurídicos, para aferir-lhes a legalidade, isto é, a conformidade com o ordenamento jurídico. Destarte, não apenas as normas processuais em sentido estrito importam no tratamento dos negócios processuais; também o regramento material aporta critérios que merecem aplicação no bojo do processo. Nesse sentido, por exemplo, o Enunciado 132 do Fórum Permanente de Processualistas Civis.[38]

Destarte, quando for consumidora uma das partes, é preciso atentar para as disposições do CDC quanto aos critérios por ele estabelecidos para a aferição da legalidade. É norma de ordem pública, isto é, inafastável pelas partes,[39] e sua aplicação se dá em função da relação analisada, que se caracteriza sobretudo pelos sujeitos envolvidos. A problemática que se coloca refere-se ao sistema de invalidades, quanto à possibilidade ou não da aplicação do regime material de nulidades aos negócios processuais[40], pois, em processo, ganha relevância a distinção entre ilegalidade e invalidade.

A invalidade é consequência jurídica imputável ao ato defeituoso. É uma resposta que pode ser dada ao ato incompatível com o ordenamento jurídico – ilegal

---

37. BRAGA, Paula Sarno. Ob. cit., p. 160.
38. FÓRUM PERMANENTE DE PROCESSUALISTAS CIVIS. Enunciado 132. Além dos defeitos processuais, os vícios da vontade e os vícios sociais podem dar ensejo à invalidação dos negócios jurídicos atípicos do art. 190. Disponível em: <http://portalprocessual.com/wp-content/uploads/2016/05/Carta-de-S%C3%A3º-Paulo.pdf>. Acesso em 31 dez 2016.
39. GRINOVER, Ada Pelegrini *et al*. Código brasileiro de defesa do consumidor: comentado pelos autores do anteprojeto. – 9. ed. – Rio de Janeiro: Forense Universitária, 2007. p. 24.
40. DIDIER JR., Fredie; NOGUEIRA, Pedro Henrique Pedrosa. Teoria dos Fatos Jurídicos Processuais – 2. ed. rev., ampl. e atual. – Salvador: Jus Podivm, 2013. p. 105.

–, mas não necessariamente. É juízo normativo sobre ato defeituoso que se faz para a sua extirpação. É possível que haja situações nas quais o ato seja inquinado de defeito e, no entanto, o ordenamento jurídico o conserve – mesmo no regime jurídico material de invalidades. A invalidade não decorre inescapavelmente da ilegalidade, descabida a confusão entre aquela, a sanção, e esta, o defeito. A invalidade depende do reconhecimento do magistrado, depende de sua decretação.[41]

Embora caiba aplicar ao processo as construções teóricas sobre o plano da validade que advêm da teoria do direito[42], a teoria das nulidades do processo não é uma aplicação automática do que dispõe o Código Civil e a utilização dos conceitos nele consubstanciados só pode se dar com as devidas limitações. E nem poderia ser de outra maneira, dadas as diferenças entre cada ramo do direito, que implicam temperamentos às noções civis sobre a invalidade, para aplicá-la ao processo.[43]

Na seara processual, o ato não é inválido em si mesmo, a chamada nulidade de pleno direito.[44] No processo, o ato defeituoso subsiste até que se leve a cabo a sua invalidação pelo juiz, na direção da causa.[45] Ademais, nem todo ato imperfeito em relação à norma legal tem a consequência de ter seus efeitos podados na esfera processual. A invalidade depende da comparação com o modelo legal e a conduta existente, mas sua incidência como sanção é meramente potencial.[46]

Ademais, o suporte fático das invalidades no processo civil não se cinge à presença de defeitos no ato analisado. É ainda necessário que haja a caracterização de prejuízo, isto é, que o defeito impeça o alcance da finalidade do ato em questão – princípio da transcendência ou de que não há nulidade sem prejuízo.[47] Sem prejuízo certo e irreparável, trata-se de preciosismo infrutífero a decretação de invalidade.[48]Caracteriza-se o prejuízo quando não se enseja o contraditório a uma das partes; a bem da verdade, conceder o direito ao

---

41. Ibidem, p. 73; 76-77.
42. Ibidem, p. 78.
43. WAMBIER, Teresa Arruda Alvim. WAMBIER, Teresa Arruda Alvim. Nulidades do processo e da sentença. – 5. ed. – São Paulo: Revista dos Tribunais, 2004. p. 146-151.
44. DIDIER JR., Fredie; NOGUEIRA, Pedro Henrique Pedrosa. Ob. cit., p. 79.
45. WAMBIER, Teresa Arruda Alvim. Ob. cit., p.162.
46. CABRAL, Antônio do Passo. Nulidades no Processo Moderno: contraditório, proteção da confiança e validade prima facie dos atos processuais. Rio de Janeiro: Forense, 2009. p. 28-29.
47. DIDIER JR., Fredie; NOGUEIRA, Pedro Henrique Pedrosa. Ob. cit., p. 85.
48. KOMATSU, Roque. Da invalidade no processo civil. – São Paulo: Revista dos Tribunais, 1991. p. 241.

contraditório não implica necessariamente ausência de prejuízo material, mas, a nível processual é este o parâmetro a ser seguido.[49]

Fredie Didier Jr. e Pedro Henrique Nogueira, diante da análise de todos esses princípios, advertem que a invalidade não é ontológica, mas decorre de um juízo normativo, permeado de valoração pelo juiz. Essa faceta axiológica[50] da determinação da invalidade, para além da base normativa que lhe concedem os princípios já analisados, deve se pautar fundamentalmente nos princípios gerais da proporcionalidade, materializado no devido processo legal substancial, economia e cooperação.[51] Não basta, pois, a desconformidade com o regramento, material ou processual. Ambos se aplicam ao negócio processual, mas a invalidação do ato se dará conforme o sistema processual de nulidades.

Para Fredie Didier Jr. e Pedro Henrique Nogueira, a solução do problema do sistema de invalidades aplicável aos negócios processuais é a de que, para abordar a questão, é necessário cindir o negócio jurídico material e o ato processual judicial respectivo, fazendo emergir um negócio jurídico material e um negócio jurídico processual em um único instituto. Assim, dadas as duas faces do negócio jurídico, estaria sujeito também aos dois regimes de invalidades – material e processual.[52]

Já se discutiu que a vulnerabilidade é um óbice à legitimação das partes para a celebração de negócios processuais perfeitos. Falta ao sujeito vulnerável a condição de igualdade, que processualmente se manifesta na paridade de armas, para o efetivo contraditório. O direito do consumidor, por sua vez, configura um regime intensamente protetivo, cuja principal marca é a presunção de vulnerabilidade que atribui ao consumidor. Neste ramo do direito, vige intenso dirigismo contratual cuja medida ainda não se determinou nos negócios jurídicos processuais. É preciso analisar se valerá, então, a presunção de vulnerabilidade consumerista antes analisada para o âmbito processual.

As origens do termo vulnerabilidade remetem, no Brasil, ao desenvolvimento do direito do consumidor. A doutrina consumerista trabalha a pluralidade de situações de desequilíbrio entre os membros da relação que analisa, definindo quatro tipos fundamentais de vulnerabilidade: técnica, in-

---

49. WAMBIER, Teresa Arruda Alvim. Ob. cit., p.178-179.
50. MELLO, Marcos Bernardes de. Ob.cit., p. 39.
51. DIDIER JR., Fredie; NOGUEIRA, Pedro Henrique Pedrosa. Ob. cit., p. 95.
52. Ibidem, p. 113-115.

formacional, jurídica ou fática.[53] Isto é, o desconhecimento da funcionalidade do produto ou serviço; a escassa informação proporcionada ao consumidor, frente à manipulação que sobre ela pode exercer o fornecedor; a ausência de familiaridade com as noções jurídicas que permeiam a relação; e o monopólio do fornecedor, seja fático ou jurídico, em contraposição à hipossuficiência do outro polo da relação. Este ramo do direito trata mesmo a vulnerabilidade como princípio, como recurso interpretativo.[54]

O direito do consumidor tem sua incidência definida conforme os sujeitos da relação contratual analisada. Quando há a presença do consumidor frente ao fornecedor, há um potencial desequilíbrio entre os polos, que termina por refletir essa disparidade no conteúdo do próprio contrato. Em defesa do consumidor, como polo vulnerável da relação, se estabeleceu um sistema protetivo para instaurar a igualdade material nas relações de mercado, correspondendo ao seu caráter de princípio da ordem econômica da Constituição Federal[55].

O art. 2º do CDC diz ser consumidor toda pessoa física ou jurídica que adquire ou utiliza produto ou serviço como destinatário final. O conceito legal, contudo, não é suficiente para a apreender todas as situações concretas em que haja a incidência do microssistema consumerista.[56] É necessário, antes disso, interpretar a noção de destinatário final introduzida pelo artigo supracitado.

Tem prevalecido, para definir o consumidor, a teoria do finalismo aprofundado, que procura a finalidade da norma, a razão de ser da proteção dispensada a esse sujeito. Assim, encontra essa resposta na proteção aos vulneráveis colocada como princípio da Política Nacional das Relações de Consumo, estampada no art. 4º do mesmo diploma. [57] A leitura de cunho teleológico que se faz da norma aponta para a incidência do CDC quando for o caso de, objetivamente, estar-se diante de um destinatário final e, subjetivamente, que se caracterize como vulnerável – ainda que seja adquirente do produto ou serviço a título profissional.[58]

---

53. MARQUES, Claudia Lima. Ob. cit., 2016. p. 326-335
54. Ibidem, 2011. p. 357.
55. BRASIL. Constituição da República Federativa do Brasil de 1988. Disponível em: <http://www.planalto.gov.br/ccivil_03/Constituicao/Constituicao.htm>. Acesso em: 18 out. 2016. Art. 170.
56. AMARAL, Luiz Otávio de Oliveira. Teoria geral do direito do consumidor. – São Paulo: Editora Revista dos Tribunais, 2010, p. 103. MARQUES, Claudia Lima. Ob. cit., 2016, p. 306.
57. BRASIL. Lei 8.078, de 11 de setembro de 1990. Código de Defesa do Consumidor. Disponível em: <http://www.planalto.gov.br/ccivil_03/leis/L8078.htm>. Acesso em 22 out. 2016.
58. BRASIL, Superior Tribunal de Justiça- REsp 1176019 / RS, Relator: Ministro Luis Felipe Salomão, Data de Julgamento: 20/10/2015, DJe 17/11/2015, T4 – QUARTA TURMA; BRASIL, Superior Tribunal de

No fundo, a preocupação do direito do consumidor é com identificação da vulnerabilidade, fundamento da tutela que se construiu em torno da figura do consumidor. O finalismo aprofundado reconhece a vulnerabilidade como presunção legal absoluta deste sujeito, destinatário fático e econômico, não profissional. E ainda, num viés teleológico, de defesa de todas as situações em que houver concreta vulnerabilidade, não se restringe à presunção que estabelece, de forma que amplia a aplicação do CDC para os casos em que se comprove a condição de vulnerável da parte, ainda que não seja destinatário final fático e econômico.[59]

É preciso analisar se a vulnerabilidade que atua como limite dos negócios processuais corresponde à vulnerabilidade prevista pelo direito do consumidor. Seria necessário separar a compreensão do negócio jurídico material, como fazem Didier e Pedro Henrique Nogueira? Essa cisão parece não compreender a importância e independência do instituto do negócio processual. Ainda assim, caso fosse esse o caminho escolhido, o direito do consumidor seria, sim, aplicável aos negócios materiais. No entanto, do mesmo modo, sua invalidação obedeceria não às regras materiais, mas às particularidades do sistema processual de nulidades, vez que tais acordos integrariam o processo como atos processuais, conforme a visão já trazida destes autores.[60]

Ocorre que a vulnerabilidade é conceito incorporado ao CPC como norma. Integra o ordenamento processual. Trata-se de um influxo material, de conceito extraprocessual, mas inserido como regra do próprio ordenamento processual. Assim, torna desnecessário o recurso ao direito substancial. Deixa de ser uma condição apreciada segundo filtros externos, mas deve ser vista sob a ótica do processo – enquanto disparidade de armas, mitigação do contraditório. É o caso concreto que, no fundo, determinará a real vulnerabilidade

---

Justiça- AgRg no AREsp 415244 / SC, Relator: Ministro Antonio Carlos Ferreira, Data de Julgamento: 07/05/2015, DJe 19/05/2015, T4 – QUARTA TURMA; BRASIL, Superior Tribunal de Justiça- AgRg no REsp 1413939 / SC, Relator: Ministro Antonio Carlos Ferreira, Data de Julgamento: 24/03/2015, DJe 30/03/2015, T4 – QUARTA TURMA. BRASIL, Superior Tribunal de Justiça- AgRg nos EREsp 1331112 / SP, Relator Herman Benjamin, Data de Julgamento: 03/12/2014, DJe 02/02/2015, T4 – QUARTA TURMA; BRASIL, Superior Tribunal de Justiça- REsp 1297857 / SP, Relator: Ministro Mauro Campbell Marques, Data do Julgamento: 20/03/2014, DJe 26/03/2014, T2 – SEGUNDA TURMA. BRASIL, Superior Tribunal de Justiça – Informativo de jurisprudência 0510, Período: 18 de dezembro de 2012 – TERCEIRA TURMA.

59. MARQUES, Claudia Lima. Ob. cit., 2016, p. 344; p. 355; MIRAGEM, Bruno. Direito do consumidor: fundamentos do direito do consumidor, direito material e processual do consumidor; proteção administrativa do consumidor; direito penal do consumidor – São Paulo: Editora Revista dos Tribunais, 2008. p. 83.

60. DIDIER JR., Fredie; NOGUEIRA, Pedro Henrique. Ob. cit., p. 114-115.

da parte. Há que se distinguir, pois a vulnerabilidade material, presumida para o consumidor pelo CDC, daquela processual, aferida no caso concreto. Não se trata de afastamento pela vontade das partes de um ditame de norma de ordem pública; o legislador mesmo inseriu, em regramento de natureza diversa, o conceito de vulnerabilidade, que não implica necessariamente a mesma análise consumerista, que lhe serve apenas como indício.

Quando o CDC pretende a análise *in concreto* da vulnerabilidade, somente o faz visando à ampliação da tutela que oferece. Foge à sistemática do direito do consumidor interpretação que afaste do destinatário final fático e econômico pessoa física a condição de vulnerabilidade. Já no âmbito processual, há maior espaço para a observação do caso concreto, seja para estender a proteção, sob a égide do finalismo aprofundado consumerista, seja para afastar a insígnia de vulnerável de sujeitos concedida pelo direito material, quando litigam em pé de igualdade, para que possam ter sua liberdade valorizada. Assim, a vulnerabilidade no processo é aferida casuisticamente, como meio de oportunizar às partes maior liberdade para a flexibilização procedimental. Portanto, a previsão do CPC quanto à parte vulnerável não se trata de mera remissão ao CDC e à sua lógica intervencionista, mas de previsão que procura atender às necessidades do caso concreto. A situação ora ilustrada é caso em que não há vulnerabilidade de fato, não obstante a presunção material que paire sobre o sujeito. Em defesa da aferição da vulnerabilidade no caso concreto, coloca-se Didier, afirmando que nada, em tese, impede a celebração de negócios processuais no âmbito consumerista.[61]

Assim, apesar de ser possível estar diante de uma parte que goze de presunção material de vulnerabilidade, pode ser o caso de não existir, de fato, a desigualdade. Estar-se-ia diante de um consumidor não vulnerável processualmente. Não deixará a parte, se enquadrada no conceito legal antes estudado, de caracterizar-se como consumidor e, a seu respeito, valem os ditames do CDC como requisitos de legalidade para os negócios processuais. Contudo, a análise da vulnerabilidade foi transplantada para o curso do processo, prescindindo de recurso ao direito do consumidor para a determinação de invalidade do negócio processual nesse particular. A vulnerabilidade típica do sujeito consumidor é indício de desigualdade, mas não funciona como presunção absoluta no sistema processual. Sobre esse limite do negócio processual, não

---

61. DIDIER JR, Fredie. Curso de direito processual civil: introdução ao direito processual civil, parte geral e processo de conhecimento – 17. ed. – Salvador: Editora Jus Podivm, 2015, p. 386.

restam dúvidas, recai o sistema de invalidades também processual, cujas implicações foram analisadas no tópico anterior.

Por outro lado, outra conclusão pode ser extraída da aplicação do sistema de nulidades processuais aos negócios jurídicos nessa seara. Ainda que se configure no caso concreto vulnerabilidade ofensiva às garantias processuais, só é de se falar em invalidação no sentido previsto pelo regime processual de invalidades. É preciso aferir, portanto, se houve efetivo prejuízo à parte, além da sua condição de vulnerabilidade, afinal, na ausência de prejuízo, não há invalidade no processo. Nesse sentido, por exemplo, o Enunciado n. 16 do Fórum Permanente de Processualistas Civis: "O controle dos requisitos objetivos e subjetivos de validade da convenção de procedimento deve ser conjugado com a regra segundo a qual não há invalidade do ato sem prejuízo."[62] Assim é que se deve admitir negócio jurídico processual com parte manifestamente vulnerável em que não haja prejuízo ou que claramente a beneficie – com o elastecimento dos prazos, por exemplo. Pode-se falar, então, em consumidor vulnerável, mas não prejudicado, o que faz subsistir o negócio jurídico processual.

Da mesma maneira, cabe aplicar aos negócios processuais em que a vulnerabilidade de uma das partes seja manifesta um outro princípio pertinente ao sistema processual de nulidades. Cabe, no processo, a tentativa de convalidação a qualquer tempo. Ora, provocando a vulnerabilidade o enfraquecimento do contraditório, a promoção judicial deste, através do reequilíbrio de armas, enseja mesmo a conservação do negócio, dispensando-se, pois, a invalidação do acordo processual. Aqui, trata-se do efetivo contraditório. Não basta a adequação da representação processual ou a mera audiência das partes. É preciso analisar também a compreensão do negócio jurídico celebrado pela parte que o celebra, para que possa se efetivar o contraditório como direito de influência.[63]

Neste mister de filtro da viabilidade dos negócios processuais, de ausência ou presença de prejuízo e de vulnerabilidade das partes, está o juiz, que desempenha o controle de validade através da promoção e garantia do contra-

---

62. FÓRUM PERMANENTE DE PROCESSUALISTAS CIVIS. Enunciado 16. Disponível em: <http://portal-processual.com/wp-content/uploads/2016/05/Carta-de-S%C3%A3º-Paulo.pdf>. Acesso em 31 dez 2016.

63. SILVEIRA, Daniela Gonsalves da. Direito ao contraditório, dever de fundamentação e direito à publicidade no novo código de processo civil brasileiro. Revista de Processo, v. 48, a. 40 – São Paulo: Ed. RT, out. 2015. p. 73.

ditório, aferindo o alcance da finalidade das convenções processuais, calcado no cumprimento dos deveres que a boa-fé lhe determina: esclarecimento, auxílio e prevenção. Não se trata de um retrocesso publicista, como a princípio poder-se-ia pensar. A ampliação, no ordenamento jurídico brasileiro, da figura do negócio jurídico processual é uma expressão do protagonismo das partes, mas não implica obscurecer o juiz. Na verdade, o papel do magistrado é fundamental para a aplicação e o controle do avanço que é o instituto, agora embasado expressamente na lei.

Cabe-lhe a adequação, de maneira coerente, entre a hipótese descrita normativamente e o fato decorrido, frente a um conceito jurídico indeterminado.[64] É expressão do princípio da adequação judicial das normas processuais, ampliando o poder criativo do juiz.[65] Essa atuação deve se orientar pelos valores constitucionais que ora informam o processo no direito brasileiro.[66] O novo modelo estabelecido pelo Código de Processo Civil de 2015 está um passo à frente do publicismo que antes vigorava, mas também se distancia de um privatismo irrefletido. Não é a inatividade do juiz que assegura um processo democrático[67], mas a efetiva participação das partes, predicado que pode e deve ser defendido pelo magistrado no seu mister nesse novo contexto.

Os deveres que a boa-fé processual impõe ao juiz no modelo cooperativo justificam a sua atividade de controle na validade dos negócios jurídicos processuais. Enquanto preza pela efetiva participação dos sujeitos, deve questionar-se sobre a validade das convenções anti-isonômicas, em que haja uma mitigação injustificada do contraditório, que resulte no silêncio de uma das partes e na construção de disparidades no processo. Esse controle, portanto, se esmera em preservar o diálogo como meio de construção da decisão adequada.[68] Possibilita que o processo se desenrole segundo o autorregramento das partes, mas baseado na vontade real de ambos os polos,

---

64. DIDIER JR, Fredie. Curso de direito processual civil: introdução ao direito processual civil, parte geral e processo de conhecimento – 17. ed. – Salvador: Editora Jus Podivm, 2015, p. 51.
65. SOUSA, Miguel Teixeira de. Um novo processo civil português. In: Revista de processo, v. 161, a. 33 - São Paulo: Ed. RT, jul./2008, p. 209. DIDIER JR, Fredie. Curso de direito processual civil: introdução ao direito processual civil, parte geral e processo de conhecimento – 17. ed. – Salvador: Editora Jus Podivm, 2015, pp. 117-119.
66. GAGNO, Luciano Picoli. O poder diretivo do juiz e o modelo constitucional de processo. Revista de processo, v. 248, a. 40, São Paulo: Ed. RT, out. 2015. p. 26.
67. OLIVEIRA, Carlos Alberto Alvaro de. Poderes do juiz e visão cooperativa do processo I.- Academia Brasileira de Direito Processual Civil. Disponível em: <www.abdpc.org.br>. Acesso em 5 abril 2015.
68. TARTUCE, Fernanda. Ob. cit., p. 353-354.

expressa, numa valorização do contraditório. Inclusive, o Fórum Permanente de Processualistas Civis já enunciou que a decisão de afastamento do negócio jurídico processual baseada no parágrafo único do art. 190 do CPC, ela mesma, deverá ser precedida de contraditório, evitando a surpresa e mitigando qualquer arbitrariedade.[69]

Ademais, a atividade judicial deverá ser mais intensa nos negócios celebrados fora do ambiente processual, sem a sua presença e em que a parte normalmente não está acompanhada de advogado. Nos negócios extraprocessuais, intensifica-se o desequilíbrio; a cautela do magistrado terá de ser mais apurada. Nesse sentido, enuncia o Fórum Permanente de Processualistas Civis que o acordo processual celebrado sem assistência técnico-jurídica é marcado pelo indício de vulnerabilidade[70]. Entre outros, são exemplos de negócios pré-processuais que dificultem o acesso ao processo ou aqueles com aspectos técnicos de difícil compreensão, sobretudo quando assinados na ausência de advogado.[71]

Todas as observações feitas a respeito da confrontação entre vulnerabilidade e normas constitucionais fundamentais ao longo deste trabalho devem ser consideradas para a aferição da legalidade do negócio jurídico processual. Mas, na medida em que vulnerabilidade passa a ser conceito incorporado no processo, deixa de se submeter à presunção consumerista e vale a análise casuística – sendo possível falar, portanto, em consumidor não vulnerável no âmbito processual. Ademais, a incidência do regime processual de invalidades sobre o que dispõe o parágrafo único a respeito da vulnerabilidade da parte é inevitável. Os princípios processuais da teoria das invalidades aplicam-se ao negócio jurídico processual em que se insere o consumidor, vulnerável ou não no caso concreto.

---

69. FÓRUM PERMANENTE DE PROCESSUALISTAS CIVIS, Enunciado n. 259. A decisão referida no parágrafo único do art. 190 depende de contraditório prévio. Disponível em: < http://portalprocessual.com/wp-content/uploads/2016/05/Carta-de-S%C3%A3º-Paulo.pdf>. Acesso em: 23 out. 2016.
70. FÓRUM PERMANENTE DE PROCESSUALISTAS CIVIS. Enunciado 18. Há indício de vulnerabilidade quando a parte celebra acordo de procedimento sem assistência técnico-jurídica. Disponível em: <http://portalprocessual.com/wp-content/uploads/2016/05/Carta-de-S%C3%A3º-Paulo.pdf>. Acesso em 31 dez 2016.
71. ABREU, Rafael Sirangelo de. Ob. cit., pp. 207-208.

4. REFERÊNCIAS

ABREU, Rafael Sirangelo de. A igualdade e os negócios processuais. In: *Negócios processuais* / coordenadores: Antonio do Passo Cabral, Pedro Henrique Nogueira. – Salvador: Ed. JusPodivm, 2015, pp. 193-214.

AMARAL, Luiz Otávio de Oliveira. *Teoria geral do direito do consumidor*. – São Paulo: Editora Revista dos Tribunais, 2010.

ARENHART, Sérgio Cruz; OSNA, Gustavo. Os acordos processuais no novo CPC – aproximações preliminares. In: *Revista eletrônica do TRT 9ª região*, Curitiba, v.4, n. 39, abril de 2015, pp. 103-117. Disponível em: <http://www.mflip.com.br/pub/escolajudicial/index.jsp?ipg=194386>. Acesso em 7 jun 2015.

BÂTIE, Dejean N. *Appréciation in abstracto et appréciation in concreto en droit civil français*. LGDJ, 1965, N. 9.

BRAGA, Paula Sarno. *Norma de processo e norma de procedimento:* o problema da repartição de competência legislativa no direito constitucional brasileiro. Salvador: UFBA, 2015. 467 p. Tese (Doutorado) – Programa de Pós-Graduação em Direito, Universidade Federal da Bahia, Salvador, 2015.

BRASIL. *Constituição da República Federativa do Brasil de 1988*. Disponível em: <http://www.planalto.gov.br/ccivil_03/Constituicao/Constituicao.htm>. Acesso em: 18 out 2016.

_____. *Lei nº 13.105, de 16 de março de 2015*. Código de Processo Civil. Disponível em: < http://www.planalto.gov.br/ccivil_03/_ato2015-2018/2015/lei/l13105.htm>. Acesso em: 18 out 2016.

_____. *Lei 8.078, de 11 de setembro de 1990*. Código de Defesa do Consumidor. Disponível em: <http://www.planalto.gov.br/ccivil_03/leis/L8078.htm>. Acesso em 22 out. 2016.

_____. *Nulidades no Processo Moderno:* contraditório, proteção da confiança e validade prima facie dos atos processuais. Rio de Janeiro: Forense, 2009.

CABRAL, Trícia Xavier Navarro. Reflexos das convenções em matéria processual nos atos judiciais. In: *Negócios processuais* / coordenadores: Antonio do Passo Cabral, Pedro Henrique Nogueira. – Salvador: Ed. JusPodivm, 2015.

CAMBI, Eduardo; NEVES, Aline Regina das. Flexibilização procedimental no novo código de processo civil. *Revista de Direito Privado*, vol. 64, ano 16, São Paulo: Ed. RT, out.-dez. 2015. pp. 219-259.

CAPONI, Remo. Autonomia privada e processo civil: os acordos processuais. In: *Revista de Processo*, v. 228, 2014. pp. 359-376.

CUNHA, Leonardo Carneiro da. *Negócios jurídicos processuais no processo civil brasileiro*. Disponível em: <http://www.academia.edu/10270224/Neg%C3%B3cios_jur%C3%ADdicos_processuais_no_processo_civil_brasileiro>. Acesso em: 7 jun. 2015.

DIDIER JR., Fredie. *Curso de direito processual civil*: introdução ao direito processual civil, parte geral e processo de conhecimento. – 17. ed. – Salvador: Jus Podivm, 2015.

_____. Princípio do respeito ao autorregramento da vontade no processo civil. *Revista do Ministério Público do Rio de Janeiro*, n. 57, jul./set. 2015. pp.167-172.

_____. *Teoria do processo e teoria dos direitos*: o neoprocessualismo. Disponível em: < https://www.academia.edu/225914/Teoria_do_Processo_e_Teoria_dos_Direitos>. Acesso em 17 jun 2015.

DIDIER JR., Fredie; NOGUEIRA, Pedro Henrique Pedrosa. *Teoria dos fatos jurídicos processuais.* Salvador: Jus Podivm, 2013.

DONNINI, Rogério. Bona fides: do direito material ao processual. *Revista de processo,* v. 251, a 41 – São Paulo: Ed. RT, jan. 2016, pp. 113-126.

FIECHTER-BOULVARD, Frédérique. *La notion de vulnerabilité et sa consécration par le droit.* Disponível em: <http://www.pug.fr/extract/show/107>. Acesso em: 18 out. 2016. p. 16.

FÓRUM PERMANENTE DE PROCESSUALISTAS CIVIS. *Enunciados consolidados do fórum permanente de processualistas civis – VII Encontro.* Disponível em: < http://portalprocessual.com/wp-content/uploads/2016/05/Carta-de-S%C3%A3º-Paulo.pdf>. Acesso em: 23 out. 2016.

GAGNO, Luciano Picoli. O poder diretivo do juiz e o modelo constitucional de processo. *Revista de processo,* v. 248, a. 40, São Paulo: Ed. RT, out. 2015, pp. 15-42.

GRECO, Leonardo. Os atos de disposição processual – primeiras reflexões. In: *Quaestio iuris,* vol. 4, n. 1, pp. 720-726.

GRINOVER, Ada Pelegrini *et al. Código brasileiro de defesa do consumidor*: comentado pelos autores do anteprojeto. – 9. ed. – Rio de Janeiro: Forense Universitária, 2007.

MARQUES, Claudia Lima. *Contratos no Código de Defesa do Consumidor.* – 6. ed., rev., atual. e ampl. São Paulo: Editora Revista dos Tribunais, 2011.

KOMATSU, Roque. *Da invalidade no processo civil.* – São Paulo: Revista dos Tribunais, 1991.

LIMA, Clarissa de Costa. Comentário doutrinário: relação jurídica de consumo. In: *RSTJ,* a. 27, (240): 23-209, outubro/dezembro 2015.

MATOS, José Igreja. O juiz e o processo civil (contributo para um debate necessário). *Julgar,* n. 2, 2007, pp. 87-106. Disponível em: <http://julgar.pt/wp-content/uploads/2016/05/05--Igreja-Matos-Juiz-e-processo-civil.pdf>. Acesso em: 23 out. 2016.x

MAZZEI, Rodrigo; CHAGAS, Bárbara Seccato Ruis Chagas. Breve diálogo entre os negócios jurídicos processuais e a arbitragem. In: *Revista de Processo,* a. 39, v. 237, 2014, p. 223-238.

_____. *Contratos no Código de Defesa do Consumidor*: o novo regime das relações contratuais – 8. ed., rev., atual. e ampl. São Paulo: Editora Revista dos Tribunais, 2016.

MELLO, Marcos Bernardes. *Teoria do Fato Jurídico*: plano da validade. São Paulo: Saraiva, 2011.

MIRAGEM, Bruno. *Direito do consumidor*: fundamentos do direito do consumidor, direito material e processual do consumidor; proteção administrativa do consumidor; direito penal do consumidor – São Paulo: Editora Revista dos Tribunais, 2008.

MITIDIERO, Daniel. *Bases para a construção de um processo civil cooperativo*: o direito processual civil no marco teórico do formalismo-valorativo. Porto Alegre, 2007. 147 p. Tese (Doutorado) – Programa de Pós-Graduação em Direito, Universidade Federal do Rio Grande do Sul, Porto Alegre, 2007.

MOREIRA, José Carlos Barbosa. La igualdad de las partes en el proceso civil. In: *Revista del instituto colombiano de derecho procesal.* v. 5, n. 5, 1986. Disponível em: <http://publicacionesicdp.com/index.php/Revistas-icdp/article/view/321>. Acesso em: 19 out 2016.

MÜLLER, Julio Guilherme. A negociação no novo código de processo civil: novas perspectivas para a conciliação, para a mediação e para as convenções processuais. In: *Novo CPC doutrina selecionada* v. 1: parte geral / coordenador geral, Fredie Didier Jr.; organizadores, Lucas Buril de Macêdo, Ravi Peixoto, Alexandre Freire. – Salvador: Juspodivm, 2015.

NERY, Rosa Maria de Andrade. Fatos processuais. Atos jurídicos processuais simples. Negócio jurídico processual (unilateral e bilateral). Transação. In: *Revista de Direito Privado*, n. 64, ano 16, pp. 261-274. São Paulo: Ed. RT, out.-dez. 2015.

OLIVEIRA, Carlos Alberto Álvaro de. *Poderes do juiz e visão cooperativa do processo I.* – Academia Brasileira de Direito Processual Civil. Disponível em: <www.abdpc.org.br>. Acesso em 5 abril 2015.

ORGANIZAÇÃO DAS NAÇÕES UNIDAS. *Declaração Universal dos Direitos Humanos*, de 10 de dezembro de 1948. Disponível em: <http://www.dudh.org.br/wp-content/uploads/2014/12/dudh.pdf>. Acesso em: 18 out. 2016.

POTENTIER, Philippe. *Discours du rapporteur général du 102ème Congrès des Notaires de France a Strasbourg*. p. 3. Disponível em: < http://www.alain-lambert.org/wp-content/uploads/2006/05/DISCOURS_Ph_Potentier.pdf >. Acesso em: 25 set 2016.

SANTOS, Igor Raatz. Processo, igualdade e colaboração. In: *Revista de Processo*, v. 192, a. 36 – São Paulo: Ed. RT, 2011. pp. 47-80.

SILVEIRA, Daniela Gonsalves da. Direito ao contraditório, dever de fundamentação e direito à publicidade no novo código de processo civil brasileiro. *Revista de Processo*, v. 48, a. 40 – São Paulo: Ed. RT, out. 2015, pp. 69-88.

SOUSA, Miguel Teixeira de. Um novo processo civil português. *Revista de processo*, v. 161, a. 33 – São Paulo: Ed. RT, jul./2008, pp. 203-220.

TARTUCE, Fernanda. *Igualdade e vulnerabilidade no processo civil.* – Rio de Janeiro: Editora Forense, 2012.

WAMBIER, Teresa Arruda Alvim. *Nulidades do processo e da sentença.* – 5. ed. – São Paulo: Revista dos Tribunais, 2004.

NEGÓCIOS JURÍDICOS PROCESSUAIS E OS PODERES INSTRUTÓRIOS DO JUIZ

Victória Hoffmann Moreira[1]
Juliene de Souza Peixoto[2]

Sumário: 1. Introdução – 2. Das Provas – 2.1. As provas no modelo cooperativo de processo – 2.2. O papel do juiz e das partes na produção de provas – 3. As convenções processuais e o Direito probatório – 3.1. O autorregramento da vontade das partes e a cláusula geral de atipicidade das convenções processuais – 3.2. As convenções processuais em matéria de prova – 4. Os poderes instrutórios do juiz e os negócios jurídicos processuais sobre provas – 5. Conclusões – 6. Referências.

1. INTRODUÇÃO

Nas últimas décadas, mudanças radicais de perspectivas foram essenciais para o estabelecimento do processo civil da forma como hoje se verifica. A preocupação predominante passou a ser privilegiar o papel da jurisdição na

---

1. Mestre em Direito Processual Civil pela Universidade de Coimbra. Advogada. Contato: victoriahmoreira@hotmail.com
2. Mestre em Direito Processual Civil pela Universidade de Coimbra. Advogada. Contato: julienepeixoto@gmail.com

realização do direito material para a efetiva composição dos litígios e a concretização da paz social sob o comando da ordem jurídica[3].

O direito processual civil, aos poucos, vem superando a percepção de que a busca da verdade no caso concreto seria um "*subproduto ou efeito colateral de um processo cujo objetivo é resolver o conflito entre as partes e somente no interesse particular delas.*"[4].

A decisão justa passou a ser considerada o objetivo do processo. Consequentemente, o princípio do dispositivo[5] foi atenuado e ao juiz foi dado o dever de garantir a efetividade na tutela dos interesses discutidos no processo[6]. Dessa forma, um magistrado passivo e inerte não mais se justifica.

Essa evolução decorre do advento do processo publicístico, que exige do juiz uma atuação mais proativa e efetivamente participativa na condução do processo, combinada com um processo preocupado em tutelar o caso concreto por meio de uma decisão de mérito justa[7], tempestiva e efetiva. Para tanto, é essencial um juiz com poderes instrutórios autônomos[8] e que respeite os direitos e as garantias processuais das partes[9].

Inspirado por estes ideais, o CPC/2015 positivou em seu art. 6º uma norma geral de cooperação[10], que tem como fundamento o próprio princípio da cooperação e que estrutura todo o modelo processual civil vigente.

---

3. THEODORO JÚNIOR, Humberto. *Curso de direito processual civil*, vol. 1, 56ª ed., Rio de Janeiro: Forense, 2015, p. 68.
4. TARUFFO, Michele. *A Prova*. Tradução João Gabriel Couto. 1ª ed. São Paulo: Marcial Pons, 2014, p. 21.
5. Por este princípio entende-se aquele segundo o qual o processo está à disposição das partes.
6. PICÓ I JUNOY, Joan. *El Juez y la Prueba: estudio de la recepción del brocardo iudez iudicare debet secumdum allegata et probata, non secundum conscientiam y su repercusión actual*. Colección Internacional n° 32. Bogotá: Grupo Editorial Ibánez, 2011, p. 134.
7. Quanto à percepção de processo justo ver RAMOS, Vitor de Paula. Ônus da Prova no Processo Civil. Do ônus ao dever de provar. São Paulo: Revista dos Tribunais, 2015, p. 40-41.
8. Com uma percepção mais rígida AROCA, Juan Montero. *La Prueba en el Proceso Civil*. 4. ed. Navarra: Editora Thomson Civitas, 2005, p. 474 quando refere que"*[...] no se entiende razonable que al órgano jurisdiccional le incumba investigar y comprobar la veracidad de los hechos alegados como configuradores de un caso que pretendidamente requiere una respuesta de tutela conforme a Derecho.*".
9. CINTRA, Antonio Carlos de Araújo; DINAMARCO, Cândido Rangel; Grinover, Ada Pellegrino. *Teoria Geral do Processo*. 28. ed. São Paulo: Malheiros, 2012, p. 73.
10. Para melhor elucidação sobre o tema ver DIDIER JR., Fredie. *Fundamentos do Princípio da Cooperação no Direito Processual Civil Português*. Coimbra: Coimbra Editora, 2010 e MITIDIERO, Daniel. *Colaboração no Processo Civil: pressupostos sociais, lógicos e éticos*. 3. ed. São Paulo: Editora Revista dos Tribunais, 2015.

O processo cooperativo almeja uma intensa interação entre as partes e o julgador, ou seja, uma verdadeira comunidade de trabalho para que se obtenha: a solução do processo com atenção ao tempo razoável; ao contraditório efetivo; ao devido processo legal; à adequada verificação dos fatos; à justa aplicação das normas de direito material; e à efetividade[11].

A novel legislação processual ainda passou a permitir, em clara reverência à autonomia privada e à autorregulação de interesses, que as partes convencionem, com ampla liberdade, sobre o procedimento (flexibilização procedimental pelas partes ou adequação negocial).

A mencionada regra foi instituída pelo art. 190 do CPC/2015, que autoriza a celebração de negócios jurídicos processuais pelas partes e consagra a cláusula geral dos negócios processuais, ressaltando a primazia da vontade no campo processual. Desta forma, sempre que o processo versar sobre direitos que admitam autocomposição, as partes poderão estipular mudanças no procedimento e convencionar sobre os seus ônus, poderes, faculdades e deveres processuais, antes ou durante o processo, dentro ou fora dele.

Ocorre que, quando falamos de convenções processuais em matéria de prova, inevitavelmente esbarramos no questionamento: os negócios processuais podem limitar os poderes instrutórios do juiz? Queremos dizer, quando as partes convencionam a não realização de uma modalidade de prova, mas o magistrado entende ser a mesma necessária para o alcance da justa composição do litígio, estará ele adstrito à convenção processual e não poderá determinar a realização da referida prova ou poderá ele exercer seu poder instrutório autonomamente?

E aqui temos a questão central do presente estudo. Pretendemos analisar como os poderes dos sujeitos processuais em matéria de prova podem ser harmonizados no âmbito do processo civil cooperativo, sem esquecer o publicismo e a autonomia da vontade das partes, bem como os poderes instrutórios do juiz e as garantias de um processo justo.

2. DAS PROVAS

Como bem prevê o art. 369 do CPC/2015, as partes têm o direito (e o ônus) de utilizar todos os meios de prova legais e legítimos para provar a veracidade das alegações sobre a matéria fática controvertida e influir eficazmente no convencimento do juiz.

---

11. MARINONI, Luiz Guilherme; ARENHART, Sérgio Cruz; MITIDIERO, Daniel. *Novo Curso de Processo Civil: Teoria do Processo Civil.* Vol. 1. São Paulo: Revista dos Tribunais, 2015, p. 449.

Este direito das partes é um princípio básico do processo civil em todos os sistemas modernos. De acordo com ele, *"cada parte tem liberdade ilimitada de apresentar todos os meios de prova admissíveis e relevantes para a demonstração dos fatos objeto do litígio"*[12].

A colheita de provas pelas partes é conduta fundamental no curso da instrução processual para o julgamento do objeto do processo. Portanto, podemos definir *prova* como *"todo elemento que contribui para a formação da convicção do juiz a respeito da existência de determinado fato"*, ou ainda, tudo aquilo que é levado aos autos para convencer o juiz de que determinado fato aconteceu[13].

Podemos dizer que a finalidade da prova[14], como instituição jurídica, é a de permitir que se alcance o conhecimento dos fatos alegados no caso concreto, a melhor verdade possível dentro do processo, com o objetivo de deixar o tribunal o mais próximo possível do que ocorreu e bem formar sua convicção[15] sobre a realidade dos fatos controvertidos.

O direito à prova pressupõe a liberdade dos litigantes de utilizar os meios probatórios que entenderem necessários para a solução da lide. Porém, tal preceito não impede a atuação do juiz, de ofício, na colheita de provas, pois não cabe exclusivamente às partes a faculdade de produzir provas, ou seja, as partes não possuem o monópilio do direito de provar[16].

---

12. TARUFFO, Michele. *A prova*; tradução João Gabriel Couto, São Paulo: Marcial Pons, 2014, p. 109.
13. CÂMARA, Alexandre Freitas. *Lições de direito processual civil*: volume I, 24. ed. São Paulo: Atlas, 2013, p. 429. NEVES, Daniel Amorim Assumpção. *Novo Código de Processo Civil Comentado*, Salvador: Jus Podivm, 2016, p. 643, afirma que o termo *prova* tem várias acepções, podendo significar: *"a produção de atos tendentes ao convencimento do juiz, (...). Ou ainda a coisa ou pessoa da qual se extrai informação capaz de comprovar a veracidade de uma alegação (...)"*.
14. Para VARELA, Antunes; BEZERRA, J. Miguel; NORA, Sampaio e. *Manual de Processo Civil*. 2. ed. Coimbra: Coimbra Editora, 1985, p. 436 *"A prova, no processo, pode assim definir-se como a actividade tendente a criar no espírito do juiz a convicção (certeza subjetiva) da realidade de um facto."*.
15. CHIOVENDA, Giuseppe. *Princpios de Derecho Procesal Civil*. Tradução de José Casáis Y Santaló. Tomo II. Madrid: Editora Reus (S.A.), 1925, p. 281 entendia que *"Probar significa formar el convencimiento del juez acerca de la existencia o no existencia de hechos de importancia en el proceso. Por si la prueba de la verdad de los hechos no puede limitarse; pero la prueba en el proceso, a diferencia de la prueba puramente lógica y científica, experimenta una primera limitación en la necesidad social de que el proceso tenga un término; una vez firme la sentencia, la indagación sobre los hechos del pleito queda definitivamente cerrada, y desde aquel momento, el derecho ya no se cuida más de la correspondencia entre los hechos estimados por el juez y la realidad de las cosas, y la sentencia queda como afirmación de la voluntad del Estado sin que conserve influencia alguna sobre su valor el elemento lógico que la produjo"*.
16. PICÓ I JUNOY, Joan. *El Juez y la Prueba: estudio de la recepción del brocardo iudez iudicare debet secumdum allegata et probata, non secundum conscientiam y su repercusión actual*. Colección Internacional nº 32. Bogotá: Grupo Editorial Ibánez, 2011, p. 121.

Tanto é que o art. 370 do CPC/2015 atribui ao juiz amplos poderes para, de ofício ou a requerimento das partes, determinar as provas necessárias ao julgamento do mérito. Trata-se dos poderes instrutórios do juiz outorgados pela lei processual, pelo qual o magistrado busca elementos de prova adicionais sempre que necessário e/ou relevante ao apuramento da verdade e justa composição do litígio.

Assim, *"o juiz deverá providenciar pela obtenção da prova necessária à formação da sua convicção quanto aos factos que lhe é lícito conhecer (...) e que possam ter utilidade para a solução da controvérsia concreta suscitada no processo – a ideia de instrumentalidade deve servir de guia deste poder"*[17].

Desta forma, apesar do princípio geral de oferecimento de provas atribuir às partes o direito e o ônus de apresentar os elementos de prova relevantes, o juiz tem o poder-dever de buscar, mesmo de ofício, sempre que necessário, elementos de prova adicionais[18]. É o princípio do inquisitório que faz com que a prova dos fatos deixe de ser monopólio das partes, atribuindo também ao juiz poderes em matéria de prova.

A produção de provas no processo cabe a todos os sujeitos processuais. Às partes, no que tange à prova dos fatos que alegam tendentes a formar o convencimento do juiz, e ao juiz, no que tange ao apuramento da verdade e o correto e justo julgamento do mérito. É especificamente sobre as provas e a atuação das partes na produção delas que vamos tratar a seguir.

2.1. As provas no modelo cooperativo de processo

Desde o advento do formalismo-valorativo[19], que pregava, entre outros dogmas, a cooperação das partes com o órgão judicial e deste com as partes[20], o diálogo judicial na formação do convencimento, o contraditório para o

---

17. JORGE, Nuno de Lemos. Os poderes instrutórios do juiz: alguns problemas, *in Revista Julgar*, nº 3, Coimbra: Coimbra, 2007, pp. 61-84.
18. TARUFFO, Michele. *A prova*. Tradução João Gabriel Couto, São Paulo: Marcial Pons, 2014, pp. 109-110. Tal poder possui razões históricas e teóricas, que são, em suma: o instrumentalismo, a busca da verdade, a falta de confiança na iniciativa das partes e a necessidade de direção e controle do procedimento por parte do juiz, inclusive no que tange a iniciativa probatória.
19. Sobre o tema ver ALVARO DE OLIVERA, Carlos Alberto. *O Formalismo-valorativo no confronto com o Formalismo excessivo*. Disponível em: http://www.ufrgs.br/ppgd/doutrina/CAO_O_Formalismo-valorativo_no_confronto_com_o_ Formalismo_excessivo_290808.htm. Acesso em 12/12/16.
20. DIDIER Jr., Fredie. *Teoria do Processo e Teoria do Direito: o neoprocessualismo*. Disponível em www.academia.edu. Acesso em 12/05/16, p. 7.

alcance do processo justo e um juiz ativo e leal no centro da controvérsia[21], percebemos a vontade da lei de potencializar a realização do direito material e de obter justiça em tempo razoável.[22] O modelo cooperativo de processo[23] nasce desta necessidade de os sujeitos processuais alcançarem uma decisão de mérito mais justa e efetiva, em tempo razoável[24].

Para isso, o juiz teve seus poderes fortalecidos[25], passando a ter papel ativo e participante no processo, também devendo contribuir para um resultado justo e tempestivo[26]. Agora, o juiz é *"instado a participar de forma mais intensa no processo e em particular na investigação dos fatos"*, possuindo, além da iniciativa da prova, a direção efetiva do processo[27].

A condução e instrução do processo devem ser erigidas sob o modelo participativo e colaborativo, entre as partes e o juiz. Por este motivo, tem especial relevância *"o permanente concurso das atividades dos sujeitos processuais, com ampla colaboração tanto na pesquisa dos fatos quanto na valorização jurídica da causa"*. Colaboração esta fortificada por permanente diálogo de ideias capazes de ser aproveitadas pelo órgão estatal na decisão judicial[28].

---

21. Também defendendo um juiz ativo e leal: CAPPELLETTI, Mauro. *Problemas de reforma do processo nas sociedades contemporâneas;* trad. José Carlos Barbosa Moreira, Revista Forense, vol. 318, ano 88, abr/jun 1992, pp. 119-128.
22. ALVARO DE OLIVERA, Carlos Alberto. Poderes do Juiz e Visão cooperativa do processo, in Revista da AJURIS, ano 30, nº 90, Porto Alegre, junho/2003, p. 56.
23. MARINONI, Luiz Guilherme; ARENHART, Sergio Cruz; MITIDIERO, Daniel. *Novo Código de Processo Civil Comentado*, 2. ed. São Paulo: Revista dos Tribunais, 2016, pp. 152-155.
24. FREITAS, José Lebre de. *Introdução ao processo civil: conceito e princípios gerais à luz do novo código*, 3. ed. Coimbra: Coimbra, 2013, p. 186.
25. CUNHA, Leonardo Carneiro da. *Negócios jurídicos processuais no processo civil brasileiro*, in CABRAL, Antonio do Passo; NOGUEIRA, Pedro Henrique (coord.), *Negócios processuais*, Salvador: JusPodivm, 2. ed. 2016, pp. 57-61. Concordamos com o autor, quando afirma que *"o modelo cooperativo de processo (...) funciona como um modelo intermediário entre o modelo social ou publicista e o modelo garantista. O juiz mantém seus poderes, mas é preciso atender aos deveres de cooperação, (...). O modelo cooperativo diminui o protagonismo do juiz, mas também restringe sua passividade."*
26. ALVARO DE OLIVERA, Carlos Alberto. Poderes do Juiz e Visão cooperativa do processo, in *Revista da AJURIS*, ano 30, nº 90, Porto Alegre, junho/2003, pp. 58-60. No mesmo sentido: PINHO, Humberto Dalla Bernardina de; ALVES, Tatiana Machado. A cooperação e a principiologia no processo civil brasileiro. Uma proposta de sistematização, in *Revista Eletrônica de Direito Processual - UERJ*, vol. XII. Disponível em: http://www.e-publicacoes.uerj.br/ . Acesso 18/05/16, pp. 289-315.
27. ALVARO DE OLIVERA, Carlos Alberto. Poderes do Juiz e Visão cooperativa do processo, in *Revista da AJURIS*, ano 30, nº 90, Porto Alegre, junho/2003, p. 56.
28. ALVARO DE OLIVERA, Carlos Alberto. Poderes do Juiz e Visão cooperativa do processo, in *Revista da AJURIS*, ano 30, nº 90, Porto Alegre, junho/2003, p. 63. No mesmo sentido, MESQUITA, Miguel. Princípio da gestão processual: O «Santo Graal» do Novo Processo Civil?, in *Revista de Legislação e*

O objetivo da cooperação é atribuir equilibradamente a todos os sujeitos processuais deveres de atuação para que o processo possa alcançar seu objetivo maior: obter do órgão jurisdicional a justa composição do litígio, em tempo útil e da forma mais eficaz e efetiva possível.

Ou seja, no que tange à instrução da causa, o CPC/2015 equilibra as funções dos sujeitos processuais ao valorizar a vontade das partes e fortalecer a atuação do juiz, redimensionando e democratizando o modelo de prestação jurisdicional e o próprio papel do Poder Judiciário[29].

Neste sentido, podemos destacar a possibilidade de as partes negociarem sobre o procedimento, em clara valorização da autonomia da vontade das partes, e o incremento dos poderes do juiz na direção e condução do processo, com especial destaque aos poderes instrutórios, em nítido respeito aos parâmetros do modelo cooperativo de processo.

Desta forma, o CPC/2015, seguindo a tendência do processo cooperativo, atribuiu aos sujeitos processuais o dever de colaborar entre si na instrução do processo, prestigiando a participação do juiz e a colaboração das partes com alegações e provas na formação do convencimento deste. Assim, o juiz não é apenas integrante do debate, atuando em conjunto com as partes, mas também o responsável por incentivá-lo com vistas a dar a melhor qualidade à prestação jurisdicional[30].

2.2. O papel do juiz e das partes na produção de provas

Como sabido, o nosso sistema de produção de prova está centrado nas partes, que possuem ilimitada liberdade de empregar todos os meios de prova legais para a comprovação dos fatos que lhe aproveitam e são capazes de influir no convencimento do Tribunal[31].

Desta forma, as partes têm o direito e o ônus processual de apresentar todos os meios de prova úteis para a solução da controvérsia concreta sus-

---

de Jurisprudência, ano 145, nº 3995, Coimbra, nov/dez 2015, p. 78, afirma que "*o processo moderno tem de ser mais dialogado, mais virado para a descoberta da verdade, sob pena de poder constituir, com frequência, fonte de decisões injustas*".

29. CUNHA, Leonardo Carneiro da. Negócios jurídicos processuais no processo civil brasileiro, *in* CABRAL, Antonio do Passo; NOGUEIRA, Pedro Henrique (coord.). *Negócios processuais*, 2. ed. Salvador: JusPodivm, 2016, pp. 61-62.
30. NEVES, Daniel Amorim Assumpção. *Novo Código de Processo Civil Comentado*, Salvador JusPodivm, 2016, p. 15.
31. TARUFFO, Michele. *A prova*; tradução João Gabriel Couto, São Paulo: Marcial Pons, 2014, p. 109.

citada no processo. Trata-se do princípio geral de oferecimento de provas[32], instituído pelo art. 369 do CPC/2015.

Ocorre que o juiz também pode determinar, nos termos do art. 370 do CPC/2015, de ofício ou a requerimento da parte, a produção de provas adicionais àquelas oferecidas pelas partes para julgamento da lide. Portanto, a lei também atribui ao juiz um poder geral de ordenar de ofício a apresentação de qualquer prova relevante.

Trata-se de um poder suplementar ao ônus das partes de iniciativa probatória[33], ou seja, o Tribunal só ordena a produção de outra prova diante da inércia das partes no tocante à produção probatória, ou quando as partes não apresentam provas suficientes para comprovar os fatos controversos[34].

Tal poder se justifica pela impossibilidade de o juiz ser obrigado a compactuar com o desleixo probatório das partes, o que naturalmente prejudica a qualidade da tutela jurisdicional a ser prestada[35].

A base racional do papel ativo do juiz na produção probatória reside no propósito de se estabelecer a verdade dos fatos em litígio, um propósito que se funda na exigência de possibilitar ao julgador que tome decisões justas[36].

Desta forma, temos que o papel das partes na produção de provas é principal, enquanto o papel do juiz é suplementar e autônomo[37]. Ou seja, o magistrado tem o poder de buscar, como destinatário direto das provas, apenas quando necessário à formação de seu convencimento, elementos de prova adicionais àqueles apresentados pelas partes no exercício de seu poder geral de oferecimento de provas.

---

32. TARUFFO, Michele. *A prova*; tradução João Gabriel Couto, São Paulo: Marcial Pons, 2014, p. 109-110.
33. Para maiores esclarecimentos: JORGE, Nuno de Lemos. Os poderes instrutórios do juiz: alguns problemas, in *Revista Julgar*, nº 3, Coimbra: Coimbra, 2007, pp. 61-84.
34. TARUFFO, Michele. *A prova*; tradução João Gabriel Couto, São Paulo: Marcial Pons, 2014, p. 112.
35. NEVES, Daniel Amorim Assumpção. *Novo Código de Processo Civil Comentado*, Salvador: JusPodivm, 2016, p. 646.
36. TARUFFO, Michele. *A prova*; tradução João Gabriel Couto, São Paulo: Marcial Pons, 2014, p. 110. No mesmo sentido, GOUVEIA, Mariana França. Os poderes do juiz cível na acção declarativa, in *Revista Julgar*, nº 1, 2007, p. 59.
37. No mesmo sentido, XAVIER, Tricia Navarro. *Poderes instrutórios do juiz no processo de conhecimento*. Dissertação apresentada no Programa de Pós-Graduação em Direito da Faculdade de Direito da Universidade Federal do Espírito Santo. Vitória, 2008, p. 59.

3. AS CONVENÇÕES PROCESSUAIS E O DIREITO PROBATÓRIO

O CPC/2015 traz importante novidade e permite que as partes, com base na liberdade constitucionalmente reconhecida, promovam adequações no procedimento por meio da celebração dos chamados *negócios jurídicos processuais*[38].

Por meio da celebração destes acordos, as partes podem adaptar o procedimento às especificidades da causa, garantindo maior efetividade ao processo e preservando as garantias fundamentais, como a duração razoável do processo e o contraditório participativo prévio[39].

As partes podem, de maneira ampla, com base na autonomia privada e na autorregulação de interesses, com liberdade[40], negociar mudanças no procedimento para ajustá-lo às especificidades da causa ou às necessidades do direito material[41].

É o art. 190 do CPC/2015 que consagra a cláusula geral dos negócios processuais, concedendo às partes ampla liberdade para celebração destas convenções[42], limitando o exercício abusivo ou excessivo dos poderes oficiosos pelo juiz e atribuindo maleabilidade ao sistema[43].

---

38. MARINONI, Luiz Guilherme; ARENHART, Sergio Cruz; MITIDIERO, Daniel. *Novo Código de Processo Civil Comentado*, 2. ed. São Paulo: Ed. Revista dos Tribunais, 2016, p. 309. No mesmo sentido: DUARTE, Antonio Aurelio Abi Ramia. O novo código de processo civil, os negócios processuais e a adequação procedimental, in Revista do GEDICON, vol. 2, dez/2014. Disponível em: http://www.emerj.tjrj.jus.br/. Acesso em 24/05/16 e NEVES, Daniel Amorim Assumpção. *Novo Código de Processo Civil Comentado*, Salvador: JusPodivm, 2016, pp. 304-305.

39. DUARTE, Antonio Aurelio Abi Ramia. O novo código de processo civil, os negócios processuais e a adequação procedimental, in Revista do GEDICON, vol. 2, dez/2014. Disponível em: http://www.emerj.tjrj.jus.br/. Acesso em 24/05/16.

40. CUNHA, Leonardo Carneiro da. *Negócios jurídicos processuais no processo civil brasileiro*, in CABRAL, Antonio do Passo; NOGUEIRA, Pedro Henrique (coord.). *Negócios processuais*, Salvador:. JusPodivm, 2. ed. 2016, p. 54.

41. REDONDO, Bruno Garcia. Negócios Processuais: necessidade de rompimento radical com o sistema do CPC/1973 para a adequada compreensão da inovação do CPC/2015. *In* CABRAL, Antonio do Passo; NOGUEIRA, Pedro Henrique (Coord.). Negócios Processuais. 2. ed. Salvador: JusPodivm, 2016, pp. 360-365.

42. REDONDO, Bruno Garcia. Negócios Processuais: necessidade de rompimento radical com o sistema do CPC/1973 para a adequada compreensão da inovação do CPC/2015. *In* CABRAL, Antonio do Passo; NOGUEIRA, Pedro Henrique (Coord.). Negócios Processuais. 2. ed. Salvador: JusPodivm, 2016, pp. 360-365. Entretanto, nem sempre foi assim, CHIOVENDA, Giuseppe. *Instituciones de Derecho Procesal Civil*; trad. E. Gómez Orbaneja, vol. I, 2ª ed., Madrid: Editorial Revista de Derecho Privado, 1948, pp. 78-79 afirma que "*la presencia de un órgano del Estado en el proceso implica que solamente en pocos casos sean válidos los acuerdos de las partes regulando a su modo la relación procesal y que una parte pueda exigir de la otra el respeto de lo acordado; puesto que el acuerdo procesal tiene siempre por su naturaleza como mira, más o menos directamente, la actividad del juez, que en virtud del acuerdo mismo viene limitada frente a los otros sujetos del proceso*", acrescenta, ainda, que "*el campo de estos contratos es limitadísimo*".

43. CABRAL, Antonio do Passo. *Convenções Processuais*, Salvador: JusPodivm, 2016, p. 148.

Na realidade, o que CPC/2015 faz é conceder às partes amplos poderes para condução do processo, fundando-se na "*ampliação dos poderes das partes para a adequação do procedimento e [na] preponderância da vontade das partes, sobre a do juiz, no que tange à disposição sobre seus ônus, poderes, faculdades e deveres processuais.*"[44]. Assim, quebrou-se o paradigma publicista norteador do CPC/1973 e diminuiu-se o protagonismo do juiz, com fundamento nos princípios da cooperação e da adequação, bem como da boa-fé e da lealdade processual[45].

Os negócios jurídicos podem ainda dispor sobre ônus, *poderes, faculdades* e *deveres processuais*, não podendo, obviamente, incidir sobre os poderes de terceiros, principalmente do juiz, sob pena de violação da cláusula da possibilidade de obtenção de uma decisão justa[46].

Esta é, obviamente, a principal limitação que as convenções processuais encontram, uma vez que as partes dispõem de um amplo âmbito de negociação. Este também é o ponto principal da análise que faremos a seguir sobre os poderes das partes negociarem sobre o procedimento, especificamente no que tange as provas.

3.1. A cláusula geral de atipicidade das convenções processuais e o autorregramento da vontade das partes

Como dito, o art. 190 do CPC/15 permite que as partes celebrem negócios jurídicos processuais, consagrando uma cláusula geral de atipicidade que confere ampla margem de autonomia às partes para celebrar convenções processuais sem que haja um modelo previsto na lei.[47].

---

44. REDONDO, Bruno Garcia. *Negócios Processuais: necessidade de rompimento radical com o sistema do CPC/1973 para a adequada compreensão da inovação do CPC/2015*. In CABRAL, Antonio do Passo; NOGUEIRA, Pedro Henrique (Coord.). Negócios Processuais. 2. ed. Salvador: JusPodivm, 2016, pp. 360-363.

45. REDONDO, Bruno Garcia. *Negócios Processuais: necessidade de rompimento radical com o sistema do CPC/1973 para a adequada compreensão da inovação do CPC/2015*. In CABRAL, Antonio do Passo; NOGUEIRA, Pedro Henrique (Coord.). Negócios Processuais. 2. ed. Salvador: JusPodivm, 2016, pp. 360-365 e DUARTE, Antonio Aurelio Abi Ramia. O novo código de processo civil, os negócios processuais e a adequação procedimental, *in Revista do GEDICON*, vol. 2, dez/2014. Disponível em: http://www.emerj.tjrj.jus.br/. Acesso em 24/05/16.

46. MARINONI, Luiz Guilherme; ARENHART, Sergio Cruz; MITIDIERO, Daniel. *Novo Código de Processo Civil Comentado*, 2. ed. São Paulo Revista dos Tribunais, 2016, p. 309.

47. CABRAL, Antonio do Passo. *Convenções Processuais*, Salvador: JusPodivm, 2016, pp. 85-86.

Desta forma, versando o processo sobre direitos que admitam autocomposição, as partes podem, antes ou durante o processo e sem a necessidade da intermediação de nenhum outro sujeito, determinar a criação, modificação e extinção de situações jurídicas processuais, ou a alteração do procedimento[48].

A cláusula geral de negociação processual consagra um novo princípio, qual seja, o do respeito ao autorregramento da vontade das partes no processo[49]. O referido princípio tem o intuito de fazer com que a vontade das partes seja observada pelo juiz como regra geral[50].

Portanto, os negócios jurídicos priorizam a vontade das partes no processo, no que tange ao procedimento, não podendo o juiz externar qualquer vontade na elaboração da convenção processual, que não necessita da intermediação de nenhum sujeito, sendo a atuação do magistrado de mero controle da validade[51].

Todavia, como sabido, o processo cooperativo predispõe uma articulação da atuação das partes e do juiz no processo, atribuindo poderes a todos os sujeitos processuais, priorizando o equilíbrio, sem preponderância do papel

---

48. CABRAL, Antonio do Passo. *Convenções Processuais*, Salvador: JusPodivm, 2016, p. 68.
49. Nesse sentido, DIDIER JR., Fredie. *Princípio do Respeito ao Autorregramento da Vontade no Processo Civil*. In CABRAL, Antonio do Passo; NOGUEIRA, Pedro Henrique (Coord.). Negócios Processuais. 2. ed. Salvador: Editora JusPoivm, 2016, p. 31. O autor explica que *"O autorregramento da vontade se define como um complexo de poderes que podem ser exercidos pelos sujeitos de direito, em níveis de amplitude variada, de acordo com ordenamento jurídico. Do exercício desse poder, concretizado nos atos negociais, resultam, após a incidência da norma jurídica, situações jurídicas (gênero do qual as relações jurídicas são espécies)."*.
50. REDONDO, Bruno Garcia. *Negócios Processuais: necessidade de rompimento radical com o sistema do CPC/1973 para a adequada compreensão da inovação do CPC/2015*. In CABRAL, Antonio do Passo; NOGUEIRA, Pedro Henrique (Coord.). Negócios Processuais. 2. ed. Salvador: JusPodivm, 2016, p. 362.
51. CUEVA, Ricardo Villas Bôas. *Flexibilização do Procedimento e Calendário Processual no Novo CPC*. In CABRAL, Antonio do Passo; NOGUEIRA, Pedro Henrique (Coord.). Negócios Processuais. 2. ed. Salvador: JusPodivm, 2016, p. 501, de forma acertada, elenca algumas questões sobre os poderes do juiz no CPC/2015 e sobre os limites dos acordos processuais. Nas palavras do autor: "Afinal, no novo CPC, aparentemente inverte-se a atual situação e as partes passam a ter mais poderes que o juiz, que somente poderia flexibilizar o procedimento de dois modos, na fixação de prazos e de ordem das provas, enquanto as partes poderiam convencionar sobre seus ônus, poderes, faculdades e deveres. A ser assim, quais os limites objetivos para os acordos processuais? O que poderá ser neles pactuados? São eles uma fonte normativa de legitimação extraordinária, ativa e passiva como sustenta Fredie Didier Jr.? Poderão ser objeto de acordo quais os atos processuais deverão ser realizados, sua forma, sua conveniência e oportunidade, sua ordem sequencial e todo e qualquer tipo de procedimento? Mesmo a previsão de controle de validade das convenções, pelo juiz, é vazada em termos vagos, com referência a casos de nulidade, não especificados, e à inserção abusiva em contratos de adesão ou situações de manifesta vulnerabilidade de uma das partes.".

de qualquer sujeito processual, pois "*o processo cooperativo nem é processo que ignora a vontade das partes, nem é processo em que o juiz é um mero espectador de pedra.*"[52].

Neste aspecto, fortalecer a liberdade das partes, não apenas no que tange aos meios de prova, mas também no que tange ao procedimento em si, – ou seja, defender o autorregramento da vontade das partes – não significa necessariamente defender um processo adversarial, pois "*o respeito à liberdade convive com a atribuição de poderes ao órgão jurisdicional, até mesmo porque o poder de autorregramento da vontade no processo não é ilimitado*"[53].

Realmente, as convenções processuais possuem limites e o magistrado pode exercer controle de validade sobre elas, podendo rejeitá-las quando entender ser prejudicial ao processo ou à igualdade das partes[54], por exemplo. Nada obstante, esse controle é exercido *a posteriori* e nos limitados casos de vícios de inexistência ou invalidade[55], pois os negócios produzem efeito imediato, possuindo a homologação[56] natureza excepcional[57].

As convenções processuais também são limitadas pelos poderes do juiz, que não podem ser objeto de negociação, notadamente aqueles vocacionados à verificação da veracidade das alegações de fato (poderes instrutórios), sob pena de indevida restrição da possibilidade de obtenção de uma decisão justa[58].

---

52. DIDIER JR., Fredie. *Princípio do Respeito ao Autorregramento da Vontade no Processo Civil*. In CABRAL, Antonio do Passo; NOGUEIRA, Pedro Henrique (Coord.). Negócios Processuais. 2. ed. Salvador: JusPodivm, 2016, p. 34.
53. DIDIER JR., Fredie. *Princípio do Respeito ao Autorregramento da Vontade no Processo Civil*. In CABRAL, Antonio do Passo; NOGUEIRA, Pedro Henrique (Coord.). Negócios Processuais. 2. ed. Salvador: JusPodivm, 2016, p. 34.
54. MARINONI, Luiz Guilherme; ARENHART, Sérgio Cruz; MITIDIERO, Daniel. Novo Curso de Processo Civil: Teoria do Processo Civil. Vol. 1. São Paulo: Revista dos Tribunais, 2015, p. 528.
55. REDONDO, Bruno Garcia. Negócios Processuais: necessidade de rompimento radical com o sistema do CPC/1973 para a adequada compreensão da inovação do CPC/2015. *In* CABRAL, Antonio do Passo; NOGUEIRA, Pedro Henrique (Coord.). Negócios Processuais. 2. ed. Salvador: JusPodivm, 2016, p. 361.
56. Nesse sentido, ver o Enunciado 133 do Fórum Permanente de Processualistas Civis: Salvo nos casos expressamente previstos em lei, os negócios processuais do art. 190 não dependem de homologação judicial.
57. REDONDO, Bruno Garcia. Negócios Processuais: necessidade de rompimento radical com o sistema do CPC/1973 para a adequada compreensão da inovação do CPC/2015. *In* CABRAL, Antonio do Passo; NOGUEIRA, Pedro Henrique (Coord.). Negócios Processuais. 2. ed. Salvador: JusPodivm, 2016, p. 361.
58. MARINONI, Luiz Guilherme; ARENHART, Sérgio Cruz; MITIDIERO, Daniel. *Código de Processo Civil Comentado*. 2. ed. São Paulo: Revista dos Tribunais, 2016, p. 309.

Desta forma, perfeitamente compatível o fortalecimento da vontade das partes no processo civil, por meio da consagração do princípio do autorregramento da vontade das partes e da cláusula geral de negociação processual, com o modelo cooperativo de processo, pois tanto o juiz quanto as partes devem possuir poderes para, em regime de diálogo efetivo, alcançarem uma decisão justa e efetiva em tempo razoável [59].

3.2. As convenções processuais em matéria de prova

O CPC/2015, com o claro intuito de prestigiar a autonomia da vontade, permite que se negocie sobre o procedimento, inclusive no que tange às provas[60]. Assim, podem as partes convencionar sobre o ônus da prova ou sobre os meios de provas que serão utilizados para buscar elucidar a situação fática discutida.

Tais convenções processuais sobre provas não representam qualquer ilegalidade, nos termos do art. 190 do CPC/2015, pois se destinam a regular o modo como se dará a produção de provas[61], permitindo economia de tempo e de recursos financeiros no decorrer do processo.

No entanto, a limitação da produção de provas no processo, por meio de convenções processuais, pode, por vezes, dificultar a prolação de uma decisão justa para o caso concreto, se as provas que forem produzidas não permitirem alcançar uma decisão que efetivamente resolva o litígio. E é aqui que a atividade probatória de ofício do juiz, suplementar e autônoma, tem especial relevância. Os poderes instrutórios do juiz não podem ser alcançados

---

59. REDONDO, Bruno Garcia. Negócios Processuais: necessidade de rompimento radical com o sistema do CPC/1973 para a adequada compreensão da inovação do CPC/2015. In CABRAL, Antonio do Passo; NOGUEIRA, Pedro Henrique (Coord.). Negócios Processuais. 2. ed. Salvador: JusPodivm, 2016, pp. 362-365 e DUARTE, Antonio Aurelio Abi Ramia. O novo código de processo civil, os negócios processuais e a adequação procedimental, in Revista do GEDICON, vol. 2, dez/2014. Disponível em: http://www.emerj.tjrj.jus.br/. Acesso em 24/05/16.

60. Vale referir o Enunciado 21 do Fórum Permanente de Processualistas Civis que trata dos negócios jurídicos processuais que são admitidos no ordenamento brasileiro, estando entre eles a convenção sobre provas. Nesse mesmo sentido, GODINHO, Robson Renault. A possibilidade de negócios jurídicos processuais atípicos em matéria probatória. In CABRAL, Antonio do Passo; NOGUEIRA, Pedro Henrique (Coord.). Negócios Processuais. 2. ed. Salvador: JusPodivm, 2016, pp. 545-554.

61. GODINHO, Robson Renault. A possibilidade de negócios jurídicos processuais atípicos em matéria probatória. In CABRAL, Antonio do Passo; NOGUEIRA, Pedro Henrique (Coord.). Negócios Processuais. 2. ed. Salvador: JusPodivm, 2016, p. 549.

pela limitação de provas que as partes decidem impor para si em acordos processuais para que seja possível o alcance da justa composição do litígio.

Como o processo civil atual objetiva a realização da justiça no caso concreto, a celebração de convenção processual pelas partes não pode impedir que o juiz produza provas de ofício no exercício de sua iniciativa porbatória. Inclusive porque é esta atuação do juiz que, em muitos casos, permitirá a prolação de uma sentença de mérito que resolva o direito material de forma justa e efetiva, solucionando o problema que a limitação das provas por negócio processual pode gerar.

Ademais, o exercício dos poderes instrutórios pelo juiz não pode ser limitado por negócio jurídico processual, simplesmente porque o próprio art. 190 do CPC/2015 afirma ser impossível acordo procedimental que tenha como objeto poderes e faculdades de terceiros, só podendo as partes convencionar sobre seus próprios poderes e faculdades, o que é natural que assim seja, como ressalta DANIEL AMORIM, pois é *"inadmissível que as partes disponham de poder ou faculdade dos quais não são titulares."* [62]

Isto porque o processo não busca apenas a solução do litígio, mas sim uma decisão justa que não tenha reflexos apenas *inter* partes. Desta forma, mesmo nos casos de contratualização do poder geral de oferecimento de provas, o processo tem um fim maior, qual seja, a justa composição do litígio, de modo que, para tanto, a atuação oficiosa do magistrado é extremamente necessária.

4. OS PODERES INSTRUTÓRIOS DO JUIZ E OS NEGÓCIOS PROCESSUAIS SOBRE PROVAS

O cerne da questão sobre o aumento dos poderes instrutórios do juiz está no surgimento de concepções do processo civil como instrumento público para proteção de direitos. Essas concepções atribuem ao juiz o papel de *longa manus* do Estado, que provê tal proteção na tendência da busca da *verdade* no processo civil e na busca da justa decisão[63].

---

62. NEVES, Daniel Amorim Assumpção. *Novo CPC para advogados: perguntas e respostas para a prática profissional*. Rio de Janeiro: Forense, 2017, p. 61.
63. JORGE, Nuno de Lemos. Os poderes instrutórios do juiz: alguns problemas, *in Revista Julgar*, nº 3, Coimbra: Coimbra, 2007, pp. 61-84, afirma que *"os poderes instrutórios do juiz são-lhe outorgados, pela lei processual, tendo em vista uma finalidade concreta (...): o apuramento da verdade e a justa composição do litígio"*.

Nesse sentido, há que se dizer que a atribuição de poderes instrutórios ao juiz funda-se em opções ideológicas em função da qualidade da decisão que conclui o processo, a qual se deve basear em uma apuração verdadeira dos fatos[64].

Assim, deve considerar-se insustentável a opinião, em particular da doutrina norte-americana, segundo a qual um processo pode estar orientado à busca da verdade dos fatos e, apesar disso, basear-se no monopólio da iniciativa probatória das partes. A história do *common law* mostra que um processo completamente adversarial nunca esteve orientado à busca da verdade. Em todos os processos há ao menos uma das partes que não tem qualquer interesse que se descubra a verdade[65].

Por isto, a atuação *ex officio* do julgador na dinâmica probatória é perfeitamente compatível com o princípio geral de oferecimento de provas pelas partes, de modo que nem ao juiz, nem às partes cabe o monopólio da produção de provas[66].

Até porque, o juiz não irá se lançar a *priori* e por si só à busca de provas, mas irá exercer poderes de controle e iniciativa claramente configurados nos casos em que as partes não cumprirem com o seu direito de produzir provas e, ainda, quando entender conveniente e necessário que determinada prova venha aos autos.

---

64. TARUFFO, Michele. *Simplemente la Verdad: El juez y la construcción de los hechos*. Tradución de Daniela Accatino Scagliotti. Madrid: Editora Marcial Pons, 2010, p. 197. Como exemplo, tem-se a passagem do livro do referido autor *"Por otro lado, se plantea el problema de determinar qué es lo que el juez puede o no puede hacer de forma autónoma para la búsqueda de los elementos de juicio necesarios para la determinación de la verdad acerca de los hechos, esto es, si puede o debe disponer de poderes de instrucción autónomos. En cualquier procedimiento epistémico este problema carecería de sentido: es obvio que si un sujeto está empeñado en descubrir la verdad de un hecho, entonces debe poder utilizar todos los medios de que dispone para obtener y seleccionar las informaciones necesarias. Sería ocioso preguntarse si el historiador puede o no puede, debe o no debe, buscar la fuentes necesarias para realizar su tarea de reconstrucción de un hecho; ería igualmente ocioso preguntarse si un científico tiene o no el derecho de desarrollar las investigaciones necesarias para descubrir la verdad de un hecho o e una teoría. En cambio, en el proceso las cosas son mucho más complicadas, tanto por la interferencia de opciones ideológicas, como porque el juez no es el único sujeto activo en el contexto del proceso, aun cuando es – como se ha visto poco antes – el único sujeto sensu lato <<interesado>> en que el proceso se concluya con una decisión verdadera."*.

65. TARUFFO, Michele. Verità e Processo. *Revista de Processo*, Ano 39, vol. 228. Revista dos Tribunais. São Paulo, 2014, p. 205.

66. PICÓ I JUNOY, Joan. *La Iniciativa Probatoria del Juez Civil: Un Debate Mal Planteado*. Revista Uruguaya de Derecho Procesal 3/2007. Uruguay, 2007, p. 578.

Desta forma, o juiz ao exercer seus poderes instrutórios não estará usurpando o direito das partes[67] ou invadindo o território a elas reservado[68], mas sim complementando sua atuação com o objetivo de bem realizar o direito material e proferir uma decisão de mérito justa.

Além disso, a iniciativa probatória do julgador está limitada apenas aos fatos alegados pelas partes, em respeito ao princípio do dispositivo, sendo exercida apenas quando necessária para eliminar dúvidas e para formar a sua convicção.

Os poderes instrutórios do juiz devem respeitar a lei, de modo que o magistrado não pode determinar a realização de provas que não sejam pertinentes e relevantes para o deslinde do feito. Diante disso, seus poderes devem ser efetivos, mas não podem ir além daquilo que a lide necessita.

Ademais, a atividade probatória do magistrado é autônoma[69] a atividade probatória das partes, ou seja, ela subsiste no processo[70]. Isto faz com que essa atividade esteja incólume mesmo quando as partes convencionam sobre o procedimento, especificamente sobre a produção das provas. Desta forma, entendemos que o exercício dos poderes instrutórios do juiz, por serem autônomos, não podem ser limitados por negócios jurídicos processuais celebrados pelas partes[71]. Isto porque as partes podem convencionar apenas

---

67. PICÓ I JUNOY, Joan. *El Juez y la Prueba: estudio de la recepción del brocardo iudez iudicare debet secumdum allegata et probata, non secundum conscientiam y su repercusión actual*. Colección Internacional n° 32. Bogotá: Grupo Editorial Ibáñez, 2011, p. 131, no mesmo sentido, entende que *"[...] es posible articular cierta iniciativa probatoria sin lesionar las garantías constitucionales de las partes."*.
68. TARUFFO, Michele. *Verità e Processo*. Revista de Processo, Ano 39, vol. 228. São Paulo: Revista dos Tribunais, 2014, pp. 206-207.
69. CABRAL, Antonio do Passo. *Convenções Processuais*. Salvador: JusPodivum, 2016, p. 226. O autor ressalta que *"A depender da visão que se tenha sobre os poderes probatórios do juiz (se são autônomos ou subsidiários em relação à iniciativa das partes), pode-se chegar a conclusões diversas."*.
70. XAVIER, Tricia Navarro. *Poderes instrutórios do juiz no processo de conhecimento*. Dissertação apresentada no Programa de Pós-Graduação em Direito da Faculdade de Direito da Universidade Federal do Espirito Santo. Vitória, 2008, p.58.
71. Em sentido contrário DIDIER JR., Fredie. BRAGA, Paula Sarno. OLIVEIRA, Rafael Alexandria de. *Curso de Direito Processual Civil: Teoria da Prova, Direito Probatório, Decisão, Precedente, Coisa Julgada e Tutela Provisória* . Volume 2. 10. ed. Salvador: JusPodivm, 2015, p. 91 quando referem que *"Isso decorre da aplicação do art. 190 do CPC, que consagra a atipicidade da negociação processual celebrada pelas partes. É possível a existência de negócios probatórios atípicos. Uma vez observados os pressupostos do art. 190 e sendo válido o negócio jurídico processual, o juiz fica a ele vinculado. Alguns exemplos - relembre-se: é preciso que negócio processual seja válido: a) se as partes acordarem no sentido de não ser produzida prova pericial, o juiz não pode determinar a produção desse meio de prova; b) se a parte renunciar a certo testemunho, o juiz não pode determinar a*

sobre seus poderes, ônus, deveres e faculdades, não podendo convencionar sobre os ônus, poderes, faculdades e deveres conferidos ao juiz[72].

Assim, mesmo quando as partes convencionarem que não produzirão determinada(s) prova(s), o juiz, entendendo ser a mesma necessária ao seu convencimento, poderá determinar sua realização em pleno exercício de seu poder instrutório autônomo. As partes convencionaram que elas, exclusivamente elas, não produziriam aquela prova, entretanto, a partir do momento que o destinatário direto da prova, o Tribunal, entende que a mesma é necessária ao justo julgamento da lide, sua produção será determinada sem qualquer violação à convenção processual existente.

As partes não podem criar ou extinguir deveres para o magistrado, sob pena deste não exercer uma correta administração da justiça[73]. Por isso, apesar de o princípio geral de oferecimento de provas atribuir as partes o ônus e o direito de apresentar os elementos de prova relevantes, o juiz tem o poder de buscar, mesmo que de ofício, sempre que necessário, e mesmo quando houver convenção processual entre as partes, elementos de prova[74] adicionais[75] para que possa proferir uma sentença justa.

O processo que busca alcançar a justiça da decisão não pode permitir que o acordo processual interfira sobre os poderes do magistrado, principalmente àqueles relativos a busca da veracidade das alegações de fato [76], essenciais a resolução do litígio. Portanto, entendemos que nossa atual legislação processual

---

sua produção; c) se houver convenção sobre o ônus da prova (art. 373, §§ 3° e 4°), o juiz não pode decidir contra o que foi convencionado. O poder instrutório do juiz tem essa limitação, enfim.".

72. Nesse sentido, THEODORO JÚNIOR, Humberto. *Curso de direito processual civil*, vol. 1, 56.ed., Rio de Janeiro: Forense, 2015, p. 470.
73. MEDINA, José Miguel Garcia; *Direito Processual Civil Moderno*. 2.ed., São Paulo: Revista dos Tribunais, 2016, p. 332.
74. Aqui concordamos com MEDINA, José Miguel Garcia; *Direito Processual Civil Moderno*. 2.ed., São Paulo: Revista dos Tribunais, 2016, p. 334 ao referir que *"Entendemos, também, que a dispensa de prova pericial não poderá ser admitida pelo juiz, quando tal meio de prova mostrar-se indispensável.".*
75. TARUFFO, Michele. *A Prova*. Tradução João Gabriel Couto. 1. ed. São Paulo: Editora Marcial Pons, 2014, pp. 109-110. Tal poder possui razões históricas e teóricas, que são, em suma: o instrumentalismo, a busca da verdade e a falta de confiança na iniciativa das partes, a necessidade de direção e controle do procedimento por parte do juiz, inclusive no que tange a iniciativa probatória. Para mais esclarecimentos sobre o princípio do inquisitório e o princípio da instrução por iniciativa das partes, confira-se: OTHMAR, Jauernig. *Direito Processual Civil*; tradução F. Silveira Ramos, 25. ed., Coimbra: Almedina, 2002, pp. 134-149.
76. MARINONI, Luiz Guilherme; ARENHART, Sérgio Cruz; MITIDIERO, Daniel; *Código de Processo Civil Comentado*. 2. ed. São PauloRevista dos Tribunais, 2016, p. 244.

bem harmoniza os poderes instrutórios do juiz e as convenções processuais, o publicismo e a autonomia da vontade das partes.

Não esqueçamos que o magistrado deve estar sempre comprometido com a busca de uma decisão justa, mesmo quando as partes tenham poderes para adequar o procedimento, sob pena de voltarmos ao velho modelo liberal, em que o *processo era uma coisa apenas das partes*.

5. CONCLUSÕES

No início do presente estudo questionamos a possibilidade das convenções processuais conviverem harmoniosamente com o publicismo processual. Ao final dessa exposição, podemos afirmar que é possível que as convenções processuais convivam com o publicismo, o que inclusive tem fundamento no próprio modelo cooperativo de processo.

Na verdade, o modelo cooperativo de processo veio equilibrar o publicismo exacerbado resultante da incansável busca pela verdade substancial e do aumento das possibilidades de atuação de ofício do juiz, visando redistribuir poderes entre os sujeitos do processo.[77]

O Novo Processo Civil permaneceu com seu caráter público, entretanto, os interesses privados não foram subsidiarizados. Os poderes do juiz são conjugados com as prerrogativas das partes, com equilíbrio, equivalência e coordenação, sem qualquer relação de hierarquia. Desta forma, as convenções processuais não significam retorno ao privatismo[78], mas um balanceamento entre publicismo e privatismo[79].

Ademais, não podemos olvidar os fundamentos do processo cooperativo, sobre os quais o CPC/2015 está pautado, sendo possível afirmar que os negócios processuais são um claro exemplo deste princípio enformador do Processo Civil em nosso ordenamento[80].

---

77. CABRAL, Antonio do Passo. *Convenções Processuais*, Salvador: JusPodivm, 2016, pp. 135-136.
78. Tampouco a importação de uma tradição privatista, quanto mais retorno ao privatismo: SILVA, Paula Costa e. *Acto e processo: o dogma da irrelevância da vontade na interpretação e nos vícios do acto postulativo*, Coimbra: Coimbra, 2003, p. 153.
79. CABRAL, Antonio do Passo. *Convenções Processuais*, Salvador: JusPodivm, 2016, pp. 136-137.
80. CABRAL, Antonio do Passo. *Convenções Processuais*, Salvador: JusPodivm, 2016, pp. 190-192. O autor afirma que os acordos processuais *"são a mais perfeita expressão do modelo cooperativo de processo, ultrapassando a dualidade vetusta processo dispositivo-processo inquisitivo"*, sendo certo

Em verdade, as convenções processuais são a mais perfeita expressão do modelo cooperativo de processo. Isto porque o processo cooperativo superou a percepção de que, para que o processo justo fosse alcançado, a gestão do processo deveria ser feita exclusivamente pelo magistrado[81].

A harmonia entre o publicismo e o privatismo impõe que, nas convenções processuais, os poderes-deveres do magistrado sejam respeitados e cumpridos. Dessa forma, no que toca a atividade instrutória do juiz, entendemos que ela deve ser exercida sempre que faltarem elementos para a completa elucidação do caso concreto. É preciso considerar que o magistrado possui poderes instrutórios autônomos e suplementares, de modo que ele pode determinar a produção das provas adicionais àquelas produzidas pelas partes sem ferir a esfera de atuação das partes.

Com isso, ao que nos parece, o CPC/2015 fortaleceu os poderes do órgão julgador sem comprometer a autonomia da vontade e a liberdade individual das partes, alcançando um equilíbrio entre ideais publicistas e privatistas, autoritarismo e liberalismo[82].

Ademais, o ativismo judicial, especialmente em matéria probatória, deve ser sempre equilibrado pela liberdade de atuação das partes, sob pena da exagerada publicização do processo e a ilimitada atribuição de poderes ao juiz enfraquecer as garantias e direitos individuais, bem como implicar absorção da justiça[83].

---

que "*o processo cooperativo superou o dogma de que a direção formal do processo deve ser tarefa exclusiva do juiz*".

81. CABRAL, Antonio do Passo. *Convenções Processuais*, Salvador: JusPodivm, 2016, p. 192.
82. GRECO, Leonardo. Breves comentários aos primeiros 51 artigos do Projeto de novo Código de Processo Civil (Projeto de Lei do Senado 166/2010), in *Revista Eletrônica de Direito Processual – REDP*. Rio de Janeiro: Pós-Graduação *Stricto Sensu* em Direito Processual da UERJ, ano 4, vol. VI, jul/dez 2010. Disponível em: http://www.redp.com.br/arquivos/redp.6a_edicaopdf. Acesso em 21/06/16, p. 94.
83. OLIVEIRA, Carlos Alberto Álvaro de. Poderes do Juiz e Visão cooperativa do processo, in *Revista da AJURIS*, ano 30, nº 90, Porto Alegre, junho/2003, p. 57.

6. REFERÊNCIAS

ALVARO DE OLIVERA, Carlos Alberto. *O Formalismo-valorativo no confronto com o Formalismo excessivo*. Disponível online em: <http://www.ufrgs.br/ppgd/doutrina/CAO_O_Formalismo-valorativo_no_confronto_com_o_ Formalismo_excessivo_290808.htm>, acesso em 12/12/2016.

_____. Poderes do Juiz e Visão cooperativa do processo, *in Revista da AJURIS*, ano 30, nº 90, Porto Alegre, junho/2003.

AROCA, Juan Montero. *La Prueba en el Proceso Civil*. 4. ed. Navarra: Thomson Civitas, 2005.

CABRAL, Antonio do Passo. *Convenções Processuais*, Salvador: JusPodivm, 2016.

CÂMARA, Alexandre Freitas. *Lições de direito processual civil*: volume I, 24. ed., São Paulo: Atlas, 2013.

CAPPELLETTI, Mauro. Problemas de reforma do processo nas sociedades contemporâneas; trad. José Carlos Barbosa Moreira, *in Revista Forense*, vol. 318, ano 88, abr/jun 1992.

CINTRA, Antonio Carlos de Araújo; DINAMARCO, Cândido Rangel; Grinover, Ada Pellegrino. *Teoria Geral do Processo*. 28ª ed. São Paulo: Malheiros, 2012.

CHIOVENDA, Giuseppe. *Instituciones de Derecho Procesal Civil*; trad. E. Gómez Orbaneja, vol. I, 2. ed. Madrid: Editorial Revista de Derecho Privado, 1948

_____. *Princpios de Derecho Procesal Civil*. Tradução de José Casáis Y Santaló. Tomo II. Madrid: Reus (S.A.), 1925.

CUEVA, Ricardo Villas Bôas. Flexibilização do Procedimento e Calendário Processual no Novo CPC. *In* CABRAL, Antonio do Passo; NOGUEIRA, Pedro Henrique (Coord.). Negócios Processuais. 2. ed. Salvador: *Jus*Podivm, 2016.

CUNHA, Leonardo Carneiro da. Negócios jurídicos processuais no processo civil brasileiro, *In* CABRAL, Antonio do Passo; NOGUEIRA, Pedro Henrique (Coord.). Negócios Processuais. 2. ed. Salvador: *Jus*Podivm, 2016.

DIDIER JR., Fredie. BRAGA, Paula Sarno. OLIVEIRA, Rafael Alexandria de. *Curso de Direito Processual Civil: Teoria da Prova, Direito Probatório, Decisão, Precedente, Coisa Julgada e Tutela Provisória*. Volume 2. 10. ed. Salvador: *Jus*Podivm, 2015.

DIDIER JR., Fredie. *Fundamentos do Princípio da Cooperação no Direito Processual Civil Português*. Coimbra: Coimbra, 2010.

_____. Princípio do Respeito ao Autorregramento da Vontade no Processo Civil. *In* CABRAL, Antonio do Passo; NOGUEIRA, Pedro Henrique (Coord.). Negócios Processuais. 2. ed. Salvador: *Jus*Podivm, 2016.

_____. *Teoria do Processo e Teoria do Direito: o neoprocessualismo*. Disponível em: www.academia.edu. Acesso em 12/05/16.

DUARTE, Antonio Aurelio Abi Ramia. O novo código de processo civil, os negócios processuais e a adequação procedimental, *in Revista do GEDICON*, vol. 2, dez/2014. Disponível em: http://www.emerj.tjrj.jus.br/. Acesso em 24/05/16.

FREITAS, José Lebre de. *Introdução ao processo civil: conceito e princípios gerais à luz do novo código*, 3. ed. Coimbra: Coimbra, 2013.

GODINHO, Robson Renault. A possibilidade de negócios jurídicos processuais atípicos em matéria probatória. *In* CABRAL, Antonio do Passo; NOGUEIRA, Pedro Henrique (Coord.). Negócios Processuais. 2. ed. Salvador: *Jus*Podivm, 2016.

GOUVEIA, Mariana França. Os poderes do juiz cível na acção declarativa, *in Revista Julgar*, nº 1, 2007.

GRECO, Leonardo. Breves comentários aos primeiros 51 artigos do Projeto de novo Código de Processo Civil (Projeto de Lei do Senado 166/2010), *in Revista Eletrônica de Direito Processual – REDP*. Rio de Janeiro: Pós-Graduação *Stricto Sensu* em Direito Processual da UERJ, ano 4, vol. VI, jul/dez 2010.

JORGE, Nuno de Lemos. Os poderes instrutórios do juiz: alguns problemas, *in Revista Julgar*, nº 3, Coimbra: Coimbra, 2007.

MARINONI, Luiz Guilherme; ARENHART, Sergio Cruz; MITIDIERO, Daniel. *Novo Código de Processo Civil Comentado*, 2. ed. São Paulo: Revista dos Tribunais, 2016.

MARINONI, Luiz Guilherme; ARENHART, Sérgio Cruz; MITIDIERO, Daniel. *Novo Curso de Processo Civil: Teoria do Processo Civil*. Vol. 1. São Paulo: Revista dos Tribunais, 2015.

MEDINA, José Miguel Garcia. *Direito Processual Civil Moderno*. 2. ed. São Paulo: Revista dos Tribunais, 2016.

MESQUITA, Miguel. Princípio da gestão processual: O «Santo Graal» do Novo Processo Civil?, *in Revista de Legislação e de Jurisprudência*, ano 145, nº 3995, Coimbra, nov/dez 2015.

MITIDIERO, Daniel. *Colaboração no Processo Civil: pressupostos sociais, lógicos e éticos*. 3. ed. São Paulo: Revista dos Tribunais, 2015.

NEVES, Daniel Amorim Assumpção. *Novo Código de Processo Civil Comentado*, Salvador: JusPodivm, 2016.

OTHMAR, Jauernig. *Direito Processual Civil*; tradução F. Silveira Ramos, 25. ed. Coimbra: Almedina, 2002.

PICÓ I JUNOY, Joan. *El Juez y la Prueba: estudio de la recepción del brocardo iudez iudicare debet secumdum allegata et probata, non secundum conscientiam y su repercusión actual*. Colección Internacional n° 32. Bogotá: Grupo Editorial Ibánez, 2011.

PICÓ I JUNOY, Joan. La Iniciativa Probatoria del Juez Civil: Un Debate Mal Planteado. *Revista Uruguaya de Derecho Procesal* 3/2007. Uruguay, 2007.

PINHO, Humberto Dalla Bernardina de; ALVES, Tatiana Machado. A cooperação e a principiologia no processo civil brasileiro. Uma proposta de sistematização, *in Revista Eletrônica de Direito Processual – UERJ*, vol. XII. Disponível em http://www.e-publicacoes.uerj.br/. Acesso 18/05/16.

RAMOS, Vitor de Paula. Ônus da Prova no Processo Civil. Do ônus ao dever de provar. São Paulo: Revista dos Tribunais, 2015.

REDONDO, Bruno Garcia. Negócios Processuais: necessidade de rompimento radical com o sistema do CPC/1973 para a adequada compreensão da inovação do CPC/2015. In CABRAL, Antonio do Passo; NOGUEIRA, Pedro Henrique (Coord.). Negócios Processuais. 2ª ed. Salvador: *Jus*Podivm, 2016.

SILVA, Paula Costa e. *Acto e processo: o dogma da irrelevância da vontade na interpretação e nos vícios do acto postulativo*, Coimbra: Coimbra, 2003.

TARUFFO, Michele. *A Prova*. Tradução João Gabriel Couto. 1. ed. São Paulo: Marcial Pons, 2014.

TARUFFO, Michele. *Simplemente la Verdad: El juez y la construcción de los hechos*. Traducción de Daniela Accatino Scagliotti. Madrid : Marcial Pons, 2010.

TARUFFO, Michele. Verità e Processo. *Revista de Processo*, Ano 39, vol. 228. São Paulo: Revista dos Tribunais, 2014.

THEODORO JÚNIOR, Humberto. *Curso de direito processual civil*, vol. 1, 56.ed., Rio de Janeiro: Forense, 2015.

VARELA, Antunes; BEZERRA, J. Miguel; NORA, Sampaio e. *Manual de Processo Civil*. 2ª ed. Coimbra: Coimbra, 1985.

XAVIER, Tricia Navarro. *Poderes instrutórios do juiz no processo de conhecimento*. Dissertação apresentada no Programa de Pós-Graduação em Direito da Faculdade de Direito da Universidade Federal do Espírito Santo. Vitória, 2008.

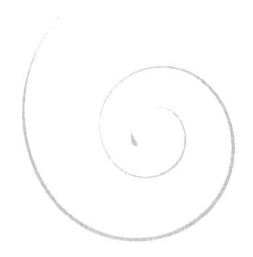

ANEXO

ARTIGOS DA PROFESSORA HOMENAGEADA
MARÍLIA MURICY

ÉTICA PÚBLICA: UMA PRÁTICA REPUBLICANA

Marília Muricy[1]

Não faz muito tempo, costumávamos separar, no nosso imaginário político, o "joio do trigo". Acreditávamos, com isso, vencer os efeitos degenerativos da contaminação entre o público e o privado que marca a nossa história, herdeira de um triste passado colonial. Era tempo de otimismo, pois ficara para trás a ditadura e acreditava-se que estavam exorcizados seus demônios.

Tempos de esperança, em que não contávamos com a capacidade que possuem as nossas elites, por conta de nossa inércia crítica, de engendrar, por cima de paradoxos que não superamos, novos discursos e falsos argumentos, para nos fazer crer que nosso futuro político defronta, apenas, duas alternativas: a primeira, reativar um passado de corrupção fora de controle, desrespeito a cidadania, e aos direitos humanos, acordos espúrios financiados pelo dinheiro público, prepotência sem limites, priorização dos interesses contrários à grande maioria populacional desse país; a segunda, caminhar sem rumo pelo terreno da "meia verdade", da ética do "mais ou menos", de um destino institucional do "afinal, se não for assim, não dá". A pergunta é simples: estamos diante de uma fatalidade histórica ou de uma mentira de que podemos nos livrar?

Mencionei, atrás, paradoxos que afetam o discernimento político. Que paradoxos? O maior deles, para nós, os brasileiros, é o fato de termos sido levados, de atropelo em atropelo, no trânsito para esse novo tempo em que

---

1. Mestre em direito pela UFBa. Doutora em filosofia pela PUC/SP. Professora de Teoria Geral do Direito e Filosofia da UFBa.

o lugar do poder se separa do campo em que ocorrem as grandes decisões políticas, sem que se tivessem preparado, previamente, nossas instituições. Em outras palavras: o que, em outros lugares da cena política internacional, se apresenta, agora, como crise das ideologias e turbulência do mercado financeiro, para o povo do Brasil, concluído o ciclo de derrubada da ditadura, o cenário mais se parece com imagens saídas de uma curiosa ficção... Na verdade, é como se tivéssemos sido arrastados de um momento em que a nação exercia um papel destacado na tomada das grandes decisões para o redemoinho da política econômica internacional, antes que pudéssemos cuidar de estruturar instituições políticas fortes. Parecemos órfãos de uma época de que não chegamos a nos apropriar.

De algum modo, a nossa vida política, protagonizada por uma estrutura partidária pífia, ainda se utiliza, nos segmentos em que se tem por importante utilizar argumento de legitimação, tão somente de uma retórica de defesa do princípio da igualdade e da defesa de programas de inclusão social, contra a qual, hoje, na falência do capitalismo predatório, ninguém se atreve a, publicamente, contrapor. Não se abre o espaço público para introduzir, na agenda, uma "cultura da decência", discutindo, por exemplo, a experiência de outras nações, em que o exercício de cargos público é motivo para austeridade no modo de vida e não ocasião para uso de "mordomias". Por isso, salvo na memória dos mais insistentes, que ainda se ruborizam diante de fotos em jornais, escândalos sucessivos, promiscuidade entre os poderes, não há razão para "afrontar" o projeto de "governabilidade" de um partido de cujo esforço resultou (e disso não tenho dúvida) uma política de combate à desigualdade sem precedente, na minha memória emocional. Mas a hora do "beija mão", nas democracias que se prezam, não perdura além do tempo tolerável.

Cumpridos os rituais da celebração, é de dar espaço à voz dos independentes, efetivamente interessados na consolidação de avanços e no futuro da República. Caso contrário, estaremos predestinados a viver sob o domínio dos áulicos e do fisiologismo indecoroso que cerca os poderosos. Aliás, quanto a estes, é bom que se acautelem contra os "vendedores de votos e lealdades". Pouco a pouco, a consciência do eleitor, mesmo que ainda sufocada pela falta de financiamento público de campanha, vai exigindo novos padrões de referência para garantir dignidade a sua escolha. Em outras palavras, o voto de opinião", cada vez é mais expressivo, na medida em que aumentam as políticas de inclusão, produzidas pelo governo, que continua (mais um paradoxo?) a se valer de bolorentas estratégias de captação de votos. Por outro lado, a "dança dos partidos" desorienta o cidadão, privando-o de referências morais, com o que se fortalece a tendência ao "o que é meu é meu, o que é público é de ninguém", doença que, nascida na Colônia, ainda hoje resiste à cura. Termos tanto tempo convivido com os donos do poder, de que nos falou R. Faoro, acostumou-nos ao lugar dos servos que nem sequer a seus próprios travesseiros ousam levar a crítica que, mal se insinua na consciência, já é engolida pela descrença, quando não sufocada pelo temor mercenário. E o "salve-se quem puder" explode no corporativismo explícito ou no despudorado clientelismo.

Vem daí, o segundo paradoxo. Afinal, Deus e Diabo, como lembra Saramago, às vezes dialogam... Hobbes, maldito, por seu Leviatã por tantas gerações libertárias (desinformação ou preconceito, não importa agora) em comentário de Bobbio, recupera, por sobre o seu elogio do Estado, como guardião da paz, o sentido ético das ações do soberano, que atua como limite de suas ações. O faz, é verdade, por invocação das leis naturais. Mas não seriam as leis naturais, invocadas por um "absolutista" de séculos atrás, traduzíveis, no caminho percorrido de lá para cá, pelas exigências de lealdade e dignidade que a democracia, a duras penas, construiu? Tem-se falado muito em ética pública no Brasil que não raro é invocado com louvor, em encontros internacionais, particularmente por força das ações da Controladoria Geral da União. Estruturas institucionais outras, como a Comissão de Ética Pública, também tem sido depositárias das esperanças da cidadania no fortalecimento das instituições...

Mas não há qualquer preocupação com uma política de Estado que deixe claro, para uma população ainda insciente da diferença dentre Estado e governo, que é a garantia do primeiro a base de sua segurança e dignidade. Do mais, cabe- lhe dar conta. Não é tarefa fácil. Felizmente, apesar das muitas contradições, já dispomos de instrumentos como a lei de Acesso à Informação, que tornam possível ao cidadão distinguir os que servem ao interesse público dos que se habituaram a extrair, dos cargos, mordomias e ocasião para traficar influência. Mas de nada valerá a informação se não houver indignação. Tamanha é, no Brasil, a promiscuidade entre o público e o privado que chega a ser repugnante a mistura de indiferença e condescendência com que alguns avaliam o a prática da corrupção, quando não chegam a admitir, expressamente, que "uma certa dose" de facilitações nos negócios públicos é indispensável à vida política. E fica cada vez mais difícil reler, sem ruborizar, os autores, clássicos e contemporâneos, da ética e da democracia, a exemplo de Aristóteles para quem o exercício do poder revela o homem ou Hannah Arendt, que insiste em afirmar a dignidade da política contra a tendência, já em vigor em seu tempo, de associar o discurso político à mentira e ao segredo.

E se no mundo dos leigos as coisas acontecem assim, pior ainda ocorre com o "discurso erudito" que, mal apropriando-se da distinção weberiana entre a ética das convicções e a resultados, teima em considerar o campo político como estranho às questões da ética. Ora: já a polis grega sabia que não era assim. E mesmo agora, com as transformações produzidas pela complexidade da vida pós-moderna sobre as relações entre o poder e a ética, o sentido moral das ações do governante continua a atuar como fundamento de legitimidade do poder. Lamentavelmente, a nossa prática está longe de ajustar-se ao discurso, não raramente professado por personagens que, não fosse a nossa curta memória e a notável fragilidade de nossas instituições, estariam vivendo no ostracismo ou contribuindo para aumentar a população carcerária. Mas o pior é o uso perverso de argumentos supostamente jurídicos para tentar elidir a responsabilidade moral, como se a introdução do princípio da moralidade no texto da Constituição carecesse de consequências práticas. É claro que a ninguém, minimamente informado na área do direito, ocorreria pensar que a inovação constitucional implica em equiparar as sanções éticas e as jurídicas, particularmente quanto aos procedimentos que cercam sua aplicação; procedimentos que se distinguem, não para esvaziar de sentido as sanções éticas, boicotando-lhes a aplicação, mas para, identificando, nas sanções jurídicas maior gravidade, cercar de maior cuidado sua imposição. O alcance do princípio da moralidade, que a prática dos nossos tribunais parece não haver ainda reconhecido, é a responsabilização dos agentes públicos, não só os que afundam no lodo do conflito de interesses, mas os que se recusam a cumprir as exigências da transparência dos assuntos públicos, tal como, segundo notícia divulgada na Folha de São Paulo, vem ocorrendo, sob pretextos á primeira vista inconvincentes no que toca à divulgação de vencimentos, no Executivo e Legislativo; anos a fio de escandalosa ultrapassagem do teto constitucional e, agora, a resistência em abrir a "caixa preta"...

Vivemos um momento esquisito, divididos entre a esperança e o dissabor. Mas, na democracia, a confiança, sem a crítica, se confunde com o servilismo. E este, é inimigo da mudança. Corremos risco, é claro, de que, como se costuma fazer para calar os inseguros, sejamos acusados de pessimismo crônico. Ou, pior ainda, de termos saído da luta para o ressentimento azedo e inconsequente... Mas aí, com certeza, é alta a probabilidade de que, nesse caso, o joio não se confunda com o trigo, pois os que apostam na ética não costumam trocar a cor das lentes conforme a roupa do dia.

O PENSAMENTO FILOSÓFICO DE A.L. MACHADO NETO E A NOVA HERMENÊUTICA JURÍDICA

Marília Muricy[1]

Sumário: 1. Nota introdutória – 2. O modelo da aplicação silogística e a tese da discricionariedade judicial – 3. A busca da racionalidade jurídica contra o positivismo – O pensamento de Dworkin – 4. A interpretação e prudência – teoria da argumentação – 5. O pensamento de Machado Neto: um diálogo com o futuro – 6. Conclusão.

1. NOTA INTRODUTÓRIA

Tem-se dito, com insistência quase monótona, que a atitude filosófica é um eterno recomeço, um renovar interminável de indagações, cujas respostas, às vezes recorrentes, outras mais ou menos singulares, terminam por gerar novos problemas. Daí que o estudioso da Filosofia não possa conduzir-se como colecionador de teorias, tratando-as isoladamente por referência a seu sentido epocal ou às conotações próprias ao pensamento de cada autor. Ao contrário, o desafio que lhe está posto é o de perceber as grandes sínteses de pensamento que se formam no diálogo das divergências e nas aproximações que ai se estabelecem.

---

1. Mestre em Direito pela UFBA. Doutora em Filosofia pela PUC/SP. Professora de Teoria Geral do Direito e Filosofia pela UFBA.

Esta reflexão me ocorre ao revisitar a obra de A. L. Machado Neto, à luz de vertentes teóricas mais recentes, na área da metodologia jurídica. Sob esta ótica, é possível encontrar importantes convergências entre o seu pensamento e o de alguns autores postos em evidência nas últimas décadas, por suas contribuições a teoria do raciocínio jurídico, quer sob a perspectiva de uma "interpretação reconstrutiva" (Dworkin) quer como aspecto da razão prática (Perelman, Habermas, Alexy, Mac Cormick). A interlocução que buscaremos estabelecer dá-se, principalmente, entre a Teoria Egológica do Direito que Machado Neto adotou, ampliando-a através dos estudos que vinha desenvolvendo na direção de uma Eidética do Social e a obra dos autores mencionados, sem ignorar uma mais ampla e antiga direção teórica (Larenz, Engisch, Recasens Siches), igualmente preocupada em denunciar os limites da lógica tradicional para o equacionamento das questões jurídicas.

Da análise das interseções entre as teorias pretendemos concluir apontando:

a) As dificuldades enfrentadas pelo empirismo e pelo positivismo para uma satisfatória fundamentação da razão jurídica (Habermas) e pois para a instrumentação dogmática do processo da fundamentação/aplicação do direito, sobretudo no que diz respeito à decisão judicial nos "hard cases" (Dworkin).

b) A identificação da racionalidade jurídica, como uma estrutura de pensar segundo regras/princípios, em que se articulam dialeticamente (Ricœur) interpretação e argumentação, sempre fora dos limites da lógica formal.

c) A afirmação da verdade jurídica como verdade de conduta (Cossio), aspecto da razão prática, orientada pela busca de "correção" (Habermas) e voltada ao convencimento de um "auditório universal" (Perelman).

d) A natureza circular do pensamento jurídico que se afirma mediante uma pré-compreensão do objeto (Heidegger/Gedamer) e se expressa através do método empírico dialético (Cossio).

e) O destaque atribuído ao problema da justificação das decisões e à racionalidade dos julgamentos sustentada pelo argumento de universalidade (Habermas, Alexy).

2. O MODELO DA APLICAÇÃO SILOGÍSTICA E A TESE DA DISCRICIONARIEDADE JUDICIAL

Embora a interpretação seja inerente à atividade prática do jurista, só tardiamente ela se fez tema para a reflexão teórica. Sem maiores riscos de incorreção histórica, pode-se apontar como primórdio da teoria hermenêutica, a que resulta da desconfiança alimentada pelos primeiros liberais diante da atividade dos juízes, tida então como longa manus do poder absoluto do monarca. Vem daí o pressuposto ideológico do dever de neutralidade do juiz, logo convertido em pressuposto conceitual da Ciência do Direito, que é vista, sob esta ótica, como saber demonstrativo, segundo o qual os fatos submetidos a julgamento subsumem-se, como premissa menor, à premissa maior da lei, gerando-se assim, em consequência de um juízo silogístico, a única solução adequada. Esta, quando abalada pela dúvida (inevitavelmente decorrente dos problemas históricos e linguísticos presentes na aplicação do direito) termina de algum modo por subsistir, pela "certeza" que o esclarecimento autorizado do Parlamento é capaz de oferecer, mediante o "refere législatif". Cuida-se de afirmar a verdade sobre o erro, entendendo-se por verdade a verdade categorial que a lei, devidamente interpretada, irá seguramente revelar.

A hermenêutica jurídica dos exegetas, voltada à busca da vontade do legislador como farol da decisão apropriada, logo foi posta em xeque, sob o influxo de motivações múltiplas, de cujos aspectos sócio-políticos (a exemplo da crise do Estado Liberal e consequente redefinição, material e ideológica, da natureza das demandas postas ao judiciário) não nos iremos ocupar. Para os objetivos que buscamos, basta salientar que boa parte da crítica superveniente, a exemplo da Livre Investigação Científica e da Jurisprudência dos Interesses manteve-se mais ocupada em registrar a estreiteza do modelo legalista como sede de aplicação do direito ao caso concreto que em desenvolver uma mais ampla revisão de pressupostos, e uma efetiva alternativa metodológica para a atuação dos juízes, superando-se a estreiteza da exegese, sem sacrifício da expectativa de objetividade das decisões judiciais.

Nesse vazio metodológico, tomam corpo as diferentes teorias decisionistas, de que o exemplo mais saliente é o da Escola do Direito Livre, vista por Cossio como típica expressão de voluntarismo ametódico. Sobre esta base teórica, cujas variantes vão desde Earlich e Kantorowicz, até o realismo americano de Cardozo e Holmes e o sociologismo escandinavo de Alf Ross, a postura do intérprete/aplicador do direito não pode ser legitimamente esperada a partir de regras preestabelecidas, mas sim, apenas, prognosticada em função de elementos exteriores à norma que cercam a atuação do juiz e condicionam a sua vontade, desde um certo tipo de sensibilidade às inclinações psíquicas do seu ser individual.

Mais elaborado (diríamos mesmo que bem distinto do voluntarismo amorfo dos realistas) é o decisionismo dos positivistas como Kelsen e Hart, que, ao contrário daqueles, perseguem, como observa Habermas:

> A singularidade normativa das proposições jurídicas e a estrutura sistemática de um sistema de normas na coerência das decisões tomadas por referência a uma regra que torna o direito largamente independente da política (...). Esta legitimação através da legalidade do procedimento de instauração do direito privilegia a origem, isto é, a correção do processo segundo o qual uma norma tornou-se positiva ou segundo o qual ela foi decidida, sobre a justificação em razão do conteúdo: as regras são válidas desde que regularmente promulgadas por instituições competentes.[2]

A solução positivista de legitimação da norma por referência à sua origem, caracterizando o sistema jurídico como um sistema escalonado em que cada grau hierárquico apresenta-se como produção para aplicação simultânea da norma, representou, inegavelmente, um expressivo avanço epistemológico no campo do direito. Todavia, como ironicamente observa Larenz, voltado especificamente à obra de Kelsen, o descaso da Teoria Pura quanto às questões de conteúdo (vale dizer, embora não só, aos juízos de valor) "deita fora a criança com a água do banho", terminando por ser inoperante no que toca à aplicação da lei ao caso concreto.

Daí, o salto epistemológico realizado por Kelsen, na passagem do mais extremado formalismo para um inescondível voluntarismo, ao afirmar que a aplicação da lei (marco de possibilidades) ao caso foge ao rigor do método científico para expressar-se como ato de vontade política do juiz.

Mais ou menos no mesmo compasso, encontra-se o pensamento de Hart, em seus comentários sobre a posição do intérprete/aplicador frente aos casos difíceis, isto é, aqueles em que, face ao mesmo sistema de regras, diferentes decisões aparecem como igualmente apropriadas. Face aos "hard cases" que o mestre de Oxford relaciona à estrutura aberta da linguagem jurídica, o caminho lhe parece ser o da discricionariedade judicial, levando o juiz, face à impossibilidade de encontrar, no direito vigente, a exata solução para o caso concreto, a decidir segundo sua livre apreciação.

---

2. HABERMAS. **Droit et Democratie**. Gallimard, 1937, p. 222 13 (tradução nossa).

É exatamente face ao dilema positivista e ao desafio de superá-lo que se encontram as teorias hermenêuticas que cuidaremos de por em diálogo com o pensamento de Machado Neto.

3. A BUSCA DA RACIONALIDADE JURÍDICA CONTRA O POSITIVISMO – O PENSAMENTO DE DWORKIN

Sucedendo a Hart na cátedra de Filosofia do Direito em Oxford, Ronald Dworkin, autor de densa obra, não menos fértil que polêmica, põe-se em atitude de franca oposição às idéias de seu antecessor, em dois fundamentais aspectos:

1. Crítico exacerbado do positivismo jurídico, contrapõe-se à **regra de reconhecimento** como fundamento de obrigatoriedade do sistema jurídico, compreendido não como um puro sistema de normas alheio às regras da equidade e da justiça, mas, sim, como um conjunto complexo de normas, diretrizes e princípios, responsáveis, estes últimos, pela configuração geral do sistema, com a incumbência de informar a aplicação das normas, sobretudo quando a literalidade destas últimas sugere solução desarrazoada.

2. Opositor ferrenho da tese da discricionariedade judicial, propõe uma diferente teoria da função judicial, segundo a qual, mesmo diante dos "hard cases", o juiz está potencialmente apto a encontrar a única resposta correta para a demanda.

Fixemo-nos neste último ponto, por sua relevância para o seguimento da exposição.

Reconhece o autor de "Taken Rights Seriously", "A Mather of Principles" e "Law's Empire", que, em decorrência da própria natureza do conteúdo substancial do direito, e suas últimas ligações com a moral, diferentes alternativas de decisão razoável põem-se diante do intérprete, face a um caso difícil. Daí não resulta, entretanto, a impossibilidade de que venha a ser encontrada uma única solução verdadeiramente justa pelo juiz. Certo é que não lhe cabe, em qualquer hipótese, "inventar retroativamente direitos novos", agindo como legislador. Assim o fosse, e razão teriam os adeptos da tese da discricionariedade judicial, cuja censura, em Dworkin, não é apenas uma censura teórica, mas política, já que cultor obstinado do postulado de separação dos poderes.

Também a Dworkin não se pode atribuir a confiança anacrônica em qualquer procedimento mecânico para atingir a resposta única verdadeira. Seu objetivo define-se, como observa Habermas, em buscar a conciliação entre a segurança e a justiça, revelando, através de uma interpretação reconstrutiva do sistema, o que nele já se contém como equilíbrio entre os dois valores.

> Talvez algum leitor objete que se não existe, nem sequer em princípio, procedimento para demonstrar que direitos têm as partes nos casos difíceis, deva-se concluir que não os tenham. A objeção pressupõe uma tese, discutível na filosofia geral, qual seja a que nenhuma proposição possa ser verdadeira a não ser que se possa demonstrar que o é, em princípio. Não há razão para aceitar esta tese como parte de uma teoria geral da verdade, mas sim as há, e boas, para rechaçar sua aplicação específica a proposições referentes a direitos.[3]

Justifica-se a alongada citação. Pois com ela se demonstra que embora de certa forma despreocupado, por força de sua convivência com o direito anglo-saxão, com as questões de ordem conceitual, de grau maior de generalidade, a sensibilidade de Dworkin se aproxima claramente de autores mais ocupados com a questão mesmo da natureza da verdade no direito, como uma verdade que se constrói processualmente, livre da camisa de força de elementos pré-categoriais e dos esforços, tantas vezes inúteis, dos raciocínios demonstrativos.

Mas, em que consiste, segundo ele, este processo de elaboração da verdade única, pela reconstrução interpretativa do sistema? Aqui, a solução que concebe, tida por alguns como ultra-racionalista, é a do recurso hipotético a um modelo normativo: o Hércules, juiz cuja capacitação intelectual e ética o habilita a uma leitura integral do sistema jurídico, nele vislumbrando todas as teorias passíveis de aplicação ao caso, e com elas dialogando, acumulativa e criticamente, até alcançar a melhor solução.

Do Hérculos dworkiano, de suas virtudes metodológicas e de suas muitas limitações voltaremos a falar adiante. Por ora, apenas procuramos sublinhar o registro de seu esboço de uma teoria da verdade jurídica. Esboço que não chega satisfatoriamente a desenvolver, uma limitação que Paul Ricœur, em seu ensaio "Interpretation et ou Argumentacion", atribui à preocupação excessiva de rebater as teses do positivismo jurídico, impedindo-o do diálogo proveitoso com a Teoria da Argumentação Jurídica.

---

3. DWORKIN. **Derechos en Serio**, p. 146 17 (tradução nossa).

4. A INTERPRETAÇÃO E PRUDÊNCIA – TEORIA DA ARGUMENTAÇÃO

A discussão sobre a natureza do conhecimento judicial, e suas condições de racionalidade, tendo começado, como antes dissemos, com a crítica à visão mecanicista da atividade dos juízes, atinge hoje um ponto de consenso: A lógica formal não se mostra adequada para atender sozinha aos problemas da aplicação do direito. Porém, sobre este ponto de acordo, são muitas e notáveis as nuances que diferenciam os pontos de vista adotados pela doutrina.

Uma forte tendência, a que se agrega entre nós o lúcido pensamento de Eros Grau, parte da distinção entre ciência e saber prudencial para concluir negando qualquer sentido ao binômio verdade/erro no direito. Os que assim pensam, salientam, com muitas razões, a natureza comprometida do saber jurídico e a presença, nele, de elementos de natureza ética, política e ideológica. O que há, no raciocínio jurídico, de teor decisório, é uma escolha de valores, uma opção por uma entre várias alternativas postas pelas fontes que, com frequência, entre si conflitam. Por outro lado, além dos elementos de indeterminação resultantes dos contrastes valorativos que permeiam o direito e que se refletem nas contradições do sistema, outros elementos de indeterminação existem relativos a ambiguidade dos termos linguísticos de que se constitui a comunicação jurídica.

Com essas características – assim pensam... – o material valorativo e linguístico operado pelo jurista veda-lhe o acesso a parâmetros mais rigorosos de objetividade. Compelido a optar entre soluções possíveis e igualmente razoáveis, não segue pela trilha da ciência. Decide, valora, exercita a sua prudência, desobrigado de critérios de verdade.

A visão prudencialista, não obstante o mérito de acentuar a natureza comprometida do conhecimento judicial, parece-nos, entretanto, vulnerável a algumas objeções:

1. Não oferece alternativa à tese da discricionariedade judicial, renunciando à tentativa de compatibilizar objetividade e justiça, o que, a um só tempo, termina por favorecer os argumentos em favor da subjetividade judicial e beneficiar, pela ausência da crítica expressa, as teses positivistas.

2. Não aprofunda a discussão sobre a natureza do conhecimento judicial, sob a perspectiva de uma teoria geral da verdade que vá além da noção de verdade como correspondência entre enunciado e objeto e/ou demonstrabilidade de enunciados dotados de estatuto

de validez prévio ao processo de sua comprovação. Aprofundemos este último aspecto.

Parece-nos mais ou menos estabelecido na doutrina que, ao defrontar proposições normativas, não busca o juiz uma verdade teórica; antes, busca a elaboração de um juízo projetado para resultados. Trata-se, portanto, com a atividade judicial, do exercício de um saber comprometido, permeado pelo poder e, portanto, estranho ao conceito de um saber descritivo e desinteressado. O que se põe como indagação remanescente – e essencial – é saber se, diante de tais peculiaridades, cabe considerar a atividade do juiz como uma atividade cognoscitiva susceptível ao teste da verdade ou, se, ao contrário, devemos considerá-la mero ato de vontade.

Dizer-se, em resposta, que se trata de conhecimento prudencial, recorrendo à distinção aristotélica entre ciência e prudência é percorrer apenas metade do caminho. De um lado, porque com isso não se põe em tela a possibilidade de aplicação do conceito de ciência aplicado ao mundo ético/normativo beneficiando o puritanismo metodológico dos positivistas. De outro, - e até como consequência da marginalização do problema epistemológico -, porque se deixa de avançar na questão, antiga, mas nem por isso menos nebulosa, da racionalidade das decisões judiciais. É exatamente este o ponto a que se tem dedicado as Teorias da Argumentação, cujas perguntas vão desde a possibilidade mesma de justificação racional das decisões e natureza dos critérios de correção dos argumentos jurídicos, até a questão, mais tortuosa, da existência de uma resposta única correta para cada caso.

Entre os muitos autores que se abrigam sob a nomenclatura comum da Teoria da Argumentação, sobram acordos e desencontros. Todos, entretanto, convergem para um entendimento: a inaptidão da lógica demonstrativa na formulação dos juízos normativos, cuja verdade não se alcança demonstrando a validez das premissas de onde se parte, mas sim pela justificação dos argumentos utilizados:

> Ao querer reduzir a lógica à lógica formal, tal como ela se apresenta nos raciocínios demonstrativos dos matemáticos, elabora-se uma disciplina de uma beleza e uma unidade inegáveis, mas se descura inteiramente do modo como os homens raciocinam para chegar a uma decisão individual ou coletiva. É porque, de fato, a razão prática, aquela que deve guiar-nos na ação, é muito mais próxima daquela do juiz do que daquela do matemático, que o lógico que se veda examinar a estrutura do raciocínio jurídico e do raciocínio prático em geral, presta um mau serviço à filosofia e à humanidade.[4]

---

4. PERELMAN. **Ética e Direito**, p. 473.

O texto acima exibe, com inexcedível clareza, o ponto de partida das preocupações de seu autor: inscrever, no âmbito da razão prática, a forma típica de raciocínio, caracterizada, fundamentalmente, pela manipulação de critérios de valor. O pensamento de Perelman, datado dos anos 50 (e de certo modo, o de Vieweg) pode ser tido como precursor da tendência que viria a solidificar-se duas décadas depois, através da obra de Alexy e de Mac Cormick. Estes, como observa Atienza, são autores cujo pensamento se movimenta sob distintos condicionamentos histórico-institucionais: o primeiro, experimentando o espaço sócio-jurídico-político do "civil law", segue, por isso mesmo, o caminho das generalizações conceituais mais largas. O segundo, do mesmo modo que ocorre com Dworkin, move-se sob a cultura própria do "common law", na análise do como se efetiva a prática judicial em contato com os precedentes e os princípios próprios ao sistema normativo em que se dá a sua produção científica. Coincidem, todavia, em alguns aspectos básicos.

1. Ambos consideram limitado o âmbito do raciocínio dedutivo na prática das decisões judiciais.

2. Concordam em negar força à tese da discricionariedade judicial, mas sintonizam na rejeição à tese dworkiana da única resposta correta.

3. Atribuem à argumentação jurídica, como aspecto do argumento prático, uma função justificadora, de busca da pacificação persuasória.

4. Perseguem, nisso mais aproximados de Perelman e mais distantes de Dworkin, o <u>argumento da universalidade</u>, isto é, o critério de absorção social do fundamento lógico da decisão.

5. Dedicam-se os dois a trabalhar a questão da justificação em dois diferentes níveis: o nível da fidelidade do raciocínio, às premissas por ele selecionadas (justificação de primeiro nível <Mac Cormick>, justificação interna <Alexy>) e o nível da capacitação das premissas face a elementos que lhe são externos (justificação de segundo nível, justificação externa).

As aproximações que tentamos estabelecer, seguindo as indicações de Atienza, seguramente não esgotam os pontos de similitude entre os dois autores. Com maior razão ainda, são incapazes de eliminar as dessemelhanças que tornam, a cada um deles, um pensador de luz própria.

Acreditamos, todavia, existir um ponto de ligação entre todos os que se dedicam a considerar o processo da argumentação jurídica. E esta unidade está no destaque que todos atribuem à questão da aceitabilidade social dos fundamentos utilizados pelo juiz ao decidir, ênfase que em MacCormick se revela com a referencia ao que sugestivamente denomina "argumentos conseqüencialistas", vale dizer, argumentos que se articulam tendo como ponto de partida a projeção de resultados desejáveis.

Quer em MacCormick quer em Alexy, a razão jurídica apresenta-se como "caso especial" da razão prática normativa. Na obra dos dois autores, pode-se discernir, com grau maior mais ou menor de explicitude, a tendência em associar a aptidão e o teor de racionalidade das decisões judiciais com o nível de generalidade dos argumentos utilizados, condição para que sejam aceitos, ou, pelo menos, tido por aceitáveis, por todos os que, de algum modo, se envolvem no processo de elaboração da decisão e/ou são atingidos por seus efeitos.

Mas aqui já tocamos um ponto de íntima aproximação entre o pensamento de Alexy e o de Habermas, cuja noção de verdade consensual desempenha importante papel, na formação de suas matrizes epistemológicas. Não obstante tal aproximação, há, entre Alexy e Habermas, uma distância que deve, a nosso ver, ser salientada, em favor do segundo. É que, em Alexy, o processo de elaboração do consenso é examinado sob a perspectiva "das regras e formas de argumentos usados nas diferentes áreas jurídicas, sobre a estrutura da argumentação no processo", concepção que prioriza a análise dos aspectos internos à esfera dogmática, e seus efeitos limitadores.

Já em Habermas, não obstante o peso que também atribui a elementos de natureza linguística na construção da "razão comunicativa", os procedimentos de que se vale tal construção são constantemente referidos a critérios de natureza sócio-política, sobretudo, como observa Barbara Freitag, as regras de valorização dos ritos próprios às democracias parlamentares modernas.

Por outro lado, a razão comunicativa, como por ele concebida, encontra a sua sede em um sujeito plural, que ele vai buscar no conceito husserliano de uma intersubjetividade emergente das estruturas do cotidiano que conformam o "mundo da vida" (lebenswelt). Tem-se, portanto, em Habermas, uma original concepção de razão, de importantes consequências para teoria jurídica: Não a razão iluminista, de um sujeito transcendental e totalizante que fornece lastro às teorias do direito natural, mas uma razão processual de sujeitos que se intercomunicam, na partilha de valores éticos e políticos. Uma razão cujo potencial emancipatório, relacionado com as condições de liberdade democrática que oportunizam o consenso, insiste em resgatar, superando as consequências demolidoras da crítica à razão instrumental, de que ele próprio, ao lado dos companheiros da Escola de Frankfurt, ativamente participou.

A sede da razão comunicativa é o espaço das relações sociais; por isso, além de consubstanciada na linguagem, manifesta-se sobretudo nas projeções culturais da vida humana compartida, com a moral, a política e o direito.

Tanto quanto Perelman, Habermas busca situar a questão da universalidade da fundamentação racional na procura de elementos sócio-históricos, abrindo o seu pensamento para as contribuições da Sociologia e da Ciência Política, o que irá resultar numa das mais ricas compreensões contemporâneas do direito.

É exatamente este ponto que pretendemos desenvolver adiante, no exame de confluências entre a sua obra e os últimos trabalhos de A. L. Machado Neto sobre a intersubjetividade da compreensão.

5. O PENSAMENTO DE MACHADO NETO: UM DIÁLOGO COM O FUTURO

Quando, ainda na década de 50, Machado Neto escreveu "Sociedade e Direito sob a perspectiva da Razão Vital", o centro de suas referências teóricas era o pensamento culturalista de Recasens Siches, cuja inestimável contribuição para a hermenêutica jurídica tem sido repetidamente registrada pela literatura internacional. A procura de fundamentos não formais para o raciocínio jurídico, a preocupação em ultrapassar o velho paradigma do positivismo legalista era, já então, alvo do esforço intelectual de Machado Neto, que cedo resultou em absoluto domínio de todas as importantes contribuições fornecidas pelos teóricos do verstehen, nesta área.

Sob a influência de Recasens, a lógica jurídica é vista por Machado Neto, nesta primeira fase, segundo a perspectiva da razão vital, como a concebe Ortega y Gasset. Uma lógica própria das questões humanas, marcada pela uniprestabilidade dos juízos demonstrativos, próprios das ciências físico-matemáticas.

Como aprendida pelo naciovitalismo jurídico, a lógica própria ao direito resulta das imposições ontológicas da região em que se dá o fenômeno jurídico: a região da vida humana e da cultura, incompreensível senão pela referência aos valores que lhe emprestam sentido. A norma, objeto da interpretação, é, ela própria, "vida humana objetivada" e interpretar um "reviver sentido". Ao raciocinar juridicamente, portanto, o jurista se debruça sobre um aspecto do mundo complexo da criação humana, projetando o resultado que se afigura mais justo e atualizando uma valoração, contida, como alternativa, no conjunto das fontes que sedimentam e objetivam experiências coletivas. Esta compreensão de Recasens Siches acerca da atividade hermenêutica, cujo parentesco com a obra de Larenz ("direito como sistema de valorações"), Engisch ("direito como projeto de mundo") e, mais recentemente, de Canaris ("sistema de princípios") é nítido, mantém-se sempre presente na obra de Machado Neto, que em nenhum momento abandonou a matriz culturalista, em todas as suas etapas.

Entretanto, o encontro com a Teoria Egológica do Direito, que logo se daria, redirecionou significativamente o seu pensamento para uma nova forma de entender o raciocínio jurídico, como razão normativa. Rejeitando a visão da norma como objeto da interpretação jurídica, nega-lhe também a condição de vida humana objetivada e passa a enxergá-la como dimensão lógica da própria existência humana e social. Esta, essencialmente liberdade, define-se como uma realidade ontológica que integra pensar e existir e em que se fundem o "ser" e o "dever ser": a realidade do Dasein. Em outras palavras: a norma não é o objeto do pensamento jurídico, mas o modo peculiar do raciocínio do jurista e a razão normativa não se relaciona com o seu objeto (=conduta humana compartida) como algo externo a ele, mas como dimensão gnosiológica de uma especial estrutura ontica: a da liberdade humana.

Aí reside a base para o entendimento do processo de compreensão jurídica como o movimento circular da inteligência entre o substrato da conduta (aspectos materiais do comportamento perceptíveis aos sentidos) e o seu significado, isto é, o valor que a conduta apresenta, em um dado contexto sócio-cultural. A esse processo circular Cossio denomina de método empírico-dialético.

A negativa egológica da norma como objeto da interpretação (a interpretação não é da norma, mas da conduta, através da norma) representa, sem dúvida alguma, uma inovação radical, que entre outros méritos, tem, como várias vezes assinalou M. Neto, de fornecer fundamento ao fenômeno usual da mudança de jurisprudência. Contudo, examinada com superficialidade, poderia sugerir aproximações entre a Teoria Egológica e o realismo jurídico, com risco para o controle da objetividade da decisão.

Velho problema das ciências sociais, e não apenas do direito, a presença dos valores no processo de conhecimento, levou, por muito tempo, à tentativa epistemológica de abstrair, em nome do rigor e da certeza, a dimensão axiológica dos fenômenos humanos, pondo-a entre parêntesis metodológico.

Esta tendência positiva, cuja expressão máxima, no direito, é o voto kelseniano de pureza metodológica, sacrifica, sem maiores benefícios para a objetividade científica, a riqueza objetal do fenômeno jurídico, fracassando, por seus próprios limites. Pois a objetividade do direito, insuscetível de ser alcançada por abstração do sentido valioso do objeto, exige, diferentemente, a capacidade de lidar com os valores e o controle do voluntarismo e da subjetividade. Desdobremos este ponto:

Ao conhecer, o juiz reconhece-se como parte integrante do objeto; é protagonista e não espectador. De sua vinculação sócio-cultural com o objeto, não resulta, todavia, o comprometimento da objetividade, vez que o sentido normativo que projeta racionalmente é parte da conduta mesma (em sua dimensão social) realidade que resiste à oposição ser/dever ser, apontada pela tradição kantiana. É, exatamente, porque "a conduta que a sentença expressa não é, senão, a revelação apropriada do entendimento (normativo) societário, consumado nas "instâncias intersubjetiva de valoração" que são as fontes. É nestas que o julgador vai encontrar fundamentos para imprimir à sentença a dose necessária de "força de convicção". A racionalidade da decisão depende portanto (e é nítida, neste ponto, a aproximação entre o pensamento de Cossio e o conceito perelmaniano de "auditório universal") da suficiente convergência entre as valorações contidas na decisão e os valores da própria sociedade.

A "fenomenologia da sentença" desenvolvida por Cossio, nos moldes do que Ricœur viria recentemente a chamar de "epistemologia do debate judiciário", dedicando-se à análise da estrutura circular da compreensão judicial apresenta, a nosso ver, forte aproximação com o conceito heideggeriano de "círculo hermenêutico", amplamente trabalhado por Gadamer, com expressivas repercussões na área jurídica, atravpes de importantes autores, a exemplo de H. Hesser e Frederich Muller.

Sob a perspectiva do método empírico-dialético, a compreensão, como antes já dissemos, desenvolveu-se como um percorrer, pelo espírito, o caminho que leva do substrato ao sentido e deste ao substrato do fenômeno jurídico, isto é, entre os aspectos da conduta humana dotada de factualidade empírica e seu significado valioso. Ora, ao realizar o percurso compreensivo o juiz traz consigo (protagonista que é) estruturas prévias de compreensão, de tal modo que as respostas normativas oferecidas aos problemas que defronta são, em certa medida, extraídas de toda uma gama de experiências conceituais e valorativas anteriores ao momento da aplicação. Pergunta-se: haverá aí, face à inevitável presença de um pré-entendimento do fenômeno, óbice à objetividade da compreensão? Busquemos, em Gadamer, a resposta:

Quem procura compreender está exposto a erros de opiniões prévias, que não se confirmam nas próprias coisas. Elaborar os projetos corretos e adequados às coisas, que como projetos são antecipações que apenas devem ser confirmadas "nas coisas", tal é a tarefa constante da compreensão. <u>Aqui não existe outra "objetividade" senão a confirmação que uma opinião prévia obtém através de sua elaboração</u>. Pois o que caracteriza a arbitrariedade das opiniões prévias inadequadas, senão que no processo de sua execução acabam se aniquilando?[5]

A objetividade da compreensão, portanto, não envolve uma desqualificação, em princípio, das preconcepções do intérprete, susceptíveis que se encontram ao controle de veracidade por sua confirmação no contato com o objeto conhecido. Gadamer, aliás, insistindo na necessidade de dissociar a noção de preconceito da idéia de arbitrariedade e erro (associação pela qual responsabiliza o pensamento iluminista e seu desautorizamento da tradição) não hesita em mencionar a existência dos juízos prévios na compreensão judicial: "No procedimento juris-prudencial um preconceito é uma pré-decisão jurídica, antes de ser baixada uma sentença definitiva"[6].

A aproximação entre a Teoria Egológica e as concepções do autor de Verdade e Método não vai, entretanto, além do ponto em que as duas teorias reconhecem a relevância da pré-compreensão e trabalham com um conceito processual de objetividade, segundo o qual o raciocínio não é objetivamente válido por suas intrínsecas qualidades lógicas, mas sim como resultado de sua confirmação histórico-social. Pois, enquanto que em Gadamer não se observa maior preocupação com questões de natureza metodológica, o empenho no sentido da fundamentação da ciência do direito foi sempre decisivo na obra de Cossio.

Segundo comenta Machado Neto, a vocação da Teoria Egológica é, antes de tudo, produzir um conhecimento que sirva à prática dos juristas. Seu objetivo é buscar, mediante a indagação ontológica, os fundamentos para o trabalho científico, insistindo na última complementariedade entre a reflexão filosófica e as questões pragmáticas, razão por que a fenomenologia da sentença termina por constituir-se no centro de seu sistema de idéias. Mas, ao discutir sobre a natureza da práticas jurisdicional, Cossio não se afasta da questão epistemológica de afirmação da verdade jurídica, como modo peculiar de verdade; verdade de conduta, em relação à qual não cabe a distinção tradicional entre o pensar e o existir, presente nas teorias da verdade/corres-

---

5. GADAMER. **Verdade e Método**, Ed. Vozes, p. 402.
6. Idem Ibidem.

pondência, pela prevalência do ser sobre o pensar e nas teorias da verdade/evidência pela predominância do pensar sobre o ser. A verdade de conduta é a verdade do dasein, como ser que se auto revela (Heidegger) e que, por sua natureza ontológica (liberdade fenomenizada) só se permite expressar-se integralmente como verdade normativa (Cossio).

A afirmação egológica da aplicação dos conceitos verdadeiro e falso ao direito, associada à importância emprestada ao juiz no processo do conhecimento jurídico sugere certa similitude com o tratamento oferecido por Dworkin à solução dos "casos difíceis", por este atribuída à atividade reconstrutiva do juiz, capaz de encontrar no sistema, a única resposta correta, oferecida, in fieri, pelo próprio sistema. Coincidentes até aí, o professor de Oxford e o autor argentino, na mesma ousadia epistemológica de afirmar critério de verdade fora do horizonte exegético da aplicação mecanicista da lei ao fato, afastam-se, entretanto, os dois autores em um importante aspecto.

Preocupada em contestar a tese da discricionariedade judicial, a teoria de Dworkin se desenvolve como uma análise da experiência prática do juiz diante de situações de indeterminação normativa, resistente à utilização dos elementos contidos no sistema de normas e demandando, em conseqüência, uma compreensão e um tratamento mais amplos do sistema jurídico, como conjunto complexo de conteúdos teleológicos e morais. Seu direcionamento, portanto, não é elaborar um novo paradigma para a ciência do direito e as questões nele embutidas, relativamente à verdade dos conceitos, mas, antes, salientar a importância dos princípios, na justificação das decisões judiciais.

Enquanto as normas contêm uma regulamentação direcionada a uma aplicação específica, os princípios, axiomas de natureza geral, integra, uma estrutura teleológica mais ampla e aberta, cujo menor grau de precisão postula, para que a eles se recorra como base da racionalidade das decisões, um esforço de interpretação reconstrutiva. Argumentando segundo princípios, o juiz atua, quando necessário, além dos limites da regra, revelando o sentido ético do direito em vigor. Distingue-se do legislador, cujos argumentos, de natureza política, são diretrizes para a criação do direito. Em sua atividade, não cria direito novo, limitando-se a revelar direitos pré-existentes em um conjunto coerente, que, se devidamente reconstruído, é capaz, de si e em si mesmo, de fornecer a base para uma decisão que satisfaça, a um só tempo, às exigências de segurança, perseguidas pelo positivismo, e ao postulado da justiça.

Não há, na teoria jurídica de Dworkin, a abertura para questões filosóficas de ordem geral, relacionadas com a natureza mesma do conhecimento jurídico. Produto típico da cultura anglo-saxônica, sua atenção centra-se no estudo dos casos; seu horizonte é a dos precedentes, no quanto são capazes de refletir a combinação entre elementos técnico-jurídicos e o plano moral da sociedade. Ainda assim, é possível extrair dela uma das mais ousadas e criativas teorias sobre a natureza da função judicial. De acordo com ela, o juiz, ante as insuficiências da regra normativa, não age como legislador, restringindo-se a exercer função garantidora de direitos preexistentes que ainda quando carentes de suporte normativo expresso, consubstanciam-se nos princípios responsáveis pela coerência do sistema. Não lhe cabe fundamentar sua decisão nas diretrizes políticas que norteiam a atividade do legislador e dizem respeito ao atingimento de metas coletivas, consideradas, abstrata e generalizadamente, no processo de criação do direito. Sua tarefa consiste em processar os meios de desvelamento dos direitos individuais, protegidos, não apenas pelas normas, mas, sobretudo, pelos princípios, a que Dworkin empresta excepcional importância, atribuindo-lhes o papel de ordenadores do sistema. Quando entre si conflitem os princípios, hipótese tida por freqüente, compete ao julgador encontrar a ponderação mais justa, através da melhor leitura do sistema.

Nisto consiste a função do Hércules: encontrar, ante as várias possibilidades contidas no conjunto de valores jurídicos, a melhor teoria para sustentar a decisão, assumindo uma postura dotada, a um só tempo, de criatividade intelectual e comprometimento ético. Não obstante o indiscutível significado da teoria de Dworkin acerca da atividade judicial, pesa contra ela a ausência de um referencial ontológico que permita relacionar o sentido da função exercida pelo juiz com as características do próprio direito, viabilizando uma teoria da aplicação menos centrada nas qualidades do agente/aplicador que na natureza mesma da experiência jurídica. Aprofundemos um pouco mais neste aspecto, restabelecendo o diálogo entre a Teoria Egológica e o pensamento de Dworkin.

Como já dissemos, há, na obra de Cossio, uma indisfarçável exaltação do papel do juiz no processo de aplicação do direito. Contudo, neste como em outros aspectos da Teoria Egológica, o ponto de partida é uma consideração ontológica do direito como manifestação da vida humana (= conduta em interferência intersubjetiva) cuja plena inteligibilidade pressupõe a intimidade do intérprete com o objeto de seu conhecimento, de que é ele parte integrante.

Disso resulta que a verdade jurídica se apresenta como uma verdade estimativa, cujo critério positivo é a valoração judicial. Não basta, diz Cossio, a sintonia do juiz com as regras de coerência do sistema. Pois embora a "vivência de contradição" inviabilize o acerto da decisão ("de uma partitura de obra de

Chopin pode-se extrair inúmeras interpretações, mas dela não pode resultar uma interpretação da Marselhesa") ao eliminá-la apenas se pode garantir o critério negativo da verdade jurídica. A decisão dotada de poder de convencimento social exige mais que a fidelidade ao sistema, ele próprio contraditório e multifário; além de coerente, para ser justa a decisão deve representar a melhor leitura judicial do entendimento societário em dado momento, vale dizer, o melhor equacionamento possível dos valores condensados no ordenamento. Porém, a melhor leitura judicial dos valores, que fornece o entorno para a verdade jurídica não deve ser vista como resultado de aptidões especiais do juiz, como na visão dworkiana, por isso mesmo acusada, por tantos, de ter resultado, com o modelo do Hércules, em uma versão contemporânea da onipotência da razão iluminista. O fundamento da verdade valorativa não reside, segundo Cossio na sensibilidade moral do juiz nem em sua especial qualificação intelectual mas no atrelamento objetivo do juízo estimativo às fontes do direito (= "instâncias intersubjetivas de valoração") e nas possibilidades de revisão escalonada, criadas pelo próprio sistema, como controle de objetividade das decisões. Em outras palavras: as regras de confirmação processual da sentença, também elas elementos valorativos integrantes do conjunto das fontes, autorizam o "funcionário supremo" (último órgão judicial a pronunciar-se sobre a matéria) como tradutor da decisão mais justa.

Em ensaio publicado em sua mais recente obra (Direito e Democracia: entre fatos e normas), Habermas chama a atenção para o caráter solipsista do Hércules dworkiano ("juge qui se distingue par la vertu et son accés priviligié a la verité")[7], contrapondo ao estilo monológico da teoria do direito de Dworkin uma concepção dialógica do conhecimento jurídico, fundada em uma teoria da discussão, sob cuja ótica a organização de procedimentos sociais é a base de uma razão consensual, intersubjetiva e formada a partir do mundo vivido (lebenswelt) dentro do qual os sujeitos elaboram tanto as suas crenças e valores quanto os argumentos com que buscam justificá-los. Apoiando-se em Frank Michelman, critica a via solitária de Hércules como acesso ao conhecimento jurídico:

> Ce qui font défaut, c'est dialogue. Hercule (...) est um soliteire. Il est beaucoup trop heroique. Ses constructions narratives sont des monologues. Il ne converse avec personae parmi par le truchment des livres. Il ne font aucune recontre. Il ne va au devant d'aucune alterité (...). Hercule n'est qu'un home, après tout. Personne, home ou femme, ne pourrant être comme cela. Dworkin a produit une apotheose en matiére de juguement judiciaire sans

---

7. HABERMAS. **Droit et Démocratic**, Ed. Gallimard, p.246.

faire attention a ce qui semble être la caracteristique institutionelle la plus universelle et la plus frappante d'une jurisdiction d'appel: sa pluralité.[8]

A crítica de Michelman atinge o "calcanhar de Aquiles" da rica construção dworkiana: o sentidno de isolamento que atribui à atividade do juiz, sua incapacidade de vê-la como uma função da vida societária, de incluí-la, como observa Habermas na "comunidade de interpretação" dos juristas, o que termina por mantê-la à margem do controle de objetividade dos julgamentos. É exatamente este controle de objetividade que Habermas afirma deva ser buscado na teoria da argumentação, como pragmática do discurso jurídico, única via para que se possa afirmar terem sido preenchidas as condições de validade, assecuratórias da correção do juízo normativo e de sua aceitabilidade racional.

Chamando a atenção para a natureza dos direitos, "constructions sociales qui ne doivent pás être hypostasiées en fauts", Habermas propõe que a via em direção ao "acordo racionalmente motivado" deva ser procurada pela obediência às regras do diálogo, ausentes quaisquer condições de constrangimento que limitem a ação argumentativa das partes e pela busca de adesão ao "auditório universal" de que fala Perelman, cuja semelhança com o conceito cossiano de "força de convicção da sentença" acentuamos antes.

Voltemos à Teoria egológica. Como vieram a fazer posteriormente, Habermas, Alexy, Aarnio e outros, Cossio cuidou sempre de referir a formação do conhecimento judicial à prática de um saber que se desenvolve entre a faticidade da conduta e seu sentido normativo. Revertendo a tradição até aí estruturada, afirma que a interpretação não tem por objeto a norma, mas sim a conduta, ela própria um objeto inteligente, dotado de um saber que lhe é inerente: o saber da vida, do mundo comum, da intersubjetividade de valores que é o tecido das relações sociais.

É exatamente a este aspecto – o da intersubjetividade da conduta e do processo de compreensão que Machado Neto se dedicou, na fase final de sua obra, cuidando de estabelecer aproximações entre a Teoria Egológica e a sociologia fenomenológica da Escola da Califórnia, com o objetivo de elaboração de uma eidética do social. No trabalho, "Cossio e Cicourel – duas contribuições a uma sociologia existencial das normas" procura demonstrar a similitude entre o pensamento de Cossio e a Etnometodologia, segundo a

---

8. Id. Ibid.

qual o universo das normas é integrado por duas diferentes dimensões (Cicourel): as "basic norms", procedimentos utilizados pelos atores sociais para gerar a estrutura social e as "surface norms", "normas supostamente impostas por alguma ordem presumidamente existente fora do ator social"[9].

Observa Machado Neto que a norma positiva institucional é, sob a perspectiva egológica,

> um instantâneo do entendimento societário naquele dado momento (...) Como o direito compõe (...) um momento ou aspecto mais resistente da estrutura social, é possível escrever o direito. Dá tempo. Mas, ainda assim, isto não quer dizer que ele esteja fossilizado, porque em cada aplicação da lei pelo juiz há sempre uma criação residual pelo fato de experiência jurídica de que a jurisprudência seja fonte de direito (de sentidos jurídicos) mesmo nos momentos de mais viva vigência do legalismo exegético, na teoria e na prática.[10]

(Machado Neto, op. Cit., 82).

Esta análise sociológica jurídica do mundo normativo, que Machado aprofunda no trabalho "Sobre a Intersubjetividade da Compreensão", ao salientar a comunicação entre os conceitos husseliano de "lebenswelt", "everyday life" na Etnometodologia de Cicourel, Garfinkel e Douglas, e "construção social da realidade" em Berger e Luckman constitui uma via nitidamente assemelhada ao percurso desenvolvido por Habermas em sua teoria da discussão e na ideia de acordo consensual como base da racionalidade jurídica.

6. CONCLUSÃO

Desde que se aprofundaram as críticas sobre a teoria do silogismo judicial, alguns pontos foram-se tornando, aos poucos, objeto de consenso para a metodologia jurídica, todos eles, em maior ou menor medida, entre si relacionados. Em breve tentativa de sistematização podemos apontar:

1. A estrutura aberta da linguagem jurídica atestada pela plurivocidade semântica de seus termos e pela complexidade da ordenação lógica segundo a qual se estruturam os textos normativos.

---

9. MACHADO NETO. **Para uma Eidética Sociológica**, p. 81.
10. Id. Ibid., p. 82.

2. A consciência de que as técnicas tradicionais de interpretação que constituem o chamado "catálogo de métodos" apresentam caráter meramente instrumental e são insusceptíveis à hierarquização, ante a presença dos problemas hermenêuticos concretos.

3. A verificação de que o enunciado normativo e o seu conteúdo (para alguns a norma mesma) permeiam questões de natureza factual e axiológica que induzem o intérprete à concretização hermenêutica, vale dizer à contextualização da norma, seja por referência a seu sistema externo (valores, *standards* éticos e sociais).

4. A consideração da atividade hermenêutica como atividade de desvelamento de um sistema de normas e princípios, habitado, em qualquer dos dois níveis, por freqüentes contradições.

5. A verificação do fenômeno de mudança de jurisprudência, sem que ocorra alteração formal da lei e as implicações daí resultantes para a crítica ao postulado de hegemonia da lei, na condução da prática judicial.

6. A possibilidade de decisão contra-legem.

Esse conjunto de problemas, evidenciado na prática profissional dos juristas, levou a teoria hermenêutica à consciência crítica dos limites da lógica formal no processo de interpretação/aplicação do direito.

Posto o desafio de elaboração de um novo paradigma, apto a superar a insuficiência dos critérios de demonstrabilidade, sem incorrer no risco de legitimação do arbítrio dos juízos, abria-se o horizonte para novas alternativas de uma teoria, voltada à construção de critérios metodológicos que, sem podar, inoperante e falsificadoramente, a riqueza do fenômeno jurídico, fossem capazes de preservar padrões de certeza e objetividade para os julgamentos judiciais.

Não se trata de tarefa fácil, nem, muito menos, limitada ao enfrentamento dos chamados "casos difíceis". Pois, ainda que existente previsão normativa expressa, a comunicação entre ela e hipótese fática a demandar qualificação jurídica apresenta também graves problemas de enquadramento hermenêutico. Diz-se que o juiz não pode atuar segundo suas próprias opções políticas e de conveniência, apregoando-se a sua submissão ao texto normativo, mas se afirma, no mesmo passo, o inefastável comprometimento decorrente da presença, no processo de decisão, da integralidade de sua condição humana. Repele-se o apelo judicial às valorações subjetivas, enquanto persistem, mais ou menos insatisfatórios, os critérios para o controle da objetividade, nas questões de valor. Em nome do postulado democrático da separação de poderes, nega-se ao juiz poder de criação do direito, mas não se encontra fundamento suficiente para esta negativa, quer face a existência de lacunas quer, ainda, - e mais singelamente – face ao momento de elaboração da norma individual, salvo ao preço, confortavelmente pago por Kelsen de enxergar nesse momento um mero ato de vontade que escapa ao método científico. Oscila-se entre definir a atividade judicial como um ato de vontade ou uma forma de saber, não faltando, entre os que optam pela segunda alternativa, os que indicando o saber dos juízes como prudência, descomprometem-se quanto a consequências de natureza epistemológica.

Perelman, Cossio, Dworkin, Alexy, Habermas são, todos eles, pensadores que, de certo modo, contribuem para superar tais paradoxos tradicionais da doutrina hermenêutica. Preocupados com o problema da fundamentação objetiva das decisões judiciais, a nenhum deles parecem suficientes os critérios fornecidos pela lógica formal relativamente à coerência interna dos julgamentos.

Além da "justificação interna" (Alexy) é necessário – entendem – que a sentença seja capaz de justificar-se externamente, mostrando-se aceitável mediante a utilização de argumentos generalizáveis, de acordo com o código lingüístico e valorativo de um universo de pessoas ("auditório universal" <Perelman>) capazes de reconhecer-lhes "força de convicção" (Cossio).

A racionalidade jurídica depende, portanto, do recurso a procedimentos de obtenção do consenso. Para a maioria dos autores comentados, a saída do campo dos juízos demonstrativos para o âmbito dos discursos de justificação de razões, deixa a alternativa de mais de uma solução possível face à mesma demanda. Assim, por exemplo, Perelman e Alexy, contrapostos, neste particular, ao pensamento de Dworkin, cuja tese da "única resposta correta" aproxima-se do ponto de vista cossiano no que toca à possibilidade de contrapor ao erro jurídico (=injustiça) o resultado de uma verdade estimativa.

Por outro lado, também no que toca à natureza dos procedimentos que levam a universalização dos argumentos, e portanto à aceitabilidade das decisões neles motivadas, há, entre os autores comentados, pontos de convergência e de distanciamento. Em Perelman, a ênfase é posta sobre a compatibilidade entre os fundamentos da sentença e o conjunto de valores assimilados pelo "auditório universal", vale dizer, todos os que participam um mesmo contexto institucional e ideológico.

As questões de conteúdo, pois, revestem-se, para Perelman, de relevância especial, e a razão normativa, como aspecto da razão prática – reflete condições básicas, excedendo limites puramente dogmáticos.

Diferentemente, sob a perspectiva de Alexy, a razão jurídica, caso especial da razão prática normativa, exerce-se pela obediência ás regras de coerência do discurso e pela aceitabilidade dos argumentos de que se vale. A produtividade dos argumentos, isto é, a sua capacidade de tornarem-se argumentos generalizáveis é, por Alexy examinada tendo em vista questões de natureza eminentemente procedimental (= limitações próprias ao discurso jurídico), que não contemplam aspectos ético-sociais e valorativos. Sob esse ângulo distancia-se o seu pensamento, em tantos pontos orientados pela obra de Habermas, do modo como este último concebe o processo de formação da "verdade consensual", em que pesam, além de elementos linguísticos relativos às "condições ideais de diálogo", fatores de natureza valorativa (condições de acesso à igualdade), consubstanciados nas instituições democráticas.

Nas primeiras páginas deste trabalho, aludimos à influência que a concepção iluminista do direito e da sociedade exerceu sobre a teoria hermenêutica, enfatizando aspectos de natureza técnica e propondo a neutralização ético-política da prática interpretativa.

Realmente, por longo período entendida e praticada como prudência e a atividade hermenêutica passa a ser vista, sob o paradigma da modernidade, como atividade tecnológica, cujo objeto é a expressão racional do direito, enquanto norma. Revelar o sentido dos conceitos normativos passa a ser, então, a incumbência do intérprete, amparados por uma coleção de métodos, que ora enfatizam a expressão linguística da lei, ora apontam para a importância de conhecer seus antecedentes históricos e sua capacidade de ajustamento às condições sociais.

A crise da racionalidade formal trouxe de volta a percepção do sentido valorativo da aplicação do direito. Contudo, a essa percepção não correspondeu a criação imediata de uma nova alternativa metodológica, capaz de fixar as bases de uma racionalidade jurídica que se pusesse de permeio entre a segurança e a justiça.

Foi este o desafio que enfrentaram os autores comentados ao longo do texto. A nenhum deles escapa a consciência de que a interpretação do direito, muito mais que a procura de uma verdade teórica, envolve, por implicar em uma decisão, exercício de poder. Todos se mostram conscientes da complexidade ética, linguística e político-social do material com que lidam e reconhecem a incapacidade da lógica tradicional para lidar com tantas ambiguidades e contradições. Postos entre a impossibilidade da demonstração e o risco da arbitrariedade, empenham-se em superar este dilema, fixando as bases da racionalidade jurídica e parâmetros de verdade com ela compatíveis: "verdade de conduta", "correção", "logos de lo razonable", "convencimento do auditório universal", são, todas estas, não obstante a diversidade dos caminhos teóricos percorridos (fenomenologia existencial, construção dialógica da verdade consensual, aproximação entre a razão jurídica e outras formas de razão prática normativa), noções que convergem para o mesmo ponto: a interpretação/aplicação do direito é um ato de conhecimento permeado por valores e direcionado à obtenção da legitimidade (= aprovação pública) das decisões.

RACIONALIDADE DO DIREITO, JUSTIÇA E INTERPRETAÇÃO. DIÁLOGO ENTRE A TEORIA PURA E A CONCEPÇÃO LUHMANNIANA DO DIREITO COMO SISTEMA AUTOPIOÉTICO[1]

Marília Muricy[2]

Sumário: Introdução: 1. A noção de sistema jurídico na teoria pura e no direito autopoiético. Contextualização histórica e fundamentos epistemológicos; 1.1. Racionalidade e sistema em Kelsen; 1.2. O direito como sistema autopoiético. Pós-modernidade e "racionalidade sistêmica" no pensamento de Luhmann – 2. Justiça e interpretação: 2.1. O cepticismo valorativo da Teoria Pura e o problema da interpretação; 2.2. Justiça e Interpretação na teoria do direito como sistema autopoiético. Justiça como "fórmula de contingência" e interpretação como operação do sistema – Bibliografia.

INTRODUÇÃO

Um dos problemas mais destacados do debate contemporâneo no campo da hermenêutica jurídica é o da objetividade possível aos critérios que orientam a aplicação do direito e, principalmente, o da difícil harmonização entre

---

1. Texto originalmente publicado em Hermenêutica plural: possibilidades jusfilosóficas em contextos imperfeitos. São Paulo: Martins Fontes, 2002. p. 103-124.
2. Mestre em direito pela UFBa. Doutora em filosofia pela PUC/SP. Professora de Teoria Geral do Direito e Filosofia da UFBa.

a relevância do significado social das decisões e as demandas de legitimidade de tais decisões, tendo em vista a natureza do fundamento de que se valem.

Embora o problema da objetividade apresente, na área jurídica, contornos próprios, não é ele questão que afete exclusivamente a atividade interpretativa desenvolvida pelos juristas. Muito menos podemos qualifica-lo como questão emergente. A discussão acerca do equilíbrio entre os aspectos subjetivos da interpretação e sua capacitação como elemento do sistema comunicacional da sociedade tem ocupado lugar privilegiado na teoria hermenêutica, desde os seus primeiros passos, com os estudos bíblicos de Schleimacher, para quem "a arte da compreensão correta do discurso de um outro", além de pressupor a reconstrução histórica dos elementos subjetivos da estrutura discursiva, exige a apreensão de seus elementos objetivos, através de uma prática metódica voltada para a justificação racional do resultado da interpretação.

O caminho aberto por Schleimacher foi decisivo para o desenvolvimento ulterior de uma epistemologia das ciências sociais, sustentada na ideia de *compreensão* como método de apreensão peculiar ao conhecimento de objetos marcados pela presença do valor. O conceito de *verstehen*, cujas bases originais e encontram no pensamento de Dilthey, é o eixo de uma vasta e prolongada tradição teórica centrada na preocupação de definir a relação sujeito/objeto nas ciências de objeto cultural, em que a intervenção do sujeito, no campo a que se dirige o conhecimento, põe especiais desafios ao problema da objetividade hermenêutica. Tais desafios concentram-se, em última análise, na fixação dos limites de interpretação, isto é, da linha divisória entre o resultado da presença do sujeito e de seus comprometimentos com o objeto e a formação de um produto hermenêutico capaz de ser absorvido pelo universo coletivo de receptores da mensagem. Dentro desse quadro, os problemas da objetividade atrelam-se à exigência de controle da valoração, realizada sem que se tenha de pagar tributo ao preconceito positivista de veto aos juízos de valor na ciência.

Outra importante dimensão do problema da racionalidade da interpretação é explorada, na teoria literária, pelo debate entre pragmatistas, como Richard Rorty, e desconstrutivistas, a exemplo de Derrida, que propõem a alternativa de uma multiplicidade infinita de "leituras" da obra, e outros, como Umberto Eco, dispostos a contrapor às "superinterpretações" literárias a necessidade de um padrão para a interpretação aceitável.

Contra a liberdade absoluta do leitor (*intentio lectoris*) Eco sublinha a importância da intenção da obra (*intentio operis*), que, não obstante inconfundível com a intenção do autor, e, portanto, incapaz de subordinar o leitor às motivações subjetivas que atuaram no processo de elaboração do texto, fixa um universo de interpretações possíveis ao "leitor-modelo". As formulações de Umberto Eco, apresentadas nas conferências Tanner de Cambridge, em 1990, aproximam-se claramente da polêmica que se desenvolve na teoria do direito acerca do contraste entre a vontade da lei e a vontade do legislador como alvo da indagação sobre o sentido da norma.

É verdade que o problema da correta interpretação no campo jurídico ultrapassa, em muito, a pergunta tradicional acerca do grau de subordinação do intérprete à autoridade do legislador, gerando, para a doutrina, um amplo universo de indagações de que se vêm ocupando, com maior ou menor intensidade, todas as correntes do pensamento filosófico-jurídico.

Esse trabalho limitará o espaço de discussão ao que pode ser extraído de uma análise comparativa entre a Teoria Pura e a concepção luhmanniana do direito como sistema autopoiético, buscando identificar, nos pontos de aproximação ou de afastamento entre as duas doutrinas, as projeções da teoria do sistema no campo hermenêutico, em especial no que se refere às relações entre o problema da objetividade possível à decisão jurídica e a questão da justiça, tendo, como pano de fundo, uma reflexão acerca da racionalidade do direito. A exposição se desdobrará em dois planos. No primeiro, a ênfase será posta sobre a radicação histórica, social e política do pensamento dos autores considerados, procurando-se, tanto quanto possível e o permitir do rigor da análise, estabelecer vínculos entre a ambiência social e política que circunda a Teoria Pura do Direito e a teoria luhmanniana e os supostos epistemológicos que sustentam suas distintas concepções do sistema jurídico. Um segundo momento conduzirá a análise para o difícil problema das conexões entre a racionalidade do direito e a questão da justiça, procurando acentuar, quanto a esta última, a diferença entre o recorte epistemológico que, na Teoria Pura, a expulsa para fora do campo de uma teoria científica do direito e as razões encontradas por Luhmann para incorporá-la, nos limites de sua compreensão como "fórmula de contingência", ao conjunto das operações do sistema autopoiético do direito. Ainda neste plano, o esforço final e conclusivo procurará apontar, a partir das linhas prefixadas, pontos de convergência e de dissimilitude entre a visão kelseniana da interpretação e o papel que esse conceito desempenha na teoria de Luhmann.

1. A NOÇÃO DE SISTEMA JURÍDICO NA TEORIA PURA E NO DIREITO AUTOPOIÉTICO. CONTEXTUALIZAÇÃO HISTÓRICA E FUNDAMENTOS EPISTEMOLÓGICOS

1.1. Racionalidade e sistema em Kelsen

Referindo-se à associação entre a modernidade político-jurídica e o desenvolvimento do capitalismo, Boaventura de Sousa Santos observa a função desempenhada pelo positivismo jurídico na imunização da razão contra a "contaminação de qualquer irracionalidade não capitalista"[3]. Afirmando que o Estado Constitucional do século XIX, embora herdeiro da rica tradição jusnaturalista anterior, realiza, ao entrar na posse de tal herança, a transição da "boa ordem" para a "ordem *tout court*", o cientista português, cuja análise da relação emancipação/regulação no projeto da modernidade integra hoje a agenda obrigatória dos estudos sobre direito e capitalismo, atribui ao positivismo o papel de "consciência filosófica do conhecimento-regulação" e contribui, largamente, para que possamos compreender a distância que vai do conhecimento sistemático inaugurado pela Escola Racionalista do Direito Natural até a visão sistêmica do direito, no modo como em Kelsen a encontramos.

Enquanto os filósofos racionalistas do século XVIII procuravam extrair noções jurídicas concretas de uma verdade de razão ética, como expressão máxima e superior do direito, a Teoria Pura do Direito esvazia a norma fundamental, para ela princípio regulador da juridicidade de qualquer sentido moral ou legitimação material, conferindo-lhe função de simples postulado do conhecimento, que atende à exigência de plenitude do sistema[4].

No processo de derivações sucessivas que a partir daí se instala, também não ingressam, como objeto de interesse científico para o jurista, conteúdos de natureza econômica ou política. Abstraído, pelo voto de pureza metódica, o significado concreto das normas, o pensamento kelseniano realiza o grande giro entre a racionalidade material (quer a jusnaturalista, de natureza ética, quer a racionalidade empirista de fins, de que Ihering é bom exemplo) para racionalidade formal de um "direito autônomo"[5]. Embora mantida a asso-

---

3. Cf. SANTOS, *Crítica da razão indolente*, p. 140.
4. Ainda que alguns, como Legaz e Lacambra, tenham procurado ver, no conceito de norma fundamental, um princípio de ordem material, encontrando, aí, contradição com o conjunto de ideias de Kelsen, prevalece, na doutrina, o reconhecimento da natureza formal do conceito, a nosso ver, autorizado pela leitura adequada da Teoria Pura.
5. LUHMANN, *O direito da sociedade*, p. 71.

ciação entre direito-Estado, é certo que a concepção estatista do direito que encontramos em Kelsen não compromete a "pureza" da sua teoria, alimentada por uma visão procedimentalista de geração de normas (o direito regula sua própria criação...) e embasada em um bem-sucedido esforço metodológico de dessubstancialização do direito. É esse, aliás, o traço que a torna inconfundível com formulações ulteriores de uma razão material finalística, tal como se pode identificar no chamado "direito promocional" (Bobbio) e em outras vertentes da teoria funcional do direito, apropriadas a diferente perfil das relações Estado/sociedade, de que falaremos adiante.

Esta é a inconfundível identidade da Teoria Pura do Direito: a de ser, por suas virtudes ou em seus defeitos, uma metodologia do direito, cujo inequívoco formalismo reflete importante teorização filosófica quanto às condições de validez do processo e conhecimento.

Desdobremos, melhor, este ponto: motivado pela preocupação em assegurar a autonomia da ciência do direito em frente ao que considera invasivas interferências de outras ciências sociais; preocupado, por outro lado, em eliminar o risco ideológico do jusnaturalismo que ameaçava o rigor científico de prática do jurista, Kelsen vai buscar, na matriz kantiana da "razão pura", eficiente cobertura epistêmica para seus propósitos. Sua filiação ao pensamento do "filósofo das três críticas", não obstante o desprezo com que trata pressupostos e consequências da "razão prática", é, a nosso ver, nela encontrando fundamento a separação intransponível entre *ser* e *dever ser*, responsável por seccionar o saber sobre a sociedade em um saber sobre a "natureza" (Sociologia) e um saber direcionado pela lógica da imputação (Direito).

Na mesma sequência, realizando, com seu "agnosticismo axiológico", o que Recasens Siches chamou de "reelaboração positivante do kantismo", conduz a tarefa de depuração científica do objeto do direito a um segundo nível de diferenciação: a distinção entre o "dever ser lógico" e o "dever ser axiológico", entregando este último à competência metafísica da Ética e dos filósofos.

Aí, as duas faces da couraça epistemológica que protege a "pureza" da teoria kelseniana contra o ineditismo pluralista do mundo real e contra o risco das "contaminações valorativas". De um lado, o anseio pela autonomia que liberte o jurista da complexidade da experiência, tendente a ameaçar a eficácia da prática científica. De outro lado, o horror metafísico que desqualifica o mundo dos valores, tido por invulnerável a qualquer critério de objetividade. Sob tais imunidades, coerentes, mas artificiosamente construídas, emerge a teoria do ordenamento jurídico, como escalonamento hierárquico de normas que encontram na norma fundamental a base (pressuposta) de sua valide global e nos níveis derivados da Constituição, patamares sucessivos de asseguramento da validez das normas hierárquicas inferiores, até o ponto último das normas individuais, que se apresentam como fundamentação pura, uma vez que delas não derivam novas formas. Voltaremos, adiante, a este ponto, por ser crucial para entender a teoria hermenêutica kelseniana e suas aproximações com o problema da justiça. Por enquanto, basta acrescentar que, embora Kelsen reconheça existir em cada degrau da hierarquia normativa a presença de certa dose de indeterminabilidade quanto aos limites de elaboração da norma inferior, tal indeterminabilidade, por ser relativa a questões de conteúdo e decisão valorativa, não penetra o núcleo identificador do sistema, isto é, a vinculabilidade procedimental entre a norma inferior e a competência monogenética expressa na norma superior, aspecto que se evidencia no conceito kelseniano de habilitação de normas. A ênfase, portanto, é posta sobre a noção de validez, cujo feitio lógico-objetivante não absorve parâmetros valorativos e hostiliza qualquer tentativa de aproximá-la da confluência teórica em que se inscreve a questão da legitimidade.

É, pois, a noção de validez, não obstante as concessões observáveis na obra de Kelsen, sobretudo na chamada fase americana, ao conceito de eficácia, que constitui o centro da teoria kelseniana do sistema, nitidamente calcado no suposto de uma racionalidade jurídica formal, em que a expulsão de fatos e valores caminha ao lado de uma igualmente dessubstancializadora redução do conceito de subjetividade jurídica, como se pode concluir da sua teoria dos sujeitos de direito como "pontos de imputação".

1.2. O direito como sistema autopoiético. Pós-modernidade e "racionalidade sistêmica" no pensamento de Luhmann

Se as raízes histórico-sociais da Teoria Pura podem ser localizadas na crise do projeto emancipador do liberalismo iluminista, e engolido pela ideologia positivante de um direito do Estado, a teoria luhmanniana do direito é contemporânea da segunda crise da modernidade capitalista; a crise do Estado social, cujo paradigma jurídico tem sido considerado incapaz de responder satisfatoriamente ao estágio atual das relações Estado/sociedade e direito.

Enquanto Kelsen encontrara, sobre o pano de fundo do primeiro pacto entre capitalismo e modernidade, campo favorável para estabelecer as bases epistemológicas de um "direito mínimo", o ambiente político em que se produz a teoria luhmanniana do sistema jurídico exige respostas para o esgotamento do Estado intervencionista e de seu instrumento jurídico, diante da desorientadora complexidade que, sobretudo a partir dos anos 1970, vem indicando uma tendência para a global desregularização da vida econômica e sócio-política.

A ciência política estudou, à exaustão, as bases do delineamento histórico do Estado social, em seu propósito de promover a justiça e a igualdade buscadas por um novo perfil de sociedade, em que atores coletivos tomam o lugar dos sujeitos individuais de direito e carregam consigo exigências igualmente coletivas, afetando o princípio de separação entre o público e o privado no campo jurídico, com sérias consequências para o modelo de autonomia formal, progressivamente substituído pela racionalidade jurídico-material, que propõe o uso do direito no controle da economia.

Aos poucos, porém, foi-se instalando a conhecida crise do Estado social, resultado, de um lado, da hiperjuridificação da sociedade produzida pelo intervencionismo e, de outra parte, pela notória incapacidade do Estado e de seus instrumentos formais para dar conta do aumento incontrolável das demandas sociais. No plano epistemológico, a resposta a esse processo aparece na forma de uma revisão da teoria funcional do direito, com vistas ao estabelecimento de pressupostos tidos por mais adequados ao cenário de crise do Estado nacional, desregulação e privatização.

É nesse contexto, em que se evidenciam as limitações da nacionalidade jurídica formal e se fragilizam as bases de uma racionalidade de fins, que Luhmann vem a instalar o que Raffaele de Giorgi chama de "racionalidade sistêmica", com a responsabilidade de atuar como o iluminismo possível no mundo contemporâneo.

O ponto de partida da concepção do direito como sistema autopoiético situa-se a léguas de distância teórica do pensamento de Kelsen.

Para este, a autonomia sistêmica é fruto do fechamento lógico e da hostilização da plenitude da experiência jurídica, cujas "impurezas" representam ameaça à unidade do sistema, por sua vez assegurada pela especificidade do dever-ser, única via pela qual adquirem sentido os fatos da vida. Para Luhmann, diferentemente, o sentido inerente às estruturas de comunicação é a base do sistema, cuja clausura não resulta de nenhuma diretriz epistemológica, mas, sim, do modo como se realizam suas próprias operações, e do feitio peculiar pelo qual se reproduzem, assegurando o seu fechamento. Não há lugar, portanto, para que se possa prescrever, metodologicamente, os limites do direito: "só o direito limita o direito"; vale dizer, é por sua capacidade de auto-reprodução (autopoiésis) que o sistema constitui sua própria unidade e se faz autônomo. Além disso, não há, na aplicação do direito da nação de autopoiésis sistêmica, qualquer acolhimento à tentativa, como em Kelsen realizada, de buscar a especificidade do jurídico, na distinção entre o ser e o dever-ser, voltada a separar, epistemologicamente, direito e sociedade. O Direito da sociedade (como intitula sua obra mais recente, nesse terreno), embora diferenciado pela existência de um código que lhe é exclusivo, encontra-se aberto (abertura cognitiva) para os demais sistemas comunicacionais, o direito exerce a sua seletividade (redução de complexidade), podendo vir a incorporá-las ao convertê-las a seu próprio código.

O que até aqui se disse, na tentativa de expor o extremamente complexo pensamento luhmanniano, exige, para melhor clareza, alguns desdobramentos, sobretudo porque necessários à compreensão de aspectos a serem cuidados mais adiante.

Ao transpor para as ciências sociais o conceito de autopoiésis, cuja origem é a teoria biológica Maturana e Varela, Luhmann distinguiu a autopoiésis biológica do modo como funcionam os sistemas de sentido, como o direito. Tais sistemas, diferentemente dos biológicos, são capazes de auto-observar-se, referindo-se, a um só tempo, a si mesmos e a seu entorno, para integrar seu próprio conjunto de operações, a diferença entre sistema e meio ambiente. Não há, portanto, uma atuação externa do meio ambiente sobre o sistema do direito. Harmonizados pela auto-observação, fechamento operativo e abertura cognitiva garantem aos sistemas sociais autopoiéticos sua necessária autonomia sem que isso signifique o isolamento absoluto quanto a outros sistemas.

Ora, o sistema jurídico como formulado por Kelsen é, como podemos ver, um sistema que se isola, autarquicamente, dos demais sistemas sociais. E embora seja certo que o ingresso da conduta no mundo jurídico também se dá, na versão da Teoria Pura, pela conversão de dados da realidade fenomênica em elementos normativos, de acordo com a capacidade que têm as normas de dar sentido jurídico aos fatos da vida, não passa daí a similitude entre a Teoria Pura e a Teoria do direito autopoiético. Pois, enquanto o funcionamento do sistema jurídico reside, segundo Kelsen, na estruturação hierárquica de normas, tendo por pressuposto de completude e unidade o postulado gnosiológico da norma fundamental, em Luhmann não encontramos qualquer critério lógico que venha a servir à unidade do sistema, sendo ele mesmo, por suas próprias operações, responsável pelo estabelecimento de seus limites.

Ademais, de hierarquia não se trata, com a noção de autopoiésis, mas sim de uma circularidade reflexiva em que se põem mutuamente, em relação, operações sistêmicas da mesma espécie, o que imprime ao conceito de validez um significado claramente diferenciado do que lhe atribui a Teoria Pura.

Como, ainda que transversalmente, já aludimos, o conceito de validez é o centro da teoria do ordenamento jurídico elaborada por Kelsen sobre o princípio de hierarquia, não sendo possível ignorar a sua extrema utilidade prática, como instrumento para o expurgo de contradições entre normas.

Luhmann, diferentemente, não vê associação entre validez e hierarquia normativa. Para ele, a validez é o "símbolo responsável pela unidade do sistema"[6] desempenhando a função de enlaçar operações. A simbolização operativa a cargo do conceito não se confunde com as operações do sistema que atuam como observações. Situada em um nível mais baixo que estas, seu desempenho é, todavia, imprescindível para assegurar a continuidade entre operações, produzindo referências que garantam a circularidade do sistema. É símbolo destituído de qualquer valor intrínseco, indiferente ao conteúdo prescritivo das normas, e, pois, imprestável como elemento de solução dos conflitos entre disposições de diferentes hierarquias.

É visível a distância que separa Kelsen e Luhmann no tocante a esse ponto. Não obstante pareça nítida, na Teoria Pura, a desvinculação entre o "dever ser lógico", a que se liga o conceito de validez e o sentido valorativo ("dever ser axiológico") relacionado a questões de convalidação ético-política (= legitimidade) das normas, nela é possível encontrar, embora com fundação secundária ante o feitio eminentemente processual da dinâmica normativa, referência a questões de conteúdo que indicam subordinação material entre normas.

E ainda que menos relevantes que a regra de hierarquização de competência, própria do sistema, tais questões de conteúdo não são de todo destituídas de importância, podendo mesmo falar em uma fundamentação/derivação material de normas ao interior do modelo kelseniano, já que o extremado formalismo de Teoria Pura resulta, tão-só, como temos insistido em afirmar, de uma opção teórica que não ignora a plenitude da existência jurídica.

Luhmann, diferentemente, não recorre a nenhum critério metodológico previamente selecionado para, a partir dele, constituir o objeto científico do jurista. Definir-se é tarefa do próprio sistema autopoiético do direito, de seu potencial de auto-observação, de sua capacidade de impor-se limites. Daí que a validez, como operação do sistema, não se vincule à noção de norma

---

6. LUHMANN, *O direito da sociedade*, pp. 71 ss.

jurídica, estabelecendo-se pura e simplesmente como símbolo que assegura a circular sucessividade das operações. Tal desvinculação pode ser explicada pela relevância atribuída por Luhmann à decisão jurídica e à independência entre esta e quaisquer critérios de conteúdo valorativo que fundamentem a sua aceitabilidade social. De todo modo, ela também pode ser explicada – e aqui nos valemos da crítica Habermas – pelo tratamento destinado por Luhmann à norma jurídica, cuja consequência e desvesti-la de seu caráter obrigatório, deontológico, para, no horizonte de uma análise meramente funcional, defini--la como espécie de expectativa cognitiva, cuja natureza contrafática a torna imune à aprendizagem. Entende Habermas que a compreensão luhmanniana da positividade do direito (direito vigente), fundada em uma "reinterpretação empirista da normatividade", termina por acentuar, através da eliminação do que chama "sentido ilocucionário do mandamento", a importância da institucionalização estatal e da ameaça de sanções como resultado da incorporação de expectativas sujeitas ao risco de decepção ao sistema jurídico, incumbido, por seus propósitos, de neutralizar tal risco[7].

A crítica habermasiana toca de perto o que se tem considerado como vocação, a-crítica da crítica luhmanniana à teoria tradicional do direito: seu inescondível desprezo pelos problemas de legitimidade material do direito e sua opção por um decisionismo funcionalista desligado cde qualquer sentido ético. A este ponto retornaremos cuidando das relações entre justiça e interpretação. Por ora, contentamo-nos em frisar, a modo de conclusão provisória, aproximações e afastamentos entre os conceitos de norma e validez, como aparecem em Kelsen e como tratados por Luhmann: ambos resistentes à associação entre validez e legitimidade, divorciam-se pela ausência, na concepção luhmanniana, do elemento hierarquizante e, pois, pela negação do sentido convalidante da norma superior em face dos regramentos normativos inferiores, o que, segundo tal concepção, é responsabilidade exclusiva do direito vigente, intervindo como circularidade auto-referencial de operações que se sucedem neutralizando decepções e assegurando "consistência" às decisões.

É fácil associar o empenho da teoria do direito autopoiético no sentido de atribuir base procedimental à positividade do direito aos desafios históricos da pós-modernidade.

Em seu livro *Direito e democracia*[8], Celso Campilongo, combinando uma análise sociopolítica do direito, nos diferentes estados do Estado capitalista,

---

7. Ver HABERMAS, *Direito e democracia*, vol. II. Rio de Janeiro: Tempo Brasileiro, 1997, pp. 223 ss.
8. Ver CAMPILONGO, *Direito e democracia*. São Paulo: Max Limonad, 1997, pp. 55 ss.

com preocupações de ordem epistemológica, registra limites e dificuldades do paradigma do direito responsivo (elaborado por Selznick e Monet, como alternativa para o esgotamento do "modelo repressivo" do direito, fruto do capitalismo liberal) diante das exigências do estágio subsequente do capitalismo intervencionista.

Ao "direito autônomo", caracterizando pela separação entre direito e política e pela valorização da racionalidade formal que identifica legitimidade e legalidade, opõem os dois autores, na linha de uma teoria funcional do direito com que parecem identificar-se, a afirmação da responsabilidade do direito pela redução das dificuldades sociais, a partir de um sistema aberto, pautado por princípios e disponível para abrigar a discricionalidade de decisões norteadas pela boa e sã utopia de uma reengenharia social, pelo caminho do jurídico.

Mas, como é ainda Campilongo quem observa, o modelo do "direito responsivo", além de pressupor uma "ética de integração comunitária", pela via idealista de um homem "bom por natureza", deixa sem resposta a questão do controle do poder informal que se instala em novos espaços de produção do direito e não esclarece o papel reservado ao Estado ante a multiplicação de centros de regulação político-jurídica nas sociedades complexas. É nesse espaço de crítica que se instala a proposta de "direito reflexivo" em Teubner e, na mesma linha, a preocupação de Luhmann em preservar, diante da elástica complexidade do mundo pós-moderno, a integridade do sistema jurídico, valendo-se de estratégias já mencionadas, entre as quais é possível destacar: o princípio da clausura operacional e abertura cognitiva do sistema que sustenta a distinção código/programa; a recusa à possibilidade de que venha o meio ambiente a produzir, por si só, transformações nos sistemas; e, finalmente, o esvaziamento ético-político da normatividade.

Não é difícil desvendar, atrás desse conjunto, a concepção de racionalidade jurídica que perpassa a teoria luhmanniana: uma racionalidade imaterial e sistêmica, de que exclui a responsabilidade subjetiva, individual ou coletiva, na tarefa de produzir o direito, para dar lugar ao jogo funcional de estruturas geradas de estabilidade e neutralização de riscos.

Este o ponto a que chegou o projeto da razão iluminista que os jusnaturalistas esboçaram e Kelsen cuidou de neutralizar com seu formalista estatista: um programa elaborado sob uma perspectiva sociológica de pretensões universalizantes, objetivando reduzir a complexidade do mundo; um mundo sem sujeitos e deserto de responsabilidades éticas, para um direito indiferente à legitimidade, que abdica do consenso em favor de procedimentos aptos a tornar efetiva a aceitabilidade das decisões.

2. JUSTIÇA E INTERPRETAÇÃO

2.1. O cepticismo valorativo da Teoria Pura e o problema da interpretação

É unânime, entre admiradores e críticos de Teoria Pura, a afirmação de seu cepticismo axiológico, fruto da censura à ideologia jusnaturalista e claramente ajustada à descrença positivista na objetividade (ou intersubjetividade) dos valores. Tal cpeticismo não se restringe às consequências do voto de pureza metódica professado como condição indispensável ao vigor da ciência, mas se estende, para além da Teoria Pura do Direito, a filosofia kelseniana da justiça, a cujas luzes não existe, mas questões valorativas, qualquer objetividade possível[9].

Apesar da convicção kelseniana quanto à inacessibilidade dos problemas de valor a critérios racionais, e, pois, quanto à impossibilidade de estabelecer pautas de preferibilidade para as opções axiológicas, a Teoria Pura não nega lugar aos valores como integrantes da experiência jurídica e reconhece sua presença na prática profissional dos juristas. Tem-se aqui aspecto importante para a análise de sua teoria da interpretação.

É usual afirmar que a teoria da interpretação, tanto quanto a teoria das fontes do direito, está, em Kelsen, atrelada a sua concepção do ordenamento como estrutura hierárquica de normas jurídicas. Escalonamento de produção sucessivas de normas, o direito positivo se apresenta, em cada um de seus níveis hierárquicos, como sendo, a um só tempo, aplicação e criação do direito, uma vez que cada grau da escola normativa realiza prescrição da norma superior e gera nova norma, por seu turno, responsável pelos limites da norma inferior. Ocorre que a moldura que é a norma superior combina vinculação e indeterminabilidade do conteúdo da norma inferior, trazendo, como consequência, que o processo de criação do direito carregue, dentro de si, a imperiosa necessidade de interpretação. É o que Kelsen denomina de interpretação autêntica, a cargo do órgão de aplicação do direito, no exercício de sua competência normativa. Diferentemente do que acontece com a intepretação doutrinária, de responsabilidade do teórico do direito, a intepretação autêntica se produz como ato de vontade vinculante, produtor de normas e apto ao preenchimento de lacunas. Enquanto aquela se desenvolve no plano

---

9. A orientação positivista de Kelsen leva-o ao mais extremado subjetivismo axiológico, negando qualquer alternativa de racionalidade e consenso em questões de valor. Por isso, não é, para ele, aceitável a existência de uma norma de justiça segundo a qual se possa proceder à avaliação do direito positivo. À ciência, portanto, somente interessa o "justo objetivo", isto é, aquilo que os homens designam em algum momento como justiça.

das proposições jurídicas como atividade cognitiva sem poder vinculante e limitada a apontar alternativas hermenêuticas abertas pela indeterminação linguística dos termos normativos, ou pela deliberação do legislador, a interpretação autêntica não é ato de conhecimento, mas de vontade, segundo o qual o órgão intérprete e aplicador do direito realiza escolha valorativa, refletindo critérios discricionários que escapam ao domínio da ciência do direito.

Trata-se, portanto, do que Warat denominou com propriedade de "voluntarismo estruturado", inconfundível com o voluntarismo amorfo que caracteriza a Escola do Direito Livre. Dotada do mérito indiscutível de haver rompido com a visão mecanicista da Escola de Exegese, que nega a produção judicial do direito e atribui à função hermenêutica natureza lógico-formal, peca, todavia, a teoria kelseniana por sua incapacidade de oferecer fundamento metodológico à decisão judicial, momento de especial importância para a prática jurídica. Com efeito, a resistência kelseniana a incorporar à sua teoria do direito positivo o problema da justiça deixou sem resposta os desafios concretos enfrentados pelo jurista, em seu trato com a experiência plenária do direito e, pois, com a presença dos valores. Não é por acaso que Larenz, com indisfarçável ironia, afirma haver Kelsen, em seu empenho de purificação do direito e sob os pressupostos neokantianos de determinação metodológica do objeto científico, "deitado fora a criança com a água do banho"[10].

A despeito desta e de outras fortes críticas que possa merecer a Teoria Pura no particular, é indispensável ter em conta que a vinculação por ela estabelecida entre opção valorativa e ato de vontade é produto de sua constante censura às teses do jusnaturalismo acerca da racionalidade da justiça. Pois, segundo Kelsen, atribuir caráter racional à qualificação de uma conduta como devida, sob o ponto de vista de seu valor intrínseco, implicaria, como afirma ao comentar a obra de Grócio, negar diferença entre uma lei física e matemática e uma lei moral[11]. Este é, aliás, o ponto que conduz à sua negação da razão prática kantiana, para ele uma impossibilidade lógica, dada a intransponível irredutibilidade do dualismo ser e dever-ser, que torna autocontraditória qualquer tentativa de associar racionalidade e justiça e impõe reconhecer, na tarefa de criar normas mediante a contribuição de um sentido de valor, uma função exclusiva da vontade.

É desnecessário conceder aqui largo espaço para o grande número de críticas dirigidas contra a teoria hermenêutica kelseniana, e suas consequências quanto

---

10. LARENZ, *Metodologia da ciência do direito*, 1996.
11. Cf. KELSEN, ob. cit., p. 89.

ao postulado da discricionariedade judicial. Entretanto, é imperioso sublinhar que tais críticas, embora dispensem o apelo a uma norma transcendental de justiça, supostamente universal e imutável, insistem em refutar o pressuposto de um sistema jurídico fechado em axiomas rigorosos, negando a redução científica da experiência jurídica a formas e estruturas. Ademais, sustentam a convicção de que a racionalidade jurídica, não obstante prescindir de uma fundamentação axiomática, ao estilo das verdades do direito natural, é uma razão diferenciada da razão teórico-formal e comprometida com diretivas de valor. O ponto de união entre as muitas correntes que circulam em torno desse eixo é a ideia de que a ordenação jurídica deve ser vista como um sistema material, aberto a diferentes formas de conexão com as demais dimensões do mundo da vida. Há também ponderável acordo no que toca à relevância dos princípios gerais do direito, particularmente em autores como Dworkin, segundo o qual as decisões judiciais, inclusive nos *hard cases*, são e devem ser geradas por princípios[12]. Enfim: uma radicação da racionalidade jurídica no campo da razão prática, observável sobretudo entre as modernas Teorias da Argumentação, de que é emblemático o pensamento de Alexy, cuja filiação à teoria habermasiana do discurso racional e de verdade consensual é incontroversa.

A menção a essas orientações mais recentes não passam entretanto, quando referida a Kelsen, de restrição às lacunas deixadas por sua teoria, deixando incólume a coerência interna de seu sistema de ideias, fiel aos pressupostos de que parte, por sua vez compatíveis com o estágio das relações, direito e sociedade ainda capaz de tolerar a afirmação de uma racionalidade formal para o campo jurídico.

2.2. Justiça e Interpretação na teoria do direito como sistema autopoiético. Justiça como "fórmula de contingência" e interpretação como operação do sistema.

Enquanto a Teoria Pura encontra, em suas bases epistemológicas, o fundamento para expulsar, do campo da ciência do Direito, o problema da justiça, resguardando-lhe, todavia, o estatuto próprio, no terreno da filosofia e da política, como questão de natureza ética, Luhmann o incorpora como

---

12. É certo que a formação ultraliberal de Dworkin força-o a distinguir entre princípios e diretrizes políticas; estas últimas perseguem metas coletivas e justificam decisões a cargo do legislador, os primeiros, distintamente, são constitutivos do próprio sistema jurídico, têm natureza vinculante, e, não obstante relacionados com as decisões políticas, procuram justifica-las pela vinculação entre a razão de decidir e o respeito ao direito preexistente. Cf. DOWRKIN, *Los derechos em serio*, p. 148.

elemento do sistema jurídico autopoiético, retirando-lhe o significado ético para emprestar-lhe o papel de unidade operacional do sistema, obediente a suas regras internas e destinado a atuar como "fórmula de contingência", cuja função é assegurar "consistência" às decisões[13].

Desempenhando a função de reduzir complexidade em um mundo que atesta as limitações dos instrumentos jurídicos utilizados pelo Estado social, o direito realiza a estabilização das possibilidades por ele próprio admitidas de acordo com a atuação de seu código binário (lícito/ilícito). Como sistema de comunicações que é, relaciona-se, em abertura cognitiva, com outros sistemas comunicacionais, destes, entretanto, absorvendo (fechamento operacional), não obstante o número infinito de "ressonâncias" possíveis, após uma parcela de alternativas, cuja relevância ele mesmo estabelece, processando-as como informações. Constitui-se assim como sistema fechado que produz seus elementos através de seus próprios elementos (auto-referencialidade) e se define (auto-observação) pelo processamento de informações e dentro dos limites em que as põe.

Tal como ocorre com os demais contatos que estabelece com o seu ambiente, também em suas relações com os elementos da política, o sistema jurídico está disponível para assimilá-los (segundo seus próprios critérios de relevância, vale repetir) mas não é, de nenhum modo, por eles diretamente condicionado. Por isso, a legitimidade termina por reduzir-se, na teoria do direito luhmanniana, aos critérios de legalidade que integram a natureza autopoiética do sistema jurídico, reservando-se-lhe, exclusivamente, o desempenho procedimental de tornar certa a decisão, cuja incerteza quanto ao conteúdo cabe-lhe absorver[14]. Por outro lado, é necessário destacar que a hipercomplexidade do mundo em que se produz o pensamento luhmanniano explica o desprezo para com fundamentos de ordem ética, tidos como desestabilizadores da função seletiva do direito e da capacidade de generalizar expectativas.

De tudo isso resulta que a inclusão do problema da justiça no sistema autopoiético do direito tenha que pagar o preço de sua desqualificação axiológica, de modo que se possa concebê-la, não como um valor, que o direito atrai para si, mas como forma de reflexão do sistema acerca dele próprio,

---

13. Os conceitos de "fórmula de contingência" e "consistência das decisões", aqui enunciados, desempenham importante papel para a Teoria da Justiça em Luhmann e serão esclarecidos no decorrer do texto.
14. Comentanto esse aspecto da teoria procedimentalista da legitimidade em Luhmann, diz Tércio Sampaio Ferraz Jr. que ela concebe "a legitimidade das normas como uma ilusão funcionalmente necessária, que não pode ser posta a descoberto, sob pena de abalar-se a própria crença na legalidade". FERRAZ JR., *Teoria da norma jurídica*, p.174.

"representação da unidade do sistema no sistema". Enquanto o símbolo formal da validez facilita a auto-referência sistêmica recorrendo a textos determinados do direito vigente, a justiça realiza o papel de projetar o sistema em sua totalidade unitária, como espécie de "programa para todos os programas"[15].

Embora Luhmann não desconheça o sentido ético da noção de justiça e se dê conta, também, do processo de juridificação de normas morais, seu intento é emancipar a noção do justo de qualquer espécie de teorização prévia produzida no âmbito moral, atribuindo-lhe lugar teórico específico. É o que procura atingir pelo conceito de "fórmula de contingência", que, segundo expressamente afirma, ocupa o lugar de outros conceitos utilizados na definição de justiça, a exemplo de virtude, princípio, valor. Como "fórmula de contingência", a justiça, mantendo-se na fronteira entre determinabilidade e indeterminabilidade das decisões, tem a função de "legitimar" a decisão selecionada, sem que isso implique a deslegitimação de outras opções possíveis[16].

Não há, portanto, na teoria luhmanniana da justiça, lugar para o consenso, sendo, por consequência, irrelevante a discussão sobre a natureza intrínseca dos argumentos em que se baseiam as decisões. De fato, é sob o rígido enquadramento da análise da natureza e processamento da decisão que se desenvolvem as reflexões de Luhmann quanto aos limites da interpretação e da apresentação no direito, reflexões precedidas e não por acaso em sua obra *O direito da sociedade*, de considerações sobre o lugar dos tribunais do sistema do direito, lugar que entende merecer especial destaque por força do princípio da proibição da denegação de justiça, por ele visto, e com propriedade, como postulado de natureza operacional (dogmático), tendo em vista que a complexidade do mundo atual é incapaz de garantir, sob o ângulo meramente lógico, a exclusão do *non liquet*.

Avaliando a obrigação de que têm os tribunais de oferecer fundamentos as suas decisões, Luhmann nega importância a argumentos legitimadores que guardem relação com questões de valor. Em cenário demarcado pela elevada seletividade das regras (programas) e pela incerteza quanto ao conteúdo da decisão final, pouco importam "os aspectos éticos, políticos ou orientados pelo benefício econômico"[17]. A tarefa dos tribunais, observando a consistência de decisões anteriores que, por sua vez, também se incumbiram de observar o

---

15. Esclarecedoras, nesse sentido, as observações seguintes: "... *la decision misma non es un componente de la alternativa: no es uno de los senderos. (...) Es la diferencia que constituye la alternativa, o com más precisán: es la unidad de esta diferencia.*" LUHMANN, ob. cit., p. 245.
16. *Idem, ibidem*, p. 253.
17. *Idem, ibidem*, p. 270.

direito, é o que se deve entender por interpretação. O que importa é que o resultado da atividade hermenêutica possa neutralizar a insatisfação, sendo irrelevante a natureza intrínseca dos argumentos de que se vale. Distanciando-se de autores como Perelman, Alexy ou MacCormick, despreza a diferença entre argumentos convincentes e inconvincentes, bons ou maus argumentos e afirma que a condição para entender a argumentação jurídica é levar em conta "o que com ela não se pode obter", ou seja, a "movimentação do símbolo de validez do direito" que permite transformar o direito vigente. Esse enlace entre validez e argumentação, operações do mesmo sistema, Luhmann o estabelece pela referência aos textos, modos privilegiados de auto-observação do direito. Assim, ter por razoável uma argumentação não significa que ela esteja sustentada em "boas razões":

> Quem tem razões para fundamentar necessita de princípios sólidos. E aquele que fixa princípios, em última instância, tem que se remeter ao entorno do sistema no qual esses princípios são reconhecidos. Isso é, sobretudo, válido quando os princípios se complementam com a 'moral', a 'ética' ou a 'razoabilidade'. Quando uma teoria da argumentação está estabelecida desta maneira, não se pode aceitar a tese da clausura operativa do sistema do direito, tendo-se a buscar apoio em razões da práxis argumentativa mesma, razões que contrariam tal clausura[18].

A citação acima, com que se evidencia o círculo vicioso de uma crítica à práxis argumentativa que ultrapasse os limites do sistema, pela simples objeção de ser inadequado ultrapassá-los, estimula a recuperar o hipotético diálogo que procuramos estabelecer entre a Teoria Pura e o pensamento luhmanniano, e permite fixar algumas conclusões.

Em ambos, presente a vigilância crítica contra a metafísica jusnaturalista, aproxima-os a preocupação com a eficiência e o rigor dogmático, não obstante a diversidade dos caminhos por que seguem, levados por ventos históricos que correm em direções distintas. Nos dois, ainda, a resistência em aceitar critérios de objetividade para a decisão jurídica, fundados em consenso quanto a questões ético-políticas. Ainda próximos no empenho em submeter a pluralidade da experiência (irredutibilidade do dualismo ser/dever ser em Kelsen, seletividade do código/fechamento operacional em Luhmann) à rigidez do sistema jurídico, separam-se, entretanto, em importantes e decisivos aspectos.

Na linha das distinções necessárias, o primeiro ponto a fixar é a inexistência, em Luhmann, de qualquer orientação, no plano epistemológico, para o

---

18. *Idem, ibidem.*

divórcio entre a Ciência do Direito e a Sociologia. Distante de Kelsen, seu alvo não é a autonomia da Ciência do Direito, mas, sim, do próprio direito, com vistas a responder às funcionais de um tempo histórico de alta complexidade, operando as distinções necessárias a garantir a especificidade do direito como generalização de expectativas contrafáticas. Sem maior atenção, também, para com as linhas demarcatórias dos limites Ciência/Filosofia, presente na obra kelseniana, pôde, por isso mesmo, incorporar ao sistema jurídico a discussão sobre a justiça, não obstante retirar-lhe, como foi dito, sua expressividade moral, transformando-a em garantia de "consistência" das decisões. Decisões cuja qualidade intrínseca é desimportante para a sua teoria, não por força de seu sentido político-valorativo (como em Kelsen se evidencia), mas, sim, em virtude da redução de todos os problemas do jurista, inclusive o da interpretação, argumentação e aplicação do direito, a sua funcionalidade sistêmica.

BIBLIOGRAFIA

ALEXY, Robert. *Teoría de la argumentación jurídica*. Madrid: Centro de Estudos Constitucionales, 1997.

AMADO, Juan Antonio García. *La filosofia del derecho de Habermas y Luhmann*. Universidad Exterado de Colombia,1997.

ATIENZA, Manuel. *Las razones del derecho: teorias de la argumentación jurídica*. Madrid: Centro de Estudos Constitucionales, 1997.

BOBBIO, Norberto. *Contribuición a la teoria del derecho*. Valencia: Fernando Torres, 1980.

_____. *O positivismo jurídico: lições de filosofia do direito*. São Paulo: Ícone, 1995.

CAMPILONGO, Celso Fernandes. *Direito e democracia*. São Paulo: Max Limonad, 2000, 2. ed.

CANARIS, Claus Wilhelm. *Pensamento sistemático e conceito de sistema na ciência do direito*. Lisboa: Fundação Calouste Gulbenkian, 1996, 2. ed.

DE GIORGI, Raffaele. *Ciencia del derecho y legitimación*. México: Um. Ibero-Americana, 1998.

DWORKIN, Ronald. *Los derechos em serio*. Barcelona: Ariel, 1995.

_____. *O império do direito*. São Paulo: Martins Fontes, 1999.

FERRAZ JR., Tércio Sampaio. *Teoria da norma jurídica*. Rio de Janeiro: Forense, 1999, 3. ed.

HABERMANS, Jurgen. *O discurso filosófico da modernidade*. São Paulo: Martins Fontes, 2000.

_____. *Pensamento pós-metafísico*. Rio de Janeiro: Tempo Brasileiro, 1990.

_____. *Direito e democracia: entre praticidade e validade*. Rio de Janeiro: Tempo Brasileiro, 1997.

KELSEN, Hans. *O problema da justiça*. São Paulo: Martins Fontes, 1993.

_____. *La idea del derecho natural y otros ensayos*. México: Nacional, 1974.

_____. *A justiça e o direito natural*. Lisboa: Armênio Amado, 1979.

_____. *Contribuiciones a la teoria pura del derecho*. Buenos Aires: Centro Editor de América Latina, 1969.

_____. *Teoria geral das normas*. Porto Alegre: Antônio Fabris, 1986.

LARENZ, Karl. *Metodologia da ciência do direito*. Lisboa: Fundação Calouste Gulbekian, 1969, 2 ed.

LUHMANN, Nicklas. *Sociologia do direito I*. Rio de Janeiro: Tempo Brasileiro, 1983.

_____. *Sistema jurídico y dogmática jurídica*. Madrid: Centro de Estudos Constitucionales, 1983.

_____. *Poder*. Brasília: Edumb, 1992, 2 ed.

_____. *O direito da sociedade*. Tradução provisória para o espanhol de Javier Torres Mafarrate.

NEVES, Marcelo. *A constitucionalização simbólica*. São Paulo: Acadêmica, 1994.

SANTOS, Boaventura de Sousa. *Pela mão de Alice*. São Paulo: Cortez, 1996.

_____. *Crítica da razão indolente: contra o desperdício da experiência*. São Paulo: Cortez, 2000.

Anotações

EDITORA jusPODIVM
www.editorajuspodivm.com.br